世界传世藏书 图文珍藏版

世界上下五千年

马博 主编

线装书局

图书在版编目（CIP）数据

世界上下五千年/马博主编.--北京：线装书局，
2012.8
ISBN 978-7-5120-0595-2

Ⅰ.①世… Ⅱ.①马… Ⅲ.①世界史－通俗读物
Ⅳ.① K109

中国版本图书馆 CIP 数据核字（2012）第 194545 号

世界上下五千年

主　　编：马　博
责任编辑：高晓彬
封面设计：博雅圣轩藏书馆
　　　　　Boyashengxuan Cangshuguan
出版发行：线装书局
地　　址：北京市西城区鼓楼西大街 41 号（100009）
　　　　　电话：010-64045283
　　　　　网址：www.xzhbc.com
印　　刷：北京彩虹伟业印刷有限公司
字　　数：1360 千字
开　　本：710×1040 毫米　1/16
印　　张：112
彩　　插：8
版　　次：2012 年 8 月第 1 版第 1 次印刷
印　　数：1-3000 套
书　　号：ISBN 978-7-5120-0595-2
定　　价：598.00 元（全四卷）

ISBN 978-7-5120-0595-2

9 787512 005952 >

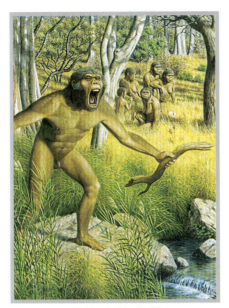

南方古猿出现

　　南方古猿是早期人类，最初生活在非洲，南方古猿的头骨短，脑容量小，已经能够直立行走并使用天然工具。

苏美尔人创建楔形文字

　　楔形文字是苏美尔文明的独创，西亚的巴比伦、亚述、赫梯、叙利等国都曾对楔形文字略加改造，来作为自己的书写工具。

汉谟拉比法典

　　世界上第一部比较完整的成文法典，反映了古巴比伦社会的情况。是汉谟拉比为了向神明显示自己的功绩而纂集的。

伊朗人的"国父"——居鲁士

　　古代波斯帝国的缔造者，他以伊朗西南部的一个小首领起家，统一了大部分的古中东，建立了从印度到地中海的大帝国。

狮身人面像

　　像高20米，长57米，脸长5米，头戴"奈姆斯"皇冠，额上刻着"库伯拉"圣蛇浮雕，下颌有帝王的标志——下垂的长须。

马拉松起源

　　公元前490年，希腊人和波斯人在雅典的马拉松进行了一场激烈的决定希腊命运的战争，结果希腊人取得了胜利。

木马屠城记

　　木马屠城记是希腊与特洛伊人发生的特洛伊战役中的一个故事情节，是整个战役中的最后一个故事。

奥古斯都——屋大维

　　在屋大维统治的43年里，是古罗马经济上最富庶的时代，又是古罗马文学上的"黄金时代"，死去后被称为"奥古斯都"。

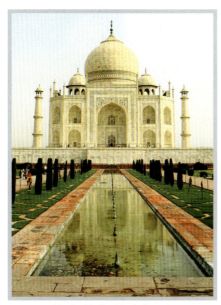

美仑美奂的泰姬陵

　　泰姬陵是莫卧儿王朝第5代皇帝沙贾汗为了纪念他已故皇后阿姬曼·芭奴而建立的陵墓，被誉为印度的"完美建筑"。

十字军东征

　　是一系列在罗马天主教教皇的准许下，由西欧的封建领主和骑士对地中海东岸的国家发动的持续了近200年的宗教性战争。

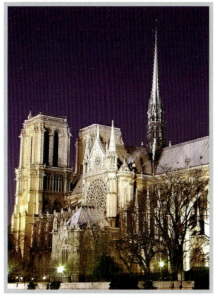

巴黎圣母院

　　巴黎圣母院始建于1163年，是巴黎大主教莫里斯·德·苏利决定兴建的，整座教堂在1345年全部建成，历时180多年。

1688年光荣革命

　　英国资产阶级和新贵族发动的推翻詹姆斯二世的统治、防止天主教复辟的非暴力政变,因未有流血而称之为"光荣革命"。

明治维新

　　是日本在受到西方资本主义工业文明冲击的背景下所进行的全面西化与现代化改革运动,对亚洲邻国造成了沉重的灾难。

彼得大帝

　　彼得大帝一般被认为是俄国最杰出的沙皇,他制定的西方化政策是使俄国变成一个强国的主要因素。

爱迪生发明电灯

　　1879 年爱迪生用碳丝作为白炽灯丝,并点燃 40 小时。由于碳丝表面多孔,性脆,强度很低,不久被钨丝代替。

凡尔登战役

　　是德军和法军在凡尔登筑垒地域进行的战役,是典型的阵地战、消耗战,双方伤亡惨重,又被称为"屠场"和"地狱"。

敦刻尔克大撤退

是英军在敦刻尔克进行的大规模的军事撤退行动，这项代号为"发电机计划"的行动使英国最终撤出了大量的部队。

德黑兰会议

是二战期间，美、英、苏三国首脑罗斯福、丘吉尔和斯大林为商讨加速战争进程和战后的安排问题，在德黑兰举行的会议。

联合国成立

1945年10月24日，五大国和其他24个签字国批准了宪章，并将批准书送交美国，《联合国宪章》正式生效。

古巴导弹危机

是在美国、苏联与古巴之间爆发的一场政治、军事危机，被看作是冷战的转折点，人类从未如此近地站在一场核战争的边缘。

印度"圣雄"——甘地

是现代印度的国父，是印度最伟大的政治领袖，也是现代民族资产阶级政治学说——甘地主义的创始人。

科索沃战争

科索沃战争是由科索沃危机引发的，在以美国为首的北约的干预下，对南联盟实施军事打击，结果以南联盟战败而告终。

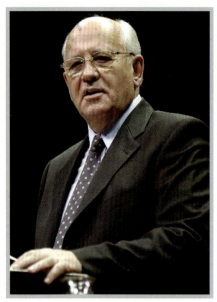

"8·19"事件

"8·19"事件，是指1991年8月19日在苏联发生的一次政变，此次政变在短短三天内便瓦解，同年12月21日苏联解体。

2011 莫斯科红场阅兵式

是纪念卫国战争胜利66周年的大型阅兵仪式，大约有2万人参加，其中包括100多种俄罗斯军队服役的现代化军事装备。

前　言

　　五千年的辉煌历史，五千年的科学文化，五千年的人类文明——多少事如烟而逝，多少事流传百代，多少人悄然而去，多少人浮沉史海……文明古国的各领风骚，封建王朝的步履蹒跚，工业革命的波澜壮阔，资本降临的尔虞我诈，世界大战的血腥残忍，文化艺术的灿烂辉煌，科技力量的深不可测，民主自由的永恒追求……

　　这一切汇成了浩瀚的历史长河，铸就了恢宏壮阔、源远流长的人类文明，令人叹为观止！

　　日往月来，物换星移。几千年来，人类走过了一条不寻常的道路：兴盛与衰微，辉煌与悲怆，风和日丽与血雨腥风。人类走过的每一步都是那么艰辛，世界发展的每一个阶段都是那么值得回味、值得深思！

　　如果说一个民族的历史像一条千丝万缕拧成的线，世界史则更像一幅由不同画面构成的巨幅长卷，它们自成一体，又相互关联。在这幅画卷上我们可以看到，人类文明的铸造史事实就是时间与空间的革命，当人类遨游宇宙不再是梦想，当登上月球已成为现实，当先进的交通工具将人们之间的距离缩得越来越短，当人类生存的环境对未来命运的影响越来越紧密时，地球变成了一个"村庄"，作为村民的我们，了解世界历史就是在了解我们的身世。

　　辉煌世界史，上下五千年。历史，是一座取之不尽、用之不竭的知识宝库。只要有决心、有勇气去打开它的大门，人类几千年来积累的丰富知识和经验便会向你迎面扑来，使你受到莫大的启发和鼓舞。

　　研读世界历史，不仅可以丰富历史知识，还可以让人从世界历史的兴衰演变中体会生存智慧，感悟人生真谛。正如梁启超所言："史者何？记述人类社会赓续活动之体相，校其总成绩，求得其因果关系，以为现代一般人活动之资鉴也。"为了能纵横驰骋于今日的世界，愿您熟知世界的昨天。

　　倘若对过去的重大事件寻根究底，我们就会发现，历史与今天筋脉相连，过去的一切关系着我们的将来。本套丛书《世界上下五千年》是一套历史知识的普及性读物,它以世界历史为主干,以古国文明、社会变迁、战争风云、科学进步、民族革兴、工业发展等事件为多姿多彩的枝叶,用生动有趣的语言讲述了一个个具有重大意义和深远影响的历史事件,以简洁明快的文字描述了一个个形象各异、性格鲜明的历史人物,并融知识性、趣味性、教育性于一体,以故事的形式,跨越时空,浓缩了世界上下五千年的沧海桑田,同时也向读者展示了从古至今人类文明的辉煌。

　　读史使人睿智,历史蕴含着经验与真知。学习历史,不仅仅是为了从过去的历史中得到一种借鉴,更不只是为获得展示儒雅、炫耀渊博的一种资本;熟悉历史,了解昨天,更重要的目的是为了把握今天、创造明天,充实自己的头脑,启迪宝贵的人生……

目 录

世界经典文库

世界上下五千年

·目　录·

图文珍藏版

1

世界经典文库

世界上下五千年

·目录·

图文珍藏版

3

世界经典文库

世界上下五千年

·目录·

图文珍藏版

5

世界经典文库

世界上下五千年

·目录·

图文珍藏版

世界经典文库

世界上下五千年

·目录·

图文珍藏版

11

世界经典文库

世界上下五千年

·目录·

图文珍藏版

世界经典文库

世界上下五千年

·目录·

图文珍藏版

17

世界经典文库

世界上下五千年

·目录·

图文珍藏版

世界经典文库

世界上下五千年

·目录·

图文珍藏版

世界经典文库

世界上下五千年

·目录·

图文珍藏版

23

世界经典文库

世界上下五千年

·目录·

图文珍藏版

25

第一章　人类的起源
——从猿到人的漫漫路

猿的出现及从猿向人的转变

　　3000万年前大约在新生代第三纪渐新世后期，出现了最早的猿类。他们虽为林栖动物，但身体已呈半直立状态，手和脚已有某种分工，人类学称他们为"正在形成的人"。在埃及法尤姆发现的原上猿、埃及猿和在法国等地发现的森林古猿为其代表。在新生代中新世（1200万~2500万年前）到上新世（300万~1200万年前）后期，东非、南亚一带地形和气候变化，森林面积逐渐减少，出现了林间空地和稀树草原，迫使古猿经常到地上寻觅食物，逐渐习惯于用脚直立行走，从而形成了从猿向人转变的过渡阶段。在印度与巴基斯坦交界处的西瓦立克山地、肯尼亚的特南堡，中国云南的开远和禄丰等地发现的腊玛古猿化石，可能是这一时期的典型代表。他们已经能够用石块和木棒等天然工具，并产生了最初的语言。直立行走促进了脑髓及头部各种感觉器官的发展，在集体的劳动中人迫切地需要有一种交换思想和表达意见的工具，于是语言便逐渐形成和完善。经过千百万年的劳动，手变得越来越灵巧，并且发展到能够制造工具。人工制造工具的出现，标志着从猿到人过渡阶段的结束，从此开始了人类的生活。

南方古猿出现

　　距今约300万~500万年人类发展的旁支南方古猿出现。
　　1924年，人类学家在南非的汤恩发现了从猿向人过渡的猿类化石。此后，在南非和东非都有大量发现，在亚洲也有零星发现。南猿属原有两个系统：粗壮种和纤细种，它们在体质形态上有很大差别。南猿纤细种身高约1.2米，体重30公斤左右。头部圆滑，面部狭窄，额呈拱形。脑量平均在500毫升以下，但从脑膜上看脑的顶叶已经扩大，可能已具有原始语言的能力。粗壮种身高约1.5米，骨骼粗壮，体重约 60~70 公斤。头部低,大顶骨隆起,有矢状脊。面骨大,面部宽,额窄小,骨脊大,脑量平均稍大于 500 毫升。在肯尼亚特卡纳湖南面卡纳波依、罗塔加姆和巴林戈等地,发现了南猿纤细种的化石,生存年代约在 300 万~500 万年前,从其牙齿和同一地层发现的哺乳类动物骨骼判断,南猿纤细种以食肉为主。而从大的前日齿和臼齿来看,南猿粗壮种为食草动物。它们的形态似人之处较少,又是在 100 万年前或稍后一些时候灭绝的(人类约在 300 万年前左右就已出现),因此它们可能是人类进化道路上的旁支。与此相反,南猿纤细种不仅具有人类的特征,并且有向人的方向演进的趋势。因此,学者们将其确定为在从猿向人转化系统中继腊玛古猿之后的动物,或称之为正在形成中的人。但也有的学者认

南方古猿

为,南方古猿不论粗壮种或纤细种,均为人类发展的旁系,与完全形成的人并存 200 万年后消失了。

最早被公认为人类的物种——"能人"出现

距今 180 万年"能人"推测已能直立行走。

1974~1975 年,在坦桑尼亚北部伽鲁西河流域的拉托利地层发现了 13 个早期猿人化石,主要是上、下颌和牙齿。经测定,年代约在距今 359 万~377 万年之间,这是目前所知道的最早的人类化石。1973~1974 年,在埃塞俄比亚的哈达尔地区也发现了一些早期的人类化石,其年代约在 350 万年前。然而,在这两处人类化石的地层中均未见石器,而石器的制造是人类形成的主要证据,因此有待于进一步探寻。1968 年,在东非肯尼亚特卡纳湖(旧称卢多尔夫湖)东部的库彼弗拉发现一些砾石打制的石器,其距今 180 万年左右,是迄今所知最早的石器。1972 年 8 月,在上述地层下的 35.5 米发现了人类的颅骨化石,暂按登记号码称之为"KNM—ER1470 号头骨",经测定约为 200 万年前。其脑容量为 700 毫升以上(接近 800 毫升),颅骨形态与现代人近似,如眼窠隆起不大,没有明显突出的眉脊等等,因而在进化系统中的位置有较大的争论。自 1960 年起,在东非坦桑尼亚的奥都威峡谷陆续发现了一些人类化石,定

名为"能人",经测定距今180万年。"能人"下肢已能直立行走,手骨表明拇指能与其他四指对握。在同一层位还发现不少砾石打制的石器。

晚期猿人出现

距今约30万~155万年前人类进入晚期猿人阶段,他们分布于亚、欧、非洲各地。

晚期猿人的学名为直立人,是1891年荷兰军医杜布阿在印度尼西亚的特里尼尔附近发现的一个头盖骨及一枚臼齿,翌年又在同一地窟中发现一个大腿骨及一枚臼齿。头盖骨很原始,与猿相似,而大腿骨则具有现代人的性质,已能直立行走,所以定名为直立猿人。1931~1941年,另一荷兰学者孔尼华在爪哇桑吉龙又发现了三个猿人头骨及一个下颌骨,1960年及1963年在该地又先后发现了猿人的下颌骨和部分头骨。爪哇猿人化石的年代距今约80万年,但在发现这些猿人化石的地点未发现石器。1907年,在德国海德堡东南的茂埃尔发现一块猿人下颌骨,其生存年代与爪哇人相当,称为海德堡人,也未见石器。

早期智人出现

20万~30万年前地球上出现早期智人。

早期智人又称古人,出现于20万~30万年前。最早发现的早期智人化石,是1856年在德德杜塞尔多夫城附近尼安德特河谷的一个洞穴里的尼安德特人。简称尼人,早期智人的体质特征和现代人已很接近,但还保留一些原始的痕迹。例如前额低而斜,眉脊虽然不像猿人那样显著,但比现代人突出,颏部不明显。脑量约为1100~1600毫升,平均为1300毫升,脑组织也比较复杂。早期智人的化石分布很广,除欧洲、北非、西南亚外,许多地方也都有发现,如中国的丁村人(山西)、长阳人(湖北)、马坝人(广东),爪哇的梭罗人,非洲的苏丹、坦桑尼亚、赞比亚、南非都有发现。经过长期的艰苦劳动,人类在不断演进,至距今5万年前后,早期智人终于发展为晚期智人。早期智人属于人类社会发展史上的原始公社时代。

人类三大现代人种开始形成

距今约5万年前晚期智人形成的时候,人类种族或人种也开始形成。大多数人类学家将全世界的居民分为三大种族或三个主要人种,即蒙古利亚人种或亚美人种(黄种)、欧罗巴人种(白种)和澳大利亚——尼格罗人种(黑种),三大人种中还分出较小种族的各种类型和过渡类型。蒙古利亚人种的特征是肤色淡黄或棕黄,黑发直而硬,胡须少或极少,体部第三期毛发不发达。脸平扁宽大,颧骨明显突出,颚宽,没有低眶类型。鼻宽度中等,鼻根低矮或中等。主要分布在辽阔的亚洲地域,包括亚洲北部西伯利亚、中亚、东亚、东南亚,美洲的印第安人也属于这一人种。澳大利亚——尼格罗人种的特征是肤色黝黑,毛发和眼睛呈黑色。或深黑色,眼裂开度较大,卷曲型或波型发,脸部和体部第三期毛发极少(但澳大利亚人却很发达)。鼻宽扁,嘴裂宽阔度大,厚唇面凸,上唇前实,下肢颀长。主要分布在北回归线以南的地区,如非洲中部、东部、南部、澳洲、印度南部、印度尼西亚、斯里兰卡、菲律宾等地,后因殖民者的黑奴买卖而移居美洲。欧罗巴人种的特征是肤色一般较浅淡,从浅色、浅褐色到褐色。头发柔软,呈波状或直型,发色金黄或黑褐,瞳孔多碧蓝色、褐色或浅灰色。鼻狭而高,体毛及胡须均发达。主要分布于欧洲、北非、西亚和北印度等地,中世纪晚期以后,一些人逐渐移居美洲。人种的差别只是表现在体质形态的外表如肤色、眼型、鼻型、发型等等,而并非说明各人种之间智力的差别或种族的优劣。地理环境在人类种族形成中起着重要作用,如各人种肤色的变异在地理分布上有其规律性。随着纬度的增高,太阳斜射,紫外线的辐射量减弱,人类肤色也由深变浅,由黑变白。生活在赤道附近的人多具有深黑的肤色,皮内含黑色素(黑蛋白)较多。黑色素有强烈的吸收紫外线的能力,从而起到了保护皮肤的作用,以免被过多的紫外线照射而受损伤。在人类种族发展过程中,社会因素的作用也在不断增强,这一点也是不应忽视的。

旧石器时代生产工具不断演进

在原始社会里,人类制造和使用的生产工具主要是石器,而最早的石器考古学家称之为旧石器。根据石器制造技术的演进和生产的发展,一般将整个旧石器时代分为早、中、晚三个时期。旧石器时代早期,均始于完全形成的人类出现阶段,即距今30万(或20万)~300万(或200万)年间。当时石器制造方法简单(以石击石的打制法),加工粗糙,形状简陋,类型也少。根据目前所掌握的考古资料,最早的旧石器发现于肯尼亚特卡纳湖的库彼弗拉,定年为216万年前。这种粗糙的石器是原始人类从事采集和狩猎活动,赖以生存的主要工具。这一时期的晚期,石器制造有了进步,逐渐向专用化演进,出现了砍砸器、刮削器、尖状器等几种类型的石器。旧石器比以前精致规整,形状也已增多。典型的旧石器中期文化,是中国的丁村文化和欧洲和穆斯特文化。丁村文化石器的主要类型有厚尖状器、砍砸器、刮削器和石球等;穆斯特文化石器以小型尖状器和刮削器为代表,表明石器的用途已有明显分工。由于能猎取大动物,兽骨开始成为工具原料之一,在穆斯特文化层中曾发现骨针,说明当时人类已能用骨针缝制衣服。旧石器时代晚期,始于5万年前,到大约1.5万年前。石器制造除继续采用打击和琢削的方法外,还发明了压削的方法,使石器更为规整、美观、适用。同时,在澳大利亚的阿南姆兰半岛还发现了世界上最早的磨制石斧,定年为2.2万年前,说明当时的人类已开始掌握磨制石器的技术。这一时期,骨器和角器广泛流行,有的石器、骨器和角器还装上木柄,结合成为复合工具或复合武器。旧石器时代晚期文化中,著名的有北京周口店的山顶洞文化、宁夏的水洞沟文化、山西的峙峪文化以及欧洲的奥瑞纳文化、梭鲁特文化和马德林文化。

人类第一个社会组织形式——血缘家族出现

旧石器时代早期和中期的社会组织是"血缘家族"。马克思曾经指出:"血缘家族是第一个社会组织形式。"在血缘家族内部,婚姻按照辈数来划分,"所有的祖父和祖母,都互为夫妻;他们的子女,即父亲和母亲,也是如此;同样,后者的子女,构成第三个共同夫妻圈子。"这种家族形式排除了祖先和子孙之间,双亲和子女之间互为夫妻的权利和义务。而所有的兄弟姊妹,包括从兄弟姊妹之间可以互为夫妻。在血缘家族阶段,一个家族就是一个集团,一个公社,一个生产单位。从考古材料中可以看出,家族内部大概已经有了两性分工。如在坦桑尼亚的奥都威峡谷的遗址中,发现了各种类型的砾石器,有的用于狩猎,有的用于采集,有的则用于各种食物的加工。大约男子从事狩猎,女子则从事采集和养育子女。当时,社会生产力十分低下,人们过着集体劳动、共同消费的生活。人们也一起抵抗自然灾害的袭击。

人类狩猎活动逐渐进入新阶段

早在旧石器时代早期,人类的狩猎生活便开始了,不过当时还是以猎取小动物为主。北京猿人猎取的小动物有兔、鼠等,也猎取马、鹿、羚羊等大动物。在北京猿人居住的山洞里发现了许多烧过的野兽骨骸,一般都已敲破,说明人们已将猎获的动物烧熟食用。至旧石器时代中期,狩猎已成为生产活动的主要部门,猎取的大动物有猛犸象、洞熊、野马、直齿象、河马等。最初,原始的主要狩猎工具是矛。在法国的拉·基那洞内发现有被燧石尖片刺入的兽骨,显然是带燧石尖端的矛所致。中国旧石器时代中期的许多窑遗址出土了大量的石球,大小共约1500多个,野马至少91匹,拉毛犀11匹,说明狩猎规模已相当可观。由于武器的粗劣,原始人的狩猎必须集体进行,广泛采用陷阱、围猎、将野兽赶到悬崖峭壁摔死等方法。旧石器时代晚期,出现了投矛器。法国拉斯科洞画中画着的野兽形象,身上插着7根或12根标枪。稍后,人们开始猎取大的成群的动物,如捷克发现猛犸象遗骨约800~1000具,乌克兰的阿木罗西耶夫发现了约950~1000只野牛遗骨。中石器时代,人类发明了弓箭,用细小的石器为箭头。同时把狗驯养为家畜,成为狩猎的有力助手,狩猎进入了新的阶段。

旧石器时代晚期近亲通婚被禁止

原始社会的旧石器时代晚期,由于社会生产力的发展,要求原来各自孤立的集团保持一定的联系,而定居生活给这种联系提供了可能。又因人们在长期生活实践中意识到近亲通婚对人类体质的危害,于是不但排斥了班辈之间通婚,而且禁止兄弟姊妹之间的通婚。婚姻只能在两个集团之间的男女中进行,由此产生了普那鲁亚婚。美国民族学家摩尔根以夏威人的群婚作为普邻鲁亚婚的典型形式;一群同胞的或血缘较近的姐妹,即从姐妹、再从姐妹或更远一些的姐妹,与别的集团的一群男子集体互相通婚。这群男子是她们共同的丈夫,这些共同的丈夫中排除了她们的兄弟,而且这些丈夫互相之间不再是兄弟,相互间称"普那鲁亚"。或者是一群同胞的或血缘较远的兄弟,和别的集团的一群女子集体互相通婚,这一群女子是他们的共同的妻子,但是在这些共同的妻子中排除了他们的姐妹,这些妻子互相之间也不再是姐妹,而称"普那鲁亚",意即"亲密的伙伴"。这种两个互相通婚的集团,就形成氏族。

梭鲁特文化

梭鲁特文化是最初发现于法国里昂附近梭鲁特的旧石器时代后期的文化,距今约17万~21万年。石器的打制技术较好,并已掌握压制法。这一文化的早期常见的石器是单面尖状器;至中期月桂叶形石刀和两面尖状器逐渐普及,还出现了小型钝背燧石刀、刮削器和单肩尖状器,甚至出现带有凹口的石器;到这一文化的晚期,出现了做工精美的柳叶形石刀、带孔骨针等,说明人类已开始缝制衣服。垂饰、骨饰针、手镯、串珠项圈和彩色颜料等用于个人装饰的艺术品,也在梭鲁特文化晚期大量出现。连石料也选择美丽的,如碧玉、彩色石英和秀美的燧石等。绘在石饰板和洞穴石壁上的图画以及石柱的中楣、浅浮雕等,更反映了艺术萌芽的魅力。梭鲁特文化继奥瑞纳文化之后而先于马格德林文化，就是说处于后面二者之间的过渡阶段。

马格德林文化

马格德林文化是最先发现于法国多尔多涅河流域土尔沙克附近马格德林的欧洲旧石器时代晚期的文化。继梭鲁特文化之后而先于阿齐尔文化，距今约11万~17万年。常见的石器有刮削器、雕刻器、石钻、单刃小石片以及钝边叶形投掷器和嵌入骨柄或鹿角柄中的小型几何形石器（如月牙形石叶、三角形石器）等。骨制的楔、锛、锤、矛头、倒钩尖状器、鱼叉、有孔针、饰物和带钩骨棒等普遍使用。当时的人们似乎过着半定居的生活，用石器或骨器、罗网、陷阱等方式猎取驯鹿、野马和野牛等动物。住所随寒暑而易，冬住洞穴、岩棚等坚固、保温的住所，夏住帐篷。绘画和雕刻都已达到相当高的水平，骨棒常镌刻有动物图像。西班牙北部阿尔塔米拉洞穴中保存着这一文化晚期绘画的部分珍品，技术高超，色彩富丽，所画的动物形象惟妙惟肖，体态匀称，姿势生动，构思精湛。

原始人开始学会建造房屋

原始人长期居住在天然的洞穴里，至旧石器时代晚期，随着生产力的提高，人们才开始建造夏蔽烈日、冬避严寒的房屋。在这一时期的壁画中有房顶支架的画像，多为"个"字形，少数是拱卷式的。距今25万~29万年的捷克多尔尼·维斯顿遗址，是用石头、支柱和兽皮建造的棚账式建筑群。有猎物宰割场，旁边有古象堆，估计常住人数约100人。在这里发现了成套的石器、骨角器、装饰品、动物烧像、骨笛和女雕像等，可能是早期母系氏族的住所。在苏联顿河上游的加加里诺，发现了一所2万~3万年前的房址。房屋近似圆形，直径5米多。屋地稍低于周围地面，铺石灰岩石板。屋顶为锥形，以树干为架，上面覆盖树枝、兽皮。在波兰克拉科夫附近发现了2万年前用猛犸骨骼搭成的小屋，呈圆拱形，直径2米。在西伯利亚马理他遗址，有用石板和大块兽骨搭成的房屋。房屋的建造，说明人类已有了稳定的社会组织，凝聚成更大的力量与自然界抗争，逐渐成为自然界的主宰。

人类掌握人工取火技能

生存于170万年前的中国云南的元谋人已知道用火。在发现元谋人化石的地层中,发现了很多炭屑,小者如芝麻,大者如黄豆,含炭层厚达3米左右。几乎与元谋人生存年代相当的山西省芮城县西侯度文化遗址,发现了更明显的用火痕迹。这里出土的一批不同颜色的动物肋骨、鹿角和马的牙齿等,经过化验证明,一些呈深灰色的兽骨是被火烧过的。在英国克拉克当旧石器文化遗址曾发现用火加工过的火矛,可能是猎取大动

元谋人

物的有力武器。人类最早使用的大概是天然火,后来才发展到人工取火。有的学者认为,约50万年前,人类已掌握了生火技能。恩格斯指出:"摩擦生火第一次使人支配了一种自然力,从而最终把人同动物界分开。"火的使用,使人变生食为熟食,缩短了食物的消化过程,有利于人类体质的发展,同时又可供御寒取暖、照明、驱赶野兽。因此,人工取火的发明,在人类历史的进程中具有重要意义,终于使人类告别了茹毛饮血的时代。

人类开始穿衣防寒

旧石器时代晚期,人们已开始穿衣防寒。在这一时期的遗址中,发现了大量用骨头或燧石做所的带孔骨针和尖锥,说明当时缝衣服的劳动已相当普遍。人类最早所穿的衣服是兽皮,开始是将整块兽皮披在身上,后来才学会切割、鞣制、缝合,以便更加保暖、轻便。用植物纤维织布裁衣,是在父系氏族公社时期才出现的。在距今4000多年前的我国大汶口文化遗址中,妇女的主要随葬品之一是纺轮,说明织布、做衣已专门由妇女从事。最初人们所穿的衣服,制作十分简单。据中国史书记载,古代日本列岛上的居民,把一块大布开个洞,从头上套下去作为衣服。后来才逐渐讲究美观、合体。西伯利亚布立奇出土的猛犸牙雕成的人像,全身均为凹槽,象征紧贴身的衣服,头上的凹坑则表明戴着帽子。

人类发明和使用弓箭

从旧石器时代向新石器时代的过渡时期称为中石器时代。在中石器时代,由于生产技术的发展和狩猎的需要,人类发明了弓箭。在距今2.8万年的中国山西

峙峪遗址,发现了箭头状石器。在德国的什列斯维希·霍尔斯坦,发现了属于8.3万~8.8万年前的弓,是至今发现的最早的弓。弓箭是一种远射程的武器,比原来的投矛器进了一大步。借助于投矛器仅可将矛投出70~80米,而弓箭的射程至少达80~100米。北美印第安人使用重弓,射程竟达400~500米。弓箭的发明,促进了渔猎的发展,使渔猎成为普通的生产部门之一,使人类可以经常得到肉类食物和其他生活资料。

人类开始使用装饰品

在旧石器时代晚期,人类开始制作和使用装饰品。生活在距今1.8万年前的北京周口店龙骨山上的山顶洞人,将兽牙、海蚶壳、鲸鱼眼上骨和小石子等磨光,挖上孔,穿成串作为装饰品。在欧洲旧石器时代晚期的遗址中,发现了猛犸象牙做的骨镯、骨珠。中石器时代出现了琥珀做的椭圆形片,用具和武器刻满精致的花纹,其中多为几何图案。至新石器时代,装饰品更加精细美观。中国仰韶时期已用石、陶、骨、牙、蚌、玉等制作装饰品,稍后又出现玛瑙饰物。原始人除了穿戴、悬挂在身上的装饰外,还有纹身、割痕、耳鼻唇饰固定装饰方法。中国古代西南地区的民族"刻画其身,象龙文"(《后汉书》卷86《西南夷传》)。台湾居民"以墨黥手,为虫蛇之文"(《隋书》卷81《东夷传》)。"海南黎女以绣面为饰"(《顾·海槎余录》)。古代日本列岛的居民,"男子无大小,皆黥面、文身"(《魏志·倭人传》)。澳大利亚人的袋鼠行囊中经常带着红、黄、白色土块,平时只在颊边、肩上和胸前画几笔,每逢节日或大事便涂抹全身。在耳鼻唇穿塞小块骨、贝、石、木等物,在一些原始部落中也是一种装饰。南美洲的博托库多人从七八岁起就在下唇和耳轮穿孔,装一块木塞,并不断换成大的。

氏族公社开始形成

原始社会至旧石器时代晚期,由于生产力的发展,要求人们比较持久地结合,并且要求各集团之间保持一定的联系。已逐渐定居的人们,又为维持这种联系提供了条件。同时,人类在实践中已意识到兄弟姐妹之间的婚姻对人类体质的危害,于是排斥集团内部的通婚也成为必要了。这时不但禁止了不同班辈之间的性交关系,并且兄弟姐妹之间的婚姻也被禁止。恩格斯指出,这一过程"是逐渐实现的,大概先从排除同胞的(即母方的)兄弟和姐妹之间的性关系开始……最后甚至禁止旁系兄弟和姐妹之间的结婚。"到一切兄弟与姐妹间,甚至母方最远的旁系亲族间婚姻关系被禁止的时候,就组成了一个坚固确定的母系血族集团,氏族便产生了。在氏族制度下,其成员已不可能在氏族内部找到通婚的对象,必须和另一个氏族的成员通婚,这就是族外婚制,两个互通的婚姻的氏族构成早期的部落。在这种婚姻形态下,人们知其母,不知其父,氏族的世系只能按母系来计算,所以称为母系氏族或母权制氏族。这是最早的氏族公社,在这样的氏族公社里,男女地位平等,妇女居于受到高度尊敬的地位。这一方面是因为世系按母方确定,另一方面是由于妇女在经济生活中起着重要作用。随着人口的增殖,一个氏族又分成两半,成为两个氏族,于是原先的氏族便成为胞族。

人类最早的艺术萌芽

公元前40,000年左右,最早期的人类也已经有了绘画、雕刻和雕塑等技术。绘画大都表现在岩石或人们居住的山洞壁上;雕刻则用鹿角、骨头、象牙或石头为材料,题材通常是人物或动物。染色用的颜料来自石头,而且似乎很早就发现了。至于为什么制作这些艺术品,原因无人知道,不过可能有多种动机:或许是宗教仪式的一部分,也可能是早期人类生活种种的记录,甚至只是为了好玩。有些动物行动的情形刻画得非常逼真,显然是费了许多时间、仔细观察研究的结果。早期艺术在非洲、澳洲和欧洲都有发现,唯独美洲至今还没有任何发现。

原始人在劳动实践中发明陶器

原始人在长期的劳动实践中发明了陶器。最初的陶器是把泥土抹在树条编成的或木制的容器上,这些容器偶尔落入火中,木质成分被烧毁,剩下经火烧过的成型黏土器皿就是陶器的雏形。陶器的发明,大体是在新石器时代。早期的制陶方法为手制法,人们或者用编织的器皿作模子,用泥涂在模子里面或外面,待半干后取出或把模子烧掉;或者在一块黏土上压出一个深窝,然后用手捏匀,再用火烧;或者把黏土揉成扁圆形的长条,作成一个个圆形泥圈,再将泥圈一个个叠起,内外抹平,制成坯子,再用火烧;或者把黏土揉成长条,然后盘旋向上,一直绕到口沿,经内外挤压,坯里垫以石球或陶模,外面用木板拍打,成坯后烧制。到新石器时代末期和金石并用时代,轮制陶器才大量出现。最原始的陶器很粗糙,后来在陶坯烧炼前对表面加以修饰,有的陶器表面磨得很光滑,有的加花纹、施彩绘。开始,人们可能是将晒干的陶坯堆放在平地上用火烧制,后来才逐渐学会建起土窑烧陶。

人类进入新石器时代

约距今1万年前，人类历史进入新石器时代。这一时代生产工具的主要特征，是磨光石器的广泛使用和陶器的制造。在制作新石器时，人们首先将石料打制成一定的形状，然后在砺石上撒上带水的砂，进行磨光处理，制造出准确适用、刃口锋利的石刀、石锛、石镞等工具。在新石器时代末期，人们还发明了在磨光石器上钻孔的技术。制陶术的发明也是新石器时代的重要标志。原始的制陶法很多，如将一团黏土压进去一块，再捏成圆形的器皿。还有的把黏土编成长条，再做成容器。总之，都是先用手制成陶坯，然后再用火烧。新石器时代，原始农业和畜牧业也随着采集和狩猎的发展而产生了。

原始畜牧业形成

长期的狩猎生活使原始社会的人们逐渐认识到某些动物的生活习性，于是进行人工驯养。早在中石器时代，人类已开始驯养绵羊和狗，而至新石器时代，动物的驯养、繁殖才更加普遍，出现了原始的畜牧业。早在公元前7000年左右，伊朗高原已开始饲养山羊，与此同时，亚洲、欧洲的部分地区也在驯养牛。在距今7000年前，我国的黄河、长江流域已饲养猪。公元前3000年左右，在中亚、小亚细亚的山区和阿拉伯、非洲的沙漠草原上，人们驯养了马和骆驼。南美洲印第安人单独饲养了骆马和羊驼。公元前2000多年，亚洲已把鸡驯养为家畜，后来又驯养了鹅、鸭、鸽等。

原始农业形成

原始农业是从采集经济发展而来的。在新石器时代，人们在长期的采集活动中，经过反复观察，逐渐认识了一些可食植物的生长规律，从而进行人工栽培。于是，原始农业便产生了。据现有资料证明，最先出现农业的地区是西亚、东亚和美洲。距今8000年左右，西亚便开始栽培大麦、小麦，而距今7000年长江中下游已种植水稻。与此同时，中美洲墨西哥地区开始种植玉米、南瓜和胡椒等。在原始时代，荆棘遍地，树木丛生，人们要先放火烧荒，然后在烧过的土地上松土播种。当时的农具十分简单，起初用来挖土的仅有掘杖(一端削尖的木棒)，后来出现木锄(一

·人类的起源·

图文珍藏版

端有权的木棒）。经过相当长时间的农耕实践，才制造出复合工具。这种用锄头耕种的农业称为锄耕农业，以后形成的农业社会在历史上经历了漫长的时间。

对偶婚和对偶家庭

大约在新石器时代前后，随着母系氏族公社全盛阶段的到来，人类越来越清楚地认识到近亲婚姻对后代体制的危险，加之氏族组织不断分衍，亲属禁婚的规则日益复杂，两个氏族之间的男女群婚已很困难。于是，族外群婚便逐渐被族外对偶婚所代替。对偶婚的最初形式是一个男子在许多妻中有一个主妻，一个女子在许多丈夫中有一个主夫。配偶双方仍住在自己的氏族里，婚姻关系通常采取丈夫拜访妻子的形式，即所谓"望门居"。后来又发展为对偶家庭，丈夫迁至妻方的氏族居住，即所谓"从妇居"。当时一个氏族分为若干母系大家庭，一个母系大家庭包括若干对偶家庭。对偶双方的结合还很脆弱，每个对偶家庭的经济并不独立。

金属器的使用

金属器的出现。人类最早使用的金属是黄金，在埃及、西亚和北美等地都发现了新石器时代用天然金块制的小器物，这些金制品一般使用都用于装饰和礼仪场面。公元前 5000 年代，亚洲西南部和中亚一带开始用冷锻法（即使石斧打制）加工天然铜。后来又学会冶炼铜矿石，热锻和铸造铜器。但最初炼出的纯铜，质地柔软，用途有限，石器仍占主要地位，故称金石并用时代。公元前 3000 年代，两河流域和印度河流域开始使用青铜器。公元前 2000 年代，埃及和中国也出现青铜器。青铜是铜与锡的合金，熔点较纯铜低，硬度比钝铜高，易于锻制，在相当长的时期里成为制造各种工具、武器和装饰品的主要原料。所以称这一时期为青铜时代。继青铜时代之后是铁器时代，人类原始社会最先使用的是陨铁。约公元前 2000 年代后半期，西亚最先发明了冶铁术。公元前 2000 年代末到公元前 1000 年代上半期，东南亚、南亚次大陆、埃及和中国等广大地区先后进入铁器时代。铁是廉价而优质的金属，人们掌握了冶铁术后，便可制造出大量适用的工具和武器，从而大大提高了社会生产力。

原始天文知识的积累

原始社会的人们在生产实践中逐渐积累了一些天文知识。早期的人们在采集、狩猎活动中,日出而作,日入而息。经过对太阳的长期观察,认识了昼夜更替的规律,从而形成了"日"的概念。农耕、畜牧产生后,人们掌握了月亮圆缺的规律,有了"月"的概念。农业的播种、耕耘、收割,牲畜的饲养、配种、繁殖需掌握气象变化。因而产生了"季"和"年"的概念。古代宕昌羌人"候草木荣落,纪其岁时"(《魏书》卷101《宕昌传》)。从事狩猎的火地人把一年分为"鸟产卵""孵出雏""骆马交尾"等若干季节。由于天文知识的积累,产生了原始的历法——以物候定农时的自然历。我国云南的傈僳族把一年分为10个季节月,即花开月(3月)、鸟叫月(4月)、烧火山月(5月)、饥饿月(6月)、采集月(7、8月)、收获月(9、10月)、过年月(1月)、盖房月(2月)。从观察物候后来发展为观测天象,约在原始社会末期便产生了最简单的天文观测。古代墨西哥的玛雅人已经会用两条交叉的棍子观察规定的点,他们能准确地计算出太阳年,知道月球和行星的运转周期,并创制出日历,以365天为一年,20天为一个月,13天为一周。相传我古代的尧帝"乃命羲和,钦若昊天,历象日月星辰,敬授人时",于是将一年分为366日,以闰月定四时。又命令农、牧、手工业生产方面的百工,按季节变化从事生产(《尚书·尧典》)。显然已有人专门从事天象观测,从而制定了古代历法。

巫术信仰产生

在原始社会,人们在自然界面前软弱无力,无法理解各种自然现象,认为有一种"超自然的力量"影响着自然界和人类,人也可利用这种"超自然的力量"实现自己的愿望。于是,各种各样的巫术便产生了。以比拟或模仿的方式施行巫术,是巫术的形式之一。法国拉斯科洞发现的旧石器时代晚期壁画,画面上的野兽插着7根或12根长矛,尼奥洞的壁画画着中箭负伤的野兽。这些2万年前的壁画,都画在神秘的地方,显然不是供人观赏,而是相信会以这种方式猎获更多的野兽。澳大利亚人向天求雨,就用口含水,喷向四方,做出下雨的样子。接触巫术,也是巫术的一种。火地人把敌人接触过的东西放在一个小口袋里,用脚踏,用火烧,然后投入大海,相信这个人会在半个月内死去。塔斯马尼亚人相信将某人的头发取来用油脂包好放在火旁,那个人就会消瘦下去而终于致死。禁忌是一种消极的巫术,认为触犯了某些事物或做出某种行为就会有灾难降临,因此禁止接触这种事物或做出这种行为。占卜巫术在原始社会相当流行,河南淅川下王岗已发现仰韶文化晚期的卜骨。景颇族过去用竹卜,将一段两端有节的竹子放在火上烧,炸开的竹丝如向两端翘为凶兆,一丝冲天则是吉兆。原始社会的治疗巫术与医学的产生有密切联系,人们一方面对患者施以某种巫术,另一方面也采取一些合理的治疗方法。澳大利亚人普遍会自己作法,后来觉得有些力量不受自己控制,因而出现专门的巫医,人们相信他与神灵更加接近。流行极为广泛的萨满教与巫术有密切的关系。

第一次社会大分工产生

从金石并用时代至铁器时代,是原始公社解体向阶级社会过渡的时代。在这一时代,社会生产力有了较大发展。从农业生产来说,犁耕农业代替了原始的锄耕农业。最初使用木犁或石犁,后来使用金属犁,从而提高了劳动生产率,扩大了耕地面积,也增加了产品产量,使农业生产日益专门化。于是,在适宜经营农业的地区,产生了一些以农业生产为主要经济活动的部落。与此同时,畜牧业也有了较大发展。在适宜经营畜牧业的地区,出现了一些大规模放牧畜群的游牧部落。由此产生了历史上第一次社会大分工,即游牧部落从其余的蛮野人群中分离出来。

在长期的生产实践中产生原始数学知识

原始人在采集或渔猎生活中,猎获的食物由氏族成员平均分配,多获多分,少获少分,逐渐产生了"多"与"少"的概念。在相当长的时期内,人们只能分辨1条鱼、2条鱼、3条鱼或1只羊、2只羊、3只羊的差异,但没有抽象出1、2、3这种数目的能力。经过长期的生产实践,人们终于发现可以用手指或脚趾来做计数的工具。如南美洲的火地人有5个数字,印度洋上的安达曼人可以从1数到10,10以上用"很多"来表示。农业、畜牧业的出现与交换的发展,产生了数的次序。古代秘鲁的印第安人已创造了十位数和百位数的符号,发明了结绳计算的方法。他们在一根绳子上打一个单结表示10,两个单结相连表示20。如果用两根绳子合起来打一个重结则表示100,打两上重结为200。新中国成立前中国一些没有文字的少数民族,则采用刻木的方法来计数。如佤族人将一块木板上刻上3个刀口,第一个表示借债人,第二个表示中间人,第三个表示债主,下方刻上8个刀口表示借贷的数目。这种刻痕和结绳计算在亚洲、非洲、美洲和大洋洲的许多部落中都很流行。

手工业出现

早在新石器时代,随着社会生产力的发展,就已产生了从属于农业的家庭手工业,如制陶、制革、编织等。金属器的应用和第一次社会大分工后,劳动生产率的提高和交换的发展对手工业产生了巨大影响。铜器和铁制的铸造、制陶、纺织、榨油、酿酒、造船、建筑等手工业日益复杂化和专门化。种类繁多的生产劳动,要求劳动者有较为丰富的经验和熟练的技术,也不能由同一个人进行了。于是,发生了第二次社会大分工,手工业脱离农业,形成独立的个体手工业。此后,社会分工更加繁复、专一,人的劳动力价值也因而更为具体。《荷马史诗》便已提到制造盔甲、盾牌的各类武装作坊和各类工匠,如铁匠、木匠、皮匠以及金银匠等。

公共财产逐渐成为私有

早在母系氏族社会后期,某些工具或物品就已归入个人所有,但这还不是真正的私有制。在原始社会末期的父系氏族公社时代,由于金属工具的使用,社会生产力和劳动分工得到发展,劳动生产率显著提高,剩余产品日益增多,父家长制大家族乃至一夫一妻制个体家庭经济随之出现,产品交换也日渐频繁。一些氏族首领利用自己对公共财产的管理权和产品交换的机会,逐渐将公共财物归为己有。首先成为私有的是牲畜、农产品等动产,后来部分土地也变为私有财产。私有制基本上有两类:以个体(农民和独立手工业者)劳动为基础的小私有制和以剥削他人劳动为基础的剥削阶级私有制。在人类历史上剥削阶级私有制先后出现三种主要形式:奴隶制、封建制和资本主义私有制。在从原始社会向阶级社会过渡的时候,私有制曾起过积极作用。作为一种新的历史因素,起初它也受到传统力量的排斥,后来才逐渐被社会容忍,直至受到保护。然而,当它一旦成为剥削阶级法律的宠儿,就完全走向反面,成为阶级社会一切罪恶的根源。

原始动植物知识

在原始社会,人们依赖自然界的动植物求得生存。在采集、渔猎活动中经常与动植物接触,逐渐积累了动植物方面的知识,了解了它们的生活习性和生长规律。澳大利亚人熟悉他们周围生长着的树木、灌木林和草,知道如何去利用它们:妇女能够用许多植物制成食品。猎人了解自己猎区的每一种飞禽、走兽,熟知它们的生活特点、踪迹和移动路线。在长期的采集生活中,人们选择了一些优良的可食植物进行人工栽培。澳大利亚的美拉尼西亚人从事农业不久,就会种植10种山药、14种面包树、52种香蕉、220种芋芳。北美印第安人用10个不同的词称玉蜀黍成熟过程中的各个阶段,表明他们在种植活动中已积累了丰富的经验。在狩猎过程中,人们逐渐对某种动物进行驯化、饲养。在中石器时代已开始驯养绵羊和狗,至新石器时代,山羊、猪、牛等动物也陆续被驯养。新石器时代晚期的遗址中,发现母畜的

·人类的起源·

图文珍藏版

数量往往比公畜多,可能人们已将凶猛而不能繁殖的多余公畜杀掉,而选择比较驯良的母畜和必要公畜加以驯养、繁殖。

原始雕刻产生

约于旧石器时代的晚期,随着生产技术的提高和生活需求的日趋复杂,产生了原始的雕刻。

在欧洲奥瑞纳~梭鲁特期文化遗址已发现刻在骨、角、石上的图案,把短刀的刀柄刻成山羊的样子,或在鹿角短刀的刀柄上刻着一只跳跃的驯鹿。从比利牛斯山到顿河的广大地区,发现了一些用石灰石、泥灰岩等软质石料雕刻的妇女圆雕像,一般仅有几寸长,躯体较长,性标志特别突出。苏联顿河骨村发现的两个猛犸象牙刻的女人像是较为典型的代表。这些女性雕像,反映了母系氏族公社对女性祖先的崇拜。在非洲的尼罗河流域的新石器时代遗址,发现了妇女的象牙雕像和黏土塑像,还有象牙刻的兽头。美洲北极地带,发现了公元初用海象牙雕成的海兽、鱼类等形象。加拿大梅尔维尔半岛出土的象牙雕像,有一位裸体男子将孩子举在自己头上,这可能是古代爱斯基摩人的作品。

第二次社会大分工产生

在西亚、北非、印度、中国及爱琴海地区,早在金石并用时代或青铜时代,手工业就已出现,而在希腊、罗马等地则是在铁器时代出现的。由于铜器、青铜器和铁器的广泛使用,大面积的伐木垦荒、农田耕作已成为可能。与此同时,农业生产中栽培的作物种类也不断增多,除种植谷物外,还经营园艺,栽培经济作物。生产力的提高及交换的发展,也使手工业生产日趋复杂。金属加工、陶器制作、纺织、建筑、皮革、造船等行业也迅速发展起来,技术不断改进。如此丰富多彩的生产活动,已无法使每个人或每个部门都能从事,于是继第一次社会大分工之后,出现了第二次社会大分工,即手工业与农业的分离。

原始人开始运用医学知识治病

原始社会的人们在长期的生活实践中,逐渐积累了一些医学知识。考古材料证明,生活在三四万年之前的克罗马农人已用燧石工具进行外科手术。其中最令人惊异的是"环锯术",就是将脑壳锯一个大洞,然后把头皮缝上,用这种方法治疗头骨破裂、癫痫、偏头痛及忧郁症等疾病。有的头骨锯口边缘已长出新骨,说明病人手术后在继续生存。在中国古代,相传神农"尝百草之滋味,水泉之甘苦,令民知所辟(避)就。当此元时,一日而遇七十毒"(《淮南子·修务训》),这是发明医药的传说记载。人们经过长期实践,将植物区分为有毒、无毒两类。将无毒的作为日常食品,有毒的制成毒药,用来毒杀野兽。人们还逐渐掌握了用某种动植物和矿物治病的本

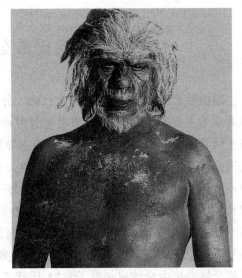

克罗马农人

领。原始人治疗疾病的方法很多,印第安人以热水浴治疗伤风。澳大利亚人用皮革或木制夹板接骨;止血用软树皮或带子包扎,或用泥土、蛇油和其他动物油、鸟类、无花植物的汁液、木炭、灰烬等涂伤口;被蛇咬伤后,把伤口中带毒的血吸出来,然后灸烙伤口,以防腐烂;用放血法治疗头疼和风湿;治疗皮肤病用泥土、红赭石等涂抹患处;发烧用冷敷降温,治疗伤风用拔火罐,或者使病人出汗。原始社会的治病方法往往同巫术有联系,有些部族的巫师兼巫医,有些部族有专门治疗病的巫医,他们一面用巫术驱鬼,一面也采用一些合理的治病方法。

一夫一妻制取代对偶婚制

在原始社会末期,随着父系氏族公社代替母系氏族公社的社会变革,世系与财产继承开始按父系计算。于是,为了保证子女生自一定的父亲,母系氏族公社所特有的从妻居便转变为从夫居,女子出嫁到丈夫的氏族,原来的对偶婚逐渐发展为一夫一妻制。这样,使丈夫取得支配地位,婚姻关系也更加牢固。由于金属器的使用,一家一户已有可能单独从事生产,一夫一妻制个体家庭便从父系大家族中脱离出来,成为独立的社会经济单位,进一步巩固了一夫一妻制。在剥削阶级统治的社会中,在父权、夫权的支配下,都片面要求女子严守贞操,通常并不排除男子公开或秘密的多妻制。

父系氏族公社形成

原始社会末期,在出现第一次社会大分工的条件下,男子从事的犁耕农业和畜牧业成为主要的生产部门,妇女的家务劳动成为无足轻重的附属品,从而男子在经济生活乃至公共事务中取代了妇女的主导地位。于是,原来以母系为中心的母系氏族公社变为以父系为中心的父系氏族公社。在父系氏族公社,按父方血统计算世系、继承财产,婚姻关系由对偶婚转变为一夫一妻制。一个父系氏族包括若干父家长大家族,每个父家长制大家族往往包括三四代男系亲属,构成父系氏族社会的基本社会经济细胞。耕地已分配给各大家族使用,只有森林、牧场、池塘等仍为氏族共同使用。父权制氏族还保留氏族民主制的性质,但氏族议事会由各族长组成,氏族全体会议由全体成年男子参加,氏族首领由男子担任。

农村公社的产生

在原始社会末期,随着金属器的使用和犁耕农业的出现,个体劳动已成为可能。加上私有财产的增加,氏族民主制被破坏,血缘关系逐渐松弛,使得一些一夫一妻制的个体家庭从父系大家族中分裂出来。他们离开原来的氏族,迁到与之没有血缘关系的人们居住的地方,形成以地域关系结合起来的农村公社。农村公社具有两重性,一方面存在着私有制经济,生产工具、牲畜、农产品、房屋及宅旁园地已是个体家庭的私有财产。另一方面还保留着公有制,耕地定期分配给各个家庭使用,草原、森林、水源等也共同使用。农村公社是农业和手工业相结合的闭关自守的共同体。其管理机构后来已脱离人民而逐渐为富裕分子所把持,他们占有较好的份地,拥有较多的财富,并且不断侵犯公社成员的财产。但公社还残存着氏族民主制,重大问题还要由全体成员通过。随着国家的形成和公有制的瓦解,农村公社便解体了。但在某些地区,农村公社一直残存在奴隶社会和封建社会的长期历史进程中。

文字在社会实践中产生

在原始社会,人们为了弥补记忆力的不足或表达一定概念,创造了各种各样的办法。西伯利亚的通古斯人外出狩猎时,把一根木棍斜插在雪中,使人们知道他的去向。如果木棍十分倾斜,就表示他到附近一个牧群去了。公元前6世纪,波斯王大流士一世远征黑海草原的西徐亚人时,西徐亚人遣使送给他一份奇特的礼物:1只鸟、1只鼠、1只蛙、5支箭。这是一份措辞严厉的"最后通牒",意思是说,波斯人啊,如果你们不能像鸟那样飞走,或不能像鼠那样钻入土中,也不能像蛙一样跳入水里,就死在这些箭上吧! 在中国、埃及、墨西哥、秘鲁等地,曾盛行过结绳记事的办法。人们用绳子打起各种各样的结,记忆各种事情。例如墨西哥的惠乔尔人每年要步行近500公里去采集一种无刺仙人掌,这期间留在家里的人与外出者各有一条绳子,并且每天打结。这样双方都会知道今天是什么日子,应到达什么地方和进行什么样的活动。但是结绳还不是真正的文字,离开记忆者,别人就无法理解结绳的意义。比结绳记事进一步的是图画文字,是介于图画和文字之间的表达思想的手段。常见的有人、鸟、箭、树及各种动物形象。在图画文字的基础上产生了象形文字,它以物体的形象代表一定意义的文字,有一定的读音,已是真正的文字。

原始宗教观念

在原始社会,人们对昼夜的交替、季节的变更、变幻无常的天气、汹涌咆哮的洪水、地动山摇的地震以及生老病死等等都无法理解,似乎自然界到处都有威力无穷、不可捉摸的精灵。于是日月星辰、山川草木、飞禽走兽等都成为崇拜的对象。对自己的身体构造、思维活动,原始人也无法正确认识。尤其对梦幻的不理解,产生了灵魂观念,认为灵魂与肉体分离而独立游荡。如果它暂时离开肉体,就产生梦中的种种景象,如果永远离开肉体就是死亡降临,灵魂开始活动在另一个世界。因此,早在旧石器时代中期,人们就将工具和兽骨葬在死者身旁,供其灵魂使用。旧石器时代晚期,又产生图腾崇拜("图腾"一词源于印第安语,意为"他的族类")观念,认为一定氏族的一切成员来自一定的动、植物,因此对其加以崇拜。祖先崇拜在原始社会也很盛行,相信其祖先的灵魂会在另一个世界保护自己。在母系氏族公社时期崇拜女祖先,随着父系氏族公社的确立和父家长制大家族的产生,人们便逐渐根据人间的家族创造出天界的神族。古代希腊人崇拜的住在奥林匹斯山上,以宙斯为首的神族,不过是人间父家长制大家族歪曲的、虚幻的投影。随着国家的产生,原始的宗教观念便被统治阶级所利用,发展为具有系统教义、教规和祭司集团的宗教。现在流行于世上有著名的印度教、佛教、基督教、伊斯兰教等。

原始音乐

原始人在集体劳动时为了协调动作、减轻疲劳,往往发出有节奏的呼声,逐渐演变为原始的歌声。原始人的歌声非常简单,常常仅是同一呼声或同一词句的重复。音乐是原始人的艺术语言,在战捷、丰收、婚配、生育的时候,人们唱起欢乐的歌;在战败、受灾、服丧的时候,人们唱起悲哀的歌。在唱歌或跳舞时,原始人渐渐学会用打击木板、石块的方法助兴。旧石器时代晚期的遗址中,曾发现侧面有孔的骨管,可能是笛或哨。仰韶文化姜寨遗址发现的陶埙,有3个孔,能吹出4种清晰的声音。鄂温克、鄂伦春等族的狍哨、鹿哨,能吹出模拟动物的声音引诱野兽,这是一种早期的乐器。一些原始部落还有萧,有用口吹的,也有用鼻吹的。

原始舞蹈出现

旧石器时代晚期的绘画中,已出现穿着舞衣跳舞的人。

原始人在生产劳动、社会生活中会产生各种感受,采集的丰获、狩猎的成功都会使人手舞足蹈,以抒发兴奋的心情,于是产生了原始的舞蹈。旧石器时代晚期的绘画中,已有穿着舞衣跳舞的人。澳大利亚东南部新英格兰的姆恩比发现一幅红赭石画的壁画,描绘了人们跳舞的场面。有的摇首顿足,有的大步跳跃,气氛十分热烈。我国青海大通县上孙家寨出土的彩陶盆,内壁上画着3组舞者,每组5人,头垂发瓣,携手并肩,饰带飘拂,舞步轻盈,给人以美的享受。澳大利亚人的集体舞"科罗坡里"是一种原始舞蹈形式,舞者多为男子,白土涂身,踝缚树叶,腰系皮革,忽进忽退,忽左忽右,两手抖动,双脚跳跃,身体屈伸有术。妇女们站成马蹄形,腰间紧绷着一张袋鼠皮,在一个用两根木棒打拍的人指挥下,边敲打鼠皮,边高声歌唱。模仿动物动作的舞蹈在原始人中也很流行,非洲许多部落喜欢跳鳄鱼舞;爱斯基摩人伴着鼓声、歌声,跳起模仿海豹、驯鹿的舞蹈,情景十分动人。再现生产和生活的舞蹈更为复杂一些,澳大利亚东南部有一种战争舞,舞者呼喊跳跃,互相格斗,宛如一场战争。反映宗教内容的舞蹈也很多,景颇族的"金再再"是为悼念死者而跳的大型祭祀舞,可上百人参加。舞者时而挥刀,时而呼叫,边跳边击鼓打锣,两个绘黑白花纹的裸体男子担任保卫,防止恶鬼混入。

埃及国家的形成

据考古材料推测,距今约2万年前,尼罗河谷的高地上就有人类居住的迹象。大约从公元前3500年开始,埃及进入考古学称之为涅伽达文化时期,这是埃及进入阶级社会和文明的时代。这个时期,埃及的生产力有较大的发展,出现了刀、匕首、斧等冶炼铸造的铜器工具和武器。居民已经到尼罗河谷从事生产,挖渠筑坝,进行人工灌溉。商业贸易不仅在国内进行,而且同国外特别是巴勒斯坦、叙利亚地区也有往来。随着社会经济的发展,社会分化和不平等的现象也明显地表现出来。从考古的掘的墓穴来看,一般居民死后葬于简陋的墓穴,随葬的只有少量粗糙的陶器和工具。而少数有财势的人则葬于大坟墓里,随葬品多且比较精致,有些物品还标以私有印记。有一件考古文物上刻有一高大威严的人物,颇有王者风度,头戴象征王权的白冠,身后有两名侍者为之执扇,同时还刻有在尼罗河的岛上从事劳动的奴隶和以田凫为代表的平民。这幅图深刻地反映了当时埃及已有了贵族与平民、奴隶主与奴隶之间的阶级对立。这一切都说明,氏族制度已经走到了尽头,国家已经产生。埃及的国家最初大概是以某一部落的城市为中心,聚集周围的村庄联合而成。埃及人称之为"斯帕特",希腊人称之为"诺姆"。这样的国家大都是小国寡民,但有自己的名称、首城、军队和信仰。最初在埃及约有几十个"斯帕特",至早期王朝第二王朝时期才形成统一的国家。

图画文字产生

介于图画和文字之间的图画文字,早在原始社会末期的母系氏族公社繁荣时期就产生了。在距今 6000 多年前的西安半坡遗址,就发现了在陶钵口沿上刻画的符号,这是中国文字的渊源之一。公元前 4000 年代后期,苏美尔人创造了图画文字。近代仍处于原始社会的民族使用图画文字的很多,印第安人的图画文字就很发达。如北美大草原达科他部落的印第安人记录公元 1800 年的大事时,画一人形,遍体加以红黑两色的点,表示那一年天花流行。而 1840 年则画两只手相向,表示那一年两个部落讲和。1849 年,特拉华部落向美国总统递交了一份请愿书,在桦树皮上画了 1 只鹤、3 只貂、3 头熊、1 条人鱼和 1 条鲶鱼。图中前面的 7 个动物是 7 个氏族的图腾,代表 7 个氏族。而鹤在最前面,是领导氏族。下面画着大湖、小湖以及通往小湖的路。所有动物的眼和心都有一条线与鹤的眼、心相连,表示各氏族意见一致。整幅图画的意思是,请求允许他们在苏必利湖附近一个小湖上捕鱼。

人类开始进入阶级社会

原始社会末期,大体在野蛮时代中期的高级阶段,由于社会生产力的提高,出现了剩余产品,使剥削他人剩余劳动成为可能。同时,生产的发展增加了氏族成员的劳动量,生产规模也在不断扩大,吸收新的劳力以减轻自己的劳动并生产更多的剩余产品也成为需要。于是,战争俘虏不再杀掉,而是把他们变为奴隶。最初奴隶在生产上仅起辅助作用,随着生产的发展和战俘的增加,奴隶便被成批地赶到田间和工场去劳动。剩余产品的积累引起社会分化,某些家族占有大量奴隶和牲畜,而另一些家族则陷于贫困的境地。于是,在部落内部又出现贵族和平民。至此,人类第一次划分为阶级——奴隶主和奴隶、贵族和平民,原始的氏族社会趋于瓦解。由于历史发展过程的不平衡性,进入阶级社会的时间有早有迟。一般认为,公元前3000年左右,尼罗河下游和两河流域最先进入阶级社会。

第二章　美索不达米亚文明

——创建世界第一个文明

美索不达米亚文明(Mesopotamia culture),又称两河流域文明或两河文明。是指在两河流域间的新月沃土(底格里斯河和幼发拉底河之间的美索不达米亚平原)所发展出来的文明,是西亚最早的文明。主要由苏美尔(Sumerian)、阿卡德、巴比伦、亚述等文明组成。

这个文明的中心大概在现在的伊拉克首都巴格达一带,北部两河流域文明古称亚述,南部为巴比伦尼亚。而巴比伦尼亚北部叫阿卡德,南部为苏美尔。

这一带远古时期居住着许多种族,是干旱区域,但下游土地肥沃,很早就发展了灌溉网络,形成以许多城市为中心的农业社会。

两河流域是世界上文化发展最早的地区,为世界发明了第一种文字——楔形文字,建造了第一个城市,编制了第一种法律,发明了第一个制陶器的陶轮,制定了第一个七天的周期,第一个阐述了创造世界和大洪水的神话。至今为世界留下了大量的远古文字记载材料(泥版)。

两河流域,是指底格里斯河(Tigris)和幼发拉底河(Euphrates)之间的美索不达米亚平原(Mesopotamia,希腊文,意为"两河之间",现伊拉克境内)。北接亚美尼亚高原,南临波斯湾,东与西伊朗山脉为界,西与叙利亚草原和阿拉伯沙漠接壤。

新月沃土是指两河流域及附近一连串肥沃的土地。两河流域的定期泛滥,使两河沿岸因河水泛滥而积淀成适于农耕的肥沃土壤。包括今日的巴勒斯坦、约旦河、叙利亚、两河流域,由于在地图上好像一弯新月,所以美国芝加哥大学的考古学家詹姆斯布雷斯特德(James Henry Breasted)把这一大片的土地称为"新月沃土"。新月沃土上有三条主要河流,约旦河,底格里斯河和幼发拉底河,共约 40 万至 50 万平方公里。

苏美尔人创造楔形文字

美索不达米亚地处底格里斯河与幼发拉底河之间,美索不达米亚文明是世界历史上出现的第一个文明,它的伟大创建者是苏美尔人。

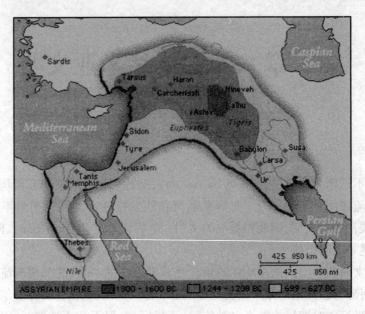

两河流域文明

　　苏美尔位于现在的伊拉克共和国的南部,南临波斯湾,由若干块荒芜、干旱的小平原组成。约公元前3500年时,苏美尔成功地完成了从新时器时代的部落文化到文明的过渡。

楔形文字泥板

　　人类学家指出了早期人类文明的一些特征,比如:城市中心,由制度确立的国家的政治权力,纳贡或税收,文字,社会分为阶级或等级,巨大的建筑物,各种专门的艺术和科学,等等。这些文明的特征在苏美尔人那里都或多或少地有所体现。

早期的苏美尔人在美索不达米亚南部开沟挖渠,依靠复杂的灌溉网,利用底格里斯河与幼发拉底河湍急的河水,从而创建了第一个文明。到公元前3000年时,苏美尔地区已出现12个独立的城市国家,如其中的乌卢克城占地1100英亩,人口约5万。正如美国历史学家爱德华·伯恩斯说的:"历史发端于苏美尔。"当苏美尔人于公元前3200年创造楔形文字时,世界历史开始了。

在古代的苏美尔,经常可以看到有人拿着芦杆或木棒做成的尖头呈三角形的笔,在泥板上写字。这种字从左到右横着写,每一个笔画总是由粗到细,像木楔一样。这就是苏美尔人留给后世西方文明的三大珍贵礼品之一的"楔形文字"。

苏美尔文字是逐步产生的,正如我们现在所知,其间由借助图形表达某种观念到文字的出现经过了1000年的演化过程。公元前3500年左右,苏美尔人开始将图像刻于岩石或镌印于粘土之上,以此作为拥有某物的标志,或者用一块岩石表示"铁石心肠",或者用一棵树表示一幢房屋。

大约过了500年以后,由图形向文字的演化速度大大加快。那时,苏美尔神庙的管理人员使用许多规范化的简图,把它们结合起来保存神庙的财产档案和商业交易档案。

尽管这一时期的书写文字仍具有象形文字的特征,但已超越了以图画表示人及具体事物的阶段,发展成用图画表示抽象事物,例如:一只碗表示食物,一个人头加一只碗则表示吃的意思。

又过了500年,成熟的文字全面取代了旧有文字,因为到那时最初的图画已变得非常系统化,以致人们不再把它们视为图画,而视之为纯粹的符号。这些符号有许多已不再表示特定的词,而与其他同类符号结合在一起就可形成字词的音节符号。

公元前2500年左右,苏美尔地区的这种文字体系达到了充分发展的阶段。楔形符号共有500种左右,其中许多具有多重含义,这就使得楔形文字体系比后来的字母文字体系要难以掌握得多。尽管如此,在两千年间楔形文字一直是美索不达米亚唯一的文字体系。到了公元前500年左右,这种文字甚至成了西亚大部分地区通用的商业交往媒介。

从苏美尔时代残存下来、在近代被发掘出来的楔形文字文献都是抄写在泥板上的。这些泥板中,大约90%是商业的行政记录,其余的10%则是对话、谚语、赞美诗和神话传说的残篇。

苏美尔人的对话采用这样的形式:两个角色在辩论中站在对立的一方互相辩驳——夏天对冬天,斧头对犁子,或者农夫对牧人。由于双方均有许多可以立足的根据,因而辩论通常没有输赢。另一方面,残存至今的苏美尔谚语则提供了明确的观点。一则令人着迷的苏美尔处世格言这样讲："仆人待的地方，必有争吵相伴；理发师待的地方、必有毁谤传出。"

楔形文字流传到亚洲西部的许多地方，它为人类带来了文明的"火种"。公元前2007年，苏美尔人的最后一个王朝衰亡之后，巴比伦王国把这份遗产继承了下来，并有了新的发展。

汉谟拉比统一巴比伦

巴比伦意为"神之门户"。这个城邦位于幼发拉底河中游，扼西亚贸易交通的要冲。它的境内土地肥沃，水源丰足，孕育着这一古国的文明。

公元前1894年，这里建立了古巴比伦第一王朝。但是此时的巴比伦不过是一个时而依附这一邻国，时而向另一邻邦称臣的小邦。直到第六代国王、雄才大略的汉谟拉比登上王位之后，才使它一跃而成为显赫一时的统一两河流域的大国。

在汉谟拉比继承王位时，巴比伦的领土范围，长不过120公里～130公里，宽只有32公里～33公里。他向北方的亚述称臣，致力于制定法律，修筑城墙，重建神庙，努力积聚实力，消弭内争。

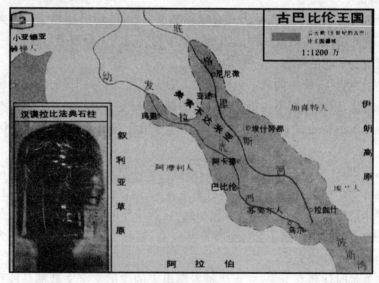

古巴比伦王国

汉谟拉比机灵善变，审时度势，利用矛盾，各个击破。他的基本策略是团结邻邦，集中全力打击一个主要敌人。一开始，他和北方的马里、南方的拉尔萨结盟，继续承认亚述的统治，以巴比伦、马里、拉尔萨的联合力量，一举灭亡了南方的近邻伊新。

随后,他又特别致力于与北方的马里结好。马里位于幼发拉底河的中游,联合了幼发拉底河流域许多的城邦,征服了一些游牧部落,并且与东地中海的许多城邦有着广泛的贸易和外交联系。

汉谟拉比与马里国王吉姆里利姆在信函往来中互称"兄弟",约定在国际事务中采取联合一致的行动,在军事上互相支援。汉谟拉比帮助马里摆脱了亚述对它的控制,也曾协助吉姆里利姆击退草原部落和东部邻国埃什努那的入侵。

当汉谟拉比认为自己的力量已经足够强大的时候,便于公元前1764年出兵击败了埃什努那。再过一年。即在汉谟拉比在位的第31年,巴比伦对拉尔萨发动了决定性的进攻。经过对拉尔萨的最后要塞的数月围攻,汉谟拉比终于灭掉了这个长期的劲敌,迫使它的国王黎姆新逃奔埃兰。

汉谟拉比这一系列举动,使邻国为之惊恐。特别是马里国王已有了警觉,即使是在他和汉谟拉比的关系处于最好状态的时期,也通过他的常驻巴比伦的外交使节和谍报人员,密切注视巴比伦各方面的情况。当他察觉形势的变化后,便召回了和巴比伦人一起在拉尔萨作战的部队。但是,为时已晚了,巴比伦已经强大到如此地步,他再也不可能与之平起平坐了。汉谟拉比在灭掉拉尔萨之后,挥师直逼马里城下,吉姆里利姆被迫臣服于汉谟拉比。

两年后,也就是公元前1757年,吉姆里利姆举兵反叛,遭到汉谟拉比的残酷镇压。一度繁荣昌盛的马里城被夷为平地,吉姆里利姆苦心营造的豪华宫殿也被付之一炬。

在取得节节胜利之后,汉谟拉比继续对亚述用兵,击败了亚述的军队及其盟友。虽亚述王朝因某种原因幸存下来,但其南部领土却被汉谟拉比占据。

汉谟拉比在他在位的第38年,攻灭了埃什努那。此次战役,他是以残酷的决河屠城手段获得最后胜利的。

汉谟拉比统治的最后两年,巴比伦国家的扩张已达极限。社会内部矛盾,使其从对外扩张转入内部防御,对内力求维持社会秩序的稳定。已经身染重病的汉谟拉比,把国务交给自己的儿子萨姆苏伊鲁纳处理,公元前1750年汉谟拉比病逝。

汉谟拉比花了35年的时间,采取灵活的外交手段和军事征服政策,剪除城邦割据,消弭混乱,统一了两河流域。创建了一个从波斯湾至地中海沿岸的中央集权的奴隶制帝国。他自称是"强大之王,巴比伦之王,阿穆鲁的全国之王,苏美尔、阿卡德之王,世界四方之王"。在他当政期间,巴比伦成了西亚最大的经济、政治和文化中心。

汉谟拉比法典序言中说:"安努与恩里尔为人类福祉计,命令我,荣耀而畏神的君主,汉谟拉比,发扬正义于世,灭除不法邪恶之人,使强不凌弱,使我有如沙马什,照临黔首,光耀大地。"

汉谟拉比不愧为古代西亚奴隶主阶级的杰出政治家。他之所以取得成功,是

·美索不达米亚文明·

图文珍藏版

与他实行的一系列政策密切相关的。

世界最古老的法典——《汉谟拉比法典》

《汉谟拉比法典》刻在一个石碑上，共包括282则条文。1901年，一支法国考古队，在伊朗的苏萨挖出了一根黑色玄武岩的大石柱。这根石柱已经断成三截，但拼起来还是完整的，石柱两米半高。它的上方刻着两个人的浮雕像：一个坐着，右手握着一根短棍；另一个站着，双手打拱，好像在朝拜。石柱的下部，刻着像箭头或钉头那样的文字。经考证，这正是用楔形文字记录的法律条文——《汉谟拉比法典》。

在《汉谟拉比法典》中，奴隶毫无权力可言，稍有过失即受到断肢的可怕惩罚。此外，《法典》中提到了两个法律阶层：一是"人"，显然意指贵族；另是所有其他既非"人"亦非奴隶的人，他们的法律待遇很差，但拥有某些法律权力。

《汉谟拉比法典》建立在两个最著名的原则基础上，此即"以眼还眼、以牙还牙"和"让买方小心提防"。

乍一看来这两个原则都很原始。在规定对确定的伤害行为进行赔偿时（"倘人毁他人之目，则毁其目"；"倘人断他人之骨，则断其骨"），《法典》从不考虑最初的伤害是否纯属意外，而是残酷无情地坚持让人受到皮肉之苦和侮辱。

"让买方小心提防"原则不那么残酷无情，但看上去不像是法律。为什么国家在一部法典里宣布卖方行诈不会受到惩处呢？因为美索不达米亚人颁布法律主要是为了制止争斗。他们以为——这绝非毫无理由——一个总想采取暴力手段的人，如果记住不论他怎样加害于人，都会受到法律同样的处罚，那么他也许会不再施暴。

另外，他们也清楚地认识到，惩罚只有迅捷无情才能收到威慑效果。这一观点使得他们必然对无实质意义的动机问题不予考虑，因为调查犯罪细节和犯罪动机要花费时间，况且，如果罪犯知道如何保护自己，那么这就会使真正蓄意的罪犯有可能逃脱法律的惩罚。

至于"让买方小心提防"原则，同样也是为了制止争斗，因为买方知道自己没有权力，如果他去取闹，马上就会受到惩罚。

正是依靠这部法典，汉谟拉比时代的巴比伦社会，成为古代东方奴隶制国家中统治最严密的国家。

至今，这部刻在石柱上的法律条文仍是世界上一部最古老而最完整的法典。

寻求永生的吉尔伽美什

巴比伦位于底格里斯河与幼发拉底河之间,是世界人类文明最古老的发源地之一。巴比伦文化的起源可追溯到远古的苏美尔和阿卡德文明时期,苏美尔和阿卡德文化对巴比伦文化有着深远的影响,因此有许多学者认为巴比伦文化更确切地应称为苏美尔——巴比伦文化。

巴比伦文学源远流长,是巴比伦文化的重要组成部分,是世界上最古老的文学之一。而英雄史诗《吉尔伽美什》更是古巴比伦文学的代表作,是世界文学史上最古老的史诗。

但《吉尔伽美什》长期湮灭,不为人所知。直到18世纪末期,法国人发现了带有楔形文字的泥板,才引起了欧洲学者对巴比伦文化的研究兴趣,他们相继在尼尼微等地的古代遗址中发掘出了大量的粘土泥板和残片。80多年后,楔形文字才译读成功。1872年,英国的乔治·史密斯从清理尼尼微宫殿遗址出土的泥板残片里,偶然发现了《吉尔伽美什》的第十一块泥板,即"洪水传说"部分。经过半个多世纪的努力,到20世纪20年代,《吉尔伽美什》的原文才大体齐全。全诗3000多行,由12块泥板组成。不过专家大多认为第十二块泥板是后人加上去的。目前,已被译为10多种文字,被公认为是最古老的世界文学名著。

《吉尔伽美什》是一部神话传说和英雄故事的汇集,从基本内容来看,在公元前3000多年的苏美尔和阿卡德时期就已经初具规模。据专家鉴定,它最初的写定本可能最迟诞生在第一巴比伦王朝时期,比人所共知的荷马史诗早了1000多年;即使其最完备的编辑本,也比荷马史诗最后一次编订本早了500多年。

史诗的情节可分为四部分。

在第一部分里,史诗的主人公吉尔伽美什在乌卢克城实行残暴统治,他凭借权威,欺男霸女,压迫老百姓,激起了贵族和居民们的愤怒。诗中写道:

吉尔伽美什不给做父亲的留下儿男,

[黑夜白天]他的残暴从不收敛。

[吉尔伽美什]是拥有环城的乌卢克的保护人?

难道这就是[我们的]保护人?[强悍、聪颖、俊秀]。

[吉尔伽美什]不给做母亲的留下女儿,

[无论是]武士的闺秀,[或者是贵族的配偶]!

于是人们祈求天上诸神拯救自己。大神阿卢卢便创造了一个半人半兽的勇士恩奇都来与吉尔伽美什对抗。恩奇都原来生活在野兽中间,与虎狼为伴。后来在神的引导下来到乌卢克城。恩奇都和吉尔伽美什经过激烈搏斗之后,不分胜负,两人惺惺相惜,结成好友。

到了第二部分,吉尔伽美什与恩奇都结成好友之后,就放弃王位,一起浪迹天涯,为民除害。他们先后战胜了沙漠中害人的狮子,杀死了杉树林中危害人民的怪人芬巴巴,又共同杀死了残害乌卢克居民的天牛等等。

吉尔伽美什为给人民造福,将生死置之度外。在征战芬巴巴的前夕,他勉励自己的战友恩奇都:

"我的朋友啊,谁曾超然入世升了天?在太阳底下永[生者]只有神仙,人的[寿]数毕竟有限,人的所作所为,都不过是过眼云烟!你在此竟怕起死来,你那英武的威风为何消失不见?让我走在你前!你的嘴要喊:'不要怕,向前!'我一旦战死,就名扬身显——'吉尔伽美什征讨可怕的芬巴巴,战斗在沙场才把身献',为我的子孙后代,芳名永传。"

这些话至今听起来仍使人热血沸腾。

但芬巴巴可"非比寻常","吼声就像洪水,他嘴一张就是火焰一片,吐口气人就死掉。"吉尔伽美什毫不畏惧,终于在天神舍马什的帮助下打死了芬巴巴。

诗中这样描写:

天神舍马什听了吉尔伽美什的祷告,
便朝芬巴巴卷起强有力的风暴。
大风,北风,[南风,旋风],
暴风雨的风,冰冻的风,卷起怒涛的风,
热风,八种风朝着他刮起,
直冲着[芬巴巴]的眼睛打去。
他既不能前进。又不能退却,
于是芬巴巴只好投降。
……

但是,恩奇都对[吉尔伽美什]说:
"不要听芬巴巴[所说的]话,
不能让芬巴巴[活下去]!
吉尔伽美什长得英俊、威武。这在史诗第一部分就有过描写:
自从吉尔伽美什被创造出来(?)
大力神[完成]他的神态,
天神舍马什赐给他[俊美的面容],
阿达德授予他堂堂威风,
诸大神使吉尔伽美什丰姿[秀丽],
[他身高]11步尺,胸宽[9指尺],
……

他 2/3 是神，[1/3 是人]，他手执武器的风度无与伦比，

他的'鼓'会使他的伙伴们奋起。"

大女神伊什妲尔对其萌生爱意，向吉尔伽美什表露时却遭到拒绝。于是伊什妲尔恼羞成怒，升上天国，要挟父亲天神阿努制"天牛"残杀吉尔伽美什的人民。

吉尔伽美什和恩奇都面对凶狠的天牛，强压怒火，机智勇敢，战而杀之：

"天牛"第三次喘着鼻息，[扑向]恩奇都，

恩奇都[躲开了]它的冲击。

恩奇都跳起，将"天牛"的角抓住。

"天牛"脸色惊慌，

用尾巴将[恩奇都]拂去。

恩奇都开口[说话]，

[对吉尔伽美什]说：

"我的朋友啊，我们[已经取得胜利]。"

……

[他]将剑[刺进]颈和角中间，

杀了牛，他们扒出心肝，

奉献于舍马什之前。

杀死天牛之后，吉尔伽美什把满腔怒火对准了伊什妲尔，把天牛大腿掷向了伊什妲尔的脸。这个极度侮辱的动作激怒了本觉理亏的天神，她使恩奇都猝死。吉尔伽美什悲痛万分，也感觉到死亡的可怕，决心寻求永生之术，探索生命的奥秘。

第三部分中，吉尔伽美什开始了寻找长生之术的旅途。当他来到沙索利人把守的"上抵无边""下通阴间"的马什山，沙索利人明明白白告诉他此事不会成功。

然而他说：

"纵然要有悲伤和痛苦，纵然要有奇寒和酷暑，纵然要有叹息和眼泪，我也要去，来，给我打开入山门户！"

他取得仙草之后，兴奋异常，并想要把它带给更多的人，以让他们重返少年，青春永葆。但好景不长，就在他洗澡的时候，仙草被蛇叼走了。吉尔伽美什对着江水悲痛大哭。

虽然他空手而归，但是这种"不到黄河不死心"的进取精神难能可贵。他是人类远祖对生命憧憬和向往的化身，无数年来，人们对死亡都无法逃避。

第四部分（第十二块泥板），写了吉尔伽美什和好友恩奇都的灵魂对话。他请求恩奇都把大地的法则告诉他。然而恩奇都的回答却十分的悲痛，人的生命是有限的，谁也控制不了。

吉尔伽美什史诗反映了远古时代人同大自然的斗争，为后人提供了生动的历史图画。

·美索不达米亚文明·

图文珍藏版

史诗对洪水描写道：

海水平静了，暴风雨住了，洪水退了。

瞅瞅天，已然安静如故，

而所有的人却已葬身粘土。

在高如平房屋脊的地方，有片草原出现，

刚打开舱盖，光线便照射我的脸。

我划船而下，坐着哭泣，

我泪流满面，

在海的尽头，我认出了岸。

在史诗中还表现了很强的哲理，像探求长生，这在人世间直至目前尚还是奢望，但是却早已成为千古的生命与哲学的话题。

《吉尔伽美什》经过亚述帝国和波斯帝国的传播，对东西方文学都产生了巨大影响。希伯来文学中的大洪水故事，显然是受到了苏美尔文化影响，后又成为基督教传说。

在苏美尔——巴比伦文学里，尤其是公元前 19 世纪至前 16 世纪古巴比伦王国的泥板上的作品，是极其丰富的。

其中《埃努玛·埃立什》是世界上最古老的创世神话，全部刻在七块泥板上，这就是《七块创世泥板》书，约千余行的内容讲述了古巴比伦王国的保护神玛尔都克创造天地万物。在旧约中记载的人类远祖犯罪，上帝 7 天创世等等都可从中找到原型。

亚述帝国的盛衰

两河流域的第一段历史，是由苏美尔人开创的，苏美尔人势力所到达的地方，是两河下游的施纳平原，其中心为尼帕。之后，闪族人也在两河下游发展，其中心为巴比伦城。

第二段历史是由亚述人创造的。

《民族竞争》一书中描述：

"亚述本身，比起其四邻来，不过是一个贫穷而不重要的地方。其所跨的土地，在底格里斯河中游的西岸，介于北纬 35 度与 37 度之间。其处境自成完整而健全的一区：气候的变化不激烈，土地肥沃，又无河水泛滥的危险。其东部为许多小河所灌溉，这些小河或流入伊朗高原，或流入较低的丘陵地带。河床很低，水流平静；只有春夏之交，雨量增加，山雪也溶入其中的时候，河水才溢出到附近各地。水退后，菜蔬等物相继萌芽，几天之中，一片嫩绿。不过这种好景，历时并不是很长：太阳的热力,很快就把潮湿的肥地晒干;菜蔬之类,因之也常有不能成熟的危险。为免此弊,亚述人就掘有许多小小的运河及储水之处,某些痕迹至今仍可发现,旱季到来之时,灌溉也极方便。所有土地,都是这样灌溉的,非常肥沃。每年所出谷物,如大麦、小麦、粟子、胡麻等类,其丰富可与巴比伦相竞争。至于果树,则有阿月浑子、苹果、石榴、杏梅、葡萄、扁桃以及无花果等类。在这样的自然环境之内,很早就有城市产生。多数的城市,都在底格里斯河左岸;当地的资源,足以维持这些城市中相当密集的人口。故此,所有城市,都是人口繁盛的中心;在亚述人的势力达到全盛之时,尤其如此。至于底格里斯河右岸,仅有若干小城,零星分布着,显然是农民耕种之地。"

在公元前 3000 年,来自沙漠湾的游牧闪族亚述人就占领了这块地方。他们操着闪族土语,受到苏美尔人影响。

起初亚述是一个小王国,东南是巴比伦,西北是赫梯人。公元前 1000 多年左右,亚述人击退了许多骑猎游牧民族,势力逐渐扩大。但是地中海东岸以实力雄厚的阿勒米人为主,切断了亚述西向发展之路。所以,亚述人在帝国建立之前,并不能到达地中海东岸。

亚述民族一直酝酿自己的势力,直到公元前 8 世纪前后才成为西亚全境的主人,历时 100 余年。

亚述人武力雄厚,使用铁器,骁勇善战。在石刻图画中可看到他们的战斗野性:

"他们面孔上的表情,毫无和蔼之像,这与埃及帝国时代之图像截然不同。事实上,亚述人也根本不以和蔼之状为可取:他们不爱同类,不如埃及人之所为;他们心肠硬如铁石,不知怜悯他人,亦复不知怜悯自己;他们毒辣好斗,一如加尔提人,且更受得起严格的训练。他们之出身,无论是出自民间,或出自贵族,天生是士兵坯子。"

亚述人发动的亚述战争是亚述鼎盛时期进行的侵略战争,约发生在公元前 9~7 世纪。

亚述国王亚述那西尔帕二世(公元前 884~前 859 年)曾多次远征北叙利亚和南高加索。在南高加索,遇到了建国于此的乌拉尔图的抵抗。公元前 9 世纪中叶,几个毗邻国家组成了以大马士革为首的反亚述大同盟。卡尔激战(公元前 854 年)之后,亚述军撤退。但不久亚述又开始推行对外扩张政策。公元前 8 世纪中叶,国王提格拉特帕拉沙尔三世和他的继承者(萨尔贡二世和辛那赫里布)征服了大马士革、南叙利亚和巴勒斯坦,直至加沙城。继他们之后,国王阿萨尔哈东又侵占了南腓尼基和沿海大城市西顿。他在远征到达尼罗河河谷之后,曾一度征服埃及。亚述巴尼帕在位时(公元前 669~约前 633 年),亚述处于极盛时期,成为独霸前亚细亚的大国,始终保持着高水平的军事组织与兵器。

·美索不达米亚文明·

图文珍藏版

军队是国家机器中最重要的组成部分,军队的成员包括村社社员、农民、手工业者和小商人,出征时由民军组成。在边境和特别危险地区获有分地的移民在出征期间也须服兵役。

公元前8世纪,提格拉特帕拉沙尔三世在位时,对中央和地方的政权机构进行了重要改革,以适应军事的需要,常备军取代了民军。公元前8世纪中叶,由于骑兵成了重要兵种,军队变得机动灵活了,骑兵常常迅猛追击并快速歼灭敌人。步兵由重装和轻装的兵士组成,在军队中起着主要作用,他们身穿铠甲,有盾牌和头盔防护,以弓箭、短剑和长矛为武器。军队中有专门筑路、架桥和设营的部队。筑城技术也得到了发展。亚述人以擅长构筑工事、围城和强攻敌人而著称。他们会使用一种带轮子的攻城器。

长期的战争促进了亚述人军事学术的发展。他们能巧妙地采用正面攻击和侧面攻击,已会将部队排成一定的队形,并知道奋力抢占狭窄的山隘口、山间通路以及在前亚细亚山区和荒漠地区至为重要的水源。一些编年史常把亚述人屡战屡胜的原因归结于他们能迅速进攻,又能迅速地追歼敌军。亚述人还广泛地进行军事侦察和谍报工作。驻外特使均按时向国王报告别国的详细情况,如备战、军队调动、缔结秘密同盟、接见和派遣使节、密谋和起头、要塞的构筑、叛逃人物、牲畜的总头数及收成情况等。亚述人十分重视保障交通线和通讯联络。他们精心维护道路。遇有战况,则在高台上点燃木柴,用烽火报警。通过荒漠地带的通路均筑有堡垒防护,并备有水井。大居民点都设有特别官员和专门"为国王传送公文"的急使。有些地方至今还保存有当时的路标残片,上面载明各城市间的距离和路程所需时日。亚述是内陆国,由于没有自己的舰队而要利用邻国腓尼基的舰队,因此总想占领腓尼基和叙利亚的重要沿海城市。

亚述人广泛地吸取了邻国的作战经验。他们从米坦尼人和赫梯人那里学会了使用骑兵和战车;从巴比伦人那里学会了在国境上建立军屯(每个军屯户都得到一块土地,享有各种特权,为此须服兵役)。同样,叙利亚人在军事上所取得的成就也被邻国所采用。例如,波斯人从亚述人那里学会了筑城技术,学会了用攻城器攻城,以及修筑"供车辆和军队通行的道路"的方法。后来,罗马人又从波斯人那里学会了筑路、架桥和开辟营地。

为了加强专制政权并为其军事侵略政策辩护,亚述也像古代东方其他奴隶制国家一样,广泛地利用宗教观念。亚述神被视为亚述人的最高神。根据当时的宗教信仰,亚述神使所有的部落和民族都听命于亚述的统治。人们常把亚述神描绘为张弓欲射的武士。

在造型艺术中,特别是在宫壁浮雕中,常常有表现战争场面、会战、围攻和部队调动等情景。有关亚述的军事实力及后代暴君镇压被征服人民反抗的骇人听闻的残暴行为,当时及后代的书籍中都有明确的记载。但是,觊觎世界统治地位的强国亚述,其内部却很虚弱:被征服的领土十分辽阔,在经济上互不联系;被征服的部落和民族为自身的解放不断奋起斗争。乌拉尔图人和依兰人连续不断地反抗亚述的统治,始终不屈不挠地争取获得独立,加之国内阶级斗争日益尖锐,亚述国家终于渐渐走向覆灭。公元前7世纪末(亚述巴尼帕死后不久),米底人和巴比伦人的军队打败亚述人,加速了亚述的灭亡。

神秘的巴比伦城

古代巴比伦有着悠久的历史,是世界古代四大文明发源地之一。古老神秘的巴比伦城就是在这漫长的时间内逐步建成的。

据考古学证实,早在公元前31世纪,在两河流域就出现了几十个奴隶制小城邦。巴比伦就坐落在底格里斯河与幼发拉底河之间。后来,这个小城邦经历了苏美尔、阿卡德、乌尔第三王朝的统治。大约在公元前18世纪,阿摩利人占据了巴比伦城,建立了古巴比伦王国。在建国初期的一个世纪内,古巴比伦仍然只是一个小邦,不时地臣服他国。直到第六代王汉谟拉比统治时期,汉谟拉比励精图治,一跃而成为显赫一时的大国。这时,巴比伦城初具规模。但是,汉谟拉比死后,王国立时衰

巴比伦城

落。到公元前13世纪后半叶,亚述王国复兴,进军幼发拉底河畔,洗劫了巴比伦城。巴比伦城遭到巨大破坏,巴比伦重新沦为任人欺辱的小城邦。直到公元前10世纪初,原居波斯湾沿海的迦勒底人定居两河流域,才受到巴比伦文化的影响,逐渐同巴比伦人融合。公元前626年,迦勒底人首领那波帕拉沙尔受亚述人的指派,率军进驻巴比伦。但是当他到巴比伦之后,却举行了反对亚述统治的起义,建立了新巴比伦王国。公元前612年,迦勒底人联合米底,攻陷了亚述帝国首都尼尼微。公元前605年,又攻陷亚述西部据点卡尔赫末什,亚述帝国灭亡。新巴比伦王国日渐强盛。那波帕拉沙尔死后,其子尼布甲尼撒二世继位。这时,新巴比伦王国到达鼎盛。尼布甲尼撒二世大兴土木,扩建巴比伦城。新城颇为壮观,称为新巴比伦城。

新巴比伦城横跨幼发拉底河两岸,位于今伊拉克中部。新巴比伦城的繁荣与

美丽在当时是无与伦比的。它的平面近似方形,占地约 100 平方公里。周围有高大的城墙。由于缺少良好的木材与石料,城墙与建筑物均为土坯砌筑,表面贴琉璃砖。城墙厚重坚固。城墙顶上可供四驾马车奔跑转弯。城墙外设护城壕沟。每隔数十米筑有一塔楼。全城共有塔楼 250 座,可从容应付来敌侵犯。城墙的西端屹立于底格里斯河上,是一道天然的屏障。

新巴比伦城四周有 100 个青铜大门,十分坚固。正门即伊什塔门,位于城市北端。伊什塔门为南北两重,大约建于公元前 575 年,各由一对向前凸出的方形碉堡夹持着中央拱券门洞组成。城门高 14 米。门楼表面装饰着彩色琉璃砖拼砌成的浮雕,有狮子、公牛、仙兽等动物,均为侧面形象,造型生动,程式化。雕像排列得均匀整齐,共 13 行,约 500 多只。进入城门是一条笔直的中央大道,中央大道贯通南北,宽约 22 米,石板铺筑。两侧墙壁上排列着狮子浮雕,近 1 公里长。塔楼城墙顶端均作成雉堞,转角、边缘部位用浅色琉璃勾勒,具有浓厚的装饰效果。

城内道路宽阔平坦,纵横交错,均用石板砌成。西侧有高耸的观象台与马都克神庙。皆以敷釉砖瓦砌成,色彩缤纷夺目。宫殿居于城北,装饰华丽,金碧辉煌,自有一种皇家气派。

宫中最有名的当数"空中花园",又称为"悬苑",是人工筑起的一座高达 25 米的人造梯形小山。山上层层种植奇花异草,人工浇灌。小山上碧树藤萝,花果飘香。清晨是薄薄晨雾,枝青叶翠。夜晚时,皎皎月光,淡淡青霭,宛如仙境。在幼发拉底河沿岸缺少树林的旷野上,更加引人注目,被希腊人誉为世界七大奇迹之一。相传这一人间奇境是尼布甲尼撒为取悦爱妃阿米蒂斯而修建的。阿米蒂斯是当时的美女,被尼布甲尼撒二世从伊朗抢到巴比伦。美人终日不语,暗自垂泪,她想念那草木繁茂的故乡。为博得美人一笑,尼布甲尼撒二世征集几万奴隶,模仿伊朗风光,建造了这一人间仙境。

但是,美景不长在,尼布甲尼撒二世死后不久,国内发生严重的政治危机。公元前 538 年波斯人长驱直入,一举毁灭了巴比伦城。新巴比伦灭亡。从此,新巴比伦城湮没在荒草之中。但是巴比伦文明却流传下来,对西亚乃至欧洲文明的发展都产生了巨大影响。

"人头牛身怪"画

公元前 2000 年前的苏美尔,留下来一张牛头琴。人们在牛头琴的琴箱里发现了奇怪的画面。画上有三个人物:两个"人头牛身怪"拥抱着一个人,而这个人生着蝎子的尾巴。更有意思的是,相邻的一幅画上画着送酒菜的"仆人",这两位"仆人"是狮子和狼。在一旁演奏乐器的是熊、驴、鹿。

这些画让我们想到儿童的头脑中那些奇奇怪怪的念头，和动画片中的想象出奇地相似，真是生动有趣。但这些画究竟代表了什么意思。至今没有人明白。

今天的巴格达"伊拉克"博物馆中，有一座青铜头像。它是号称"世界四方之王"的萨尔贡一世之塑像。阿卡德王萨尔贡一世是一位剽悍骁勇的人，它的面部刻画得十分简练，寥寥数笔的刻塑，让人感到了一股强悍之气迎面袭来，栩栩如生。

在两河流域出土的汉谟拉比时代的法典刻石，为后人研究巴比伦艺术提供了丰富的资料。石柱上方是日神和他背后的光焰，汉谟拉比向日神祈礼，以示顺应天意。从这些人物中，我们看到古代西亚对埃及的影响，即人物的双肩都过于平展。

亚述的雕塑具有凶猛威勇的特点，人们把强力作为赞美的对象。为了表示力的伟大，亚述人将人和兽的形象结合在一起。在萨尔贡二世的皇宫门口，矗立着守护神"人首飞牛"。把力大无穷的牛添上翅膀，正是神勇的象征。巴比伦人的牛有没有特殊意义不得而知。

古代的埃及、西亚与希腊半岛隔海相望，在文化上走在前面的西亚和埃及，对希腊文明有很大影响。

西亚的绘画中，我们对其奴隶制早期时代资料的了解还很少。从雕刻上可以看出，苏美尔人雕像的典型特点是鹰钩鼻、大眼睛、圆头颅。为了使脸部表情更具活力，有些贵族或地位较高的头像用宝石镶成双眼。

苏美尔人的建筑代表是多级寺塔。他们的雕刻，往往是静态的，线条比较单调、僵化。

古巴比伦人的雕刻更近一步。

赫梯人则不同，他们在山区生活，多石料。所以，天然的石刻很多，场面也更加广阔、宏大。

亚述帝国时，动物的造型尤其突出，因为他们崇武善猎。在王宫墙上著名的浮雕是《垂死的牝狮》，描绘了一只勇猛的狮子，它的两条后腿已经拖在地上，但却依然用两只前爪支撑在地上，仰天长啸，"困兽犹斗"，场面十分惨烈。狮身上的箭牢牢地嵌着，似乎仍在流血。

也许因为西亚是农耕文化，所以牛是力与可信的象征，飞牛可能有此含义。

西亚农耕文化向欧洲大陆的波及影响一般经历了三条线路：

其一是由西亚经里海西侧到达黑海东岸，然后越过高加索山脉波及整个东欧；

其二是由西亚到达巴尔干半岛，再沿着黑海的西岸，跨过多瑙河进入西欧；

其三是由西亚绕巴尔干半岛或经地中海诸岛到达意大利，影响南欧，同时又分成两路，一路北非，一路经西班牙抵法国等西欧诸地。

古代世界是一个比新世界更神秘，更透射着吸引的舞台。我们只知道苏美尔人是有着高鼻子和暗白皮肤的民族，还知道他们中僧侣的地位最高，至于其他，所知甚少。

当然，在文明时代到来以前的旧石器时代以及更早的时代，更加漫长而广阔。

紫红色的航海人

在地中海东岸位于叙利亚的地方，现今黎巴嫩境内，生活着一个民族，距今约4000 年前，他们就在小亚细亚沿岸、爱琴海诸岛、黑海沿岸建立联络站，开始商业贸易。

古希腊人称这些人叫"腓尼基"，意思是"紫红色"，这个邦国也就被称作"紫红之国"，居民也因此得名。

据说，有一位腓尼基的放牧人，从海边拾到很多海螺，煮熟后准备享受美味，随手扔了几个喂他的猎狗。狗一咬贝壳，突然鼻子、嘴上都是鲜红一片，牧人以为狗受了伤，赶紧为它治疗清洗。可发现怎样也洗不掉血迹，仔细一看，狗没有受伤，而是被染红的。牧人拣了拣自己煮的海螺，逐一查看，发现壳内有两块鲜红的颜色。就这样他发现了一种天然染料。

在当时人们还不会自己制造提炼颜色，所以天然染料就很走俏。从此人们争先恐后地去捕捞这种海螺，用它的贝壳来做颜料染布，结果染成鲜艳的紫红色。

腓尼基的居民们穿上这种染料染过的衣服，即使穿破了，颜色也还不褪掉。这种现象被周围邦国的人注意到了，都来购买他们的布料做衣服穿。

因为当时的埃及、巴比伦以及希腊、赫梯的贵族、僧侣都喜爱紫红色袍子，所以腓尼基人的布料很受欢迎，人们也就把盛产这种染料的地方称为"腓尼基（紫红色）"了。

因为染料和布料销路特别好，腓尼基人渐渐地放弃了种田，开始经商。他们的航海技术就是在经商的过程中发展起来的。由于他们经商的通路以海路为主，所以又被称为"海上马车夫"。

腓尼基人曾经进行过人类最早的非洲环行。他们的非洲环行发生在公元前2600 多年前。

有一天，埃及法老召见一批优秀的舵手和航海家，对他们说："你们不是常说自己航海是一把好手吗？我命令你们从埃及出发，沿着大陆的边沿在海中航行，不许回头，如果能回来就重赏你们。"

腓尼基人不敢违抗法老的命令，他们也对无人走过的航线产生了冒险猎奇的心理，于是驾着三艘优质大船，装备好水、粮食、商品及必要的工具出发了。

3 年之后，奇迹出现了，这些航海人又回到了埃及！法老得知消息后十分吃惊，以为是腓尼基骗了他，然而腓尼基人把沿途所见描绘了一番并拿出风格各异的物产和珍宝，法老终于确信无疑，重赏了腓尼基航海者。从此腓尼基的航海技术更加声名远播。他们造出的双层桨和装备有冲角的战船为希腊人所模仿。

由于腓尼基人的流动性强,他们只建立过一个一个的小城邦。若干年后他们向西部地中海扩张,在西西里、北非、西班牙以及直布罗陀海峡南北,建立了很多商业据点和殖民城市,他们不仅销售木材、布料和粮食等,还从事海盗活动,拐卖人口,贩运奴隶。

腓尼基的最初居民可能是胡里特人。公元前3000年,迦南人迁入,二者融合混居,建立了乌加里特、西顿、推罗等城邦。公元前1400年的时候,一场大地震摧毁了乌加里特。在地中海活动了2000多年的腓尼基人渐渐消亡了。

腓尼基人是一个商业民族,航海发达。他们有自己的文字,而他们创造的腓尼基字母,正是现在欧洲拼音字母的祖先。

巴比伦天文学

古代巴比伦人在农业生产中为了不违农时,非常注意对天象进行观测。他们一般在七级寺塔(吉库拉塔)的顶部设置观象台,由占星祭司在台上观测天体运行。经过长期的天文观测,积累了丰富的天文资料,掌握了一些天体的运行规律,于是便产生了天文学。在古巴比伦时期,已能将五大行星(火、水、木、金、土)与恒星区别开来,并能观测太阳在恒星背景上的视运动轨道——黄道。后来又区分出黄道上的12个星座,白羊、天蝎、双子、巨蟹、天秤、狮子、宝瓶、双鱼、人马、金牛、室女、摩羯等星座的命名,直至今天乃为欧洲天文学界所沿用。他们发现每过10年零11日,月亮又回到它相对于太阳的位置上去,因而能事先算出太阳和月亮的相对位置,可预测日食、月食。以12个月为一年(6个29天月,6个30天月),每年为354天,比太阳年(365日5时48分46秒)少11日5时48分46秒,以闰月的方法补足。亚述帝国和新巴比伦时期,人们还根据月相周期变化,以7天为一周,分别用日、月、火、水、木、金、土7位星神的名称命名,现行的星期便来源于此。巴比伦天文学的另一突出成就,是一些星象家已认识到大地是一个球体。

巴比伦人对数学的重要贡献

公元前2000年代初,古巴比伦人在生产实践中继承了苏美尔人的10进位和60进位计算法,并且将60进位法应用于计时和计算圆周的度数。如把圆周分为360°。分数一般以6、60、360、3600作为分母。实行数字位置值的原则,更是他们数学上的重要贡献,即同一数字在数的联系中所占位置不同,它的值亦不同,从而可用较少的数码表示巨大的数目。他们不仅掌握了四则算法和分数运算,而且能求出平方根与立方根,已能解3个未知数的方程式。圆周率为3,已能运用商高定理(勾三股四弦五)。在计算不规则形状的田地面积时,便分为长方形、三角形、梯形等许多块,分别计算,再求总和。在立体几何学方面,解决了象测量截顶角锥体体积等问题。在巴比伦的碑石中曾发现过乘法表、平方表和立方表,可说明当时对数学的重视和普及的程度。

赫梯国家

赫梯位于小亚细亚的卡帕多西亚,在哈里斯河流域(今土耳其克泽尔河流域)。最早居民称之"原始赫梯人"。公元前3000年代,原始赫梯人已处于原始社会瓦解阶段。公元前2000年代初,赫梯人迁入。赫梯国家就是由许多相互混合的部落建立的。公元前19~前18世纪,赫梯人形成了第一批部落联盟,有了设防城市。公元前17世纪,塔巴尔那以库萨尔为中心建立了统一国家。公元前16世纪后期,铁烈平改革标志了赫梯国家形成过程的完成。

铁烈平改革赫梯政治制度

铁烈平是赫梯王国国王,铁烈平改革是赫梯王国政治制度的一次重大变革。约公元前16世纪后期,铁烈平为有效地制止王位继承问题的内讧和流血,特作重大改革。改革的主要内容是:第一,确立王位继承原则。明确规定:国王的嫡长子是王位的优先合法继承者;如无嫡男,依次由庶子递补;如无男继承者,立婿为王,仍以长为序。从而确立了长子继承制,减少了不必要的王位争夺,有利于统治阶级内部团结。第二,确立了一人犯罪一人当的原则。规定:不许杀死氏族中的任何人,不经贵族会议同意,国王无权处死任何一个兄弟、姐妹,不应暗杀。有效地制止

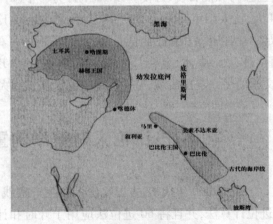

赫梯帝国疆域图

了王族仇杀和滥杀无辜,有利于赫梯国家的团结和强大。第三,规定贵族会议(图

里亚斯)和民众会议(彭库斯)的权限。明确民众会议有权审理一切罪犯,加强了判案的集体法律效力,削弱了贵族的权力。铁烈平改革在赫梯发展史上占有举足轻重的地位,并产生了深远的影响。

喜克索斯人入侵埃及

"喜克索斯"一词意为"异方山国之酋"(即牧人王)。古代埃及史家曼涅佗称其为腓尼基人或阿拉伯人。现代学者一般认为他们是来自亚洲的塞姆人或塞姆人与胡里特人的混种。约公元前18世纪后半期,喜克索斯人乘埃及第十二王朝瓦解,国势衰微之机,一批批地越过西奈半岛,占领了富饶的三角洲地区。在其东北部以阿瓦利斯为首都建立了第十五王朝和第十六王朝(约公元前1674~公元前1567),并试图将势力范围扩至下埃及,喜克索斯人在埃及一个世纪之久的统治过程中,推行武力镇压政策,他们派重兵镇守要塞,焚毁城市,破坏神庙,屠杀男人,沦妇孺为奴,强征贡赋,甚至干涉埃及人的宗教信仰。喜克索斯人曾派使臣至埃及的底比斯,禁止当地人民崇拜阿蒙神及其埃及神,迫使他们转奉喜克索斯人的塞特神。喜克索斯人的残酷统治激起了埃及人民的强烈反抗。上埃及的统治者塞卡内拉开始率领埃及人同入侵者展开斗争,直到雅赫摩斯一世统治时期(约公元前1570~前1546),终于把喜克索斯人驱逐出埃及。

古巴比伦王国的衰亡

汉谟拉比建立的统一国家并不稳固。公元前1750年汉谟拉比王死后,其国势由盛而衰。国内阶级矛盾尖锐,奴隶逃亡斗争和租税债务问题突出。阿比舒统治时期(约公元前1711~前1684)颁布的诏令反映了这一社会矛盾。在阿比舒给西帕尔城长官的诏令中提到,"伽巴乌官奏称'哈卢之在逃女奴已发现在西帕尔附近'……尔等应将女奴交与杜伽布官,由他带回巴比伦……"在阿比舒王给另一些地方官的诏令中,多次提及催交租税问题。有催促地方官员贡纳牲畜的,有催促商人交纳税银的,也有催促商人向神庙交纳贡税的,还有兄弟之间因债务问题申诉国王予以裁决的。国王在迫不得已的情况下,只好做些让步。可见,社会经济的紊乱和王权的衰落,导致了社会阶级矛盾的激化和社会秩序的失常状态。外族的不断入侵和骚乱,更加速了王国的衰落过程。在萨姆苏伊鲁纳统治时期(约公元前1749~前1712),东北部山区的加喜特人日益强大,不时侵袭巴比伦,逐渐成为巴比伦的严重威胁。以后又有乌鲁克、伊新等地的暴动。约公元前1595年,古巴比伦王国终于为赫梯所灭。

希伯来人大迁徙

你知道"以色列人"的来历吗？这还得从上古时代的希伯来人说起。

据《圣经》记载，希伯来人的先祖亚伯拉罕家族起源于苏美尔。他们是闪族语系的一支。他们最早出现于美索不达米亚。

希伯来人原来是一个游牧民族，大致在公元前1900年至前1500年之间，他们逐渐由美索不达米亚迁入叙利亚，随后迁入埃及。就在这几百年间，有个自称是亚伯拉罕的孙子雅各后裔的希伯来部落，开始用雅各的别名称呼自己为"以色列人"。据《圣经》记载，在雅各与一位天使角斗了整整一个通宵之后，他得到了"以色列"这一称号，意为"神的勇士"。《圣经》中记载了这则故事：天使对那位希伯来人说，"你的名字不要再叫雅各，要叫以色列，因为你与神与人较力，都得胜了。"

在旅居埃及大约300年间，适逢新王国诸法老正试图创建一个埃及帝国并寻找空前多的奴隶来维持国内经济的运转，希伯来人受到了种种奴役。

正是在那时，在公元前1250年左右，希伯来人终于找到了一位领袖即英勇的摩西，他率领他们摆脱了埃及的束缚，离开埃及到了西奈半岛（这是位于埃及和迦南之间的一片沙漠地带），并说服他们崇奉雅赫维神，该神的名字后来被写作耶和华。

也正是在那时，所有希伯来人都成了以色列人，因为他们在摩西的劝说下，相信耶和华是亚伯拉罕、以撒和雅各的神，结果以色列的神也就成了他们全民族崇奉的神。

希伯来人在西奈沙漠地带游荡了大约一代人时间，其后他们决定迁回比这里富饶得多的迦南之地。相对于干旱的西奈荒漠而言，迦南确实太过富饶了，在他们看来是片"流着牛奶和蜜"的地方。

不过，这次迁徙并非简单的搬迁和定居，因为迦南已经被另一个讲闪族语系语言的迦南人占领了，后者不愿与希伯来人共享他们的土地，希伯来人不得不诉诸武力，而事实证明这一历程进展迟缓且布满艰辛。

摩西的继承者约书亚确实夺取了迦南的一些地区，但收获并不太大，因为游牧的以色列人装备较差，无法用围城战术攻克迦南防御坚固的城池。此外，约书亚死后，以色列各部落又各自为政，无法采取统一的军事行动，因而攻城略地工作进展更小。

结果，经过一个世纪的征战，以色列人所获得的只是迦南的一些丘陵地带和不肥沃的河谷——为数不多的土地。在公元前1025年前后，一位名叫撒母耳的部落士师以其人格力量赢得了以色列各部落的拥戴,他从所有以色列人中挑逃出了一位国王扫罗,后来扫罗使希伯来人成了一个统一的民族。

犹太人建立以色列国

以色列是一个有着自己独特经历的国家,它创造过众多的辉煌,也经历过深深的苦难。犹太民族有过令人骄傲的黄金时代,也有过令人没齿不忘的屈辱。世界上恐怕没有一个民族有过犹太民族那样曲折的经历,也没有一个民族 1800 多年后又历尽艰辛地回到他们祖先的故土,继承和开发祖先的业绩,重新创建犹太民族的国家。

犹太民族大约在 4000 年前最早出现在这片土地上,以色列人的祖先亚伯拉罕从美索不达米亚迁移到迦南(现以色列)定居。

约公元前 1020 年至公元前 930 年,12 个犹太部落推举扫罗为王,这是古以色列历史上第一位国王。当时小亚细亚的腓力斯人在沿海一带占领了一些地方,并以此为立足点不断向中央山区进攻。扫罗王遂率兵抵抗,最终将腓力斯人逐出中央山区。同时把松散的部落组织过渡到君主制。

以色列国旗

约公元前 1004 年至公元前 965 年,古以色列第二位国王大卫王成功地组织了远征。击败了腓力斯人,于公元前 1000 年左右建立了统一的以色列王国,定都大卫城,即现今的耶路撒冷。约公元前 965 年至公元前 930 年,其子所罗门继位,修建了许多豪华的宫殿,其中摩利亚山上那座华丽的圣殿可称之为最辉煌的成就。耶路撒冷的王宫和圣殿从此成为以色列民族生活和宗教活动的中心。所罗门的穷奢极侈和好大喜功使老百姓付出了沉重的代价,从而遭到人民的强烈不满和怨恨。他死后不久便发起了人民起义,使统一的王国分裂为北方的以色列王国和南方的犹太王国。前者首都设在撒马利亚,王国统治延续了 200 余年,于公元前 722 年被亚述人灭亡,人民被迫流亡。后者定都耶路撒冷,王国统治延续了 400 余年,最后被巴比伦帝国征服,公元前586年,巴比伦统治者夷平了圣殿王宫,把多数居民流放,从此结束了以色列历史上的第一圣殿时期。

约公元前538年,波斯人打败巴比伦人后,巴勒斯坦和叙利亚成了波斯的属地。根据波斯国王赛勒斯的一项法令,约有5万犹太人获准返回故国,几十年后,另一批犹太人返国。返回后,他们十分艰难地在耶路撒冷重建圣殿,历时20余年,到公元前516年才得以竣工。此后约400年间,犹太人先后在波斯人和古希腊人的统治下实行了不同程度的自治。这就是以色列历史上的第二圣殿时期。

公元前198年,希腊塞琉古王朝的叙利亚当政后,力图打破犹太人在精神上与外界隔绝的状态,禁止推行犹太人的文化、社会制度和宗教信仰,并亵渎圣殿,试图将希腊文化和风俗强加于犹太人。公元前166年,无法忍受的犹太人在耶路撒冷以南燃起武装起义的烈火。经过三年激战,起义者解放了耶路撒冷,赢得了信仰自由,建立了哈斯蒙尼王朝统治的犹太国家。公元前164年,圣殿再次重建。为纪念马加比起义,犹太人举行了为期8天的修殿节(又称灯节、哈努卡节)。

正当哈斯蒙尼王朝的独裁统治日趋衰落时,罗马帝国的势力逐步扩展到地中海东岸。公元前37年,哈斯蒙尼王朝结束时,以色列已经成为罗马帝国的属地,以色列作为政治实体已不复存在。公元66年,犹太人不堪罗马人的残暴统治而奋起反抗,发动了叛乱。罗马帝国进行残酷镇压,并于公元70年彻底摧毁了耶路撒冷城和圣殿。三年后,罗马帝国摧毁了犹太人的最后一个阵地——死海附近马撒达山顶的希律王宫殿。当时近千名守卫在山顶的犹太人不愿沦为异族的奴隶,全部自杀身亡。此后,大批犹太人被赶到国外,流亡到世界各地。公元135年,按照当时的说法,耶路撒冷被"一对公牛犁为平地"。

此后的1800多年中,犹太民族的命运十分悲惨。留在巴勒斯坦的犹太人因在政治、经济和社会上遭到严重歧视,又一次逃离故土,梦想到国外能找到一块安身立命之地。而流落在世界各地的犹太人也在宗教、政治和经济上受到客居国的歧视与迫害。欧洲许多国家曾多次掀起反犹、排犹浪潮。第二次世界大战时,德国法西斯则进行了灭犹的血腥大屠杀。据以色列前外长埃班在《犹太史》中的统计,纳粹德国在欧洲至少杀害了600万犹太人。但是,犹太民族在这漫长的岁月中,矢志不渝地信守着自己的宗教信仰和复国的民族信念。1897年8月,在奥匈帝国犹太裔记者、现代政治锡安主义创建人赫茨尔的倡导下,犹太复国主义者第一次代表大会在巴塞尔(今瑞士第三大城市)召开。赫茨尔明确提出了赞成在巴勒斯坦创立一个正式的、有法律根据的犹太民族国家的思想。大会还成立了世界犹太复国主义者协会。在此后的半个世纪中,犹太复国主义领导人一方面进行外交努力,争取国际支持;一方面组织散居在世界各地的犹太人向巴勒斯坦移民。1948年5月15日,犹太民族终于根据联合国的分治决议,在他们祖先生活过的土地上重新建立了以色列国。

犹太教的形成

大卫建立以色列犹太王国之后，与同盟腓尼基推罗城共同开发商路航道。因为，以往腓尼基人到红海去需要路过埃及，但此时，埃及正在内乱之中，原来的商路受阻。因而推罗王希兰与大卫联盟，先帮助大卫安定了国邦，然后，希兰同大卫共同开发了从腓尼基经希伯来王国到达红海的安全商业航道，并在红海中建造航船，于是便有了南北往来于耶路撒冷的商运。这样一来，带动起以色列犹太王国的商业发展，南方的许多犹太人都从事经商，大卫更是从商运中获得了大量财富。从而，整个以色列犹太王国便逐渐繁盛起来。

公元前973年，大卫的儿子所罗门继位，所罗门继其父志，继续与推罗王希兰交好。他对外不用武功，他通过外交途径确保了以色列犹太王国在当时毗邻大国中享有平等地位。同时，他与又兴起的埃及交好，娶了法老的女儿为妻。从而与埃及和推罗共同积极发展海外贸易，特别是红海一带的贸易。此后王国更为稳定和富足。在国家内部，所罗门尽量歌舞升平，大兴土木，建筑豪华的圣殿、宫室与要塞，而且还不惜耗费巨资完成了由大卫时代开始的在耶路撒冷的锡安山上建造的豪华宫殿与耶和华神庙。

这时，希伯来人的文化也发展起来。受尽苦难的希伯来人聪明好学，尤其是文学方面的学习。他们直接从叙利亚商人，间接从腓尼基商人那里学会了拼音字母，学会了埃及方面行之已久的书写方法。于是抛弃砖制文书，而采用巴比拉纸作为书写工具。这使得书写大为方便，于是产生了文学，并逐渐繁荣起来，把他们所见所闻所感都记录成篇。希伯来人对文学有独特偏爱，而对于其他的艺术，如图画、雕刻、建筑等则不感兴趣。

所罗门造就了以色列犹太王国的鼎盛时代。所罗门的传说也传遍了世界各地，如"所罗门的宝藏"，"所罗门的智慧"等已成为世界性的成语。

但是，希伯来民族的繁荣太短暂了。

所罗门以经商致富，生活奢靡。到了他统治后期则奢靡至极，商业上的财产已不够这个南方游牧贫民出身的国王挥霍，他开始暴敛于民。宫廷贵族对于北方以色列族的剥削更加残酷，引起以色列人的强烈不满。南北局势又尖锐地对立起来，酿成了由耶罗波安领导的以色列人起义。起义很快被所罗门镇压下去，耶罗波安逃亡埃及。

这时，推罗王希兰已经去世，耶路撒冷不能再得到推罗的援助了，而这时埃及又强大起来，周围的叙利亚、亚述等国也逐渐兴起。以色列犹太王国岌岌可危了。

公元前933年，所罗门去世，其子罗波安继位，国内更加混乱。公元前930年，北方以色列族的耶罗波安带头的起义又爆发了。因有埃及法老示撒的帮助,早对南方政权不满的北方以色列人攻陷了耶路撒冷。这一年,即公元前922年,以色列犹太王国分裂为南北对峙的两国。南方由大卫王朝继续统治,以耶路撒冷为中心,称为犹太;北方以撒马利亚为中心,称为以色列。

其实,北方以色列人与南方犹太人之争由来已久,以色列人居住的北方,土质肥沃,经济发达。但在政治上处于劣势,国家的赋税、劳役大部分落在以色列人的头上。犹太人居住的南方,土地较劣,物产不丰,除耶路撒冷外,极少城市。人民仍有游牧生活的传统。但是,国王大卫、所罗门都是出自南方的犹太人,因而对北方有君临之势。这样,必然引起北方以色列人的不满。同时,由于君王穷奢极侈,在行省摊派徭役与征收苛捐杂税,迫使广大民众过着颠沛流离的困苦生活,因而激起人民的普遍不满。

而更为重要的一个原因是南北希伯来人的宗教信仰不同。北部希伯来人因与原有的甘纳尼人邻居乃至混居,所以大都放弃了原来的对于万能之神耶和华的信仰,而转信了甘纳尼神,名叫"尼尔",即主宰之意。南方的希伯来人则依然信仰原来的万能之神耶和华。这主要是因为南北方希伯来人的经济地位不同造成的。北方比较富有,因而北方的神被认为是保护城市富人的;南方比较贫穷,因而南方的神被认为是保护游牧贫民的。因此,南北希伯来人冲突时起。归根到底,这还是游牧贫民与城市富豪的斗争。

希伯来人最终分裂为富裕的以色列与贫穷的犹太两个对立的国家。

以色列与犹太分裂后,南方犹太一直在大卫后代的统治之下,北朝以色列则频繁更换王朝。由于历代王朝所推行的军事政策与经济政策,加剧了社会贫富的分化,使得贵族更加富有,而农民纷纷破产,贫民沦为奴隶。剥削越来越残酷,阶级矛盾越来越尖锐,从而爆发了大规模的先知运动,这些先知们假托耶和华的启示,痛斥富人对穷人的强取豪夺,预言巴勒斯坦必将受到惩罚。

南北分裂不到100年的时候,北方以色列王阿哈曾残害其人民纳波,劫夺其葡萄园以扩大自己的宫苑。此一惨剧,激怒了富有游牧传统的人民,有个叫伊利耶的人,住在约旦河以东的沙漠上,仍披羊皮,未忘游牧习惯。他跑到阿哈王前,指着已遭蹂躏的葡萄园,宣布国王的罪状。这一行为,引起了耶和华的信徒与城市富豪间的战争。拥护伊利耶的群众,不但把北方以色列王室的人全部杀了,而且杀了许多侍候尼尔神的祭司。

频繁的内乱耗蚀了以色列小王国的力量,而南北希伯来人的对峙更使以色列雪上加霜。日渐强大起来的亚述见有机可乘,便发动了对以色列的进攻。公元前722年,亚述攻陷了撒马利亚,亚述王萨尔贡二世虏其王何细亚以及臣民27000多人去美索不达米亚,并迁移巴比伦等地的人占领了撒马利亚,以色列王国从此便从历史中消失了。

犹太王国以大量金银献给亚述才得以苟延残喘。但是，犹太国内的阶级矛盾和斗争也越来越尖锐。公元前 7 世纪，犹太发生了一次贫民奴隶大暴动，国王被杀。新王约西亚继位后，励精图治，整顿内政，实行改革。他召集长老会议与民众会，重申古代律法，对希伯来的债务奴隶制度做了某些规定与限制。同时，他把耶和华神奉为全国主神，以耶路撒冷为崇拜的中心，使犹太教的法规开始形成。他强调爱国主义精神，从而使国内阶级矛盾得以缓和。这时，亚述已经衰落下去，犹太王约西亚明白自己所处的位置，乘机加强自己，想走上一条强国之路。

约西亚领导犹太王国首先拿埃及开刀，但很不幸，一战便大败，约西亚被虏至米吉多，于公元前 608 年被杀。犹太重新沦为埃及的属国。这时，新巴比伦王朝已经强大起来，他想要对付埃及，便首先拿巴勒斯坦开刀。公元前 597 年，新巴比伦大军攻占了耶路撒冷，迫使犹太等国纳贡称臣，并留下了一些监督官吏。但不久之后，埃及再次出兵巴勒斯坦，推罗投靠埃及，其他一些小国也投向埃及，犹太人四面对敌，不得已也倒向埃及，并杀死了新巴比伦的官吏，以示忠心。新巴比伦王大怒。公元前 587 年，尼布甲尼撒二世再次进军巴勒斯坦。公元前 586 年，巴比伦人攻陷耶路撒冷，拆除城墙，焚毁神庙，灭掉了犹太王国。浩劫之后的 5 万余众全部被虏至巴比伦，这就是历史上有名的"巴比伦之囚"。从此，犹太国家不复存在。

希伯来人艰辛、悲惨的经历，使他们逐渐认识到，要想在强邻四布的土地上保持自己民族的独立与特性，唯有加强共同的宗教信仰。于是，犹太教关于对万能之神耶和华的信仰进一步得到强化。

希伯来人沦为"巴比伦之囚"期间，并不都是做奴隶，其中有许多人从事手工业、建筑业的活动。但那种亡国之苦，思乡之情，受异族欺压的苦痛，深深地刺痛着他们的心，使他们渴望返回故土，重建家园。特别是被因于巴比伦城时日愈久，学得的知识愈多，眼界愈宽，便愈加认识到本民族的屈辱历史，愈加怀念本民族原来的自由幸福。他们渴望回到故里。这时，先知们的政治、宗教活动越来越频繁。有一位著名的先知以西结甚至还做出了复国建都的详细方案。但是，在强大的巴比伦军队的监视下，这显然是不可能的。

希伯来人重建家园的愿望在残酷的现实生活中寻不到出路，不得不到宗教中去寻找安慰与寄托。这时，犹太先知们为了加强犹太人的团结，极力宣扬耶和华必能拯救犹太人的信念，夸张耶和华的权能，把耶和华说成是宇宙间独一无二的真神。同时还训诫人们，说犹太人之所以受苦都是由于不遵守与上帝立约时应承担的义务，不遵上帝的诫命而受到万能之神耶和华对自己子民的惩罚。因此，犹太人只有反省己过，虔信耶和华，才能得到上帝的拯救。

这些说教使犹太人成为更狂热的耶和华的崇拜者。同时，先知们还极力宣扬救世主观念，即耶和华将派"弥赛亚"（即"救世主"之意）降临人世，解救他们的苦难。这样，在他们的宗教信仰中又增加了对救世主的信仰。于是，犹太教逐渐形成了。该教以上帝耶和华为宇宙唯一主宰,以犹太人为其特选子民,并将希伯来人的大量历史资料与文学资料汇集起来,成为自己民族宗教的经典——《圣经》。但这时《圣经》中的内容很少,大约只包括:"摩西王经",即《创世纪》《出埃及纪》《利未纪》《民数纪》《申命纪》等经律部分。

公元前538年,波斯灭了巴比伦。波斯王居鲁士决定恢复耶路撒冷,作为征服埃及的立足点,于是把被囚在巴比伦的犹太人一批一批地放回去重建都城,成立了傀儡政权。这时的犹太人已经是开化的文明人了,他们紧密地团结在耶和华脚下,往返于耶路撒冷,建立庙宇,开展宗教组织,建立起政治上隶属于波斯的神权与政权合一的政府。

其后,《圣经》内容不断增添。在波斯人统治期间,他们又从波斯的琐罗亚斯德教中吸收了许多宗教思想,诸如宇宙间善与恶、光明与黑暗的二元神论,讲求来世等信仰。这样,犹太教又逐渐从现实转向虚幻,形成了天国与来世的观念,认为人死后,灵魂是不灭的,依据生前的行为,或升天堂,或堕地狱,到世界末日来临时,进行最后审判。至此,犹太教信奉耶和华为宇宙间唯一的最高神,相信救世主、来世、灭国、末日审判等教义以及与此相适应的教规,教义便最终确定下来了。而犹太教的经典——《圣经》也得以充实,又增加了"先知"与"圣著"两部分,与原来的"经律"共同构成了犹太人的《圣经》。

"先知"包括史书与先知书。其中史书包括《约书亚纪》《士师纪》《撒母耳记》上下两卷、《列王记》上下两卷、《历代志》上下两卷、《以斯拉纪》《尼希来记》等共10卷,是以色列与犹太立国到亡国的历史。先知书包括《以赛亚书》《耶利来书》等15卷。

"圣著"部分是一些诗文集。包括抒情诗集《诗篇》《雅歌》,哲理诗集《箴言》《传道书》,剧诗《约伯纪》及小说《路得纪》《以斯贴纪》《但以理书》等。

希伯来人原来把《经律》《先知》《圣著》三部分分为24卷编为《圣经》。此外还有《次经》即《逸经》14卷,《伪经》若干卷,因为成形时代较晚,没有及时编入《圣经》。

至此,犹太教便达到了成熟阶段。但是,犹太人的悲惨生活并没有结束。

公元前4世纪初,犹太人刚刚安稳下来,马其顿的亚历山大东侵又开始了。公元前332年,亚历山大率军击败了波斯,占领了西亚广大的地区。不久,亚历山大病死,国土被三分鼎立,西亚地区大部分由塞琉古王朝统治。犹太人不堪残酷的压迫,于公元前142年起义,成立了马卡比王朝。但是,这复国的犹太人王朝只如昙花一现,不久又被征服。

公元前64年,罗马的庞培东侵,又将犹太夷为自己的属国。公元后不久,犹太人不堪罗马奴隶主的残酷压榨、剥削,在首领的领导下,起义抗战达7年之久,从公元66年一直到公元73年,最后才被残暴地镇压下去,重新建立起来的宫殿、神庙又被夷为平地,城墙被拆,故园再一次成为一片废墟。至此,犹太人流落到世界各地。古希伯来民族的历史到此结束。但是,犹太人的宗教信仰已根深蒂固。无论他们走到哪里,都坚持着自己的民族信仰,把犹太教传播到世界各地,最终为基督教的兴起奠定了基础。

基督教的产生

犹太人自从历经千辛万苦在巴勒斯坦安居下来之后,仅仅享受了大卫、所罗门统治下的一段短暂的"幸福"生活,不久又先后遭到埃及人、亚述人、巴比伦人、希腊人的残酷侵略与奴役。犹太人流离失所,倍受欺辱与剥削。但顽强不屈的犹太人坚守自己的信仰,相信耶和华神与他们的祖先亚伯拉罕订立的约规,相信他们一定会重建"迦南福地"的幸福家园。

公元前64年,刚刚复苏的犹太又被罗马的庞培占领,犹太沦为罗马的属国。罗马的统治者更为残暴,犹太人所遭受的灾难简直达到苦难的顶峰。犹太人为捍卫自己民族的独立与尊严,与侵略者进行了无数次可歌可泣的斗争,但都遭到了失败,人民被杀戮,田园被毁坏,神庙被践踏,无数犹太人背井离乡,散居异地,忍辱偷生。可他们心中依然存在着复国的幻想。但是,在罗马历代君主的残暴压榨下,这种希望已非常渺茫。他们只好把自己的愿望寄托于宗教之中去。这时,在小亚细亚与巴勒斯坦等地的犹太人居民中,渐渐流行起一种宣称"救世主弥塞亚将要降临"的传说。坚守信仰的犹太人对于先知所预言的复国救世主弥赛亚必将来临,复兴犹太国家的教义坚信不疑,于是这种关于救世主的传闻越来越风行于犹太人民之中。弥赛亚被认为是耶和华的使者,是耶和华的化身,他将亲临人间,拯救自己的子民摆脱罗马的残暴奴役。

这时,耶稣降生了。但是,关于耶稣本人的生平我们所知甚少,因为耶稣已被基督教神化,他所有的事迹,都已成为神迹了。他出生的那一年,被作为红年的标志,也就是现在世界各国通行的公元纪年法。当时,是罗马的开国之君屋大维,也就是奥古斯都(意为神圣庄严)在位之时。传说,当时屋大维听到耶稣降生,并将最终取代自己的位置、解放犹太人时,非常恐慌,他下令要把全城两岁以下的婴儿统统杀死,幸好,耶稣的父母带着他逃到埃及去了。但无数人家的幼儿惨遭杀害,母亲抱着他们死去的婴儿,痴呆着,疯狂着,痛哭流涕着,其情形惨不忍睹。

据说,生于这个灾乱年代的耶稣,其父母是约瑟与玛丽娅。玛丽娅与约瑟都是犹太人。玛丽娅受上帝圣灵感动而怀孕,以处子之身生下耶稣,因而被尊为圣母。耶稣就是圣子(上帝的儿子及人间的化身)。

耶稣在屋大维的儿子——提比略王在位后期时开始传教,耶稣的教义都是从

·美索不达米亚文明·

图文珍藏版

犹太教中转化过来的,例如关于灭国、创世纪、末日审判等,教与犹太教极为相近。但也有很大区别。耶稣开始时传的教很简单,就是"爱人""安贫"与"自谦"。他知道以暴力绝不可能推翻罗马的残暴统治,不如以爱力代替暴力。他说,要爱一切人,爱邻人,爱仇人,这才是爱主、爱神的表现,"有人打你的右脸,你就把左脸也送过去"。耶稣要人们不贪财,要安于贫困,把不必要的财富都施舍给别人。耶稣轻视那些聚敛钱财的富人,说最伟大的人是仆人,受神保佑的是穷人,天国是属于穷人的,有一次,有一位富人跑来跪在耶稣面前,问道:"善良的夫子,我当做什么事,才可以承受永生?"耶稣对他说:"你为什么称我是善良的? 除了神一位之外,再没有善良的。诫命你是晓得的,不可杀人,不可奸淫,不可偷盗,不可作假见证,不可亏负人,当孝敬父母。"富人对耶稣说:"夫子,这一切我从小都遵守了。"耶稣望着他,眼中充满怜爱,对他说:"你还缺少一件,去变卖你所有的,分给穷人,就必有财宝在天上,你还要来跟从我。"富人听了这话,脸上就变了色,忧忧愁愁地走了,因为他的产业很多。耶稣向四周一看,对门徒说:"有钱财的人进神的国,是何等的难哪!"耶稣见大家不解,又对他们说道:"小子,依靠钱财的人进神的国,是何等的难哪! 骆驼穿过针的眼,比财主进神的国还容易呢。"

在耶稣要建的伟大的天国中,他很厌恶那种重形式的宗教与上帝立约现实的交易,他反对那种为了表示虔诚而恪守戒律的行为,他教导人们要真心向善。一次法利赛人与文上门对他说:"你的门徒为什么不照古人的遗传,却用俗手吃饭呢?"耶稣说:"以赛亚指着你们假冒为善之人所说的预言,是不错的。《圣经》上说:'这百姓用嘴唇尊敬我,心却远离我,他们将人的吩咐当作道理教导人,所以拜我亦是枉然。你们是离弃神的诫命,拘守人的遗传。'"他又对他们说:"你们诚然是废弃神的诫命,要守自己的遗传。"

耶稣所宣讲的,不但有一种道德与社会的革命,而且还暗示着伟大的政治革命倾向。耶稣说他的天国中没有王位,人与人都是平等的。天国不在世界上,而在人心中。耶稣指明,不论在什么地方,天国在人心里影响到什么程度,外部世界也会有同样程度的变革,从而建立一个新的世界。耶稣要融合扩大全人类的生活,他要消除人间的一切偏见与仇视,建立一个人间的乐园。

但是,因为耶稣的教义太深奥了,许多人一听到要他们不但爱仇敌,还要放弃自己的财产,便骇而远之,骂耶稣是疯子。但耶稣心怀大志,早料到会有这种结果,他毫不介意。这位衣衫不整、不名一文的穷牧师,流浪在骄阳似火、灰尘扑面的犹太土地上,不遗余力地宣传着他的教义,靠别人随意的施舍而度日。在他坚持不懈的努力下,他的周围渐渐聚起了一群虔诚的教徒,其中有12个门徒最为著名,他们忠心地跟随着他,这些信徒多为奴隶、贫苦的农民以及失业流浪者,他们对于今世的幸福早已失去了信心,他们把耶稣当作了犹太教中所说的为了拯救人类而降生世间的"救世主"(古希腊文称为"基督"),因而跟随他,遵守他的简单的教义,成为他的教徒,以期望死后能进入"幸福的乐园"——"天堂"。

据说,耶稣显示了许多奇迹,从而使他的教众越来越多。

传说有一天,他去参加一位邻居的宴席。但是,因为客人多,主人家酿的酒快喝光了。剩下的最后一点也刚被端到席上,但依然不够,主人正愁眉苦脸地站在酒缸旁,不知所措,因为如果扫了客人的兴致,那对于主人来说可丢尽脸了。这时,耶稣在外面迟迟不见酒送上来,便明白了是怎么回事,他径直来到厨房,舀起一瓢清水,倒入了酒缸,对主人说,把它端上去吧,这就是美酒。主人将信将疑,他舀了一点尝了尝,真是美酒,简直比家酿的醇酒还香甜,于是急忙高高兴兴地端了上去,客人们一尝这种酒,直叫喊好喝,开玩笑说主人有私心,先把普通酒端来,大家都喝差不多了,才把好酒端来,叫喊着非要把主人家的酒喝干。只有主人明白其中的奥秘。厨房里,耶稣随舀随添,把酒缸里添满了清水,都变成了美酒,客人们大醉,也没喝完这么多的美酒。

还有一次,耶稣带了门徒渡海,忽然,狂风巨浪骤起,眼看着航船快要翻沉,门徒惊得抖作一团。耶稣安慰他们说:"不要怕!"他平稳地走到船头,大声责备了一顿大海,海风、海水马上平静了下来。

据说,耶稣还能治百病。无论是得什么病的人只要一接触到他的身体甚至一片衣角,也会立刻痊愈。盲人眼睛会复明,哑巴会开口说话,瘸子两腿会恢复正常,健步如奔,其他的各种内疾、外疾都会立刻消失得无影无踪。

由于种种神奇的传闻,耶稣的教众越来越多,常常有几百人、几千人跟随他身旁。有一次,大家实在找不到足够的食物来填饱肚子。这时,耶稣就拿了几个饼,用手一掰,变成了同样大的两个;再一掰,又变成4个,他不停地掰下去,分给众人食用,大家都吃饱了,还剩下不少。这个奇迹使他的门徒成倍地增长。在他3年的传教生活中,教徒达到几万人,各地都有秘密的宗教组织,势力渐渐强大起来。

但是,因为基督耶稣的教徒都是不信奉罗马教的,而且鄙视崇拜现实的偶像,这种不合作的势力引起了罗马统治者的惶恐。此外,耶稣否认了犹太教中关于上帝耶和华与亚伯拉罕订立约规,把犹太人选为优秀民族的教义,说什么一切人都是平等的。这引起受尽屈辱的犹太民族,尤其是犹太祭司们的强烈不满,而富人们更是因为耶稣的"富人要进天堂比骆驼穿过针眼还难"的言语而更为仇视他。

一天,耶稣回到耶路撒冷来会见他的门徒并且传教,由于他的一个门徒告密,耶稣被犹太祭司与官吏们捉住,他们为了讨好罗马统治者而把耶稣处死,与他一块受绞刑的是两个强盗。这位出生于犹太伯利恒的犹太人,最终被犹太人自己杀死了。正因为如此,后来的基督教极端仇视犹太人,因为是犹太人杀了人类的"救世主",而毫不顾及基督耶稣本身也是犹太人的事实。

耶稣死后,人们认为他的影响将从此告终,他的教徒也会消失殆尽。但是,耶稣死后三天,关于他复活的传闻骤起,并传闻在他复活的40日内,曾多次与弟子们待在一起,并说只要你们遵照我的吩咐去做,我会永远跟你们在一起。耶稣复活后又升天了,据说,他将再次从天上来到人间,结束现世,建立天国,按每个人的德行,决定他应待的地方,这就是末日审判。据说,耶稣复活的那一天,是在春分月圆之后的第一个星期日,以后这天就被规定为基督教的"复活节",星期日又被称为"礼拜日""礼拜天"。而耶稣的生日,则被作为"圣诞节",即每年的 12 月 25 日。

关于耶稣复活的事件被教徒们描述得活灵活现。这种传闻很符合当时人们的愿望,很快在各地流行。在耶稣的几位大弟子的推动下,各地纷纷建立秘密的宗教组织,教徒大量地增长。罗马统治者非常恐慌。残暴地处死大批的基督教徒,于是基督教活动转变为地下活动。但人们都坚守自己的信仰,相信救世主耶稣会再次来到他们中间,这给了他们精神上无限的力量。虽然罗马统治者残暴镇压,但由于众教徒们的宣传,特别是教徒圣保罗的宣传与推广,基督教的影响越来越大。

圣保罗原名扫罗,在耶稣被钉上十字架时,他还以迫害基督徒而著名。他也是希伯来人的后裔,他没有见过耶稣,也没有听过耶稣说教。只是在接触基督门徒过程中,被基督耶稣的精神与思想所感化,他说,耶稣不仅是上帝给我们的救世主与犹太人的领袖,而且他的死更是一种牺牲,以使人类得救,正如原始文明时代祭祀上的牺牲者一样。于是,他更名为保罗,皈依基督教。保罗的加入无疑使基督教如虎添翼。因为,早期的基督教徒多为下层劳动人民,会写字懂知识的人很少,而保罗对各宗教深有研究,如犹太教、密司刺教及拜王教等。保罗对基督教的教义教规做了明确的记载并使之完善,从而使基督教义更为清晰。明确的教义吸引着无数人,许多富人权贵也开始加入了基督教,成了基督徒,从而更加坚固了基督教的社会基础。

基督教从一产生就受到罗马统治者的鄙视与镇压。罗马皇帝尼禄在位时,残忍凶暴,骄奢淫逸,不理政事,胡作非为。公元 64 年,罗马发生火灾,全城 14 个区只有 4 个区保存下来。人们传闻这场大火是因尼禄厌弃简陋的旧城而纵火焚城的。凶暴的尼禄为了制止流言,将大批基督徒当成纵火犯逮捕起来,并用最残酷的手段把他们处死。尼禄的倒行逆施,引起各地各阶层人民的普遍不满。公元 66 年,巴勒斯坦爆发了大规模的犹太人武装起义。在耶路撒冷,起义者打败了罗马总督,全歼罗马驻军。这时,军队与元老院也反对尼禄。尼禄不得已,自杀身亡,其后继者韦伯芽对犹太人民的起义进行了野蛮的镇压。耶路撒冷城被攻陷,7 万居民被卖为奴隶,财产被洗劫一空,无数的无辜居民惨遭杀戮。凄惨的境遇使更多的人加入了基督教。

哈德良在位时,公元 132 年,犹太人又掀起大规模起义,占领了罗马殖民地,杀死了殖民者。起义坚持了 3 年,最后被镇压下去,其后的统治者对于基督教与犹太人的态度各不相同,或通融或仇视。到了第二与第三世纪,由于罗马帝国又处于平稳时期,镇压基督教这种新信仰的倾向日渐增加。戴克里先当政时,他以崇拜朱庇特(即宙斯)为其统治的思想支柱,大规模地迫害基督教徒。公元303年,他颁布法令,禁止基督教举行自己的宗教仪式。不久,他又乘某地发生群众暴动与宫殿被焚毁之机,公开逮捕刑讯与处死基督教徒,捣毁教堂、没收教会的财产,一切圣典与宗教著作都被禁止或销毁。但是,戴克里先皇帝对基督教社会的压迫终于失败。在很多地方皇帝的命令不能发生效力,因为居民与官吏中有许多基督教徒。

基督教势不可挡地发展起来。这一方面是由于基督教的教义与礼仪打破了民族与国家的界限与隔阂,具有世界宗教的因素;另一方面,它所宣扬的平等博爱之说,实行的共济互助、患难相恤的宗教生活,以及鄙视权贵、相信救世主必将降临世间的信念,都极大地吸引着呻吟在痛苦之中的广大劳动群众。

随着基督教的日益壮大,一些富有的农民、工商业者、奴隶主,乃至社会上层人士也参加进来,信奉基督教。这主要是由于社会日益动乱造成的,人人都希望救世主再次降临,创造一个和平幸福的家园。这些富有者有文化知识而且向教会捐献财物,渐渐取得了基督教的领导地位。这使得基督教组织与教义也发生了很大变化,日渐完善起来,形成了古代公教会与主教、长老、执事三级教职制,规定了一套教规,崇拜仪式与圣礼也逐步程式化,最后编定了《新约圣经》正典。随着基督教的逐步完善,《新约圣经》也日益扩展,最后成为27卷,后来到了中世纪时还收入了《后典》7卷。《新约圣经》中主要包括四大福音书以及《使徒行传》等一些传记、书信等。四大福音书包括:《路加福音》《马太福音》《马可福音》《约翰福音》四种。最终,脱胎于犹太教的基督教圣典便逐步完成了。基督教《圣经》包括原来犹太教的《圣经》(称之为《旧约》)共39卷,《新约》27卷,以及后来的《后典》7卷,这成为基督教徒必备的经书。

随着罗马帝国的日益衰落,基督教势力的日益增大,罗马统治者对于基督教的态度日益缓和。公元313年,罗马皇帝君士坦丁颁布"米兰敕令",承认基督的合法地位,返还被没收的财产,并授予一系列的特权。公元317年,伽利略皇帝也颁布了关于信仰自由的条文。公元323年,君士坦丁废止了"四帝共治制",成了罗马帝国的唯一统治者。公元324年,君士坦丁在具有战略意义与经济意义的拜占廷遗址上建立了新都,把帝国的首都由罗马迁至拜占廷,后改名为君士坦丁堡。公元325年,君士坦丁在尼西亚亲自主持召开了基督教的"救世主教大会",确定正统教义,而且君士坦丁抛弃了一切神圣的称号,将基督教的符号加在了他军队的旗帜与盾牌上,以求得上帝神威,无往不胜。君士坦丁临死时受洗成了正式的基督徒,以求得入天堂。公元337年君士坦丁死后,没过几年,基督教已成为罗马人公认的国教,其他各教众都被吸收了过来。到了公元375年,狄奥多西一世以罗马帝国名义正式宣布基督教为国教,将亚历山大城的朱庇特、赛累匹斯等神像拆毁,建成了基督教堂。从此之后,罗马帝国内存在的全部寺院与僧侣都成为基督教的了。

公元395年,由于罗马帝国内战,正式分裂为西罗马帝国(首都罗马)、东罗马帝国(首都拜占廷,即后来的君士坦丁堡),统一的罗马帝国在历史上不复存在了。而基督教却随之传播开来,并分裂为两个教派,即西罗马的天主教及东罗马的东正教两派。这两个教派前者属拉丁语系,后者属于希腊语系,各为体系地壮大起来,最终成了西方社会最大的两个教派。基督教义深刻地影响了西方世界生活与社会的方方面面。

波斯帝国开国君主——居鲁士

波斯王居鲁士,是一个传奇式的英雄人物。公元前626年,居住在伊朗高原的米底人联合其他国家,一举攻破亚述帝国的首都尼尼微,亚述从此灭亡。因此,米底人崛起,成为西亚强国。不久,米底人征服了伊朗高原南部的波斯人,成为统治伊朗高原和亚述的又一个帝国。

在一个神秘的晚上,米底的第四代国王阿斯提亚格斯做了一个梦。梦中,女儿曼丹妮公主,撒了一泡尿,竟然酿成了洪灾,顿时淹没了爱克巴坦那城。于是,他叫了一个僧侣来占卜。僧侣口吐凶言:"您的女儿公主殿下将来要危及国家。"

从此,米底国王对女儿怀有戒心。待到曼丹妮长大成人,国王下令把她嫁给了一个老实而温顺的波斯贵族冈比西斯,而不把她嫁给本国王公子弟。这个用意是十分明显的。

曼丹妮婚后一年,国王又梦见女儿肚里长出葡萄藤,并遮盖住了整个亚细亚!

国王心中的恐惧是自不待言的,他又叫来了僧侣。僧侣说,公主的儿子,日后将取代国王。

这还得了!

国王急忙派人去波斯探听消息,果然公主已经怀孕。无毒不丈夫,他立刻派人把公主接回宫中,准备把新生儿杀死于襁褓之中。

不久,公主生了一子,取名居鲁士。国王阿斯提亚格斯获悉后,派王室总管哈尔帕哥斯把居鲁士带出宫去杀死埋掉。

谁知哈尔帕哥斯没有这么做。他把孩子交给一个放牧的奴隶去处理。结果,奴隶的妻子,出于人的母性,把居鲁士拉扯大。

后来,居鲁士辗转回到了波斯,回到了亲生父母身边。

长大后,居鲁士凭借其贵族地位,逐渐地将波斯10个部落的青壮年贵族都团结在他周围。当时波斯人对米底人的统治十分不满,人们纷纷起来造反。公元前550年,居鲁士率领波斯兵一举灭掉了米底,米底国灭亡。

公元前539年,居鲁士又下令进攻新巴比伦王国的首都巴比伦。

巴比伦国王不以为然:"居鲁士自不量力,他要敢来,我叫他们统统淹死在幼发拉底河里。"

原来,巴比伦的城墙宽厚而高大,的确易守而难攻。而且还装有非常特殊的灌水系统,双方若要交战,只要一放水闸,幼发拉底河的汪洋大水就会把城外的敌人冲到 200 里以外。

居鲁士大军如期而至。

巴比伦国王无心与居鲁士对阵,只是下令"放水"。谁知到了半夜,波斯兵竟然入城了。

怎么会这样呢?

原来,巴比伦国分为三个等级:王室、富商显贵和祭司。平时,这三个等级的人,钩心斗角,互相拆台,有很大的矛盾。居鲁士略施小计,花费重金收买了富商,让他们打开城门,保证进城后不损害他们的既得利益。商人重利,置国家利益和民族大义于不顾,立即俯首帖耳,在国王下令"放水"的同时,把河水引向别处。一切顺理成章,波斯人顺利地占领了巴比伦。

居鲁士踌躇满志。他看见城池高大而富丽,有帝都气象,就果断地下令在此地定都,并且自称为"宇宙之王",气派大得很。有"小人得志"的意味。

埃及是居鲁士大帝下一个远征的目标。既得陇,复望蜀,是一切人尤其是帝王的本性。

作为远征的前期工作,他要先行解除后顾之忧,又向里海进军,目的在于消灭那里的马萨盖特国。

马萨盖特国的政权由女王执掌。女人毕竟是女人。她听说波斯兵入侵本国的消息后,万分悲痛地对臣下们说:"波斯人占我国土,杀我人民,此恨难消。不报此仇,誓不为人。"

"是,不报此仇,誓不为人!"

"诸位爱卿有何退敌良策?"

"女王陛下,正面强攻或防守,都有极大难度……不如诱敌深入。"如此这般,这般如此,一个锦囊妙计形成于密室之中。

居鲁士大军压境。马萨盖特兵败如山倒。

居鲁士见马萨盖特人如此不堪一击,大喜过望,亲率一队骑兵长驱而进。

马萨盖特人逃到了草原深处。

悲剧诞生了。居鲁士及其将士在一处险要之地陷入重围,号称为"宇宙之王"的居鲁士此时即使有天大能耐也无计可施,叫天天不应,叫地地不灵,徒唤奈何。一代枭雄,被卫兵绑得结结实实,押至女王脚下。

女王指着居鲁士的鼻子,破口大骂:"你这个嗜血的魔王!你贪血,就用血来把你染红浸透!"于是她断然下令,割下居鲁士的头颅,把它装进了有血的口袋里。这种血袋,可能就是中国清朝雍正皇帝发明的"血滴子"的雏形或母体罢。

居鲁士死后,其尸被运送归国。他的儿子冈比西斯仰承大统,为其父修葺了一个高大而华丽的坟墓。而今西风残照,不胜凄凉。居鲁士固一世之雄也,如今安在哉!

波斯癫痫病皇帝——冈比西斯

居鲁士死后,其子冈比西斯继位(公元前529~前522年在位),做了波斯帝国皇帝。由于他患有癫痫病,精神极不正常,因此也成为一个刚愎自用、暴戾骄奢的君主,就像中国古代的商纣王一样。

他不再穷追杀死父亲的马萨盖特人和斯基太人,却以征服埃及为首务。说到冈比西斯征伐埃及,免不了又要引出一个传说来:

当年居鲁士听说埃及出名医,遂向埃及法老阿玛西斯讨要一名医生。阿玛西斯精挑细选选中了一位眼科高手,让他背井离乡远离埃及为居鲁士服务。这名医生便对法老怀恨在心,在波斯宫廷许多年,他深知冈比西斯好女色。在其继位后,便在冈比西斯面前进言,讲述埃及法老阿玛西斯的女儿是如何千娇百媚,国色天香。冈比西斯动了心,便向法老求亲。

法老阿玛西斯深知这名癫痫国王的脾气,怎能把金枝玉叶的女儿向火坑里推。于是便让前国王的公主尼太提丝冒名顶替,嫁给冈比西斯。冈比西斯不知真假,但尼太提丝对阿玛西斯恨之入骨,便向冈比西斯捅破了法老的换人把戏。冈比西斯大怒,便决定进军埃及。

这只是一个传说。没有这些事情,冈比西斯迟早也会征伐埃及。

公元前525年,远征军到达埃及。阿玛西斯病亡,其子新法老普撒美尼托斯率军会战,战败,被冈比西斯生擒。

冈比西斯这个暴君在失去国家的埃及人面前露出了狰狞的嘴脸。

他首先给自己加上法老头衔,遂使埃及历史上出现一个波斯王朝,亦即27王朝(公元前525~前404年)。

他把埃及高官贵人的女儿都贬为奴隶,让她们当着父母亲的面干苦力活,从肉体和精神两方面摧残她们。接着他又下令处死法老之子和2000多名贵族子弟。但法老普撒美尼托斯保住了性命,后在复辟造反失败后自杀身亡。冈比西斯余怒未消,将法老阿玛西斯的木乃伊扒出,拔掉头发,用棒子戳刺,最后用一把火烧掉。

他不但对埃及人如此,就是对他的亲兄妹,也毫不留情。他久征埃及,生怕波斯本土被其弟巴尔狄亚篡位,于是就派人秘密返回波斯,杀死了巴尔狄亚;有一次,他的皇后规劝了他几句,他却一时性起将其杀死,而这位皇后就是他的亲妹子,因为波斯不容许兄弟姊妹通婚,于是冈比西斯将其带到埃及,在这个兄妹通婚合法的国度和自己亲妹子结为夫妻。由此可见冈比西斯残暴淫乱到了何种地步。

冈比西斯还想以埃及为据点,向西向南远征利比亚和埃塞俄比亚,扩大波斯在非洲的统治,结果遭到失败,导致其癫痫病越发严重,神经过分敏感,喜怒无常。

有一次,他问自己的近臣普列克撒斯佩斯说:"你说波斯人都谈论我什么,认为我是怎样一个人?"近臣小心回答:"他们无不称赞陛下,但也说您嗜酒过分。"冈比西斯立刻火冒三丈:"那波斯人以前不是说谎吗?上次我问几个波斯大臣,他们都说我比父亲居鲁士还强,只有克诺伊索斯表示反对,他说我不如父亲,因为我还没有像父亲一样,有我这样一个好儿子。怎么他们现在又认为我有缺陷呢?我要判断一下,现在你儿子在门外,我一箭射中他心脏的话,波斯人就错了;如果射偏了,那就是我失去了理智,他们对了。"结果一箭正中孩子心脏,就这样,这位近臣的儿子死在了暴君手里。接着又下令杀了12名波斯贵族。

之后,他的病情越来越严重,性情也愈来愈暴躁。他放肆地取笑各民族的风俗,杀死埃及人崇拜的圣牛,让希腊人吃自己死去的父亲,让不许火葬的印度人火葬死去的人……

终于,他的暴行激起了人们的反对。在波斯有一个叫高墨达的僧侣,曾被居鲁士割去双耳,他利用人们对暴虐无道的冈比西斯的不满和自己为王室工作熟悉内幕的条件,假冒被杀的巴尔狄亚在波斯发动政变,自称波斯皇帝。那是公元前522年3月发生的事。他痛斥冈比西斯的罪行,豁免了各族人民三年赋税和兵役,赢得了民心,伊朗高原和两河流域的民族都纷纷拥戴冒名顶替的高墨达。

冈比西斯听到波斯发生政变,气急败坏,召集军队,准备杀回西亚,平定叛乱。但高墨达在国内已深得民心,声势已经非常浩大,已非失去人心的冈比西斯所能镇压得了的。在归国途中,冈比西斯看到这种情景,深知大势已去,后悔不及,自杀身亡。

冈比西斯的猝亡更助长了起义的高潮,起义浪潮由波斯本土传到各省各地,巴比伦、埃兰、亚述、埃及都纷纷脱离波斯,宣告独立。刚刚建立起来的阿黑门尼德王朝面临灭亡的巨大危险。

乱世出英雄,这时阿黑门尼德族出了一位惊天动地的英雄,那就是大流士,他是冈比西斯的堂兄弟。由于他手中紧紧掌握了作为帝国统治核心的波斯军队,又善用谋略,于是终于杀死了冒充巴尔狄亚的高墨达,平息了叛乱,继承了王位,迎来了波斯帝国的又一个盛世。

大流士缔造波斯帝国

波斯最早兴起于伊朗高原的西南部。

·美索不达米亚文明·

图文珍藏版

伊朗高原北接里海和中亚盆地,东北起自兴都库什山脉,西北倚高加索山脉,西有札格罗斯山脉,南临波斯湾和阿拉伯海。其四境或阻以高山或面临大海,是比较闭塞的内陆高原。

伊朗高原最古老的居民是依蓝人部落。公元前4000年,他们已定居于札格罗斯山脉的西南部。公元前2000年后期,曾形成强大的奴隶制国家。公元前7世纪被亚述击败,逐渐衰落。

波斯帝国以前,伊朗高原西部曾先后兴起过埃兰和米底。

公元前7世纪后半期,伊朗高原西部形成米底人的奴隶制国家。它曾与新巴比伦王国结成军事联盟,于公元前612

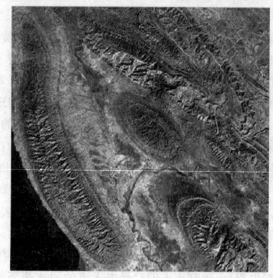

伊朗高原

年至公元前605年击灭并瓜分了亚述帝国。但米底国家历时短暂,公元前550年亡于波斯。

当公元前7世纪米底强盛时,波斯人的部落联盟受米底统治。公元前553年出身于阿黑门尼德氏族的居鲁士(公元前558年至公元前529年)率领波斯人起来反抗米底的统治,于公元前550年灭米底王国。随后,居鲁士率兵进行扩张战争,征服小亚细亚,又于公元前538年占领巴比伦城,灭新巴比伦王国。公元前529年,居鲁士死于对中亚细亚的扩张战争中,这时波斯帝国已基本上形成。居鲁士死后,其子冈比西斯二世(公元前529年至公元前522年)于公元前525年征服埃及。

公元前522年,祭司高马达起兵反抗波斯夺取了政权,并以免税三年和不服兵役为号召,一时波斯帝国境内被征服民族纷纷独立。高马达起兵后,冈比西斯死于从埃及回国的途中。出身于阿黑门尼德氏族的大流士一世(公元前521年至公元前485年)在波斯贵族的支持下,杀高马达,夺得了政权,平息了内乱。于是,大流士便成了波斯王。

大流士做了国王(公元前522年至公元前486年)以后,继续对外进行侵略战争,把附近的许多国家和部落都征服了。波斯成了一个疆土十分辽阔、国势十分强盛的大帝国。它的版图东边到达印度河,西南包括整个埃及。黑海、爱琴海、地中海、里海、咸海、红海、波斯湾和印度洋的波浪,拍打着波斯帝国的海岸。为了统治这个庞大的帝国,大流士把苏萨、爱克巴坦那、巴比伦、帕赛波里斯四个城市作为首都。他一年四季轮流在这四个首都发号施令。

大流士把帝国分为20个省,每省设总督一人。为了防止总督反叛,他还派出许多人去监视他们。每个总督的一举一动,大流士都能很快知道。如果某个总督企图谋反被发现,他的皮就要被剥下来,铺在总督坐过的椅子上,以警戒总督的继任人。

为了密切中央与地方的联系,大流士继承亚述帝国的驿递制度,在帝国境内修筑大道,把首都跟各个行省联结起来。最大的一条从苏萨通到爱琴海海岸,有2500公里长,这就是波斯著名的"皇道"。皇家的信使在"皇道"上骑着快马来往奔驰。他们采用接力赛的方式传递紧急文书。一个信使飞马急驰20公里,把文书传给在路边等候的另一个信使,这个信使再传给前面的人。步行需要几十天的路程,信使三天就可以到达。希腊人羡慕地说:"波斯王住在巴比伦,爱琴海鲜鱼进宫廷。"据说,水稻和孔雀就是在那个时期从印度传入波斯的。

交通发达促进了帝国的贸易,为了安全,沿途又派有士兵保护商旅行人免遭抢劫,波斯和印度以及地中海各国的贸易很快就发展起来了。

每年,大流士从各行省勒索大量黄金,铸成金砖,保存在皇宫金库里。他还第一次铸造和使用金银币。金币的一面是一个弓箭手,另一面是他本人的头像,这种金币叫作"大流克",重84克,含纯金98%。银币叫作"舍克勒",重56克。

大流士非常注重税制改革,其税收制度计算得十分精细,纳税者戏称大流士是"小商贩"。同时,他还逼迫波斯本土的农民奉献给他丰富的礼物。靠着对各地人民的残酷压榨,大流士过着极其豪华奢侈的生活。他调集埃及、巴比伦、腓尼基和其他地方的能工巧匠,为他建造宏伟的王宫。王宫里面的奴仆多达15万人,卫队由1000骑兵和1万步兵组成。大流士平时吃的是从各行省进贡来的奇珍佳肴,穿的是绣着金丝的大红袍。他的臣民都不敢走近他,生怕自己的呼吸冒犯了这个"众王之王"。

为了巩固自己的统治,继续对外扩张,大流士还建立了强大的常备军,自己担任最高统帅,悍然发动了波希战争,但屡遭失败。公元前5世纪上半叶,大流士和后来的几个国王多次发动侵略希腊的战争,结果都遭到惨败,这对波斯的军事优势是一个十分沉重的打击。

在以后的100多年里,波斯境内被奴役人民的反抗斗争此起彼伏,一直没有中断过,使帝国的势力一天天衰落下去。

公元前486年10月,埃及爆发了反对波斯人统治的起义。一个月后,大流士还没来得及把起义镇压下去便溘然死去。

光明使者——摩尼

一天晚上，一位怀孕的少妇从梦中醒来，她推醒沉睡的丈夫，说："我刚才做了一个梦，梦到了天使陶恩，他告诉我说咱们会生一个儿子，而且他将负有崇高的使命。"丈夫听了，又紧张又高兴地注视着妻子。这一对夫妇是帕提克和马尔·梅丽，夫妻二人是伊朗名门，而那个孩子便是摩尼教的创始人摩尼，他生于公元216年。

公元1至3世纪，浸礼派是流行于两河流域下游的所谓"诺斯提派"的一个支派，大致主张是：可见的现实世界是由黑暗和恶的势力形成的；人只有靠"去识"，即神秘的直觉知识，才能够了悟自己具有神性。这种宗教气氛弥漫的环境对摩尼的思想有深刻影响。

公元228年，摩尼12岁那年，天使陶恩指示他脱离浸礼教会。公元240年，摩尼24岁，天使陶恩向他作第二次指示，要他公开出面建教。这时他自视为圣灵和一切知识的化身，是由神派遣到人世的"光明使者"。他开始向周围人传教时并不成功，只有他父亲和另外两个信徒听信他。于是他决定出去周游，最先是到萨珊朝都城泰锡封，随后远游至梅克兰、印度西北部和中亚，大约过了一年多，他回到伊朗和巴比伦。

公元242年，萨珊朝开国君主阿达希尔逝世，其子沙卜尔一世继位。摩尼献给沙卜尔一部书，叫作《沙卜尔干》。他在此书开端写道："智慧和善行时时由明神的使者传到人间。有一个时代由名叫佛陀的使者传到印度；又一个时代由名叫耶稣的使者传到西方。时至今日，启示又降下来，在最后这个时代，先知的职分落在我摩尼身上，由我作向巴比伦传达神的真理的使者。"

摩尼不只自认为是神所派遣的最后一个使者，他还要建立一个包含一切现存宗教的要义，不受地区和国界限制而为世人普遍信奉的宗教，他的思想深受沙卜尔一世欣赏。"普遍"宗教适合沙卜尔缔造帝国的需要。沙卜尔支持摩尼传播他的"普遍"宗教。

摩尼所宣扬的教义通常称为"二宗三际论"，所谓"二宗"是指宇宙的两种根本存在，即光明与黑暗："三际"是指由光明与黑暗贯穿着的三个时代。他的神学的宇宙观内容大致如下：

初际，即第一个时代，"世界未立以前，尚无可见世界，只有无限的光明与无限的黑暗两界并存"，明界住着"大明尊"或"明父"，他拥有五个国土，叫作"微妙相"（官能），"微妙心"（理性），"微妙念"（思维）；"微妙思"（想象）；"微妙意"（意志）。这五个国土其实就是光明的五种品质。暗界住着黑暗三王，明暗两界只有一面相接，原本各自相安，宁静状态由于暗界的分子冲人明界而被破坏，初际于是告终。

中际,即中间的时代,也就是明暗二宗或两种势力长期反复斗争的时代。明界既遭黑暗侵入,大明尊于是召唤善母(即生命之母),善母又召唤先意(即初人)抵御黑暗,保卫明界,摩尼说"召唤"或"化出",不说"生出",因生产或创造都会将光明分裂。先意披挂着所谓"五明子"甲胄御敌,战斗失败。五明子被众暗魔全部吞掉。先意请求明父救援。

明父又作第二次召唤。这一次召唤出来的是"明支","大般"(建筑者)和净风(活跃的精灵),净风深入暗界,救出先意,杀死并肢解众暗魔,暗魔吞下的光明分子被挤出来,由净风造成日月星辰;被肢解了的暗魔,由善母用它们的皮肉、骨造成十天八地,为的是可以从中挤出更多的光明。大般是建筑者,他的任务应是修筑囚禁暗魔的"铁围四院"。可见世界于是开始形成。

最后,为了彻底解放被暗魔吞食的全部光明分子,大明尊又作第三次召唤。这一召唤出来的是惠明使。惠明使以其美妙的像出现在男女暗魔之前,在男暗魔之前现女像,在女暗魔之前现男像,使他们和她们因贪爱而吐出所有的光明分子。惠明使开动日月二大"明船",由光明之柱运载"善子"回到光明的本界。但暗魔吐出光明分子时,还随着吐出了"罪恶",那黑暗的东西落在大地上:一半在湿地(海洋)上,生出一个凶恶的妖怪,被杀死;一半在干地上,生出五树,是为一切植物的起源。原已怀孕的女暗魔的胎儿流产,落在大地上,产生陆海空中的各种动物。斗争至此尚未完结。黑暗之王和他的配偶仿照惠明使的形象生下亚当。亚当身上集中了被黑暗囚禁的光明分子的大部分。随后,夏娃也生下来,她的光明分子少些。就是由黑暗恶魔生下来的亚当和夏娃,他俩成为人类的祖先。亚当和夏娃有光明分子形成圣洁的灵魂,却被禁闭在不圣洁的肉体内。因此,大明尊派遣夷数(耶稣)下界唤醒沉睡中的亚当,使他认识他自己的光明本性和宇宙的由来。夷数叫亚当尝生命树(知识树)的果实。亚当于是彻悟,悲痛呼号道:"愿灾害降给创造我身的妖魔,愿灾害降给将我灵魂囚禁在肉体里的妖魔,愿灾害降给那使我成为奴隶的反叛者!"

亚当虽然痛楚肉体囚禁了他的灵魂,因而决定恢复纯洁的本性,但后来终于忘却自制,又与夏娃生了悉特。人类是悉特的后裔,于是光明又遭囚禁。摩尼以为,人必须克制情欲,抛弃物质享受,锻炼纯洁的本性,成为"新人",以便上升永远光明境界,永享极乐。

但上升并不是一件简单的事。依照摩尼的教义,人有三类:第一类是他的教团中的僧众"电忽那",那"虔诚信教者",严守戒律,不婚,不拥有私产,"平一易衣,日受一食",不肉食,不杀生,不能采摘果实乃至种植谷物。因为这一切都有碍于解放光明。为此,他们常被称为"清静电那勿",他们死后,还由"光明三柱"引向明界。第二类是摩尼教的一般教士,即所谓"听者"。他们虽然也遵守某些戒律,但仍过着一般的世俗生活,死后要经过多少次轮回,等到完全净化,才得上升。第三类是恶人,他们死后只有在凄惨绝望中飘荡,直到世界末日,到那时,一切光明分子重返明界,恶人堕入无明深坑。宇宙崩溃,熊熊烈火,无边无际,延烧1468年。这就是中际的最后结局,也是后际这最后一个时代的开端。

后际实际上是初际的重现,光明与黑暗永远分离。光明与黑暗在中际的多次反复斗争,结果只是恢复到初际两者并存的状态。光明毕竟不能照亮黑暗,使无明世界出现光明。

总的来看,摩尼的教义是极端的二元论神学和悲观主义的世界观。它在本质上反映伊朗奴隶制危机时期被压迫被奴役的人民大众对现实的不满。当然,这种寄希望于虚幻的明界天堂的宗教不可能给人民大众指引摆脱压迫和奴役的出路。但在教人忍受残酷的现实的同时,它也指出了一个消极抵抗现实的原则,那就是对生育和生产概予否定,这一点确为摩尼教义所独有,而也就是由于这一点,使得它不能长久见容于萨珊朝的统治者。

摩尼被关进伊朗西南部恭德沙卜尔城的监狱,受尽酷刑,于公元277年2月27日死在狱中。

腓尼基人环航非洲

"腓尼基"这个名称,最早见于公元前3000年的埃及文献,又叫"腓尼赫"。希腊人始称"腓尼基",意为"紫红之国"。

腓尼基东连叙利亚,西临地中海,北接小亚细亚,南连巴勒斯坦。是黎巴嫩山和地中海之间的一个狭长地带。境内多山,但雨量丰富,沿海土地宜于精耕细作。园艺业发达,种植葡萄、橄榄、椰枣等经济作物。捕鱼业也很兴旺。

黎巴嫩山产雪松和其他珍贵木材,驰名国内外。腓尼基地处西亚海陆交通的枢纽,很早就有发达的商业。

公元前3000年后期,在腓尼基产生了一些小的奴隶制城邦,如乌加里特、阿瓦尔德、毕布勒、西顿、推罗等。在各城市国家中,自由民财产分化剧烈。有产阶级在政治上享有特权地位,公职人员是根据财产资格选举出来的。城邦会议完全操纵在大奴隶主手中。

腓尼基各城邦互相争夺霸权,长期处于分裂状态,没有一个城邦能够有足够的力量统一其他城邦。城邦之间经常发生争夺霸权的斗争。起初北方的霸主是乌加里特,南方的霸主是毕布勒。

公元前2世纪中叶,腓尼基已处于埃及控制之下。腓尼基诸城很早就有发达的手工业和商业。远在公元前3000年后期,乌加里特和毕布勒就已经和埃及、克里特等地有商业来往,所产纺织品和染料最负盛名。染料为紫红色,从一种海生介壳动物中提取。用这种颜料染成的紫红布匹行销地中海各地,腓尼基人的足迹也随着布匹行遍地中海沿岸各港口城邦。同时,也培养出一批优秀的腓尼基航海家。

有一天,埃及法老尼科把一些腓尼基航海家召进王宫,对他们说:"能替我围着非洲转一圈,告诉我非洲的形状吗?"航海家们赶紧跪下,并肯定地回答道:"愿听法老吩咐,您让我们到哪儿去,我们都可以办到。"

这些腓尼基航海家虽夸下海口,但他们也没有把握,因为谁也没有跨出过地中海,面对非洲大陆,他们一无所知。环航整个非洲就是要走一条前人没有涉足的航道。腓尼基人不愿服输,他们决定环航非洲。

腓尼基人精心设计出三条小船,这些船只分成双层,下层坐着的是划船的水手,高高翘起的船头上面站着一名水手,时刻注视着前方的情况。船上装的除了日用品外,其余的都是他们准备与别的港口交换的商品。几天后,腓尼基人启航了,每一个日出日落,腓尼基人都要用小刀在桅杆上划下一道横线,这代表他们走了一天。桅杆上的横线一直在增加,可腓尼基人在沿途根本没有看见任何人烟。直到第四十道横线出现时,望台上的水手才发出叫喊:"快看,快看!前面有人在海边捕鱼。大家赶紧把船靠过去!"听了这个消息,船长也显得兴奋起来,可他却摆了摆手,怀疑地问道:"看仔细点儿,那些人手中有没有武器?""没有,没有,我看得很清楚。"望台上的水手回答说。

在确认无误后,船长这才敢让人把船向岸边靠近。那儿是一个村庄,村庄里的人几乎都没有穿衣服,只用树叶在身上随便地缠着。由于语言不通,腓尼基人和这些原始居民之间只能互相比划着交流。在粗略的交流之后,大家都明白了对方的意思,于是双方进行了物品交换。

走过这个村庄,腓尼基人又向南前进,越过了赤道。很多天以后,腓尼基人的食物吃光了,他们只得上岸打猎,并在土地上种了一些庄稼。三个月后,庄稼收获了,腓尼基人装好粮食,继续前行。在第三年桅杆快要划满横线的时候,他们到了一个大河口岸,河口边有一些村庄,进去一看,里面住着的竟也是腓尼基人。原来他们回到腓尼基了。几天后,腓尼基航海家进入地中海,向法老禀报自己是怎么航行的。法老听了他们环航的经过,十分高兴,重重地赏赐了他们。

腓尼基人结束了环航非洲的行程。这次航行是人类航海史上的第一件盛事。

第三章　古埃及文明

——解密失落的文明

公元前三世纪的曼涅托,将从美尼斯开始至马其顿亚历山大征服止的埃及历史分为三十个(或三十一个)王朝,现在学者又在此基础上将上古埃及史分为以下几个时期:1、前王朝时期(约前 3100~前 2686 年),2、早王朝时期(约前 2686~前 2181 年),3、古王朝时期(约前 2181~前 2040 年),4、第一中间期(约前 2040~前 1786 年),5、中王朝时期(约前 1786~前 1567 年),6、第二中间期(约前 1786~前 1567 年),7、新王朝时期(约前 1567~前 1085 年),8、后王朝时期(约前 1085~前 332 年),9、马其顿希腊人和罗马统治时期(公元前 332~公元 642 年)。

古埃及法老

从第 1 到第 4 时期,是奴隶制国家形成和统一王朝出现的时期,第 5 至第 7 时期是统一王国重建和帝国时期,第 8 至第 9 时期是埃及奴隶制国家衰落和陷于外族统治下的时期。

蒙图荷泰普二世在公元前 2050 年统一全国,从此第十一王朝的底比斯君主统治了整个埃及。这虽然使他们的故乡底比斯城地位越来越重要,但仍然不足以取代孟斐斯。底比斯的统治者适时尚须来回旅行,并在十二王朝时在通往法尤姆的入口处修建了行宫,和诸如伊蒂-塔维的小城。王朝在不放弃底比斯的同时向北转移权力中心,显示出强而有力的中央集权政府逐渐恢复。

如同世界上其他国家一样,稳定总是和动乱是互相交替。各省分权势力和其他历史上至今仍然不明的势力,毁灭了从第十二王朝传续下来的底比斯政权,埃及分裂成许多的诸侯国。

古埃及文明是指在尼罗河第一瀑布至三角洲地区,时间断限为公元前5000年的塔萨文化到公元642年阿拉伯人征服埃及的历史。

尼罗河的赠礼

埃及以古老悠久的文明著称于世。它位于非洲东北部,北临地中海,南邻努比亚(现在的埃塞俄比亚和苏丹),东濒红海,西接利比亚。

没有水就没有生命,没有大河就没有文明,是大江大河哺育了人类,广阔丰饶的平原是大自然带给人类的厚礼,埃及的古老文明就是尼罗河的丰赐。

尼罗河有两个源头:一条为白尼罗河,一条是青尼罗河。它们在苏丹的喀土穆交汇形成浩荡洪流,曲折向北流贯埃及全境,注入地中海。由于地理面貌的不同,尼罗河的上游多是连绵起伏的山峦,森森的悬崖峭壁和无边的沙漠,而尼罗河的下游有许多支流,散铺在平地上,像扇面一样。那里湖泊沼泽星罗棋布,是丰饶的尼罗河三角洲。

我们把靠近下游三角洲的地方叫下埃及,靠近上游大沙漠的地区叫上埃及。

在尼罗河下游,每年夏季6月底开始泛滥涨潮,冬季11月份河水低落。这100天左右的定期涨落,淹没了河谷两岸的土地,留下厚厚的淤泥,大量的矿物元素和腐殖质藏在河泥之中,特别有利于庄稼的生长。尼罗河两岸的人们远在五六千年前,就开始过播种收获的农耕生活了。

当克里特岛上的米诺斯人在诺萨斯建造宏伟宫殿的时候,古埃及已经在他们之前1000年成为一个大国;当意大利半岛的部落还在第伯河畔过着原始生活的时候,古埃及已经强大繁荣起来了。

公元前3000年以前,距今大约5000多年以前,埃及的文明时代到来了。富人和穷人也产生了。在埃及各地,有40多个小国,他们互相之间展开争夺与战争,主要是为了扩大领地,掠夺财富和抢夺奴隶供自己驱使劳作。

这些小国家的首领就是本国国王,他们头戴王冠,人称蝎王。蝎王之间的争夺,最终没能统一埃及。直到公元前3100年左右,埃及形成两个大的王国,即下埃及王国和上埃及王国。这时,两个王国都有了专职的行政官员,还有士兵、艺人和宗教头领。

这段时期,被历史学家叫作早王朝时期。

从公元前 3100 到 2270 年,持续了 8 个多世纪,这样稳定的时期共产生了埃及的六个王朝。第一王朝的建立者,是传说中的美尼斯,人们常常也认为他就是纳尔迈或阿哈,因为没有具体的记载,所以他是久远的传说之中的国王,统领上埃及王国,头戴白冠。当时的下埃及王国头戴红冠,他和白冠国王美尼斯展开决战,尼罗河成为他们的战场。

上埃及与下埃及的士兵手持长矛混战在一起,鼓声螺号声悲鸣,杀声震天。上埃及军队挥动百合花旗,下埃及军队摇舞着蜜蜂国旗,双方伤亡惨重,一时难分胜负。

远古的人们都有自己的崇拜动物,他们往往把崇拜物作为自己的图腾,上埃及人崇拜展翅高飞的雄鹰,他们认为鹰神会保佑他们战无不胜。

厮杀了一天的白冠王美尼斯率领将士臣民祭拜所崇敬的鹰图,他们虔诚地祷告:"无所不能的神鹰,你带着我们,你的忠实信徒,征服整个尼罗河吧!"

传说又经历了三天三夜的血战,下埃及的国王支持不住了,军队溃败,红冠王投降。美尼斯高傲地接过下埃及王的红冠,下埃及举国跪拜。从此,统一的埃及王国建立了。为了纪念这次战役,也为了记载自己的辉煌的战绩,美尼斯把决战地点命名为白城,在白城建立了城郭,成为著名的孟斐斯城。

虽然美尼斯取得了很大胜利,头戴白冠与红冠,自称"上下埃及之王",可他没有完完全全地征服北方。直到第二王朝结束,埃及的统一才完全确立,早王朝时代完结,开始了古王国时期。

以后的第三至第六王朝在一、二王朝基础上继续统治,他们都把孟斐斯作为都城。这段时期政治动乱绝少,国王拥有了至高无上的权力,中央集权的专制统治制度逐渐建立起来。因为南方白冠王美尼斯众民崇拜神鹰,所以在他胜利的基础上,国王成为神鹰的化身,以后历代国王被画成神鹰,这在石刻岩画上被保留至今。

为了进一步统治臣民,国王又被神化成太阳的儿子。太阳神成为众神之王,国王是众民之王,代表天的意志。于是人们也不能直呼国王而必须尊称为法老。

到了第四王朝,法老们生前的尊贵也被带到了死后,他们的坟墓不再是泥砖建成的长方形坟墓,而是金字塔。所以第三至第六王朝的古王国时期又称金字塔时代。

《金字塔铭文》中记载:"为他(法老)建造起上天的天梯,以便他可由此上到天上。"一级一级的金字塔就好比梯子,使得法老成为神,沿梯登天。

从早王朝(第一、二王朝)至古王国(第三至第六王朝)时期,埃及文明创造了人类早期的辉煌,此后埃及经历了中王国、新王国共 31 个王朝,有分裂也有统一,再也没有第一至第六王朝这样持续稳定了。埃及逐渐衰落,先后被利比亚、亚述等国入侵。公元前 7 世纪中叶,埃及重新独立,但好景不长,又被波斯帝国和马其顿国奴役。公元前 30 年,埃及成为罗马一省,古埃及消亡了。到公元 7 世纪阿拉伯帝国兴起,埃及成为阿拉伯帝国的一部分。

古埃及消失了,但它是人类早期辉煌文明的花朵,马克思恩格斯曾经认为,尼罗河水的涨落使人们创立了天文学。不仅如此,古老的金字塔与狮身人面像至今仍默默矗立在尼罗河畔,散发着幽古的神秘气息,告诉人们高潮与低落,辉煌与湮没,还有风沙与文明。

侵略狂——图特摩斯三世

图特摩斯三世是古埃及新王国时代第 18 王朝的第五位国王。在他统治埃及期间,发动了多次远征,埃及的版图达到了历史上空前绝后的广大程度。他建立了庞大的奴隶制帝国,并在他的花岗岩尖碑上自夸为"胜利之王,诸国之王"。他确实是历史上一位杰出的统帅、政治家、行政官,而且也是最熟练的射手、骑手,以及他那个时代的一切方面的优秀运动员。有人把他称为"古埃及的拿破仑"。

图特摩斯三世在位时间大约为公元前 1504 年至前 1450 年,他在大约 10 岁时继承了王位。

当他年幼的时候,王权被野心勃勃的王后哈特舍普苏特所控制。这个女人不同凡响,她按照她的愿望管理全国的事务。她代替了图特摩斯三世成为埃及唯一的女王,并自称"太阳之子",因为她懂得适应传统习惯,终日把自己打扮成男性。为了巩固政权,她身着男装,脸带假胡须,为自己雕的像也是男性面目。正当她的权势如日中天的时候,却不明不白地死了。

这时,图特摩斯三世已不再是从前那个柔弱无力的小男孩了。他已成长为一名精通箭术、马术及一切军事技艺的健壮青年。他的地位很快便恢复了。

刚刚复位的图特摩斯三世便面临着米丹尼、叙利亚、巴勒斯坦等王国组成的反埃及联盟的威胁。在军队支持下,图特摩斯三世仅用了短短 3 个月的时间便安定了局势。他的声名和威望立刻树立起来。他的雄心也猛烈滋长起来。

随后,图特摩斯三世厉兵秣马,发动了他的第一次远征。在巴勒斯坦北部的美吉多附近,图特摩斯三世取得了他第一次战役的巨大胜利。在史书的记载中有这样生动的描绘:"陛下驾着金银战车,配备着自己的战斗武器,像常胜者荷鲁斯,像威力的主宰,像底比斯的蒙特,出发了……当敌人看到陛下战胜他们时,就带着恐惧的面孔没有秩序地逃往美吉多去;他们抛弃了自己的马和金银制的战车。"

但是,埃及军队只顾劫掠敌人抛下的金银财物,而贻误了战机,没能及时拿下城堡,又花费了 7 个月的时间才最终攻陷了美吉多。

·古埃及文明·

图文珍藏版

此后,图特摩斯三世多次发动远征,接连占领了叙利亚、巴勒斯坦、卡叠什一带。在他执政的22年中,先后远征西亚15次。随着对外战争的胜利,埃及的版图不断扩大,其北部推进到叙利亚的北端,幼发拉底河畔的夫赫朱什城。在南方,他的足迹也达到了尼罗河的第四瀑布。

他除去对外大举远征外,还对内大兴土木。首都底比斯在他的意图下变得格外壮丽,许多新的建筑物如雨后春笋般冒了出来,图特摩斯三世用它们来炫耀和记载自己的战功。在繁柱厅的墙壁上,各种珍禽异兽和多姿多彩的植物被栩栩如生地描绘在上面,那是他们的国王多次出征亚洲带回来的战利品。事实上,他带回的战利品远不止这些小玩意。在20年的对外战争中,他所到之处城镇被毁,村庄荒芜,大批的反抗者被屠杀,余下的人都被当作俘虏带回国内,卖为奴隶。远征的胜利给埃及输入不可估量的财富和源源不断的奴隶,图特摩斯三世统治下的奴隶制大帝国达到了空前的繁荣。

被征服的叙利亚、巴勒斯坦和努比亚各地的王公每年都要向埃及进贡。其他一些周边国家诸如克里特、塞浦路斯、巴比伦、亚述、赫梯等慑于埃及的威力,也不断地奉献礼品。图特摩斯三世为巩固他的统治,采取了两种手段:一种是把被征服国家的王公子弟带回国内作为人质,并给予他们以埃及宫廷的教育,从而使之成为埃及的忠实仆从,消除了后患;另一种就是在被征服地区派遣国王的代理人,并在显要领地驻扎军队,时刻让人感到武力的威胁。

图特摩斯三世耀武扬威了一辈子,在他统治的后期,又如愿以偿地享受着安宁富足的太平盛世。只是人生已老,盛年不再,他同样摆脱不了衰老和死亡的自然之法的审判。应当指出,图特摩斯三世的显赫功绩是建立在侵略的基础上的,他多年的侵略战争给西亚和努比亚人民带来了深重的灾难。每当他为自己的功绩增加一个筹码时,他的罪恶也在随之剧增。

宗教狂——埃赫那吞

古埃及王国分三个时期:古王国时期、中王国时期、新王国时期。埃赫那吞是新王国时期18王朝(公元前1570~前1320年)的一位法老,在他执政的18年里,他致力于宗教改革,在埃及引起一场翻天覆地的宗教革命。

埃赫那吞原名阿蒙霍特普四世,是阿蒙霍特普三世与泰伊所生的幼子。他身材瘦削,目光深邃,从小爱看书,满腹经纶。他这个人挺有个性,自己认准的理,就是几匹马拉也拉不回来。他执政后,要把阿吞神列为全国唯一信仰的神,而把先前所信奉的阿蒙神和其他神打入冷宫,惟"阿吞"独尊,那么他为什么要搞这样的宗教改革呢?

埃赫那吞的母亲泰伊是一位贵族，而不是王族中人，那时在宫廷里实行的是族内婚或者是兄妹通婚，因此埃赫那吞在王族中势单力薄。本来他的父亲要把王权传给他当祭司长的哥哥，不幸的是，他的哥哥早亡。因此，他自然而然成了王位的继承人。他即位后，面对的是陌生的大臣，办起事来总觉得不如自己人顺当。而且他对阿蒙神庙的僧侣互相勾结的做法十分不满，这些僧侣也因颇有势力而显得特别骄横，因此他一上台就想削减旧势力，巩固自己的政权。这样，埃赫那吞就同阿蒙神庙关系紧张起来了。此外，埃及帝国的军事实力也在加强，那些贵族军官们对于法老政权和阿蒙神庙的结合历来不满，他们希望法老政权摆脱阿蒙神庙，通过加强军事实力来提高他们的地位。因此，军事贵族和阿蒙神庙也处在尖锐的冲突中。这些情况就使埃赫那吞下决心以宗教改革的方式来打击阿蒙神庙以巩固王权。但宗教改革遭到保守势力的强烈反对，改革派和保守派的激烈斗争最终使两派走向了分裂。埃赫那吞反对阿蒙神，提出了新的崇拜的对象——阿吞神。

　　在埃及宗教神话中，有两个天神可以代表太阳，一是拉神，另一个是阿吞神。由于拉神与传统信仰的千丝万缕的联系，最后埃赫那吞确立阿吞神为全国唯一崇拜的神。阿吞神不再像其他天神以人形或动物形状出现，而是以自然界太阳的形象出现，位于中天、光芒四射，赋予万物以生命。埃赫那吞利用了太阳这一形象，获得许多的追随者，他们写就了热情洋溢的诗来赞颂太阳神——阿吞神。有一首诗这样写道：

在天涯出现了您美丽的形象，
您这活的阿吞神，生命的开始呀！
当您从东方的天边升起时，
您将您的美丽普施于大地。
黎明时，您，阿吞神，
从天边升起而在白天继续照耀，
您赶走了黑暗，光芒四射。
上下埃及每天都在欢乐，
人们苏醒了，站起来了，
他们洗身穿衣，高举双臂欢迎您。
您在地上造了一条尼罗河，
您按照自己的意愿把它给了人民，
来养育人民，
就像您创造他们那样。
您是一切人的主人，您为他们操劳，
您是大地之主，为它而升于天空，
一切远方的外国，您也给它们以生命。

全国上下掀起了打倒阿蒙神、建立阿吞神的轰轰烈烈的浪潮。埃赫那吞原名叫作阿蒙霍特普四世,由于名字中有阿蒙二字,因此才改名为埃赫那吞。改革运动引起了自上而下、自内而外的巨大的变化,触及了众多人的利益。许多原先信奉阿蒙神和其他神的埃及民众十分诧异:"这是怎么回事?怎么好端端的阿蒙神不让拜了?我们自己的神也不让拜了?"而阿蒙庙的僧侣念经时说:"无所不能,万寿无疆的阿蒙神啊,邪恶的手企图遮住你的光辉,疯癫的狂人埃赫那吞要改变您忠诚奴仆的信仰,惩罚他吧!拯救我们吧!"一时流言四起,仿佛人类的末日到了。而那些在宗教改革运动中得益的军官贵族、地主阶级则唱着对埃赫那吞的颂歌,对阿吞神的颂歌。有个官员在铭文中自述:"我——按父母双方来说,都是个涅木呼,法老成全了我,使我成为(显贵)而我(本来)是不名一文的人。""他加到我身上的恩惠,像砂子那样数不清。我是在人民之上的百官之长,我的统治者提拔我,因为我遵循他的教诲,我又经常听他所讲的话,我的眼睛每天都洞察你的美丽。""你那像阿吞一样圣明,以真理为满足的法老呵!遵从你的处世教导的人,会过着多么幸福的生活!"

其实,埃赫那吞宗教改革的阻力太大了。改革并不像切西瓜,一刀下去,两面光。宗教改革也触动了王族内部的利益,王族同阿蒙神庙有着千丝万缕的联系,阿蒙神庙受到了强烈的打击,王族中的一些人也坐不住了,他们央求阿蒙霍特普三世和泰伊劝一劝他们的儿子——埃赫那吞,不要让他再这样搞下去了。老法老和泰伊出于国家的安全和对儿子的关心,在埃赫那吞向他们请安的一个晚上,对埃赫那吞晓之以理,动之以情,可就是不能劝说得埃赫那吞放弃。埃赫那吞对父亲说,他知道阿蒙神是底比斯的保护神,阿蒙神庙僧侣及其家人关系盘根错节,牵三挂四,使他的政令难以实行,因此他决定迁都,一则避开可蒙神庙僧侣的纠缠,一则便于管理好埃及和亚洲行省。老法老不同意迁都,但埃赫那吞执意如此,他们也拿他没办法,只好由他去了。

埃赫那吞回到自己的府内,仔细想想父母对他说的话,思忖再三,觉得阿蒙神僧反正已经得罪了,如果现在自己再向他们示弱的话,他们肯定看不起他,而自己也有不少支持者,况且军队握在自己的手里,这更加坚定了他把宗教改革进行到底的决心。这天晚上,他做了一个梦,梦见阿吞神把生命、健康和幸福给予了埃及和他自己,埃及国泰民安,埃及人民处在一片祥和之中。他与王后携手并肩,共赏人间美景。突然一阵风吹过来,他站立不稳,差点摔倒,忙拉王后。王后"啊呀"一声,把他从梦中惊醒。他醒来一看,原来他抓着王后的手睡着了。

第二天,法老上朝召集文武百官,发布敕令:"由于阿吞神的感召和阿蒙神庙祭司拒不服从朕的命令,自本日起关闭全国各地非阿吞神的神庙,将僧侣赶出庙门回家,还俗为民。一切公共建筑物和纪念场上的阿蒙的名字必须彻底清除。在全国各个城市必须建起至少一座阿吞神庙,各级地方官员要带头向我的父亲阿吞神献祭、宣誓,永远忠于英明、伟大的造物主阿吞。已没收的其他神庙的土地划归阿吞

神庙,禁止僧侣参政。首都迁往底比斯以北300公里的希尔摩。朕已为新都取名
'埃赫塔吞',意为'阿吞垂青的地界'。特令阿伊负责新都营建事宜,赫伦希布负
责取缔一切非阿吞崇拜。各级官员必须听从调遣,消极怠工或拒不服从者须严加
惩处。"法老颁布完法令就回去了,留下文武百官悄悄议论。

　　在埃赫那吞的强硬措施下,都城迁到希尔摩,埃赫那吞把政事交给了大臣,自
己却沉浸在宗教幻想中。在幻想中与他所认为的神父相交谈,"认为自己是同阿吞
神相联系的唯一的人间使者",他酷爱颂歌和雕刻艺术,整日沉浸在艺术的幻想中,
全然不顾外界的现实。他是一个诗人,他的资质管理不了国家。底比斯的僧侣们
暗暗集会,举行了向阿蒙神献祭的活动,亚洲被征服的民众也不断反抗,全国的形
势并不如埃赫那吞那样看好。埃赫那吞的母亲泰伊专程从底比斯到希尔摩,劝埃
赫那吞不要沉迷于幻想,而是要切实地做些实事。而埃赫那吞对母亲的警告置之
不理,他认为全国形势一片大好,在他和母亲一同坐车去阿吞庙祭祀的路上,遇到
一个青年拦在路上要见他,要送给他一纸草卷。他让卫士去拿,可青年不愿意,非
要面呈法老,于是法老允许了,未想到那青年拔出匕首向法老行刺,所幸卫士机灵
勇敢,一枪把青年扎死。回到宫中后,他的母亲再次劝他,不要结怨太多,还是放了
那些阿蒙神庙的僧侣吧,把他们的财产归还他们。可埃赫那吞仍置之不理。晚上
睡觉时,王后也劝埃赫那吞不要再一意孤行了,可他不听,愤而离去。后来王后携
带几个儿女离开了埃赫那吞,搬到城北的宫殿去住了。

　　埃赫那吞仍然推行他的宗教改革,但是他手下的大臣却都敷衍了事。埃赫那
吞后来娶了自己钟爱的三女儿安开逊巴阿吞为王后,乱了人伦。不久,埃赫那吞的
女儿、女婿遇刺身亡,他也忧郁成疾,身旁只有女儿兼王后安开逊巴阿吞携小女儿
在旁守候。公元前1362年,埃赫那吞在寂寞中去世,他的宗教改革也告失败。

十二万生命换来的尼科运河

　　众人皆知苏伊士运河沟通了地中海与红海,为世界航运提供了极大的便利,是
人类改造自然的光辉灿烂的壮举。但很少有人知道,早在苏伊士运河开凿的20多
个世纪之前,就有一条运河用曲曲折折的碧波把浩瀚的地中海和狭长的红海连接
了起来,它就是尼科运河。

　　尼科是古埃及的后埃及时代第26王朝的第二位国王。他于公元前610年到
公元前594年在位。在他当权期间,开凿了尼科运河。

　　尼科运河从帕托莫斯(即今天的扎加齐格附近)的尼罗河起,向东经过沙石散
布的平地到达俾特湖,再折向南,流经今天的苏伊士港而注入红海。尼科运河不仅
把尼罗河与红海连接起来,而且由于尼罗河的布巴斯提斯支流最终流入地中海,从

而使地中海与红海沟通起来。

关于尼科运河,据古希腊史学家希罗多德的记载:"这条运河的长度是4天的旅程,它挖掘的宽度足够三列桨船并排行进。"他还提到,由于工程浩大,"在尼科统治期间,死于挖掘工程的有12万名埃及人"。希罗多德的记载经过现代学者的考证,基本上是符合事实的。

然而,在尼科统治期间,这条运河并没有最终完成,直到波斯帝国大流士一世征服埃及后,开凿运河的工程才全部最后完成。尼科为什么没有完成运河的工程,照希罗多德的说法是,尼科接受了布陀神庙的神谕,说开凿运河有违神的旨意,于是便把进行了大半的工程废止了。但这种说法是靠不住的。比较可信的一种说法是:国王的工程技术人员警告他,由于红海的海面比地中海的更高些,如果运河开通,则埃及有被淹没的危险。

至于尼科当初开凿运河的动机,则牵扯到古埃及的政治与经济。

在尼科之前,他的父亲普撒美提克一世建立了第26王朝。他结束了后埃及时期以来几百年的分裂局面,重新统一了埃及。尼科便在父亲开创的统一局面上开始他的内政外交。

当时新巴比伦王国正在大肆扩张,亚述帝国在它的强力攻势下濒于灭亡,一旦新巴比伦王国攻占了亚述帝国,则它的势力必将会向西大面积扩张,埃及将危在旦夕。尼科当机立断,迅速派兵出征亚洲,援助风雨飘摇的亚述帝国。然而最终却以埃及亚述联军的失败告终,卡赫米什被新巴比伦王国占领。

为了夺回失地,尼科于公元前609年亲自率军远征西亚,途中遭遇了已与新巴比伦王国结盟的犹太国王约西亚的阻击,双方在美吉亚平原交战。约西亚负伤而死,尼科取得了胜利,罚犹太国银子100塔兰特,金子1塔兰特,并在叙利亚和巴勒斯坦统治了三四年。

公元前606年,埃及打败了新巴比伦王国。但不久又被该国王子打败,并从此一蹶不振,不仅失去了对外扩张的力量,而且本身也受到了威胁,便退而加强防守。在尼罗河三角洲东部的达夫耐要塞,地势险要,左侧濒临大海,一大片难以通行的沼泽地是其天然防护,其右侧和南侧贯穿着一条山谷,堪称出入埃及的咽喉要道。尼科便选择了达夫耐要塞,派出重兵镇守。

虽然尼科企图恢复埃及历史上盛大王朝和辽阔版图的梦想没能实现,他多年的军事扩张也未能取得最后胜利,但是他复兴帝国的政策还是表现在了积极发展商业和对外贸易上。与失败的军事行动形成鲜明对照的是,尼科的商业行动做得如火如荼。

为了从事海外贸易,尼科十分重视发展海上势力。他在地中海和红海海岸建造了三列桨战舰,组织了一支强大的舰队,以此作为军事保证。他雇佣腓尼基水手环绕非洲航行了一圈,开辟了海上贸易线。腓尼基人乘坐三只船舰,用了两年多的时间,成功地完成了历史上第一次环行非洲的伟大创举。他们随船带来了沿途各海岸港口的特色产品,受到尼科的隆重接待,并获得丰厚的奖赏。

在同附近亚洲各国做生意时,尼科把埃及的特产运送出去,换回大量银子,大宗的贸易往来加重了运输的复杂性和负担。在当时,陆路交通极不方便,于是尼科便把目光投到了水路交通上。经过一番细致的考察后,他便做出了开凿从尼罗河到红海的运河的决定。这样一来,不仅适应了埃及特别是尼罗河三角洲贸易的需要,而且在一定程度上也为军事活动提供了方便。尼科运河便在酝酿成熟之后投入了实施。虽然尼科运河与现代苏伊士运河河道不同,但是仍不失为现代苏伊士运河的前身,为古代社会文化的交流、文明的进步做出了不可磨灭的贡献。

古代埃及文学

埃及位于非洲东北部和亚洲西南部,是世界四大文明发源地之一。古埃及的人们凭借他们的聪明才智建造了金字塔和狮身人面像,同时,他们凭借聪明才智写就了不朽的诗篇,创造了光辉灿烂的古埃及文学。古埃及文学是人类文化史上一份宝贵的遗产。

埃及人大约在公元前3300年发明了文字。经过不断的完善,由原先的象形文字逐步发展成用字母、音符、词组组成的复合文字。凭借这些文字,就可把大量流传在民间或者宫廷的文学作品记录和保存下来。

在埃及的古王国时期(公元前3200~前2780年)就已产生了歌谣、诗歌、故事等。这个时期流传下来的比较突出的文学遗迹有:金字塔祷文,即刻在金字塔墓壁上祈祷法老死后升天获福的诗歌;大臣墓地上的碑传;此外还有流传于民间的歌谣、故事,反映普通群众的生活,展现普通人的生命情怀。中王国时期(公元前2780~前1778年)文学作品的质量、数量都得到了极大的提高。一些埃及的文学史家认为,这个时期的文学作品是最精彩的,它在表达、描绘、修辞等各方面均是后来各时期文学的典范,这个时期成为古埃及文学的鼎盛时期。新王国时期(公元前1570~前1090年)最突出的文学体裁是写实的作品,同时还留下一些对神和统治者的赞美诗。

古代埃及文学中取得巨大成就的是诗歌和故事,下面就详细谈谈。

先谈一谈诗歌创作。诗歌的主要功能是展示人的内在生命情怀,表现人的蕴藏很深的人性,但是,另一方面它也承担了反映社会生活的功能。古埃及的诗歌大多是反映社会生活的,从内容上分,有世俗诗、宗教诗和赞美歌等。其中有些诗作是对神的颂歌,有些是下层群众对生活坎坷的哀吟,有些则反映人们对生活的热爱和畅想。

真正的诗歌几乎大都是悲痛之作，只有在悲痛中，生命的诗歌才会被吟出来。古代埃及的下层人民、奴隶、穷苦的手工业者和贫民等，他们在劳动中唱出了反抗之歌。《庄稼人的歌谣》是这方面的代表作。诗中这样写道：

赶快，领队的人，
快驱打那群公牛！
瞧，王爷正站在那儿，
正望着我们呢。

这样的诗作还有《搬谷人的歌谣》：

难道我们应该整天搬运大麦和小麦吗？
仓库已经装得满满，
一把把谷子流出了边沿；
大船上也已经装得满满，
谷子也都滚到了外面，
但还是逼着我们搬运，
好像我们的心是用青铜铸成！

这些诗作真实地反映了下层群众的苦难和心声，真实地反映了那个时代残酷的阶级斗争。《庄稼人的歌谣》写农业奴隶看到监工来了时的那种胆战心惊的心理，生怕监工的鞭子抽打在他们的身上。这里已明显地看出奴隶、奴隶主两个阶级的对立。《搬谷人的歌谣》则展现了一幅"有余者"对"不足者"的剥削图。奴隶们愤怒地抗议着，仓库已经装满了，大船也装不下了，为什么还要没完没了地搬，这些人的心真是狠毒啊！

除了反映苦难的诗，还有爱情诗，其实爱情本身就是一首诗嘛。古埃及的这些爱情诗写人间的忧伤、甜蜜、焦急、渴盼、痛苦，真实地描摹了相爱的人各种各样的复杂心态。例如有一首男子唱给女子的情歌：

我没病装病，
为的是邻居——我的妹妹
好来看望我。
她见到为我治病的医生，
将会嘲笑我，
因为她知道我的病根。
这是妹妹的家，
但愿我是她的看门人。
即使这会使她生气，
听到她的嗔怪我也感到惬意。
我在她面前，

敬畏地如同孩童站立。

但愿我是伴侍她的女奴，

整天形影不离，

目睹韵华，幸福无比。

……

这首情歌听起来同中国的那首"我愿做一只小羊"的那首情歌的意思差不多，都是想让心爱的人把鞭子轻轻地打在他身上。爱情是人类永远吟唱的对象，爱情过程中的酸甜苦辣，以及对爱情的思考是文学表现的永恒的内容。

古埃及的诗歌创作除了劳动歌谣和爱情诗外，还有一些对神的颂歌。在古埃及，太阳神被奉为最高神，中王国时期《阿吞太阳神颂诗》是古代颂歌中的名篇，其中一首这样写道：

他创造出世界上所有的一切，

从他的眼里出来了人类，

从他的嘴里出来了诸神，

为牛群，他创造了青草，

为人类，他创造了果树。

他把生命赋予河中的游鱼，

以及空中的飞鸟，

他给蛋壳中的小鸡以呼吸，

还保存了虫卵的生命。

这里的太阳神成了基督教中的上帝——创世者，被作为万物的创造者来崇拜和歌颂。

除了上面的这些诗作之外，歌咏尼罗河历来也是埃及文学的重要主题之一，尼罗河养育了埃及的人民，养育了埃及的艺术文化。尼罗河是埃及文明的摇篮。众多的诗人采用最美的诗句来歌颂尼罗河。古代埃及有名的尼罗河颂诗，当数拉美西斯二世之子麦尔讷普塔时期的《尼罗河颂》。其中第一节这样写道：

万岁，尼罗河！

你在这大地上出现，

平安地到来，给埃及以生命；

阿蒙神啊，你将黑夜引导到白天，

你的引导使人高兴！

繁殖拉神所创造的花园，

给一切生物以生命，

不歇地灌溉着大地，

从天堂降下的行程。

食物的爱情者,五谷的赐予者,

普塔神啊,你给家家户户带来了光明!

古埃及的诗歌创作让人感到人类文明初期的朴实、天真,让人感到古埃及人多情善良的一面。而古埃及的故事创作则让人感到古埃及人极大的想象力和他们对世界最初的认识。古埃及留下了不少扣人心弦的故事。

中王国时期第十王朝的《能说善道的农夫的故事》,是故事体文学的优秀作品之一。这个故事说一个农夫从瓦迪·奈泰隆赶着驮盐巴的驴子到附近的村子去卖盐,结果路上遇到大官的仆从,这些仗势欺人的仆从把农夫的盐一抢而光。于是农夫到衙门里告状,县令对能言善辩的农夫无可奈何,又不敢得罪大官,只好把这桩公案专呈法老。法老下旨不予决断,除非这个农夫能提出有理有据、说服力更强的辩词。农夫靠着自己的聪明才智,终于说服了法老,法老宣判农夫告得有理,要严惩抢劫者。这个故事通过农夫的遭遇,揭示了古代埃及贵族怎样的剥削农民,欺压下层群众,歌颂了普通群众的聪明才智,敢于同上层贵族斗争的精神。

中王国时期另一个颇为流行的故事是《沉舟记》,说一个埃及水手,为完成法老交给的某项任务乘船到远方某地去。中途遇到大风浪,船只沉没,飘到一个没有人烟的荒岛上。醒来后遇到一条大蛇。这条蛇没有伤害他,而且帮助他回到了埃及。这部作品充满了神话色彩,作品在艺术上颇富特色。在描写巨蛇时运用了拟人化的手法。巨蛇对他说:"不要害怕,神保全你的生命,把你带到这座遍地是好东西的岛上。"当他将要离开荒岛时,巨蛇对他说:"平安回家吧,回去看你的女儿,并且给我在你的城里留下一个好名声。这就是我所要向你要求的。"这个故事表达了美好、善良的愿望,通篇充满惊险场面和主人公勇敢斗争、不怕困难的精神,真实地反映了当时水手的生活和埃及人民对祖国的热爱之情。

新王国时期留下了许多有趣的故事。如《两兄弟的故事》描写了昂普、瓦塔兄弟俩不寻常的经历。由于嫂嫂的诬陷,弟弟被迫同哥哥分开,前往据说是叙利亚的胶树谷。他行前告诉哥哥,他的灵魂在那棵胶树所开的花上,他一旦遇难,要哥哥找到那朵花放进一杯冷水中。弟弟在胶树谷住下后,胶树谷中的九位神仙给他塑造了一个女子伴他生活。后来这个女子被大海吞没,由于她的美丽又被呈献给埃及法老。由于她的背叛,胶树被砸倒,瓦塔便突然倒地而死。他的哥哥前来搭救,并按照弟弟所说的去做,瓦塔复活了,兄弟两人相拥而泣。后来瓦塔变为一头公牛,又变为两棵贝尔赛阿树,最后投胎到王后的肚中,即背叛他的那个女子。于是他成了法老的儿子,法老死后把位子传给了他。他召集大臣会议,把王后叫来,当面审问她。他封哥哥为一国嗣君,而他当了埃及王。他病故后,哥哥代替了他的位置。在这个故事中,弟弟瓦塔是个善良、正直的人,但是他多次遭女人的陷害、背叛,遭受种种磨难和屈辱,但最终正义得到伸张。弟弟的形象影射了古代植物与水之神、自然界死而复苏之神奥西里斯。奸诈的女人屡次置他于死地,而他却如种子得水,复苏萌生,这说明了邪恶是战胜不了正义的,事物发展的趋势是正义一定战胜邪恶。从某种程度上反映了古代埃及人的是非观。

总之,古代埃及文学是人类历史上的光辉一页,它真实记载了埃及人民的生活,为后来的埃及文学打下了坚实的基础。

古埃及人发明图形文字

文字,在人类进化史上,是发蒙启昧的钥匙,是人类文明与野蛮的分野。文字出现后,人类便从野蛮走向文明了。

在早期王国以前,古埃及人就发明了图形文字。如画成三条波形的横纹,表示水流动的样子,就逐渐演变为"水"字;画两座山峰夹着河谷,表示"山"字。

有些图形文字逐渐演变成音节符号和指意符号,其后又有一音一符号的字母共24个。所有字母都只标辅音,不标元音。各种符号组成词组,共有600多个词组。

不断演变的古埃及文字,是用字母、音符、词组组成的一种复合文字。

为了便于长期书写习惯。第八王朝时期出现了一种草书体,到中王国时期草书体已广泛流行,只有正式文件和铭刻才用象形体。

随之又出现了纸草,纸草是下埃及的特产,其茎干剖为长条,彼此排齐连结成片,然后压平晒干成纸。这种纸草后来成为古代地中海地区一种通用的纸,希腊人、罗马人以及往后的阿拉伯人都曾用它书写。古埃及人的笔用芦管制成,墨汁是用菜汁加烟渣调和而成的。

由于文字的出现,文学、艺术便应运而生了。

埃及古王国时期的文学可分为两类:一类是刻在金字塔墓壁上的祷祝法老死后升天获福的诗歌,也就是我们今天能看见的金字塔咒文;另一类是大臣墓地上的碑传。

到中王国时期,文学作品中有起源于人民口头创作的故事。如《一个能说善道的农夫的故事》,叙述一个农夫到城里去买粮食,半路上被仗势欺人的大官仆从抢光了。后来农夫靠着自己的机智和辩才控诉其罪行,使抢劫者受到了应有的惩罚。又如《西努海特的故事》,叙述西努海特逃亡叙利亚的奇遇,是奴隶主生活的一部自传体故事。《船舶遇难的故事》写一个官吏到矿山去旅行的经历,其中充满了奇迹和神话。

这个时期的文学创作流行最广的是诗歌,它也像中国古代的《诗经》一样,大都是民间的创作。古埃及的诗歌包括宗教诗、对国王的赞美歌、世俗诗和宗教哲理诗等。其中不乏对神和统治者的歌颂,有的也反映了一些人生痛苦和死后幸福无凭的灰暗思想。

《绝望者和自己的灵魂的谈话》这首诗,作者对死后世界及永久生命是否存在表示了怀疑,和传统的宗教观形成了鲜明的对照。作者相信死亡对富人和穷人是平等的,富人在死后也享受不到那华美的花岗石建筑与巍峨的大厦,只能和穷人一样在灼热的太阳下面听水里边鱼的对话。

最著名的是埃赫那吞宗教改革时所产生的对阿吞神的颂歌,这种颂歌热烈赞颂使大地产生生命的太阳的伟大力量,代表古埃及宗教诗歌方面的成就。

写实的旅行记是新王国时期最突出的文学体裁。著名的《乌奴阿蒙旅行记》,描写了底比斯阿蒙神庙大祭司派乌奴阿蒙去毕布勒购买木材的故事。

富有史学意义的作品有《吐特摩斯三世远征记》。作者可能是参加远征的塔涅尼,所记最详为第一次远征,即美吉多之役,以后一直记到第十七次远征。这篇远征记是研究古埃及军事史的重要材料。

古埃及浮雕

古埃及的浮雕最早出现在法老墓室的墙壁和甬道里。这些浮雕记录着法老生前的生活和事迹。

所有壁画的浮雕,风格高雅,线条优美,内容丰富,它们不仅表现了富人的各种消遣,而且也描写了普通人的生产劳动,有剥麻、割谷、赶驴、脱粒、扬场等画面。有一幅浮雕画的是4500年前造船的场面,还有伐树、割板,以及使用扁斧、手夯和凿铲的劳动,可以看到锯、斧、锥子等已经普遍使用。有一幅金匠熔金的浮雕表现了向炉内吹风以便提高炉温的场面。也有表现雕刻匠、石匠和皮匠进行日常劳动的作品。

另外有一幅浮雕表现了一群人被像羊一样赶到蒂的府里去结账,走得慢的就被侍卫揪着衣领往里拉。许多农妇排成长队向法老蒂献礼,一群群的仆人,有的牵着祭祀用的公牛,有的在宰杀。有的浮雕表现法老在进餐,或和妻子以及全家人在一起,或在猎雉,或在尼罗河三角洲上旅行,或在纸莎草丛中行走的情景。

中王国时期贝尼,哈珊地方州长陵墓中所绘的藏在纸莎草丛中的野猫就十分出色。新王国时期壁画更有不少写生题材出现,画出游泳的鱼、飞翔的鸟和奔跑的野牛等,都栩栩如生。

古埃及的浮雕多为薄浮雕,即图像低于背景平面的凹雕。在新王国时期,这类浮雕有很大发展,遗留下来的作品很多。这些绘画和浮雕的题材不少是反映社会生活的,包括农业、园艺、手工作坊的各种劳动场面以及畜牧、狩猎、统治者日常生活、市集和运输等等。

古埃及浮雕

这些雕刻中,尤以人物最为出色。人像都是正面的、端庄的静止状态,如齐夫林像体现法老的凛然不可侵犯。巨大的狮身人面像也很著名。此外。如大官像、书吏雕像,风格皆极为质朴。中王国时期雕像有了进一步发展,有的试图刻画人物内心感受,如阿美涅姆黑特、谢努塞尔特三世等的雕像就是这类作品。十一王朝时的送祭品人木雕像,也十分成功。

新王国时期的雕刻艺术更加成熟。埃赫那吞宗教改革时期,艺术摆脱了传统的束缚,绘画、雕刻都向生动活泼的现实主义方向发展,打破了古王国时期那种平滞呆板的手法。著名的涅菲尔提提王后像是其中最优秀的作品。

与浮雕和绘画艺术相对应的是建筑艺术的繁盛。当时的建筑材料多用石材,因此屹立至今者为数不少。第四王朝的大金字塔在 19 世纪巴黎铁塔建成以前是世界上最高的建筑,被誉为古代世界的奇观。其他如神庙、殿堂等建筑也十分雄伟。

建成于拉美西斯二世时的底比斯阿蒙神庙主殿,总面积为 5000 平方米,有 134 根圆柱,中间最高的 12 根圆柱高达 21 米,每个柱顶上可以容纳 100 人,其规模之大可以想象。

另外,如路克索尔神庙、吐坦哈蒙墓、拉美西斯二世墓、埃尔——阿玛尔纳的宫殿,也都庄严宏大。古埃及统治者兴建这些巨大的建筑,目的是为了体现法老神权的无上威力。

胡夫大金字塔

非洲大陆上,有一条美丽的、奔腾不息的大河——尼罗河。尼罗河畔有一座令世人瞩目、神奇而伟大的金字塔——胡夫大金字塔。

胡夫大金字塔,也叫奇阿普斯大金字塔,它矗立在今天埃及首都开罗西面十英里布满岩石的吉萨高原上。它像一个魁伟、忠实的哨兵,俯瞰着脚下的尼罗河,守卫着埃及人民的家园。它不仅是人类有史以来最宏伟、最巨大的单个人工建筑物,同时也是隐藏着无数远古奥秘的神奇的博物馆。

金字塔是法老的陵墓,它的底座呈四方形,每面均以三角形向上砌筑,建成后则成为一个角锥体式的石塔。因为它的四面都形似汉字的"金"字,所以汉语译作"金字塔"。

古埃及的法老们不仅仅满足于生前统治着人世,而且幻想死后复活成神,并永远庇护着他的子孙后代。根据古埃及的宗教和神话,只有保护好尸体,灵魂才有寄托的地方,才能复活。因此,他们把尸体挖去内脏,浸以盐水等防腐剂,填以香料,然后用麻布裹紧。这种可以保存很久的尸体叫作"木乃伊"。金字塔便是存放法老木乃伊的地方,是他死而"复活"的"永世的城堡"。

胡夫金字塔

金字塔的建筑群,散布在尼罗河下游西岸的基萨和萨卡拉一带,位于今天开罗西面10多公里处。大大小小的金字塔共有70多座,其中以第四王朝的第二代法老胡夫的金字塔规模最大。金字塔约用230万块巨石砌成,平均每块重约2.5吨。

塔底占地约 52900 平方米。原来塔高 146.5 米,由于数千年来风化剥落,现仅高 138 米;原来四边各长 230 米,现仅各长 220 米左右。绕大金字塔一周,约有 1 公里。这座大金字塔不仅外观雄伟,而且内有结构复杂的"地下宫殿",整个建筑设计严密,工程牢固,因此历时约 5000 年还安然屹立于尼罗河畔。这是人类建筑史上的奇迹,是古埃及劳动人民卓越智慧和辛勤劳动的不朽的纪念碑。

胡夫的儿子哈佛拉的金字塔,比胡夫的大金字塔约低 8 米。哈佛拉的金字塔旁,有一座巨大的狮身人面像("司芬克斯"),高 22 米,长 57 米,一只耳朵就有两米长。它是用一整块天然巨石雕成的,面部是哈佛拉的脸型。胡夫以后直到第六王朝的诸法老,虽都建有金字塔,但规模却越来越小,这表明法老的专制王权逐步削弱了。

建筑雄伟壮观的金字塔和威风凛凛的狮身人面像,其目的也在于使人们相信,法老拥有的一切的威权是永世不可动摇的,妄图以此震慑人民的心灵,维护奴隶主专政。

建筑这些金字塔,耗费了大量的人力和物力。以建筑胡夫的大金字塔为例,据说有 10 万人头顶烈日在监工的皮鞭之下劳动,用了 10 年时间修筑运石道路和地下墓室,又用了 20 年时间才砌成塔身,整个工程历时 30 年。金字塔是无数劳动人民血汗的结晶,给人民带来了无穷的苦难。

在古王国时期的末年爆发了人民起义。据古希腊史学家说:"虽然这两个国王(指胡夫和哈佛拉)建筑了金字塔作为他们的陵墓,但是他们谁也没有埋在里面。由于人民在建筑金字塔时受尽千辛万苦,由于这些国王做了许多残忍凶暴的事,人们满怀怒火地起来反对那些使自己受苦的人,并且要公开地撕碎他们的尸体,狠狠地把它们抛出陵墓之外。"古王国时期法老们的尸体都在人民起义的烈火里变成了灰烬,这是他们罪有应得的下场。

古王国终于崩溃了,古埃及陷入了四分五裂的局面。

狮身人面像

在古埃及金字塔中,因胡夫金字塔规模最大而鹤立鸡群。胡夫的儿子哈佛拉的金字塔虽比胡夫金字塔低 8 米,但因其塔身边多了一座狮身人面像而格外引人注目。

这座狮身人面像是用整块的天然石雕刻成的。古希腊人称之为"司芬克斯"。古希腊神话把她描绘成一位带翼的狮身女妖,躯干是凶狮,背上生着两只老鹰的大翅膀,头和胸部是美女,能说人话,而尾巴却是一条长蛇。她给自己起名叫"司芬克斯",意思就是"绞死者"。她的传说来自一个有趣的古希腊神话——俄狄浦斯的故事。

俄狄浦斯原是底比斯国王赖亚的儿子。根据神的预示，说他命中注定要犯杀父娶母的大罪。所以当他出生后，他的父母就用铁钉戳透了他的双脚，命令一个放羊人把他扔到山里去，让野兽把他吃掉，或者活活饿死。谁知那位放羊人抱着婴儿走来走去，却不忍心将他扔掉。最后只好把婴儿送给科林斯国王的牧羊人。科林斯国王的牧羊人后来又把这个弃儿送给了自己的主人。科林斯国王和他的妻子就把这个弃儿当作亲生儿子养了起来。

狮身人面像

岁月像流水一样地过去了，俄狄浦斯终于长大成人。一天，他到神庙里去请问神灵。神谕告诉他：你将来要犯杀父娶母的大罪。可是，他非常敬爱自己的父母——科林斯国王和王后，绝不忍心加害他们，于是就准备逃往底比斯城去度过自己的一生。

在前往底比斯城的大路上，俄狄浦斯遇到了一位坐着车子的老人。老人和他的随从们要俄狄浦斯让路，而身为王子的他，却从来没有向人让路的习惯，于是就和老人争吵起来。老人用马鞭去打俄狄浦斯。俄狄浦斯和他的随从们就蜂拥而上，把这位老人活活打死。而俄狄浦斯哪里知道他亲手打死的就是自己的生父——底比斯的国王赖亚。

当俄狄浦斯来到底比斯城的时候，这里正发生着一件奇怪的事。底比斯人不知为何惹怒了天后赫拉，赫拉就把女妖司芬克斯安排在底比斯城外的悬崖上，专门惩罚底比斯人。这位狮身人面的怪物虽然生着一颗美人的头颅，却天天刁难过路行人，要行人回答她从智慧女神那里学来的难以猜中的谜语。谁若猜中她的谜语，女妖立刻就得丧命，若猜不中。司芬克斯就立即把他撕成碎块吞进肚里。时间一天天、一年年地过去了，可是没有一个人能够猜中司芬克斯的谜语。就这样，女妖将这一带弄得白骨累累，吃得路断人稀。最后，连新任国王克瑞翁的儿子也被她吃掉了。因此，国王就向全国宣布：谁若猜中谜语——除掉女妖，就以王位相让，而且还把国王的姐姐嫁给他。

恰好就在这时,俄狄浦斯路过这里,他自愿登上悬崖,解答"司芬克斯之谜"。女妖决心要吃掉他,就刁难他说:"什么动物早年用四只脚走路,中年用两只脚走路,晚年用三只脚走路;脚最多的时候,正是他走路最慢、体力最弱的时候?"俄狄浦斯考虑了一会儿,就回答说:"这是人呀!"因为人幼年时代用四肢爬行,中年时代用两脚行走,老年就得拄上一条拐杖,变成三只脚了。女妖看到谜被猜破,羞愧难当,只好跳崖自杀。摔得血肉横飞。

国王克瑞翁为了实践诺言,不但让了王位,而且还把老国王赖亚的寡妻也嫁给了俄狄浦斯。这个寡妇后来还为俄狄浦斯生了四个孩子。可是,俄狄浦斯哪里知道这位寡妇就是自己的生身母亲。

古希腊人借用古埃及的狮身人面像,编出了这则奇妙的神话,也许是借以讽刺古埃及的法老,也许是借以告诫本国的人民。但在今天看来,石像和神话都成了古埃及文明的象征。

艳后克娄巴特拉拯救埃及

在古埃及,有位传奇的女王,名叫克娄巴特拉。在众多有关世界历史名人的传说中,克娄巴特拉与古代两位声名最为显赫的人物朱利叶斯·恺撒和马克·安东尼齐名,她和他们都私生过孩子。据说她用爱情俘虏了他们,因为她毕竟是一位倾城倾国的妖冶女王。

克娄巴特拉生于公元前69年,死于公元前30年,较耶稣早30年出世。她不是埃及人,兼具马其顿、古希腊和伊朗人的血统。她是托勒密的后裔。托勒密曾是亚历山大大帝手下的马其顿将军,亚历山大将其帝国的一部分——古埃及赐给托勒密管辖。他建立起托勒密王朝,克娄巴特拉是这个王朝最后的一位统治者。

托勒密家族承袭了古埃及人近亲婚配的制度,只在皇族内的兄弟姐妹之间联姻。这种乱伦的安排可能是为了保持王室的"纯净",但它使托勒密家族产生一系列很不称职的统治者,大多数不是体弱多病,便是早年夭折。伟大的古埃及时代早已成为过眼烟云,托勒密家族统治的是一个荒唐颓废的社会。

克娄巴特拉是托勒密·奥雷特国王最大的女儿。奥雷特在遗嘱里安排了克娄巴特拉和他最大的儿子托勒密十二世联合统治,并准备让他们结婚。

当克娄巴特拉和她的弟弟成为统治者时,她仅18岁,但她表现出对权力的强烈欲望。她需要权力,但面前横着许多难以逾越的障碍。两位朝廷重臣波希纽斯和奥克奇维安结盟与她为敌,他们希望除掉她,使政权置于托勒密十二世一人名下。

公元前49年,经过两年艰难的角逐,克娄巴特拉被赶到了叙利亚。她在那里组建起一支军队,开始反攻古埃及以求复辟。公元前48年,克娄巴特拉与托勒密在珀鲁修摆开了战场,准备为定夺古埃及王位而战。战斗始终没有打响,得益于一个著名的伟人朱利叶斯·恺撒来到了古埃及。

历史上鲜有类似恺撒这样著名的人物。他诞生于公元前102年,比克娄巴特拉年长33岁,他到达古埃及那年54岁。恺撒在古罗马是个强有力的政治人物,是那个巨大帝国特有的政治混战中纵横捭阖的老手,更是历史上一位杰出的将军。他出身贵族,生活优裕舒适。当他44岁时,成为一名军人,他常常以少胜多、以寡敌众,赢得了一个又一个的胜利。他已经征服了高卢(今天的法国),指挥古罗马军团开进今天的德国,甚至挺进到英国。当他从前的密友和义子庞培,为了攫取罗马统治权而背叛他时,他立即向庞培宣战。他率领部队从高卢进入意大利,越过卢比孔河,发动了一场国内战争。恺撒在意大利击溃了庞培,把他赶到了古希腊,又在法尔萨路斯消灭了庞培的主力。在他的追赶下庞培逃到了古埃及。

公元前48年庞培到达古埃及,那个国家正忙着进行内战。根据托勒密十二世的旨意,波希纽斯先对庞培热情欢迎,然后,在他弃船登岸之际,将他处死。如此举动只是为了求宠于恺撒。当一支由4000古罗马人组成的部队到达古埃及时,波希纽斯向恺撒献上了庞培的头颅。与其说恺撒是满心欢喜,不如说他是极不舒服。因为庞培毕竟是一位出色的将军和少有的英雄,更重要的他是一位古罗马人,恺撒不愿意让任何古罗马人被古埃及人杀死。

古埃及艳后克娄巴特拉

波希纽斯的目的是想借助恺撒帮助托勒密十二世在眼前的这场内战中打败克娄巴特拉。

波希纽斯刚刚献完庞培的首级离开,有人抬着一卷巨大的地毯来到了恺撒的军营。地毯在恺撒的面前铺开了，突然，克娄巴特拉从里面跳了出来。原来，这个女人乘船离开了她的指挥部，在亚历山大登陆，藏身在这卷巨大的地毯里。她决心面会恺撒并与他对话。这一举动吓了恺撒一跳。当时克娄巴特拉才21岁，她是一个美貌绝伦、艳丽无比的女人。

她以自己超人的智慧、才干以及非征服恺撒不可的不屈不挠的意志，俘虏了已经54岁的恺撒。恺撒转而站到克娄巴特拉一边，下令恢复她父亲在遗嘱中的安排，由姐弟俩共掌政权。

这对波希纽斯极为不利，于是，波希纽斯发动了这场反对恺撒的叛乱。恺撒被迫应战，率领部队与人多势众的古埃及军团艰苦作战达三个月之久。凭着他的骁勇善战和卓越的军事才能直到援军赶到，才避免了灭顶之灾。在这场战斗中古埃及人败北，波希纽斯被杀，托勒密十二世企图乘一条大船顺尼罗河逃跑，因负荷过重，大船沉没，结果葬身水底。

恺撒征服了古埃及。下一步顺理成章的应是宣布古埃及为古罗马的一个行省，留下某些人去管理控制，然后班师回朝，凯旋古罗马。但是，有藏身地毯的年轻女人克娄巴特拉存在着。她作为他的主妇同他公开地生活在一起。她为恺撒生了一个儿子恺撒利恩。恺撒在古埃及逗留了不到一年，整日与她结伴作乐、共享快活。最终他也没有令古埃及从属古罗马。他恢复了克娄巴特拉的王位，命她最小的只有10岁的弟弟为托勒密十三世，与她共同执政。

传说克娄巴特拉随同恺撒返回罗马，她寓居在恺撒的别墅里，恺撒经常去那里探望她。公元前44年，恺撒被布鲁图斯和元老院的其他成员暗杀。

在恺撒遇刺事后不久，克娄巴特拉从古罗马逃到了古埃及。在古罗马，继承王位的是恺撒最忠实的朋友马克·安东尼和他的养子屋大维。他们合力平定了内乱并达成协议，以划分势力范围的办法来控制古罗马：屋大维留守罗马，列庇都斯管辖西方（西班牙和法国），安东尼统治东方。

马克·安东尼行使行政权力的第一件事，就是传讯克娄巴特拉前来塔尔苏斯，追究她援助共和党阴谋家的责任。他的最终目的是要羞辱她，剥夺她的王位，宣布古埃及为古罗马的一个行省。

克娄巴特拉面临着威胁她的王位和国家独立的新危机，这是对她更严峻的考验。她是经得起这个考验的，她28岁了，正当青春盛年，美艳绝顶，并通晓各种政治手腕。在她的弟弟托勒密十三世即将年满法定掌权的年龄14岁时，她即刻使他中毒身亡。接着，她宣布自己将同与恺撒生的儿子联合执政，这样，她就成了位高权重的女王和腰缠万贯的巨富。她已经征服了朱利叶斯·恺撒，马克·安东尼能保证不上钩吗？

她让安东尼在塔尔苏斯坐等了几天，然后，以一种迷人的风姿到达塔尔苏斯。她穿戴着爱神维纳斯一样的服饰，乘着一艘装饰得金碧辉煌的大船。她沿着塞当斯河上溯至塔尔苏斯,靠岸时正遇上安东尼召集一次群众集会。人们丢下安东尼奔向河边,去观赏这位古埃及女王闪现的奇观胜景。当安东尼走向她时,她盛情迎接,全无一丝乞怜或取悦之意,倒像是置身豪华盛宴中的尼罗河皇后。经过几天的欢宴之后,克娄巴特拉保住了她作为女王的宝座。

克娄巴特拉与安东尼在塔尔苏斯开始同居,这一私情持续了12年之久。

公元前36年,安东尼与克娄巴特拉举行婚礼,并宣布他们的三个孩子是合法而非私生的。

安东尼和克娄巴特拉统治着古埃及及小亚细亚的绝大部分,他们对波斯人和部分帕提亚人的作战均以失败告终。但是,在公元前34年他们打败了亚美尼亚人,宣布叙利亚为古罗马的一个行省。安东尼不是在古罗马,而是在亚历山大欢庆胜利。他把克娄巴特拉称为"女王之王",让她和她与恺撒的儿子统治塞浦路斯、利比亚及叙利亚。安东尼和克娄巴特拉的大儿子亚历山大管辖亚美尼亚、米堤亚,并当了帕提亚的国王。亚历山大的孪生姐妹克娄巴特拉成为昔兰尼的统治者。他们的小儿子托勒密·菲尼西为叙利亚的统治者。

安东尼和克娄巴特拉走得太远了。更严重的是,他们两人的私情对古罗马人来说是极大的耻辱。尽管克娄巴特拉很具魅力,但她不是古罗马人,是个野蛮人。她的服饰、举止、做派,她的一切都使古罗马人感到陌生而不可思议。身为古罗马三巨头之一的安东尼,他的许多思想观点、服饰和习俗,在古罗马人看来还是古埃及味太浓了。他犯有重婚罪的婚姻和他的那些私生子们,激起了人们的愤慨。

使罗马人不堪忍受的最后一击,是安东尼把罗马的领土奉送给其情妇和他们的孩子。屋大维在元老院里痛斥了安东尼,并于公元前32年对克娄巴特拉宣战。公元前32年至公元前31年的冬季,安东尼和克娄巴特拉是在萨摩斯岛上的盛宴与欢娱中度过的。这期间,屋大维率领一支部队向东挺进,从安东尼手里夺走了大片土地。

终于在公元前31年,为了裁决古罗马的前途,或者说是为了定夺安东尼和克娄巴特拉的前途,双方在希腊的阿克蒂姆附近摆开了战场。据历史记载,当时安东尼的陆地作战部队占优势,但克娄巴特拉却说服他从海上进攻,打击屋大维的手下阿吉帕的部队。她的理由是,如果安东尼在海战中能打败很有优势的阿吉帕,那么对付陆地上的屋大维就是轻而易举的事情了。

阿克蒂姆之战在历史上是十分著名的。安东尼夫妇船只虽然庞大,但阿吉帕的船队数量多且富于灵活性。战斗打响后双方对峙了很长时间,但最后阿吉帕的船队冲过安东尼的阵线,直逼后面克娄巴特拉的66只船组成的船队。虽然阿吉帕这一举动也许只是为了在海上调整自己的阵势,但克娄巴特拉却因此扬帆逃离战场。一见她逃走,安东尼简直发狂了,他爬上一条小船独自去追赶她,任凭自己的部队被打得落花流水。

克娄巴特拉与亚历山大

　　安东尼加入了他在昔兰尼的军团,克娄巴特拉返回亚历山大征集更多的部队组建新的船队。她与为尽快结束战斗而到达那里的屋大维不期而遇了。她提出自己退位,让她跟恺撒的儿子恺撒利恩继位,但屋大维拒绝了,他提出,假如她能杀死安东尼的话,他可从宽发落她。

　　安东尼军团和屋大维又展开了一场恶战,这是安东尼最后的一线希望。安东尼还是败了,他的军队和舰队都丢给了屋大维。克娄巴特拉和她的情人被迫退到一座陵墓旁,这是她为自己升天而修建的。在那里她为了让安东尼相信她已经结束了自己的生命,哄骗他钻进去自杀。由于害怕打开陵墓,克娄巴特拉和她的随从把垂死的安东尼从陵墓的一个窗口拖了出来,安东尼死在她的怀里。

　　据说克娄巴特拉又想迷住屋大维。但她已经 39 岁了,已是夕阳短照,人老珠黄了。屋大维或者是没有受她的骗,或者是一心一意地追逐他的权力。他和颜悦色地与她促膝谈心,但克娄巴特拉深知他的用心和企图。她知道自己的王位将被剥夺而被作为俘虏送往古罗马。她将在他凯旋的游行中被拖在他战车的后面。然而她是高贵的、天生的女王,岂能忍受这样的耻辱。

　　她渴望自杀,但屋大维为了要拿她来炫耀自己的胜利,搜走了她能用来自杀的所有刀之类的器具。她试图绝食自裁,屋大维威胁说,如果她不吃东西就要伤害她的孩子们,她只好勉强接受了食物。传说,她忠诚的女仆在一篮无花果中偷偷放进了一条毒蛇,送进她的屋子,她抓起毒蛇放在自己的胸膛上,结束了自己的生命。

克娄巴特拉死后,屋大维使古埃及变成了古罗马的一个行省,结束了它的独立。他凯旋古罗马,不久便称帝,取名奥古斯都·恺撒。有500年历史的古罗马共和国灭亡了。

历史上很少有像克娄巴特拉这样被搞得面目全非的统治者,她在对付无法抵御的巨大外来势力下统治了古埃及18年,古埃及是一个弱小国家,弹指之间便可以被古罗马征服。但克娄巴特拉运用她的武器——美貌、魅力、才智挽救了古埃及。她战胜了古代世界两位最具才能、最为杰出的男子,把他们融进了她的事业,一次又一次地拯救了她的国家和她的王位。

第四章　古印度文明
——永恒的涅槃

　　古印度是人类文明的发源地之一,古印度文明以其异常丰富、玄奥和神奇深深地吸引着世人,对亚洲诸国包括中国产生过深远的影响。古代印度在文学、哲学和自然科学等方面对人类文明做出了独创性的贡献。最显著的特征是其宗教性。

　　古印度是人类文明的发源地之一,在文学、哲学和自然科学等方面对世界文明做出了独创性的贡献。在文学方面,创作了不朽的史诗《摩诃婆国多》和《罗摩衍那》;在哲学方面,创立了"因明学",相当于今天的逻辑学;在自然科学方面,最杰出的贡献是发明了目前世界通用的计数法,创造了包括"0"在内的10个数字符号。所谓阿拉伯数字,实际上起源于印度,然后通过阿拉伯人传播到西方。公元前6世纪,古印度还产生了佛教,先后传入中国、朝鲜和日本。

　　就地理范围而言,古印度不仅指今天的印度,还包括巴基斯坦、孟加拉、不丹、尼泊尔等在内的整个南亚次大陆。中国在西汉时称其为"身毒",东汉时改称"天竺",到了唐代,高僧玄奘将其译为"印度"。

　　印度的远古文明直到1922年才被发现。由于它的遗址首先在印度哈拉巴地区发掘出来,所以通常称古印度文明为"哈拉巴文化";又由于它主要集中在印度河流域,所以也称为"印度河文明"。

梨俱吠陀时代

　　吠陀,是印度最古老的文献材料,主要文体是赞美诗、祈祷文和咒语,是印度人世代口口相传、长年累月结集而成的。

　　吠陀分为四部。《梨俱吠陀》最古老,其大部内容在公元前21世纪中叶已经基本形成,全部编成大约于公元前1000年左右。因此,这一时期通常称为梨俱吠陀时代或早期吠陀时代。

　　《沙摩吠陀》《耶柔吠陀》和《阿闼婆吠陀》大体形成于公元前10世纪上半叶,这一时期通常称为后期吠陀时代。

　　《梨俱吠陀》,意即"智慧之诗"。这是一部由公元前1500年至公元前900年间的 1000 多首诗组成的总集,它们是献给雅利安诸神的。诗歌从极致的敬畏与冥想写到世俗的生活,表达了欣喜的满足之情。生动而富有色彩的语言描述了因陀罗惊天动地的事迹,他是位"劈开大山之腹",让水流奔涌而出的"舞动雷霆的人"。一首优美而率真的圣诗祈求黑天女神的保佑,因为她的光辉能"驱走黑暗"。这些上佳的诗歌,形象地展现了早期吠陀时代的生活情景。

从这些诗篇中,还有对雅利安人的描述。公元前 2000 年代中叶,许多说印欧语的部落出现在印度河中上游旁遮普,他们自称为雅利安人,意为"出身高贵的"。雅利安人说当地人是黑色的、"没有鼻子的",并称他们为"蔑戾车",意思是野蛮人;或称为"达萨",意为敌人。

由于在吠陀文献中有许多描述雅利安人对达萨战争的片段,这样就产生了哈拉帕文化被雅利安人灭亡的假说。但是这种假说并没有充分的事实作为依据,因此现在还无法断定哈拉帕文化灭亡的真实原因。关于雅利安人本身,也有许多问题没有解决。一般认为他们在公元前 2000 年代中叶从中亚侵入印度,但这同样也还是一种假说。

早期吠陀时代的雅利安人与哈拉帕时期的居民不同,他们没有城市,以发展畜牧为生。向神祈祷的主要内容是愿神赐牛,把战争称为"瞿维什提",意即"渴望得牛"。除牛以外,雅利安人已驯养绵羊、山羊、驴、马和狗。雅利安人杀牲畜吃肉的时候不多,养牲畜主要是为了取得乳汁并用它制成乳酪。

雅利安人进入印度河流域以后,逐渐学会农业,用牛拉木犁耕地,收割谷物时使用镰刀,他们也学会了灌溉;狩猎在早期吠陀时代还起着相当大的作用;手工业也有一定的发展,已经有金属用具,如锅,金工所用的金属称"阿雅斯",可能是铜或青铜;有了皮革工,用牛皮制成桶、弓弦和皮带;木工有细工匠、造房匠和造车匠;交换已经出现,不过还没有货币,牛、黄金和装饰品是交换媒介。

雅利安人生活简单。他们的衣服是用羊毛织成的,食物主要是乳酪、蔬菜和果实。只有在祭祀和宴客时才杀牛,在盛大的节日和家庭集会时可能也吃肉类。

《梨俱吠陀》已经提到丈量土地。父亲是一家之主,男子在社会上已占重要地位。女子管理家庭,地位不低。吠陀中的颂歌有些就是妇女编的。一夫一妻制是当时的主要婚姻形式。社会已经出现不同行业,但是行业还未成为固定和世袭的,人们并未因行业不同而分成地位不平等的社会集团。在《梨俱吠陀》的末卷,也是形成较晚的一卷里,第一次提到社会地位不同的四个等级,即婆罗门、刹帝利、吠舍和首陀罗。

雅利安人逐渐把一些被他们征服的达萨变成奴隶,因此"达萨"一词在印度语中又具有奴隶的意思。

雅利安人的氏族部落组织仍然存在。部落制度居于统治地位,部落以下有"格拉玛",意即"村"。村可能由同氏族的若干家庭组成,以后逐渐变成农村公社。氏族部落组织中还存在民众会议,在部落遇到大事时召开。部落的首领由民众会议选举,不过实际已经世袭。首领的职务主要是军事的,其权力在不断的战争中日益增长。部落中还有村长和正在萌芽中的专门祭司阶层,他们的地位也在逐渐提高。

印度史诗

古代印度有两大著名史诗:《摩诃婆罗多》和《罗摩衍那》。《摩诃婆罗多》是著名的梵文叙事诗,也是世界最长的史诗。它比荷马史诗《伊里亚特》《奥德赛》的总和还多7倍。

印度——雅利安人的主要成就与其说是有形的,不如说是无形的,这主要体现在语言技巧和诗歌想象力方面。雅利安人以赞美诗、祈祷文和咒语为主要文体,经长年累月结集而成的四部吠陀,世代口口相传。吠陀包含了印度——雅利安人的圣书和后来的印度宗教。与希伯来教、基督教和伊斯兰教的经文一样,它们也被视为神启,但由于雅利安人没有文字,他们深信他们的神圣经文是"听来的",而非受"启示"所得。由于没有与吠陀同时代的任何文字材料,因而数百年后才写出来的吠陀就成为印度历史上一个长时段的主要信息来源,其时间为基督教纪元前的最后2000年。

这一时期被称为吠陀时代。作为吠陀之一的《耶柔吠陀》,是一部奉献给祭司的手册。主要来自土著居民民歌的《阿闼婆吠陀》,是一部被认为能有效地治疗疾病、唤起渴望或摧毁敌人的咒语目录。四部吠陀中最古老、最重要的是《梨俱吠陀》("智慧之诗"或者"知识")。这是一部由公元前1500年至公元前900年间的1000多首诗组成的总集,它们是献给雅利安诸神的。

古印度人已创作令人激动的史诗,用以纪念他们早期的历史,描写"英雄时代"个人的勇武和血腥的搏斗。大约与古希腊的荷马史诗出现的同时,雅利安的吟游诗人也在用两部伟大史诗歌颂印度的英雄时代,它们是《摩诃婆罗多》和《罗摩衍那》。它们的最后形成比吠陀晚了几个世纪,反映了同样广泛的社会和文化背景。一个关于俱卢王国皇家两个支派相互斗争的很一般的故事,情节却复杂零乱,充满了令人兴奋和诡异的插曲。

《罗摩衍那》故事的发生地在俱卢王国的东部,它讲述了罗摩王子和她美丽妻子悉达的历险故事。

《摩诃婆罗多》最终定形于公元前400年至公元前200年期间,非常像一部早期印度神话和历史的百科全书。僧侣在皇家祭祀圣仪上的吟唱表演,使之获得了宗教意义。最终是史诗,而不是吠陀,成为普通民众的圣经,部分原因是婆罗门严格地将吠陀研究限于高级种姓内,而史诗的吟诵却是任何人都能聆听的。

婆罗门教

公元前 11 世纪初,南亚次大陆的战争较之早期吠陀时代更加频繁,规模也更大。例如,大史诗《摩诃婆罗多》中所描绘的居楼族与般度族的大战,几乎扩大到北印度的所有部落。这种情形,无疑会加速奴隶制和国家的形成过程。

根据史诗记载,当时奴隶的来源概括起来有以下几种:一是战争俘虏,凡未被杀的俘虏被迫口衔草叶,声称"我是属于你的",于是他们就成了战胜者的奴隶。二是家生奴隶,奴隶的子女照例仍是主人的奴隶。三是从市场上买来的,当时的具体贸易方式是以物品换来奴隶。四是赌博赢得的,赌输无钱偿付者往往以家属抵为奴隶。五是受赠的奴隶,国王们往往赠给婆罗门奴隶。《爱陀利亚梵书》曾说到一个国王赠予一个婆罗门一万女奴(这样的数字显然夸大了)。

当时的战争不仅在雅利安人与当地人之间,而且也在雅利安各部落之间进行。因此,达萨中既有当地人,也有雅利安人,"达萨"不再像早期吠陀那样具有种族的意义。奴隶处于主人的绝对支配之下。奴隶没有任何财产权,而是主人的财产(当时的妻、子也分别属于夫、父)。

种姓制度的成长,社会经济的发展,必然进一步加剧社会的分化。在早期吠陀时代末期开始萌芽的种姓制度,这时也成长为一种严格的等级制度,成为整个社会结构的一个重要组成部分。

第一等级是婆罗门种姓。婆罗门基本是主管宗教祭祀的氏族贵族。这时。他们不仅垄断了宗教、文化方面的权力,而且其中一些人也参与掌握政权。例如。有的婆罗门充任国王的顾问,称为"普罗希塔"。他们以占卜、念咒等方术影响国王的行政,甚至随军出征,影响军事行动。有的婆罗门甚至同时兼有几个小国国王的顾问。国王还有一个咨询机关"巴里沙德",它至少由 10 个婆罗门组成,这些人实际也是国王在宗教、法律、文化等方面的顾问。

第二等级是刹帝利种姓。这是由从前的"罗阇尼亚"(王族)发展而来的军事行政贵族集团。刹帝利的基本职业是充当武士,国王通常也属于刹帝利种姓。

第三等级是吠舍种姓。吠舍是雅利安人的一般公社成员,主要是从事农、牧、商等职业的平民大众。其中也有一些人富有起来,有的人从事高利贷活动。吠舍在政治上没有特权,他们必须以布施(捐赠)和纳税的方式供养完全脱离生产劳动的婆罗门与刹帝利。

第四等级是首陀罗种姓。首陀罗这时不仅来自被征服的非雅利安人,也来自被征服的雅利安人,而且还可能来自由于各种原因而失去公社成员身份的人。首陀罗与以上三个种姓明显的不同之处,就在于以上三个种姓的成员是有公社成员身份的(表现为所谓的"再生族"),而首陀罗却没有(表现为"非再生族")。因此首陀罗就在政治、法律和宗教上失去了受保护的权利。首陀罗从事农、牧、渔、猎以及种种当时被认为低贱的职业,其中许多沦为佣工或奴隶。在首陀罗种姓中,少数人是奴隶,多数人是地位接近于奴隶的平民最下层。

在种姓制度下,一个人的社会地位取决于他的家庭出身,严格按照血统世代保持不变。各种姓之间原则上不通婚姻,不过,在实际上吠舍与首陀罗之间常常通婚,而且高级种姓的人也常娶低级种姓的妇女为妻妾。这种种姓制度直接影响到印度原始宗教的形成。

早期吠陀时代雅利安人的宗教,基本上还是自然崇拜。当时人们还相信一切自然的变化都受某种神的支配,因而产生了各种各样的神,如天神(梵伦那)、太阳神(弥陀罗)、雷电及战神(因陀罗)、火神(阿耆尼)和苏摩酒神等等。当时虽有僧侣,但还没有形成真正固定不变的僧侣等级。

伴随雅利安人向奴隶社会的转变和国家的形成,这时也形成了专门的僧侣(祭司)等级和婆罗门教。婆罗门教保留和利用了原始宗教的多神崇拜,但神的性质有了改变。地上有法庭,天神梵伦那就成了天上的司法神;地上有国王,因陀罗也就成了国王和贵族的保护神,而且产生了宇宙的创造者、最高主宰的大神婆罗摩,即大梵天。

公元前 6 世纪,印度的宗教开始了改革和创新,它主要由上层阶级的代表发起,打破了婆罗门教的传统。

佛教鼻祖——释迦牟尼

释迦牟尼,原名乔达摩·悉达多,生于公元前 566 年,卒于公元前 486 年。"释迦牟尼"印度语为 Sākyamuni,意思是"释迦族隐修的圣哲"。"释迦"为当时的王族名,意为"能仁","牟尼"意为"寂默",合起来意为"能仁寂默",也可以译为"释迦族的寂默的贤人。"

乔达摩属于刹帝利种姓,而悉达多则是南亚次大陆北部的一个叫迦毗罗卫城(此城在现在的尼泊尔境内)净饭王的儿子。

关于释迦牟尼,佛教有着各种各样的传说,其效果犹如中国的神话。相传他的母亲摩耶夫人在 45 岁时才怀胎。按照印度的习俗,妇女要回娘家分娩,于是摩耶夫人赶回娘家。但走到半途中,一个名叫兰毗尼的地方,她就分娩了,生下了释迦牟尼。那一天正是印度的吠舍月 15 日,也就是我国的农历四月初八。

释迦牟尼出生 7 天以后,摩耶夫人就死了。他由姨母波波提抚养长大。他从小喜爱学习,聪颖过人,过目成诵,对于文学、哲学、算学有着浓厚的兴趣,颇为精通。同时,他又喜欢武术、骑马、射箭、击剑。他的父亲非常高兴,以为释迦牟尼将来一定能有所作为,便决定以后把王位传给他,并希望他能光宗耀祖,成为一个"转轮王"——统一天下的大王。

释迦牟尼自幼过着优越的生活,锦衣玉食,无忧无虑。16岁时,和拘利城公主耶输陀罗结婚,一年以后,有了一个儿子,名叫罗罗。这一时期,释迦牟尼过着奢侈和舒适的生活。

然而,释迦牟尼并不喜欢权势。他满脑子想的全是人世间种种不平的现象:为什么全印度要把人分四等?为什么白人要统治其他肤色的人?为什么混血儿是人人唾弃的贱民?

相传有一天,他乘车出游,看见田野里的农民正在烈日下种地。他们一个个面黄肌瘦,汗流浃背,流露出又饿、又渴、又困、又累的神情。那头老耕牛正在地里劳动,疲惫不堪,软弱无力,但是他前面有人拉穿在它鼻子里的绳索,后面还有人用鞭子狠狠地抽打。老牛痛苦地摇晃着双角,气喘吁吁地拉着犁头,犁头插入很深的泥土,慢慢地向前移动。

当他看到这种情形时,不知不觉地喊出一句话:"苦啊!"

以后,他看到了老人、残废者、死人,由此而体会到了人生的痛苦,他的内心翻腾着阵阵波澜:"人世间为什么会有生、老、病、死,怎样摆脱这种痛苦?"他读了许多书,也不能解答

佛教鼻祖——释迦牟尼

这个问题。他知道权力再大的国王都不能解决这个问题,于是他便决心放弃王位的继承权,去出家修道。巨大的权势,豪华的生活,美丽的娇妻,可爱的儿子,都不能阻挡他出家的决心。

29岁那年的12月8日深夜,释迦牟尼悄悄地骑马奔出都城,到了别国的森林里。他换掉王子的衣服,剃掉自己的头发,做了一个修道者。

老国王不见了自己的儿子,非常着急,派出了5个人去寻找,终于在森林里找到了释迦牟尼,但他坚决不回家。

最初他向一些著名的婆罗门教学者求教。他们的说法是,通过祈祷、奉献和举行宗教仪式,灵魂可以得救。释迦牟尼认为这样不能超出生死,永远脱离轮回。

而实际上当时处于公元前 6 世纪,印度经济有了显著的发展,突出表现在工商业方面。纺织、武器、金属器皿和珠宝等等手工业非常发达。在恒河中下游,出现了王舍城、舍卫城、婆罗捺斯和波等繁华城市,一定重量的金属块开始充当货币流通。经济的发展引起了阶级的变化。在奴隶主阶级中,产生了一个新的工商业阶层(富有的吠舍)。他们和武士贵族(刹帝利)在一起,反对居于社会顶端的祭司贵族(婆罗门)。同时,随着社会的分化,农民、工匠和其他劳动者(下层吠舍)的境况恶化,他们反奴隶主阶级的斗争也日益高涨。面临这种情况,武士贵族和工商业阶层一方面反对祭司贵族,另一方面又希望清除受他们剥削的劳苦大众的斗争。

这一切导致思想领域的重大变化,即涌现出一些新思潮、新教派。当时的新思潮、新教派有"六大师""六十二贝"或"九十只种"等。他们在思想领域展开"争鸣"和激烈斗争,斗争的矛头都指向婆罗门教、旧的等级制度、传统观点以及它们的积极维护者——婆罗门僧侣贵族。

释迦牟尼正是在这样的情况下探索教义的。他到尼连禅河畔的森林中苦修,奔波了 6 年,澡也不洗,历经了千辛万苦。由于营养不良和体力过度消耗,在某一个夜间,他突然晕倒了。醒来以后,他知道苦修得不到什么正果。一天,他走到一条河边,决心下去洗一个澡,把 6 年来积在身上的污垢统统洗净。河边牧牛的姑娘看到这种情景,给他喝了许多牛奶,释迦牟尼终于恢复了元气。

他离开了尼连禅河,向婆罗捺斯走去。在离开了这座城市不远的伽耶(后称佛加伽耶),看见一棵菩提树,于是他在地上铺上了吉祥草,面向东方,盘膝而坐,对天发誓:"如果我不能彻底觉悟,宁可粉身碎骨,也决不从这个座位上起来!"这样,他在菩提树下冥思苦想着解脱世间痛苦的答案。

在他 35 岁那年的 2 月 8 日夜间,当一颗明亮的星星从东方升起来的时候,他突然想通了,大彻大悟,创立了佛教的基本教义。这棵菩提树的遗迹,现在印度的比哈尔省。

教义创立以后,释迦牟尼就开始了他的传教生活。他先后在婆罗捺斯的鹿苑、王舍城的竹林精舍、舍卫城的祇精舍等处说法。他被称为"佛陀"(意为"觉者",汉语简称为"佛")。在长达 40 年的传教生活中,足迹北达迦比罗卫,南抵婆罗捺斯,东至瞻波,西迄拘弥。

释迦牟尼所创的佛教教义的核心是"四谛",意为四条道理:

一、苦谛。释迦牟尼传教,从现象论起。他说,人间一切,莫不为苦。生、老、病、死,与亲爱的人别离,同怨恨的人会面,有所求而不得等一切身心现象都是苦。

二、集谛。佛以集谛说明苦的原因。他认为,人生的苦产生于人们的欲爱,有欲爱的而达不到目的就感到苦。他还宣扬,有欲爱就会有思念和行动,有思念和行动就会造成后果,就是所谓"造业",而造了业就不免生死轮回,永堕苦海。

三、灭谛。这是佛教追求的目的,就是悟彻产生苦的原因,并达到一种"涅"的境界。"涅"的意思是"寂天",佛教用这个词来表示他们宣扬的所谓"不生不灭"的境界。

四、道谛。佛教认为要达到"涅槃",就要修道。道谛是讲他们的修道途径的。

这样,人们通过修行、断惑、涅槃,成为阿罗汉(意为"不生"),再不堕入轮回。

另外还有"十二因缘"(亦称十二缘尘)。是集、灭二谛的详细说明,其主要内容是分析苦因和论述三世轮回之理。这一理论认为:世界万物皆因具备各种"因"(事物生灭的主要条件)"缘"(事物生灭的辅助条件)才能生长和破灭。因缘结合就生;因缘分散则灭。人是世界万物之一,也是因缘结合的产物或表现。基于这一理论,早期佛教把整个人生分为十二个互为条件和因果联系的环节:即"无明"(愚昧无知),"行"(善恶行为)、"识"(精神活动),"名色"(精神和肉体的合一),"六人"(眼、耳、鼻、舌、身、意),"触"(接触事物)、"受"(感受苦乐等)、"爱"(贪欲),"取"(追求取著),"有"(生存环境),"生","老死"。在十二个因缘中,每个前者都是后者之因,后者都是前者之果。如"无明"是"行"的因,"行"是"无明"之果,"行"是"识"的因,"识"是"行"的果,"识"是"名色"的因,"名色"是"识"的果……其中,"无明"与"行"是前世因;"识","名色","六人","触","受"是现世果;"爱","取","有",是现世因,"生","老死"是来世果。这样轮流不息就构成三世二重因果业报轮回。"十二因缘"着重论述的是:人生之苦都源于"无明"而引起的造业果报,生死轮回不息,因而只有消灭"无明",皈依佛法,才能得到解脱,达到不生不灭的理想境界——涅槃。

从此,释迦牟尼走遍了印度半岛的许多地方,传授佛教的教义,据说还一直到达锡兰和缅甸。他反对把人分成等级,反对不平等的现象,同情不幸的人们,同时,宣扬因果报应,认为今世做了善事,后世就有好报,今世做了坏事,后世就有恶报。释迦牟尼的这些主张,有积极的一面,也有消极的一面。他还主张用自我解脱的方法来消除烦恼,否定斗争。

由此可见,释迦牟尼的教义正反映了武士贵族和新工商业阶层的要求。他一方面反对祭司贵族的权威,这一点是有其进步意义的;而另一方面,他又引导劳动人民逃避现实的阶级斗争,对他们起了麻醉作用。

佛教虽然是在反对婆罗门教中产生的,但是,还是不可避免地从后者吸取了一些东西。早在《粤义书》中,就提出了欲念产生人们的愿、行动及其后果,四谛中集谛就继承了这个说法。同时,婆罗门教宣扬生死轮回说,也被佛教继承下来。

由于佛教符合刹帝利和富有的吠舍的要求,并以"众生平等"为号召,在一定程度上吸引着劳动大众,所以,很快地就得到广泛的传播。最早皈依佛教的是两个商人,一个叫提,一个叫婆利迦。接着曾与释迦牟尼一起在尼连禅河畔苦修的5个人也信奉了佛教。后来一些婆罗门教祭司、释迦牟尼的姨母和儿子都成了他的信奉者。信奉佛教的人陆续增多,在释迦牟尼传教的第一年中,就拥有信徒1000多人。后来人数更多，其中有国王、贵族和富豪，也有处于社会底层的群众。

信仰佛教而出家修行的男子称为苾刍(或译称比丘，意为"乞士"，兼有乞法和乞食两种意义)；女子称为刍尼(或译称比丘尼)。在家修行的男子称为波奈迦，意为"清男"，女子称为波斯迦，合称"四"。出家后信徒组成社团，社团称为僧伽。参加社团的人不得拥有私产，而靠布施生活。社团并订有戒律，其中团员有宣扬佛教的义务。

释迦牟尼一生从事传教活动。公元前485年，释迦牟尼快要80岁了，重病缠身，但还在到处传教。2月15那天，他来到一条河边，病情加剧，知道自己不行了，就洗了一个澡。弟子们在几棵娑罗树之间架起了一张床，释迦牟尼侧身而卧，枕着右手，谆谆教导弟子们，不要因为失去导师而自暴自弃，而要以佛为指导，努力前进。说完，他就逝世了。以后，人们为了怀念他对弟子的苦心教导，就在寺庙里塑造了释迦牟尼的卧像。并把释迦牟尼诞生那天(四月初八)称为"络佛节"，把他修道的那一天(十二月八日)称为"腊八节"。

释迦牟尼的遗体火化之后，骨灰结成若干颗粒，佛教把这种颗粒叫作"舍利"。后来，八个国王分取舍利，把它珍藏在特地建造起来的塔中供奉，以表示对释迦牟尼的景仰。这种塔用金、银、玛瑙、珍珠等九种宝物装饰。

公元1世纪时，佛教传到中国汉族地区，以后，再从中国传到朝鲜和日本。然而，在公元8世纪以后，印度的婆罗门教重新得势，改名为印度教。所以现在印度国内反倒很少有信仰佛的人了。但是，发源于印度半岛的佛教，依然受到全世界的重视。在北京西郊灵光寺的塔里，据说藏着释迦牟尼的一颗牙齿，人们把这座宝塔称为"佛牙塔"。

政论天才——考底利耶

考底利耶生活在公元前4世纪，是古代印度的政治家和政论家，他所著的《政事论》非常著名，他也因此而成名。

考底利耶，印度语为Kautilys，别名那迦和毗湿笈多。具体生卒年代正史没有记载，已不可考证了。他具备卓越的政治才能，协同游陀罗笈多在旁遮普一带组织人民起义，推翻了希腊——马其顿侵略者的政权。游陀罗笈多在他的主谋和协助下，于公元前324年在印度西北部称王，接着率军东征，推翻了腐朽的难陀王朝，定都于华氏城，即现在的巴特那。考底利耶作为国王的大臣、顾问和国师，辅佐国王建立和统治着这个新兴起的庞大的奴隶制国家，是孔雀王朝的奠基人之一。

考底利耶原籍是古代印度西北部文化中心咀叉始罗城，出生在一个婆罗门家庭。他出生后不久父亲即去世，由母亲抚养成人。母亲对他影响很大，她希望儿子成为一个有教养的教师。他经过刻苦学习后,精通三部《吠陀经》,通晓天文、地理,熟悉有关冶金学的知识。他更关心政治活动和国家事务。但他的才华没有得到王室重视,反而引起难陀王朝宫廷的嫉妒和轻视。他决心脱离难陀王朝,另外开辟一个施展自己才能的新天地。考底利耶碰到失意的旃陀罗笈多之后,便把他带到咀叉始罗城,对他施以教育,从而成为旃陀罗笈多的导师和顾问。

从反对亚历山大的入侵开始,考底利耶就支持旃陀罗笈多的事业。最初,他们在咀叉始罗同亚历山大的希腊——马其顿驻军进行斗争。他们组织边区部族,发动印度人推翻外族入侵者的政权。考底利耶在他的《政事论》中充分地表明了对外族统治者的民族仇恨。他指出外族征服者怎样榨干了这个国家的财富。当公元前323年亚历山大在巴比伦死去的消息传来时,考底利耶抓住时机,让旃陀罗笈多提出反对外族侵略者的号召。这种呼吁给他带来了同盟者,众多的印度人民集中在他的麾下,同外族入侵者拼杀。希腊军队于公元前322年被驱逐出去,咀叉始罗城被收复。旃陀罗笈多在考底利耶的协助下,取得了反对侵略的胜利,并在斗争中壮大了自己的军事和政治势力。

在驱逐了亚历山大的侵略军之后,旃陀罗笈多在考底利耶的劝导下协助下,攻打腐败无能的难陀王朝。在战争中,考底利耶进一步施展了他的军事才能。他毫无顾忌地认为,为了达到目的应不择手段,他利用敌营中的矛盾,进行分化瓦解,进而消灭敌人。尽管缺乏这方面的史实材料,史剧《罗刹娑与指环印》却从侧面描写了考底利耶为获得旃陀罗笈多的政敌罗刹娑的合作所采取的权术和计谋。他终于笼络和迫使这位难陀王朝末代国家的重要大臣为旃陀罗笈多服务。考底利耶的策略使难陀王陷于孤立。由于考底利耶的谋划,在不到两年的时间内,难陀王朝被打败了,新的王朝——孔雀王朝建立起来了,旃陀罗笈多登上了王位宝座。旃陀罗笈多死后,考底利耶又辅佐他的儿子和继参人宾头沙罗(公元前300年~前273年在位)继续工作了一段时间。

公元前311年前后,塞琉古继承了亚历山大在巴比伦的统治后,转而向东方扩张。公元前304年,他的军队渡过了印度河,孔雀王朝迎击入侵之敌。考底利耶的军事策略发挥了作用,战败了塞琉古。塞琉古把印度河西部一直到喀布尔各省都割给了旃陀罗笈多,相传塞琉古还把女儿嫁给他,而后缔结了和约。孔雀王朝与西亚的希腊人保持着密切联系,这对孔雀王朝的巩固与发展好处极大。塞琉古派往华氏城的使者麦斯特湿斯在那里住了5年,他写的《印度志》一书,成为研究印度古代史的重要资料。

考底利耶的另一重大贡献是给后世留下了不朽著作《政事论》。这部著作的内容涉及内政、外交、民政、军事、商业、财产和司法等方面,甚至包括度量衡和历法等。从《政事论》中,我们可以看出考底利耶的智慧和他的多方面的学识,以及他的范围广泛的统治艺术。在以后的许多世纪中,《政事论》引起了众多政治家、研究者的广泛注意。到 20 世纪初，它的完整的手抄本被发现后，又引起学者的注目，它被整理出版并翻译成多种文字。研究者对它提出许多新的见解，有人认为这部著作不可能是一个人的观点，有着后世人士的许多修订和增删。大多数学者认为它出自考底利耶的手笔，但经过后人修改，大约在公元 2 世纪最后修订。

《政事论》是一部巨著，包括 15 卷，共 180 篇（按另一种分法为 150 章）。最重要的内容是关于国家组织的问题，它论述了国家各个部门的职能。国家有会计、财政、矿业、兵工、农业、贸易、航运、畜牧和税收等部门，这些部门涉及社会生活的各个方面。农村按照征税原则加以组合。《政事论》并提到各种不同的交通道路，以及国家和人民在维护交通道路方面的责任。

《政事论》涉及政府理论和实际方面的许多题目。它论述了国王、大臣、顾问、政府各部及其在外交、战争与和平方面的各种职责。为了加强奴隶主的政权，考底利耶主张国王有绝对权力。国王是最高的统治者、军队的统帅、法律的执行者，他有任命官吏的最高权力，国家是为国王而设的，国王是至高无上的。《政事论》第六部中很明确地叙述了构成"国家"的七种要素，即国王、大臣、土地、要塞、国库、军队和同盟者。他同时提出国王应是精力饱满而头脑清醒的人，国王要调配军队，注意国家收支的核算，留心乡村发展的事务，任命高级官员，下达命令，接受侦探所搜集的秘密情报，制定和执行作战计划。因此，他主张国王必须学习，还要花些时间用于自省。《政事论》论述了一套森严的政治结构，国王、军队、官吏及各部的组织，需要十分周密而雷厉风行的制度和作风。它特别强调对各省行政机构的控制，从而强调加强侦探活动。

考底利耶在《政事论》中也提到货币等经济问题，有一章专门论及钱币的铸造与货币制度的采用，并规定国王在土地的产品中征收 1/6 的赋税，有的甚至高达 1/4。它规定：全印度都是国王的财产，国王征收赋税、罚金及买卖上的什一税。

《政事论》所谈及的问题十分广泛，从某些侧面反映了孔雀王朝的历史，也是当代印度政治历史经验的概括和总结。它一反印度其他文献的常态，脱离了连篇累牍的宗教规范和神话传说的窠臼，而成为论述国家机构与组织问题的一部政治论著。

《政事论》论述了孔雀王朝的整个政治制度，同时也提到了与外国的联系，提到中国的丝绸。据考证，孔雀王朝时代，印度和中国还没有接触，有的学者据此认为这部著作是孔雀王朝以后时期编成的。但《政事论》论述的基本上是孔雀王朝的社会情况和制度。虽然不能排斥此书有后人修改、编纂的成分，但它最初确实出于考底利耶之手却是比较可信的。

《政事论》的作者极端地宣扬了国王在国家中的作用，并强调了使用暴力的恐怖统治，把古代奴隶制印度的政治体制加以理想化。这是由作者的奴隶主阶级立场所决定的，也反映了他的历史局限性。印度以后的历代奴隶主和封建王的专制国家,在官僚政治、警官制度和赋税制度等方面,大体都沿袭了孔雀王朝的制度,作为他们统治和压迫人民的工具,因而不能不肯定《政事论》在这方面所起的作用。印度历史学家也承认:"古代印度关于政府的学说,在《法治》和考底利耶的《政事论》中已奠定了主要基础。"

考底利耶这位古代印度政论家的业绩和他的著作《政事论》,已成为印度的历史遗产为后人重视。

阿育王传奇

公元前4世纪晚期,马其顿王亚历山大率军侵入印度西北部,并派总督和驻军进行统治。此后北印度政局动荡不安。公元前324年,孔雀家族出身的旃陀罗笈多,在领导印度河流域人民反抗马其顿入侵者取得胜利之后,自立为王,即月护王。后来,他挥师东进,攻克华氏城,灭了难陀王朝,建都华氏城。公元前305年,旃陀罗笈多击败塞琉古王国的入侵,合并了印度西北部广大地区,从而建立了印度历史上第一个统一帝国——孔雀帝国。他的后继者宾头沙罗统治时期,又征服了南印度一些地方。到第三代君主阿育王统治时期(公元前273~前236年),又征服了南印度的大国羯陵伽。至此,孔雀帝国成为一个幅员辽阔的大帝国,进入了它的全盛时期。

阿育王只是宾头沙罗王众多王子之一。他从小就特别崇敬佛教始祖释迦牟尼,喜欢听佛祖如何经过许多肉体和内心的痛苦而终于成佛的故事。他对他的兄弟们说:"佛教可以教人消灭个人欲望,使人安分守己,这对治理国家很有好处。"

公元前273年,宾头沙罗王病逝。不久,为了夺取王位,王子和公主们进行了残酷的内战,其中最激烈的是阿育王和长兄之间的战争。在这场争夺王位的斗争中,阿育王曾经谋杀掉的兄弟姐妹有99人。最后阿育王夺取了王位,但直到称王后的第四年,阿育王才举行正式的登基典礼——灌顶信仰式。

孔雀帝国是一个君主专制国家,最高统治者国王集军事、行政、司法大权于一身。阿育王自称是"诸神的宠爱者"。国王之下设有庞大的官僚机构,有许多大臣分管中央各部,地方划分为若干行省,设总督进行统治。为了强化统治,建有由步兵、骑兵、战车兵和象兵组成的庞大军队。孔雀帝国的君主善于采用宽猛相济、恩威并用的统治政策。阿育王在征服大国羯迦陵的战争中,杀死10万人,俘虏15万人。

羯迦陵战争对阿育王影响极大。战争结束不久,阿育王同佛教高僧优波毯多进行了多次长谈。最后,在其感召下,他皈依了佛教,成了一名虔诚的教徒。

成为佛教徒后,阿育王对残酷的战争给人民所造成的灾难感到万分后悔。他曾经发布过一个敕令说："战鼓的响声"沉寂了，代替它的将是"法的声音"。今后代替暴力统治和侵略的，将是不竭余力地宣扬佛法，从此以后，他将不再向邻国派遣军队，而是宣扬佛法的高僧。

阿育王

阿育王所说的"法"，就是以佛教的伦理道德观为基础，强调仁慈的实践和虔诚的思想。他认为，对于每一个人来讲，信仰佛法，重要的在于行动，一个人能否向善，不是看他参加了多少次佛教的仪式，而是看他在每一件事情上是否能按照佛法去做。

阿育王希望每一个人都能以家庭作为人生的基点，首先在家庭中体现他所说的那些道德。主要是要服从父亲，尊崇老师和长辈；对亲朋好友要慷慨和友好；对待仆人和贫苦的人要乐善好施；对待动物要仁慈，不能滥杀。

平心而论，阿育王这些措施，都是有一定进步意义的。

阿育王率先垂范，以身作则。首先，他宣布在全国范围内废除斗兽之类的血腥娱乐，不允许用动物做杀生祭礼，在宫廷里对王公大臣们喜欢的狩猎游戏也加以限制。

阿育王定佛教为国教。他下令在王宫和印度各地树立石柱，开凿石壁，将他的诏令刻在上面。他还召集了全国的一大批佛教高僧，编纂整理佛教经典，在各地修建了许多佛教寺院和佛塔。盛况空前，真是佛教之大幸。

阿育王为了弘扬佛法，他派出了包括王子和公主在内的大批使者和僧侣，到邻近的国家和地区去传教。印度公主在去锡兰（今天的斯里兰卡）传教时，不仅带去了许多僧侣和佛典，还带去了一枝神圣的菩提树的树枝，并亲自种植在锡兰，这棵菩提树在锡兰一直生长到今天。

经过阿育王的一番努力，佛教不仅传遍了锡兰，而且很快传到了埃及、叙利亚、缅甸、中国和世界各地。

除了宣传佛教，阿育王还为老百姓做了许多的好事，如扩大灌溉工程、修筑道路、建立医院等等。阿育王在位的 40 多年，在国内外都享有很高的声誉。在印度和其他一些国家的历史著作里，他被称为"伟大的阿育王"。印度的孔雀王朝也成了印度历史上第一个强大的统一帝国。就连中国的宁波，也曾经有过阿育王寺，说明阿育王在中国也是有影响的。

佛教的创始当然应该归功于释迦牟尼，但它的大规模传播，则要归功于阿育王。

阿育王的确可称得上是世界史上一位伟大而富有特色的君主。他治下的孔雀帝国包括了除南端以外的整个印度半岛。孔雀帝国的结构和履行的职责已在旃陀罗笈多的私人教师考底利耶所著的《政治经济理论》一书中予以阐明。考底利耶是一位彻底的现实主义者，他献身于"成千上万的国王拒绝接纳的财富之女神"，他的目的是要将"像不妊的母牛那样不结果实"的荒原改变成一个"美好的国家"，他对美好的国家做了如下的解释：

"在王国的中心区和边围的地区拥有首府和省会……力量强大，足以压服邻近地区的国王；没有一片片泥泞的、多岩石的、凹凸不平的荒芜的土地，也没有阴谋家、虎狼之徒、野兽和大片的旷野……拥有肥沃的土地、矿山、树林、成群的大象和牧场……用水不靠下雨……商品丰富多样；能够承担起供养庞大的军队和交纳繁多的赋税的重任；居住的农民都具有乐善好施、积极肯干的品质……这些就是一个美好的国家所应有的优点。"

无论如何，这些优点在孔雀帝国可见到一些。养护很好的公路上，成群的商人、士兵、王室信使和行乞的托钵僧往来不绝，车辆众多，使正式的公路法成为必需。对东海岸羯陵伽的征服促进了贸易，成立了一个海事部专门维护航道和港口。许多寺院的题词证实了向寺院捐款的商会和行会的富有和慷慨。首都华氏城被称为"花城"，以它的公园、公共建筑物、九哩多长的河边地和吸引国内外学生的教育制度而闻名于世。所有的这一切，均靠"国王提取的 1/6"的收成来供养，不过，国王提取的收成实际上常提高到 1/4，留给农民的仅够维持生存。法律是严厉的，维持秩序的手段也是无情的。军队号称有 70 万人，配备 9000 头大象和 10000 辆战车。精干的密探无处不在，通过信使和信鸽将一连串的报告送交首都。总而言之，这是一个高效率的、严厉的、官僚政治的社会，充分体现了考底利耶所说的名言："政治学是惩罚的科学。"

阿育王的统治表明，传统型的帝国统治发生了根本而独特的变化。他在通过特别残忍的战争之后，内心经历了一番强烈而微妙的变化，如前所述。他在刻于岩石的第 13 条敕令中这样写道：

"15 万人作为俘虏被带走，10 万人被杀死，许多倍于这个数字的人死去。……为诸神所爱的羯陵迦的征服者，感到很懊悔，感到深深的悲伤和悔恨，因为征服一个以前未被征服过的民族，包含着屠杀、死亡和放逐……即使那些躲过灾难的人，也由于他们始终热爱的朋友、熟人、同伴和亲属所遭到的不幸而极度痛苦。因之，所有的人都承受着不幸，而这使国王的心情十分沉重。"

由此可见，阿育王的忏悔还是相当真诚的。

推广佛教的目的在于创造一个"安全、理智、所有人内心都很平静、温和"的未来。他仿效波斯的统治者，将自己的敕令刻在岩石山洞和专门建造的柱子上。这些敕令与其说是正式法令,不如说是具有国家训诫的性质。它们的共同特点是,告诫人们发扬佛的美德——朴素、同情、相互宽容和尊重名类生命。阿育王与兴办了许多并不给国家带来直接利益的公共事业——医院和国家公费治疗。

阿育王并不像现在某些时候所宣称的,是印度的君士坦丁。他对婆罗门和耆那教也予以慷慨的资助,并帮助各教各派的杰出人士。这不是宗教上的变革,而是一般态度的改变。他强调的是宽容和非暴力主义,不仅因为这两者是合乎道德需要的东西,而且因为它们会促进他那庞大且复杂的帝国的和谐。这在阿育王统治期间证明是很成功的,因为他在民众的欢呼声中统治了长达41年的时间。

孔雀王朝已成为到现在为止的印度历史的一个模式。印度与中国不同,在中国,是长期的帝国统一间隔以短暂的分裂;而在印度,则恰恰相反——是短暂的统一和长期的分裂。这并不是说印度就没有统一,印度有统一,但这是文化的而不是政治的。印度文化强调的是忠于社会秩序而不是忠于国家,正如种姓等级制度的地位比任何政治制度都高这一点所证明的。因而,在一个范围内增进了统一的文化又在另一范围内破坏了统一。

阿育王统治时期,佛教建筑和佛教美术得到空前的发展,这也是顺理成章的。佛寺、佛塔、石窟、石柱、雕像等,其数量之多,制作之精,造型之美,均为以往所不能比拟。其中尤以阿育王法敕与石柱、桑寺佛塔、阿旃陀石窟艺术最富有代表性。阿育王石柱的造型图案现已作为印度的国徽,印度的货币亦以它作为标志。

孔雀帝国的创立者——旃陀罗笈多

旃陀罗笈多是古代印度的国王,是古代印度的孔雀帝国的创建者。他的父亲是一个氏族首领,母亲是一个村长的女儿,在他幼年时,父亲死于边境冲突中,因而他幼年时孤苦伶仃。但长大一些,他在青少年中间才能出众,被政治家考底利耶所看重。考底利耶把他带到咀叉始罗并使他受教育。

在旃陀罗笈多出现在历史舞台的时代,北印度正处在由小邦分立逐渐趋向统一的时代。

公元前4世纪,恒河下游的摩揭陀国建立了难陀王朝,相传它的建立者出身于社会下层,通过斗争才取得统治地位。他们的势力不仅控制了恒河流域,而且扩张到德干高原。

这以后不久,马其顿的亚历山大率领他的远征军进入印度的西北部,当地人虽曾奋起反抗,终因缺乏统一的指挥,力量分散,而被击败。马其顿的侵略者占领了印度的西北部,残酷地压迫当地人民,破坏了生产力,并且切断了印度与外界商业往来的通路。

奴隶主阶级为抵御危及他们政治和经济利益的外族入侵,要求建立一个统一的强有力的国家,其中工商业阶层更需要政治统一,以发展经济和保护商路,广大的农民、手工业者也渴望统一,以抗击外敌和发展生产。虽然各自的目的不同,统一已成为印度各阶层共同的迫切要求,这也是历史发展的必然趋势。由于难陀王朝后期的统治者很腐败,得不到人民的支持,因此,统一印度的历史任务就落到奴隶主阶级的代表旃陀罗笈多的肩上了。

据说,旃陀罗笈多曾在旁遮普访问过亚历山大,因惹怒了亚历山大而逃走,随后他和考底利耶召集军队,反对马其顿。印度的西北部一些尚处于氏族社会的人和过去的散兵游勇都参加到他们的队伍中来。这时,马其顿侵略者的处境非常困难。公元前326年,坎大哈人民爆发起义,杀死了马其顿总督。第二年,印度地区的另一个马其顿总督又被起义者杀死。亚历山大撤离后,马其顿在印度的统治濒于崩溃。

旃陀罗笈多利用这个机会,扩大其军队。公元前324年,他自立为王,开始了反马其顿的斗争。直到公元前317年,马其顿大将埃于德穆斯被迫撤退,旃陀罗笈多收复了印度西北部。

马其顿侵略者不甘心失败,公元前305年,塞琉古王国国王塞琉古进军印度,战争的经过情况不详。结果是塞琉古将今天阿富汗境内的赫拉特、坎大哈和喀布尔让予旃陀罗笈多。传说塞琉古还把一个女儿嫁给旃陀罗笈多,此外,塞琉古还派遣麦加斯特涅斯出使印度。

旃陀罗笈多还向南印度进军,在他的时代,孔雀帝国的疆界可达南达迈索尔。于是印度历史上第一次出现了大体统一的帝国,旃陀罗笈多成为这个帝国的第一个国王。

为了统治和管理这一庞大的帝国,旃陀罗笈多在考底利耶的辅佐下,建立了一套中央集权的专制政治体系。国王是最高的统治者,独揽军事、行政、立法和司法大权。据麦加斯特涅记载:"旃陀罗笈多日理万机,甚至在更衣和盥洗时,亦须处理政务,接见使臣。"在国王之下,设立御前会议,作为咨询机关。此外,还有负责专门事务的一些文武大臣。他又把全国划分为若干省,作为地方的最高行政单位,任命省长或总督治理,他们都是王族成员或国王的亲信。旃陀罗笈多保留了原来的农村自治公社,它作为社会的基层组织为帝国提供税收和兵源,同时也是专制政治的基础。

据说旃陀罗笈多建立了一支包括60万名兵士的常备军,其中分步、骑、车、象、辎重后勤等兵种。士兵由国家供给武甲装备,并按时发给他们薪饷。

旃陀罗笈多还成立了一个密探组织,让其成员向国王告密,以加强专制统治。

统一的帝国促进了经济的发展,旃陀罗笈多对农业非常注意,专门设立了一个水利部,管理许多运河。麦加斯特涅斯记载道:"由于河渠水量丰富,各物生产茂盛,以致可以这样说,饥馑从来没有降临过印度。由于食物充足,那里也从来没有出现过大规模的灾荒。"这段记载可能有些夸大,但也在一定程度上反映了当时农业的发展情况。

手工业也发展起来了,麦加斯特涅斯曾提到印度地下蕴藏金、银、铜、铁和其他金属,可以用来制造各种器皿、装饰品和武器。此外,纺织、珠宝、象牙制品等工艺都有突出的发展。被称为"脂那帕塔"的中国丝的输入,使印度的丝织品更加精美。

这时印度的商业也趋繁荣,出现了华氏城、王舍城、呾叉始罗和婆罗捺斯等大城市。旃陀罗笈多又统一了度量衡,更有利于经济的发展。

总之,旃陀罗笈多统治时期,是印度经济繁荣的时期,他的一系列措施使印度发展壮大。他一生的活动都和印度由分散的小邦发展为统一的奴隶制帝国密切联系着,无论是驱逐马其顿入侵者,还是消灭难陀王朝。

孔雀帝国时代印度经济的发展,说明了旃陀罗笈多的活动顺应了当时的历史潮流,对社会发展起了一定的积极作用。然而,他创建的帝国依旧是奴隶主国家,广大劳动者的境遇仍非常悲惨。除了受到奴隶主的经济剥削、政治压迫,还要受国王密探组织的监控,人身自由得不到保障,而奴隶主则拥有大量的财富。旃陀罗笈多的宫廷生活极为奢侈,外出时乘坐金轿,前面有很长的仪仗队,队内还有犀牛、大象等巨兽。宫殿等建筑皆饰以金银。服侍国王的都是宫娥,甚至狩猎时亦由女卫士护驾。这一切都反映出他的政权本质是维护奴隶主阶级的专制统治。

旃陀罗笈多死于公元前300年,据耆那教文献称,他在死前曾随耆那教教长跋陀罗巴乌到迈索尔,在那里过隐居生活。

"种姓"制度下的印度

古老的印度是世界四大文明发祥地之一,它在创造了辉煌灿烂的文明的同时,也创造了一些负面的东西,如其长期以来形成的种姓制度,对社会形成了消极的影响。

"种姓"一词,在印度梵文中称"瓦尔那",意为颜色、品质。这是怎么回事呢?原来,印度的原始居民叫作达罗毗荼人,这个人种皮肤黝黑,他们创造了哈拉帕文化。在公元前2000年代中叶,属于印欧语系的许多部落,从中亚细亚经由印度西北方的山口,陆续涌入印度河中游的旁遮普一带,征服了当地大部分达罗毗荼人。入侵者是白种人,自称"雅利安",意为高贵者,从一开始就带有种族歧视的意味。

雅利安人对达罗毗荼人的征服和奴役,以及雅利安人内部阶级分化的结果,在社会上形成了森严的等级制度,即种姓制度。

古印度有四个种姓：婆罗门、刹帝利、吠舍和首陀罗。

婆罗门地位最高，是祭司贵族，掌握神权，占卜祸福，垄断文化和报道农时季节。刹帝利是军事贵族，包括国王以下的各级官吏，掌握行政权与军事权，地位仅次于婆罗门。这两个种姓占有大量生产资料，靠剥削为生，构成统治阶级。

吠舍是小生产者，即自由民的中下层，包括农民、手工业者和商人，他们必须向国家缴纳赋税。首陀罗是指那些失去土地的自由民和被征服的达罗毗荼人，实际上处于奴隶地位。

各个种姓职业世袭，互不通婚，保持严格的界限。凡是不同种姓的男女所生的子女被视为贱民，或叫不同接触者。贱民不包括在四个种姓之内，最受鄙视。

婆罗门教宣称把人分为四个种姓完全出于神的意志。《吠陀》是婆罗门教的经典，其中的神话故事被利用来解释种姓产生：造物神"梵天"用口创造婆罗门，用肩和手创造出刹帝利，用膝创造吠舍，用脚创造出首陀罗。因此种姓的贵贱之别是天经地义的。

婆罗门教宣扬轮回之说，为奴隶主阶级的统治服务：凡安分守己地忍受今生的苦难的人，来生可升为较高级的种姓，否则，即降为较低的种姓。这实际上是在以宗教恐吓被剥削的人，使他们放弃抗争，逆来顺受，在对来世的虚幻渴求中变得麻木不仁。

不仅如此，印度的奴隶主阶级还制定了种种严酷的法律，维护其种姓制度。《摩奴法典》是其典型代表。"摩奴"是婆罗门教神话中梵天的儿子。取这个名字的用意是很明显的，就是借着神的名义进行残酷的统治。

《摩奴法典》首先确认婆罗门是"一切创造物的主宰"，可以强迫首陀罗劳役，首陀罗要温顺地为其他种姓服务。首陀罗不能积累个人财产，婆罗门有权夺取首陀罗的一切。

《摩奴法典》还制定了众多残酷的刑罚，专门镇压低级种姓吠舍、首陀罗的反抗。如"低级种姓用肢体的哪一部分伤害了高级种姓的人，就须将那一部分肢体斩断，动手的要斩断手，动脚的要斩断脚。"还规定首陀罗如果评论婆罗门祭司的品行，就要用沸油灌入他的嘴里和耳朵里。杀死婆罗门的人应处以最痛苦的死刑。但是，高级种姓杀死首陀罗可用牲畜抵偿，或者只简单地净一次身就行了。

此外，法典还对各个种姓的职业、婚姻、服饰、起居、饮食等做了繁琐的规定。如不同种姓的人不能同室而居，不能同桌而食，甚至不能同饮一口井里的水；不同种姓的人严格禁止通婚，从而使种姓的划分固定化和永久化。

每个种姓在各地都有自己的组织，并有种姓长、种姓长老会以及种姓全体大会，处理有关种姓内部的事务，并监督本种姓的人严格遵守《摩奴法典》及传统习惯。倘有触犯者，轻则由婆罗门祭司给予处罚，重则被开除出种姓之外。那些被开除种姓的人也归于贱民之列。

贱民是印度社会中最受歧视的人,他们毫无尊严可言。贱民从事着被人认为是最低贱的职业,如抬死尸、清除粪便等。走在路上,贱民必须要佩带特殊的标记,口中不断发出一种特殊的声音,或敲击某种器物,以标示出自己的身份,通知那些高级种姓的人及时躲避。婆罗门如果接触了贱民,则认为是一件倒霉的事,回去之后要举行净身仪式。

印度的种姓制度实质上是阶级压迫的表现。虽然历经了几千年,种姓制度的影响至今依然存在,并且演变得越来越复杂。

坚战和难敌的故事

坚战和难敌是印度史诗《摩诃婆罗多》中的两个主要人物。"摩诃婆罗多"的意思是伟大的婆罗多族,它是首长达40万行左右的史诗,是目前整理编订成书的史诗中最长的一首,它来自民间口头流传。

坚战和难敌这两个有着血缘关系的堂兄弟,性格迥然不同,在史诗中演绎了一段复杂的故事:

婆罗多族的奇武王生有两个儿子,长子叫持国,由于自幼双目失明,长大后,国事被奇武王交到次子般度手里主持。后来,般度到林中修行,把政事交给了哥哥持国。

持国有100个儿子,人称俱卢族,为首的长兄叫难敌;修行的般度留下5个儿子,人称般度族,他们的长兄叫坚战。

持国公平地对待自己的儿子和弟弟的儿子们,并为这105个子弟请了一位身手不凡的师傅,传授武艺。不料,般度的5个儿子成绩突出,远远超过了持国100个儿子中的任何一个。持国对此倒没有什么意见,只是他的长子难敌非常嫉妒他们。难敌总想谋害般度五子,他使出各种阴谋诡计,甚至想放火把他们活活烧死在紫胶宫中。结果难敌样样都未能得逞,反而暴露了他丑恶的用心。

般度族在长兄坚战带领下逃走了。这时遮罗国王为美丽的黑公主开设了选婿大典,各路英豪荟萃一堂,为争夺黑公主展开了一场激烈的较量。最终般度族的五兄弟以超凡的箭法获得胜利,并合娶了黑公主。

持国不忍般度族流亡在外,便派人接回了五兄弟和黑公主。五兄弟欢天喜地回国了,而且还得到了虽然很贫瘠但占总面积一半的国土。他们开始了艰苦的创业。经过一番努力,荒芜的土地变得富饶、美丽。五兄弟受到当地人的崇敬和热爱,特别是他们的长兄坚战还被尊为王中之王。

难敌在一边看着,不禁妒火中烧。他知道,这次不能再使用暴力,必须想个好主意。经过一番密谋,他设计了掷骰子的骗局,而坚战又上了钩,般度族的一切财富被难敌剥夺了。黑公主与般度族一起沦为难敌的奴隶。得意扬扬的难敌指使他的俱卢族百般虐待、侮辱般度族,甚至想在众目睽睽之下剥光黑公主的衣服,想以此使般度族声名扫地。

持国看到事情闹得太不成体统了,也唯恐这是家庭灾难临头的前兆。于是,他下令恢复般度族的自由,并且归还了他们原有的国土。但是,难敌更加容不下坚战兄弟了,又一次利用掷骰子的赌博术使般度族再次失去土地,并且遭到13年的流放处罚。

坚战采取容忍的态度,带领般度族又过了13年的流浪生活,第13年还是在隐姓埋名中度过的。流放期满之后,坚战按照原先同难敌的约定要求归还般度族的土地。但是,难敌背弃约定,坚决不履行诺言。于是坚战就做了退让,只要求原有土地的一半,即使如此,难敌也不答应,坚战继续退让,只要求几个村庄,难敌就恶狠狠地告诉坚战,连立锥之地都不会给他。

坚战忍无可忍,终于,双方僵持到了必须要用战争来解决问题的地步。经过18天刀光剑影、血流成河的鏖战,俱卢族的兄弟相继阵亡,般度族取得了最后的胜利。

但坚战兄弟并不贪恋权势,他们把国家交给子孙管理,自己则跑到遥远的雪山上去修道。当他们死后,在天堂中同俱卢族相会,双方尽弃前嫌,凡间的愤怒和仇恨都烟消云散,他们都成了天神。

《摩诃婆罗多》描写了婆罗多家族内部的矛盾和斗争。坚战是"仁慈的化身",他的人生信条是"容忍是最高美德"。他总是很理智地控制自己的愤怒,对别人的轻慢和侮辱总能忍耐和宽恕。在他身上,体现出古老的氏族道德遗风:言行一致、大公无私,不追随邪恶,不同朋友争吵,不贪图别人的财产,不受贪欲支配,也不留恋世间的无常之物。但是,当战争爆发后,坚战却变得狂暴、虚伪了,他用谎言和诡计扭转了不利的战局,干了些违反正法的勾当。坚战的性格发展变化真实地反映了原始社会转变为奴隶社会时军事酋长是怎样转变为奴隶主的。

难敌从刚刚出场就是一个反面人物。他狡猾奸诈、心狠手辣、贪婪无度、野心勃勃,为了夺取权势不惜一切手段谋害亲人,是个典型的政治野心家。难敌的嫉妒心理表现得格外突出。嫉妒是私有观念的反映,是卑劣贪欲的产物,对别人财产的贪欲和嫉妒,使难敌常常产生无法忍受的痛苦和忧愁,他露骨地宣称:"刹帝利的责任是不断追求胜利,不管道德不道德。"难敌是一个最早出现在印度文学史上的奴隶主贵族形象。

《摩诃婆罗多》通过以坚战和难敌为代表的般度族和俱卢族的冲突,反映了人民群众的爱憎好恶,反映了他们坚持善行,反对邪恶,追求和平、安宁、富足生活的美好愿望。

长诗最后写五兄弟回到了战场。他们于昨夜被俱卢族偷袭,只有他们五位跑了出去。这五人看到地上血流成河,尸横遍野,景象十分悲惨。于是联想到兄弟家族互相仇杀,给全印度带来严重的灾难。就这样,般度与俱卢讲和,化仇恨为友谊。

最后是火葬,柴火像小山一样堆得高高的,尸体也像小山一样堆得高高的,火焰疯狂地冲上天空。如果人们贪婪和互相仇恨,就像这火一样疯狂,而这时的火所燃烧掉的正是贪婪。

《摩诃婆罗多》是印度古代社会的百科全书,对正义的歌颂是印度人民理想的化身,其结局正是他们团结统一的愿望的反映。

印度史诗——《罗摩衍那》

美猴王孙悟空的大名传扬四方,也许你还不知道,他这个猴王在世界上可不是独一无二的一份。在印度史诗《罗摩衍那》中,就曾出现过本领高强的猴王形象。据说,他还有可能就是孙悟空的前身呢!只是不是主角。

《罗摩衍那》是一首由10万句诗构成的洋洋洒洒的长篇史诗。它在印度长期的民间口头基础上发展起来,描绘了一个具有神幻色彩的动人故事。

故事讲道:阿逾陀城的十车王多年求子,祈心敬意,终于感动了毗湿奴大神,大神便化身为四份,下凡托生为十车王的四个儿子。当王子们长大之后,面临着选立太子的问题。经过群众大会的推选,十车王宣布:立罗摩为太子,继承王位。小王后吉迦伊受人教唆,耍弄手腕,挟制国王,逼着他下达了两个命令:一是让她的儿子婆罗多继承王位,二是流放罗摩14年。

罗摩不愿让父王违背自己的诺言,甘愿忍受被排挤的痛苦,他同妻子悉多、三弟罗什曼那共同去流浪,最后住到森林里。

不久之后,忧郁痛苦的十车王死去了。被立为太子的婆罗多不同意继承王位,决定把住在森林中的罗摩追回来。二人相见后,罗摩坚持不同意婆罗多让位于他的请求。不得已,婆罗多只得将罗摩的鞋带回放在王位上,供起来。他认为这样他才可以权且代兄摄政。

在森林中,十首罗刹王的妹妹热烈地追求罗摩,但遭到严词拒绝,她转而又去追求罗摩的弟弟罗什曼那,结果被割掉耳鼻。她向哥哥十首罗刹王诉苦,要他为自己报仇。十首罗刹王化身为一头金鹿,出现在森林里,罗摩和罗什曼那为它所吸引,追赶而去,却正中了十首罗刹王的调虎离山之计。他趁机将罗摩的妻子悉多劫掠到他的领地——楞伽城,并诱逼悉多嫁给他。悉多坚贞勇敢,大胆地反抗,誓死不从。

罗摩四处寻找悉多,在这个过程中,他结识了猴王国之君,并结成盟友。罗摩帮助这个猴王打败了篡夺王位、霸占弟媳的不义兄长,因此,他得到了猴王国的帮助,明白了悉多被劫的真相。

于是,罗摩和猴王的军队开始了营救悉多的行动。在天神的帮助下,他们翻山过海,攻入楞伽城,最终消灭了十首罗刹王。悉多获救后,夫妻团圆。

这时,正赶上罗摩14年的流放时期已满,他们夫妻乘坐着云车回到国内,顺理成章地登上王位。而此时,在度过了崎岖坎坷的患难生活之后,罗摩一再怀疑悉多的贞洁,这令悉多非常伤心,她向地母求救,并最终投入大地的怀抱。

大梵天预言:罗摩全家将在天上团圆。

故事大概情节就是这样。

在史诗中,罗摩被描写成最完美的英雄典型,他智谋出众,道德超凡,武力过人,勇敢善战,善于保护人民,深受群众爱戴。人们称颂他:"这些品德在身上闪耀,像太阳那样发出万道光彩。"

罗摩高尚的品德,使他能够平静地面对尽人皆争的王位。为了妥善解决家族内部的纷争,维护父亲十车王的良好声誉,他不惜丢弃一切近在眼前的权势和利益,荣华富贵对他来说轻如过眼云烟。他脱下华美的衣裳,换上树皮缝制的遮身物,走进了森林,接受了14年的艰苦考验。他这种不谋私利,克己待人,宽恕忍让的精神,体现了人民群众对美德的认识。

关于罗摩的英勇,在史诗中做了生动的描述。有一段史诗表现了罗摩以盖世的臂力拉断一张需要5000名壮汉才能拉动的宝弓:

成千上万的人们,

看到虔诚的罗摩,

把弓弦装到弓上,

仿佛在游耍欢乐。

这有力的人装上弓弦,

把弓一直拉到耳边;

这光辉的人中英豪,

把这张弓从中间拉断。

迸出了巨大的响声,

像是扫过来的飓风;

又像是那大山崩裂,

大地为之激烈震动,

被这声音所震撼,

所有的人都跪在地上,

只有罗摩兄弟俩除外,

还有牟尼立尊和国王。

罗摩从来不把自己的勇武运用于贪婪的掠夺和罪恶的征伐上。他同猴王建立的是生死与共的友谊,发动的是正义之战——营救悉多,杀死吃人的魔王。

然而,当罗摩当上国王之后,怀疑起他那忠贞的妻子,并把怀孕的妻子冷酷地遗弃在河边。可见,英雄是没有完美的。

悉多虽没有罗摩的形象那样光彩夺目,却也是生动感人的。

悉多的意思是犁沟,她的母亲是辽阔的大地。由于遮那竭国王的收养,她成了公主。但她身上丝毫没有宫廷的腐朽气息,有的只是坚强的意志、勇敢的精神和对爱情的忠贞。她有自己独立的见解和主张,遇事绝对不顺从于人。她说服了曾劝她回家的丈夫,同他一起去流浪,她拒绝了企图用荣华富贵、锦衣玉食诱惑她的十首罗刹王,她更愤怒地斥责了最后怀疑她不贞而抛弃了她的冷酷无情的丈夫,无畏地投进了熊熊的烈火之中。

悉多的故事是可歌可泣的,在她身上凝结着被压迫妇女的理想和愿望。

史诗是人类童年时期的艺术。《罗摩衍那》无疑创造了这一艺术的一个不可企及的高峰。

诗情画意的《吠陀经》

人类以善感的心灵体味世间万象,倾听万籁和鸣。

一只小小的青蛙,在千姿百态的生物群中毫不起眼,也很难称得上美丽可爱,似乎难进大雅之堂。然而,一旦它被诗人的慧眼捕捉,经过妙手的点染,就会脱胎换骨,容光焕发,俨然是美丽的化身了。

中国宋词:"稻花香里说丰年,听取蛙声一片。"

日本俳句:"古池塘,青蛙跳入水声响。"

这两则是传神写意的简笔勾描,还有一则,是精致细腻的工笔之作:

雨季到来了,雨落下来了。

落在这些渴望雨的青蛙身上。

像儿子走到了父亲的身边。

一个鸣蛙走到另一个鸣蛙身旁。

一对蛙一个揪住另一个,

他们在大雨滂沱中欢乐无边,

青蛙淋着雨,跳跳蹦蹦,

花蛙和黄蛙的叫声响成一片。

这朴素而又生动活泼的诗句出自印度的圣典——《吠陀本集》。

吠陀是梵语的译音,古译为"明"或"知识",即学问,是"神圣的知识"之意,也可译为"智慧书"。《吠陀本集》的产生源于古代印度的祭祀活动。婆罗门祭司在主持大型的祭祀典礼时吟唱诗句和经文,长期积淀下大量的诗歌。为了使祭祀时有经可据,祭司们将自古流传下来的诗歌(包括自己的作品)编订成四部《吠陀本集》,奉为圣典,成为祭祀中必不可少的工具。四部分别是:《梨俱吠陀》《娑摩吠陀》《夜柔吠陀》《阿闼婆吠陀》。

最富于文学性的是公元前15世纪左右编成的《梨俱吠陀》,是印度现存最古老的一部诗歌总集,共收集诗歌1028首。前面那首描写青蛙欢迎雨季到来的诗即出自这里。

《梨俱吠陀》的核心部分是颂神赞歌。有1/4的篇幅歌唱古印度民族的主神因陀罗。他是一位手持雷杵,给人类带来甘润的霖雨、消灭旱魃和黑暗的伟大天神。印度人用气势磅礴的优美诗篇赞颂他的恩惠和功德:

　　他使摇荡的地球恒定。

　　他给原始的山岳形体,

　　他举起拱环的穹苍,

　　他划分浩瀚的天空,

　　他是——听着我的歌——

　　因陀罗,宇宙的统治者!

在上古的印度人眼中,变幻莫测的自然界是神奇的,可敬又可怕的,他们把日、月、水、火、天、地、风、雷都奉为神祇,热烈地歌唱礼赞,祈求能得到神的庇佑,如一首赞颂黎明女神的诗歌:

　　这个光华四射的快活的女人,从她的姊妹那儿来到我们面前了,天的女儿啊!

　　像闪耀着红光的牝马似的黎明,是奶牛的母亲,黎明啊!你又是财富的主人。

　　你是驱逐敌人的,欢乐的女人啊!我们醒来了,用颂歌迎接你。

　　欢乐的光芒,像刚放出栏的一群奶牛,现在到我们面前了。黎明弥漫广阔的空间。

　　光辉远照的女人啊!你布满空间,用光明揭破了黑暗。黎明啊!照你的习惯赐福吧!

　　你用光芒遍覆天穹。黎明啊!你用明朗的光照耀广阔的太空。

诗中那奔放热烈的情感,那丰富巧妙的修辞,以及自然力量的人格化表现,都同中国的《楚辞》中瑰丽的诗篇有异曲同工之妙。

除了《梨俱吠陀》之外,《阿闼婆吠陀》中也有一些清新喜人的小诗。《阿闼婆吠陀》是用以攘灾去病的,大部分诗是巫师的咒语,如一首治咳嗽的咒语:

　　像太阳的光芒,

　　迅速飞向远方,

　　咳嗽啊!远远飞去吧,

　　跟着大海的波浪。

真是不看不知道,原来想象中可怕的巫师和那些恐怖的咒语,居然可以是这样词句清新,境界开阔,想象丰富,韵律流畅,令人回味再三。

还有一首求雨诗:

雷啊!怒吼吧!请你使大海的波涛汹涌。

雨啊!请你用甜蜜妁乳水浇洒大地。

请在求庇护的人身上浇下倾盆大雨:

让那些瘦牛的主人快快回家去。

这些诗是古印度人艺术才华的展示,如同源源不断的甘泉水,给印度文学以丰厚的滋养,更是世界艺术圣坛上,一支独放异彩的奇葩。

此外的《娑摩吠陀》和《夜柔吠陀》则是工具性强一些,文学价值稍逊于前两部。

第五章　古希腊文明
——西方世界的曙光

古希腊地图古希腊是西方历史的开源,持续了约650年(公元前800年至公元前146年)。位于欧洲南部,地中海的东北部,包括今巴尔干半岛南部、小亚细亚半岛西岸和爱琴海中的许多小岛。公元前5世纪至公元前六世纪,特别是希波战争以后,经济生活高度繁荣,产生了光辉灿烂的希腊文化,对后世有深远的影响。古希腊人在哲学思想、历史、建筑、文学、戏剧、雕塑等诸多方面有很深的造诣。这一文明遗产在古希腊灭亡后,被古罗马人破坏性地延续下去,从而成为整个西方文明的精神源泉。

克里特人创造线形文字

古希腊文明最先产生于克里特岛。这里在新石器时代(约公元前4500年至公元前3000年)已有人居住,居民可能来自小亚细亚。公元前3000年,克里特进入金石并用时代。埃及的影响也可以从这一时期的许多器物(如许多华美的石瓶等)上看得出来。公元前3000年代末,克里特原始社会逐渐解体。

约自公元前2000年开始,克里特进入青铜时代,同时也开始出现奴隶制国家。约公元前2000年至公元前1700年间,在克诺索斯、法埃斯特、马里亚等城都有了王宫的建筑。它们大概是些小的城邦,相互之间可能有夺取霸权的斗争,在克诺索斯与法埃斯特两城间修筑的大道也许是克诺索斯取得霸权的结果。这一时期也出现了文字,先是图画式的,然后又发展为象形文字。

约公元前1700年和公元前1600年,克里特各城市宫殿两次被毁,是由于剧烈的人民暴动还是由于地震,现在不能断定。不过,克诺索斯、法埃斯特和马里亚的王宫在毁坏后都被重新建筑起来,而且规模更加宏大。这时文字从象形的发展为线形的,这就是线形文字A,现在还没有释读成功。

约公元前1700年至公元前1400年,是克里特文明最繁盛的时期。这时手工业相当发达,各种陶器制造得十分精美。王宫,特别是克诺索斯王宫,规模巨大,结构复杂,墙上的壁画也可谓古代杰作。由于对当时文字尚未释读成功,现在对克里特文明的社会和政治的具体情况了解得还很少。古希腊许多作家的作品中保留了一些关于克里特文明的传说。大体内容是:在克里特岛上称雄的是克诺索斯城邦,其王米诺斯曾经统治爱琴海的许多岛屿,甚至曾迫使雅典纳贡。古希腊人还认为,米诺斯是远古的立法者,后来斯巴达的法制就是从他那里学来的。据说,后来米诺斯率兵远征西西里,当地人佯做欢迎、款待,而设计把他烫死在浴池里。他的部下也就流落在外,未能回到克里特。

约公元前 1500 年,克诺索斯等王宫被毁,大概是铁拉火山爆发引起地震的结果。约公元前 1450 年又发生了类似现象,随后就发生了外族的入侵。约公元前 1450 年,克诺索斯王宫中出现了新的线形文字文件。这种文字就是线形文字 B,在 20 世纪 50 年代初已释读成功,证明是希腊语的一种古代形式。这一事实说明,古希腊人开始成为克诺索斯的统治者。他们在克里特人线形文字 A 的基础上创造了自己的线形文字 B。米诺斯不断在海外争夺霸权的结果是走向了自己的反面,他连自己本国的统治权都失去了。

约公元前 1400 年,克诺索斯的最后一个王宫被毁。可能是克里特人发动了反希腊统治者的起义,也可能是希腊半岛上的迈锡尼人的入侵,现在还无法断言。不过,克里特文明从此衰落。再经过以后多利亚的入侵,克里特文明逐渐被人遗忘,只是在古希腊留下了一些传说而已。

伊索与《伊索寓言》

你知道《农夫和蛇》的寓言吗?寓言中讲述:一个农夫在冬天看见一条蛇冻僵了。他很可怜它,便拿来放在自己的胸口上。那蛇受了暖气就苏醒了,等慢慢恢复过来,便在它恩人的胸膛上咬了一口,使他受了致命的伤。农夫临死的时候说,我怜惜恶人,应该受这个恶报。这则寓言就出自著名的《伊索寓言》。这本寓言不但影响了千千万万的读者,同时也影响了两个多世纪。

伊索大约生活在 2500 多年前的古希腊,曾是一名家庭奴隶,因才智出众被主人解放为自由民。他获得自由民身份后,漫游古希腊各地,并曾在吕底亚国王宫廷中为官,在他充当国王特使去德尔斐时被诬告亵渎神灵而被德尔斐人杀害。

在古希腊历史学家希罗多德、戏剧家阿里斯多芬、哲学家柏拉图和亚里士多德的作品中,都曾提到过伊索。阿里斯多芬的喜剧中甚至把"没有研究过伊索"当作是"无知和孤陋寡闻";柏拉图还记述苏格拉底在被宣判死刑后,在监牢里把伊索寓言改写成诗加以吟诵。《伊索寓言》中的许多名篇早已成为世界各国中小学的教材,也是各国政治家、评论家和文学家加以引用的警世恒言。马克思、恩格斯、列宁的著作引用过《伊索寓言》的语言;大文学家莎士比亚、拉封丹、克雷洛夫也引用过该书描述的情节。

《伊索寓言》是古希腊口头流传的民间文学，通俗易懂，文字洗练，主题集中，容易记忆，它早已越出地区的界限而成为世界文学的瑰宝，并为世界各国人民所接受。比如在我国广为流传的《吃不着葡萄说葡萄酸》《龟兔赛跑》《农夫和蛇》等等均源于《伊索寓言》。

十分有趣的是，《伊索寓言》中有许多故事同我国的民间寓言和谚语不谋而合，如其中的《农夫的孩子们》和我国《魏书·吐谷浑传》中关于阿豺的故事，都是以一根树枝（箭）与一捆树枝（箭）来比喻团结就是力量。

还有一则《狮子和熊》：狮子和熊找到一只小鹿，为争夺它而打起来。它们打得很凶，经过长时间的搏斗，都头晕眼花，累得半死，倒在地上。一只狐狸在周围转来转去，看见它们两败俱伤，小鹿躺在它们中间，狐狸就从中间跑过去，把小鹿抢走了。狮子和熊眼睁睁地望着狐狸，却站不起来，同声说道："我们真倒霉，替狐狸辛苦了一场！"这则寓言与我国的《鹬蚌相争，渔翁得利》的寓言如出一辙。至于我国广为流传的《狼来了，狼来了》的故事，简直就是《伊索寓言》中《开玩笑的牧人》的翻版。《大鸦和蛇》这一篇讲大鸦看见一条蛇躺在太阳地里，便猛扑下来把他抓住。蛇回头咬了一口。大鸦临终时说："我真不幸，我发现了这意外之财，却送了命。"我国也有"人为财死，鸟为食亡"的谚语，类似的例子还有不少。

伊索

《伊索寓言》收录的绝大部分是关于做人的道德准则方面的故事，有许多篇章宣扬诚实友谊的可贵，像《野山羊和牧人》《行人和熊》《鹿和狮子》《狮子和海豚》都是这方面的代表作。对于背叛者，寓言给予了严厉谴责，《穴鸟和大鸦》《捕鸟人和山鸡》对出卖同胞、出卖祖国的行为做了辛辣的嘲讽。

寓言中对狐假虎威、狗仗人势者的丑态有十分生动的描写：有个人把神像放在驴背上，赶着驴进城，路上遇见的人都对神像顶礼膜拜。驴以为大家是拜它，就高兴得欢呼起来，再也不肯继续前进。赶驴人明白了怎么回事，就用棍子打它，骂道："坏东西，人们拜倒在驴面前的时候还早着呢！"（《驮神像的驴》）还有一篇反面角色也是驴，说驴披着狮子皮四处游逛，吓唬野兽。它看见狐狸，也想吓唬它。碰巧那只狐狸以前听见过它叫，便对它说："你要知道，假如没有听见过你叫，就是我也会怕你的。"我国成语《狐假虎威》(见《战国策·楚策一》)是以狐狸为反面角色，《伊索寓言》中狡猾的狐狸被赋予揭穿"驴假狮威"的作用，这也是很有趣的。

书中有几篇关于父母教育孩子的寓言，其一是《农夫和他的孩子们》：农夫临终时，想让他的孩子们懂得怎样种地，就把他们叫到跟前，说道："孩子们，葡萄园里有个地方埋藏着财宝。"农夫死后，孩子们用犁头和鹤嘴锄把土地都翻了一遍。他们没有找到财宝，可是却给葡萄带来几倍的收成(我国许多儿童读物中也收有这个故事)。

另一篇是《两只狗》：一个人养了两只狗，一只看家，一只打猎，猎狗对看家狗不劳动而享受同样一份猎物很生气，看家狗说："去责备主人吧！是他让我不劳而获的。"第三篇《小偷和他的母亲》，说一个小偷在母亲的纵容下从小偷发展到大偷，最后落网被判死刑，临刑前，小偷说他想和母亲贴耳说几句话，小偷一下子咬住母亲的耳朵，又一使劲咬了下来。母亲骂他不孝，犯罪还不够，还使母亲致残。小偷回答说："当初我偷写字板交给你时，如果教训我一顿，我现在就不会落到被处死的地步了！"

(伊索寓言)文字简练，常用最少的文字，表现出十分深刻的含意，真用得上"力透纸背"的评语。如《狮子和狐狸》篇写道：狐狸讥笑母狮每胎只生一仔。母狮回答说："然而是狮子！"寥寥 20 余字。把本质刻画得多么深透。这不禁令人想起列宁针对攻击德国女革命家罗莎·卢森堡的鼓噪而发表的著名评论："卢森堡虽然犯了一些错误，但她不是一只鸡，始终是一只鹰。"不知列宁的比喻是不是从《伊索寓言》中得到的启发。

特洛伊之战

西方文化的源头是古代希腊，现代欧美的许多观念、精神都源于古希腊。希腊历史的第一篇章是爱琴文明，在希腊的土地上，出现了全欧洲最早的国家。

公元前 2000 年至公元前 1200 年间，在爱琴海地区的岛屿上出现了奴隶制的城邦，先后以克里特城和迈锡尼城为中心，希腊的社会发展起来。

在公元前 1700 年至前 1400 年的 300 年间，克里特最为繁盛，以克诺索斯城为中心，传说中的米诺斯王建立了海上霸权，控制了整个爱琴海地区并且还同埃及保持着密切联系。

公元前 1450 年，克里特岛被来自南希腊的迈锡尼人占领。公元前 1400 年至前 1300 年间，迈锡尼文化繁荣，然而经过一场 10 年之战，迈锡尼人元气大伤。希腊的爱琴文明也逐渐结束，古希腊揭过了历史文明的第一页。

在公元前 12 世纪前后，希腊人远征特洛伊城，目的是为了抢夺特洛伊的财富。但这件事的起因有一个传说，故事也就从此开始：

小亚细亚西北部有个特洛伊王国，国王为普里阿摩斯，他众多的子女中，最受宠的是王子帕里斯。帕里斯和他的父亲一样爱慕美色。有一天，帕里斯出使希腊去接回自己的姐姐赫西俄涅团聚。

王子到了希腊，在斯巴达遇到了美貌的女子海伦，海伦的丈夫是墨涅拉俄斯，他是斯巴达的新王，老王是海伦的父亲。

帕里斯英俊风流，海伦被帕里斯吸引，而墨涅拉俄斯恰好不在宫中，海伦以王后的特殊身份接待了帕里斯。他们一见钟情，海伦竟然上了帕里斯的船逃离了斯巴达，而帕里斯也忘记了自己的使命，最后他们回到特洛伊城。

战争打响了，希腊联军远征特洛伊城，帕里斯与墨涅拉俄斯对阵而受伤，在另一场战斗中却射死了希腊英雄阿喀琉斯。最后，帕里斯被希腊神箭手菲罗克特斯用毒箭射死。

双方交战无数，希腊人虽然杀死了罪魁祸首，但是复仇的火焰正熊熊燃烧，不肯退兵，交战双方都看不到胜利的尽头。在特洛伊城里面，有人主张把海伦交出去讲和，但这是不可以的，因为她有了第三任丈夫，是特洛伊城的一个将领。在希腊那边，也有人主张撤军，但复仇派占大多数。

夜深人不寐，希腊联军统帅阿加门农的大帐中，将领们商量妙计……

没出几天，一个奇怪的早晨。

平常喧嚣的战场，突然间变得死一般地寂静，特洛伊人向城外眺望，只见希腊联军的大营在一夜之间拆得干干净净，旷野上空无一人，远远地，威猛的战舰似乎在大海里，隐约能辨认出来希腊旗帜。

哨兵们先从城中出来，小心翼翼地搜寻，结果一个人影也没找到。

"希腊人逃回去啦，希腊人逃回去啦！""我们胜利了，我们胜利了！"特洛伊士兵不敢相信眼前的情景，但又不得不相信，他们最终欢呼起来。

城里的将军、士兵们都听到了欢呼声，纷纷拥出城来庆祝。来到海滩下，他们准备再打探一下敌情。突然，看见一座高大的木马矗立在那里。

"这是什么？"

人们面面相觑。

"用矛刺一刺。"有人提议。

结果没扎动。

突然，"这儿有个人！"士兵中有人叫道。

只见木马下面有一个人哆哆嗦嗦地走出来："求求你们，不要杀我，不要杀我！"

特洛伊老国王让人把他带过来，这个人下跪禀明实情："我，我躲在这里，因为我没有地方去了，阿加门农要杀我！"

老国王问:"这是为什么?"

"有一个希腊将领要退兵,他反对进攻特洛伊,阿加门农很残暴,听不得反面意见,所以把他杀了。他还要把我们,这些将领的亲戚都杀掉,幸亏我趁乱跑到山林里了,可是刚才你们搜山,我,我没地方去了!"这个人悲号不止。

老国王是一个善良的人。他让人把这个希腊人放了,并且准许他留在特洛伊生活。这个人千恩万谢,磕头不止。

"这个大木马是做什么用的?"老国王问到。

"这是希腊人做出来为了祭天的,大王如果您把他们的祭品当成战利品拉回去,您亲自祭神,会得到好运的。"

"对呀,这是我们的最大的战利品。"人们兴高采烈地说。

老国王信以为真,令人把木马抬进城里。这个木马真的好大,根本不能从城门进去,于是就把城墙拆了个大缺口,把大木马运进城里,准备祭祀天神,以求好运。

晚上,人们点火跳舞,举杯痛饮,狂欢不止,一直闹到疲劳不堪,有的回到宫中,有的躺在街边,有的就睡在了酒席之上。全城静下来了,到处杯盘狼藉,酣睡的人随处可见。

夜深了,有一个人没有睡觉,就是那个希腊人。他悄悄地溜出城来,从白天砸开的豁口爬出来,到了一座山丘,点燃了信号火光。

他又迅速奔回城里,来到大木马前,在木马身上轻轻地敲了三下。只见本来严丝合缝的木马肚子忽然打开了一个小门,20名勇士全副武装,鱼贯而出。他们冲到城门下,打开了城门并且到处放火。

在远处海面上的希腊军队看到大火燃起,知道计策成功,他们以迅雷不及掩耳之势杀了回来。他们冲进王宫,斩下老国王的头颅。斯巴达国王冲进海伦的卧室,把那个将领刺死,然后挥剑斩向海伦。

可是,突然间他的剑落在地上,他的手无力地垂下来,原来他看到海伦的美丽,下不了手。这时,人们纷纷嚷道:"杀了她! 杀了她!"斯巴达国王一狠心,再次举起剑,但仍下不了手。

正在进退维谷之际,联军统帅阿加门农发话了:"饶了她吧,弟弟!"

别看这轻描淡写的一句话,可使斯巴达国王得了赦令。他把剑扔在了地上。

10年战争终于结束,特洛伊城被毁。特洛伊的男人们大多被杀死,妇女、儿童成了奴隶。

3000年来,木马计一直流传不衰。"特洛伊木马"成为一个特有名词,意为挖心战。作为一个成语,其意是"为了消灭敌人而送给敌人的礼物"。

欧洲最伟大的英雄史诗——《荷马史诗》

《荷马史诗》是欧洲第一部伟大的文学巨著。它的主要搜集整理者荷马因而也成为最伟大的诗人。

大约在公元前15世纪,在希腊半岛南部,希腊人的一个部族阿卡亚人在这里创造了辉煌的迈锡尼文明。公元前14世纪左右,迈锡尼文明进入全盛时期,成为希腊各城中最为强大的部族。在其领地中心,建起坚固的城堡。作为国王贵族的居住地,城内广修宫殿,考古学家在其遗址上发掘出了精美的金面具、金杯、银器及锐利的青铜剑,由此可以想象当年它的繁盛。至今,卫城正门——"狮子门"的残迹仍然雄踞在那里。

在公元前13世纪末,迈锡尼联合希腊各城邦,远征小亚细亚地区的特洛伊,进行了长达10年之久的战争,最后希腊人一方获胜,但他自己的力量也被大为削弱。战争结束后,在小亚细亚一带便流传着许多歌颂这次战争中英雄事迹的短歌。在传诵过程中,英雄传说又同希腊神话交织在一起,由民间歌者口头传诵代代相传。每逢节日或盛宴,便在氏族贵族的官邸中咏唱,一直到公元前9世纪的荷马时代。

相传荷马是古希腊的盲诗人,天资聪慧。当时有许多演唱特洛伊战争的歌者。荷马广泛搜集、整理,把原来片段式的短歌围绕一个主题用一条线索联结起来,并穿插了一些有趣的神话故事,使之成为具有高度艺术价值的长篇叙事史诗。荷马编成之后,各地歌者争相演唱。因为经过荷马的整理,线索更清晰,语言更优美,故事更生动。此后,歌者仍是口头传诵,并没有记录成文字。直到公元前6世纪中叶,在雅典执政者庇士特拉妥的领导下,史诗才有了最初的文字记录。公元前3至2世纪左右,亚历山大城的几位学者为之校订、整理,有了最后的定本,一直流传至今。

传说,阿喀琉斯的父母举行盛大婚礼的时候,邀请了所有的神灵,却单单把不和女神厄里斯给忘掉了。满心愤恨的厄里斯不请自来,在席上扔下一个"不和的金苹果",上面写着"给最美的女人"。天后赫拉、智慧女神雅典娜、爱神阿佛络狄忒三位女神争执不下,一同去找宙斯。宙斯让她们去找特洛伊小王子帕里斯评判。三位女神为了得到金苹果,都向帕里斯许诺了好处。天后许诺他成为最伟大的君主,雅典娜许诺他成为最伟大的英雄,爱神许诺他得到最美貌的妻子。帕里斯把金苹果判了爱神。后来,爱神帮助帕里斯拐走了斯巴达国王墨涅拉俄斯的妻子海伦,并抢走大批财物,引起希腊各城邦的愤怒。他们公推迈锡尼王阿加门农为首领,渡海远征特洛伊。

《荷马史诗》分为两部,第一部《伊利亚特》(也称为《伊利昂纪》),原意为"伊利翁之歌",分为 24 卷,叙述了特洛伊战争第十年最后 51 天的故事。第二部也分为 24 卷,称为《奥德赛》(也称为《奥德修斯记》),原意为"奥德修斯之歌",叙述了特洛伊战争后,英雄奥德修斯回国的历险故事。

《伊利亚特》开篇以希腊内部的矛盾冲突展开,英雄阿喀琉斯是神之子,骁勇善战,非常重视个人的荣誉。当时希腊军队中瘟疫蔓延。为了避免希腊全军在瘟疫中毁灭,他要求统帅阿加门农送还日神祭司的女儿,阿加门农依仗自己城邦的强大,当众辱骂了阿喀琉斯,并夺走了他的女俘。阿喀琉斯一怒之下退出战场。此后希腊联军屡战屡败,阿喀琉斯的好友帕特洛克罗斯借他的盔甲与盾牌出战,结果被特洛伊第一勇将赫克托耳杀死。阿喀琉斯万分悲痛,他抛弃私愤,以大局为重,重返战场,发誓要杀死赫克托耳,为好友报仇。最终阿喀琉斯誓言实现。他疯狂地用战车拖着赫克托耳的尸体绕城奔驰。特洛伊老王跪着哭求阿喀琉斯归还儿子的尸体,阿喀琉斯恻隐之心油然而生,答应了老王的请求。特洛伊的英雄赫克托耳的尸体被运回城中,全城为之举哀。后来,阿喀琉斯被特洛伊小王子赫克托耳的弟弟帕里斯用暗箭射中脚跟而死。阿喀琉斯出生后,被他母亲在冥水中洗过,全身都不惧刀枪,只有脚跟处被其母亲抓着,没有洗到,成为致命的要害,使得帕里斯为哥哥报了仇。后来帕里斯被希腊英雄菲罗克忒斯射死。希腊联军采用英雄奥德修斯的"木马计"攻克特洛伊城,结束战争。

《奥德赛》正是叙述了特洛伊战争之后,希腊英雄、聪明、勇敢的伊大卡岛国王奥德修斯渡海回国的故事。奥德修斯乘船率队返乡,但是一次次的艰难险阻却让他在海上漂流了 10 年。过巨人岛时,奥德修斯设计用酒灌醉了独眼巨人吕菲摩斯,刺瞎了巨人的独眼,藏身于羊肚子下逃出山洞。为了闯过以歌声迷人然后又使人葬身海底的女妖之岛,他用蜡封住伙伴们的耳朵,又将自己捆在桅杆上,使大家免受女妖塞壬歌声的迷惑。海神为了替独眼巨人复仇,掀起狂风巨浪使他们覆舟,飘流到太阳岛上。因禁不住诱惑,伙伴们宰食了太阳神的神牛。太阳神大怒,以雷霆击碎了他们的航船。在女巫喀尔刻的岛上,伙伴们都被变成了猪,奥德修斯制伏了女巫喀尔刻,救出了中了魔法的伙伴。最后,又被多情的仙女卡吕薄索留住。直到宙斯出面,才让这位漂泊多年的英雄回家。但是,日月如梭,他回到家乡时,家乡的一切都变了。许多贵族青年聚集在他的家里,挥霍他的财产,争着向他的妻子珀涅罗珀求婚。奥德修斯了解到妻子的坚贞,深为感动,他用计杀死了贪婪的求婚者与出卖主人的奴隶,最后一家人终于团聚。

《荷马史诗》是一部伟大的史诗,展示了古希腊氏族社会时期广阔的生活画卷,具有高度的艺术性。《荷马史诗》又是古希腊的一部百科全书,描写了那时的手工业、农业与商业,展示了那时的政治、军事与文化,成为后代了解古代生活的最形象的资料。《荷马史诗》是古代最伟大的史诗,恩格斯称之为希腊人"由野蛮时代带入文明时代的主要遗产"。

希腊城邦斯巴达

公元前 8 至 6 世纪,希腊半岛上出现了 200 多个奴隶制国家。这种国家是以一个城市为中心,包括周围若干村镇所组成的所谓"城邦",意即城市国家。斯巴达是其中最强大最重要的一个。

斯巴达位于伯罗奔尼撒半岛的东南部。公元前 12 世纪左右,一批由多利亚人组成的希腊部落从希腊北部侵入伯罗奔尼撒,散居在被毁的斯巴达城附近的村落里,到公元前 10 至 9 世纪,才由五个村落联合成一个新的政治中心,这就是多利亚人的斯巴达城,这支入侵的多利亚人被称作斯巴达人。

斯巴达人不断用武力征服周围的居民。被征服者大多成为斯巴达的国有奴隶,称作希洛人;一部分被驱逐到偏僻的山区和沿海地区,以农业、手工业和商业为生,承担纳税和服兵役的义务,被称作庇里阿西人。斯巴达人建立了一个强有力的国家机构,由国王、长老会议、公民大会和监察官组成。

国王有两个,平时主持祭祀;战时领兵出征。

长老会议是最高权力机构,由两个国王和 28 个年逾 60 岁的长老组成,讨论决定一切有关城邦的重大事务,提交公民大会通过。

公民大会由国王主持,年满 30 岁的斯巴达男子都有权参加。公民大会对于长老会议的提议只有表决权而不进行讨论,表决时也只以呼声的高低来表示赞成与否。

公元前 5 世纪以后,一年一选的五人监察委员会成为最重要的国家权力机构,可以监察国王和公民的言行,拥有巨大的势力和职权,成为事实上的统治者。

斯巴达的土地和奴隶统归国有,斯巴达人长期过着以农业为主的自然经济生活。全国土地分成数千份,每个公民一份,不准买卖、转让或分割。份地由希洛人耕种,平均每七户希洛人供养一户斯巴达人。希洛人终年劳作,还被迫到军中服役,从事运输、修筑工事等劳役,有时也充当水手,可是得到的却是贫困、皮鞭和无尽的屈辱。

希洛人虽在法律上属国家所有,个别斯巴达人无权买卖他们,但可以任意伤害他们。节日里,斯巴达人常用劣酒把希洛人灌醉,然后拖至公共场所,让希洛青年知道醉酒是怎么回事。希洛人即使没有过错,每年也要被鞭笞一次,说是要他们记住自己的奴隶身份。斯巴达的长官时常派遣大批身佩短剑的青年战士下乡,白天分散隐蔽起来,一到晚上,便奔向大道,屠杀他们所能捉到的每一个希洛人。有时,他们也来到希洛人劳动的田地里,杀死其中最强壮最优秀的人。这种制度称为"克里普提",意思就是"秘密勤务"。

斯巴达没有建筑城墙,人民的身体便是斯巴达的城墙,青年的胸膛便是斯巴达的国防。为了镇压希洛人的反抗,为了向外扩张,斯巴达人用强大的军队筑起了一堵"人墙"。

斯巴达人的婴儿落地,先要接受长老的检查,强者生存,弱者弃之。随后,母亲用劣酒替婴儿浴身,经不起刺激的婴儿,则任其死去。幼儿七岁之前由母亲抚养,母亲从小注意培养他们不哭不闹,不怕黑暗与孤独的习惯,以便长大后成为维护奴隶制度的勇猛战士。

男孩满七岁,离家编入儿童队,受严格的体育和军事训练。到12岁,经过测验,升入少年队。测验那一天,国王、长官和斯巴达公民都来观看。测验项目之一是搏斗,儿童分成两队,教官一声令下,赤手空拳的孩子们一对对打成一团,你来我去,拼命要将对方推入壕沟,以显示自己的勇敢和狡诈。测验项目之二是挨打比赛,儿童们跪在神殿之前,任凭皮鞭的嗖嗖抽打,谁最能忍受痛苦,谁就是获胜者。编入少年队后,生活更严酷了,穿单衣,睡草垫,食物也很少,为的是让他们自己能向饥饿做斗争,他们还必须学会偷窃,在偷窃中训练敏捷和机智。

从20岁起,斯巴达男青年正式成为军人。30岁成亲,但每天仍得参加军训,直至60岁才结束军事生活。

斯巴达的妇女虽不参军,但和男子同样从事体育锻炼。斯巴达人认为,唯有刚强健壮的母亲才能生育刚强的战士。在斯巴达母亲的眼里,儿子战死疆场或凯旋而归,则是母亲最大的光荣和安慰。

斯巴达人尚武轻文,文化程度很低,而且讷讷寡言。在它的历史上,没有语惊四座的演说家和口若悬河的雄辩家,也看不见雄伟的建筑和艺术珍品,只有寒光闪闪的刀剑和森严壁垒的军营。

公元前2世纪中叶,随着罗马统治在希腊的确立,斯巴达终于走到了历史的尽头。

梭伦改革

古希腊的雅典城邦势力非常强大,几乎控制了整个希腊半岛以及爱琴海区域,为全希腊最富庶的强国。这是同梭伦的改革分不开的。

梭伦(约公元前630~560年)是贵族埃克塞凯斯提德斯的儿子。年轻时家境不富,他便出外经商,到过埃及、塞浦路斯和爱琴海东岸的希腊移民城市,经历过许多风险坎坷。他很喜爱学习,同希腊各地的学者们广交朋友。丰富的学识是梭伦后来成为杰出的政治家的重要因素。

梭伦生活在雅典社会孕育巨变的时代。雅典在公元前7世纪还只是希腊的一个穷国,但雅典的工商业奴隶主也在逐渐地成长起来,私有制度,商品经济不断冲击整个社会。这时,雅典国家刚刚产生,部落组织的残余依然存在。氏族贵族成为奴隶主统治阶级。他们仗着传统势力,占有大量田地,垄断国家官职,顽固维护旧传统,妨碍雅典社会进步和国家富强。贵族以经营地产为业,与小农争夺土地。很多小农无力偿还贵族的欠债,他们的田地被插上债碑。他们被迫把收成的六分之五交给债主,成为所谓的"六一汉"。没有土地的债务人或不能满足债主勒索的"六一汉",本人或他们的子女往往被债主卖为奴隶抵债。小农的处境恶化,影响了农业生产,也不利于工商业的发展。而雅典的旧制度、旧法律却保护氏族贵族的利益,平民百姓在政治上也处于无权地位。遭受奴役的人民心怀怒火,起来反抗。贵族面对骚乱也惶惶不安。公元前594年,雅典人推举梭伦为执政官,授予他最高权力,请他作为"调解人"来消除严重的社会危机。

穷人们认为梭伦虽是贵族,但诚实公正,同情穷人,谴责富人,他曾说:"作恶的人每每致富,而好人往往贫穷"。梭伦拼命鼓吹"平等",指出平等不会产生战争,因而受到贫富双方的欢迎。

梭伦看到了社会弊病威胁到国家的生存。决心实行改革,把雅典从内战的威胁中拯救出来。

首先,梭伦颁布《解负令》。他下令拔除债碑,废除与人身抵押有关的所有债务,解放债务奴隶,禁止以人身作为债务抵押,从而永远废止了债奴制。因债务被卖到国外的雅典人也

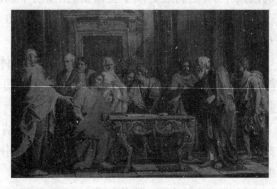

梭伦变法

被陆续赎回。梭伦带头放弃了别人欠他父亲的一大笔钱,并鼓励别人也这样做。他规定个人占有土地的最高限额,以便限制贵族觊觎小农土地的无限贪欲。梭伦还采取了其他一系列办法来发展农牧生产和奖励工商业,振兴雅典。例如规定:奖励植树造林、开凿水井;打死1只危害家畜的大狼,可得钱5德拉克马(1德拉克马可买羊1只);如果做父亲的没有教会儿子一门谋生手艺,就不得强迫儿子赡养他;外来移民中的熟练工匠可优先得到雅典公民权等。梭伦又以流行较广的优卑亚币制代替了原来的埃基那币制。为鼓励雅典人的国家荣誉感,他规定奥林匹克运动会的优胜者,可得奖金500德拉克马。《解负令》和这些措施都得到了雅典新兴的工商业奴隶主的支持。

梭伦着手改革雅典的政治制度。他写了一首很有名的诗,诗中说明了他的政治主张:"我给了一般人民以恰好足够的权力,也不使他们失掉尊严,也不给他们太

多;即使那些既有势力而又豪富的人,我也设法不使他们受到损害。我手执一个有力的盾牌,站在两个阶级的前面,不许他们任何一方不公正地占着优势。"

在梭伦改革以前,雅典人中有贵族、农夫和手工业者三种人。为了按地产收入多寡承担不同军事义务,他们又分为五百斗级(收入 500 斗)、骑士级(收入 300 斗)和双牛级(收入 200 斗)三个等级。双牛级以下的贫民无力负担军役,其中很多人没有氏族土地,因而没有资格参加公民大会,丧失了基本的政治权利。执政官等高级官职只有贵族才能担任,执掌大权的是显要贵族组成的议事会。梭伦改革终止了贵族独霸政坛的局面。他将雅典公民按收入大小分别归入五百斗级、骑士级、双牛级,收入低于双牛级的人归入新设立的日佣级。第一、二等级的成员出任执政官,第三等级担任低级官职,日佣级虽不能担任任何官职,但负责提供轻装步兵和水手,也可以参加公民大会,从而使大会成为全体公民的会议,划清了同氏族大会的界线。新的公民大会选举各级官员,从指定的 40 人中选出执政官。梭伦设立 400 人会议,由雅典 4 个部落各出 100 人组成,它分掌了贵族议事会的一部分权力。

有人曾经问梭伦,住在哪一个国家最好?他回答说:要住在这样的国家里,那里未曾受害的人也和受害人一样,都尽力惩罚罪犯。根据这样的思想,梭伦建立了雅典的陪审法庭。全体公民都可担任陪审员。梭伦规定,除杀人犯外,对任何罪犯不得处以死刑。每一个人对其他任何人的罪行都应告发。不关心国家事务的公民应剥夺其选举权。这些改革都是为了把人们从狭隘的氏族、家族圈子里解放出来,让他们以国家公民的身份关心整个国家和社会。梭伦准许没有子女的人把财产留给同自己无血缘关系的朋友。这实质上是进一步肯定私有财产权,否定氏族制度的残余。

无论是在古代还是在后世,梭伦素有雅典"民主之父"的声名。但梭伦本人绝不是民主派,他在政治改革上走的是"中间路线",只希望在贵族政治的旧体制上增加一些民主色彩。一方面减轻人民的不满,一方面抑制一下氏族贵族的骄横;最终目的是提高发财致富的工商业奴隶主的地位,他是他们的政治代表。不过陪审法庭和公民大会成为后来雅典民主政治的重要机构,对于雅典政治制度的发展演变有深远的影响。

梭伦是古代奴隶主阶级的杰出政治家和改革家,他顺应历史发展的要求,进行广泛的社会改革,对雅典社会的发展起了重大的促进作用。梭伦实行一系列有利于生产发展的政策,从而为雅典经济繁荣创造了条件。他通过一系列改革措施,打击了旧的氏族制度的残余与氏族贵族势力,创立了新的政治制度和国家机构,奠定了雅典民主政治的基础。同时,梭伦改革改善了广大平民的经济与政治地位。缓和了阶级矛盾,使广大平民摆脱了沉重的债务奴役和沦为债务奴隶的威胁,从而扩大了社会基础,增强了雅典的国力。总之,梭伦改革使雅典调整了社会关系,建立了适应经济发展需要的上层建筑,促进了社会生产力的发展。梭伦改革后一个世纪,雅典终于以一个经济繁荣、国力强大、政治民主、文化昌盛的奴隶制国家出现于世。

但是,梭伦毕竟是奴隶主阶级的代表人物,他又奉行中庸、温和的处世哲学,因此梭伦改革又有一定的局限性。经过改革,雅典的氏族贵族的经济和政治力量虽然受到沉重打击,但是氏族制度的残余和氏族贵族的势力没有得到彻底清算。平民的经济和政治地位有所改善,但是平民最迫切的重分土地的要求没有满足。梭伦建立按照财产资格确定政治权利的制度,也只是以富豪政治代替贵族政治,广大下层公民在国家权力机构中的作用仍然十分有限。

对于平民反对贵族的斗争,梭伦在自己的诗中表明了自己的态度。梭伦的态度是"拿着一只大盾,保护两方,不让任何一方不公正地占据优势"。他还说,他"所给予人民的适可而止","即使是那些有势有财之人",也"不使他们遭受不当的损失"。亚里士多德指出,梭伦是"以仲裁者身份,代表每一方与对方斗争,而后劝告他们共同停止他们之间方兴未艾的纷扰。""梭伦双方都不讨好","却宁愿遭受双方仇视"。用妥协的办法来求得斗争双方的和解,以达到公民集体的团结,这是城邦形成时期阶级斗争的一大特点。在梭伦的言行中,这种折中、调和的思想表现得很典型。虽然他认为如果"有时让敌对的两党之一得意,而有时又令另一党欢欣,这个城市就会有许多人遭受损失",但是他的同情心主要是在有权势的人们方面。所以他的诗中一再说到"抑制人民""必须责备人民",要使人民"好好追随领袖"。他明确地说,他不愿"让君子与小人""享有同等的一分沃土"。

梭伦的改革并不能完全消除公民集体中的深刻矛盾。广大平民要求进行更多的民主改革,而氏族贵族则力图恢复失去的财产和权力。因此,梭伦改革既遭到贵族的反对,又得不到平民的全力支持。在完成所许诺的改革之后,梭伦离开雅典,出国旅游去了。以后,雅典的阶级斗争进入了新的阶段。

波希战争

公元前6世纪的希腊,各城邦国家已先后形成,内部相对稳定,奴隶制度和社会经济日趋发展,工商业城邦的海上贸易已活跃于地中海东部和中部,西到意大利南部和西西里,北至黑海沿岸一带。这些地区供应希腊工商业城邦以原料、粮食和奴隶劳动力,同时成为工商业城邦的产品销售地。由于历史的原因,希腊诸城邦,有的彼此结成同盟,有的互相敌对。但巴尔干希腊已成为境域广阔的希腊世界的中心,在这里出现了两个强大而有势力的城邦——斯巴达和雅典。斯巴达是巴尔干希腊的陆上强国,它有一支训练有素的重装步兵,公元前6世纪中,伯罗奔尼撒各邦又以它为首结成了"伯罗奔尼撒同盟"。雅典在梭伦改革之后,工商业和海外贸易得到了发展。公元前6世纪中至6世纪末,是雅典民主政治最终确立,经济迅速发展时期。由于经济的发展,雅典已经与小亚细亚沿岸和色雷斯一带发生了紧密的联系。与此同时,雅典也积极向外开拓殖民地。早在公元前7世纪,雅典人就向小亚细亚西北角的西格伊昂和色雷斯的埃拉伊乌斯地区移民,到公元前6世纪中,已经牢固地控制了这两个地区。同时黑海沿岸也成了它的商品市场和粮食、原料的供应地。海外利益对正在迅速发展的雅典具有越来越重要的意义。

但是,新兴的波斯帝国的崛起及其西进扩张,直接危害和威胁了希腊城邦的独立和自由,也严重地损害了新兴工商业城邦的海外利益。

小亚细亚的希腊城邦,早在公元前546年居鲁士征服吕底亚的时候,便落入波斯的统治之下。大流士对色雷斯的占领,以及马其顿的臣服于波斯,遂使巴尔干希腊城邦的独立和自由面临严重的威胁。而大流士对巴尔干希腊早就虎视眈眈,他在攻伐斯基泰人之前,就已派遣小分队侦察过希腊半岛海岸地带,为他日后的出征做准备。由于波斯人对赫勒斯滂海峡和博斯普鲁斯海峡的控制,以及它仗恃同盟者腓尼基人的海上力量,爱琴海周围和通往黑海的交通线便被切断,这便严重地影响了希腊工商业城邦的经济发展。因此,波斯的继续西进和称霸爱琴海地区的局面,对于希腊城邦,特别是雅典来说,是难以容忍的。此外,援助小亚细亚希腊城邦摆脱波斯的统治,对于希腊城邦来说,是同胞的责任。尽管各邦对此态度有所不同,但血缘关系在促使一些城邦(特别是雅典)积极对抗波斯方面起了相当的作用。

这样,在东地中海地区,一场侵略和反侵略、奴役和反奴役的战争就不可避免了。

波斯入侵巴尔干希腊

公元前500年,小亚细亚最大的伊奥尼亚城邦米利都的僭主阿里司塔哥拉斯因挑唆波斯进攻爱琴海的那克索斯失败,惧怕波斯人的惩罚,利用人民反抗波斯统治的情绪,发动伊奥尼亚各城邦起义。米利都首先发难,其他各邦纷起响应,波斯在各邦扶植的僭主接连被推翻。以米利都为首的伊奥尼亚城邦的起义,揭开希腊城邦与波斯帝国之间的战争的序幕。

伊奥尼亚城邦起义后,阿里司塔哥拉斯到斯巴达和雅典请求援助。没有海外经济利益又没有什么海军力量的斯巴达,在权衡利害得失之后,以路程太远为理由拒绝过援助。雅典则不同。雅典人基于自身的利益,同时还因为拒绝过萨尔迪斯的波斯总督要雅典献出"土和水"(即表示降服)的要求,也拒绝过他要雅典迎回被放逐的僭主希庇阿斯的"命令",深知与波斯的战争在所难免,为了帮助同胞的解放,决定派出 20 艘战舰前去援助。曾经是米利都的同盟者的埃列特里亚派出了 5 艘战舰。

公元前 499 年夏,雅典和埃列特里亚的援军到达小亚细亚,会同伊奥尼亚城邦的起义队伍,从以弗所出发,攻占了波斯总督的驻地萨尔迪斯,焚毁了城市之后便撤退,但在以弗所为追踪而至的波斯军所败。雅典和埃列特里亚撤回援军,伊奥尼亚城邦继续坚持斗争。不久,赫勒斯滂地区和卡里亚地区的希腊城邦,以及塞浦路斯人也都起义反抗波斯的统治。

波斯在镇压塞浦路斯和赫勒斯滂地区的起义后,于公元前 497 年集中海陆军队进攻米利都。伊奥尼亚各邦的联合舰队由于意见不一致,行动不协调,以致在拉德岛附近被腓尼基舰队所消灭。米利都旋即被围,居民英勇防卫了一年多,公元前495 年终于陷落。城市遭到焚毁,公民绝大多数战死,剩下的几千名妇孺,被俘到波斯的都城苏萨。米利都的陷落,给雅典人留下难忘的印象,他们用各种方式哀悼自己同胞所遭受的灾难。当雅典剧院上演弗吕尼霍斯的悲剧"米利都的陷落"时,全体观众号啕大哭,弗吕尼霍斯因此被罚 1000 德拉赫麦的罚金,并且禁止任何人再演这出戏。

米利都陷落后的第二年,其他起义的城邦也都先后被波斯镇压下去。历时 6年之久的小亚细亚希腊城邦的起义完全失败了。

大流士在镇压小亚细亚希腊城邦起义之后,决定用武力征服巴尔干希腊。雅典和埃列特里亚对米利都的援助成为波斯进攻的借口。

波斯初征和马拉松战役

米利都对波斯的反抗,虽然希腊各邦多未出兵相助,但是大流士却非常明白,要想在小亚细亚西岸站稳脚跟,只有彻底征服希腊,变希腊为波斯帝国的新行省。大流士知道希腊各邦长期以来明争暗斗,不能团结一致,这就更加助长了他的侵略气焰。

公元前 492 年夏天,大流士借口雅典曾援助米利都,便命令他的女婿马多尼俄斯率领海陆大军,第一次远征希腊。波斯军横渡赫勒斯滂海峡,沿色雷斯沿岸前进,企图通过马其顿进攻希腊大陆。谁料当舰队到达阿陀斯海角(在今希腊萨洛尼卡半岛南端)时,突然暴风骤起,波斯战舰一艘艘被巨浪击沉,或互相撞碎,共有300 艘战舰沉入大海,2 万多名士兵葬身鱼腹。波斯海军未经战斗就这样毁灭了。

另一方面,马多尼俄斯亲自率领的陆军,却顺利地到达卡尔息狄半岛的东部。这里的色雷斯人,坚决不让他们通过自己的国土,于是波斯军就向他们进攻。爱好和平的色雷斯居民,英勇地拿起武器保卫家乡。经过几次激烈的战斗,终于打败波斯军,统帅马多尼俄斯在战斗中负了重伤。这样,波斯政府眼看它的海陆大军都遭到沉重的打击,只得暂时放弃远征希腊的计划。

波斯第一次远征希腊失败后,便加速进行更大规模的备战活动。第二次远征前,大流士首先派使者到希腊各邦要求"土和水",意思就是要他们无条件投降,并借此试探希腊各邦的态度。当时的马其顿、狄撒利亚等地的统治者,竟接待了波斯的使者,献了"土和水",表示臣服。但是雅典和斯巴达的反抗态度却非常坚决。这是因为雅典要保卫自己的独立和自由以及海外的商业利益,而斯巴达则要保卫自己对南希腊的霸权地位。因此,当使者到达雅典时,雅典人便把他从悬崖上抛入深渊。斯巴达人则把使者抬到井边,指着水井向他说:"井里有土又有水,你要多少就拿吧!"说毕,就把他扔下井去。这大大地激怒了大流士。他命令富有战斗经验的老将达提斯统率大军,第二次远征希腊。他指示远征军必须占领雅典和爱勒特利亚。

公元前490年,达提斯统率大军在小亚细亚西岸安营下寨。他接受阿陀斯海角的失败教训,改变海军进军路线,命令强大舰队横渡爱琴海,并进兵包围爱勒特利亚。爱勒特利亚人英勇地战斗了六天六夜,由于叛徒的出卖,城市遂被占领。此后,达提斯根据雅典卖国贼希庇阿的建议,率军南进,在马拉松平原(在今希腊雅典东部)登陆。

当时,雅典人非常惊慌,派出"快跑能手"斐力庇第斯向斯巴达求援,这位使者以惊人的速度,两天之内到达斯巴达,向斯巴达政府诉说:"雅典人请求你们去援助他们。免得这个最古老的希腊城邦遭受奴役。"但是,斯巴达的统治者企图坐观成败,按兵不动,声称只有等到月亮圆了,才能出兵相助。当斐力庇第斯把这个不愉快的消息报告给雅典政府时,雅典的将领们却仍在争论着究竟是坚守城池,还是主动出击。结果采纳了米太亚得的意见,决定迅速迎击敌人。雅典政府动员了全部雅典公民,甚至把奴隶也编入军队。米太亚得带着这支1万名重装的军队到马拉松去和波斯军决战。

战斗开始,雅典的军队占据了马拉松山坡上的一个有利阵地。这是一个三面环山的河谷,向下是一个大斜坡,可以直接看到驻扎在平原上的波斯军大营。

米太亚得是一个富有战斗经验的将领,知道波斯军善于在平原作战,惯用中央突破战术。于是就命令自己的部队在山地扎营,守住通往雅典的去路。正当雅典军摆开阵势准备战斗的时候,布拉底开来了1000援军,希腊军共有11万人。波斯军有10万人,在数量上占绝对优势。

米太亚得要对付这样强大的敌人,在决战前向将士们做了一次慷慨激昂的演讲,他说:"雅典将披上奴隶的枷锁,还是永远保存其自由,关键就在你们的身上。"这样鼓动性的语言激起了雅典军强烈的战斗勇气。

公元前490年9月12日的早晨,米太亚得命令部队在山坡上摆开阵势。为了防止强大的波斯军的包围,他尽量拉长战线,并把精兵布置在战阵的两侧。为了不给敌方冲锋的机会,米太亚得决定先发制人,命令全军飞奔下坡,冲击敌阵。这突然的袭击使波斯军感到非常意外,但是波斯军仍然认为希腊军人数这样少,首先发动进攻,就等于自寻死亡。

激烈的战斗展开了,波斯军很快地突破了希腊军的中央阵线,希腊军且战且退,波斯军队步步进逼。在这十分紧急的关头,雅典和布拉底的重装部队,突然喊声雷动,从两侧夹攻敌军。波斯军由于拉长了战线,弄得三面受敌,首尾不能相顾,在败退中阵容大乱,战场上丢满尸体。希腊军乘胜猛追,一直追到波斯军停靠舰队的地方,又展开了激战。为了阻止波斯军上船逃跑,希腊军就勇敢地夺取敌舰,有的士兵用手拉住敌舰船尾,左手被砍掉了,就换上右手,终于俘获了许多敌舰。在马拉松大战中,波斯军在战场上的遗尸就有6400具,而希腊军只有192名阵亡。

但是,战争并未因希腊军的这一胜利而结束。波斯战舰离开海岸之后,达提斯检查了自己的军队,认为争取最后胜利并不是没有希望的,于是立刻命令舰队全速南进,企图在雅典军尚未返回之前,乘虚偷袭雅典。可是这个计划被米太亚识破了,他留下少数军队看守战利品,立即亲率主力返回雅典。

当波斯军迫近雅典海岸时,雅典大军早已严阵以待,达提斯看到雅典方面已经有了准备,只好放弃登陆的尝试,就退兵回国了。

雅典人为了纪念在这次战争中光荣牺牲的将士,把他们集中埋葬在为祖国献身的战场上;墓旁竖立着爱国将领米太亚得的纪功碑,表示雅典人民怀念着他们。

马拉松战役具有重大意义。希腊军以少胜多,出奇制胜,是希腊人取得反波斯侵略者的第一次重大胜利。这次胜利向所有希腊城邦表明,只要联合在一起,团结一致,在保卫各邦独立自由的爱国主义热情鼓舞下,是可以战胜强大的侵略者的。原来很多已经向大流士表示臣服的希腊城邦,现在又重新宣布独立,恢复了争取最后胜利的信心。巴比伦、埃及等地也趁机掀起反抗波斯统治的斗争。

波斯再度出征

马拉松战役后,雅典民生派的势力有了新的高涨。这一派的首领泰米斯托克利,是一个坚强的、有政治远见的人。他代表着工商业奴隶主阶级的利益,竭力主张发展海上事业,坚决反对贵族派的保守政策。在他看来,马拉松战役的胜利,并不意味着希波大战的结束。他认为只有扩大海军力量,才能排斥波斯的海上霸权,保证雅典海外贸易和奴隶制经济的发展。当他的海洋纲领在公民大会上通过后,就积极地发展造船事业,建造了150艘"三列桨座舰"。从此,雅典舰队成为希腊最强大的舰队。泰米斯托克利还开辟了可容巨舰出入的新海港。

在雅典人积极备战的同时，大流士仍未放弃征服希腊的念头，他决心重整旗鼓，准备再征希腊。但在公元前485年(一作486年)，他突然患病而死。同时，埃及的反波斯斗争也因此剧烈起来，这就迫使波斯统治者不得不推迟侵略希腊的计划。

大流士的王位由他的儿子薛西斯继承。薛西斯平定了埃及各地的暴动，并积极准备第三次远征希腊。他招募海陆大军、征集粮草、开凿运河。当一切准备就绪时，薛西斯袭用他父亲的老办法，一面派大批使臣到希腊各邦要求"土和水"；一面修建连接赫勒斯滂海峡两岸的渡桥。谁料渡桥刚修好，忽然狂风大作，将桥摧毁。他在一怒之下，便下令杀尽造桥的人，并命士兵鞭打海水以泄气愤。接着，他又用674只大船联成浮桥，等候大军渡海。

出兵前，薛西斯为了分化希腊，孤立雅典，达到各个击破的目的，接连召开誓师大会，宣布雅典的"罪状"，声称：为了"天下万民的公共利益"，"不把雅典攻克和烧毁决不罢休"。其实，他虽扬言只攻打雅典，而真正的目的却在于征服整个希腊，要"使波斯的领土和苍天相接"。

薛西斯为这次远征作了四年的准备，动员了整个波斯帝国的兵力。步兵、骑兵、水兵、骆驼兵、战车兵、运输兵，应有尽有。据希罗多德记载，薛西斯侵入希腊大陆的水师和陆军总人数是264万，另有200万随军的杂务人员；战舰1207艘和附属船只3000。这些数字是极端夸大了的，但无论如何这是一次空前规模的远征。无怪乎薛西斯在检阅大军之后骄傲地说："纵然全体希腊和所有其他西方的人们集合起来，也经受不住我的进攻。"而"小国寡民"的希腊各邦，确也从来没有遇到过这样强大的敌人。

公元前480年春，薛西斯率领海陆大军，渡过赫勒斯滂海峡，进入欧洲。波斯王家的监督官，手执皮鞭，驱赶着那些不愿前进的士兵，沿着色雷斯海岸浩浩荡荡向西进发。这是一支从数十个民族中强征而来组成的军队，他们的服装五光十色；武器各不相同；语言互不相通。其中，以从波斯兵中选择出来的1万名"不死队"待遇最好，装备齐全，战斗力最强。

波斯大军为了获得给养，沿途抢劫，强拉壮丁，胡作非为。当他们到达狄萨利亚时，波斯的大批使臣，纷纷回报希腊的情况，说许多贵族执政的希腊城邦，已经闻风丧胆，情愿屈膝投降。但是雅典的领导人泰米斯托克利却在科林斯召开大会，把30多个希腊城邦联合起来，组成军事同盟，公推拥有最强大陆军的斯巴达为盟主，统率海陆大军北上迎敌。一场激烈的大战就将展开了。

温泉关血战

当波斯侵略军进占希腊北部的狄萨利亚地区时,希腊联军北上迎敌,驻守在温泉关(在希腊北部和中部的交界处)的联军总人数只有四五千人,其中战斗力最强的是斯巴达的300名重装步兵。

温泉关是北希腊通往中希腊的唯一险关,它的西面是无法攀登的高山,东面直到海边是一片沼泽,中间是一条狭窄的道路。从前中希腊居民为了防止北希腊人的进犯,曾在这里筑城防守,城上只要有一支小小的部队,就可以抵挡住强大的敌人,真有"一夫当关,万夫莫敌"的形势。

驻守温泉关的全部希腊盟军,都由斯巴达王李奥倪达指挥。他是一个坚强勇敢、富有战斗经验的人。当援军未到时,南希腊人看到波斯军的强大,提议立即撤退,中希腊居民则苦苦挽留。李奥倪达毅然决定,准备战斗到底。他一面积极布防,一面派人到各个城市去请求援助。尽管形势这样危急,希腊战士仍充满着战胜强敌的信心。当时一个居民跑来报告说,波斯兵力非常强大,他们射出的箭竟能遮住太阳。一个斯巴达战士却回答道:"这个消息真使我们高兴,因为这样一来,我们就可以在阴凉里追杀敌人了。"

薛西斯的大军在温泉关的北面安营。他满以为希腊军会不战而退,但是日子一天天地过去,希腊军却毫无撤退的模样。薛西斯等得不耐烦了,就派出暗探察看对方动静。暗探回来报告说,全部斯巴达人都很安详镇静,他们把武器堆在一起,有的在做操,有的在梳头。

薛西斯听了非常愤怒,下令要把这些疯子——斯巴达人活捉回来。他驱兵进攻,打了一整天,每次冲锋都被打退。薛西斯更加气愤,决定把他的"不死队"调上去。他坐在临时设立于高山坡的王座上,非常自得地观看这个必能取得胜利的场面。可是"不死队"还是不争气。两军在山沟里战斗,"不死队"根本无法利用数量上的优势,只能和斯巴达人一对一的厮杀。在战斗中,斯巴达人常常假装逃跑,等波斯军大喊大叫地追赶上去时,就突然回击,歼灭他们。薛西斯看到这种惨景,竟惊得从王座上跳了起来。

第二天,波斯军又遭惨败。当夜薛西斯正在发愁时,突然有一名希腊叛徒爱非阿里特前来求见。他献计说:"我可以带领王军穿过一条秘密的山路,绕到希腊军的背后,出其不意地歼灭他们。"薛西斯听后大喜过望,立刻命令"不死队"的队长亲率精兵,星夜出发。他们渡过小河开始爬山,黎明时登上了长满橡树的山顶,却遇到1000名希腊军的"守望队"。波斯军很害怕,以为碰上了斯巴达人。带路的叛徒马上安慰说:"这不是斯巴达人,他们没有什么可怕。"于是波斯军一齐放箭,"守望队"被箭雨打跑了。波斯军就通过防线冲下山去,直扑希腊大营。

李奥倪达得到报告,知道波斯军已深入背后,战则必败。因此,立刻命令盟军撤退,自己只率领 300 名斯巴达战士,坚守阵地,决心战斗到底。

这天早晨,正面的波斯军首先发动猛攻,在众寡悬殊的情况下,英勇的斯巴达人坚守阵地,进行了顽强的抵抗。他们的矛刺断了,就用剑砍,剑折了,就奋不顾身地拳打脚踢,甚至用牙咬。李奥倪达战死了。为了争夺他的尸体,双方展开了更加剧烈的战斗。斯巴达人奋不顾身,接连四次打败波斯军,把李奥倪达的尸体隐蔽起来。这时活着的斯巴达人越来越少,正在这危急的关头,希腊叛徒爱非阿里特领着波斯军赶到了,这使守军腹背受敌,陷入重围。胜利是没有希望了,但他们仍然坚持战斗,没有一个人逃跑,也没有一个人投降,直到波斯人用投枪把他们最后一个人打倒为止。

温泉关被攻占了。波斯军找到了斯巴达王李奥倪达的尸体,薛西斯下令将他的头砍下来,插到竿子上。

温泉关一役波斯军虽然取得胜利,但薛西斯一想到斯巴达将士宁死不屈的精神,使他仍惊恐不安地询问左右:"斯巴达人还有多少? 他们是否都是这个样子?"

以后,希腊人又像在马拉松战役后所做的那样,把李奥倪达和他的战士集中埋葬在一起,墓前竖立纪念碑,写着:"过路的客人啊,请告诉斯巴达同胞,我们尽忠死守,在这里粉身碎骨。"温泉关战役成为希腊历史上爱国主义战斗的典范。

萨拉米海战

在温泉关大战的同时,希腊舰队在阿特米西亚和敌人展开激烈的海战,战斗两天,未分胜败。当希腊军接到温泉关失守的消息后,才被迫主动撤退。临走前,雅典海军统帅泰米斯托克利利用波斯军中的民族矛盾,在岩石上刻下了大量分化波斯军的文告,企图引起伊奥尼亚人和卡里亚人的倒戈,引起薛西斯的疑心而不让他们参战。

波斯大军攻占温泉关后,就长驱南下,直取雅典。薛西斯为了洗雪马拉松战败的耻辱,竟把雅典城洗劫一空。这时,希腊陆军撤至科林斯海腰

萨拉米战役

布置防御工事,以保卫南希腊。希腊海军在泰米斯托克利指挥下,退至萨拉米海湾。事先,泰米斯托克利有计划地让雅典人暂时放弃家乡,避入附近海岛,把妇女、老幼运送到安全的地方,凡能作战的男子都登上战舰,到萨拉米去。泰米斯托克利把全部海军力量集中到萨拉米岛附近,以图利用狭窄的海峡,使波斯的舰队不易灵活调动,从而战胜波斯军。

希腊盟军将领在萨拉米开会,商讨战略。海军统帅斯巴达人爱弗力比阿德等主张放弃萨拉米,把舰队开向科林斯海腰。他们认为:如果在科林斯海腰作战,即使失败了,仍可逃跑自救。反之,如果在萨拉米作战,一旦被敌人包围,就会陷入绝境。然而,泰米斯托克利则竭力解释说,狭窄的萨拉米海峡是最有利于希腊小舰作战的。科林斯舰队指挥官嘲笑泰米斯托克利,说他是一个已经没有祖国的人,不配多说话。于是,泰米斯托克利激昂地争辩说:"只要雅典人拥有 200 艘满载乘员的船只,那雅典人就有城邦和比他们的领土还要大的国土。"他还说:"如果你们背叛我们,那么我们也不会保护你们。我们把家属载在军舰上,我们会在意大利找到新的土地。"雅典舰队是希腊海军的主力,由于泰米斯托克利的态度坚决,迫使盟军决定留守萨拉米。

薛西斯估计到希腊盟军内部的矛盾,没有立即进攻,以待希腊盟军的分裂和溃散。泰米斯托克利看出了薛西斯的用意,决定诱使薛西斯迅速投入战斗,命令忠实奴隶西京那驾船假降。西京那向波斯将领说:"泰米斯托克利暗中希望波斯胜利,只要战斗开始,部分希腊军就可能立刻投降。这时,希腊军已经手足失措,当夜就要逃跑,希望波斯大军火速包围敌舰,莫失良机。"薛西斯果然中计,命令全军星夜包围希腊舰队,不许放走一只敌舰。

泰米斯托克利看到波斯舰队包围了萨拉米,非常高兴。因为这样一来,任何盟军企图临阵逃脱已不可能,大家只有准备战斗。

自从中希腊被占和雅典城破以来,希腊方面的许多将领一直惊疑不定。波斯战舰又约为希腊战舰的三四倍,形势对希腊方面很不利。战斗前夕,波斯方面伊奥尼亚舰队指挥官,却暗派亲信游水到达希腊军营,密报波斯兵力的布置情况,并表示战斗开始,他们愿投向希腊。这就大大地鼓舞了那些犹豫不决的希腊将领,迅速实现泰米斯托克利的决战计划。

公元前 480 年 9 月 19 日夜间,波斯海军封锁海峡,巡逻放哨,忙了一夜,仍不见希腊方面的动静。正在惊疑时,突然喊声大起,战号齐鸣,希腊战舰一齐出动。这时波斯人才知道上了当。

天亮时,战斗开始了,薛西斯还以为战争胜算在握,又在高山上观战。他的周围坐满了书吏,打算记录整个战役的详细情节。

希腊人在"为祖先的坟墓、为希腊诸神的祭坛而战斗"的号召下,个个奋勇当先。那些船身较小的希腊战舰,在狭窄的海峡里运动自如,用猛攻战术打乱了波斯战舰的队形。而大型的波斯战舰则调度失灵,自相撞击,前后不能呼应,也无法利用数量上的优势。战到天黑,波斯舰队便完全覆没了。在高山上观战的薛西斯,看到自己的舰队遭到如此的惨败,不禁失声大嚎。他不得不开始考虑这次惨败可能引起的后果:雅典海军会乘胜截断他的归路;爱琴海的雨季将会断绝他的给养;波斯本土更会迅速掀起暴乱。因此,他决定迅速退兵,返回本国,只命马多尼俄斯率领数万陆军留在狄萨利亚,以备来年重新发动战争。

萨拉米战役在希波战争中具有决定性的意义。这次战役扭转了整个战局,从此希腊联军转入反攻。波斯侵略军遭受这次沉重的打击后,对希腊发动新的大规模的武装进攻已经是很困难了。但薛西斯仍然拥有一支庞大的陆军,对希腊发动新侵略的念头仍未放弃。

布拉底之战

公元前 479 年春,盘踞在狄萨利亚的波斯军将领马多尼俄斯派使者到雅典去,企图收买雅典,分化希腊盟军。斯巴达政府害怕雅典向波斯人妥协,就迅速派人前往雅典。于是雅典政府同时接待了双方的使者。波斯使者抢先发表了诱降条件。斯巴达使者也接着表示:只要雅典继续战斗,同盟者保证抚养全部不能参战的雅典家属。最后雅典当局申明态度,声称:"世界上没有那样多的黄金能够买动我们……只要有一个雅典人活着,我们就绝不会和薛西斯缔结协定。但是请求盟邦赶快出兵吧!因为敌人阴谋失败了,他们马上就会攻打我们的。"

马多尼俄斯诱降失败后,就领兵进攻雅典。雅典人看不到斯巴达的援军,只得再次退出雅典,撤往萨拉米。斯巴达当局又害怕雅典要结城下之盟,才出动军队赶赴雅典。波斯军迫不得已弃城北走,临走前,放火焚烧了雅典城。希腊盟军一直追到布拉底城郊并在这里设防。马多尼俄斯看到希腊援军不断赶到,而自己的军粮又发生困难,不得已首先发动进攻,要求决战。

这天夜里,有一个骑着战马的人来到希腊军营,暗告雅典将领说:"我是马其顿王,尽管我与波斯人为伍,但是……我是希腊人……告诉你们,马多尼俄斯决定明天交战,你们不要弄得措手不及。"说完,又飞鞭驰马奔回波斯军营。希腊军得到这个消息,立刻行动起来,做好战斗准备。

次日天刚亮,波斯骑兵果然发动进攻。他们先集中射箭,然后策马冲锋,打乱了希腊军的阵形。但是希腊军迅速地克服了混乱局面。他们把盾牌联起来保护身体,决心与阵地共存亡。他们在乱箭飞啸,剑光闪闪中拼命冲杀,前面的人刚倒下,后面的人就跟着冲上来,战斗极为激烈。在混战中,他们杀死了波斯军统帅马多尼俄斯。马多尼俄斯战死的消息一经传出,波斯军大为沮丧,很快就崩溃了。这时希腊军乘胜追杀,几乎全部歼灭了波斯军。

还在布拉底战役开始之前,希腊海军就向东方进军。他们一直打到米卡尔海角,在伊奥尼亚人的帮助下,俘获并烧毁了大批的波斯战舰。于是,许多原是波斯统治下的海岛,都纷纷加入希腊同盟。

布拉底战役的胜利,使希腊本土从波斯蹂躏下完全解放出来。从此以后,全体希腊盟邦,每年12月初都要在布拉底举行大会庆祝他们的"解放大节"。

提洛同盟的建立

希腊同盟在抗击波斯入侵者的战争中,赢得了第一阶段的胜利,保卫了巴尔干诸邦的独立和自由。但是,小亚细亚的希腊城邦仍未获得解放,而且波斯军队仍然扼守着色雷斯沿海一带的要津,仍然控制着通往黑海的海峡,波斯国王觊觎巴尔干希腊的野心也未死,卷土重来仍有可能。因此,希腊同盟必须继续战争。在普拉特亚大捷之后,希腊同盟便明令规定全同盟的节日——"解放大节",发誓巩固同盟,继续对波斯进行战争。此后,同盟军队展开了攻势。

从公元前479年至478年,希腊同盟的军队接连取得胜利。米卡列战役结束后,同盟军队在萨摩斯讨论了小亚细亚城邦居民此后的安全问题。接着,舰队乘胜进军赫勒斯滂,准备毁除波斯架设的浮桥,切断波斯和欧洲的联系。舰队到达阿比多斯,发现浮桥已毁,斯巴达便率领伯罗奔尼撒舰队单独行动,返回巴尔干希腊。以雅典为首的其他各邦(包括小亚细亚沿岸和海岛新入盟的城邦)的舰队则围攻阿比多斯对岸的塞斯托斯,至公元前478年初夺取了这个要塞。

斯巴达国王列奥提希德斯率领伯罗奔尼撒舰队返回希腊后,攻打塞浦路斯,征服岛上的大部分地方之后,旋即北上,于公元前478年攻夺了尚在波斯手中的拜占廷。

但是,斯巴达是一个典型的农业国,它几乎没有工商业,也没有海外经济利益,它的目光只在陆上的霸权,它对波斯作战,主要是为了它本身和伯罗奔尼撒同盟的安全。因此,随着波斯在赫勒斯滂海峡的据点被拔除,势力被逐出,斯巴达便表现出消极的军事行动,伯罗奔尼撒舰队单独从赫勒斯滂返航巴尔干,便是这种消极行动的表现。斯巴达的消极态度,不能不引起盟邦的不满,加以帕弗山尼阿斯专横跋扈,任意欺凌盟国,遂使斯巴达失去同盟国的信任。就在公元前478年,帕弗山尼阿斯由于叛国通敌,被召回国,斯巴达派多尔基斯为同盟军统帅,带着很少兵力去应付局面,同盟军队拒绝接受。斯巴达从此干脆不"再负担反对波斯的战争"。

于是,拥有海上力量、并且声威日高的雅典,得到其他同盟国的拥护。公元前478年底至477年初,雅典和决心继续进行战争的城邦(包括小亚细亚沿岸和附近岛屿的一些城邦)组织了新的对抗波斯的同盟,即"提洛同盟"。此后,希波战争就是以雅典为首的提洛同盟各邦与波斯帝国之间的战争。

提洛同盟对波斯的战争

提洛同盟的成立揭开了希波战争史新的一页。同盟在雅典的领导下,同心协力,奋勇作战,获得了反波斯战争的一个又一个胜利。在希波战争的第二阶段中,提洛同盟在打通海峡、控制海上交通线、解放小亚细亚希腊城邦、打败波斯帝国和彻底消除波斯威胁等方面,起着决定性的作用。

公元前476年,同盟舰队在雅典杰出的将领客蒙领导下,驶往色雷斯海岸,夺取埃伊昂城。埃伊昂位于斯特律蒙河畔,是整个色雷斯地区的门户。埃伊昂之攻克,不仅拔除了波斯的一个重要的侵略据点,为雅典在色雷斯地区获得一个立足点,而且使雅典获得了这一地区的贸易控制权,具有重大的军事和经济意义。因此雅典为客蒙这一胜利勒石纪念。

埃伊昂之战结束后,同盟的军事行动转向爱琴海的斯基罗斯岛。此岛在当时是海盗的根据地,他们掳人勒赎,危害海上交通安全。公元前475年,客蒙攻而克之,从此打通了爱琴海的通路。

从公元前475年至468年,提洛同盟对波斯的战事无史可稽。在这期间内,交战双方可能对埃伊昂、拜占廷和塞斯都斯等军事要地反复争夺,几经较量,雅典及其同盟最后巩固了已取得的胜利成果。

公元前468年,提洛同盟在小亚细亚南部帕姆菲利亚地区的埃于吕麦顿河口,发动了一场具有决定性的战役。

当时波斯在那里集结了一支庞大的陆军和舰队,准备对希腊发动新的进攻。客蒙得知消息后,急速率领同盟舰队赶往那里。同盟舰队在客蒙指挥下,首先用围攻的办法迫使法西利斯城投降。接着,进攻龟缩在埃于吕麦顿河口的波斯舰队,把他们打得溃不成军,一部分掉转船头驶向海岸,弃船逃跑,其余的不是船毁人亡就是做了俘虏。是役,俘敌2万,俘虏和击毁敌舰200艘,缴获战利品不计其数。当客蒙凯旋回师时,又给予赴援的腓尼基舰队迎头痛击,使他们丧失了全部船舰和大部分人员。

埃于吕麦顿河战役的胜利,不仅使小亚细亚南部希腊城邦获得了解放,而且还重创了波斯的军事力量,使其在以后再也无力进行重大的反攻。

埃于吕麦顿河战役以后,由于雅典和斯巴达及其盟国之间的矛盾不断加深而发生冲突,同时在提洛同盟内部也发生叛乱,同盟对波斯的战争沉寂了几年。

公元前460年,利比亚人伊那罗斯在埃及发动反波斯的起义,并求援于雅典。

伯里克利认为这是惩罚波斯的良机,即派 200 艘战舰赴援。伊那罗斯在提洛同盟的援助下,取得了很大胜利,包围了孟斐斯的要塞"白堡"。但是,公元前 456 年波斯派遣大军开进埃及,形势急转直下。同盟军队接连失利,退守普罗索匹提斯岛。公元前 454 年,经过长期围困,同盟军战舰全被消灭,驰援的 50 艘军舰亦被俘获。有 6000 希腊人和伊那罗斯一起投降,只有少数希腊人逃到了昔勒尼。这是一次空前的惨败。为了预防不测,同盟金库从提洛岛迁至雅典。

为了扭转局势,公元前 451 年伯里克利提议把放逐期满的客蒙召回雅典,并暂时缓和同斯巴达的冲突,达成五年休战协议。雅典调整了力量,全力对付波斯。

公元前 450 年,客蒙受命率领同盟舰队 200 艘进攻塞浦路斯。不久,他在围攻该岛的基提昂时罹疫致死。由于客蒙的病逝和军中缺少粮食,同盟军队不得不撤围。但在撤退途中,同盟军队在塞浦路斯岛东部的萨拉米斯附近大败波斯海陆军,取得了巨大的胜利。翌年,双方签订卡利阿斯和约,波斯承认小亚细亚希腊城邦的独立,并放弃对爱琴海的统治权。历时近半个世纪的希波战争宣告结束。

提洛同盟的演变

随着希波战争的节节胜利,雅典实力的不断增长,它逐渐加紧对其盟邦的控制和奴役,使雅典和提洛同盟诸国一度平等的关系,变成了统治和被统治的关系。所以,希波战争的结束,并没有使雅典的同盟国获得独立和自由,而是带来了新的奴役。在挣脱了波斯的桎梏之后,它们又套上了雅典的枷锁。提洛同盟最后变为雅典帝国。

提洛同盟的演变,经历了一个过程。它的变质是必然的。在奴隶占有制时代,随着国力的增强,雅典必然走上追求霸权的道路。

公元前 468 年在埃于吕麦顿河战役获得胜利后,雅典奴隶主阶级便不再把提洛同盟看作平等者的同盟,而认为同盟城邦是自己的附属国。据修昔底斯记载,公元前 466 年,雅典不经同盟会议讨论,悍然出兵镇压退出同盟的那克索斯。这是雅典破坏同盟章程的开始,也是同盟开始变质的明显表现。

塔索斯岛因与雅典在位于该岛对岸的潘加伊昂山区的金矿问题上发生争执,于公元前 465 年退出提洛同盟。它立即遭到雅典的严厉镇压。客蒙率领的军队在海上打败塔索斯人之后,旋即在岛上登陆,终于用围困的办法迫使他们于公元前 463 年投降。根据和约,塔索斯必须拆毁城墙,交出军舰,放弃在大陆上的金矿。

公元前 454 年,雅典趁在埃及的惨重失败之机,以确保安全为由,将同盟金库从提洛岛迁到雅典,这是同盟变质的重要标志。从此,同盟会议不再召开,雅典的号令代替了同盟各国之间的协商。

正式结束希波战争的卡利阿斯和约在公元前449年签订,使以反对波斯为目的的军事同盟失去了存在的理由。可是,雅典却不断加强对盟国的索取和控制。除了要求它们交纳盟国捐款,还要求它们积极支持雅典所进行的各种战争,在政治方面听任雅典摆布。

在同盟金库迁到雅典之后,很快,盟国捐款便完全变成了雅典财政收入的重要组成部分,如何使用,由雅典随意决定。盟国捐款的总额,何邦出船,何邦纳款,以及每个邦应交纳多少盟国捐款这类问题,现在悉由雅典裁决。同盟捐款总额,公元前454年为400他连特,431年增至600他连特,426年激增到1300他连特。雅典把这些捐款用来扩充自己的舰队,支付军需、市政建设,以至于支付公民执行社会义务的酬金等等。同盟国家概不能过问。

盟国捐款总额及各邦应缴数,每四年审议一次,并且由雅典法庭确认。在讨论这种问题的会议上,盟国的代表可以发言,提出申诉和请求,但是最终必须服从法庭的决定。不同盟国交纳的捐款,数量不等,由300德拉赫麦到30他连特。交纳捐款的时间是每年的三月份。

入盟的国家总数超过250个,包括了爱琴海的大部分岛屿及爱琴海沿岸、黑海沿岸和连接爱琴海和黑海海峡地区的大部分希腊城邦。

为了便于征收盟国捐款,加强对各邦的监督、控制,雅典先是把所有盟国划为三个纳款区,而从公元前443/442年起划为五个纳款区,即:伊奥尼亚区、赫勒斯滂区、色雷斯区、岛屿区和卡里亚区。在公元前437年,伊奥尼亚和卡里亚两个区合而为一。处于上述纳款区之外的,只有仍然保有自己的舰队和自主权的萨摩斯、希奥斯和列斯博斯。它们不向雅典交纳盟国捐款。

为了使各盟国俯首听命,雅典对各邦实行严格监视,在各区派驻雅典的监察员,监督交纳捐款和注视各邦对雅典的态度。

雅典控制盟国的重要方法之一是在具有重大战略价值或经济价值的地方,派遣军事移民。这种移民,总数达1万人以上。他们实际上起了雅典在盟国境内的驻防军的作用。安德罗斯、列姆诺斯、那克索斯、伊姆布罗斯、优卑亚岛的赫斯提阿伊亚等地,均有雅典军事殖民据点。各地殖民人数通常为三五百人,多者一二千人。在设置雅典军事殖民地的地方,一般情况下,上等田被没收,分配给殖民者作份地。军事殖民者保留雅典的公民权,不受所在城邦的管辖。雅典的军事殖民点,无疑是被殖民城邦的国中之国。

对于胆敢退盟的城邦,雅典常用武力镇压。公元前446年,优卑亚各邦暴动,遭到伯里克利的镇压。结果是,赫斯提阿伊亚的原有居民被驱逐,土地被没收,分给雅典的1000名军事殖民者作份地。岛上其他五个城邦被迫与雅典订立盟约。哈尔基斯的公民全都被强令宣誓效忠雅典。誓词中说道:"如果有人煽动反对雅典的起义,我一定告发他。"公元前411年,优卑亚岛各邦再次退出同盟。公元前441

年,萨摩斯退出同盟,伯里克利亲自率兵镇压。萨摩斯退盟的原因是雅典插手萨摩斯和米利都之间的领土争端。在镇压起义的过程中,雅典曾要求希奥斯和列斯博斯派兵支援。经过 9 个月的围困,萨摩斯被迫投降,摧毁了防御设施,提供人质,交出军舰,赔偿战费。米提列涅于公元前 428 年脱离同盟,遭到了残酷的镇压。公元前 427 年夏天,在米提列涅的起义已被镇压下去之后,雅典公民大会对于如何处置战败者进行了激烈的辩论。第一次会议通过决议,要将所有成年男子杀死,将所有妇女和小孩变为奴隶。应米提列涅的代表的恳求召开的第二次公民大会,改变了上述决议,决定处决 1000 多名起义的中坚分子,责令挖掉城墙,交出军舰。雅典又没收起义者的土地,将其分为 3000 份,其中的 300 份奉献给神,即作为雅典国家的公共财产,其余的,通过抽签,分给雅典的军事殖民者。

雅典对同盟国的控制,除了军事暴力,还有其他多种方式。

不少雅典公职人员在同盟各国中任职。在关于小亚细亚的希腊城邦埃里特拉伊的一篇雅典铭文中说到,那里的新的议事会的选举,不仅要在任期届满的旧的议事会的监督下,还要在常驻当地的雅典公职人员和驻军首脑的监督下进行。派驻在各个盟国的雅典公职人员,名称不一,但都在当地的政治生活中起重要作用。

雅典干涉各邦行使司法大权。起初,雅典规定,凡涉及盟邦与雅典的相互关系的案件,一律归雅典审理。进而它不断对盟邦自己有权审理的案件的范围加以限制,一步步地把盟国的所有重大民事和刑事案件的审判权抓到自己手里。而盟邦的法庭只能办理一般的刑事案件和民事诉讼。雅典把盟邦的司法大权操在自己手中,可以借此保护亲近雅典民主政体的个人和势力。

在经济方面,雅典也对盟国进行控制。首先,雅典舰队在爱琴海的统治权,实际上保证了雅典对这一地区商业的控制。公元前 434 年,雅典公民大会通过决议,禁止各盟国自己铸造银币。公元前 420 年,雅典公民大会的决议又要求各盟国将自己所有的铸币换成雅典的铸币。这些决议虽然因为当时的各种具体情况而没有得到彻底执行,但它们表现了雅典控制盟国的意向。雅典在赫勒斯滂海峡建立了对经过那里的从黑海沿岸运来的粮食货载的监督,控制了这类货物的流向。在伯罗奔尼撒战争后期,它更是进而在那里设卡收税,要求缴纳货物价值的 10% 作为关税。

整个说来,提洛同盟的历史地位是值得肯定的。在前期,它高举了反波斯的旗帜,把分散的小邦汇集成一股反侵略的强大力量,对于希腊许多城邦的独立和发展起了积极作用。在后期,虽然同盟的性质改变了,但它对希腊社会和各邦的发展也不无作用。同盟存在本身,保障了海上交通,加强了整个希腊世界的贸易联系和文化交往,促进了希腊的社会、经济和文化发展。

在当时的奴隶占有制社会中,雅典不可能始终以平等的态度对待盟邦,随着对波斯战争形势的转变,它日益力图使所有盟邦屈从自己,并且靠剥削盟国来增进雅典全体公民的福利。它对盟国主权的不断侵犯和无止境的扩张意图,必然激起受害者的反抗。加上伯罗奔尼撒同盟的存在以及它对雅典扩张的恐惧,经常打算利用雅典与盟国的矛盾来削弱雅典,伯罗奔尼撒战争后期众多盟国的纷纷离开雅典,以至雅典最后被迫根据斯巴达的要求正式宣布解散提洛同盟便是历史的必然。

希波战争的历史作用

希波战争以希腊城邦的胜利和波斯的彻底失败而告终。希腊城邦之所以能够取得胜利,最根本的原因是它们所进行的战争是反侵略、反奴役的正义战争。在战争的前一阶段,以斯巴达和雅典为首的希腊同盟,是为了保卫国家的自由和独立、抗击入侵之敌而战斗;在战争的后一阶段,虽然雅典在后期开始乘机侵略扩张,并逐渐把提洛同盟变为它的侵略工具,但提洛同盟的众多城邦,是为了彻底打败和驱逐侵略者,完成所有希腊城邦的解放而继续作战。正因为如此,希腊各邦人民,发扬爱国主义精神,不畏强敌,英勇奋战,夺得一个又一个的胜利。此外,城邦内部的相对稳定和团结,强敌入境,各邦能暂时抛开仇隙,联合对敌,以及军事将领的机智谋略、善于指挥,都是希腊城邦取得胜利的重要原因。战争对于波斯来说,自始至终是侵略者,虽然在兵力上它占有绝对优势,但是,从各被征服国家和民族强征而来的军队,被迫作战,士气低落,加以外线作战,劳师远征,最终失败是必然的。

希波战争的结果,无论对于波斯帝国,还是对于希腊城邦,都产生了极其深刻的历史影响。

波斯是一个军事奴隶制帝国,它依靠强大的军事力量,把社会经济发展水平不一、生活方式各异的地区和民族并入它的版图,并实行着中央集权的专制统治。在战争中,波斯的军事力量不断受到重创,元气大伤。

战争的结果,不仅使希腊城邦赢得了独立和自由,而且由于波斯的势力退出了爱琴海和黑海,希腊城邦的海外交通和贸易便无所阻碍,这就为工商业城邦的经济发展提供了有利的条件,希腊的奴隶制经济和政治于是进入了全盛时期。战争对于雅典,意义尤其重大。战争期间,与发展海军有关的各种工业部门便得到发展;战后,由于确立了雅典的海上霸权,控制了爱琴海重要战略据点和商路,从而获得了广阔的市场和粮食、原料供应地,而提洛同盟的盟金又被变成为雅典国家的重要财源,所有这些都促进了雅典奴隶制经济的蓬勃发展。在社会政治方面,战争促进了雅典城邦制度的发展。战争期间,富裕公民以"公益捐献"的形式承担了建造和装备军舰的费用;第四等级公民的广泛服役海军及其在战争中的巨大贡献,加强了第四等级公民在国家生活中的作用;由于军事胜利,经济发展,国库充裕,使大部分公民的生活得到改善。这都使城邦各公民阶层之间的矛盾得到缓和,并形成以第

三、第四等级为基础的公民集体。经济的繁荣,城邦制度的发展,为雅典奴隶制城邦的"黄金时代"——"伯里克利时代"的到来奠定了基础。

马其顿王国的兴起

马其顿位于希腊本土的最北部,东以斯特律蒙河和色雷斯毗连,西以品多斯山脉与伊利里亚、伊庇鲁斯接壤。南以奥林帕斯山与帖萨利亚交界,北与帕伊奥尼亚为邻。马其顿的西部是森林茂密的山区,称为上马其顿。东部的沿海地区是适合于农牧的沃野平原,称为下马其顿。马其顿的居民是由色雷斯、伊利里亚和一些与希腊人有血缘关系的部落混合而组成的。

马其顿人进入文明时代较大部分比希腊人晚,公元前5世纪上半叶还处在军事民主制时期。王位是世袭的,但王权受军事贵族的限制。这种军事贵族称之为"王友",他们组成贵族会议。古老的民众会议仍然存在,战时召集。

希波战争期间,马其顿王亚历山大一世(公元前495~450年在位)曾依附于波斯国王薛西斯,但当普拉特亚战役前夕,他又将军事情报暗地告知希腊人,后来他就以这一功劳被允许参加奥林匹克赛会。

公元前5世纪后期至4世纪初期,马其顿国家逐渐形成。伯罗奔尼撒战争期间,马其顿与希腊各邦的往来日益频繁。公元前424年马其顿国王帕尔迪卡斯二世(约公元前450~413年)曾联合斯巴达司令官布拉西达斯,从雅典手中夺占安姆菲波利斯。国王阿尔赫拉于斯(约公元前413~399年)时代,马其顿国家初具规模。他文武兼修,改革军事,开辟道路,兴建城寨,发展教育,举办体育竞赛,大力提倡希腊学术文化,从希腊本土请来悲剧家幼里披底斯和画家泽于克西斯。他把国都从山城埃盖迁到近海的平原城市佩拉,结果马其顿大治。伯罗奔尼撒战争后,忒拜与斯巴达争霸,希腊本土各邦无暇北顾,马其顿得以迅速壮大。

公元前4世纪中叶,腓力二世(公元前359~336年)当政时,马其顿王权大大加强,国势也日益发展。腓力年轻时曾在忒拜做人质三年,处于埃帕米农达斯左右,学习到战争策略、战斗技术和政治权术。他深受希腊文化的熏陶,了解希腊城邦的弱点及其相互的矛盾。腓力雄才大略,即位后削除各部落首领的武装力量,限制贵族会议的权力,把军队大权集中到自己手中。他还实行了货币改革,兼用金币银币,两种货币按固定价格兑换。当时希腊用银币,波斯用金币,马其顿金币银币并用,既便于通商,又可以和两种货币势力抗衡。货币改革促进了马其顿商业和手工业的发展,加强了国家的经济力量。

最重要的是腓力实行了军事改革,建立了常备军。他仿效忒拜的军队阵法,加以改进,创制更为密集、纵深的作战队形——马其顿方阵。队形随着敌情和地形而变化。重装步兵构成方阵的核心,他们配备有盔甲、短剑、盾牌,手持名为"萨里萨"的长枪,这种长枪加强了步兵进攻的能力。方阵的外面呈现为一重防护的盾牌及密如刺猬的枪头。方阵配置有重装骑兵、轻装骑兵和轻装步兵作为前锋和护翼。重装步兵由农民组成,重装骑兵由贵族组成,轻装步兵、轻装骑兵从色雷斯和伊利里亚边远部落中征募。在腓力统治时期,马其顿开始采用各种围攻堡垒的设备(弩炮、破城槌、攻城塔等),同时还建立了海军。

关于公元前4世纪中叶马其顿的社会经济情况,传世的资料极少。但从腓力的货币改革中,可见商业已有发展。腓力于公元前348年征服奥林托斯时,曾将居民变卖为奴,可见奴隶制度和奴隶市场有所发展。在商业和奴隶制发展过程中,马其顿出现了新的富裕的奴隶主。他们对内要求统一,对外要求扩张,因而必然拥护王权的扩大,积极支持腓力的改革。而腓力的改革既满足了他们的要求,也壮大了马其顿国家的实力。与希腊各邦相比,马其顿是内部矛盾少、兵力强、财力足,而这时的雅典、斯巴达、忒拜等城邦,则恰恰与之相反。当时内外部条件都有利于马其顿的兴起。

马其顿的对外扩张

腓力的改革使他有可能实行大规模的对外扩张政策。他对外扩张有三个重要方向:第一,同伊利里亚、色雷斯部落作战,扩展北部的疆域,第二,向哈尔基迪凯半岛和色雷斯扩张,夺取出海口;第三,往南深入帖萨利亚,进而征服整个半岛。

当马其顿在腓力领导下迅速崛起之际,希腊各邦内部,在对待马其顿的态度上分成两派:一派欢迎马其顿干预希腊事务,是为亲马其顿派;另一派主张维护城邦独立,反对马其顿的扩张,是为反马其顿派。这两派的分化,在雅典尤为典型。雅典的亲马其顿派由大奴隶主阶层的代表人物组成,如伊索克拉特斯、埃于布洛斯、埃斯辛涅斯、福克昂等;他们畏惧内部奴隶和贫民的暴动,要求把希腊交给马其顿来统治,以便建立强大的政权,对内巩固奴隶主的专政,对外向亚洲扩张。雅典的反马其顿派由那些与海外贸易有紧密关系的工商业者组成,其代表人物有德摩斯梯尼、吕库尔戈斯、许珀里德斯等;他们的经济利益与马其顿的扩张有矛盾,他们又害怕马其顿的统治会破坏雅典的民主传统,因而要求希腊各邦团结一致抗击马其顿。小手工业者和农民在对待马其顿的态度上是动摇的。他们愿意保持独立和民主制度,但非形势迫不得已时又不愿多服兵役。至于无业游民,他们的态度也是动摇的。他们不希望国家将大量资金用于战争,要求国家给予更多的津贴。但是,他力也担心随着民主制度的废除,将失去一切。

公元前4世纪下半叶,希腊各城邦不仅内部有尖锐的矛盾,各城邦之间也存在错综复杂的矛盾。腓力面对分裂的希腊,一方面实行军事威胁;另一方面或运用外交手段,分化瓦解敌对势力,或用金钱的收买方法拉拢亲马其顿的政客。19世纪腓力传记作家荷格尔斯说腓力的扩张策略是"诡计放在实力的前面,最后才使用武力"。腓力自己也曾扬言:"载着黄金的驴子会夺取最不易攻下的堡垒。"

公元前358年腓力在打败伊利里亚部落之后,把扩张矛头指向哈尔基迪凯半岛,于公元前357年快速攻占了安姆菲波里斯。接着腓力乘雅典与同盟国作战之机,于次年攻下皮德那和波提达伊亚。不久腓力又占有潘加伊昂矿山。从这里每年能掘取1000他连特黄金。

公元前355年爆发的神圣战争,成了腓力进攻希腊的借口。原来中希腊各邦以特尔斐神庙为中心,组织有近邻同盟,它长期操纵于忒拜手中。公元前355年忒拜操纵近邻同盟通过决议,指责福基斯亵渎神祇,非法耕种了属于阿波罗神庙的土地,因而对福基斯处以巨额罚款,如不及时交纳,则要将福基斯许多富人的土地没收充作庙产。这一挑衅性的决议迫使福基斯起而反抗。菲罗墨洛斯和奥诺马霍斯先后当选为全权将军,他们占夺了特尔斐神庙的财产,用来招募大批雇佣兵并进攻保卫神庙的邻近城市。忒拜控制下的近邻同盟诸邦,发兵与福基斯开战,史称第三次神圣战争。希腊各邦都卷入了战争的漩涡,以忒拜和福基斯为中心,形成两大阵营,斯巴达和雅典支持福基斯。在战争过程中,处于内乱之中的帖萨利亚僭主吕科夫隆派使向福基斯求援,奥诺马霍斯率兵驰援。帖萨利亚反僭主的贵族派则向腓力求援。此事正中腓力下怀,他立即派兵干预。公元前352年,腓力大败福基斯军,奥诺马霍斯战死。腓力平定了帖萨利亚之后,继续南进。可是当他率军进抵温泉关时,发现雅典在此驻有重兵,腓力为保存实力,遂班师回国。

为了防止腓力称雄希腊,雅典反马其顿派首领德摩斯梯尼进行了积极的活动。他于公元前351年发表了第一次反腓力的演说。在演说中他分析了雅典的可怜处境和怯懦,批驳了腓力不可战胜的论调。他指出腓力不仅是雅典的死对头,也是全希腊的公敌。德摩斯梯尼号召,为了制服腓力咄咄逼人之势,必须扫除苟且偷安的积习、希图侥幸的心理,发奋图强,富者捐资筹措战费,壮者竞相献身战场。据他说,只要这样,定可战胜强敌。

德摩斯梯尼的呼吁未能制止住腓力的胜利进军。公元前349年腓力把扩张矛头指向哈尔基迪凯半岛的重要城市奥林托斯。奥林托斯遣使向雅典求援,亲马其顿派拒绝应援,而德摩斯梯尼则认为该城一失,腓力即将挥兵南下。他于公元前349年,连续三次发表讨论奥林托斯问题的演说,大讲唇亡齿寒的道理,主张与其和腓力战于阿提加,不如战于哈尔基迪凯,呼吁火速干预战争。公民大会接受了他的建议,派援军去奥林托斯,但数量不多。腓力于公元前348年攻占奥林托斯,毁其城,将居民迁到马其顿各地,部分人当奴隶役使。腓力还征服了奥林托斯的同盟城市,不过,允许它们在内部事务上有自治权。

腓力攻占奥林托斯以后，由于当时复杂的国内外形势，雅典被迫于公元前347年派遣由11人组成的代表团去马其顿议和。代表团的成员有德摩斯梯尼、埃斯辛涅斯、菲洛克拉特斯。公元前346年于佩拉签订了合约，史称菲洛克拉特斯和约。和约规定，除了赫尔松涅索斯归雅典所有外，雅典承认腓力占领的所有地方，包括安姆菲波利斯。腓力利用雅典使节回国向公民大会报告、尚未通过宣誓使和约生效之机，侵占了色雷斯更多的土地。

和约签订后，围绕着如何对待这一和约，以及如何对待马其顿的扩张，雅典的亲马其顿派与反马其顿派展开了激烈的斗争。就在和约签订这一年，伊索克拉特斯上书腓力，呼吁他团结希腊各邦，东征波斯，"把战争引往亚洲，坚决从蛮族人手中把他们现在正是靠牺牲希腊而谋取的利益夺过来"。他大声疾呼："让爱国主义思想所激发的斗争精神把希腊变成东方无穷财力的主人！"他提醒腓力，如果拒绝完成这些历史使命，那么，"内部的危机就不可避免地威胁希腊。希腊将败于那些流浪分子、告密者、恶劣的演讲家和政治煽动家之手。"这些主张暴露了大奴隶主企图在马其顿领导下，通过对东方的扩张，解救希腊内部危机的愿望。伊索克拉特斯热烈欢迎菲洛克拉特斯和约，认为它为统一希腊、发动对波斯的战争跨出了第一步。

德摩斯梯尼则极力反对这一和约，认为它将雅典置于死地，要求将菲洛克拉特斯交法庭审判。他提醒人们不要对腓力抱任何幻想，但是他的警告没有多少人听得进去。

腓力通过缔结菲洛克拉特斯和约，巩固了在东方的势力之后，应忒拜协助平定福基斯的请求，率兵南下。当时腓力是军事外交并重。他一方面攻打雅典的盟邦，使它们不能协同福基斯作战；另一方面又和雅典进行亲善外交，对福基斯阵营摆出一副友好的姿态，以使其疏于防范。公元前346年腓力由于福基斯守将投降得以越过温泉关，占领福基斯，进入特尔斐，结束了历时九年的神圣战争（公元前355～346年）。接着在腓力控制特尔斐的情况下，近邻同盟大会决定：把福基斯在近邻同盟中拥有的两票表决权让给腓力；收缴福基斯人的所有武器和马匹；把福基斯境内的所有城市摧毁，让其居民住到乡间；责令福基斯人分期偿还从特尔斐神庙取去的款项。从此，腓力能以合法身份干预希腊一些城邦的事务。

腓力利用伯罗奔尼撒各城邦之间的矛盾，竭力煽起他们对斯巴达和雅典的敌视。为了挫败腓力的阴谋，公元前344年德摩斯梯尼亲赴伯罗奔尼撒进行游说，力陈利害关系，号召各邦放弃前嫌，共御外患。为了揭露腓力，德摩斯梯尼于公元前344年、341年先后发表第二次、第三次反腓力演说。在第二次演说中，他说："凡是国王，凡是专制君主都是自由的敌人，法律的大敌。"表达了他捍卫民主政治的愿望。在第三次反腓力的演说中，他指出："关于马其顿人的狡猾是毋庸置疑的，腓力所力求实现的唯一目标是劫掠希腊，夺去它的天然财富、商业和战略的据点。腓力就利用希腊人中间的分裂和内讧,作为达到他的卑劣的意图之手段。"他认为,尽管目前的局势极端险恶,只要齐心协力,仍然有可能制止马其顿的扩张。在他的鼓励下,针对腓力悍然攻打雅典于赫勒斯滂一带的殖民地,雅典公开向马其顿宣战,并于公元前342年春与墨加拉、哈尔基斯等邦结成反马其顿同盟。公元前339年雅典及其盟国的舰队于拜占附近击败马其顿海军,解除了拜占廷之围。

腓力的受挫振奋了雅典的反马其顿派,他们为了增强雅典的军事实力,进行了一系列工作。根据德摩斯梯尼的提议,公民大会通过了关于改进公民承担建造军舰费用分摊办法的决议,用更公平而有效的捐献团代替个人义务捐献。德摩斯梯尼还把财政收入的节余,不用于观剧津贴,而专用作军事费用。

拜占廷附近的海战失利,并未使腓力的扩张就此而止。公元前339年发生的第四次神圣战争,为腓力出兵希腊提供了机会。这次战争的起因是雅典和忒拜以及其他城邦间的一些纠葛,其直接导火线则是阿姆菲萨人被控耕种了受到诅咒的克里萨的土地。近邻同盟大会要求主席腓力干预,腓力立即以此为借口出兵中希腊。公元前338年春天腓力率军以迅雷不及掩耳之势,越过温泉关,占领埃拉特亚,直接威胁忒拜。雅典为之大惊,派兵边境,同时又与忒拜、科林斯、墨加拉等邦结成同盟,共抗腓力。

公元前338年八、九月间雅典、忒拜等希腊城邦的联军,与马其顿军会战于鲍伊奥提亚北部的喀罗尼亚。腓力亲自指挥马其顿的右翼,左翼由他18岁的儿子亚历山大指挥。会战开始时,双方不分胜负。后来亚历山大指挥的军队给忒拜的"圣队"以致命打击。相反腓力指挥的右翼被雅典军突破,但雅典军由于被胜利冲昏了头脑,搞乱了自己的队伍。腓力迅速改变了方阵的队形,打败雅典军。这场决定性的战役以希腊联军大败而告结束,千人战死疆场,许多人被俘,大部分人溃散。后来在战场上建立了一块纪念在会战中阵亡的希腊联军战士的石碑,即喀罗尼亚狮子碑。喀罗尼亚战役敲响了独立城邦的丧钟,确立了马其顿对全希腊的控制。

喀罗尼亚战役之后,腓力挥兵进逼忒拜与雅典。雅典民主派决定守城死战,准备将公民权授予外邦人并释放奴隶,以扩大武装,但在紧急关头,亲马其顿派又占上风。当时腓力对雅典再次采取怀柔政策,不但不要求割地赔款,而且无条件放还雅典的战俘。腓力与雅典亲马其顿派、雄辩家德马德斯订立城下之盟,史称德马德斯和约。和约规定雅典解散海上同盟,但雅典仍保有列姆诺斯、伊姆布罗斯、提洛、萨摩斯等岛;雅典与马其顿结为盟国,协同作战。腓力对忒拜却十分严厉,派军进驻,建立亲马其顿的寡头政权,民主派或被杀或被放逐。此后腓力又率军南下伯罗奔尼撒半岛,在孤立斯巴达的政策下,使斯巴达的属地脱离了斯巴达。

公元前338~337年,腓力于科林斯召开希腊各邦大会,除斯巴达外,希腊各邦皆有代表参加。会上签订了盟约,规定:(1)希腊与马其顿之间订立永久的攻守同盟,以腓力为盟主。任何城邦均不得违抗马其顿王或援助马其顿王的敌人,违者从严惩处。(2)希腊各邦之间发生的一切争执问题,均由近邻同盟各邦代表组成的法庭审理,而其首脑则为腓力。(3)不许凶杀,不许违反现行宪法实行死刑与放逐,不许没收财产,不许重新分配土地,不许废除债务,不许因政变而解放奴隶。在公元前337年春天举行的集会上,又决定向波斯宣战。腓力企图用在亚洲进行"神速而幸运的战争",转移人们对希腊问题的注意力。科林斯会议的各项决定,完全符合亲马其顿派大奴隶主阶级的愿望,他们竭力鼓吹的主张得到了实现。科林斯会议标志着马其顿对全希腊统治的开始。

希腊反抗马其顿统治的斗争

公元前336年腓力被刺身死,他的儿子亚历山大(公元前336~323年)继承了他对外扩张的遗志。亚历山大即位时内有马其顿贵族的谋叛,外有希腊各邦的反抗。雅典在德摩斯梯尼领导下,又一次掀起反马其顿的斗争。伯罗奔尼撒各邦(除麦加洛波利斯和美塞尼亚外)也团结在斯巴达之下,展开反马其顿的斗争。进行这一斗争的还有忒拜。亚历山大首先镇压了马其顿贵族的谋叛,然后率军南下,越过温泉关,进入福基斯,在特尔斐召开近邻同盟会,重掌腓力时代盟主的大权。接着进军伯罗奔尼撒,控制了斯巴达以外各邦。雅典虽未受亚历山大兵锋所及,但慑于兵威,只好派使向亚历山大请罪,承认他为希腊的霸主。公元前336年秋亚历山大在科林斯召开希腊同盟大会,除斯巴达外各邦皆有代表参加。会上任命亚历山大为远征军统帅。

正当亚历山大准备东征前夕,北方伊利里亚人掀起暴动。亚历山大为了清除远征后顾之忧,平定了暴动。在此期间希腊各邦误传亚历山大在战场上阵亡,各邦反抗又起。忒拜首先起事,杀死留驻的马其顿官员,围攻驻扎在卫城卡德米亚的马其顿军。雅典和伯罗奔尼撒各邦都参加了反马其顿运动,但保持慎重态度。亚历山大获各邦反抗的消息后,立即率军南下,仅用14天时间,进逼忒拜,忒拜奋起自卫,结果战败。忒拜被攻毁后,希腊各邦望风慑服,纷纷派使向亚历山大谢罪。在科林斯召开的希腊同盟大会上,重申拥立亚历山大为希腊的盟主,支持他东征波斯。

亚历山大东征期间,希腊各邦反马其顿运动时有发生。公元前331年国王阿基斯三世统治下的斯巴达,得到波斯的资助,招募了一支由8000名希腊雇佣军组成的队伍,转战克里特岛和伯罗奔尼撒半岛,但当马其顿大批援军到达后,即被打垮。公元前330~322年期间,雅典在反马其顿派、财政家吕库尔戈斯领导下恢复了元气,他修治城垣,增强战舰,重整健身房和男子义务军训制度,隐怀驱逐马其顿驻军、兴复雅典的心愿。公元前324年亚历山大派部将尼加诺尔到雅典宣布诏命,

"凡马其顿所属各邦悉以东方习俗,以奉神礼仪,敬事亚历山大"。雅典人以他们习惯于平等观念为理由,没有服从这个诏命。

公元前 322 年亚历山大死讯传到希腊时,反马其顿的运动又到处兴起。流亡在雅典的忒拜人组成一支军队,袭击马其顿军。在雅典,反马其顿派认为亚历山大之死,应验了他们的心愿,许多人头戴花环,大摆宴席。雅典的民主派在公民大会上宣布要为争取希腊自由而战,召回流亡在外的德摩斯梯尼,让他与许珀德里斯共同执政。雅典与中希腊以及伯罗奔尼撒一些城邦组成反马其顿联军。雅典本身拥有由列奥斯特涅斯率领的 8000 人的雇佣军,得到埃陀利亚人的支持,击溃马其顿的盟军鲍伊奥提亚人,占领了温泉关。不久又击败安提帕特尔率领的马其顿军于帖萨利亚,将其围困于拉米亚。但是后来雅典未能继续取得胜利,反马其顿的诸城邦互相猜忌,不信任列奥斯特涅斯,各自为政。这样当马其顿军从亚洲赶来时,就为安提帕特尔解了围。马其顿军与希腊联军会战于克拉农谷,列奥斯特涅斯战死,马其顿军获胜。雅典海军又败于阿莫尔戈斯。至此希腊一些城邦不得不与安提帕特尔媾和,雅典与埃陀利亚最后也被迫投降。

安提帕特尔严厉地处置了雅典。为了肃清"不安分的"穷人,他下令将家产不足 2000 德拉赫麦的市民迁到色雷斯并剥夺其公民权,将公民权限于有 2000 德拉赫麦以上家产的市民。结果 2.1 万名市名中获公民权者仅有 9000 人。马其顿军常驻比雷埃夫斯附近的穆尼希亚。还废除民主政治,建立寡头政治。许珀德里斯和德摩斯梯尼逃出雅典。后来许珀德里斯在埃基那岛被捕处死,德摩斯梯尼在加拉于利亚岛服毒自尽。这场为了争取自由与独立的反马其顿运动,终于失败。

雅典反马其顿斗争的失败,是城邦危机的必然结果。由于城邦经济基础的瓦解,昔日希波战争中借以战胜强敌的那种坚强有力、挺身奋战的公民兵和高昂激越的城邦爱国主义精神也随之大为削弱。取代公民兵的雇佣兵,其战斗力是不能持久的。除此之外,雅典内部亲马其顿派与反马其顿派、民主派与寡头派斗争的交织存在,也削弱了雅典自身的力量。科林斯会议以后,雅典内部的阶级斗争仍然十分激烈。亚历山大熟知希腊各邦内部的矛盾,极力加以挑拨。为了加剧各邦的社会冲突,使其不能团结一致对抗马其顿,亚历山大于公元前 324 年发布命令,干预各邦内政,规定各城市必须收容流放者,并赔偿他们因没收和拍卖财产而造成的损失。雅典内部各种矛盾的存在,使得它不能团结一致对抗强敌马其顿,从而也就不能成为联合其他城邦一致对抗马其顿的坚强核心。随着希腊化诸国的形成,希腊人民反抗马其顿统治的斗争往往与各个王朝争夺势力范围的斗争交织在一起。

第一次马其顿战争

马其顿王国经过腓力二世、亚历山大等几代能征惯战的国王的扩张,国势发展相当迅速,到公元前4世纪中期,已控制了整个希腊地区。但此时西方的罗马共和国也迅速崛起,呈现出强劲扩张之势,两强在地中海地区的扩张中相遇,摩擦和战争不可避免。公元前220年,17岁的腓力五世继承王位,次年便同埃托利亚同盟交战。这便是历史上的"社会战争"。这次战争最后以和约的方式结束,但它不是因为腓力没有能力打赢这场战争,而是因为他的野心远远超出了打赢这场战争的目的。公元前217年,罗马在与迦太基进行的第2次布匿战争中,遭到了特拉西美诺湖之战的惨败,士气低落,国内形势紧张。这使得腓力相信:一个绝好的插手地中海事务的机会到来了,因此,他匆匆结束了与埃托利亚同盟的战争,把侵略的目光投向了亚得里亚海方面。当年冬天,腓力建成一支快速舰队,并于次年春天把它调到亚得里亚海。这一行动暴露了腓力要代替伊利里亚成为亚得里亚海霸主的意图。对此,罗马方面立即有所警惕,并加紧准备。一旦腓力威胁罗马安全,就给他一个狠狠的打击。

公元前215年,罗马军舰在凯拉比利亚海面拦截了一条向东航行的马其顿船,搜查到一份重要文件。这便是汉尼拔和腓力准备缔结条约的草案。这一事件使罗马元老院大为震惊,它立即讨论决定,对腓力采取相应的措施:向阿普利亚增加战舰30艘,由执政官拉维努斯指挥;一旦腓力采取援助汉尼拔的行动,拉维努斯便率舰跨海。赶到马其顿,尽力把腓力的军队牵制在那里,使他与汉尼拔的合作不能实现。

事实证明,罗马元老院这个决策是正确的,它估计到了腓力可能带来的危险。公元前214年春天,腓力率领一支由120艘小船组成的舰队再次进入亚得里亚海水域,并迅速占领了奥里卡姆。奥里卡姆在被占之前向拉维努斯求援。遵照元老院的命令,拉维努斯率军越过了亚得里亚海,并成功地堵截了腓力的小股部队。腓力攻打阿波罗尼亚时,拉维努斯设计把他的一些部队送进城内,里应外合地给腓力以彻底的打击。腓力被迫烧掉了他在阿乌斯河口的新造船只,并撤退回到马其顿内地。但是,他也没有忘记为罗马舰队设置障碍,使他们长期滞留在伊里利亚水域。

由于船只被焚烧,腓力无法进行海上远征,于是他转而在陆地上发展自己的势力。公元前213年,他越过品都斯山,试图控制帕希尼、第乌鲁姆和阿提塔娜斯,并且占领了里苏斯堡。但这些只是表面上的成功,拉维努斯始终控制着亚得里亚海,寸步不让。双方的对峙持续一段时间以后,罗马人开始寻找新的同盟者。他们很清楚,腓力在战争中成败的关键,在于希腊各城邦的态度。从公元前4世纪中期,希腊地区即被马其顿全部控制。在希腊人眼里,马其顿早就成了他们的宿敌,是他们谋求解放和独立的真正敌人。所以,不单埃托利亚人对马其顿十分仇视,甚至与马其顿比较友好的亚细亚人,也对马其顿的不断强大持十分疑惧的态度。当然,他们仍不得不对腓力表现出几分好感。拉维努斯首先把目光转向了刚刚与腓力结束"社会战争"的埃托利亚同盟。共同的敌人使他们很快就结成了联盟。联盟条约规定:埃托利亚人立即在陆地上展开对腓力的战争;与之相呼应,罗马增强海上实力,提供25艘以上的战舰;战争中所获取的土地归埃托利亚同盟,罗马只求得到所掠夺的动产(其中包括人和牲畜);双方不得单独与腓力订立和约。不久,联盟中又增加了埃力斯、斯巴达和培尔伽门等国相继加入联盟,从而扩大了反马其顿的力量。这样,腓力不但没能把战争转移到意大利半岛,反而使自己引火上身,在巴尔干本土陷入了四面受敌的困境。

第二年,反马其顿联盟取得了巨大战果。首先,他们抢占了奥尼阿达、那苏斯和匝辛索斯等地;接着,在公元前210年,拉维努斯和他的继承者也攻克了弗西斯的安提希拉和萨柔尼克海湾的阿吉娜等城。

在战争中,一些希腊城邦不断被占领,他们的人口被贩卖,各城邦之间正常的交往被扰乱。他们尝够了战争的苦果。由于要保持希腊世界的权威不被颠覆,正常的商业能够进行,并且害怕战争的火焰蔓延得越来越广,许多中立国家开始探索促使双方平息战火的道路。

从公元前207年开始,局势又开始有利于腓力。当埃托利亚同盟内部滋生厌战情绪时,腓力再次发展了他的舰队,夺回了匝辛索斯,并且直插到托利亚腹地,掠夺了该同盟在瑟木姆的至圣所。此时,恰好汉尼拔的弟弟哈斯德路巴尔率军突入意大利,给罗马造成了相当大的压力。罗马被迫把全部力量集中在意大利,因而没有能力援助埃托利亚同盟。埃托利亚损失惨重,在得不到援助的情况下,开始考虑妥协。公元前206年,在中立国的积极斡旋下,埃托利亚同盟与腓力之间订立了和约。

由于失去了埃托利亚同盟,罗马元老院没有兴趣也没有能力独自在巴尔干半岛作战。迦太基的汉尼拔此时给予罗马的压力仍然很大,使罗马不能对巴尔干半岛的战争承受过多的负担。况且,到此时为止,罗马进行此次战争的目的已经达到,它已使腓力未能在第二次布匿战争中给汉尼拔带来具体帮助。在这种情况下,罗马与腓力之间也就于公元前205年结束战争而签署了和约。

第一次马其顿战争在战术上并没有什么特色,但是它却扩大了罗马人的眼界,也开拓了罗马同希腊中部和小亚细亚一些城邦的联系,其意义远远超过了最初只为打击腓力这一狭窄的目标。尽管罗马人在和约里把大陆上的部分土地让给了腓力,但他们为自己保存了最重要的伊利里亚领地。

总之,在这一次战争中,双方均未取得决定性胜利,而以大体上维持现状的一纸和约告终。

第二次马其顿战争

公元前 3 世纪末期,地中海东部的相对均势发生了变化。埃及在托勒密四世当政的最后年代里显著地衰落了。在弱肉强食的古代帝国关系中,埃及的衰落引起了腓力和叙利亚国王安提奥库斯的贪欲,他们试图瓜分埃及在叙利亚、小亚细亚、爱琴海及海峡地带的领地。共同的欲望使他们超越了彼此间深刻的矛盾,于公元前 203 年到前 202 年的冬天缔结了密约,并对埃及采取了军事行动。

两个帝国对被征服地区的掠夺,以及出卖居民为奴的种种行径,在希腊世界引起了极大愤慨。不愿意看到海峡落入马其顿之手的小国,如罗得、拜占廷等结成联盟打击腓力。公元前 201 年夏,罗得和倍尔伽姆的使节到达罗马,向元老院请求帮助。早些时候,埃及也曾请求过保护。对罗马来说,干预东方事件始终是一个极其严肃的问题,尤其是在对迦太基的长期战争刚刚结束、历经战乱的人民渴望和平的时候更是如此。但是,元老院经过长期辩论,还是决定开战。元老院这么做,主要是基于两个方面的原因。

其一,腓力和安提奥库斯是罗马潜在的敌人,他们都有潜力建成东方最强大的国家。腓力曾公开地表示,要助迦太基的汉尼拔一臂之力。对于这一点,罗马人始终耿耿于怀,欲施报复。现在,汉尼拔虽然失败了,但并没有被彻底消灭,他会不会东山再起,与腓力再次联合呢? 这种可能性使罗马元老院感到不安。安提奥库斯是个好大喜功,而且是有毅力、有才能的统治者,罗马元老院担心他随着势力的发展而成为又一个骁勇善战的亚历山大。他与腓力秘密结约,更使罗马意识到,需要通过一场战争来消灭明敌与隐患。

其二,罗马统治集团的侵略意图也起了不小的作用。如果说,在第 1 次马其顿战争中,罗马还有防御的必要,那么到此时,罗马的政策则是富有扩张性了。在两次布匿战争中,罗马发展了奴隶制度,使奴隶制经济有了重大进展,并形成了意大利庄园,扩大了包括包办业务和批发商业在内的金融经济。经济的发展提出了不断扩张的要求,加上罗马人对东方文化的羡慕、对物质财富的垂涎,使元老院滋长了一定的战争情绪。东方危机的产生,促使这种情绪更加高涨。而援助遭腓力蹂躏的希腊小国,正是介入战争的最好借口。

公元前 200 年春天,罗马向巴尔干半岛派出一个由 3 人组成的使团,目的是要使希腊国家加入反马其顿同盟,并向腓力发出最后通牒。这个使团在希腊进行了热烈的煽动,但希腊各城邦始终保持观望的态度,不肯答应承担任何义务,只有与腓力发生过尖锐冲突的雅典向腓力宣战。罗马对腓力的最后通牒是:停止对希腊人的一切敌对行动;把所占的埃及领土全部归还给埃及;马其顿与培尔伽姆和罗得之间的一切争端,用仲裁办法加以解决。这个通牒实际上等于要腓力交出所有的既得利益,所以腓力无论怎样也不愿接受。这一点是罗马元老院早就预料到的,这样做的目的,是想借此在公然敌视战争的罗马舆论中煽起仇视马其顿的情绪。

公元前 200 年夏末,罗马执政官伽尔巴率领两个军团渡海,到达巴尔干半岛西海岸城市阿波罗尼亚,攻打腓力在伊利里亚的领地,由此开始了第 2 次马其顿战争。与此同时,雅典也开始军事行动。

战争的头两年,双方都没有取得决定性的胜利。但是不久之后,埃托利亚同盟加入了战争,改变了战争的局势。达尔达尼人和伊利里亚从一开始便是罗马的同盟者。罗德斯和培尔伽姆的舰队在爱琴海上和马其顿沿岸地带展开了军事行动,同罗马舰队互相配合,再加上埃托利亚同盟的力量,使罗马在此地区开始占据很大的优势。与此相反,腓力的情况远不如罗马。曾经与腓力秘密签约的安提奥库斯,担心腓力的力量超过自己,在整个战争中一直采取消极的态度,并不给腓力以实际援助。

腓力迫切需要同盟者。亚细亚同盟曾在第一次马其顿战争中帮助他对付罗马,但自从腓力插手伯罗奔尼撒事务而得罪了该同盟后,他们的关系便中断了。公元前 200 年秋,腓力为亚细亚同盟提供帮助,以打击亚细亚同盟的敌人斯巴达人,然后又提出了与亚细亚同盟结盟的要求,结果再次被拒绝。

这样,腓力便完全陷入了孤军奋战的境地。公元前 199 年冬天过后,罗马执政官伽尔巴率军出征,占领了马其顿的西部,掠夺了林赛提斯的大片土地,击溃了腓力的大部分军队,掠夺了大量财物。但他没能深入到下马其顿。秋天,他返回到海边基地,并把他的领导权移交给了继任的执政官。同时,罗马舰队继续对雅典进行掩护,并在爱琴海和马其顿岸边抢掠财物。不过到此为止,罗马人还没有取得重大的胜利。

公元前 198 年,罗马执政官佛拉米尼努斯被派到巴尔干,率军与腓力作战。佛拉米尼努斯当年才 30 岁,毅力和才能兼备,是一个希腊文化的热烈崇拜者,并有着希腊式的思想和抱负。他在罗马元老院里有强有力的支持者,元老们给他以充分支持,使他得以长久地控制罗马在巴尔干半岛的利益。

起初,罗马为了削弱腓力的力量,曾试着进行和谈。但是,由于罗马坚持自己的条件,马其顿又不肯放弃既得利益,和谈没有进展,罗马人却在其间夹杂着进行一些零星的小规模的军事行动。到和谈彻底破裂时,腓力已失掉了通往马其顿的要道阿乌斯峡谷,并退到帖撒利亚。腓力在仓皇之中做出决定,如果佛拉米尼努斯紧追而来,他就以牺牲帖撒利亚为代价实行焦土政策。但是,佛拉米尼努斯并没有立刻追击。他首先保护了连接西部海岸的通路,然后才进军帖撒利亚,与自己的希腊同盟军会合。不久,同盟军的舰队也进抵科林斯。在这样强大的压力之下,亚细亚同盟便倒向了罗马方面。

罗马步步紧逼,腓力节节败退。到公元前197年,腓力在希腊的影响,实际上只限于弗提欧提斯和帖撒利亚两个地区了。原来表示友好的一些希腊小国,现在也都反对他。这样对他来说,只剩下冒险决战一条出路了。此时,佛拉米尼努斯也产生了决战意图。公元前197年,腓力集结了身边所有的力量,与罗马军队在库诺斯克法莱(希腊语"狗头山")进行了具有决定意义的会战。双方兵力几乎相等:腓力有2.5万人;佛拉米尼努斯拥有两个罗马军团(约9000人),其同盟部队为6000名埃托利亚步兵,1200名阿萨马尼亚步兵,500名克里特步兵和300名阿波罗尼亚步兵,以及400名埃托利亚骑兵。腓力麾下的马其顿军队仍然沿用马其顿方阵作战。这种方阵体积庞大,在平坦宽阔的地面具有极大的杀伤力,但在凹凸不平的山区就显然缺少灵活性。因此,马其顿方阵在这次会战中发挥不了自己的优势,无形中大大提高了罗马及其同盟者的作战能力。腓力遭到惨败,差不多损失了一半以上的军队。他退入马其顿并派使节到佛拉米尼努斯那里谈和,佛拉米尼努斯早已把牌亮在桌面上,除了接受全部条件之外,腓力无路可走。

腓力被迫放弃了马其顿境外的所有领地,退出希腊,交出舰队(保留了几艘船),放还所有战俘和逃亡者,并交付了1000他连特的赔款,其中一半要立刻付出,其余的款项在10年内分期付清。但这个条约还算比较温和,罗马并没有把腓力逼得太急,因为罗马人希望腓力能在罗马与叙利亚王国之间势不可免的战争中充当罗马的同盟者。

第三次马其顿战争

局势的发展正如罗马元老院的设想。马其顿一度成了罗马的同盟者,与罗马联合起来对付叙利亚国王安提奥库斯。腓力有自己的利益所在,他在战争中得到了一些好处,扩大了自己在希腊北部的影响。他夺取了色雷斯、帖撒利亚、波哈比亚和阿塔玛尼亚地区的一些城镇。毫无疑问,马其顿势力的增大直接威胁着罗马在希腊事务中的利益。安提奥库斯被打败后,马其顿自然又成为罗马的主要打击对象。公元前189年,罗马元老院与埃托利亚人缔结了和约,目的就是要维持埃托利亚联盟与马其顿之间的抗衡。

由于对马其顿和罗马的态度不同,色雷斯各城邦中存在着尖锐的派系斗争。腓力的老对头优米尼斯曾派使者到罗马元老院控告他,元老院做出裁决,强迫腓力退出色雷斯和希腊的一些据点。腓力服从了裁决,但是心中却加深了对罗马的不满和仇恨,也导致了他又一次开始做战争的准备。

腓力从色雷斯据点全部撤军以后,罗马方面再没有对他下强迫命令。这是由于腓力的幼子德米特里乌斯的原因。德米特里乌斯曾作为人质在罗马住了几年,对罗马文化有着一定的了解,感情上倾向于罗马。因此,罗马元老院有意加强对他的影响,希望他能成为腓力的继承者。但是,腓力早已有了合法继承人即他的长子佩尔修斯,结果马其顿宫廷发生了政变,德米特里乌斯被处死。

马其顿和罗马对希腊的兴趣始终不减,双方不断调节各自的政策,以求尽快达到自己的目的。公元前179年,腓力大功未竟身先死,长子佩尔修斯继承了王位。此时的马其顿王国仍然是一个军事上强大的国家。应该说,秉承父志的佩尔修斯,无论从个人的角度还是从国家的角度都是极仇视罗马的。但他统治伊始,并没有破坏传统的勉强维持和平的政策,还是重修了与罗马的联盟。这种政策使他得到了尽可能多的朋友。他与叙利亚联姻,娶了叙利亚的公主劳迪丝;罗得人也想改善同他的关系;而且在埃托利亚人中间,他的影响也大大增加。但是不久,佩尔修斯便离开了保持传统政策的道路。

首先,他在希腊赦免了逃亡者、负债者和那些因为宫廷政变被流放的罪犯,并把他们召到马其顿,答应恢复他们的财产和权利。这些人的名单张贴在希腊几处重要的太阳神庙和帖撒利亚的雅典娜神庙里,他们的归来受到国王的热烈欢迎。佩尔修斯的目的是要以自己仁慈的举动吸引希腊人的目光。但是,这种煽惑政策,实际上却刺伤了一般民众的心,因而招来了适得其反的结果。居民中的有产者纷纷离开了他,而与亲罗马的政党接近了,这一点在不久爆发的战争中表现得更为明显。

罗马元老院从一开始便对佩尔修斯的行动给予特殊的关注。在希腊,有罗马的朋友,也有罗马的敌人。佩尔修斯的频繁外交活动,曾使许多城邦开始考虑与马其顿改善关系。对此,罗马人没有冷眼旁观,而是密切注视着巴尔干半岛上事件的发展,等待着采取反击措施的机会。

双方都在加快行动的步伐。公元前174年,从迦太基返回罗马的使者报告说,迦太基元老院接待了佩尔修斯的使者。很快,罗马元老院就派出一个高级使团前往马其顿,侦察马其顿国王的行踪。事实上,在公元前174年的大部分时间里,佩尔修斯都不在马其顿,他在外地奔忙,全心全意地重修与亚细亚同盟之间的关系。亚细亚同盟在第2次马其顿战争中与马其顿的关系破裂后,其内部一直存在着亲马其顿派和亲罗马派的激烈斗争。亲罗马派后来占据了上风,佩尔修斯派出的使团根本没有被接待,所以实际上,亚细亚同盟还是站在罗马一边的。

公元前172年,对佩尔修斯政策深为不满的培尔伽姆国王优米尼斯,带着对佩尔修斯的控诉书再次来到罗马元老院。他控告说,腓力早已计划了一场战争,佩尔修斯很快就要将它付诸实践。当优米尼斯从罗马返回时,在得尔菲几乎险遭暗杀。很明显,阴谋的制造者正是佩尔修斯。这件事使罗马再也不能忍耐下去了。在此以前,罗马元老院出于形势的需要已经在讨论对马其顿宣战的问题。作战的任务落到了公元前171年执政官的身上;同时,许多使团和使节被陆续派往希腊和亚洲的城邦或王国,旨在寻求战争中的同盟者,并观察佩尔修斯在罗马统治区的动向。战争的准备进行得很顺利,两个军团以及一支由50艘战船组成的舰队迅速集结起来了,准备渡海到伊利里亚的阿波罗尼亚。

但是,与佩尔修斯相当充分的战争准备相比,罗马的战备工作还是不够的。因此,罗马元老院派出以菲利普斯为首的罗马使团与佩尔修斯和谈,希望争取时间进行更充分的准备。佩尔修斯在战略上的反应比较迟钝,做事犹豫不决,加之他对避免战争还心存幻想,因而答应了和谈。这就给了罗马以必要的准备时间,而使自己失去了最佳的作战时机。接着,菲利普斯来到亚细亚人中间,再次获得外交上的成功。亚细亚的执政官同意派遣一支部队为罗马人驻守凯齐斯。公元前171年11月,当执政官走马上任之时,罗马议会正式向马其顿宣战。

公元前169年,执政官克拉苏斯在凯利希乌斯遭到失败。他是在通过伊庇鲁斯进入帖撒利亚时陷入了马其顿骑兵的包围。但在整个战争进程中,这次失败并不重要,因为时隔不久,在进入冬季宿营地之前,他终于夺取了帕拉那。战争全面展开以后,罗马不断地取得了许多小战的胜利。他们攻破许多城镇,将居民变为奴隶,并把这些地区交到亲罗马派手中,但是明确规定:他们的职位要得到罗马元老院的认可才能生效。

由于罗马统治集团内部的原因,菲利普斯再次被派去处理马其顿事务。他的所作所为要比前几任指挥官更为活跃和成功。首先,他利用外交手段,使埃托利亚同盟、亚细亚同盟以及罗得的许多城邦都对罗马表示友好,或者至少表示了中立态度。其次,他摆脱了通往马其顿的主要道路都被佩尔修斯部队控制的困境,在阿斯库里斯湖附近离马其顿军队驻地不远的奥林匹斯山上,发现了一条通路。这是一条陡峭的山路。菲利普斯率军克服路途中的许多困难,进入了马其顿本土。公元前169年末,双方军队在埃尔坡斯河两岸对峙,从而使得马其顿南部的陆地和海岸完全暴露在罗马军队面前。

为了加强自身的力量,佩尔修斯试图诱惑伊利里亚国王詹提乌斯加入公开的联盟,共同对付罗马。詹提乌斯趁机索取金钱,但吝啬的佩尔修斯不愿为此花费金钱,因此,詹提乌斯回绝了佩尔修斯的要求。公元前169年,罗马在马其顿前线取得了节节胜利,这使佩尔修斯重新认识到詹提乌斯对他的重要性。他不得不委曲求全,忍痛花费金钱而与詹提乌斯达成了联盟协议。

公元前168年,保路斯和奥克塔维斯当选为罗马执政官。罗马元老院派使者到达希腊前线,查明罗马军队在马其顿和伊利里亚的情况,然后根据他们的报告制定了战争的计划。保路斯率领主力部队进军马其顿,奥克塔维斯则致力于爱琴海舰队的建设。后来,根据伊利里亚形势的变化,罗马元老院又命令保路斯率军增援伊利里亚,进攻詹提乌斯。当年发生的伊里利亚战争,仅在一个月内就结束了。关于这次战争的记载大部分都已佚失,但是有一点是肯定的,即詹提乌斯在海上和陆地上都失败了,被赶到了斯柯达一隅,不久他就投降了。

当年冬天,佩尔修斯稳定了他在伊庇鲁斯的局面,并且派遣强大的部队到皮特拉和皮提乌姆驻防,以阻止罗马部队从奥林匹斯方向进行偷袭。保路斯决定穿过伊庇鲁斯直接攻击佩尔修斯。为吸引马其顿军的注意力,他首先佯攻马其顿的沿海地带。奥克塔维斯则受命率领舰队,并连同补给的船队,赶到赫拉克勒姆。公元前 168 年 6 月 17 日,纳希卡率领一队精兵,穿过伊庇鲁斯也进到了那里,然后靠着舰队的掩护,经过三昼夜行军,最后到达皮提乌姆。6 月 20 日清晨,纳希卡部队驱走了马其顿在皮提乌姆的驻军。佩尔修斯被迫放弃伊庇鲁斯而向皮得那撤退。6 月 22 日,双方大军在皮得那进行会战。会战开始时,马其顿方阵仍然占有很大优势,击溃了罗马的前锋,使罗马军团被迫退到自己军营附近的高地上。但是,在紧接着实行追击时,由于地形不平坦,方阵被迫变换队形,不得不散开,保路斯便趁机把中军插入敌人方阵的空隙之中,并从两翼和背后对马其顿军发起进攻,马其顿军即刻陷入混乱,骑兵束手无策。最后,佩尔修斯全面崩溃。据说,有 2 万马其顿士兵阵亡,6000 人逃到了皮得那,但却在那里被俘,另外 5000 人则在途中当了俘虏。佩尔修斯退回首都,想焚毁王宫的文件,但追击而来的罗马人连这点时间都没有给他。他仓皇逃往萨莫色雷斯,在那里投降,后被处斩。

至此,战争全部结束,马其顿也不再作为一个独立国家而存在了。

雅典的伯里克利时代

伯里克利是古希腊奴隶主民主政治的杰出代表者。在他的领导之下,雅典进入了"黄金时代"。

伯里克利出生于名门,长在豪贵之中,却没有染上一般纨绔子弟的种种恶习。他教养良好,学识渊博,品格端正,结交的都是堪称良师益友的当代英才,如智者达蒙、哲人泽诺、博学广识的阿纳克萨哥拉斯等等,他们对伯里克利思想道德的培养起到了举足轻重的作用。他刚正不阿、廉洁奉公、胸怀宽阔、目光远大,他坚韧不拔、冷静沉着、器宇轩昂、擅长演说,这一切都构成了他作为一名优秀政治家的品质。

对内,他以加强民主政治为核心。伯里克利代表雅典工商业奴隶主和中下层自由民的利益。公元前 462 年,伯里克利为健全奴隶主民主政体施行了一系列改革政策,诸如:把国家的政权从战神山议事会转移到公民大会、500 人会议和陪审法庭三个部门之下;各级官职向广大公民开放,雅典全体男性公民都可以通过抽签、选举和轮换而获得担任官职的机会;实行工薪制;规定只有父母双方都是雅典公民的人才能获得雅典公民权。

对外,伯里克利为扩大雅典的势力范围和所得利益,加强控制提洛同盟,积极争取雅典在希腊世界海陆两方面的优势和霸权。因此,雅典与斯巴达为首的伯罗奔尼撒同盟成为势不两立的敌人。在伯里克利的主持之下,雅典的军事连连取得胜利,并于公元前454年把海军势力伸展到了伯罗奔尼撒半岛周围地区。雅典在希腊半岛的威势达到顶点。

雅典的另一个强敌波斯也被打败,并于公元前449年双方签订和约。

伯里克利把他控制之下的提洛同盟变为"雅典海上帝国",并将同盟金库由提洛岛迁到了雅典,盟金变成了"贡金",雅典成了众盟邦中发号施令的"君主国"。

但是,伯里克利的"帝国"统治激起了一些盟国的不满。于是,他的政敌借机集合保守势力,在对待斯马达、提洛同盟和建设雅典卫城等重大问题上同他进行了针锋相对的斗争。但伯里克利得到了大多数雅典公民的支持,他击败了对手,连年当选并出任雅典最重要的官职——首席将军,完全掌握了国家政权。此时,雅典的奴隶制经济、民主政治、海上霸权和古典文化臻于极盛,璀璨辉煌,堪称"黄金时代"。

雅典的殖民地遍布爱琴海岸,强大的舰队经常出没于辽阔的黑海领域,战争的胜利使它获得大宗的战略物资和赔款。伯里克利迫使各盟邦统一使用雅典的银币和度量衡制,经济飞速发展起来。贸易往来范围既广,商品种类又繁多。充裕的财政收入为民主政治提供了坚实的经济基础,公职人员和服役军人都能从国家领取足额的工薪和津贴,低等级的公民的经济政治地位也得到了改善。

尤其值得雅典人骄傲的是,在伯里克利的倡导推崇之下,他们创造出了足以令千秋万代景仰的高度繁荣的古典文化。

伯里克利这个政治家的不同凡响之处就在于:他的理想和抱负是要使雅典不仅登上希腊霸主的宝座,而且要成为"全希腊的学校"。在他身边,聚集了希腊大批著名的学者文人和艺术大师,杰出的哲学家阿纳克萨哥拉斯、雕塑家菲狄亚斯和悲剧家索福克勒斯都与伯里克利过从尤密。他们在雅典这一安宁和谐的人间圣地相互交游、传道、授业、解惑,寻求真善美,探索宇宙的奥秘和人生的真谛。

伯里克利有一个美丽出众的妻子,她才华超人,灵心慧性,举止典雅,不少哲学家和艺术家都愿与她交流,包括苏格拉底都对她很重视,许多人都跑来向她求教,可谓名噪一时。

为了培养民众的艺术情趣,伯里克利专门颁布政策,发给贫苦公民以观剧津贴,使他们有机会走进剧院欣赏戏剧。他还规定每个节日都要举行音乐会,并附加上一些趣味性的竞赛,这以后就成了雅典人长久以来的传统。为配合音乐演出,奏乐馆也被修筑出来。

　　大规模修建雅典卫城是伯里克利为发扬光大希腊古典文化做出的流芳百世的贡献。公元前447年，一场浩大的工程拉开了帷幕。一大批出色的雕塑家、建筑师、工艺学者齐集雅典，在以同盟金库的贮存作为经济后盾的基础上，先后兴建了帕特隆神庙、雅典卫城正门、赫准斯托斯神庙、苏尼昂海神庙、埃列赫特伊昂神殿，以及附属于这些建筑的各种塑像浮雕等精美绝伦、千古不朽的造型艺术杰作。

　　位于雅典中心的卫城是最出色建筑的集合。它建立在150米高的陡峭的山巅之上，全部用大理石修建而成，庄严精美，辉煌灿烂。智慧女神雅典娜的铜像是其中最著名的一尊雕塑，它出自古希腊最负盛名的雕刻家菲狄亚斯之手。这尊神像高12米，形象威严而又优美。雅典娜身穿黄金战袍，头戴黄金头盔，胸前的护身甲上嵌着女妖美杜莎的头像，端正地站立着。她左手持着一柄长矛，右手托着胜利女神尼凯的小雕像，身边放着一面圆形女神盾，盾上雕刻有一条盘旋而卧的巨蛇。神像裸露出来的肢体部分都是用上等的象牙雕刻而成。但这尊雅典娜神像在公元146年被罗马帝国的皇帝安东尼·庇乌搬走，至今下落不明。

　　伯里克利的文化政策是与其政治、经济和对外政策紧密相连的。无论是修建公共工程还是举办节日演出，其目的都是为了巩固民主政治，改善广大公民的物质文化生活，促进工商业的发展，以及树立雅典的光辉形象来吸引希腊各邦的景仰和向往。应该说：伯里克利的行动是卓有成效的。

　　雅典的繁荣发展和不断地扩张，引起斯巴达的不安和干预。伯里克利对这一切都心中有数。公元前431年，战争爆发，伯里克利审时度势，沉着应战，第一年的战争基本上按他的计划进行。在为阵亡将士举行的国葬典礼上，伯里克利发表了具有历史意义的重要演说。他从根本制度和生活方式上热情歌颂了雅典的伟大成就，清晰透彻地表述了他的政治思想，应当是他40年政绩的最后总结。伯利克利骄傲自豪地宣布："我们的制度之所以被称为民主政治，因为政权是在全体人民手中，而不是在少数人手中。"

　　正当他充满信心的领导雅典人继续应战时，一场可怕的瘟疫袭击了雅典城。顿时，城内尸体堆积如山，人心涣散，再加上外敌进逼，怨声四起。在伯里克利政敌的活动下，人们把罪过归咎于他。但雅典仍需他的领导，不幸的是，不久之后，瘟疫也夺去了伯里克利的生命。

　　在他死后，雅典失去了坚强的领导。伯里克利苦心经营的统一大业功败垂成，古希腊的"黄金时代"一去不复返了。

鬼斧神工的菲狄亚斯

　　雅典卫城的一处广场上，聚集了来自四面八方的兴致勃勃的人群。众人都在纷纷议论着,等待着一个时刻的到来。

原来,著名雕塑家菲狄亚斯接受了他的学生阿尔卡麦涅斯的挑战,两人商定好各自制作一尊应该放置在高柱顶端的雅典娜像,由观众的意见来裁决胜负。现在,一切都准备就绪,只等着在众人面前亮相。

"阿尔卡麦涅斯,这个毛头小子,胆子可真大呀!居然敢向菲狄亚斯挑战!"

"可不是吗,菲狄亚斯可是他的老师,大名鼎鼎的艺术大师,这小子真是不自量力,这回准有他的好戏看。"

不少人抱着这样的看法等待着,但也有一些人认为这也不一定,毕竟有青出于蓝胜于蓝的时候。

这时,罩在两尊雕像上的布幔缓缓地拉开了。当雕像完全裸露出来的时候,人群沸腾了。人们睁大了眼睛,惊呼道:"天哪!那尊雕像怎么那么难看,简直不成比例,它的腿太长了,个头也太高了。"

首先盯住别人的缺点,这是人们的通病。"那一定是阿尔卡麦涅斯的作品。"有人这样断言。

另外一尊雅典娜雕像造型优美,比例匀称,高矮适度,雕刻精细,得到人们一致的称赞,并被认定是菲狄亚斯的作品。

当这师生二人分别站到自己的雕像作品前时,众人不禁大吃一惊,原来事实恰恰与他们的想象相反!他们用疑惑的目光看着师徒二人,纷纷表示不可思议。

只见阿尔卡麦涅斯十分得意,他喜不自禁地向那些投来赞赏目光的人频频致意,他偷眼瞄了瞄他的老师菲狄亚斯,发现他依然镇定自若,满怀信心,嘴角处还挂着隐隐的笑容。

不久,当两尊雅典娜神像都被安放到高柱顶端后,情况出现突变。原本那尊在平地上看起来很标致的雕像,此时显得又矮又小,毫无生气;而另一尊原本看上去不成比例的雅典娜,此时站立在高柱上,匀称得体,神采奕奕,气度非凡。

人群中立时爆发出了掌声。人们为精湛的艺术品喝彩,为真正成熟的艺术家喝彩,为自己亲身领悟了艺术的真谛而喝彩。

菲狄亚斯依然很平静地站在那里……

这个小故事仅仅是菲狄亚斯艺术生涯中一个小小的插曲。作为一名雕刻家,他在他生活的希腊古典时代最负盛名,他的成就灿烂夺目,是繁荣鼎盛的希腊古典艺术宝库中一颗弥足珍贵的宝石。

菲狄亚斯生活在伯里克利时代。约于公元前490年出生,公元前430年逝世。

他早年曾师事两位古典艺术大师:一位是阿格斯拉德斯,伯罗奔尼撒铜雕艺术的伟大代表。从公元前6世纪起,在伯罗奔尼撒半岛上,以奥林匹亚、阿尔哥斯等地为中心,发展起来一个主要雕刻体育运动家像的流派,阿格斯拉德斯是其集大成者。另一位是波吕格诺托斯,他的画艺在当时是首屈一指的,亚里士多德认为他笔下的人物超凡脱俗,优于现实,曾称誉他为画圣。菲狄亚斯在这两位技艺高超的老师引导下,一步步迈进了艺术的殿堂。

当伯里克利发起建设雅典卫城的工作时,菲狄亚斯已是一名富有声望的雕刻家。他在十多年的时间里,作为伯里克利的主要助手,一直主持卫城的重建工作。他总管全部工程,并参与建筑设计,直接负责了许多重要塑像的雕刻。

雅典卫城广场上的戎装雅典娜女神像,是菲狄亚斯早期作品的优秀代表。雅典娜作为战争和城邦守护之神的英姿被菲狄亚斯艺术地表现出来,女神仪态端庄,造型优雅自然,忠贞、坚毅而又充满智慧。只可惜原物目前已不存在,我们只能通过后世的仿制品中窥得全豹之一斑。

供奉雅典娜女神的圣殿是卫城最高处的帕特隆庙。"帕特隆"是古希腊文的音译,意思是"处女庙",为雅典最为重要的建筑。它的整个布局是古希腊杰出建筑师伊克提诺斯设计的。菲狄亚斯则参加了用各种雕像、浮雕装饰整个建筑的工作。这项工程历时16年,堪称壮观浩大。

在这座富丽堂皇的神殿里,菲狄亚斯的贡献占据显要地位。他率领他的学生承担了三样工作:一是立于殿堂的雅典娜女神巨像;二是神庙前门、后门以及两面山墙上的装饰性群像;三是神庙房檐上的92块浮雕板和长160米、包括550多个人物像的浮雕带。

雅典娜女神塑像

这尊位于帕特隆神庙殿堂正中的雅典娜神像是以黄金和象牙镶饰木胎而成,极其光辉夺目。它是一尊高12米的女神戎装站立像,除了女神本身精妙的雕塑外,她身上的盔甲、手上托的胜利女神尼凯呈献光荣冕的小像以及盾牌上的盘蛇浮雕都令亲眼见到的人叹为观止。遗憾的是,现代人已看不到它的英姿了,甚至连仿制品都难得一见。

浮雕作品也破损严重,幸运的是,尚有山墙上的奥林匹斯山神像和两位命运女神像保存了下来,我们可以从中依稀领略到菲狄亚斯真迹的神韵。

与帕特隆神庙的雅典娜神像可以相媲美的,是菲狄亚斯雕刻的奥林匹亚宙斯像。它也是用黄金象牙镶嵌而成,但却高达14米,而且是采取端坐姿势。比之雅典娜神像、宙斯神像更加气魄雄伟、威严华贵、摄人心魄,俨然一位至尊天神正襟危坐于一片金光灿灿的圣境之中。古希腊人把菲狄亚斯的这一杰作列入"世界七大奇迹"之一,如今我们若想一睹他的宙斯雕像的神姿,只能去寻找奥林匹亚发行的一种钱币,在那上面,有一个源于它的小小缩影。

菲狄亚斯不但技艺精湛,而且诲人不倦,在他的一生中,可谓桃李满天下。他的学生中不乏自有建树之辈,如阿哥拉克利特斯、克列西拉德斯,以及发明了科林斯式柱型的卡里马霍斯等等,他们深受菲狄亚斯艺术的影响,虽然各有创新发展,但从整体看来,还是具有潜在的统一性的。

菲狄亚斯的艺术优雅自然,形象完美,达到了近代文艺批评家盛赞的"高贵的单纯与静穆的伟大"的古希腊艺术典型境界。正如有人所说:"这些作品特别令人佩服之处,就在于它们虽属人工之作,却具有永恒生命。它们的美丽与秀雅,即使在完成的瞬间,已像是千古不朽的杰作。它们的生动和新鲜,甚至在今天看来,仍仿佛刚刚出自艺术家的斧凿。它们像是年年常春的神物,能够摆脱岁月的折磨,在它们的结构之中,似乎蕴藏着永生的活力和不死的精神!"

菲狄亚斯的艺术体现了雅典城邦繁荣时代的社会理想和古典现实主义的高峰,他本人在艺术史上也成为整个时代的象征。因而,希腊这一古典艺术的黄金时代往往被人们称为"菲狄亚斯时代"。

杀父娶母谁之过

很久以前,在希腊的远古时代,有一个忒拜国。

忒拜国的老王拉伊俄斯有一天得到了一个神示:他的儿子将要杀父娶母。拉伊俄斯吓得出了一身冷汗。他的王后伊俄卡斯忒正在怀孕期间,不久即将临盆。当孩子生下来之后,果然是个男孩,老王拉伊俄斯便狠心地把孩子交给一个仆人,命令他扔到山沟里去。

心肠善良的仆人不忍心对这个无辜的孩子下毒手,便把他送给了邻国科任托斯的一个牧羊人。在牧羊人的抚养下,这个男孩长得健壮活泼。一个偶然的机会,科任托斯的国王收养了这个还不能记事的小男孩,取名为俄狄浦斯。因为王后无子,所以,俄狄浦斯成了他们的独生子,享受着得天独厚的生活环境。

俄狄浦斯受到良好的教育,掌握了高超的武艺,养成一副正直、诚实、英勇的品性,堪称人中俊杰。

在一次酒宴上,俄狄浦斯的一位朋友偶然不经意地说出他不是国王的亲生子。俄狄浦斯大为震惊,他急忙去向父母寻问,但国王和王后都不愿让他知道这个真相,因此并没有确切地答复他。

为了将事情弄个水落石出,俄狄浦斯追问到了阿波罗神庙中。阿波罗依然没有正面回答他的问题,只是告诉他,他将杀父娶母。

面对这个晴天霹雳般的神示,俄狄浦斯痛苦万分。巨大的灾难突然从天而降,而他却无法确定对策,因为他连自己的身世还搞不清楚。

静思默想之后,俄狄浦斯为自己设计了三条道路:一是认定自己是养子,那就可以继续做王子,将来继承王位,安享富贵荣华;二是认定自己为亲生子,但处处避免和父母接触,继续留在科任托斯境内,享受王子的待遇,等父亲死后,自己再继位;三是不管是否王子,为杜绝灾难的发生,努力脱离命运的摆布,放弃王子的身份,远远离开科任托斯,到异国他乡去凭着自己的才华与本领,闯开一片天地,建立下功绩,不枉生了一世。

然而,俄狄浦斯心中很明白,神示是绝对要应验的,无论他走哪一条路,都逃不出噩运的掌心。虽然结果肯定都一样,俄狄浦斯却还是放弃了前两种舒适安逸的道路,而选择了第三条路。

俄狄浦斯结束了王子养尊处优的生活,放弃了唾手可得的金灿灿的王冠,毅然踏上了茫茫征程,开始浪迹天涯。

有一天,俄狄浦斯一伙人来到了一个岔路口,正巧忒拜老王拉伊俄斯带着巡行队伍也赶到这里,路窄人多,必须一方先让路。拉伊俄斯身为国王,当仁不让;俄狄浦斯也曾贵为王子,桀骜不驯。于是,双方展开一场恶斗。凭借高强的本领,俄狄浦斯将忒拜国王拉伊俄斯及其仆人几乎全部打死,只跑掉了一个人。这人恰好就是当年奉命抛弃小王子的老仆。

俄狄浦斯继续前行,不久便到了忒拜。此时,忒拜的人正处于一片惶恐之中。一个狮身人面的女妖把持着城门,她叫斯芬克司。只要有人从她眼前经过,必然会被她叫住,猜一个谜语:"早晨有四条腿,中午有两条腿,晚上有三条腿的是什么东西?"无数的人因为回答不上来,惨遭横死。忒拜成了一座不能出入的死城。

当俄狄浦斯来到时,同样被问了这个问题。这难不住智慧超群的俄狄浦斯,他说:"这是人。幼年时只能在地上爬,所以是四条腿走路;成年后站立行走,所以只有两条腿;老了就要拄拐棍,当然变成三条腿啦!"斯芬克司的千古之谜被当众点破,这个女妖无地自容,跳崖自尽了。

俄狄浦斯为忒拜人除了大害,被人们拥戴做了国王。按照古老的习俗规定,他娶了先王之妻为王后。至此,神示完全兑现,杀父娶母的大罪已酿成。

光阴荏苒,弹指一挥间,俄狄浦斯已经做了16年的忒拜国王。他才干超群、管理有方,勇于为国之安危、民之冷暖负责,在他的治理之下,忒拜国泰民安、欣欣向荣。俄狄浦斯受到人民深挚的爱戴。

正在这时,又一场灾难降临了忒拜:牲畜不繁殖,妇女不生育,庄稼树木凋零净尽,江河湖泊渐渐枯竭。面对这毁灭性的灾难,俄狄浦斯比谁都焦急。他几天不吃不睡,静候神的指示。

俄狄浦斯的妻弟克瑞翁负责去请示阿波罗,终于他带回了神的回答:只有惩罚杀害先王的凶手,才能清除灾难。俄狄浦斯立即对天发誓:追查凶手,严惩不贷,即使是自己的亲属也决不手软。

　　先王被杀一案在当年就扑朔迷离,不了了之。事隔十几年后,更成了一件无头案。由于无从下手,俄狄浦斯只得请来预言者加以指点。预言者非常爱戴他的国王,不忍心告诉他事实真相。无奈俄狄浦斯消灾心切,逼迫他讲出了实情。俄狄浦斯震惊之余还是不敢相信的,他以为这是克瑞翁蓄意谋害于他,一场激烈的争吵展开了。王后来劝架,她安慰俄狄浦斯对预言不要太在意,神示有时也未必灵验,因为老王是在 16 年前被一伙强盗杀死在一个岔路口的。

　　一向坚信自己无罪的俄狄浦斯,这下陷入了不祥的预感之中。正在这时,科任托斯的使者来到忒拜,澄清了俄狄浦斯的身世之谜。各种迹象表明,他确实就是凶手。只差找来当年的老仆人做最后的确证了。俄狄浦斯不顾王后的苦苦劝阻,火速找到了老仆人,一切真相大白了。

　　俄狄浦斯严格履行诺言,刺瞎了自己的双眼,自我放逐。

　　这个英雄的故事就是古希腊著名悲剧作家索福克勒斯所做的《俄狄浦斯王》。

　　《俄狄浦斯王》是一部命运悲剧。古希腊人认为世界的主宰是劫数,人类难以逃脱命运的安排。索福克勒斯写俄狄浦斯王杀父娶母的悲剧,正是当时人们这一观念的反映。

　　在希腊神话中,有许多杀父娶母的情节。如天娶地母为妻,克洛诺斯杀父得王位等等。经过学者分析,上古时期,族长衰老,不能从事生产了,子杀父而代之,是合乎初民社会的要求的。既然子杀父是合理的,那么新王继承旧王的一切遗产,包括妻子在内,也是合理的。由此可见,杀父娶母的现象是远古社会发展规律的必然结果,在当时具有普遍性。不仅无罪,而且会被当作英雄行为,世代演绎发展,在子孙中传扬、歌颂。但是,当人类走出荒蛮时代,历史发展到古希腊的"文明"时期,杀父娶母就不再被人所理解了,俄狄浦斯就成了罪人。于是,俄狄浦斯的后裔——忒拜人就为先人的罪行进行辩护,把"杀父娶母"说成是在不知不觉之中做出来的,这样,他们的先王的形象依然是光彩的,古老的传说也显得更合理。最终,人们把"不知不觉"的作为归咎于神意,归咎于命运的安排,谁也逃脱不了命运之掌,哪怕是英雄。古希腊人就是这样把一切不可理解的事情及不合情理的事情都化解为可理解的与合情合理的。

西方第一个科学家——泰勒斯

泰勒斯出生于米利都一个名门望族,他有腓尼基人血统,是当时希腊世界的著名人物,名列"七贤"之一。

泰勒斯做过雅典的执政官,与梭伦等共同被列为"七贤",为人所尊敬。他不仅仅具有政治事务上的聪明才智,而且是西方历史上第一个著名的哲学家和科学家。他的学生阿那克西曼德和阿那克西米尼与他一起,形成西方第一个哲学学派——米利都学派。

米利都在现在的土耳其境内,地处入海口。希腊历史学家希罗多德多次说:"米利都是海上的霸主。"在这种发达的交流中,泰勒斯受到巴比伦、埃及等古文化的熏陶,学到了许多天文学知识,他把埃及的几何学知识与巴比伦的天文学知识结合起来,开创了希腊的天文学。

关于泰勒斯有很多有趣的故事与传说。

柏拉图在《泰阿泰德篇》中记述了一段故事,说泰勒斯观察夜晚的天空十分专注,他仰头看星星,边看边移动着,没留神脚底下,结果一脚踩空,掉到了井里。他的女奴看到了,说:"主人,您只管天上的缥缈,却不顾脚下的实际。"但这件事表明了泰勒斯的精神专注和他不懈的追求精神,女奴又怎么能明白呢?

泰勒斯因为潜心钻研知识,想弄明白大自然的奥秘,把时间大部分花在思考和计算上,所以他不像别人那样有很多时间去经商致富。泰勒斯一度很贫困,遭到人们轻视。有一次,他穿着破旧的衣服走在大街上,一个集市里的富商冲他大喊:"喂!尊敬的泰勒斯先生,哲学有什么用,知识有什么用,你看你上知天文下知地理,渊博过人,到头来还不是一贫如洗?没有金子也没有面包,你真是一个傻瓜呀!"

泰勒斯很气愤,对他说:"你才是真正的蠢人呢,我是在潜心钻研更深的奥秘,没有你这样的利令智昏的糊涂头脑!"

一年冬天,泰勒斯运用他的天文、农业及数学知识推算出来年橄榄会大丰收,而冬天橄榄榨油机的租金很贵,于是他投入资金租了当地所有的榨油房。等大量的油橄榄丰收后,商人们收购了大量的油橄榄但榨油机奇缺,他们都必须到泰勒斯那里去租。泰勒斯提高几倍的租金,依然供不应求。泰勒斯对曾经嘲笑过他的商人说:"自以为是的富翁,瞧见了吗?这一切都是知识的力量?它可以让你由穷到富,也可以让你由富到穷,但我追求的不是穷也不是富,而是知识的真理,它能使我们洞察大自然。我的抱负与你不同,明白了吗?"

公元前585年,传说居住在安托利亚高原(现在的土耳其高原)上的吕底亚人和迷迪斯人之间进行了一场浩大的战争,这场战争持续了长达 30 年之久,弄得民不聊生。泰勒斯很厌恶残酷的战争,他利用人们对自然知识的愚昧想出一个办法,他对主将们说:"上帝对你们进行战争已经震怒了,他要让太阳失去光辉,来警告你们。"

果真,日食如期发生了,士兵们惶恐万分,丢下武器纷纷逃命,主将们也被这个场面吓坏了。日食过后,双方签订了和约,商定永不征战。泰勒斯就这样利用自己的智慧结束了一场战争。

泰勒斯的详细生卒年月已无法准确考查,一是因为年代太久,有关的记载已经失传;二是因为那时世界上没有统一的纪年,参照不同事件的纪年所给出的年代彼此不一致。

根据现代天文断代学的方法,在泰勒斯预言日食的地区约发生了三次日食,一次是公元前 610 年,一次是公元前 597 年,一次是公元前 585 年,我们前面说到的日食就是采用的其中最后一种说法。根据这个时间,可以知道泰勒斯生活的大致时代。

泰勒斯第一个把埃及的测地术引进希腊,并且发展成几何学。有人说他成功地运用了相似三角形的办法测量出了埃及金字塔的高度,方法就是当人的身高与影长相等的时候,那么塔的影长就是塔的高度,这时只需量出地面上的塔影而不必去量金字塔。

泰勒斯首次提出了"地圆说"。当时的人相信"天圆地方",而泰勒斯认为地像个盘子,地是整个宇宙的中心,太阳月亮都围着地球转。他还认为水包围着大地。这些说法现在来看是不科学的,但却表明了他对流行习惯的不盲从态度,这一点还是值得肯定的。

泰勒斯有一句名言:"万物源于水。"这句话很有意义。粗略看这话并不完全正确,可能是因为泰勒斯看到水无处不在无处不有而想到的,比如人离不开水,动物离不开水,植物生长也离不开水,并由此断定万物源于水,这是过于肤浅的。但是这为人们打开了思维的新天地,人们开始走向科学探索大自然的道路,而不是盲目认为世界是由神创造的,是某位大神开凿或变化出的。

泰勒斯提出太阳的直径是日道的 1/720,这个数字比我们今天所知道的太阳直径只略差一点,太阳直径如此之大而当时人们并没有先进的测量仪器,全靠数学方法的推算,由此可以想见泰勒斯的数学成就。

据说泰勒斯写过关于春分秋分和夏至冬至的书,观测到太阳在冬至点和夏至点之间运行时速度并不均匀,还发现了小熊星座,方便了导航等等。

总之,泰勒斯是西方第一个有文字记载下来的科学家和哲学家,他开启了唯物主义思想传统,开创了第一个唯物主义学派——米利都学派。

·古希腊文明·

图文珍藏版

"数即万物"——毕达哥拉斯

毕达哥拉斯,公元前 570 年左右出生于爱奥尼亚地区的萨莫斯。这里是希腊人的殖民城邦之一,与米利都仅一海之隔。在年轻时,毕达哥拉斯就游历求学,他出身豪门,有足够的钱财去周游巴比伦、埃及等等,后来他创建了毕达哥拉斯学派。

毕达哥拉斯学派从公元前 6 世纪末到公元 3 世纪一共持续了 800 多年,为数学做出了巨大贡献。但在毕达哥拉斯生前,无论谁的发现或成果,只要是他这个学派的成员,所做的贡献都记在毕达哥拉斯名下,所以现在人们不能确切地知道毕达哥拉斯本身的重大发现。

毕达哥拉斯学派在研究音乐的基础上,认为世界是数。传说毕达哥拉斯有一次走过铁匠铺,里面打铁的声音高低粗细各不相同,他走进去细看,原来是不同重量的铁相碰发出不同的声音,于是他用琴弦做试验,发现弦长和音律是有关系的,用 3 条弦发出某 1 个乐音以及它的第 5 度音、第 8 度音时,这三条弦的长度之比为 6:4:3。总之,只要符合简单的整数比的弦长,就能发出和谐动听的乐音来。

他还发现自然数的前四名相加,即 1、2、3、4 相加为 10,所以 10 是最完美的数字。

传说有一次毕达哥拉斯去朋友家做客,客人们高谈阔论,又吃又喝,唯独毕达哥拉斯独自一个人望着方砖地面沉思。他用棍子在地上勾出一个图形,一个直角三角形。在直角三角形每条边上都有一个正方形,结果发现两条直角边上的两个正方形的面积之和恰好与斜边上的正方形面积相等。

方砖地上的图形启发了毕达哥拉斯,他认为这个定理太重要了,一定是神启发他发现的,于是他下令杀 100 头牛祭祀天神,并定名为"百牛定理",也叫"毕达哥拉斯定理",这就是大名鼎鼎的"勾股定理"。

当然,勾股定理实际上也许并不是这样发现的,这只是一个传说,很多民族的科学家都曾独立地发现过这个定理。

毕达哥拉斯本人到底生卒年是何时,因为年代久远同样也无法考据,只知他在公元前 500 多年时在世。毕达哥拉斯学派是一个神秘的带有宗教性质的流派,集科学、宗教、政治于一身,其教义秘不外传,就是当时的人也很难对他们了解得很清楚。

但自毕达哥拉斯开始,他们崇拜自然数,认为世界万物的关系都可归结为整数与整数的比,也就是分数或无限循环小数。有一位年轻的成员希帕苏斯发现若等腰直角三角形直角边是 1 的话,那么斜边长很特殊,不能表示成分数,这下可犯了大忌,他因坚持真理而被投入了大海。后来数学发展证明,希帕苏斯是正确的,他所发现的是无理数，以上说明了毕达哥拉斯的局限。

在天文学上，毕达哥拉斯首次提出地球是圆的。人们以前只认为是一块平整的大地，而毕达哥拉斯告诉人们地球是一个圆球，这是很了不起的，虽然他的认识不完全正确，但已经迈出了惊人的一步。毕达哥拉斯还认为整个宇宙也是大球，它由 10 个半径不等的同心球组成，每一个球面是一个行星的运行轨道。因为他认为"10"是完美数，所以天体有 10 个，天球也是 10 个，每一个天体在天球上运动。这个假设统治了西方观念长达 2000 多年，一直认为完美的圆形是天体运行轨道。直到 1609 年才发现是椭圆形的轨道。

这表明了毕达哥拉斯学派是形式哲学，他们把事物关系尽可能简化成数量，这种方法作为一种研究角度被发展完善，成为一种常用的思维方法。

毕达哥拉斯曾经向泰勒斯学习，开创了米利都学派之后影响深远的大学派——毕达哥拉斯派，为数学、天文学的发展做出了贡献。

历史之父——希罗多德

在小亚细亚的西南海滨，气候温暖湿润，和风吹拂，终年四季如春，古老的哈利卡尔纳索斯城就坐落在这里，它是剽悍勇健的古希腊人在海外开拓的年代里所建立的一座殖民城市。

大约公元前 484 年，当地一家名门望族吕克瑟司家中诞生了一名男婴，起名叫希罗多德。希罗多德是幸运的，因为他出生在一个豪富的奴隶主家庭，为他从物质上提供了接受良好教育的后盾。他的叔父帕息斯是当地一位著名的诗人，浓厚的家庭文化氛围对他早早就起了潜移默化的影响，从少年时代起，他就博览群书，勤奋学习，尤其酷爱史诗。以后他就走上了研究文化、钻研历史的道路，并创造出杰出的成就，他的史学名著《历史》奠定了西方史学的基础，希罗多德本人也被尊称为"历史之父"，影响至今。

在意大利南部的塔林敦海湾附近，有一座图里奥伊城，城中有一座墓碑，上面镌刻着这样的铭文：

"这座坟墓里埋葬着吕克瑟司的儿子希罗多德的骸骨。他是用伊奥尼亚方言写作的历史学家中之最优秀者，他是在多里亚人的国度里长大的，可是为了逃避无法忍受的流言蜚语，他使图里奥伊变成了他的故乡。"

这一铭文可谓是对希罗多德一生的高度概括。

原来，希罗多德的家族因反对本城邦统治者对波斯的附庸态度，相继遭受迫害，他的诗人叔父被杀，多人遭受被逐的惩罚，包括希罗多德在内。

于是，希罗多德从大约 30 岁左右就开始了长期的漫游。在交通极不发达的古代,他不辞辛苦,足迹踏遍北至黑海北岸、南达埃及最南端、东迄两河流域下游、西抵意大利半岛及西西里的广阔天地。每到一处,希罗多德都要通过向导和译员,认真了解当地的风土人情,凭吊名胜古迹,细心考察文物,多方探寻民间传说和历史故事,研究地理环境,并及时记载下来。他的视野在广泛的游历过程中大大开阔了,这些为他以后写作《历史》准备了丰富的素材。

约在公元前477年,希罗多德来到了希腊的政治、经济和文化中心雅典。当时的雅典正逢伯里克利开创的黄金时代,灿烂辉煌的文化称雄于希腊世界,希罗多德在这里结识了各界名流,包括伯里克利和悲剧家索福克勒斯。他积极地参加了雅典的文化政治活动,他写作的诗文,在这里一度享有盛誉。

希罗多德崇拜雅典的民主政治,对于以雅典为首的希腊城邦在希波战争中打败奴隶制大国波斯的侵略,他十分钦佩。在伯里克利和众友人的支持和鼓励下,希罗多德决心写一部完整叙述希波战争的历史著作,以便把这伟大的历史流传后世。

公元前443年,雅典人在意大利南部的塔兰托湾沿岸建立了一座新城——图里奥伊。希罗多德也跟随移民到了那里,成了这个城邦的公民,并在此潜心著述《历史》,度过了他的晚年时光。公元前425年,59岁的希罗多德平静地离开了人世。

希罗多德的《历史》是一部开创性著作。在他之前,曾有盲诗人荷马的《伊利亚特》和《奥德赛》把民间流传的神话传说整理汇编成史诗,合作《荷马史诗》。作为文学作品,《荷马史诗》以高超的艺术手法描绘了特洛伊战争,对希罗多德产生了深刻影响,但它毕竟不是历史著作。公元前七八世纪之交,出现了希里阿德的教谕诗《田功农时》,在这部古希腊首次以现实生活为题材的长诗中,出现了历史发展的概念。随后在小亚细亚的希腊城邦出现了一种记述神话传说、家族系谱和风土人情的散文,以说故事的方式口头流传于民间。希罗多德吸取了史诗和散文的优长之处,再加上他对历史事件的深入探究,写出了划时代的著作《历史》。

《历史》又称《希腊波斯战争史》,分为九卷,被后人分别冠以九位缪斯女神的名字,因此这本书又称《缪斯书》。

《历史》按内容可分为两部分:第一部分叙述了吕底亚、米底、巴比伦、埃及、波斯、斯基泰等地区的情况,并介绍了希波战争爆发的原因;第二部分记述了希波战争的经过,从小亚细亚伊奥尼亚城邦起义反对波斯,战争拉开帷幕,到马拉松之战,再到萨拉米斯之战,普拉特亚之战,米卡列之战,一直到公元前478年希腊人占领位于色雷斯的塞斯托斯城为止。

《历史》取材丰富,俨如一部"百科全书"。西亚、北非及希腊的地理环境、民族分布、经济生活、风土人情、政史宗教、名胜古迹无所不包,又引证了大量政府档案文献、碑铭石刻以及前辈学者的研究成果,当然,最有分量的当数希罗多德亲身采访和实地调查中得来的第一手资料。

希罗多德为史学贡献了一种崭新的编纂方法：即以历史事件为中心，记事系统连贯，叙事生动有趣，具有较大的灵活性。《历史》就是这样一部真实性和艺术性相结合的历史巨著。这种体制深刻影响了西方史学界，被奉为正宗，沿用至今。一位评论者写道："希罗多德懂得：如果喋喋不休地专谈一个题目，描述得很长，无论如何总会使人生厌。但是，如果在适当的地方停顿一下，夹以他语，就会使人觉得妙趣横生。于是，他就模仿荷马，使他的著作显得丰富多彩。"

希罗多德

　　希罗多德不愧为一位杰出的历史学家，他胸襟开阔，目光远大，对历史表现出远见卓识。例如，关于希波战争的性质，他谴责波斯远征希腊的侵略行为，认为波斯的失败是因为它的军队成分太复杂，又加上外线作战的困难；雅典获得胜利的原因是实行民主政治，每个人都为自己的权利而奋力拼搏，誓死不屈。但他又不以社会制度的差异来评价民族优劣，他以相对主义的观点为基础，认为习惯成自然，各民族都把各自的习惯视为最佳的，应当彼此尊重。又例如，希罗多德摒弃当时被希腊人蔑视称为"蛮族"的其他民族的偏见，虽然他最推崇雅典，但他认为东方是一切文化和智慧的摇篮。埃及的太阳历要比希腊的历法准确；希腊人使用的日晷最早是由巴比伦人发明的；希腊字母是从腓尼基人那里学来的。

　　希罗多德在《历史》中首次提出"法律面前人人平等"的问题，他对雅典的奴隶主民主政治存有热忱的向往，热情歌颂它的民主自由和权利平等，认为这是一种合理公正的制度，并把它当作孜孜以求的政治目标。这表明希罗多德是一位思想敏锐的进步思想家。

　　由于历史时代和阶级的局限，希罗多德不可避免地带有缺陷：如他对古代世界的真正主人——奴隶，以及奴隶反抗奴隶主的斗争，不屑一提；对少数帝王将相，如波斯国王居鲁士、大流士等，他极尽热情讴歌的能事，把他们描绘成历史的主宰，笃信"英雄史观"；他还具有浓厚的宗教迷信和宿命论思想，他对神示、梦兆、预言、占卜记载津津乐道，并声称"当城邦或是民族将要遇到巨大灾祸的时候，上天总会垂示某种征兆的"。在他眼中，世事变幻无常，是神安排好了一切，个人幸福与国家的盛衰兴败，都只能听从上天的安排。

　　有时，《历史》中对于遗闻轶事的记录过于枝蔓，便有人苛刻地称他为"谎言之父"，但这是不公正的。近代的考古学和人类学、历史学的发展，正在逐一证实着希罗多德的认真谨慎的治学态度和渊博的学识。

尽管希罗多德的史学观点是唯心主义的,但他依然以其杰出的成就而无愧于"史学之父"的称号。

科斯岛的神医

你可能没有听说过希波克拉特斯,但你一定知道心理学上将人的气质分为多血质、粘液质、胆汁质、抑郁质四种的说法,它的提出者就是被柏拉图称为"科斯岛的神医"、被亚里士多德称为"伟大的医生"的古希腊人——希波克拉特斯。

你可能不知道他的影响,那么请看公元 1948 年,世界医学大会通过了日内瓦宣言,并在次年把这个宣言定为国际医务道德规则,而这个宣言是以希波克拉特斯誓词为蓝本的。

誓词的主要内容是:我以阿波罗及诸神的名义宣誓,恪守誓约,矢志不渝。对授业之师,敬若父母,倘若需要,我要与他分享钱财,赡养其身,对其子嗣视若手足,如愿学医,我要热心教导,不图报酬。对我的儿子、老师的儿子以及宣誓立约的门生,我要悉心传授医学知识。我要恪尽全力,采取我认为有利于病人的医疗措施,不给病人带来痛苦和危害。不把毒药给任何人。我要清清白白地生活和行医。进入别人的家,只是为了看病,不为所欲为,不受贿赂,不勾引异性。对我看到或听到的不应外传的私生活,不管与我的医务是否相关,我决不泄露,严加保密。

2000 多年来,这个誓词一直在流传着。世世代代的医生都这样宣誓过,它深远地影响着医务道德的建立。它的提出者希波克拉特斯被尊为"医学之父",是欧洲医学的奠基人。

希波克拉特斯出生于小亚细亚岛的一个医学世家,他从小便跟随父亲学医,日后又在广泛的游历过程中孜孜不倦地学习各地的民间医学,曾在故乡的科斯岛的医学学校里任教。

他的功绩主要在于把医学从宗教迷信中解放出来,奠定了科学的基础。在他之前,医学还禁锢在宗教迷信和巫术之中。人们认为疾病是神的"谴责",得了病就去求神问卜,念符诵咒,不仅被骗走大量钱财,甚至还经常被延误治疗而死亡。癫痫症曾被人看作是"神病",希波克拉特斯却说,这种疾病一点也不比其他疾病神秘,而是与其他疾病一样,具有同样的性质和相似的起因。

他提出体液的学说,认为疾病是由构成人类机体的血液、粘液、黄胆和黑胆四种液体的不平衡引起的,体液的失调是由外界引起的。

他很注重研究自然环境同人的健康的关系。在著名的《论风、水和地方》一书中,希波克拉特斯指出,当一个医生进入一座城市时,首先应考虑这座城市坐落的方向、土壤、气候、风向、水源、水质、饮食习惯、生活方式等等,因为这些自然环境因素对人的健康状况起着重大的影响。他的这种看法很科学，至今仍为医学界一致称道。

希波克拉特斯把疾病看作是发展的现象，认为医生医治的不仅是疾病，更重要的是病人，不能见病不见人，舍本逐末。不仅要把握住疾病的症状，还要了解病人的气质、特征、生活方式等因素。他的名言"寄希望于自然""相信自然的康复力"表达了他所主张的"自然疗法"。他主张不要轻易用药，应尽量使身体自行恢复健康。为了使机体自行康复，他认为调理好病人的饮食、摄取丰富的营养是非常重要的。由此，他驳斥了一些庸医让病人挨饿的荒唐做法。

希波克拉特斯对外科手术研究也有开创性的贡献。在他所生活的时代，解剖尸体被宗教和习俗所不容，但他大胆地冲破禁令，秘密进行了人体解剖，从而获得了许多关于人体结构的知识，为外科学的发展积累了宝贵的资料。他留下了《骨折》《关节复位》等著作，记载了各种骨折病例和脱臼复位的方法。他最珍贵的外科著作是《头颅创伤》，希波克拉特斯根据亲自实践得来的经验，用精确的语言记载了对头骨损伤和裂缝等病症施行手术的方法。

医学概念"预后"是由希波克拉特斯第一次提出来的，他有一篇名为《预后》的专著，讲到医生不但要对症下药，而且还要根据对病因的解释，预告疾病发展趋势及可能产生的后果和康复的情况。这种思想是很先进的。

希波克拉特斯终其一生留下了十分丰富的医学著作，留传至今有 60 卷，涉及解剖学、病理学、各种临床诊断、妇科、儿科疾病、外科手术、饮食与药物治疗、预后、医务道德等许多方面，总名为《希波克拉特斯文集》。他的著作表现出朴素唯物主义辩证法的思想，在近代医学产生之前，一直被当作医学教学的基本教材而广泛流传。

希波克拉特斯的《箴言》也被人们广泛传扬着。如"人生短促，技艺长青""机遇诚难得，试验有风险，决断更可贵""无故困倦是疾病的前兆""沉疴需猛药""暴食伤身""简单而可口的饮食比精美但不可心的饮食更有益"等至理名言对于人们的养生、保健、事业等方面都有积极的作用。

希波克拉特斯的精湛的医术、高尚的人品获得人们普遍的尊重。曾有一个动人的小故事反映了希波克拉特斯在人民心目中的光辉形象：传说希波克拉特斯与古希腊杰出的唯物主义哲学家德谟克利特交情颇深。由于德谟克利特专心于他钟爱的自然科学和哲学研究之中，他的族人为了霸占他的财产，便以患疯癫症以及败家的罪名对他提出控告。希波克拉特斯信以为真，立刻赶来为好友治病，可是见面之后，德谟克利特侃侃而谈，涉及哲学、政治、外交各个方面，更谈到了医学。他对医学有精深的研究，并用他创立的原子论来解释疾病。希波克拉特斯恍然大悟，明白了这是一个骗局，在他面前的德谟克利特是一位非凡的思想家，而不是他族人所说的疯癫病患者。于是，希波克拉特斯心中充满义愤，他决心一定要为好友清洗冤屈。法庭上,希波克拉特斯义正词严地指出:"德谟克利特不是疯子,如果非要说有什么毛病的话,那就在你们这些居心不良的人身上,我以我的名誉做保证!"那些被希波克拉特斯说中的人无可奈何地垂头不语,法庭最终宣告德谟克利特无罪释放。从此这两位巨人联系得更紧密了。

可惜的是关于希波克拉特斯生平的材料很少,连他的生卒年月都不能很精确地了解,约为公元前460年到公元前377年。但毫无疑问,希波克拉特斯将永远名垂青史。

古希腊三大数学难题

古希腊三大数学难题其实都是几何难题。

大约2300多年前,在古希腊的第罗斯岛发生了可怕的瘟疫,人们纷纷向神祈祷。神庙的祭司对人们说,神要保佑人们,但有一个条件,就是要把正方体祭坛的体积扩大到原来的两倍,神嫌原来的祭坛太小,但不能做成别的形状,还要是正方体。

人们开始忙起来,但凭有限的工具不是体积增得太大就是形状被改变了。有的人把正方体的棱长扩大成原来的两倍,可是这样一来,体积就成为原来的8倍。

于是人们请教柏拉图,结果这成为一道几何难题。

这当然只是一个传说,但是三大几何作图难题却都是与古希腊学者有关。

希波战争使得伊奥尼亚的城邦相继陷落,伊奥尼亚的精英学者大都逃到了雅典,于是在雅典出现了著名的智者学派。

智者在发展语言和诡辩时,注意逻辑,他们当中有很多是几何学家,在长期的思辨中,他们提出了三大几何难题:

1、化圆为方。画出面积与已知圆面积相等的正方形。

2、正方倍积。画出体积为已知立方体体积两倍的立方体的边长。

3、三等分任意一角。只用直尺和圆规,不标刻度,三等分任意角。

2000年来,这三道题难倒了无数人。

从公元前5世纪开始,古希腊的学者们就开始研究这些问题。这些问题其实是被希腊人解决了的几何问题的延伸,由于他们可以二等分任意角,自然想到三等分,直到任意等分。由于平面上以原正方形对角线为边长的正方形是原正方形面积的2倍,自然推广到立体几何,想找出2倍的正方体。由于圆的面积可知,那么自然想到找出与圆面积相等的正方形。

据记载,最早研究这些问题的是阿拉萨哥拉,后来梅纳奇马斯、欧几里得、阿基米德这些大几何学家也都研究了这个问题,但都没能成功。直到17世纪,笛卡尔发明了解析坐标系,人们才找到了解析几何的工具。

这三个题目用任何手段均可解出来,但古希腊学者附加了一个前提:尺规作图。而实质上,在尺规限定的条件下,这些问题都是不可能解决的。

比如说2倍立方,其实要求几何学家用直尺和圆规把长度为2的线段开3次方,要画2厘米、2分米、2米等等都行,但要求用直尺和圆规把线段的立方根画出来是不可能的。

笛卡尔最早指出这是不可能的,法国数学家范齐尔于1837年严格证明了用尺规不能做出2的立方根长度。但若是方法不限,工具可以任意标刻,或者用别的物理及代数等方法,结果都可以求出来。

三等分任意角,如果抛开尺规限制,也可以办到。至于化圆为方,1882年德国数学家林德曼证明了,用尺规作图办不到。但是用别的方法当然能办到。公元前460年出生的智者希匹阿斯就设计了割圆曲线来完成了三等分任意角,但不是用尺规画出来的。

从历史上看,最迷人的莫过于三等分任意角。每年都有大批人,特别是青少年向科学院寄送大批稿件,声称解决了三等分角问题。当然这是不可能的,而他们的方法确实能够任意三等分角。这是怎么回事呢?前面已经讲过,有很多其他方法都可以三等分任意角,这并不是不可能的。青少年们犯的错误主要是把自己的方法误认为是尺规作图法,这主要是由于没有明白尺规作图的含义。也有的人由于对问题了解较少,认为三大难题就是没有限制的,所以求出了解。

也就是说,真正的三大难题是不能求解的,因为均限制在尺规作图范围内。而抛开限制,这三大难题就成为数学游戏,都可以解决,不过需要巧妙的办法和足够的数学思想与知识。

有兴趣的人可以认真了解一下尺规作图的含义,从而得知尺规作图的不可能原理。

柏拉图学院

柏拉图(公元前427~前347年)出生于雅典的名门世家,他的母亲是梭伦的后裔,父亲所在这族则可以追溯到古雅王卡德鲁斯,在这样一个高贵的家庭里,柏拉图受到了当时所可能达到的最好的教育。

柏拉图的老师是著名的哲学家苏格拉底,柏拉图留下的很多对话著作,多数以苏格拉底为主要角色。然而这位可亲可敬博学多智的老师被雅典的当政者判处了死刑,说他"败坏青年"。苏格拉底宁死不屈,饮毒酒而死,柏拉图由此认识到了政治的丑恶与肮脏,他离开了雅典,开始周游世界。

柏拉图到了埃及、南意大利等地方,他认真地学习了毕达哥拉斯派的很多知识。经过约10年左右的时间,柏拉图回到了雅典。正当壮年的柏拉图开始招生讲学。学院建在阿卡德米,在雅典不远的西北郊。

柏拉图是唯心主义的最伟大代表。柏拉图特别重视数学,在柏拉图学院有一块牌子,上面写着:"不懂数学者不得入内",证明了柏拉图对数学重视的程度。

柏拉图认为真正的实在是理解,如我们所画的、所看到的圆,其实纯粹的圆是不存在的,但我们认为是圆,而忽略那些误差,这就是理念。用现代科技观点来看,柏拉图很多具体的理论是荒唐的,但是他的很多思想给后世带来巨大影响,其中也不乏有价值的想法。

柏拉图形成了他特有的唯心主义,后世称为"唯实论",他开创的雅典学院一直维持了9个世纪之久——直到公元529年,罗马查士丁尼大帝才把它封闭。

在柏拉图学院中,有两位十分杰出的人物,他们在天文学、数学上贡献杰出。一位是欧多克斯,一位是亚里士多德。

欧多克斯(公元前409~前356)约于公元前368年加入柏拉图学院,在加入学院之前,欧多克斯已经名声很大,是很多人的老师了。现在遗留下来的有欧多克斯的纸草著作残篇。

柏拉图受毕达哥拉斯影响,认为圆、球这些形状是最完美的,天体都是神圣的,所以它们的轨道是圆周。

从地球是宇宙的中心出发,欧多克斯建立了一个宇宙模型。他认为宇宙是由透明的同心球叠加而成的。每个运动的天体都遵循一层天球的表面,这个球的轴两端固定在外层较大的球上。这样,最最外层的球一转动,会带动它内侧的球转,内侧的球再带动更内侧的球,于是宇宙中的天体就这样运动了。欧多克斯认为当时所见的五大行星又加上日、月等等,共为27个同心球。这27个同心球由最外层的大球转动引起转动,天体也是这样运动的。

其实他的出发点就已经是错误的了,因为他以地球为中心,实际上茫茫宇宙有无数中心,无数个星系,何况地球也不是太阳系、银河系的中心。最有趣的现象是越向后发展,球越多,因为欧多克斯是建立在当时肉眼所及的星体之上的,随着观察的越来越多,这个模型不断地变,人们加来加去、不厌其烦,最终心灰意冷,抛弃了这种学说。

但是欧多克斯提出了一种可贵的思想,就是著名的"拯救"方法。当人们面对自然界的变幻莫测时,怎样找到根本规律呢?建立一个模型,建立一个规则,把杂乱的现象加以规整,有助于整理归纳,从而认清规律。这样的一种模式思维方法,就是拯救观念。

柏拉图之后,希腊世界最伟大的思想家是亚里士多德,亚里士多德是欧洲科学史上的里程碑。他是古代知识的集大成者,被人们称作"百科全书式的大学者"。

亚里士多德公元前384年出生,他的父亲是马其顿国王的御医。亚里士多德很不幸,幼年时父母双亡,是亲戚把他抚养大的。17岁时,亚里士多德到雅典的柏拉图学院学习,前后长达20年,直至柏拉图去世。

亚里士多德提倡归纳法,提倡进行科学研究要有目的,讲究系统和组织。他在知识分类方面成绩巨大。在各门科学和哲学领域内,亚里士多德著作丰富,在物理、天文、气象、生理及胚胎等等领域都留下了许多真知灼见。当然,亚里士多德的错误是很多的,如伽利略后来推翻了他的一些理论。

在逻辑学上,亚里士多德开创了三段论。他开创了演绎形式。在伦理学上,文学研究,政治研究上,都留下不朽著作。

我们今天常说的"吾爱吾师,吾更爱真理"这句话,就是从亚里士多德那里来的,因为他后来开创了与他的老师不一样的知识体系,他说过这样的话:"我敬爱柏拉图,但我更爱真理。"

公元前343年,亚里士多德做了亚历山大的老师,亚历山大就是历史上所向披靡的大帝,人称亚历山大大帝。亚里士多德常常在散步时和学生讨论学术,因此又被称为"逍遥学派"。

希腊最伟大的启蒙运动者——伊壁鸠鲁

在雅典一座花园的大门上刻有这样的题词:客人,你在这里将生活得很好;这里将给予你幸福,最高的奖赏,这里的学生被称为"来自花园的哲学家"。这座花园是一所学校,但这所学校有时被称为"伊壁鸠鲁的花园"。

伊壁鸠鲁是古代希腊杰出的唯物主义哲学家,马克思誉之为"希腊最伟大的启蒙运动者"。

他出生于萨摩斯岛,自称14岁开始研究哲学。18岁的时候,他为了接受雅典青年在取得公民资格之前必须经过的两年军训而到了雅典。

伊壁鸠鲁曾经师从柏拉图的弟子帕姆菲洛斯,后来又在罗德斯岛就学于普拉克西丰涅斯,对他影响最大的是德谟克利特的唯物主义哲学,不过,他对自己的老师、德谟克利特的弟子瑙昔芬尼却并不怎么尊重,甚至轻蔑地称他为"软保运动"。

公元前311年,伊壁鸠鲁在米特林创办了学校,并亲自执教。办了一年以后,校址迁往拉姆普萨库斯。公元前306年,伊壁鸠鲁定居雅典,买了一所房子和一个花园,继续办学,学校被称为"伊壁鸠鲁的花园"。

伊壁鸠鲁主办的学校是一种特殊团体,其成员力图通过哲学获得安宁、幸福的生活。伊壁鸠鲁是他们崇敬的对象。他是学校的首脑,有三个大弟子协助他,下面还有一批工作人员,其中包括他的哥哥和两个弟弟。学生有男有女,甚至还有妓女和奴隶。一些有文化的奴隶在学校中担任秘书、抄写员之类的工作。学校内的生活是非常简朴的,饮食主要是面包和水。

学校的收入至少有一部分是靠自愿捐助的。伊壁鸠鲁在一些信里向有名望的人请求资助,向学生索取食物和现金。有一次他写道:"请你给我送一些干酪来吧,以便我在高兴的时候可以宴客。"在另一封信中他说:"请你代表你自己和你的孩子送给我们一些为我们神圣的团体所必需的粮食吧!""我需要的唯一捐助就是这些——要命令弟子们给我送来,纵使他们是在天涯海角也要送来。我希望从你们每个人那里每年收到220个德拉赫麦,不要再多。"

伊壁鸠鲁著述丰富,约有300篇。其中最重要的是有37章之多的《论自然》一书。可惜他的著作绝大多数已经散失,流传至今的只有少数残篇,约100多条警语和一些书信。在流传下来的书信中,按内容的重要性而说,主要有3封:《致赫罗多特斯》主要论述的是原子学说,也涉及认识论的影像问题;《致皮托克列斯》是讨论气象学和天文学的;《致麦诺凯奥斯》除讨论理学,还论述了他自己的生死观。1888年在梵蒂冈的一座教堂内发现了87条伊壁鸠鲁派的警语,其中大部分是伊壁鸠鲁本人的。这些警语在学术著作中有时被称为《梵蒂冈格言》,除陈述伦理问题外,也探讨了国家起源问题。伊壁鸠鲁规定弟子必读的40条伦理格言,也保存了下来,称为"要义"。他的著作普遍结构松弛,表述通俗,缺乏文采。

伊壁鸠鲁继承和发展了德谟克利特的唯物主义学说。

他坚持德谟克利特的原子论,强调原子的存在决定一切事物存在的实在性,是事物的本质。他发展了德谟克利特的学说,认为原子除了有绝对充实性(即不能破裂或分割)外,还有大小、形状和重量的不同,物质的差别就是由这些不同决定的。

伊壁鸠鲁发展德谟克利特的原子说,还表现在另一方面,那就是有关原子运动的问题。德谟克利特只承认原子由于重量关系产生的直线运动,即机械运动;而伊壁鸠鲁认为原子的直线运动是跟原子的内部自动地脱离直线运动的偏斜运动相结合的。他的这种主张,以朴素的形式表达了他关于物质运动由其自身内部原因决定的天才猜测。这一主张作为初次尝试,自发地辩证地克服了德谟克利特的决定论所具有的宿命论倾向,是对唯心主义的沉重打击。德谟克利特认为世界上的一切都是由严格的必然性决定的,否认偶然性和自由的存在。伊壁鸠鲁的这种观点否定了斯小噶等派鼓吹的宿命论。他从唯物的原子论出发,认为自然规律的必然性绝不意味着人是命运的玩物。

按照伊壁鸠鲁的看法,宇宙是无限的,是由无限多的天体所组成的,神只是存在于无数天体的中间地带,过着幸福的生活,并不对宇宙和人类的生活发生任何影响。

在认识论方面,伊壁鸠鲁是唯物主义的哲学论者。对于伊壁鸠鲁来说,哲学的目的是通过研究和思考使人们得到幸福。他认为,老年人通过研究哲学,才可以回忆过去的愉快,像青年人那样朝气蓬勃。青年人研究哲学则可以懂得未来,无所畏惧而更加成熟。他说:"不能医治人们痛苦的哲学家的话是空洞的,不能医治心灵疾病的哲学和不能医治躯体疾病的医学一样无益。"为了获得幸福,必须摆脱各种偏见。

由于伊壁鸠鲁的哲学体系所具有的现实目的,所以在这个体系中,作为向人们阐释幸福生活所应遵循的原则伦理学占有首要地位。

他的伦理学说的核心是快乐论,使人摆脱痛苦。他的所谓快乐,并不是指粗鄙的生活享受。他指出:"当我们说快乐是最终目的的时候,我们并不是指某些人所想的放荡的快乐或肉体享受的快乐,这些人或者是不知道,或者是曲解了我们的意思。我们所谓的快乐是指身体的无痛苦和心灵的无纷扰。"他认为对快乐的选择应该服从理智,由理智派生出所有其他善行。不是理智地、有道德地、正直地生活,生活是不会愉快的;反之亦然。

伊壁鸠鲁的伦理学具有明显的个人主义倾向,追求的是个人心灵的宁静。这里表现了他作为奴隶主阶级思想家的阶级局限性。同时,也反映了伊壁鸠鲁所生活的时代特点。由于城邦的瓦解和社会生活的动荡,人们不再像古典时代那样关心重大的社会政治问题,而是局限于个人的小圈子里面。正因为如此,伊壁鸠鲁的生活准则之一便是:"不为人们注意地生活。"

他的哲学思想的静观性质也是他阶级局限性的一种反映。

马克思指出:国家起源于人们相互间的契约……这一观点就是伊壁鸠鲁首先提出来的。他以"公正"为例,认为"公正没有独立的存在,而是由相互约定而来,在任何地点、任何时间,只要有一个防范彼此伤害的相互约定,公正就成立了"。

伊壁鸠鲁的这种"充分契约"的政治思想,在当时具有积极的进步意义,旨在反对马其顿人的统治,反对以非人道待遇对待奴隶和妇女。然而,这种思想也有阶级妥协的烙印。

伊壁鸠鲁一生多病,但他能以极大的毅力战胜病魔。公元前 270 年他病逝于雅典。

伊壁鸠鲁的唯物主义哲学具有巨大的进步意义,因而不断遭到唯心主义者的激烈反对。琉善曾经怒斥焚烧伊壁鸠鲁著作的骗子。列宁揭露过黑格尔对伊壁鸠鲁学说的歪曲。伊壁鸠鲁的后继者曾经同古代世界形形色色的唯心主义者做过长期顽强的斗争。文艺复兴以来,伊壁鸠鲁的哲学著作对欧洲哲学思想的发展产生了重大影响。

旷世演说家——德摩斯梯尼

"德摩斯梯尼,如果你有与你的智慧相当的权力,马其顿人的战神就不可能在希腊握有权柄。"

这是一段铭文,镌刻在一尊青铜雕像上。这尊青铜雕像塑造的就是古希腊卓越的演说家、著名的政治家德摩斯梯尼。

这位演说家兼政治家曾有一名言:"辞令的灵魂就是行动、行动、再行动。"他的一生就是遵照这句话去做的。他不断采取积极的行动,与马其顿进行针锋相对的斗争,维护自己的祖国希腊的利益。

当德摩斯梯尼登上雅典政坛的时候,希腊各城邦发生了严重危机。希腊北方的马其顿,在国王腓力二世的治理下迅速崛起,它四处扩张,咄咄逼人。而以雅典为首的希腊各城邦内部对待马其顿的态度形成两大截然对立的主张:一种表示欢迎马其顿干预希腊事务;另一种竭力反对马其顿的扩张,主张消除各城邦之间以及城邦内部的不和,维护独立和民主。

德摩斯梯尼作为后一派的代表,他多次登上雅典公民大会讲坛,发挥全部演讲才能和精力声讨马其顿国王腓力二世,维护雅典的主权和尊严。在一系列演讲中,他力图激发雅典公民保卫城邦的热情,号召全体希腊人团结一致,跟企图奴役希腊人的马其顿国王作殊死的斗争。

德摩斯梯尼反对腓力的演说总计8篇,通称"腓里皮卡",其措辞之精密,逻辑之严谨,构成强大的鼓动力和说服力,对腓力的行为进行了猛烈的抨击和无情的揭露。从此以后,"腓里皮克"("腓里皮卡"一词的单数)成了一个专门名词,专指猛烈抨击和揭露政治的演说。如有名的西塞罗反对安东尼的演讲词就被他自己称作"腓里皮克"。

公元前341年,德摩斯梯尼发表了他最著名的第三篇反腓力演说。他指出:"关于马其顿人的狡猾阴谋是毋庸置疑的,腓力所力求实现的唯一目标是劫掠希腊,夺去天然的财富、商业和战略据点。腓力利用希腊人中间的分裂和内讧作为达到他卑劣意图的手段。"他认为,尽管目前局势极端险恶,但仍然有可能制止马其顿的扩张。他打了个生动的比喻:"当雅典之舟尚未覆没之时,舟中的人无论大小都应动手救亡。一旦巨浪翻上船舷,那就一切都会同归于尽,一切努力都是枉然。"

德摩斯梯尼通过这篇演说词阐述了自己对雅典政治制度的认识。他极度推崇雅典的民主宪法和公民政治自由,他认为这种政治制度有潜在的巨大力量。而雅典的现状是,公民对社会事业的关心和勇于奉献的精神正在渐渐减退,代之以不纳税、不服兵役,一味期望国家的资助,这导致了国家的衰微。在一针见血地指出国家面临的困境和社会的症结之后，他用激动人心的词句鼓舞雅典的公民："即使所有民族同意受奴役，就在那个时候我们也应当为自由而战斗！"

受这篇演说词的鼓舞，雅典人民群情振奋，在隆重召开的公民大会上做出重要决定：派遣使者联络友邦。很快，雅典拥有了自己的反马其顿同盟。在援助拜占廷的战斗中，腓力国王遭到希腊军队的重击，败退而走。

德摩斯梯尼赢得了极大声誉，雅典人把胜利的花环奖给他，作为对他的肯定。他被任命为海军总监，进行了一系列有益于军事行动的改革。但此时，腓力的军队仍然在希腊的领土上不断推进着。希腊组织的反马其顿同盟联军由于各怀私心，不能团结一致，又被腓力在喀罗尼亚发生的决定性战斗中打败。

公元前 336 年秋天，由于腓力被刺杀，事情又出现了转机，德摩斯梯尼从失败的压抑中抬起头来，积极参加各种公共事务。雅典的公民大会决定为他的功绩做出赞颂，并决定授予他一顶象征荣耀的金冠，而这却遭到了埃斯希涅斯的强烈反对。埃斯希涅斯是亲马其顿的主要将领，同时也是负有盛名的演说家。于是，一场空前激烈和精彩的辩论在这两位难分上下的演说家之间展开了。最终，德摩斯梯尼还是技高一筹，他以充沛的感情和有力的论证赢得了广大听众的支持，而埃斯希涅由于略逊一筹，败给了德摩斯梯尼，他羞愧难当，不得不离开雅典，远走他乡。

从此，德摩斯梯尼享受着崇高的荣誉，应该说是他出众的演说才华为他立下汗马功劳。然而令人意想不到的是，德摩斯梯尼的演说才华并非天生就有，相反，应该说他在此一方面的天然资质是很差的。

少年时的德摩斯梯尼沉默寡言，一旦说起话来，还发音不清，逻辑不明，疲软无力。最终使他走上杰出演说家道路的原因，是源于一场财产纠纷。

德摩斯梯尼的家庭非常富有。他 7 岁的时候，他父亲就去世了。他父亲去世时，给他留下了一大笔遗产（一个武器作坊、一个家具作坊和其他财产）。由于德摩斯梯尼尚处幼年，遗产被他父亲指定的监护人管理。贪婪的监护人肆意侵吞了他的财产，德摩斯梯尼成年之后，只得到了全部遗产的 1/12。他多次索求，也毫无结果，即使通过法庭打赢了官司。也得不到实质性的补偿。为此，德摩斯梯尼决定向雅典著名的演说家、擅长撰写关于遗产问题讼词的伊塞学习演说术。

多年的官司使德摩斯梯尼变成了著名律师。为谋生计，他又代人撰写法庭辩护词，这使他的辩论技艺得到突飞猛进的增长。渐渐地，德摩斯梯尼开始向往政治生活，逐渐向一名演说家迈进。

最初，德摩斯梯尼登上讲坛时，虽然准备好了精彩的演说词，却因吐字不清，含含混混，说不出一句有力度的话，而被挑剔的雅典人毫不客气地赶下了讲坛。而且这样的事情发生了不止一次两次。

然而失败打消不了德摩斯梯尼的决心。他痛定思痛，对自己的缺陷认真地总结了一番，然后对症下药。为了训练发音，他向著名的演员请教朗读的方法，并把小石子含在嘴里,迎着呼啸的大风和汹涌的波涛大声朗诵;为了克服气短,他故意选择陡峭的山坡,一面攀登一面不停地吟诗;为了纠正姿态,他专门装了一面大镜子,随时观察自己的举动,并在头顶上悬挂一柄锋利的剑,以改掉那些多余的动作,尤其是没事就爱乱耸肩的习惯;为了潜心于练习,他把自己的头发剃掉一半,难以见人,于是便留在家中终日练习;为了写出精彩的演说词,他刻苦读书,把修昔底斯的《伯罗奔尼撒战争史》抄写了 8 遍,连他的政敌都不得不夸赞他的修养深厚。他那篇有名的反腓力演说,连腓力本人看到后都说:"如果我自己听德摩斯梯尼演说,我也会投票赞成选举他当我的反对者的领袖。"

由此可见,杰出的成就来源于背后刻苦的锻炼,没有一蹴而就的成功,也没有不劳而获的天才。

马其顿王国的军事天才——亚历山大

马克思曾说过:希腊的内部极盛时期是伯里克利时代,外部极盛时期是亚历山大时代。

亚历山大(公元前 356~前 323 年),古代马其顿国王,杰出的军事家和政治家。他少时即有征服世界的野心,并表现出了卓越的军事政治才能。据说,每当他得悉父亲胜利的消息时就发愁,唯恐自己会因而不能享到征服世界的光荣。公元前 336 年夏天,亚历山大继位,时年 20 岁。当时国内环境十分困难,宫廷骚乱,北方各部落暴动,希腊、马其顿起义,此伏彼起。亚历山大果决地击败了各种反对势力。在占领忒拜后。把居民全部出卖为奴,只有神庙和诗人品达之家幸免。使希腊再度屈从于马其顿的统治之下,他以马其顿—希腊联军最高统帅的身份,组织对东方的侵略性战争。

亚历山大

公元前 334 年春,亚历山大借口波斯人曾经蹂躏过希腊的圣地,又参与刺杀腓力二世,而大举东征。他以解放者自居,利用波斯统治下的希腊人、埃及人等等的不满,许诺帮助他们摆脱波斯的羁绊。实质上,东侵是为了满足马其顿贵族和希腊奴隶主从战争中掠夺领土、财富和奴隶的愿望。

马其顿—希腊联军渡过赫勒斯滂海峡，进入亚洲，在马尔马拉海南岸格拉尼科斯河附近，亚历山大和波斯军队首次交锋。亚历山大不顾军队长途跋涉的困难，亲自率军作战，击败波斯军队。这一役的胜利，为亚历山大打开了向小亚细亚进军的通道。不少城邦归顺，只在少数地方，他遇到了希腊雇佣军的顽强抵抗。公元前333年夏，亚历山大的军队在伊索斯城附近和波斯军队发生了第一次激战。波斯国王大流士三世亲率军队以逸待劳，亚历山大集中优势兵力，直捣波斯军中锋。大流士三世溃逃，亚历山大占据了大流士三世的军营。

公元前332年，亚历山大继续向南进军，攻陷许多城市。在此期间，大流士曾向亚历山大提议媾和，表示愿割地赔款，但亚历山大表示当可能取得波斯帝国的全部领土时，他不希望只得到其中的一部分，他并且自称为"全亚洲的统治者"。

公元前332年冬，亚历山大由腓尼基南下，侵入埃及，他特别注意笼络埃及的祭司支持他的统治，对他们大献殷勤，慷慨馈赠。他在尼罗河三角洲，即现在亚历山大城所在的地方建立了一座城市，并用自己的名字命名为亚历山大里亚。

公元前331年春，亚历山大在埃及补充了自己的军队后，率军向东进发，经过巴勒斯坦、叙利亚，来到了美索不达米亚。在尼尼微附近加于加麦拉村，与波斯的军队发生一场决定性的战斗。10月1日清晨，战争开始了。波斯军队首先发动了攻势。大流士三世命令绑着锋利刀剑的战车全力冲扑过去，指望以数目众多、装备精良的战车一举击溃马其顿的方阵，结果扑了空，却被亚历山大的军队击得溃不成军。

亚历山大继续向东推进，深入了波斯腹地。他进行了惊人的掳掠，洗劫了巴比伦、苏萨和波斯利斯的王宫，夺得无数金银和财宝，还下令焚烧了波斯国王的王宫。此后，亚历山大移兵北上，占领了米底首府埃克巴坦那。为了追踪大流士三世，他率军经过险峻的山岭和无水的荒漠，来到了帕提亚和巴克特里亚。这时，巴克特里亚的总督比索斯拥兵自立，擒杀了大流士，自称波斯国王。不久，比索斯为共谋者所弃，被亚历山大擒获。他召开了有巴克特里亚贵族参加的审判大会，并以公诉人身份指控比索斯竟对自己的君主和亲戚大流士三世下毒手。他把自己打扮成波斯帝国政制的维护者，依照波斯习惯处比索斯以极刑。

大流士三世死后，波斯阿黑门尼斯王朝便告终结。亚历山大以阿黑门尼斯王朝的"合法继承人"自居。

为了慑服东方的反抗，建立更大的霸权，他继续兴师北方，转战于中亚细亚。在行进过程中虽遭到反抗，但都被亚历山大残酷地镇压下去了。

为了巩固对被征服地区的统治，他在东方建立了许多要塞城市，并且都用亚历山大命名，派兵驻守。

亚历山大深深懂得，仅仅依靠马其顿人和希腊人的军事力量，是无法统治广袤的帝国疆土的。随着征战的胜利,统治地区的扩大,他越来越多地沿袭波斯帝国及其各地的旧制,擢用东方的降臣。但亚历山大用极其严厉的手段惩办军中的反对者,甚至不惜诛杀一些战功卓著的老将和近臣。

公元前 327 年,亚历山大率领军队离开中亚,向印度进发。由于对印度的气候不适应和军中瘟疫流行,军队开始拒绝前进,要求回家。马其顿军队开始回撤。

公元前 324 年初,将近 10 年的亚历山大远征结束。

亚历山大经过大规模的军事远征,在辽阔的土地上建立起一个前所未有的庞大帝国。它的版图西起希腊、马其顿,东到印度河流域,南临尼罗河第一瀑布,北至药杀水。首都设在巴比伦。

亚历山大竭力鼓励马其顿人和东方女子结婚,以促进马其顿人和东方人的融合。

在巴比伦,亚历山大还积极准备继续进行远征,企图进一步征服地中海西部和南印地区、北非、意大利和西班牙。但是,正在此时,亚历山大突然患恶性疟疾病逝(公元前 323 年 6 月 13 日),终年 33 岁。

亚历山大作为一个历史人物,对人类社会的发展产生过一定的影响。通过远征,他使希腊同西亚、中亚、印度等地的贸易更密切了;他在被征服地区建立的城市后来发展成各地的经济中心;以往波斯王宫储存的大量金银被铸成货币,促进了商品的流通。这一切在一定程度上促进了东西方经济交流和生产发展。文化上,远征前后,不少希腊学者来到东方,研究东方的科学技术和文化艺术,搜集地理学、植物学和动物学的资料和标本。在社会政治方面,亚历山大的某些措施,尽管对缓和征服者与被征服者之间的尖锐矛盾产生过某些影响,但从根本上说,只是沿袭了东方专制帝国的旧规。

亚历山大并不是"超人",不应该将其理想化。他之所以能够取得远征东方的胜利,与当时的社会历史条件有关,是当时的时势造成的。

使用了二千多年的教科书——《几何原本》

公元前 336 年,亚历山大即位,开始南征北战。他征服波斯帝国,打到印度河流域,建立了横跨欧亚非的大帝国。亚历山大十分重视学术,他铁蹄所到之处,学者们收集历史、地理、生物方面的资料和知识,文化迅速繁荣发展起来。

在埃及,亚历山大建立了亚历山大里亚城,古代世界最杰出的科学就在东西方文化的交汇中产生。

埃及的尼罗河水经常泛滥,洪水过后,地界被淹没,人们就要重新测量土地。为了计算地积,人们逐渐掌握了一些方法,几何的萌芽就这样产生了。

公元前 320 年左右，罗德斯的欧德谟写了一部几何学的历史，这部著作的残篇一直保留在现在。从中可以看出公元前 300 年左右，在亚历山大里亚生活的欧几里德已经把知识搜集起来，并加以发展和系统化。

在欧几里德那里诞生了一本书，这本书流传使用了 2000 多年，堪称历史上使用时间最长的教科书。这本几何书被重版过成千上万次，传到欧亚大陆，堪与《圣经》比美。当传到我国时，正值明代。我国杰出的科学家徐光启与西洋传教士利玛窦合作，翻译了这本书，定名为《几何原本》。"几何"一词，就是徐光启在中国首先使用的。

欧几里德是一个令人尊敬的大数学家，他的具体生平无人可知，但他的故事流传至今。

欧几里德曾经在柏拉图学院学习，后来在几何学上取得巨大成就，成为希腊三大数学家之一。有一次，托勒密王请欧几里德讲授几何学，讲了一段时间，托勒密听不懂，于是就向欧几里德发问："有更简单快捷的方法，不费多大力气就能学会的吗?"欧几里德答道："在几何学中，没有为国王设置的捷径。"另有一件事情，记载了一位青年向欧几里德学习。刚刚学习了几个初级命题，这个青年就问学习几何能对自己有什么好处。欧几里德对旁边的人说，给这个青年三个钱币，让他离开，因为他妄想在几何学中得到实利。欧几里德和他之前的一些大学者一样，也和他的老师柏拉图相似，都强调一种追求真理的精神。

《几何原本》共 13 篇，共 467 个命题。爱因斯坦说："一个人当他最初接触欧几里德几何学时，如果不曾为它的明晰性和可靠性所感动，那么他是不会成为科学家的。"

书中讲到了直边形的全等定理、平行定理、勾股定理以及初等作图法，还讲到了几何方法解代数问题，包括求面积和体积，对圆、比例和相似进行了基础定理的讨论，对数论和立体几何也建有专章。其中穷竭法的思想是近代微积分的来源。这一切基本上包括了我们现在使用的数学入门教科书的全部内容。

欧几里德与他身后 100 年的阿波罗尼（据说是欧几里德学生的学生），以及公元前 287 年出生的阿基米德并称为希腊数学家三杰。

希腊最伟大的天文学家——希柏克斯

历史上把亚历山大帝国建立（公元前 330 年）至罗马征服希腊为止的一段时间称作希腊化时期。这一时期诞生了天文学之父——希帕克斯。

希帕克斯在公元前 160 年至前 127 年间先后在罗德斯和亚历山大里亚工作。他的著作和生平事迹都不完整，在托勒密的著作里，人们可以窥见希帕克斯的早期开创性工作。

他利用早期希腊和巴比伦的记录进行了天文研究,准确性很高。他还发明了许多仪器,进行科学的观测。这一时期的天文学已经进入"观测天文学"阶段,天文学进入科学意义上的研究,而希帕克斯正是这种意义上的天文之父。

希帕克斯本来在亚历山大里亚,但埃及托勒密王朝走向衰落,人们对学术不像原来那样关心,统治者也不加重视,所以希帕克斯来到了爱琴海南部的罗得岛。在这座岛上,他建立了观象台,开始天文观测。他运用三角函数等方法计算出月地距离,还编制了世纪太阳月亮运动表,用来推测日食月食十分准确。他求出了1年的准确时间,与现在的精确时间几乎一般无二,只差6分钟。在希腊人中,希帕克斯是第一个按照巴比伦的方式把天文仪器上的圆周分成360度的。

希帕克斯创立了球面三角这门数学工具,使几何模型精确成数学描述,希帕克斯还提出了把恒星划分成6个级别。

希帕克先假设地球是中心,然后说明,只要假定日、月、行星等每一个天体都在一个轨道,即本轮上运动,而这一轨道又在一个大得多的圆轨道,即均轮上,围绕着地球运行,这就可以解释行星的亮暗问题。根据直接观察,可以确定这些轨道的大小。这就是本轮均轮系统,比起繁琐的同心球宇宙模型要更科学更简单。虽然他的出发点也有很多错误,但是这种思路却是更接近真实正确了。

希帕克斯根据相似三角形的成比例原理,发明了三角函数,提出了正弦、正切等概念。他把三角平面推广成球面,这是一个创举。

希帕克斯提出的天文运行系统在托勒密那里集为大成,直到1400年后才让哥白尼推翻。他虽然有很多错误,但是他继神话天文学和经典天文学后,取得了观测天文学的巨大成就,这是划时代的,他仍然是希腊最伟大的天文学家。

地心说与日心说在古代

地心说束缚人类长达1400年,直到哥白尼才把人类从地球中心论的迷梦中惊醒。

在希腊时代,可以找到日心说的先驱,他就是亚历山大里亚城的著名天文学家阿里斯塔克。关于他,我们仍然是不知其详,而仅从阿基米德的著作中窥见他的理论和生平。阿里斯塔克约公元前310年出生,与毕达哥拉斯出生地相同。他认为,并非日月星辰绕地球转动,而是地球和日月星辰一起绕太阳转动。他还发现了地球绕轴自转,这个说法实在令人惊讶佩服,在当时这实在是石破天惊的理论。天才往往是超乎时代的,所以天才往往也是不幸的,人们谁也不相信阿里斯塔克。人们为什么不相信阿里斯塔克呢?主要是受亚里士多德的理论束缚。亚里士多德很多物理学理论是从观察中来，但他只停留在事物的现象和想当然的推理，而没有认识到本质规律。例如，人们认为如果地球自转的话人就会被抛开，而如果地球还在匆匆忙忙绕着太阳飞速奔跑的话，地球上的很多东西应被甩在后面。还有天文学家提出，如果地球在动，为什么观测到的恒星的位置不变呢？

阿里斯塔克对第二个问题的回答是十分科学准确的，他说，恒星离我们太远，不是位置没变，而是仪器不精确，没能测量出来，况且地球轨道本来也显得像沙粒与皮球对比一样微不足道。至于第一个问题，我们无法得知当时的回答，因为记载已经失传。但现在我们知道是惯性所致。其实只要想想，在匀速奔跑的车上，乘客跳起来，但不会被车甩下，而是又落回车上，跟在平地差不多，就有点明白了。

近代人们最熟的古代天文学家是托勒密，他约生于公元100年，托勒密是希腊天文学集大成者，他的成名之作是《天文学大全》。在整个中世纪的欧洲，这本书一直被当作权威之作，不容置疑。托勒密把前辈学者亚里士多德、希帕克斯等人的学说加以整理发挥，建立了整个地心体系，达到了当时人们理想中的最标准境界，所以获得了权威地位。

有人说托勒密抄袭希帕克斯，但这些都无法证实。托勒密也好，希帕克斯也好，并不影响人们对理论的理解和评价。

《天文学大全》共13卷，被阿拉伯人推崇为"伟大之至"，结果书名也慢慢成为《至大论》。这部书系统总结了希腊时代的天文学，奠定了托勒密作为希腊化时期集成希腊天文学的地位。

托勒密认为，地球是宇宙的中心，天体围绕地球运行；最接近地球的是月亮，以下依次是水星、金星、太阳、火星、木星、土星、恒星，最后是原动天，也就是九重天，是天神居住之地。当时人们肉眼所能观察到的天空没能有反例来推翻这个体系，而在中世纪，这恰好为神的存在提供了位置，因此地心说竟然统治人类思维长达千年之久。

《至大论》成为古代希腊天文科学的结尾音符。有意思的是，托勒密还写过《地理学入门》8卷本，书中计算了地球的大小，他已经知道中国的存在。托勒密的地球数值比正确数值小得多，但因为他的权威，一直流传到哥伦布时代。从他的数值中看出，海洋的面积很小。而公元前276年出生的埃拉托色尼也计算过地球大小，与正确地球半径只相差100多公里，但当时没人相信，因为他的计算证明了地球上海洋约占3/4，而人们认为是陆地最多。

刻在墓碑上的方程

在《希腊诗文集》中有这样一则奇怪的墓志铭，是由麦特罗尔写的，诗歌内容

是这样的:

　　过路之人，

　　这儿埋葬着丢番图。

　　请计算下列数字，

　　便可知他一生经历多少时日。

　　1/6 是他幸福的童年，

　　1/12 是快乐的少年，

　　再过去生命的 1/7，

　　他建立了和谐的家庭。

　　5 年后儿子出生，

　　不料儿子先于父亲 4 年而终，

　　只活到父亲岁数的一半，

　　晚年的老人异常悲痛。

　　丢番图啊，他到底活过几个春夏，

　　几个秋冬?

　　这个墓志铭就是古希腊大数学家丢番图的简略一生。对于他，我们知之甚少，只知他约出生在公元 3 世纪，在亚里山大里亚待过。通过墓志铭的数字题，我们可以解方程得出他活了 84 岁。

　　1842 年，数学史专家把数学的发展分成三个时期:第一个原始阶段是用文字叙述代数，这时还没有代数符号;第二时期是用缩写的方法简化代数;第三个时期才是符号代数，人们用数字符号运算。其中第二个时期就是丢番图开创的。

　　丢番图大约生活于公元 246 年到公元 330 年之间。距现在有 2000 多年了，他可以称得上代数的最初奠基人。

　　丢番图的《算术》中(也可叫《数论》)记载有一元一次方程的解法，这是一个一般解法，他写道:"如果方程的两边遇到的未知数的幂相同，但是系数不同的话，那么就要用等量减等量，直到得出含未知数的一项等于某个数为止。"

　　这就是现在方程中的移项方法。

　　丢番图善于从几何中脱离出来，以真正的代数形式推演。这样做就开辟了代数学科，使代数真正具备了自己的思想和方法。

　　丢番图有一个大的缺点，他的脑子很聪明，解题往往能从具体的题目出发而找到方法，这样固然展示了他的才华，但是从代数的立场看却是损害了科学。

　　因为一道题与一道题解法都不同，没有普遍的实用价值，没有规律可言，这样就会使探索性的价值降低，对人们研究演绎和应用都是不利的，推广更是难上加难。

　　德国史学家韩克尔说:"近代数学家研究了丢番图 100 个题后，但解到第 101

道题,仍然感到困难。"

在丢番图那里,已经知道了负数运算的符号变化法则。在著作中,丢番图讲到:"消耗数乘以消耗数得到增添数,消耗数乘以增添数得到消耗数。"

在此,消耗数指负数,增添数指正数。用通俗的话来说就是"负负得正,负正得负"。

在希腊,几何比代数发达,但从丢番图开始,代数作为一门独立的学科出现了。所以人们称他是代数的鼻祖。

丢番图6卷本《数论》一直流传至今,书中收集了189个代数问题。在第一卷中首先给出了代数符号和定义。他首先提出了三次以上的高次幂的表示法,这是划时代的成就。他研究了大量二次和三次的不定方程,人们为了纪念他,把整系数的不定方程称作"丢番图方程"。

帕特隆神庙

古希腊是欧洲文明的发源地。无论是文学、艺术、哲学,古希腊的杰出成就都被世人所瞩目。尤其在艺术方面,希腊的古典主义盛期将永远被世人所怀念。帕特隆神庙正是这一时代杰出的典范,她如一颗耀眼的明珠把希腊古典艺术的光芒洒向世界各地。

帕特隆神庙是希腊雅典卫城中最突出的建筑,她里面供奉着希腊雅典城邦的保护神雅典娜。帕特隆神庙自建造以来,经历了几千年的风雨,曾经一度被损坏。

据说,早在公元前8世纪以前,雅典就有了国家。从此,文明之星在这里慢慢升高,日益光明。不久,雅典人就在雅典城中央的一座150米高的山上修建了雅典卫城,并且造了自己城邦的保护神——雅典娜的神庙,称为帕特隆神庙,意译为"处女宫"。

但是,不幸,在公元前480年的希波战争中,雅典城被波斯大军占领,各种建筑都被毁坏,财宝被洗劫一空。希腊军队齐心协力,在保护神雅典娜的激励下,奋勇作战,终于在公元前479年春天,把波斯军队全部赶出希腊,最终取得了战争的胜利。

为了纪念雅典人战胜波斯人,公元前448年,雅典统治者伯里克利在人民的强烈要求下,开始重建雅典卫城与帕特隆神庙,以感谢自己的保护神雅典娜。在伯里克利的主持下,一批出色的雕塑家、建筑家、画家及各种能工巧匠汇集雅典。在著名建筑家伊克提诺的主持下,帕特隆神庙开始动工,经过勤劳智慧的雅典人日夜的奋斗,终于在公元前432年建成。

帕特隆神庙平面呈长方形,建在一个长为69.54米、宽为30.89米的三级台基上。神庙全部用白色大理石砌筑,四面用46根多立安柱式的立柱环绕成四周回廊。入口设于东西两端,各有立柱8根,东西门廊上方形成三角形山花。外檐间隔布置着三陇板,施以鲜艳的红、黄、蓝三原色,嵌着青铜花环与剑盾图案的镀金饰件。陇间壁上是高浮雕,表现拉比斯人与半人半马之战以及希腊人与亚马逊人之战。内檐壁上是一圈带形线浮雕,题材为一年一度向雅典娜献衣礼的节日庆典行列,画面长约150米,高约1米,图中近500个人物与100多匹马、牛等牲畜列队前进,场面庞大,气氛隆重而热烈。东西山花分别描绘着雅典娜诞生的故事与雅典娜同海神波塞冬争夺对雅典城保护权的浮雕,这些作品均出自当时著名的雕塑大师菲狄亚斯之手。三角形构图巧妙自然,生动饱满。

而最为引人注目的则是供奉在帕特隆神庙正殿中的雅典娜立像。她是菲狄亚斯的传世名作。雕像高约13米,以大理石雕成(一说是以木雕成),表面镶嵌着黄金与象牙。雅典娜头戴战盔,金衣垂地,左手扶着盾牌,右手托着胜利女神尼凯。女神面部表情庄严肃穆,具有一种不可侵犯的神性,同时又有人间妇女那种安详、秀美的表情。雕像充分体现出雅典人战胜波斯大军的民族自豪感,体现了希腊全盛时期的民族精神。每当东方的天空映出第一道朝霞,殿内的雅典娜神像便鲜活起来,据说,会露出神秘的微笑,雅典重新沐浴在神的光芒之下。

但是,在公元146年,雅典娜神像被罗马帝国皇帝安东尼·庇乌抢走,至今下落不明。

1687年,帕特隆神庙大部分被威尼斯人的炸弹摧毁。

18世纪下半叶,欧洲列强纷纷来此盗运抢夺文物。19世纪初,一些英国人雇佣大量劳工,几乎搬走了庙内所有的精美浮雕及其他珍品并转卖给伦敦大英博物馆。

历经了几千年的风雨磨难,帕特隆往昔的光辉荡然无存。如今,神庙只剩下那布满伤痕但依然挺立在四周的46根多立安式立柱。那威严秀丽的保护神已不知何去,那精美的雕刻也找不到痕迹,只留下岁月的沧桑,默记着往日的辉煌,默记着那曾经绚丽无比的雅典卫城中的明珠。

如今,明珠消逝了。每个到过希腊雅典的人莫不为之垂泪,面对一片废墟,依稀可记起曾经的壮丽。但是,帕特隆神庙依然是人类艺术的圣地。

英雄史诗《伊利昂记》

《伊利昂记》是著名的荷马史诗中的一部,又译为《伊利亚特》。

《伊利昂记》是一部描写部落战争的英雄史诗。当时古希腊各部落在地中海东部和小亚细亚一带活动。社会的组织细胞是父系氏族,由氏族结成胞族、部落以至部落联盟。阿基琉斯、奥德修斯都是部落的首领。最高权力属于民众大会,讨论战争与和平问题,另外还经常召开长老会议。古希腊军队就是一支部落联盟的联军,阿伽门农是联军的最高统帅。

《伊利昂记》描写最后一年中 51 天内发生的事。史诗一开始就点出,"阿基琉斯的愤怒是我的主题"。阿伽门农和阿凯亚部族中最勇猛的首领阿基琉斯共同争夺一个女俘,阿基琉斯失败受辱后,愤然退出战场。

古希腊军队因阿基琉斯的退出而连连失利,一直退到海岸边,再也抵挡不住特洛伊主将赫克托耳的猛烈攻势,情况万分紧急。阿伽门农请求和解,遭到了阿基琉斯的拒绝。阿基琉斯的朋友帕特罗克洛斯借了他的盔甲,杀上了战场,挡住了特洛伊人的进攻。但赫克托耳却把帕特罗克洛斯杀死,并夺走了盔甲。阿基琉斯悔恨自己的过失,愤而重新参战,为亡友复仇。他终于杀死了赫克托耳,并把赫克托耳的尸体拖在马后奔驰。

赫克托耳的父亲、伊利昂的老王普里阿摩斯前来赎回儿子的尸首,全诗在为赫克托耳举行的盛大葬礼中结束。

英雄阿基琉斯是古代英勇战士的理想形象,带有神话色彩。他是一个非常骁勇又重视个人荣誉的将领。是神与人之子。他与联军统帅阿伽门农的争吵出于正义,是为了避免全军在瘟疫中毁灭,他请求阿伽门农送还日神祭师的女儿。阿伽门农当时火冒三丈,当众辱骂阿基琉斯,并扬言将抢走他的女俘——布里塞易斯作为报复。阿基琉斯愤怒地拔出刀来想杀阿伽门农,但他克制了自己。

为了部落利益,他把自己的女俘交给了阿伽门农。他一怒之下,退出战场。但他仍忘不了自己的部落,时时关心古希腊军的胜败,在古希腊军战船着火的紧急时刻,他亲自催送自己的好友帕特罗克洛斯去参战。

当他得知亲密的战友被赫克托耳杀死时,战争已到了古希腊人生死存亡的关头,他悲痛欲绝,并深深悔恨自己的愤怒。他毅然抛弃旧怨,坚决出战,终于将战局转败为胜。

他从发怒到息怒,从退出战场到重新参战,始终以部落的集体利益为主,并没有产生严重的思想障碍和不可克制的复杂的内心冲突。他是那样自然而又自觉地遵从部落集体利益,充分体现了部落集体的英雄主义和集体主义精神,这正是部落英雄的特色。

通过阿基琉斯愤怒的情节,诗人还给我们显示了在氏族集体的英雄身上开始萌芽的个人意识,这是不利于集体的,需要加以谴责的东西。阿伽门农凭借个人权势,无理夺去阿基琉斯的战俘,是使得希腊联军节节败退的根源。而阿基琉斯急躁任性,固执己见,不接受阿伽门农赔礼谢罪,继续拒绝参战,则又是希腊联军遭受更大伤亡的原因。因此,在诗人看来,阿伽门农的滥用权势和阿基琉斯的任性自负,都是有害于氏族集体利益的。

第二部荷马史诗《奥德修记》

《奥德修记》是荷马史诗中的第二部,它的形成较《伊利昂记》晚,又译为《奥德赛》。

《奥德修记》描写木马计的设计者奥德修斯在特洛伊战争后,海上 10 年历险和他归家后夫妻团聚的故事。这部史诗采用中途倒叙法。奥德修斯在海上漂流期间,家中已发生了意外的事。由于他多年不归,儿子忒勒马科斯外出寻父。许多贵族都向奥德修斯的妻子佩涅洛佩求婚,企图夺取王位和财产。

奥德修斯归乡途中,海上遇险,最后来到菲埃克斯人的国土,向国王重述了 9 年间海上惊心动魄的经历。他用计战胜了吃人的海神之子、独目巨人波吕菲摩斯,把人变成猪的神女喀尔刻,以歌声迷人的人首鸟身的女妖塞壬以及海中巨怪卡律布狄斯和斯库拉。他还游历了冥土,看到了特洛伊战争中阵亡英雄的鬼魂。同伴们都已死去,他独自一人为仙女卡吕浦索挽留下 7 年,最后神女服从了宙斯的意旨,放奥德修斯返乡。

国王和长老们都为他的故事所感动,送了他许多礼物,并派快船送他回乡。回国后,他乔装乞丐和儿子共谋除奸之计,把求婚者全部杀死。史诗在夫妻团圆的喜剧气氛中结束。

《奥德修记》中的主人公奥德修斯是伊大卡岛的王。他聪明、勇敢、坚强而又善用计谋。在特洛伊战争中,他是一个足智多谋的政治家和领袖。他曾多次献计,屡建奇功。

在与惊涛骇浪和妖魔鬼怪的搏斗中,他巧用智谋,勇敢地战胜了无数艰险。困难吓不倒他,任何的荣华富贵,甚至爱情的诱惑也动摇不了他。鼓舞他战胜困难的是他对部落集体和对妻子的深厚感情。

他曾对卡吕浦索仙女说:"聪明的佩涅洛佩在身材和容貌上都比不过你,她不过是个凡人,你却长生不老。可是我还是天天怀念她,想要回家,想看到还乡那一天,哪怕天神在葡萄紫的大海上打击我,我也有忍受苦难的决心,可以坚持下去。"仙境的生活,娇艳的神女,长生不老的法术,他都不留恋,什么也打消不了他对家乡的眷恋之情。当他经过 10 年漂泊,终于踏上伊大卡岛的土地时,他狂吻着土地,心中的喜悦难以形容。

接着,摆在他面前的又是一场恢复王位和向求婚者复仇的斗争,一场争夺和维护私有财产的斗争。奥德修斯在这场斗争中机智、多谋、狡猾而又多疑。他对妻子也采用欺诈、试探的手段,甚至对天神也如此。史诗对这些当作正面的品质加以歌颂,这在当时条件下并不算是不正当的行为。他在斗争中,私心很重,财产观念很重。他杀死了众多的求婚子弟后，又处死了许多与仇人合作的奴隶，奥德修斯的形象，带有早期奴隶主的特点。

《奥德修记》对文艺复兴及 18 世纪浪漫主义小说都具有深远的影响。两千多年来，西方人一直认为它是古代最伟大的史诗。马克思说它具有"永久的魅力"，是"一种规范和高不可及的范本"，直到今天，它"仍然能够给我们以艺术享受"。

苏格拉底

古希腊是西方哲学的故乡，又称为"西方哲学家的摇篮"。在古希腊哲学家中，众星捧月的代表人物是苏格拉底、柏拉图和亚里士多德。这三个人被誉为"古希腊哲学三圣"。

这里首先介绍苏格拉底的事迹，后两位在以下章节中介绍。

苏格拉底，古希腊著名的哲学家。"认识你自己"是他的中心命题。

公元前 469 年，苏格拉底生于离雅典城不远的阿洛佩凯。据记载：他生于第 77 届奥林匹亚赛会第四年，死于第 95 届奥林匹亚赛会的第一年，享年 70 岁。他的父亲索弗罗尼斯科斯是一名石匠出身的雕刻匠，母亲法伊纳列特是一名助产医生。

子承父业是当时古希腊的习俗，所以，苏格拉底青少年时代跟父亲学习雕刻，据说陈放在雅典卫城上的一组美神雕像是苏格拉底的作品。与此同时，他还读过荷马的史诗以及一些其他著名诗人的作品。

苏格拉底青年时期同当时雅典的学者名流交往甚密，同时又师从著名哲学家阿那克萨哥拉斯的弟子阿尔赫拉王斯，学习关于自然的知识。他靠自学成了一名有学问的人，他以传授知识为生。30 多岁的时候，他转而探讨与现实生活密切相关的伦理道德问题，成了一名不取报酬也不设馆的社会道德教师。许多有钱人家和穷人家的子弟常常聚集在他周围，自愿做他的学生，向他请教，而苏格拉底却常说："我只知道自己一无所知。"

他喜欢在市场、运动场、街头同各方面的人谈论各种各样的问题，例如战争、政治、友谊、艺术，特别是伦理道德问题。所以，40 岁时他就展露出了杰出的才华，声誉渐起，成为雅典闻名的人物。

伯罗奔尼撒战争爆发后，苏格拉底的后半生几乎都是在战争中度过的。在长达 27 年的战争中，他和当时还是青年军人的阿尔基比德斯一起当过重装步兵，曾三次参战。在波特伊达伊亚附近的一次战斗中，阿尔基比德斯身负重伤，苏格拉底奋力保护，终于击退敌人，救了阿尔基比德斯的性命。在另一次战斗中，朋友色诺芬身受重伤，不能行动，也是得到他的援救，才幸免一死。

公元前 404 年，雅典在伯罗奔尼撒战争中惨遭失败，民主政体被斯巴达支持的

苏格拉底(雕像)

"三十僭主"的统治所取代。"三十僭主"的头目就是苏格拉底的学生克利提阿斯。一次,克利提阿斯把苏格拉底召去,要他带领 4 个人去逮捕一个名叫列昂的富人,欲杀之以夺其财产。其余 4 人欣然从命,苏格拉底却拒绝合作,拂袖而去。他不但敢于抵制克利提阿斯的非法命令,而且公开谴责他的暴行。克利提阿斯把他叫去,不准他再接触青年,但他威武不屈,不予理睬。

公元前 403 年,"三十僭主"被推翻,克利提阿斯一命呜呼,民主派重掌政权。

当时一位并不著名的悲剧作家米列托斯和其他两个人对苏格拉底提出指控,罪名是"不敬国家所奉的神,并且宣传其他的新神,败坏青年"。公元前 399 年苏格拉底被交给法庭审判。

法庭上苏格拉底发表了慷慨激昂的演说。按照雅典的法律,在法庭对被告进行判决之前,被告有权提出一种不同于原告所要求的刑罚,以便法庭二者选一。但苏格拉底理直气壮地自称无罪,认为他的言行绝不属于犯罪,而是有利于社会。他觉得只有让他终生在卫城的圆顶厅享受国家提供的免费餐,才算合理。在朋友们的规劝下,他才提议对他罚款 30 明那。结果他还是被判了死刑。

雅典的宗教习俗,每年 5 月,雅典都要派圣船"帕拉洛斯"号满载祭品去提洛岛的阿波罗神庙朝圣,往返时间是 30 天。在这个特定时期内,不得处决犯人,苏格拉底判决之日适逢圣船启航之时,所以未被立即执行。

收监期间,他的朋友克利托等人已经买通狱卒,制定了越狱计划,力劝他逃走。但他婉言谢绝了,认为自己应该服从国家的法律。在就要处决他的那天晚上,他打发妻子和亲属离开牢房,与克利托等人侃侃而谈,讲了一番灵魂不死的问题,然后镇定自若地从狱卒手中接过毒药,一饮而尽。就这样,苏格拉底在70岁的时候离开了人世。

据说苏格拉底长得很丑。脸面扁平,嘴唇肥厚,大狮鼻,挺一个大肚子,着一件褴褛外衣,光着脚板到处走。和人谈话时,偏低着头,像条壮实的公牛,然而他炯炯的目光仍能穿透一切,使人感到一种超人的才智和内在的精神美。

还有的记叙说,苏格拉底不仅是一个最能控制激情嗜欲的人,而且也是最能经得起冷热和各种艰苦劳动,惯于勤俭生活的人。尽管他资财微薄,但他却能应付自如。

苏格拉底的哲学不是研究自然,而是研究人,研究人的道德、伦理,让人们去信仰宗教,信仰神学。因为他认为自然界的一切都是由神按一定目的安排的,不需要人去认识和研究,研究自然就是对神的干涉和不敬。而研究人也主要是探讨什么样的道德、伦理才符合贵族奴隶主的利益,完全排除手工业者和农民,认为他们是低贱的,不通情达理,不懂得美。他有许多关于美和艺术的见解,都是从这种反民主的思想出发的,但是从中也流露出一些值得重视的观点。

关于美,在他以前的哲学家都是从自然科学的观点来研究的,而他却是从社会科学的观点来研究的。他的哲学是宣扬神学的,认为人的各个部分都是根据神的意志,或者说是神根据有用的目的来创造的。断言美的东西都是有用的,把美的标准规定为有用的,有用的就美,有害的就丑,认为人愈是认识到什么是美,也就愈有道德,从而将美和善紧紧联系在一起。可是,有用的东西也不是绝对的,对这个有用,对那个可能就有害,所以,他认为美具有相对属性。他说:"盾从防御看是美的,矛则从射击的敏捷和力量看是美的。"同一件东西对这个有用是美的,对另一个有害就是丑。美是有用的,是相对的,这是他美学思想的核心。

对艺术的本质,他承认早年流传的"艺术摹仿自然"的说法,肯定艺术活动的实质是模仿、再现。但是,他认为艺术再现的对象是精神上和肉体上美的人。但肉体要服从精神,不仅要模仿外形,更要模仿心灵。他反对把"模仿"看作"抄袭",主张画家画像,雕刻家雕像,都不应只满足于外貌细节,要表现出"活人的形象""现出生命",把心理活动、心灵状态表现在活的形象上,显出生命感。他强调形式为内容服务,达到形象的逼真和生动。认为要塑造出这样的形象,就应该有选择,有提炼,构成一个美的整体。他说:"在塑造优美形象的时候,由于不易找到一个各方面都完美无瑕的人,你们就从许多人身上选取,把每个人最美的部分集中起来,从而创造出一个整个显得优美的形体。"主张艺术高于现实,画出的人,雕出的像,要比原来的真人更美。他对塑造艺术形象的论述,在古希腊算是第一个。

可是,当他谈到创作灵感时,却充满了神秘色彩。他把灵感视为天赋,轻视理智,认为"诗人并不是凭理智,而是凭一种天才和灵感。他们就像那种占卦或卜课

·古希腊文明·

图文珍藏版

的人似的,说了许多很好的东西,但并不懂得究竟是什么意思"。他的文艺思想到柏拉图那里,得到了继承,并得到了充分发挥。

柏拉图

公元前 400 年,古希腊哲学进入系统化阶段,其代表人物有柏拉图和亚里士多德。

公元前 427 年,柏拉图生于雅典的一个名门望族。他的父亲名叫阿里斯东,母亲叫柏里克蒂娥尼,是改革家梭伦的后裔。

柏拉图本名阿里斯托克利,据说因为他生有一个阔额头,所以得了个诨号"柏拉图",后来这个名字也就叫出了名。

柏拉图塑像

柏拉图青年时代,正值伯罗奔尼撒战争,18 岁时他应征入伍。他青年时期像其他贵族子弟一样受过良好的教育,富于文字兴趣和才能。20 岁时成为苏格拉底的学生。

公元前 399 年,苏格拉底被腐败的雅典民主派处死,柏拉图因此受到沉重的打击。

苏格拉底被处死后,柏拉图不得不暂离雅典,大约从 28 岁到 40 岁之间,他做了一次海外游历。他先到邻邦墨加拉,从那里渡海去北非。他先后到过希腊殖民城市昔伦尼和金字塔之乡埃及。然后来到南意大利,在那里接触到毕达哥拉斯派门徒如阿基达等,这些人对哲学有着坚定的信念,知识渊博,又执掌着政权,给他留下了深刻的印象。

柏拉图曾经有三次西西里之行，他试图把政治理想付诸现实，但都以失败而告终。

第一次是公元前 387 年柏拉图到达西西里岛，在叙拉古宫廷会见僭主狄奥尼修一世，宾主交谈并不投机。僭主信奉军事实力，柏拉图谈论唯心论哲学，结果不欢而散。

第二次是公元前 367 年，柏拉图应戴昂邀请去叙拉古担任新即位的狄奥尼修二世的教师。

第三次是公元前 361 年，狄奥尼修二世再邀柏拉图前往叙拉古，结果仍不顺利，败兴而归。

据说柏拉图在返国途中被人卖为奴隶，幸得熟人慷慨解囊，以 20 明那替他赎身。

公元前 386 年，柏拉图在雅典近郊凯菲索区的阿卡德米体育场开办了一所学校，他一边教学，一边著作，做了一名教师。他在阿卡德米的入口处写了"不懂几何学者勿入"的字样，告诉人们，没有几何学的知识休想登上柏拉图的哲学殿堂。

柏拉图主持学园约 40 载，学园的建立是他生命史上的转折点，在某些方面还是西欧科学史上最值得纪念的事件。对于柏拉图来说，这意味着在长期等待之后，已经找到了他一生真正的工作。

柏拉图的著作大都是以对话形式写成的。主要有《辩诉篇》《克利托篇》《普罗塔戈拉篇》《高吉亚篇》《曼诺篇》《共和国篇》(即《理想国》)《菲多篇》《宴话篇》《菲德罗篇》《智者篇》《法律篇》等。

公元前 347 年，柏拉图以 80 岁卒其天年。柏拉图死后，他所创立的学园由门徒主持代代相传，继续存在了数世纪之久。

哲学大全《理想国》

凡是知道柏拉图名字的人几乎都知道，《理想国》是他最著名的代表作，西方哲学家几乎都认为这篇对话是一部"哲学大全"。

柏拉图生活在雅典民主制度由盛到衰的时代，他从青年时代起就决心献身于政治，认为只有在正确的哲学指导下才能分清正义与非正义从而公正地治理城邦。

雅典的现实使他感到失望，三次西西里之行试图把他的政治理想付诸现实亦以失败告终，在理想和现实的深刻矛盾中他不得不退而著作，探讨治理国家的学问，建立理想的政治蓝图。《理想国》就是在这样的历史背景下写成的。

《理想国》又译作《国家篇》《共和国篇》等，与柏拉图大多数著作一样以苏格拉底为主角用对话体写成，共分 10 卷，其篇幅之长仅次于《法律篇》，一般认为属于柏拉图中期的作品。这部"哲学大全"不仅是柏拉图对自己前期哲学思想的概括和总结,而且是当时各门学科的综合,它探讨了哲学、政治、伦理道德、教育、文艺等等各方面的问题,以理念论为基础,建立了一个系统的理想国家方案。

《理想国》讨论的主题是正义问题,首先讨论国家的正义。柏拉图认为一个好的国家应该具备智慧、勇敢、自制、正义这四种德性。

国家的智慧要求它有治理整个国家的知识,只有少数人才具有这样的智慧;国家的勇敢属于保卫它的卫士;国家的自制是一种和谐,当统治者与被统治者能够和谐一致,这个国家就达到了自制。若一个国家有了这四种德性,也就有了正义。

哲学家是爱智慧的人,不过那种对任何事情都好奇的人还不是真正的哲学家,只有热忱于寻求真理的人才是哲学家,这就涉及了真理问题。

柏拉图把世界划分为可感世界与理念,那些只爱好具体事物如美的声调或形象的人只有意见而无知识,只有那些认识美自身即美的理念,而且将其与具体事物区分开,而不互相混淆的人才是有知识的人。

柏拉图通过"太阳"的比喻说明,正如太阳是可见世界之所以可见的原因,善乃是理念世界中一切理念的存在原因,它是最高的理念。他又通过"线"的比喻进一步将两个世界划分为四个部分:

第一部分,影像。

第二部分,影像所像的实物。

第三部分,数理对像。灵魂将影像的实物作为影像来研究,它只能从假设出发下降到结论。

第四部分,理念。灵魂从假设出发上推到第一原理,它不再使用影像而是使用理念来做系统研究。

前两个部分属于可见世界,后两个部分组成了可知世界。

与此相应,灵魂的状态也可以分为四个阶段,这就是想象或猜测、信念、理智和理性。

柏拉图通过"洞穴"的比喻指出,认识的四个阶段并不是后天学习的发展过程,而是"灵魂的转向"。因为灵魂本身具有一种认识能力,教育只是使这种能力掌握正确的方向,使它从黑暗转向光明,从现象的世界走向真实的世界,因此教育也是《理想国》的重要主题之一。

柏拉图设计了一套理想的教育课程,除了体育和音乐这两门初等课程之外,必须学习算术、平面几何、立体几何、天文学和谐音学等五门课程,按照这个次序将灵魂从可见世界逐步引向哲学,其目的是为了培养国家统治人才,促成他们的灵魂转向。

《理想国》一书在哲学史乃至人类思想史上产生了广泛深远的影响。柏拉图的《理想国》不仅对他前期的唯心主义哲学思想作了最为完整系统的表述,而且在人类思想史上第一次提出了一个完整系统的理想国家方案,构成了以后各种作为社会政治理想而提出的乌托邦方案的开端。

亚里士多德

亚里士多德,古希腊著名的哲学家、自然科学家,西方文艺理论的真正奠基者。公元前 384 年,他生于爱琴海北岸的哈尔基迪凯半岛上的达吉罗斯,其父是马其顿国王阿明塔斯二世的御医,母亲法伊斯提来自优卑亚岛的哈尔基斯。亚里士多德早年丧父,由监护人"抚养"。17 岁赴雅典就读于柏拉图的"学园",受教 20 年。为学员中出类拔萃者。

柏拉图去世后,亚里士多德曾受马其顿王之聘,教育太子亚历山大。回雅典后,亚里士多德在吕刻翁自立学园,专心教育和著述,经常在走廊边走边讲授,后世称他的学派为"逍遥学派"。恩格斯称他是古代"最博学的人"。

公元前 335 年,亚里士多德返回雅典,在雅典东郊的一所名叫吕凯伊昂的体育场开办了自己的学校。13 年里,他一边教学,一边写作。这是他最为成熟也最有成就的时期,他遗存的大部分作品完成于此时。弟子分两班。他每天上午教高级班,人数有限,课程包括哲学、物理学、辩证术等;下午教普通班,讲授修辞学、政治学等课目。

亚里士多德的研究工作得到亚历山大的赞助。据说这位跃马东方的"大王"派了成千的人员供他支配,有打猎的、捕鱼的、养蜂的、喂鸟的等等,分布在希腊和亚洲的各个地区。这样便帮助他建成了一座规模可观的生物实验室。亚历山大还下令为亚里士多德搜集各邦各城的法律政治资料,为他提供 800 塔兰特的研究费用。

公元前 323 年,亚历山大的死讯从巴比伦传来,雅典人一时间将自己对马其顿人的怒气发泄到亚里士多德的头上。他被控犯了"渎神罪"。他眼见祸之将至,匆匆避居于哈尔基斯。次年辞世,享年 63 岁。

他的著作相传有 400 余卷,但大多散失,传者也残缺不全。他的著述可分为形而上学、物理学、伦理学、政治学和美学五个部分。批判地继承了柏拉图的全部学说。

柏拉图破坏多于建树,亚里士多德批判多于继承,建树多于破坏,两人处处针锋相对。

亚里士多德实践了自己的名言:"我爱我的老师,我更爱真理。"他专论文艺和美学的著作,今传有《诗学》和《修辞学》,是古希腊文艺辉煌成就的总结。

《诗学》是讲课提纲,是所谓"秘传本",现存仅有 26 章,主要论述了悲剧和史

亚里士多德塑像

诗,对喜剧所论甚简,对抒情诗根本没提,这是第一部。据传还有系统论述艺术一般问题的第二部,可惜已遗失。

《修辞学》是发表的作品,即"外传本"。此外相传还有《论修辞》《论诗人》《戏剧研究》和《荷马问题》四部著作,都已散失。

车尔尼雪夫斯基评价亚里士多德是"第一个以独立体系阐明美学概念的人,他的概念竟雄霸了 2000 余年"。称他的《诗学》"是第一篇最重要的美学论文,也是迄至前世纪末叶一切美学概念的根据"。他的文艺理论在欧洲文艺史上具有"法典"的权威,影响极为深远。

亚里士多德还是逻辑科学的创立者,有名的逻辑推理"三段论"就是他提出来的。亚里士多德的形式逻辑为传统逻辑打下了坚实的基础。

阿基米德

阿基米德是古希腊著名的数学家、物理学家和天文学家。他创造了"阿基米德原理",创立了微积分学,发明了"阿基米德螺旋",同时还为战争发明了几项战术武器。

阿基米德公元前 287 年生于西西里岛希腊移民的叙拉古。他的家庭属于贵族,是叙拉古僭主希耶隆二世的亲戚,但据说并不富裕。父亲费狄阿斯是一位天文学家和数学家。阿基米德在其父的影响下,从小热爱学习,善于思考,喜欢辩论,并且酷爱数学,学习过欧几里得的几何学。他在家乡受了教育后,11 岁时便漂洋过海,到亚历山大里亚去求学深造。

亚历山大里亚是著名学者云集的地方,不但有当时世界上最大的图书馆,藏书达50多万卷,而且有十分优越的学术研究环境。

亚历山大里亚的研究工作主要分为文学、数学、天文学和医学四项,而数学在科学研究中占有主要地位,因此逐步形成了一个以几何学研究为中心的亚历山大里亚数学学派,从而进入了古希腊几何学的黄金时代。

阿基米德在这里结识了许多学者,特别是以欧氏几何学名垂千古的欧几里得。欧几里得于公元前300年前后活跃在亚历山大里亚,他的《原本》集古希腊时期几何学之大成,归纳成一个严谨的逻辑演绎系统,至今仍是世界各民族中几何学教科书的蓝本。

欧几里得为亚历山大里亚培养了一大批数学家,而阿基米德的到来,使这个文化中心群星灿烂的上空升起了一颗新的明星。

他受业于欧几里得的门徒柯农,学习了哲学和数学、天文学、物理学等科学知识,通今博古,掌握了丰富的古希腊文化遗产。他的同学阿波罗尼、埃拉托色尼、多西费、色夫柯西等等也都是有名的数学家。

阿基米德塑像

他回到叙拉古后,在宫廷中专心从事科学研究。据说,他整天都像被他所钟情的妖魔迷住了一样,废寝忘食。他常常被人逼着才去洗澡,擦香膏。就在这个时候,他还要在炭灰地上画几何图形,甚至用手指在涂了油膏的肚皮上画那些条条杠杠。

据说有一个青年问欧几里得学习几何有什么用处,他听了随即吩咐仆人:"给他点钱,让他走吧,他想靠几何学发财呢!"

在数学方面,阿基米德著有《沙的计算》一书,他努力探求用最少的符号表示极大数目的方法,提出了一个具有重大意义的计算方法,即按级计算法。同时,他还大大发展和加深了著名的穷竭法。所谓穷竭法,就是把要求面积(或体积)的曲线形分割成若干直线形,无限加多这些直线形的数目,则这些直线形面积(或体积)总和,就是所求的曲线形的面积(或体积)。

还在亚历山大里亚求学期间,他经常到尼罗河畔散步。在久旱不雨的季节,他看到农人一桶一桶地把水从尼罗河里提上来浇地,非常吃力,便发明创造了一种螺旋提水器,通过螺杆的旋转把水从河里取上来,省了许多气力。这种提水器在古埃及一直沿用到2200年后的今天,而且也是当代用于水中和空中的一切螺旋推进器的原始雏形。阿基米德在《论杠杆》(已失传)中详细论述了这个杠杆原理。

有一次,国王要阿基米德移动载满重物和乘客的一艘新三桅船,阿基米德接受了挑战。他设计并制造了一组复杂的滑轮装置。表演那天,观者如堵,只见阿基米德摇着手柄,船慢慢地进入水中,群众发出了欢呼声,国王也心服口服。

据说,希耶隆二世造了一顶金王冠,他怀疑金匠欺骗了他,在王冠中掺有银,便请阿基米德鉴定,但不许弄坏王冠。那时,人们还不知道不同的物质有不同的密度,阿基米德冥思苦想,一时无计可施。

有一天,他去洗澡,当他躺进盛满温水的浴盆中的时候,浴盆中的水漫溢出来,而他则感到身体微微上浮。一道灵感的闪光掠过他的脑际:相同重量的物体,由于其体积不同,排出的水量也不同……他猛地从浴盆中跳出来,一丝不挂,高兴地喊着"攸勒卡!攸勒卡!"(古希腊语意:找到了)跑上了大街,跑回了家。他的仆人气喘吁吁地追上了大街,追到了家,看到阿基米德正在作试验。他把王冠放在盛满水的盆中,量了溢出的水,又把同样重量的纯金放在盛满水的盆中,发现溢出的水比刚才溢出的少,问题解决了:王冠中掺有银子。他发现了各种物质有不同的密度,发现了流体静力学的基本原理——物体在液体中减轻的重量,等于它所排出液体的重量。他的名著《论浮体》记载了这个原理,今天称为"阿基米德定律"。

公元前214年,古罗马的执政官马赛拉斯率领军队攻打叙拉古。当古罗马的舰队和陆军逼近叙拉古城时,许多又大又重的石头以飞快的速度投向古罗马人的陆军。而一些粗梁则撞沉了古罗马人的军舰,有的军舰还被一种起重机式的机械抓吊到空中,掀翻过来,或摔在岩石上,掉入海里,连人带船粉身碎骨。原来,阿基米德多年前造的机械在叙拉古城保卫战中发挥了作用。

马赛拉斯遭到惨重损失,便佯装退却,而在当天夜里迅速逼近城墙。他以为阿基米德的机器无法发挥作用了。可是阿基米德早就准备了投石机之类的短距离器械,再次打退了古罗马人的进攻。

古罗马人一筹莫展,望城兴叹,甚至谈城色变,草木皆兵,一看到城墙上出现绳子或木梁,就以为又是阿基米德开动机器了,惊叫着"阿基米德来了!"抱头鼠窜。

马赛拉斯不能取胜,只好采用长期围困的办法,这样整整过了两年,到公元前212年通过围攻才占领了叙拉古。

马赛拉斯十分敬佩使他屡次败北的阿基米德,下令不准伤害他,还派了一个士兵去请他。谁知阿基米德还不知道城池已破,此时正全神贯注地凝视着几何图形沉思呢。他要求把问题论证完再去,激怒了这个鲁莽而无知的士兵,拔出剑来刺死了这位75岁的老科学家。

马赛拉斯对阿基米德的死十分痛心,严惩了那个士兵,抚恤了阿基米德的亲属,隆重地追悼了阿基米德,为他建了陵墓。根据他生前的愿望,在他的墓碑上刻下了标明其体积比为3:2的一个圆柱体和内切球。

阿基米德被后世的数学界尊称为"数学之神",在人类有史以来最重要的三位数学家中,阿基米德占首位,另两位是牛顿和高斯。

奥林匹克运动会的起源

奥林匹克运动会是世界上规模最大的体育盛会。她之所以如此被人们关注,不仅是因为她声势的浩大,参与人数的众多,也不仅是因为运动员们精彩的表演,更重要的是,奥林匹克运动会已成为世界人民相互交流、增进友谊的桥梁。五个连在一起的圆环,象征着世界五大洲人民大团结。奥林匹克运动会已成为和平的象征。但是,你可知道,现代的奥林匹克运动会起源于古希腊的奥林匹亚竞技会。

据说,早在公元前8世纪以前,当希腊人还没有国家的时候,希腊人自由快乐地生活在小亚细亚地区。在南希腊,即伯罗奔尼撒半岛西部的伊利斯地区,有一片茂密的丛林,希腊人称之为奥林匹亚丛林。这里风景秀丽,花果飘香,被希腊人誉为最美丽的地方。为了感谢宇宙之主宙斯对希腊人的恩泽,希腊人在这里修建了奥林匹亚神庙,里面供奉着宙斯神像。希腊要把这片美丽的丛林献给自己的主人,企求主人与自己同在。神庙落成之后,希腊人举行了盛大的庆典活动,并举行了体育表演与竞赛活动,最初的项目有赛跑、角力、掷铁饼、投标枪等。后来这项活动保留下来,奥林匹亚宙斯神庙成为全希腊体育竞赛的中心。这是一项神圣的敬神活动。在举行体育竞技会期间,任何人不能杀生,一切战争必须停止。因为这是宇宙之王宙斯的节日,谁若违犯了规定,必将受到天神的惩罚。第一次奥林匹亚竞技会大约在公元前776年举行。以后每四年举行一次。全希腊的健康男子都刻苦锻炼身体,以求在会上取得荣誉。在竞技会前夕,雅典城派出使者举着圣火到各城邦通告,要求各城邦停止纷争,遵守规定。当圣火使者聚齐到宙斯神庙时,便点燃神庙中的圣火,一直到比赛结束时才熄灭。因此,在这圣会期间,全希腊都呈现出和平、安宁的氛围。因为这个圣会是宙斯王的节日,所有妇女都不许参加。竞技会上,参与者脱掉衣饰,充分展现男子壮美的体魄,各项比赛异常激烈。圣会结束后,胜利者被戴上桂冠,著名的诗人为他们献上赞美诗,雕塑家为他们制作精美的雕像。胜利者的名字迅速传遍希腊,他的家乡也因此而感到莫大的荣耀,像迎接英雄一样迎接他们的胜利归来。古希腊著名雕塑家米隆的作品《掷铁饼者》就是那时候产生的。

这种圣会一直持续到罗马统治时代。大约公元5世纪,奥林匹亚宙斯神庙内的宙斯像被罗马皇帝夺走,据说那是希腊古典盛期著名雕塑家菲狄亚斯的另一传世名作。但是不久,神像在君士坦丁被烧毁。公元394年,罗马大帝狄奥多西下令禁止举办奥林匹亚竞技会。至此,这项伟大的古代体育圣会销声匿迹。

又过了1000多年,那古老的圣会重新被人们记起。1896年,在希腊首都雅典举行了第一届奥林匹克运动会,这就是近代的世界性奥运会。她沿袭了古代奥林匹亚竞技会的旧制,每四年举行一次,同时又增加了许多新的规定,以适应世界的不断发展。例如,现代奥林匹克运动会,不再局限于希腊本地,她成为世界性的盛会,各个国家都能够参加。运动会不再限制女性,从此,不少优秀的女性都在奥林匹克运动会上展现了巾帼英姿。每届奥林匹克运动会要挑选一个不同的城市举行,以促进世界人民的交流。

如今,奥林匹亚宙斯神庙只剩下一堆残破的古迹,但是,奥林匹亚的精神已在世界各国人民心中留下深深的印迹。

纪念一个小传令兵的体育运动

每四年一次的世界性体育盛会奥运会让亿万人为之倾心。其中有一项重要的比赛更为引人注目,这就是马拉松长跑。这是一场体力与耐力的比赛,是对人类意志的一个考验,是关系一项重要的荣誉的比赛。当你看到这项激动人心的比赛时,你可会想到,这样浩大的比赛运动却是为了纪念一个小小的传令兵。

事情的根源要追溯到历史上最重大的一场战争——希波战争。

公元前6世纪初,波斯发展成为一个强大的帝国,开国大帝居鲁士率领大军四处征战,企图荡平亚、非、欧三大陆。公元前6世纪中期,波斯帝国征服了小亚细亚沿岸的希腊各城邦。公元前6世纪末,波斯王大流士企图征服多瑙河下游的游牧部落西叙利亚人,结果遭到失败。这动摇了波斯大军战无不胜的声威。处于波斯淫威下的希腊各城邦看见了一线摆脱枷锁、恢复自由的希望。起义首先在米利爆发,迅速扩大到各城邦,希腊本土雅典也派战舰助战,但因力量相差悬殊,起义被残酷镇压下去了。于是波斯王大流士又把矛头指向了雅典。从此开始了长达半个世纪的希波战争。

公元前492年夏天,波斯水陆两路大军沿色雷斯海岸第一次进攻雅典。但是,波斯舰队在卡尔息狄克半岛的阿托斯海角遭遇风暴,陆军又遭到色雷人的攻击,损失惨重,无功而还。大流士一面备战,一面派遣使者到希腊半岛,要求希腊合邦向波斯奉献"水与土",企图凭以前的声威迫使希腊人屈服,仍像以前一样奴役希腊人。但是,希腊人已看见了光明,怎么会自己放掉这个机会。雅典人把波斯使者投入了深谷,斯巴达人把波斯使者抛入了水井,并讽刺道:"井里有土有水,想借你自己去拿吧!"波斯王大流士遭受这样的污辱,勃然大怒,派遣大军第二次出征希腊。

公元前 490 年 9 月,波斯大军横渡爱琴海,先摧毁了优卑亚岛上的爱勒特里亚城,然后在阿提卡东北部的马拉松平原登陆,直逼雅典城。情况危急,雅典向斯巴达紧急求援但遭到拒绝。在万分紧急的情况下,雅典司令官米太雅得临时征集了1 万人的重装步兵,邻邦普拉提亚派出援军 100 名重装步兵。米太雅得把这些军队编在一起,士气高昂地去迎战波斯大军。但双方力量相差太多。米太雅得想出了一个奇妙的阵形:雅典军队布成方阵,两翼配备精锐步兵,中军兵力较弱。与波斯大军接触后,雅典中军边战边退,佯装败落,而两翼重兵则迅速包抄前进。雅典军队第一次为自由与波斯大军对阵,士气旺盛,他们浴血奋战,打得波斯军阵脚大乱,纷纷逃到海上战舰去了。而被包围的波斯军队则成了瓮中之鳖,军心大乱,全部被歼灭在马拉松平原上。这一仗,雅典人取得了极大的胜利,歼灭波斯军 6400 多人,而自己仅损失了 192 人。雅典将士欣喜若狂,第一次对敌作战竟取得如此辉煌的胜利。司令官米太雅得随即派一名擅于长跑的战士腓力庇第斯去向正在焦急等待消息的雅典城报告这个天大的惊喜。腓力庇第斯当时已受了伤,但他把长官交给自己的这个任务当作莫大的荣誉,因为这 1 万多人中,只有他被选出去送这个胜利的消息,而且是一场以弱胜强的绝妙的战役的胜利。腓力庇第斯为了早些让雅典城分享胜利的快乐,他一刻不停地奔向雅典城。42 公里的路程,腓力庇第斯被胜利的喜悦所鼓舞,一路上不曾歇息,经过 3 个小时的奔跑,腓力庇第斯踏上了雅典的中心广场,面对涌来的人群,腓力庇第斯挥舞着双手,用全身的力量欢呼道:"欢乐吧,雅典人,我们胜利了!"顿时人群沸腾起来。而这个不知名的小兵却慢慢倒在了地上,他脸上带着微笑,但再也没有醒来。

马拉松战役是希波战争的第一仗。希腊雅典人的胜利,极大地鼓舞了希腊各城邦,原来臣服于波斯的希腊小城邦纷纷独立,向雅典靠拢,希腊人组成了"希腊人同盟",并肩作战,最终在公元前 449 年迫使波斯人签订了停战协议,承认希腊的独立自由。

为了纪念这场伟大的胜利与那个后来才知道姓名叫作腓力庇第斯的传递胜利之讯的英雄,1896 年在雅典召开的第一届奥林匹克运动会上,雅典人规定了一个新的比赛项目,让参与者重新跑过当年腓力庇第斯跑过的路:从马拉松到雅典,称为马拉松赛跑。后来这个项目便保留下来,但路程并不太相同。直到 1920 年,经过仔细测量,规定路程为 42.195 公里。这就是现在的马拉松赛跑。

木马屠城记

古希腊和西亚的特洛伊为了一个美丽的女人发动了一场历经 10 年的战争。

特洛伊城是小亚细亚西北部的一座古城。木马计的故事就发生在这次战争中。

据说,斯巴达有一家生了个女儿,取名海伦。后来,海伦成了全古希腊最美的姑娘,各国的王孙公子都来追求她。即使得不到她也以一睹她的芳容为一生的最大愿望。

一天,斯巴达王宫里来了一位尊贵的客人,他就是特洛伊国王的儿子——帕里斯。在欢迎贵客的仪式上,帕里斯和海伦一见钟情。帕里斯为海伦的绝代姿色而心动,海伦为这位英俊的王子而欢喜。当晚,帕里斯竟然拐走了海伦,连夜逃回了特洛伊。

斯巴达王闻之大怒,发誓要渡海攻打特洛伊,夺回海伦。便同他的哥哥——迈锡尼国王阿伽门农商定,调集 10 万人马、1000 多条战船攻打特洛伊,由阿伽门农担任古希腊联军的统帅。但是特洛伊是一座很坚固的城市,古希腊人围攻了 9 年也没有打下来。

这时,古希腊有位足智多谋的将领奥德修斯想出一条妙计,斯巴达王决定依计行事。第二天,古希腊联军突然扬帆离开了特洛伊附近的海面,只在海滩上留下一匹巨大的木马。

特洛伊人以为古希腊人已经无心打仗,撤军回国了,就跑到城外看热闹。他们惊讶地围在大木马周围,搞不清这是干什么用的。有人主张把它当作战利品拉进城去,有人建议把它烧掉或者推到海里。

这时,几个牧人押来一个刚抓到的古希腊人。这个古希腊人对特洛伊人说:"这匹木马是古希腊人献给雅典娜女神的。他们故意把它留下来,估计你们会毁掉它。这样一来,就会引起天神的愤怒。可是如果把木马拉进城,特洛伊就将受到神的保护。古希腊人为了防备这点,就把马造得非常巨大,使你们无法拉进城去。"特洛伊王对这一番话深信不疑,立即下令把木马弄进城去。"慢着!你们发疯了吗?你们为什么要相信这个骗子的话?"祭司拉奥孔从山上飞跑下来,边跑边喊,"快去搬干树枝来,把木马烧掉,烧掉!"拉奥孔跑到木马跟前,举起长矛对准木马投了过去,只听见木马里发出可怕的声音。这时候,惊慌的人们忽然看见大海里窜出两条巨蛇,直扑拉奥孔的两个儿子。父亲奔过去援救他们,两条蛇却把父子三人都缠住了。拉奥孔和他的儿子们拼命与巨蛇搏斗,但是很快就被缠得窒息死去。巨蛇从容地钻到雅典娜女神雕像脚下,不见了。

特洛伊人吓得魂飞魄散，那个古希腊俘虏却在暗自冷笑。原来他是古希腊人留下的奸细，这时候，他乘机煽动说："谁想毁掉献给女神的礼物，谁就将得到应有的惩罚。"有人也附和说："可不是，神惩罚了污辱神的拉奥孔。"

特洛伊人不再犹豫了，赶紧把木马使劲往城里拉。木马太大了，城门口进不去，只好推倒一段城墙。特洛伊人恭恭敬敬地把木马安置在雅典娜神庙附近。

特洛伊城解了围，又得到献神的宝物，当天晚上，满城的人以为从此太平无事了。他们欢天喜地，庆祝胜利，唱着跳着，喝光了一桶又一桶的酒，直到深夜才跟跟跄跄地回家休息，只留下几个人守卫拆毁的那段城墙缺口。

夜深人静，大海的夜雾中闪现着灯光，这是古希腊人的战舰。原来他们匆匆离开，只是迷惑人的诡计，现在正向特洛伊驶回来了。

那个古希腊人看到灯光，就偷偷地溜到了木马旁边，在木马身上轻轻敲了三下。这是约好的暗号。躲藏在木马中的全副武装的战士一个接一个地跳了出来。虽然在木马肚子里藏了大半天，但是，成功的喜悦战胜了饥渴。他们悄悄地摸到城门边，消灭了睡梦中的守军，迅速打开城门。从战舰上登陆的古希腊人潮水般地冲了进来，10 年没有攻下的特洛伊城就这样轻而易举地被占领了。全城被掠夺一空，烧成了一片灰烬，海伦也被她丈夫带回了古希腊。

古希腊人满怀着胜利喜悦，欢呼雀跃，在举办了庆功宴会之后，便将所有战利品和俘虏都运上了船，启航凯旋。

亚历山大东征

亚历山大是亚历山大帝国的创立者，号称"大帝"。公元前 336 年，继其父腓力二世的王位为马其顿国王，时年 20 岁。

亚历山大少时兴趣广泛，聪明勇敢，12 岁时曾驯服过别的骑手不能驾驭的烈马。13 岁至 16 岁时，他父亲为他聘请了当时古希腊"最博学的人"亚里士多德做家庭教师，让他学习哲学、医学、科学等知识。他非常喜爱《荷马史诗》，崇拜诗中的英雄，并在自己的事业中努力模仿他们。

从 16 岁起，亚历山大就随父亲南征北战。儿童时代，他就好大喜功，专横霸道，有一种妄图统治世界的性格和志向。据说，每当他得悉父亲胜利的消息就发愁，唯恐自己会失去那种征服世界的光荣。他具有狂暴的热情、坚强的意志和出众的智力，有敏锐的判断和随机应变的才能。

在著名的喀罗尼亚战役中，亚历山大指挥马其顿军队的右翼，取得辉煌战果。他经常参预政务，习染统治阶级的各种思想观点和道德习惯。

公元前 336 年夏天，腓力二世在女儿的婚宴上被刺身亡，亚历山大继承了王位。当时,国内环境十分复杂,宫廷骚乱,北方各部落暴动,古希腊、马其顿起义,此伏彼起。亚历山大果决地击败了各地掀起的暴动。在占领忒拜以后,将其居民全部出卖为奴,只有神庙和诗人品达一家幸免。当古希腊再度屈从于马其顿的统治之后,亚历山大又继承父位,以马其顿、古希腊联军最高统帅的身份,发动了对东方的侵略性远征。

公元前334年春天,亚历山大宣布对波斯帝国作战,率军渡过赫勒斯滂海峡。在马尔马拉海南岸的格拉尼库河附近首次打败波斯军队,占领了小亚细亚。

在马尔马拉海南岸格拉尼科斯河附近,亚历山大和波斯军队首次交锋。波斯军占据格拉尼科斯河右岸高地,严阵以待。亚历山大不顾军队长途跋涉的困难,亲自率领一支骁勇善战的骑兵,强行渡河,发动进攻。波斯军队很快溃败,死伤累累。2000多人成为俘虏。

公元前333年夏天,亚历山大的军队在伊索斯城附近和波斯军队发生了第一次激战。波斯国王大流士三世亲领大军迂回到亚历山大的后方,利用优越地形摆开阵势,准备以逸待劳。亚历山大集中优势兵力,以神速行动,直捣波斯军的中锋。大流士三世首先害怕起来,弃车上马,仓皇而逃,甚至把自己的弓、盾和王袍都扔掉了。主帅临阵脱逃,一下子使中军动摇,全军迅速崩溃。亚历山大占据了大流士的军营,掳获了大批武器、财宝。大流士的母亲、妻子和两个女儿都成了俘虏。当亚历山大见到大流士的豪华营帐时,赞不绝口,惊叹:"这样才像个国王!"

公元前332年,亚历山大继续向南进军攻占腓尼基和古埃及。许多腓尼基城市不战而降,只有推罗进行了坚决的抵抗。亚历山大经过7个月的围攻,使用了撞槌、攻城塔、穿城螺旋锥等当时所有攻城武器,才攻陷这座城市。结果,推罗居民惨遭残杀,8000人阵亡,30000人被卖为奴隶。

亚历山大东征路线图

战争后期,大流士曾向亚历山大提议媾和,表示愿意割让幼发拉底河以西的领土,赔款10000塔兰特,并将自己的一个女儿嫁给亚历山大。在讨论议和问题的军事会议上,亚历山大的部将帕尔麦尼昂说,如果他是亚历山大,他就同意媾和条件。

亚历山大回答说:"如果我是帕尔麦尼昂,那么我也就这样做了。"会后,他给大流士一封十分傲慢的复信,内称,当他有可能取得波斯帝国的全部领土时,他不希望只得到它的一部分。他并且自称为"全亚洲的统治者"。

公元前332年11月,亚历山大以阿顿神的形象出现在古埃及,驱逐了波斯人,把古埃及人从暴政统治下解放出来。马其顿军队享受到了王师之尊,被恭恭敬敬迎进了古埃及。

为了表示对埃及神的尊崇,他特地对西瓦绿洲的阿蒙神庙做了一次极其隆重的拜谒。埃及的祭司认他为太阳神阿蒙的儿子,古埃及法老的合法继承人。据说,阿蒙神曾谕示他将战胜一切敌人,成为全世界的统治者。

在尼罗河两端的河口,由于地中海海流的冲击,没有泥沙的淤塞,亚历山大选定这里建立了一座城市,并用自己的名字命名为亚历山大里亚,并建起一座高400英尺的灯塔守护着这个港口。

公元前331年春,亚历山大在古埃及补充了自己的军队以后,率军向东进发,经过巴勒斯坦、叙利亚,来到美索不达米亚。在尼尼微附近的加于加麦拉村,与波斯的军队进行一场决定性的战斗。

10月1日清晨,战斗开始了。波斯军队首先发动了攻势。大流士命令绑着锋利刀剑的战车全力冲扑过去,指望以数目众多、装备精良的战车一举击溃马其顿的方阵,结果扑了个空。

亚历山大跨上战马,左手持长矛,右手举起祈祷诸神。他头顶金冠,似飞翔的雄鹰,这情景使马其顿军队勇气倍增,当波斯战车进攻时他们让开一条通道,听任其穿越而过。疾驰而过的波斯战车没能给马其顿的密集方阵以多大危害,反而遭到预先埋伏好的马其顿弓箭手的迎头射击。主力战车兵的扑空使波斯军队队形混乱。失去自制。这时,亚历山大率领轻快的骑兵,向波斯军队的左翼猛冲过去。波斯军顿时阵势大乱,溃不成军。国王大流士重演了在伊索斯的丑剧,带领一支不大的残军逃往米底。

亚历山大继续向东推进,深入了波斯的腹地,直逼古都巴比伦,公元前330年2月,亚历山大的马其顿军队洗劫了巴比伦、苏萨和波斯波利斯的王宫,夺得无数金银财宝,仅在波斯波利斯国王的金库中便掠得12万塔兰特的财宝。巨额的金银财宝被源源不断地送往马其顿或赏赐给将士。亚历山大借口报复波斯人过去对希腊圣地的"侮辱",下令焚烧了波斯国王的王宫。熊熊大火延续了几个昼夜,宏伟壮丽的建筑物成了废墟,无数财宝和文物化为灰烬。当王宫在熊熊大火中即将倾倒时,亚历山大又下令救火,这种戏剧性的举动表明了他得胜后的狂妄心态。亚历山大向世人宣告:人类未来的命运将像这场大火一样,掌握在我亚历山大之手。

第六章　古罗马文明
——帝国的荣光

古罗马位于意大利中部的台伯河下游地区。这条河流在低山地区缓慢地流淌,在沼泽地带折向海岸线,是从亚平宁山区下来的人们想要到达大海的理想通道。在罗马发展为城市、建立自己的政治和文化的过程中,罗马人仿效了其邻近的埃特鲁斯坎文明。

罗马城市建立的日期并不确定,传统认为是在公元前753年,这已经广泛地为考古发现所证实,尽管可能此前已经有一部分人早就居住在那里。传统上,罗马人把罗马城的建立归功于英雄罗穆卢斯。他和他的孪生兄弟瑞摩斯是英雄埃涅阿斯的后代。埃涅阿斯是希腊女神阿佛洛狄特(罗马神话中称维纳斯)的儿子,他在希腊人占领特洛伊城之后来到意大利。

古罗马城遗迹

意大利现存最早的文字发现于公元前8世纪初罗马城附近的古代城市奥萨客栈大墓地。陶罐上刻画的4个希腊字母表明,刚刚建立罗马城的拉丁人在希腊人采用腓尼基字母后不久就学会使用了这种文字。罗马早期政治是王政时代,国王掌握绝对的权力。他是大立法官、军队的首领、大祭祀长,其权力仅仅受到来自元老院和公民大会的遏制。元老院就是元老议会,由不同部族首脑组成。按照宪法和传统习俗,元老院有权通过或否决国王的任命以及判定国王的立法和诉讼。公民大会由罗马的全体男性公民构成,按照亲缘关系分成 30 组;它授予君主行使权力,而这一点由元老院最后正式批准。

公元前 10 世纪至公元前 7 世纪。意大利半岛处于一个多民族、多元文化交织的时期。"古意大利人"是其中最重要的一族。大概在公元前 1000 年的铜器时代,他们穿越北部和东部的阿尔卑斯山和亚得里亚海到达意大利,并残暴地迫使许多当地土著部落迁徙他乡。他们起初过着游牧生活,但已经具有制作铜器、使用马匹和带轮子的大车的技能。抵达意大利之后,他们形成了以农耕为基础的生活方式。这种生活方式成为随后几个世纪其子孙后代的主要生活方式,直至罗马文明的衰落。"古意大利人"是由几个民族构成的,包括萨宾人、翁布里亚人和拉丁人。

拉丁字母

拉丁字母是意大利半岛最早的岛民拉丁人创造的,拉丁文后来也成了罗马文字,所以又称为"罗马字母"。

拉丁字母是世界上最广泛使用的字母文字体系,是大部分英语世界和欧洲人聚居区语言的标准字母。

它是在公元前 6 世纪由埃特鲁斯坎字母发展而来的,它的源头还可追溯至约

拉丁字母与英文字母对照

公元前1100年叙利亚和巴勒斯坦通用的北闪米特字母。

最早使用拉丁字母刻写的铭文见于普雷内斯大饰针上,这是一枚公元前7世纪的斗篷别针,文字从左到右读作MANIOS MED FHEFHAKED NUMASIOI,意思是:马尼乌斯为努梅利乌斯制作此别针。另外一段早期铭文,即公元前6世纪的杜埃诺斯铭文,却与拉丁字母的远祖一样,是从右到左读的。

古典拉丁语有23个字母,其中21个是从埃特鲁斯坎字母中派生而来,罗马人从中取了21个;到了中世纪,字母i分化为i和j,v分化为u、v和w,这样就产生了26个罗马字母,与现代英语字母相同。

古罗马时代拉丁字母分大写体和草写体。15世纪的意大利出现圆形的"人文主义体",用于抄写书卷,即大写体;另一种有棱角的草写体,用于法律和商业。这两种手写体分别衍生出现在印刷的楷体和斜体字母。

意大利语包括拉丁语、意大利半岛其他地区的语言以及从拉丁语中派生出的罗曼语。在罗曼语中,最重要的是法语、葡萄牙语、西班牙语和罗马尼亚语。

拉丁字母继承并发展了希腊字母形体上的优点:简单、匀称、美观,便于阅读和连写。由于拉丁字母本身的优点,法国、西班牙、葡萄牙人继承了它,形成了"拉丁文民族"。

《圣经》是用拉丁文字写的,由于基督教的传播和殖民扩张,现在整个西欧、美洲、澳洲及非洲的大部分地区都使用了拉丁字母。中国的汉语拼音方案也是用拉丁字母制订的。

拉丁文与拉丁语是古代世界的国际文字和语言。拉丁语还是现代医药科学和生物学的重要工具语。医学界以正规的拉丁处方进行国际交流,中国1963年、1977年、1985年版的《药典》所载药物(含中草药及其制品)都注明了拉丁药名。现在世界上使用拉丁语的人约4亿,世界语字母也是参照拉丁字母制订的。

在21世纪的今天,拉丁字母这一古老的文字与语言仍然显示出它特有的生命力和价值。可见古代的罗马字母的历史价值。

诺亚方舟

基督教的经典是《圣经》。《圣经》中的《创世纪》有段传说:自从人类的始祖亚当和夏娃违反天规,被逐出伊甸乐园后,他们来到地面,一代又一代的人布满大地,但罪恶也充斥人间。

上帝愤怒了:"我要将所造之人和兽、飞鸟及昆虫都从地上除灭,因为我造他们后悔了。"那时,唯有一个叫诺亚的人,心地善良正直,特别受上帝宠爱,所以上帝告诉他:"在这块土地上,恶行太多了,我决心毁掉所有的人。不过只有你心地和善,我决定救助你和你的妻子,以及你的孩子和他们的妻子。我要使洪水泛滥地上,毁灭天下。你要用柏木为自己建造一只方舟,里面要有舱房,而且,内外都要涂上沥青。你建造的舟要长360米,宽23米,高13.6米。船顶要有透光的窗,门开在船的侧面,全船要分为上、中、下三层。

"看吧,我要使洪水在地上泛滥,淹没地上的一切生物,毁灭他们。但我要跟你立约,你和你的妻儿媳妇都可以一同走进方舟。在每一种动物之中,各种野兽、飞鸟、牲畜和爬行的生物,都要按种类、每样雌雄成对地带进方舟去,保存它们的生命。你还要为自己准备各种食物,贮存起来做粮食。"

诺亚就照着上帝所吩咐的那样,把事情全都办好了。

上帝对诺亚说:"你和你的家人都进方舟去吧!因为在这世界中,只有你在我眼中是正直的。你要带洁净的动物每样七对,不洁净的动物每样一对,空中的飞鸟也各带七对,这样是叫它们将来可以在地上繁殖。因为7天之后,我就要40昼夜不停地往地上降雨,毁灭我亲手所造的一切生物。"

凡上帝所吩咐的,诺亚都依言办好了。

这样过了7天,洪水开始泛滥。在诺亚600岁那一年的2月17日那天,所有地下的水泉和洪流涌溢开来,天上的水源也敞开了,雨倾盆般地倒在地上。在那天,诺亚和他的儿子闪、含、雅弗,还有他的妻子和三个儿媳妇都进了方舟。所有的野兽、牲畜和各种地上爬行的生物以及飞鸟都按着种类,一对一对地走进了诺亚的方舟。之后,上帝就为他们关上了门。

洪水在地上泛滥了40天,水不断地往上涨,把方舟漂了起来。洪水来势汹汹,淹盖了大地,方舟却安稳地漂浮在水面上。水势愈来愈大,把地面各处的高山都淹没了。最后,水面比山岭还要高出27米。世界上所有的生物,包括飞鸟、牲畜、野兽、爬行的动物,以及人类都死了,在陆地上所有用鼻孔呼吸的生灵也全都死了。上帝就这样毁灭了地上所有的生物,只剩下诺亚和家人以及那些跟他同舟的动物了。

上帝顾念诺亚方舟里的人和动物,就使强风吹扫大地,关闭了地上的洪流和天上的水源,雨也停了。于是,这样过了150天,水势慢慢退下去了。到了7月17日,方舟终于停搁在亚拉腊山上。水继续消退,直到10月。在10月1日那天,高山的顶端都露出来了。

又过了40天,诺亚打开方舟的窗子,放出了一只乌鸦,一直在空中盘旋,等候地面的水干了才好停。后来,诺亚又放出一只鸽子,用它来试一试水退的情形,可惜遍地仍然是水,鸽子找不到歇足的地方,就只有飞回方舟,诺亚伸手把鸽子接进方舟里了。

又过了7天,诺亚再把鸽子放出去,到了黄昏,鸽子飞回来,嘴里衔着一片刚扯下来的橄榄叶,诺亚便知道水已经退了。然后再过7天,他又放出鸽子,这次鸽子不再回来了。

诺亚601岁的那年1月1日,地上的水都退干了。诺亚开门观望,地上的水退净了。到2月27日,大地全干了。于是,上帝对诺亚说:"你和家人可以出舟来了。你要把舟里的所有动物都带出来,让它们在地上繁殖生长吧!"于是,诺亚全家和方舟里的其他所有动物,都按着种类出舟来了。

诺亚筑了一座坛,把各种主认为洁净的动物焚烧后献给上帝。上帝嗅到这燔祭的香气,心里就说:"我再不会因为人的缘故诅咒大地,虽然人从小就心存恶念,但我再也不会像先前一样毁灭一切生灵了。大地一息尚存,春播秋收,夏热冬寒,白昼黑夜,必定循序不息。"

诺亚大洪水的故事是发生在距今6000年左右的传说,不仅在《旧约全书》里清楚的记载,而且在被称为世界最古老的图书馆——古代亚述首都尼尼微的文库中发掘出来的泥板文书上,也有着类似的洪水故事的记载。后世人们也不断寻找当年的"方舟"遗迹和遗址。

亚拉腊山位于土耳其东端,靠近伊朗国境的地方,是座海拔5065米的活火山,山顶自古就被冰川覆盖着。传说山顶留着诺亚方舟,不过,住在这个地方的阿尔尼亚人把这座山尊崇为神圣的山,相信人若登上山顶会被上帝惩罚。

长期以来,谁也没有爬过这座山。但这个谜最终还是得到了破解。1792年,一个叫弗利德里希·帕罗德的爱沙尼亚登山家,初次在亚拉腊山登顶成功。随后,在1850年,盖尔奇科上校率领土耳其测量队也登上了顶峰。1876年,英国贵族詹姆斯·伯拉伊斯在圣山高约4500米的岩石地带,捡到了方舟的木片,并发表了他找到方舟残迹的消息。

最令人震惊的还是近年的发现。美国学者戴维在亚拉腊山以南的乌兹恩吉利村附近的穆萨山顶发现了一艘大船,这个村庄与史书上所说的尼塞村位于同一个地点。该船船头呈洋葱状,船身长164米,长度基本上和《圣经》上记载的诺亚方舟相吻合。1989年9月15日,两名美国人乘直升机飞越亚拉腊山西南麓上空时,发现了诺亚方舟,并拍摄了照片。驾驶员查克·阿伦说,在亚拉腊山的一处通常由冰川覆盖的、海拔4400米的地方发现了一只方舟形物体,"我百分之百地确信,这是方舟。"之后又有三个美国小队在搜寻这艘诺亚方舟,重点放在亚拉腊山的西南麓。然而土耳其地质学家们说,那只是一块经过数千年风化侵蚀而形成的顽石而已。不管怎样,帷幕已经拉开,确凿的答案总有一天会出现的,那时就可以解释《圣经》故事里的真相。

耶稣和《耶稣传》

在历代编年史中都使用"公元"或"公元前"字样,那么,"公元"是什么意思呢?"公元"又叫基督纪元,就是把传说中耶稣基督诞生的那一年作为计算历史年代的第一年。

耶稣

古罗马晚期的主要文化趋向是基督教在整个罗马的传播与胜利。起初基督教只是众多末世纪宗教流派中的一个,但在罗马帝国后期却吸引了越来越多的人,4世纪时被接纳为罗马的国教。

基督教发端于君士坦丁之前几百年的耶稣时代,它最初是由耶稣和圣保罗创建的。

传说中记载:耶稣基督是上帝的儿子,出生在犹太伯利恒村一个木匠的家庭里。母亲玛利亚还没有结婚,因为受"圣灵感应",生了耶稣。在耶稣长大成人之际,犹太民族正处于罗马的君临统治之下。该地区到处弥漫着一种宗教狂热情绪。耶稣从 30 岁起,在巴勒斯坦一带宣传神的旨意(福音)。他劝告穷苦人们忍受苦难,说能忍受现实世界一切苦难而安分守己的人,死后会升入天堂。有钱的人和剥削别人的人要想进天堂,却比"骆驼穿过针孔"还要难。耶稣在传教的同时,还给人驱魔治病,显示奇迹。比如,使瞎子复明、跛子行走、死人复活等。

耶稣的传教活动显然与犹太人的和平倾向更为接近,但又引起了罗马统治阶级和犹太教祭司的仇视与反对。后来,罗马派驻犹太的总督彼拉多逮捕了耶稣,判处他死刑。执行死刑的那天,罗马士兵押送耶稣到耶路撒冷郊外一座小山的山顶上,把他钉死在十字架上。同时,他们还把两个小偷钉死在耶稣左右两边的十字架上。临死的时候,耶稣失望地叹息道:"我的上帝!我的上帝!你为什么抛弃我?"

耶稣之死起初被其追随者视为他们希望的破灭。不过几天后,他们的绝望情绪便消逝了,到处都在传说他们的主依然活着,信徒们纷纷相信了这传说。这样,一传十,十传百,死去的耶稣比活着的耶稣得到更多的群众的信仰,他们恢复了勇气。

德国著名作家施特劳斯在长期研究耶稣后,写了《耶稣传》,并被西方公认为19世纪影响最大的著作。

《耶稣传》主要说明了在福音书中,即那些关于耶稣的神奇故事以及基督教教义的起源中,神话起了巨大的作用。施特劳斯认为耶稣的神话有两个来源:一个是在犹太人中间存在的由"救世主"来挽救世人的希望。而这个神话早就存在,耶稣死后,这个神话便附会在耶稣身上。另一个来源是耶稣这个历史人物在当时所产生的深刻影响,使人们把这些神话与他的政治活动结合起来。基于这两个来源就产生了神话传说中的耶稣,所以,他认为,耶稣只是一个历史人物,一个政治活动家,而这些神话都是后来附会上去的。

施特劳斯还认为,耶稣确有其人,但《圣经》是一本神话创作,它并不是一个目睹这些事情的人的记录,而是基督教社团长期加工的结果,它同福音书既有雷同之处,也因其加工的痕迹而与福音书有不同之处。在四本福音书中,他认为《马太福音》成书年代最早,其他三本《马可福音》《路加福音》和《约翰福音》是在《马太福音》的影响下写成的。

《耶稣传》于1835年初版问世,以后又多次改版发行,直到今天,仍为西方图书市场重点再版书之一。恩格斯曾经指出,《耶稣传》再现了历史的耶稣其人。

罗马城建立的传说

在意大利罗马城的历史博物馆里,有一尊引人注目的青铜雕塑,名叫"卡皮托利尼山丘的母狼"。每一个前来罗马参观旅游的人都要前去瞻仰一番。这尊雕塑的造型是:一只健壮的母狼微张着嘴,两只耳朵警惕地高耸着,圆睁的双眼看着远方,在母狼身下,两个肥胖的小男孩正仰着头贪婪地吮吸乳汁。这其中有一个充满诗意的神话故事,讲述了罗马的起源。

相传古代希腊的特洛伊城覆亡之后,一群城市卫士在首领伊尼亚的带领下逃了出来。他们坐在一只船上在大海里漂流。许久以后,这些漫无目的的逃亡者看到了一块陆地,他们欣喜若狂,努力向陆地靠近,最后海风把他们吹到岸边。这是一块美丽的土地，太阳照耀着肥沃的平原，鲜花绿草遍布各处，湖泊中倒映出蔚蓝色的天空和洁白的云朵。逃亡者如愿以偿地上了岸，上岸的地方就叫拉丁区。以后，伊尼亚的儿子在拉丁区建立了一座城市，命名为阿尔巴·隆伽城。

许多年过去了，这座城市的统治者依然是伊尼亚的后代，名叫依米多尔。依米多尔的弟弟叫阿穆留斯，是一个阴险残暴的人，他一心想做统治者，哥哥成了他的眼中钉。阿穆留斯施展种种手段，设下层层埋伏，最终把依米多尔赶下台，窃取了垂涎多时的王位。阿穆留斯春风得意，骄横无比，根本不把他那平庸无能的哥哥放在眼里，便留下他一条性命。但唯一使他忧虑担心的是他哥哥的后代中会成长出精悍强干的人来报仇。为此，阿穆留斯残忍地杀死了他的侄子，并强迫他的侄女西里维亚去做不能结婚的维斯塔的女祭司。然而不久，西里维亚不但怀孕了，而且还生了一对孪生子。这令阿穆留斯恼羞成怒，同时也异常惊恐，他被不祥的预感笼罩着。他立刻采取了行动，处死了亲侄女，并让奴隶把孩子扔到台伯河里去淹死。恰巧此时的台伯河正在泛滥，不断上涨的大水汹涌着，激起冲天的白浪。这名奴隶不敢走进深水，就把装着双生子的篮子放在紧靠水边的河岸上，她以为随着水涨，篮子就会被淹没，于是便放心地走了。

然而事有凑巧，上涨的洪水并没淹死那双生子，原因是篮子被树枝挂住了，并且不久后洪水退去。双生子在篮子中大声哭叫，哭声吸引来了一只母狼。母狼丝毫没有伤害他们，反而把他们带回窝中，以乳汁喂养他们。一名放牧者不久后发现了这对双胞胎，他把他们带回家抚养，并起了名字，一个叫罗幕洛，另一个叫勒莫。

兄弟俩在牧人的抚养下很快成长起来。他们身体强壮，动作敏捷，头脑机智，是一对很有影响力的青年。当他们得知自己的身世之后，便下定决心复仇。而此时阿穆留斯的残暴统治已激起了人民的共同仇恨。罗幕洛和勒莫便借着这股反抗情绪组织人民起义，经过奋战，终于推翻了残暴的阿穆留斯。兄弟俩把政权交还给了他们的外祖父依多米尔，又在当初他们遇母狼而获救的地方建立了新的城市。

这一对患难与共的双胞胎、亲兄弟，虽然在天灾人祸的迫害中都毫发无损，却在安详平静地生活时发生了内讧。他们为用谁的名字给新城命名而发生了争吵，各不相让，以至于刀兵相见，最终罗幕洛杀死了勒莫，用自己的名字命名了新城。这就是罗马城的名字的来历。

罗幕洛建城之后，首先修建了帕拉丁城堡，扩大城区范围。接着召集人民开会，制定出一大套礼仪规范，其中包括专门显示其至高尊严的王者仪仗。他招募了大批精悍强壮的男子组成自己的武装卫队，以巩固自己的地位。来自各地的逃亡人口都能在罗马城得到自由生存的权利，成为罗马的公民。罗幕洛还成立了世界上独一无二的元老院，由100人组成，这些人都是一些大家族的首脑，一旦当选为元老，则他们的家族便被称为父族或贵族。

新建成的罗马城制度严明，人员精干，但遗憾的是人口始终得不到增加，尽管一批批的逃亡者不断涌来,但最终导致这里严重的性别失衡。罗马公民多为男性,而且大多数人曾干过杀人越货、偷窃赌博的勾当,声名极差,因此周围城邦的姑娘没人愿意嫁给他们。

作为一国之君的罗幕洛为此很是忧虑。有一次,他带领着罗马城的公民到周围城邦去诚恳地求婚,但得到的回答是:"我们可不愿意把女儿嫁给一群强盗!"罗马人敢怒而不敢言,只得乘兴而去,败兴而归,再做别的打算了。

这一天,正在冥思苦想的罗幕洛突然松开紧皱的双眉,哈哈大笑起来。他招来左右的人,向他们说出了自己刚刚想出的一条妙计,众人无不欣喜若狂。很快,所有的罗马青年都得知了这一消息,他们三呼国王万岁之后,立刻投入紧张的准备之中,悄悄地布下了天罗地网。

不久,罗马城盛大的节日赛会如期举行了。周围部落的人纷纷赶来观看这一热闹的场面。萨宾部落因为靠得近,所以来的人格外多,而且许多爱热闹的妇女都结伴而来,真可谓盛况空前。精彩的游艺节目深深地吸引着观众。正在这时,罗幕洛看准时机发出了预定的信号,人群立刻骚乱起来。所有的罗马青年都冲进人群,每人抱住一个姑娘撒腿就跑,直至抢回家中。惊醒了的萨宾人恼怒异常,可是一切都为时已晚,他们只得忍恨撤退。据说这一次总共抢劫了683个青年妇女,以萨宾部落的占多数,此外还有凯尼纳人、安提姆人及克卢斯图亚人。

萨宾人与罗马结怨最深。经过一年的修整准备,萨宾人的军队在首领塔提乌斯率领下,向罗马人宣战了。一场厮杀,刀光剑影,有死有伤。正在酣战之中,忽然远处传来了妇女的高声哭嚎,不一会儿,她们便冲到了战场上,原来正是那些被抢去的萨宾妇女。她们怀中还抱着吃奶的婴儿,苦苦地哀求停止厮杀。因为对她们来说,一方是自己的父兄,一方已是自己的丈夫,她们不能失去任何一方。就这样,战斗停止了,双方签订了合约。不久后,两个部落便合二为一了。

关于抢劫萨宾少女的传说,反映了当时社会掠夺财富和奴隶是战争的目的之一,同时也反映了罗马人和萨宾人两个部落联合的历史内容。

两个部落合并后,帕拉丁还由罗幕洛统治,而卡匹托尔则由萨宾首领塔提乌斯统治。过了5年,塔提乌斯死了,罗幕洛成为理所当然的唯一国君。他在位37年,为罗马人创立了城邦基础,功不可没。最终,罗幕洛被元老院杀害。

一张牛皮与一个国家

在碧波荡漾的地中海西南岸,广袤的北非大陆的东北角,有一个风光秀丽的地方,名叫突尼斯。历史上曾有腓尼基人在这里建立了一个迦太基国家。

迦太基,在腓尼基语中的意思是"新城"。据传统的说法,它是继腓尼基人先于它而建立的乌提卡而出现的,因此与迦太基相邻的乌提卡被称为"旧城"。

大多数学者把迦太基的建城时间定为公元前814年,但由于时代太久远了,而迦太基古城也太古老了,所以人们对它的建城时间也存在着许多不同意见。

关于迦太基建城,曾流传着一个富于传奇色彩的故事。据传说,迦太基的建立者是一名腓尼基泰尔族的妇女。这名妇女名叫埃利萨,她有一个幸福美满的家庭,生活很富足,丈夫在部族里很有声望,他们俩相亲相爱,共同组织着美丽的家园。可是突然间,她的丈夫不明不白地死了。从此埃利萨的生活一落千丈,她日夜思念着死去的丈夫,以至于感动了上天的神明。一天夜里,当她刚刚闭上眼睛,忽然,一位仙人从天而降。埃利萨赶紧扑上前去,向仙人诉说自己的不幸,诉说对死去丈夫的思念,并请求仙人帮助她。仙人告诉她:"你的丈夫死于一个谋杀,主犯就是你们的统治者彼格美利翁,因为你的丈夫对他表示了不满,他派人暗杀了他。如果你要获得幸福,必须离开此地。让大海送你到该去的地方吧!"

埃利萨得知了这一令人震惊的事实真相后,激愤异常。她以自己的家财为后盾,联络了一大批不满彼格美利翁暴政的人,向他发起挑战。但终因寡不敌众,他们被迫开始了逃亡的生活。埃利萨率众登上船只,在地中海上漂流。船只到岸后,他们发现到达的地方叫阿非利加。阿非利加早已有了主人,他们只是外来户。他们明白,再也不可能回去了,只有在这里才能安家立户,可是这里却没有一寸土地属于他们。面对这个困境,埃利萨觉得有必要为众人谋取一块生存之地。可是,当地人怎么会答应呢?

心机灵慧的埃利萨不久便想出了一个绝妙的办法。这一天,她和几名代表一起,求见了当地酋长:"尊敬的酋长大人,请看看我们这一群无家可归的可怜人吧,求你施舍给我们一块容身之地,我们将感激不尽。"酋长懒洋洋地抬了抬眼皮,说:"这简直是痴心妄想,我没派人赶走你们,你倒奢求起土地来了,休想!"埃利萨见酋长口气如此之硬,依然不慌不忙地说:"尊敬的酋长大人,您统治的疆域如此辽阔,您的威严远播四方,我们不敢有过分的要求,只请求您给我们一块小小的土地,供我们居住,不要很大,只需一张牛皮能围得住的那么大的地方。"酋长听了,不禁感到很可笑,心想这个要求太微不足道了,若拒绝了他们,实在不值得。于是他便在沉吟片刻之后,问道:"就要求一张牛皮能围得住的地方,此话当真?"埃利萨见有了希望,不禁大喜,忙回答:"千真万确,只要这么点儿地方,请酋长施恩惠于我们。"酋长看看左右,众人都是一副鄙夷不屑的模样,都感到这个要求渺小得可笑。于是,酋长传下令来:让腓尼基人自己选择一块用一张牛皮就能包围得住的地方。

埃利萨大喜过望,她立刻取出一张早已准备好的牛皮,顺着边缘把它剪成一根很细很长的皮带,用这根皮带围住了一大片地方,她和她的同伴便住在了哪里。当地人分明知道上了当,却因话已出口,难于收回,只得自认倒霉。那根牛皮带圈住的地方,就是迦太基卫城。因为这个故事,这个地方还被称作"比尔萨卫城",意思就是"一张牛皮"。

从迦太基建城的故事中可以看出,当初当地土著与腓尼基人是和平共处的。因为占用了土地,腓尼基人每年都要向土著缴纳贡物。而且腓尼基人非常擅长做生意,他们的到来也使当地人的生活变得富足起来。

迦太基就这样逐渐立稳了脚跟,并迅速壮大起来。到了公元前7世纪,迦太基已是一个囊括北非、南部西班牙、撒丁尼亚、科西嘉和西西里西海岸的大帝国。

迦太基城是地中海西部的一大商业枢纽。当地居民素以航海和经商著称。迦太基位于东西部地中海相互连接的主要海路上,凭借优越的地理位置,迦太基人主要从事中转贸易的商业活动。它的对外贸易范围之广,经营商品种类之多,所获利益之大,在古代世界是罕见的。它的殖民城市和商业据点几乎遍布于西部地中海沿岸。

他们从北非输入绛红、苏丹的象牙和奴隶、中非洲的鸵鸟毛和金砂,由不列颠输入锡、西班牙的白银和咸鱼,从撒丁尼亚取得铅和粮食,从埃及和腓尼基取得传统的手工业制品。西西里的橄榄油和希腊的艺术品也都集散于迦太基。有的商人甚至还带着黄金、白银和食盐从中非洲越过沙漠来到迦太基。有的人从西班牙运来铁和锡,从遥远的波罗的海运来最珍贵的琥珀。

这些商品在迦太基被重新装上船只,启运到地中海和各个地域转卖。为了追求暴利,迦太基商人还不惜冒险远航。如迦太基人汉诺就曾率领一支舰队出了地中海,进入大西洋,并且环行了非洲西海岸。广泛的贸易活动给迦太基带来大量财富,因此,它被称为"当时世界最富的城市"。

布匿战争

欧、亚、非三大洲环抱的地中海,自古以来就以其独特的地理位置而从来都没有平静过,一直是大国角逐的战场。早在2000多年以前,一场长达100多年的"帝国主义战争"就把地中海的海水搅得沸沸扬扬,从此它便没有平静的日子了。

布匿战争发生在公元前264年。古罗马和迦太基两个奴隶制强国为了争夺资源和奴隶,为了夺取地中海的霸权而斗争了100多年,史称"布匿战争"。这是因为罗马人称迦太基的腓尼基人为"布匿",所以得名。

公元前3世纪初,罗马战胜了意大利中部和南部山地的一些部落以后,又征服了意大利南部的各个希腊城邦,统一了意大利半岛,从一个台伯河畔的小城邦一跃而为地中海西部的奴隶制强国。由于贪欲的无穷,罗马的奴隶主阶层强烈地要求向地中海扩张,妄图把地中海变成它的"内湖",而这必然同当时强大的迦太基帝国发生冲突。

迦太基人凭借充足的资源和经济后盾，建立了一支强大的军队，足以对付任何来犯之敌。他们的陆军装备精良，是职业的雇佣兵，其中有利比亚人、西班牙人、南意大利人、坎佩尼亚人和高卢人。海军拥有50支桨的战船几百艘，每船配备水兵120人，由专门造船工人装备和水手驾驶。公元前3世纪，迦太基海军牢牢掌握着从叙拉古到塔林敦的西部海域。

西西里富饶而肥沃，有谷仓之称。迦太基人为了占有它而与希腊人争斗了数百年，这次，罗马人也为之垂涎三尺。为争夺西西里，罗马人同迦太基人展开了第一次布匿战争。

罗马军队于公元前264年渡过了莫西拿海峡，马到成功，迅速占领了莫西拿城，并迫使迦太基军队后撤。迦太基人为收复失地，立即派出一支军队出征，并正式向罗马宣战。战争初期，罗马凭借自己的步兵优势，占领了西西里的大部分地区，但是它的海上力量远不能同迦太基相匹敌。为此，罗马大肆扩建海军，并充分发挥步兵的优势，于公元前260年首次在西西里海面上大败迦太基海军。接着，公元前256年，罗马以330艘战船和4万人组成的一支舰队远征非洲，企图一举消灭迦太基，但却未能如愿。双方自此以后都元气大伤，无力再战，于是便签订了合约。第一次布匿之战以罗马的胜利结束，西西里被罗马占领，成了罗马的第一个行省。

但和约并未彻底解决罗马同迦太基的争端，不久，新的战争又因为利益争夺而打响了。第二次布匿之战中涌现出一位杰出的战略家——迦太基军队的统帅汉尼拔。汉尼拔25岁时就当上了迦太基驻西班牙军队的最高统帅。他年轻力壮，精力旺盛，思想成熟，意志坚强，同时有良好的文化修养。他从小生活在军营环境中，接受了艰苦的锻炼，在他的父亲——迦太基大将哈米尔夫的培养下，具有吃苦耐劳的精神和坚韧不拔的毅力。他自幼便抱负非凡，立志长大后打败罗马，征服意大利，一洗迦太基战败的耻辱。在他掌权之后，几乎征服了希伯鲁斯河以西的整个地区，并做好了战争准备。

这时，汉尼拔看准了萨贡杜姆这个与罗马结盟的城市作为战争借口。他日夜围攻萨贡杜姆，终于占领了这个城市，引起罗马人向迦太基正式宣战。

罗马人计划分兵两路：一路以西西里为基地，派出水陆大军，进攻非洲，直取迦太基；另一路只用小股兵力进军西班牙，钳制汉尼拔的军队，使其不能援助非洲本土。汉尼拔不愧为杰出的军事家，他以惊人的胆略率部队翻越阿尔卑斯山，进入敌人境内，给罗马以出其不意的打击。公元前216年春，汉尼拔占领了坎尼城，他以极小的伤亡大败了敌军，使罗马一度处于极其危险的境地。但罗马人固守中部意大利，重整了军队。而且随着时间的推移，汉尼拔孤军深入的弱点也逐渐显露出来，兵力和粮食的补给日益困难。罗马借机收复了本土城市，不久，又夺取了西班牙。

公元前205年，罗马军队转到了非洲迦太基本土上，转入决定性的进攻。汉尼拔被紧急调回应战，最终以他有生以来的第一次失败告终。迦太基被迫于公元前201年接受了屈辱的和约。从此，迦太基丧失了非洲以外的所有领土，解除了主要军备，偿付大量的赔款，并且把对外战争的决定权交给了罗马。从此，迦太基一蹶不振，罗马取而代之，成了西部地中海的霸主。

第二次布匿战争之后，罗马势力日益膨胀，于公元前2世纪中叶征服了马其顿、希腊，削弱了叙利亚、埃及等国。随着罗马的东扩，迦太基也在渐渐地复苏，重新成为一座繁荣的城市。这引起罗马人的忌恨和不安。

为了永久消除这个对手，罗马人于公元前149年又挑起了对迦太基的战争，第三次布匿战争又爆发了。迦太基人在大敌压境之时被迫求和。而罗马人蛮横地命令迦太基人毁掉城市，移居到离海15公里以外的内地。迦太基人不能接受，于是便团结起来，万众一心，坚持抵抗了4年。最终在罗马军队的围困之下，发生了饥荒和瘟疫，迦太基被罗马军队攻占。城市被付之一炬，大火烧了15天，最后被夷为平地，并用犁耕出沟来。存活的迦太基人全部被卖为奴隶，迦太基的领土成了罗马的阿非利加行省的一部分。一个曾在历史上煊煊赫赫的大帝国就这样消失了。

格拉古兄弟的改革

"同胞们，大家想一想，在意大利，天上飞翔的每一只鸟雀，地上跑的每一头野兽，都有一个可以栖息的巢穴，而那些为意大利的光荣战斗和牺牲的人得到的待遇却连鸟兽都不如，他们只能享受阳光和空气。"

"他们没有自己固定的住所，终日里携妻带子到处流浪，处境如此之悲惨。"

"将军们欺骗士兵，号召他们为保卫祖坟、宗庙和家园去战斗，去挥汗流血，可是事实上，很多罗马人既无祖坟，又无家园了，他们是为别人的奢侈享乐和堆积财富去战斗，去牺牲的，这就是事实真相！"

"他们被称为世界的主人，可是却穷得没有立锥之地……"

公元前133年，古罗马城的中心广场上，一位英姿飒爽的青年人正在慷慨激昂地发表演说。这个人正是不满30岁的新上任的保民官、贵族改革家提比略·格拉古。这里正在召开平民大会。

会场上气氛异常热烈，广大的平民听了格拉古的演说，联系到自己悲惨的处境，不禁心潮澎湃，他们积聚了多年的委屈顷刻间爆发出来，他们振臂高呼："我们要得到土地！""我们要有自己的家园！"声音响彻云霄，此起彼伏，经久不息。

原来，随着罗马奴隶制的发展，土地兼并越来越严重，贵族奴隶主霸占了大量土地，平民纷纷破产，终日为维持生计而奔忙，同时还要面对服兵役的任务。法律规定服兵役的人必须自备服装和武器，这些平民连这个能力都没有。因此，罗马的军事力量也大大减弱了。

以格拉古兄弟为代表的罗马奴隶主贵族改革派认为,在这种情况下,必须限制一下过分集中的土地,并将贵族非法占有的国有土地收回一部分,分配给无地的平民耕种,以缓和日益紧张的社会气氛,适当解决罗马兵源枯竭的问题。于是,在公元前2世纪下半叶,格拉古兄弟毅然发动了一场以解决土地问题为中心的改革运动。

公元前134年,提比略。格拉古在平民支持下宣誓就任保民官。一上任,他就公布了他的改革提案,其中限制了一个家庭最多占有土地的数量,以及把国有土地分配给无地平民的政策。但提案遭到了保守派贵族的疯狂反对,因为这一提案损害了贵族的利益,正是这些贵族占用了大量的国有土地,而且实际上早就成为各家的私产。

为了阻挠这一提案的通过,他们派出另一个保民官,占据了大量国有土地的屋大维来出面行使否决权。然而,在平民大会上,屋大维被愤怒的平民群众撤了职。接着,大会立即通过了提比略的提案,使之上升为法律,并选举提比略、提比略的弟弟盖约·格拉古及提比略的岳父组成三人委员会,负责该提案的施行。

尽管三人委员会的工作遭到了贵族保守派千方百计的阻挠和破坏,但他们坚持不懈,取得了一定的成效。

一年后,任期已满的提比略为了使工作能延续下去,改革的成果不至于化为乌有,便决心竞选连任下一任保民官。而此时贵族保守派却正在伺机杀害他。

正当提比略在发表竞选演说之时,一名保守派的暗探借口提比略用手指了一下脑袋的动作是想戴王冠,要推翻共和国,他大叫大嚷,一群早已埋伏多时的武装暴徒一拥而上,对提比略下了毒手,广场上顿时展开了一场短兵相接的搏斗。结果提比略和他的300多名追随者惨遭杀害。

平民争取土地的运动并未因提比略之死而终止。公元前123年,提比略的弟弟盖约。格拉古当选为保民官。盖约提出的粮食法案规定,由国家供应城市平民以廉价粮食;土地法案规定,继续执行由提比略开创的土地改革政策。由于意大利境内土地已经不多,盖约提出了一项移民计划,以满足平民对土地的需求。

不料此计划一出,立刻被贵族保守派利用来作为反对改革的武器。他们利用许多平民留恋故乡不愿离开意大利的心理,策动另一个保民官李维·德鲁斯编造谎言,保证平民不离开意大利本土,把移民点全设在意大利境内。实际上这是根本不可能的。而且李维还蛊惑人心地提出免去盖约所规定的获得国有土地的平民应向国库缴纳的租金。

平民中相当多的人上当受骗了,他们不再拥护盖约,而是倒向了李维。贵族保守派见一计得逞,便加紧步伐,以暴力来扼杀改革运动。在一次祭神仪式上,保守派爪牙公然向盖约和他的支持者挑衅,引起一场搏斗。结果保守派抓住这个借口,用利剑、标枪对改革派进行了疯狂的屠杀,3000人死于非命,盖约逃入丛林后,绝望地自杀了。

一场进步的改革在血腥的镇压中归于失败。但格拉古兄弟的功绩不会被历史遗忘。他们的改革,在一定程度上限制了贵族对国有土地的兼并,改善了小农经济的地位。据记载,在改革期间约有800多破产平民获得了土地。然而,贵族保守派的势力还是大大强于改革派的,罗马的平民和奴隶并没有站在统一的立场上,他们的力量毕竟要虚弱很多。

公元前111年,罗马国家正式承认贵族霸占的国有土地永归私有,小农分到手的国有土地可以转让。于是,土地兼并之风又盛行起来了。

斯巴达克起义

公元前1世纪初,罗马已是一个领土相当广袤的奴隶制大国。在连绵不断的对外战争中,数以万计的战俘变成了奴隶,罗马到处都建立起大规模使用奴隶劳动的大庄园。

在罗马元老贵族的暴虐统治之下,奴隶的命运悲惨之极。法律规定,奴隶主对奴隶有生杀予夺的大权。奴隶主为了尽快收回买奴隶所花费的成本,便挥舞着皮鞭强迫奴隶一刻不停地劳动。在他们眼里,奴隶只是会说话的工具。为防止奴隶逃跑,奴隶主给奴隶戴上沉重的脚镣,套上坚固的项圈,圈上还写着:"抓住我,不要让我逃跑。"奴隶没有婚姻权,只有少数人才有这个机会,奴隶所生的子女,也被看作奴隶主的财产。老弱病残的奴隶,不是被卖掉,就是被送到台伯河中的一个荒岛上活活地冻饿而死。年轻力壮的奴隶也只有在监工的鞭笞下,一刻不息地劳动,直到死了为止。

处境最为悲惨的奴隶是角斗士。角斗是罗马统治者的一种最野蛮、最残酷的娱乐。罗马政府还专门建造了巨大的角斗场,如弗拉维半圆形角斗场,可同时容纳50000人观看角斗。经过专门训练的角斗士,被奴隶主强迫着手握利剑、匕首,两两相斗,或者是与饥饿的野兽格斗,以此让奴隶主观赏取乐。一场角斗的人数,起先只有几对,后来增至几十对,最多达到300多对,奴隶主在血流成河的搏杀中得到变态的娱悦。当角斗快要结束时,奴隶主以手势决定角斗士的命运:如果大拇指朝上,则打胜的角斗奴可以留下性命;如果大拇指朝下,则被残忍地杀死。角斗场上还设有专门的人来检查被打死的角斗奴,用烧红的铁猛刺死者,看他是否真正死去,倘若还有动静,就用沉重的大锤把他活活打死,扔掉。

血腥的统治使奴隶们忍无可忍,起义的火种一触即发。

斯巴达克,这个"具有高贵的品格,为古代无产阶级的真正代表"的英雄人物就在这个时候应运而生了。他本是色雷斯人。色雷斯位于巴尔干半岛东南部,濒临爱琴海和黑海。当罗马进兵北希腊时,色雷斯人奋起反击。斯巴达克参加了战斗,不幸被俘,最初在罗马辅助部队中服役,因不甘驱使,多次逃亡,而被卖为奴隶。他有魁伟的身材,健康的体魄,英俊的面貌,而且臂力过人,卡普亚的一所角斗士学校将其买下做了角斗士。

角斗士非人的待遇令斯巴达克忍无可忍,他决计率领同伴逃出牢笼。他说:"宁可为自由而战死于沙场,决不为敌人取乐而丧生于角斗场。"在他的激励之下,200多名角斗士串联起来,秘密商议起义计划。

不幸的是,由于叛徒告密,斯巴达克不得不果断采取行动,即刻提前率领七八十名角斗士以厨房里的刀叉、棍棒为武器,杀死卫兵,逃出了城市,一直奔到几十里以外的维苏威火山。在路上,他们截获了好几辆运载角斗武器的大车,装备了自己。就这样,公元前73年夏,震撼历史的斯巴达克大起义爆发了。

在意大利西南部的维苏威火山上,起义军安营扎寨,他们选出了三位领袖:斯巴达克为首领,高卢人克利苏克斯和日耳曼人恩诺马乌斯为副将。维苏威火山濒临那不勒斯湾,地势险峻,除一条崎岖小路可通山顶外,到处都是悬崖峭壁,易守难攻。起义军在这里积蓄着力量,并且不时走下山来,在附近的坎佩尼亚平原惩罚奴隶主,解放奴隶。

很快,许多奴隶和农民闻讯从四面八方投奔而来,起义队伍迅速扩大到1万多人。他们不仅在短短几个月内缴获了当地驻军的大量武器,而且从附近庄园里获得了大批给养。起义军纪律严明,作风良好,深得奴隶和平民的支持和欢迎。

这革命之火震撼了奴隶主阶级,他们开始惶恐不安。元老院急忙于公元前72年春派遣克罗狄率领3000名官兵包围维苏威火山。唯一的一条山路被封锁了,他们以为这样起义军会被困死山上。

斯巴达克临危不惧,他发出响亮的号令:"宁可战死,不愿饿毙。"形势十分严峻。起义军却出奇制胜,他们用山上的野葡萄藤编成绳梯,一直垂到谷底,顺着这绳梯到达了山底。趁着夜黑风高,起义军在斯巴达克率领下悄悄绕到敌人背后,一声令下,发起猛攻。敌人丢盔弃甲,溃不成军。克罗狄败逃而走。

斯巴达克起义军经过维苏威一战,声名大震,更多的人投奔而来。斯巴达克把扩大的军队整编为投枪兵、主力兵、后备兵和骑兵四大部分。随后,他们逐步控制了坎佩尼亚平原。在分析了敌我力量对比之后,斯巴达克认为,要在罗马国家的心脏地区建立巩固的奴隶政权,是比较困难的。因此,他计划把起义军带出意大利,摆脱罗马的奴役。进军路线设置为:穿越坎佩尼亚平原,抵达亚得里亚海岸,然后沿着海岸线北上,再翻越横亘在意大利北部的阿尔卑斯山,进入罗马势力尚未达到的高卢地区,在那里建立起奴隶的乐园。

公元前72年秋,斯巴达克大军浩浩荡荡地出发了。元老院急忙派遣行政长官瓦里尼乌斯率领两个军团共12000人前去阻截。起义军针对瓦里尼乌斯的分进合围战术,制定出选择敌人薄弱环节,集中精兵逐个击破的方针。

交战开始了,斯巴达克精兵杀向瓦里尼乌斯副将博利乌斯带领的2000人马,并且迅速取胜。继而,起义军把矛头转向前来增援的科辛纽斯副将。科辛纽斯不仅全军溃败,而且命丧沙场。起义军节节胜利,但由于连日作战,需要适当休整。瓦里尼乌斯便借此时机,把起义军逼到一处荒无人烟、道路崎岖的山区角落里,并筑垒挖堑,妄图置起义军于死地。

此时的起义军缺粮少兵,筋疲力尽,再加上天气寒冷,形势非常危急。然而斯巴达克召开紧急军事会议,策划出了一个巧妙突围的计策:夜里,起义军在营寨门前钉上一些木桩,把敌人丢下的一具具尸体绑在上面,旁边点起篝火,远远看去就像哨兵在站岗放哨,并且留下一名号兵按时吹号。在神不知鬼不觉的情况下,悄悄地撤离了营寨,他们沿着瓦里尼乌斯认为无法通行的山路迅速冲出了敌人的包围圈。

天亮之后,瓦里尼乌斯方知中计。他气急败坏地率军追击,不料起义军早已选择有利地势,设下埋伏,沉重打击了敌人。

起义军威震四方,又有大批奴隶带着马匹投奔而来。斯巴达克日夜督造武器,实行严格的军纪,平均分配战利品,保护人民生命财产,禁止军队抢劫,在征集军需物资和武器时,都给以十足的偿付。正当起义军风头正劲之时,领导层发生了意见分歧。克利克苏斯不同意斯巴达克主张的翻越阿尔卑斯山出境,他坚持让起义军留在意大利同统治者斗争到底。最终他们分道扬镳,克利克苏斯率领3万人马离开了斯巴达克。

公元前72年冬天,克利克苏斯率领的起义军在阿普里亚的加尔干诺山附近同罗马元老院派出的格里乌斯军队相遭遇。一场血战之后,终因寡不敌众,克利克苏斯英勇牺牲,军队损失大半。余下的人又重归了前来救援的斯巴达克义军。

由斯巴达克率领的一支起义军经过辗转奋战,历经艰难终于冲破了敌人的围追堵截,胜利到达了阿尔卑斯山下。队伍发展到了12万人。此刻,再也没有敌人的围追堵截了,只要翻过山去,胜利就实现了。然而,阿尔卑斯山高耸入云,山顶终年积雪,气候恶劣异常,起义军辎重繁多,要想翻越大山,绝非易事。而且此时的起义军斗志昂扬,信心倍增,他们认为自己有足够的力量战胜罗马的奴隶主。因此,斯巴达克又改变了进驻山北高卢的计划,掉转头来,挥师南下,直捣罗马。

惶恐的奴隶主得知消息后,慌忙召开了元老会,他们推来推去,谁也不敢担当重任。最后,手段强硬、狠毒无比的大奴隶主克拉苏出任了新执政官,他被委以"狄克推多"(意为独裁者)的大权。为整饬军纪,扭转败局,他实行了残忍的"什一抽杀律",即把临阵脱逃的士兵分成10人一组,以抽签的方式每组处死一人,顿时有4000名士兵丧生。同时,克拉苏把兵力增至10万人。

克拉苏以为起义军会进攻罗马城，因此在相关大道上设下重兵，妄图歼灭起义军。然而，斯巴达克绕过罗马城，指挥义军纵穿意大利半岛，准备渡过摩萨纳海峡，占领富于战斗传统的西西里岛，以便与罗马统治者作长期的斗争。但是，这个计划却失败了。原来，为了解决渡海问题，起义军曾与西西里海盗达成协议，租用船只，但由于西西里总督维里斯收买了海盗，结果起义军上当受骗，船只落空。斯巴达克不得不再次率军北上。

而此时，狡猾阴险的克拉苏为了将起义军困死在半岛南端，命令士兵在布鲁提伊半岛的最狭窄地带挖出深、宽各四五米的一条深沟，长达50余公里，还用挖出来的土筑成一道又高又厚的土墙。起义军三面临海，一面受敌，处境相当危险。

一个风雪交加的夜晚，斯巴达克一面命令士兵们点起篝火，又唱又跳麻痹敌人，一面又率领1/3的步兵巧妙地利用树枝、柴草、泥土和敌人的尸体填平了一段壕堑，并且火速地通过了封锁线，敌人的阴谋又破产了。

脱险后，斯巴达克决定将军队带到布林的西港，从那里东渡亚得里亚海到希腊去。然而队伍内又出现分歧，两员部将公然率领12000人脱离主力，单独行动，结果被克拉苏消灭在鲁干湖畔。正当起义军急速向布林的西进发时，一支罗马军队已抢先占领了那里。起义军又一次腹背受敌。

斯巴达克深知东渡的计划已不可能，于是便果断地回迎战克拉苏。公元前71年春，阿普里亚境内，一场鏖战开始了。起义军奋勇厮杀，顽强不屈，但付出了惨重的代价，6万名奴隶壮烈牺牲了。斯巴达克身先士卒，冲在阵线最前沿。最后只剩下1万人了，他们宁死不屈。突然，斯巴达克被一名罗马军官从背后猛刺一枪，接着，他的大腿也被刺中，跌下马来。战士们冲上前去，救出斯巴达克，并让他骑一匹快马赶快突出重围，以图大计。可是，斯巴达克毅然刺杀了那匹战马，他要与生死与共的战友一起流尽最后一滴血。他站立不稳，便屈下一只膝，手持武器，坚持到了生命最后一刻，壮烈地牺牲了。

6000名起义军俘虏被凶残的克拉苏钉死在从卡普亚至罗马沿途的十字架上。一场气壮山河的奴隶大起义就这样不幸失败了。

但是，斯巴达克起义声势之大、力量之雄厚、影响之广泛，都是史无前例的，它给予罗马奴隶主阶级以沉重的打击，震撼了罗马奴隶制的基础。这次起义代表了罗马奴隶起义的最高水平。

斯巴达克作为起义军的组织者和领导者，是历史上一位杰出的领袖和统帅，表现出无比英勇的斗争精神和卓越的军事才能。他的光辉形象一直激励着世代热爱光明和自由的人类勇敢地奋斗。

战神恺撒

恺撒出身于古罗马古老而著名的尤利乌斯家庭,曾任行政长官的父亲在恺撒15岁时去世。恺撒少年时期就渴望取得最高权力。一次,他和几个朋友经过一个贫穷的小村庄,有人开玩笑地说:"难道在这个小角落里会有人想争居首位吗?"恺撒听了认真地说:"我宁可在这里当老大,也不愿在古罗马当老二!"他从小受过良好的教育,曾师从古罗马演说家毛路,到过罗得斯岛,学习修辞学和演说术。

18岁时他娶了著名的民主派人物秦纳的女儿科尔涅利娅为妻。

公元前77年,恺撒又回到罗马,对曾任马其顿总督的格涅乌斯·科尔涅利乌斯·多拉伯拉提出控告,指责他贪赃枉法。虽然多拉伯拉被宣告无罪,但恺撒却因此而声名鹊起。

公元前73年,他在军队中担任参将的职务。公元前68年他任财务官。公元前65年,恺撒出任市政官。他为了笼络人心,慷慨捐资,以至于耗尽了自己的财产,还欠下了大笔债务。

在西班牙任职期间,恺撒征服了一些部落,扩大了罗马人统治的地域。不仅他自己发了财,还使他的部下也发了财。因此,士兵们对他更加拥戴,宣布他为"英白拉多"(意为无往不胜的统帅)。同时,他在元老院、骑士和罗马平民中也得到了众多的支持。

公元前60年,他载誉回到古罗马。当他到达古罗马时,正逢选举下一年度的执政官。他立即投身于竞选之中。

由于他雄辩的口才、改革派的形象、慷慨大度的品德以及在西班牙等地的战功,在平民和一部分上层人士中间很快赢得了威望。但他心里很清楚,在当时的情况下,他要保证竞选成功,必须取得两位在当时最有影响的人物的支持。因此,他首先争取到了庞培,继而调解了庞培和克拉苏之间的不和。

公元前60年夏天,古罗马三位有巨大影响的政治家之间达成了相互支持的秘密协议。近代学者称这一协议为"前三头同盟"。这是庞培、克拉苏和恺撒三人暂时结成的同盟,因为任何一方都不能单独掌权,只有联合起来,才能与元老院相抗衡。

公元前59年。基于庞培和克拉苏的支持,恺撒当选为执政官。他一上任就即提出了几项提案:一是批准庞培在东方的所有决定;二是规定分给2万名公民以土地,其中首先是庞培的老兵,其次是有三个以上子女的贫苦公民,并设立由庞培和克拉苏领导的20人组成的委员会负责执行这项法律;三是把在亚细亚的包税金额减少1/3,这有利于以克拉苏为代表的骑士阶层中的一批包税商;四是新的反勒索法,加强了对在行省滥行勒索的官员的惩罚,进一步明确了行省总督的职权。

根据恺撒的命令,在古罗马开始公布元老院和公民大会的决议,这是历史上最早的官方报纸。他企图通过这种文件影响社会舆论。

然而,随着时局的变化,"前三头同盟"的内部矛盾终于显露出来。公元前49年1月1日的元老院会议上,敌视恺撒的势力在庞培的支持下占了上风,决定要恺撒立即卸任,并且指定了接替他的人。恺撒的亲信、保民官安东尼和克文杜斯·卡西乌斯对这一决定行使了否决权,但是贵族派元老对他们的意见不予理睬,并对他们加以侮辱。1月7日,他们化装成奴隶逃到恺撒所在的山南高卢,向恺撒报告罗马城内的情况。元老院宣布了紧急状态,并且授权庞培在意大利招募军队。

此时,恺撒的军队绝大部分驻在山北高卢,身边只有一个军团和一些辅助部队。他经过一番周密策划,于公元前49年1月10日,即他在高卢的总督任满日,率领身边仅有的军队越过了意大利和高卢诸行省之间的界河卢比孔,充分利用了庞培的动作迟缓,没有准备的弱点,以迅雷不及掩耳之势向罗马突进。庞培与元老院联合,劝说恺撒解散军队回国,被恺撒拒绝。

庞培于1月28日率领一批元老和两名执政官逃离罗马,前往古希腊。恺撒兵不血刃,占领了古罗马。

恺撒夺得古罗马政权后,对政敌实行宽大怀柔的政策,赢得了一部分元老贵族和骑士的好感。这年秋天,他出兵西班牙,经过40天的战斗,终于迫使庞培两员部将的军队投降,巩固了自己的后方。

公元前48年6月,恺撒与庞培又大战于法萨罗,庞培战败逃到古埃及,被国王派人杀害庞培。恺撒借口追击庞培,进兵古埃及,把依附于他但当时被逐出古埃及的女王克娄巴特拉七世扶上台。

接着,他又转战小亚细亚,在北非和西班牙击溃了同庞培结盟的本都国王法尔纳恺撒。公元前46年,恺撒平定了非洲支持庞培的势力,次年又镇压了庞培的两个儿子在西班牙的反抗。

恺撒回师古罗马,受到空前隆重的欢迎。他被推举为终身独裁官——狄克维多,还拥有众多的其他头衔,享有保民官、监察官大权,并冠以"大元帅"和"祖国之父"的称号。当时,元老院、公民大会和各种职官形式上虽然保存,但实际上一切听命于恺撒。他的出身被神化,他已经成为罗马世界至高无上的主宰者。

在恺撒独裁统治期间,为了加强中央集权制,巩固统治基础,采取了一系列改革措施。通过这些改革措施,恺撒一方面加强了罗马帝国与其他帝国的联合,另一方面,提高了各行省的地位,而削弱了元老贵族的势力。所以,恺撒的独裁和改革遭到一部分元老贵族的坚决反对,其代表人物是布鲁图和卡西乌斯。而布鲁图是恺撒主要政敌庞培的部下,恺撒宽恕了他,仍旧受到信任和重用。

有些人看出,恺撒的权力愈来愈大,总有一天会戴上皇冠的。因此,他们组织

·古罗马文明·

图文珍藏版

了阴谋集团,决心除掉他。这些阴谋者当中,就有那位受到恺撒信任的布鲁图。

　　公元前 44 年 3 月 15 日,元老院举行会议。恺撒单身一人来到会议厅。虽然他事先已经得到警告,说有人这天要谋刺他,但是他仍然拒绝带卫队。他说:"要卫队来保护,那是胆小鬼干的事。"恺撒大步走进大厅,坐到黄金宝座上,笑着说:"现在不就是 3 月 15 日吗?"这时候,阴谋者都身藏短剑,像朋友一样围在他身边。其中的一个人跑到他面前,抓住他的紫袍,像是有什么事要请求他似的。原来这就是动手的暗号。众人一拥而上,用短剑刺向恺撒。恺撒没带任何武器,他奋力夺下紫袍,进行反抗。他的腰部中了一剑。接着,一剑又刺进了他的大腿。他看见这一剑正是他最信任的布鲁图刺的,不由得惊呼:"啊,还有你,布鲁图!"他放弃了抵抗,颓然倒下,用紫袍蒙面,任由他的仇敌乱刺、乱砍。他共被刺 23 处,其中 3 处是致命的,恰巧死在庞培雕像脚下。

　　在出席元老会的前一天,恺撒和他的骑兵长雷必达一起用餐时,突然提出一个问题,"怎样一种死法是最好的?"大家纷纷发表意见,最后,恺撒表示,他愿意突然而死。谁料想,第二天就应验了他的预言。

　　恺撒被杀死以后,布鲁图说:"我爱恺撒,但我更爱罗马!"可是古罗马的平民没有一个人对恺撒之死表示高兴。当凶手们手提着血淋淋的短剑走出元老院的时候,和他们所预料的欢呼场面相反,看到的只是表情冷漠、充满怀疑目光的人群。

儒略历和格里高里历

　　上小学时,我们就掌握了阳历月份的天数,都知道有两个新年,一个是元旦,一个是春节,还有就是 2 月份的天数很特别,其实,这里面有许多天文和历史原因。

　　古代埃及贡献给了人类重要的计时方法。由于天然的尼罗河水潮伏有序,埃及人为了计算它的时间,从观察自然界得出很多规律。他们发现三角洲地区尼罗河涨水与太阳、天狼星在地平线上升起同时发生,他们把这样的现象两次发生之间的时间定为一年,这一年有 365 个昼夜,也就是 365 天。他们把全年分成 12 个月,每月 30 天,余下的 5 天定为节日。因为尼罗河水变化,他们把一年分成三季,即"泛滥季""生长季""收割季",每季 4 个月。埃及人把昼和夜各分成 12 个部分,每个部分为日出到日落或日落到日出时间的 1/12。埃及人用石碗滴漏计算时间,石碗底部有个小口,水滴以固定的频率从碗中漏出。埃及人突出的时间观念是以太阳为标准,所以称阳历。

　　埃及人很早就知道一年不是整整 365 天,而是略为长一点,约长 1/4 天,但是因为保守的统治阶级坚持 365 天一年,所以,现在每 4 年就要闰一次年,闰年多出 1 天,以补足 4 年来少的那些时间。

当时世界上也有民族以月亮为准,然后增添时日,这就是阴历。希腊使用的就是阴历,阴历需要闰月。

公元前 8 世纪时,罗马历法更加混乱,罗马历法每年只有 10 个月,每月 30 天,剩下 60 天不算月,因为正赶上严冬。这样他们一年只有 360 天,弄得十分混乱。

儒略·恺撒征服埃及后,先进的埃及阳历被带到罗马,天文学家索西琴斯建议皇帝废掉混乱的罗马历,以古埃及的阳历为基础,重新编历。当时埃及的历法虽然先进,但是按一年 365 天过,4 年就差出去 1 天而他们不加补足,所以时间长了就会弄错。亚历山大的天文学家注意到了这个问题,恺撒在颁布新历法时就有了这样的规定。

由于当时罗马人认为奇数是幸运的,所以把奇数月规定为大月,每月 31 天,偶数月为小月,每月 30 天,幸运月都多出一天来,为的是让幸运常在,但这样一来一年是 366 天,这一天减在哪月呢?当时古罗马死刑必须在 2 月执行,所以就让这不好的 2 月少一天吧,2 月就成为 29 天了。

到了奥古斯都帝,他的生日在 8 月,他想怎么能让自己在小月出生呢,于是下令将 8 月份以后的双月定为大月,单月定为小月,以表示自己出生所带来的不同。8 月原来只有 30 天,变成 31 天就要从别的月减一天,所以又从 2 月份减了一天,2 月就只有 28 天了。

儒略历是以恺撒命名的阳历,较符合节气变化,受到人们的普遍欢迎。但还不十分精确,因为它的一年是 365 天,其实真正的一年不是 3651/4 天,而是 365.25 ~ 0.0078 天。到了公元 1582 年,日期会差出 10 天多。所以教皇格里高里又颁布了新的改动,改动之后的儒略历称格里高里历。他规定逢百之年只有被 400 整除的年份才是闰年,我们今天所采用的公历就是格里高里历。

自 1912 年中华民国起,我国也采用了现在的公历,但农历也同时在民间使用。

奥古斯都——屋大维

公元前 63 年的一天,在罗马的一位富裕而有声望的元老家庭中,诞生了一名健壮的小男孩,他就是日后青史流芳的古罗马杰出政治家——屋大维。

屋大维的母亲阿提娅是当时的罗马独裁者恺撒的姐姐尤利娅的女儿。凭着这层关系,15 岁时屋大维被选入极有权势的大祭司团。由于屋大维从小表现出聪慧机敏、果敢大胆的优秀资质,深得恺撒的喜爱。恺撒曾把 18 岁的屋大维送到伊利里亚的阿波罗尼亚学习,并把他收为养子。

公元前 44 年 3 月 15 日,恺撒被贵族共和派刺杀。他在遗嘱中已经把他的养子屋大维立为自己的继承人。屋大维闻讯赶回,依靠恺撒遗嘱留给他的财产和豪

·古罗马文明·

图文珍藏版

富亲友的资助,在元老院的支持下募集了一支军队。当时恺撒的部将安东尼自命为恺撒继承人,并占据了他的财产,对屋大维采取蔑视和敌对的态度。

屋大维首先在穆提那战争中将安东尼打败,收服了许多恺撒派部队。但此时却又遭到元老院的轻蔑和敌对,同时恺撒从前的一位骑兵长官雷必达也在迅速崛起。面对这种情况,公元前43年秋,屋大维同安东尼、雷必达在北意大利的波伦亚附近会晤,并缔结了协定,史称"后三头"同盟。这实际上是一个军事独裁集团,在"安定国家的三头政治"的名义下,夺取了国家最高权力。

然而,三头之间的矛盾日趋激烈,他们都想实现个人专政,尤其是发自安东尼方面的阴谋和斗争始终不断。但为了维护罗马的领土安全,大家还不得不保持暂时的相互妥协。三头在公元前40年于布隆迪西乌姆达成新的协议,决定在以后的作战行动中互相援助,并重新分配了行省。

屋大维在自己的势力范围内不断地扩大并巩固自己的权威,经过几年养精蓄锐,他打败了雷必达,并剥夺了他的军权。对于安东尼,屋大维自有手段。当时安东尼已与埃及女王克丽奥帕特拉七世结婚,并把罗马东方行省的部分地区赠给她及其子女,这种破坏罗马领土的行为激起了罗马人强烈的不满,屋大维抓住一切机会来煽动这种不满情绪。他不顾古老的习俗规定,从供奉灶神的贞女手中索得安东尼的遗嘱并公布于众,其内容包括安东尼要求把他葬在亚历山大里亚,批准他对克列奥帕特拉七世的赠予等等。屋大维利用元老院和公民大会的名义,剥夺了安东尼的一切权力并宣布他为祖国之公敌。

公元前31年9月2日,屋大维在阿克提乌姆海角打败安东尼,次年进兵亚历山大里亚,安东尼伏剑自刎。至此,长期陷于内战和分裂的罗马重新统一起来,屋大维成了罗马唯一的统治者。在此后长达40年的时间里,屋大维改造了罗马世界,他的统治被称为罗马的"黄金时代"。

公元前27年1月13日,35岁的屋大维在元老院发表了洋洋洒洒的长篇演说,出人意料地宣称放弃一切权力,把共和国交还给元老院和罗马人民,自己做一个普通公民退隐林下。这一着欲擒故纵,投石问路,果然激起了巨大反响。元老们惴惴不安,如履薄冰,弄不清屋大维葫芦里卖的是什么药。他们纷纷恳请屋大维收回成命,以免国家和人民重遭劫难。屋大维再三推脱,终于抵不过众人的苦苦请求,便宣布愿意为全体人民的利益继续执政。元老院不禁感恩戴德,于公元前27年1月16日授予他"奥古斯都"的尊号,意为神圣、庄严、伟大。同时,元老院还决定在会堂正中设置一面金盾,镌文称颂屋大维的"英勇无畏,宽厚仁慈和公正笃敬"。

机智谨慎的奥古斯都唯恐重蹈恺撒的覆辙,尽量把自己的政权用合法的外衣掩盖起来,因而在国家制度上还保存着共和的外壳,共和政体的机关如元老院、公民大会以及官员的选举制仍然保存着。奥古斯都从罗马人的传统习惯和情感角度出发,公开宣称他的权力是元老院和人民授予的。罗马人喜欢称呼他为"普林西斯"或"第一公民",因为他创立的国家制度称为"元首制",他本人自称为元首,即国家第一人,第一公民。在元老院名册上,他的各字列在第一位。事实上,奥古斯都创立的元首制,是一种隐蔽的君主制。元老院经过清洗,完全受奥古斯都的控制;公民大会除了在形式上选举指定的高级官职外,没有任何作用。奥古斯都总揽了军事、政治、宗教等方面的大权。

20年内战结束了,罗马人民向往和平。国外的敌对行动终止之后,武装冲突的狂热在各个地区被平息,法律和秩序在恢复,和平被重建。罗马人产生一种恋古复古情绪,奥古斯都顺应潮流,提倡恢复古时淳朴的习俗。他采取了一系列引人注目的措施。为健全日益瓦解的罗马家庭,他奖励生育,与放荡行为做斗争。为恢复古老的宗教崇拜,他带头捐款从事大规模修旧建新工程,昔日破旧倾圮的神庙换上了庄严肃穆的新容。在他的倡导下,罗马贵族们竞相仿效,一年内,80多座崭新神庙相继落成。最为宏伟的是用大理石建造的奥古斯都广场,广场周围环绕着柱廊和神庙;在帕拉提乌姆山上的是阿波罗神庙;在卡皮托利乌姆山上的是朱庇特神庙。奥古斯都的将领阿格里帕做得尤为突出,他除了修建剧场、水道和豪华的浴场以外,还修建了一座著名的万神殿。罗马城在这一番大刀阔斧的修整之下,面目焕然一新。奥古斯都曾自豪地说:"我接受了一座用砖建造的罗马城,却留下一座大理石的城。"

此外,奥古斯都宣布大赦,取消了内战期间所下达的一切非常性指令。从埃及带回的巨额财富使他有充裕的资金奖赏将士,广济平民,而不须求助于近几十年来所例行的没收财产的恐怖政策。他曾使约30万罗马贫民领到粮食和金钱,还有30万人得到份地和金钱。

奥古斯都很懂得社会舆论和心理因素的力量。他在内政外交频频得手的同时,没有忘记利用一切宣传手段来为巩固他的元首政治服务。

他通过他的密友盖乌斯·麦凯纳斯·基系尼乌斯,大力笼络社会名流。在麦凯纳斯周围集合了以维吉尔、贺拉西为代表的一批当时社会上最负盛名的作家和诗人。他慷慨地为他们提供各种帮助,同时又让他们为奥古斯都尽情讴歌,以文艺形式颂扬他的文治武功。奥古斯都自己也经常写诗作文,附庸风雅。在他到各行省巡视时,总要带几个诗人同行,以示宠幸。

铸币也被奥古斯都利用,充分发挥它的宣传功能,因为在古代世界,铸币是唯一的能够流传最广的东西。对外战争的每次重大胜利,每一项重要工程的兴建成功,以及发布每一个重要法令,几乎都在铸币上得到反映。随着货币的广泛流通,奥古斯都的大名和声望传遍了帝国的每一个角落。

慢慢地,奥古斯都成了人们心目中神圣不可侵犯的君主。几乎所有的行省都建立起了罗马女神庙和奥古斯都圣庙。人们每年都从省内各地汇集到省府举行隆重的祈祷仪式。奥古斯都对此不但不反对,反而暗地里加以鼓励和提倡。一批批为他而建的神庙如雨后春笋般地在意大利的大小城镇中矗立起来。

公元前 2 年,奥古斯都被元老院、骑士和平民一致宣布为"祖国之父"。

公元 14 年 9 月 14 日,奥古斯都在巡视意大利时,途中经过坎佩尼亚的诺拉城,突然染病去世,享年 77 岁。

奥古斯都生活在罗马奴隶制社会急剧变化和动荡不安的时代,他凭借着从苏拉开始到恺撒所奠定的社会、思想基础,凭借他那善于审时度势的政治目光、灵活机智的政治手腕和知人善任的组织才能,彻底结束了内战,顺应时代潮流,以元首制代替了共和制,创建了帝国,使罗马得到了长达 200 年左右的比较稳定的统治。罗马帝国呈现出繁荣昌盛的景象,为人类创造出辉煌灿烂的古代文明。奥古斯都本人虽有不少缺点,但他无愧于一代伟大政治家的称号。

"祖国之敌"——尼禄

在古罗马政坛上,可谓群星闪耀,流光溢彩,一代代杰出的政治家、伟大的领袖可谓层出不穷,令后人景仰赞叹。可是,罗马政坛并不是一个只出产黄金的地方,一些渣滓败类也混杂其间,尼禄便是其中最臭名昭著的一个。

公元 1 世纪中期的一天,罗马宫廷里正在举行一次盛大的婚礼。金碧辉煌的厅堂里,各路嘉宾云集,贺礼堆积如山。熊熊燃烧的火炬照亮了雕刻精细的妆奁和铺陈华丽的合欢床。正当人们兴高采烈地观赏这一切并默默祝福即将结为连理的新人时,证婚人出场了。场内立刻肃静下来。只听证婚人宣布:"婚礼现在开始!"在热烈的掌声中,新人出场了。从新郎俊秀的外表上,人们暗自在心中描画着那蒙着面纱的新娘俊美的容颜。当面纱摘下来时,场内气氛霎时凝固了,人们待在那里,原来,那暴露出来的新娘真面目,竟是他们的国君,一个十足的大男人——尼禄。

这场闹剧并不是演戏,而是荒淫无耻的尼禄为满足他放荡的欲望而真实操练的,他正在按照全部合法的婚姻形式,公开把自己嫁给一名叫华达哥拉斯的淫童为妻。他的荒唐行为达到了无以复加的地步。

尼禄是腐朽、没落的罗马社会上层分子的代表,在他身上曾演出了一幕幕的丑剧,可资为笑谈。

尼禄从小生活在克劳狄乌斯王朝宫廷里,他并非皇子,只是因为他那阴险多谋、贪权好势的母亲在他父亲死后嫁给了皇帝,并施展种种阴谋诡计和毒辣手段包括毒死皇帝克劳狄乌斯,才使他有机会登上皇帝宝座。

在充满腐朽虚荣和阴谋倾轧的环境里,尼禄早早就被腐化,放荡不羁。当他称帝后,奉行"君主所为,尽皆合法"的原则,生活荒淫无耻,罗马的任何一条街道都能变成他狂欢作乐的地方。

刚开始由于他年幼无知，不理政事，他的母亲把持着一切权势。公元58年，尼禄结识了轻狂毒辣的罗马贵夫人波培娅·萨宾娜。这个萨宾娜可是个非同寻常的一个人物，据说她什么都有，"美丽、聪明、财富，样样俱全，可就是缺少一颗正直的心"。尼禄被她深深地迷住了。可是他的母亲阿格里皮娜竭力反对，并扬言要公开宣布让他异父弟弟布里塔尼库斯来代替尼禄。尼禄怀恨在心，再加上萨宾娜的影响，尼禄决计干掉他的亲生母亲。

公元59年的一天，阿格里皮娜正坐在船上巡游，突然船身发生倾斜，所有人全都掉到了水里。阿格里皮娜拼命挣扎，终于爬到岸上，她正自庆幸捡了一条命，不料一队手持利刃的近卫军冲了过来，三下五除二结束了她的性命。这些当然都是尼禄干的。接下来他又杀死了他的妻子，同情妇萨宾娜结了婚。

从此，尼禄更加肆无忌惮地胡作非为。在他主持之下，来自世界各地的所有丑陋和淫猥的东西都能在罗马找到位置并且得以流行。

尼禄自诩多才多艺，举凡吟诗作赋、歌唱演奏、竞技角斗无所不能。他常在宫廷举办极端豪华的赛会，自己作为朗诵者、歌手、演奏师或者角斗士登台表演，可惜他演技拙劣，吸引不了几个人。他很不服气，认为罗马人缺乏艺术细胞，不懂得欣赏他的艺术，于是他便率领大批扈从到各地巡回演出。在希腊，他得到了观众给予的足够的赞赏和热情，便心满意足，激动不已，以为终于碰到了知音，他把希腊人当作唯一懂得他的艺术和尊重他的威势的人。作为回报，他赐给希腊自治权，这倒是人们始料未及的。

尼禄对艺术的热情和兴趣远远大于他应从事的政务。他对举办各种形式的宴会乐此不疲。据记载，尼禄的宠臣都挖空心思地投其所好。有一个叫提格利努斯的近卫军长官，制作了一只木筏，放在阿格里巴湖上，宴会就安排在筏上。他准备了一些木船作为拖船，拖动筏子在湖心荡漾。小船都是用黄金和象牙装饰的，荡桨者是一色的娈童，按年龄的大小和淫荡的程度来安排。他从山南海北搜罗各种珍禽异兽，甚至从大海捕来海上生物。在湖岸的一边，设置了院舍，坐满了贵族妇女。对岸，一群裸体的娼妓搔首弄姿，猥亵地舞蹈着。当暮色渐深的时候，从湖滨所有的丛林和房屋里传出一阵阵歌声，相互唱和，到处都闪烁着灯光。尼禄就在这一片淫靡之光中乐不思蜀。

公元64年，一场大火几乎将罗马城完全吞噬。尼禄在火海中兴致勃发，登上高台，高声歌唱有关特洛伊毁灭的诗篇，安闲得意地观赏熊熊燃烧的大火和火中惊惶失措、奔忙逃窜的人群。

为了敷衍群众，他也采取了一些措施解救难民，以"慈善者"的身份做出庇护和供养受难者的姿态。其实他早就对罗马城的旧貌表示不满，正好借此机会准备按自己的意图修整一番。不过，他抢先修建的是自己豪华的"金屋"。这个"金屋"

可谓非同凡响,它占据了罗马最中心的地区,而且整个宫殿内部用黄金、宝石和珍珠来装饰,餐厅的天花板以象牙饰边,而且可以转动,无数的花瓣和香水一起在转动时飘洒下来。而这座王宫的出奇之处,并不在于那些俗烂的金镶玉饰,而是在于野趣湖光、林木幽邃、阔境别开、风物朗朗。

住在如此美丽的人间仙境,尼禄的良心却并没有得到净化,他残暴无比。曾有流言说这场大火是尼禄为观赏火光而放,为洗清自己的罪名,尼禄抓住了一些纵火嫌疑犯,对他们施以最残忍的手段。如用兽皮蒙起来,让群犬撕咬而死,或绑在十字架上,天黑后点火燃烧,当火把用。此番暴行更让人看清了他禽兽的本质。

为了维持他无止境的奢侈生活,尼禄大肆搜刮钱财,无论是平民还是显贵,都是他勒索的对象,这激起社会各阶层对他的普遍反抗。同时,大规模的武装起义也此起彼伏。在各种力量的冲击之下,骄横一时又极度空虚的尼禄很快陷入四面楚歌的境地。

面对即将灭亡的命运,尼禄居然荒谬地认为他能用动人的歌喉打动他的反对者,他要以一个歌手和朗诵者的身份到起义者中去,希望靠表演和歌唱就能再次获得和平。

然而,此时民众的心中正像火山一样喷发着不满和愤怒。尼禄的禁卫军也而反叛他,元老院宣布尼禄为"祖国之敌",众多的军团纷纷竖起起义的旗帜。

尼禄失魂落魄地逃出罗马城,在一处阴暗潮湿的角落里,他暗自哀叹:"多么伟大的艺术家就要死了!"然后,他掏出一把匕首,眼一闭,结果了自己的性命。

一代别具一格的政治丑角就这样告别了人世。

贵族式的历史学家——塔西陀

罗马帝国时代有一位著名的历史学家、文学家和演说家,他是古代杰出的历史学家之一,他以高傲的贵族态度对待人民群众,对待学者。在他视野之内,重要的只是皇帝、元老院、军队和罗马城,但他却名留青史,在史学上占有重要地位。他便是普布利乌斯·科尔涅利乌斯·塔西陀。

关于塔西陀的生平几乎没有什么记录流传下来,我们只是从他著作中偶尔的透露,以及他的朋友小普林尼的一些书信中得到一些线索。他大概出生在山南高卢或那尔旁高卢,父母情况不详。有的学者根据老普林尼的记载,推断塔西陀的父亲为骑士,曾任比利时高卢行省的高级官员。还有人从塔西陀的姓氏属于罗马最有名望的贵族,断言他出身于贵族家庭。但是单凭这个姓氏不足为信,因为行省的家庭时常采用颁给他们罗马公民权的总督姓氏。不过无论如何,塔西陀显然出生在行省的富裕家庭,受过良好的教育。他一生的大部分时间是在罗马度过的。他在少年时代,曾师承当时著名的修辞学家克文提利安努斯,学过修辞学、文学和散文写作。他的简练有力、灵活多变的文风主要得益于早年的严格培养。他还跟随著名的演说家马尔库斯·阿佩尔和尤利乌斯·塞孔杜斯学习法律和雄辩术,后来从事律师工作。从塔西陀作品中流露的高傲的罗马贵族思想也可以说明他属于社会上层。他对于当时社会下层民众不仅缺乏同情之心,还常常表露出轻侮的态度。

据塔西陀自己说,他最早参加政治活动是在韦斯帕西安怒斯皇帝时代,开始可能当一名低级官员,后来在军团中当参将。这些职位都是当时青年的晋身之阶。公元77年,塔西陀和罗马显贵、执政官阿格里科拉之女结婚,阿格里科拉是当时军政界的要人,后来更因出任不列颠总督而享有声望。塔西陀宦途顺利,除了自己的才能之外,大概也得力于岳父的提携。大约在公元81年他出任财务官,公元88年又升任行政长官。与此同时,他还成为负责保存西比林承书的祭司团的成员。从公元89年到93年期间,他不在罗马,可能是在北方一个行省任职。所以阿格里科拉死时他们夫妇都不在死者身边。在这段时期内,他可能游历过罗马帝国北部边境,对于日耳曼人的知识大约就是在这时得到的。他回到罗马是在多米齐安努斯皇帝统治的最后几年,亲眼见到多米齐安努斯对元老贵族的残酷迫害,这导致他对世袭君主制产生极大的憎恶。

公元97年,在皇帝涅尔瓦治下,塔西陀达到了罗马官阶之顶峰,荣任执政官。这年他为著名的将军鲁福斯作了葬礼演说,据小普林尼书信,我们可知塔西陀在当时已是罗马著名的演说家和文学家,声誉很高。小普林尼曾盛赞说:鲁福斯的伟大须配以塔西陀的精彩演说才能相得益彰。塔西陀从执政官卸任到出任行省总督,等候了约莫十四五年之久。据19世纪末在加里亚的马拉萨城发现的一个铭文,公元111年之后不久,塔西陀担任罗马重要的亚细亚行省总督之职。在此之前,塔西陀在罗马开始了他的历史及文学创作活动。他的主要历史著作《历史》约在公元104~109年之间写成,与此同时,塔西陀作为元老还经常发表公开演说,出席法庭作辩护演说等。小普林尼的书信中多次提到他们两人互相观看演说稿的事。在这期间,塔西陀曾和小普林尼一起弹劾阿非利加香总督马里乌斯·普里斯库斯,这位总督终于以勒索枉法等重大案情遭到可耻的流放下场。在出任行省总督之后,他大概把主要精力集中在写作另一历史名著《编年史》上。

塔西陀共保存了五部著作,我们可以依次介绍:

《演说家对话录》是塔西陀最早的一部作品,大约完成于公元79至81年,他在这部书中谈论的是罗马演说术衰落的原因,认为罗马帝国时期演说术之所以衰落下来,主要是由于社会生活的改变。

公元98年,塔西陀完成了两部著作,一本是《阿格里科拉传》;另一本是《日耳曼尼亚志》。《阿格里科拉传》是塔西陀为他的岳父所写的一部传记,文中记述他岳父的生平和事业,尤其是他在不列颠任总督时期的作为以及后来在多米齐安努斯皇帝统治时期的情况,全文以颂扬阿格里科拉的人品道德、军功政绩为主旨。显然,塔西陀在这里是为其岳父表白。因为在多米齐安努斯统治之下,许多贵族遭到残害,而阿格里科拉能保住官爵未遭毒手,当时不免有所微词,塔西陀竭力替他岳父作辩护,说明阿格里科拉和多米齐安努斯之间也有不和,只因他谦和谨慎才幸免于难,并指出"即使在暴君之下,也能有伟大人物"。

《日耳曼尼亚志》是《阿格里科拉传》的姊妹篇,它可能是塔西陀早年在行省做官时对自己感兴趣的日耳曼人所做的研究和观察的一篇总论。这篇作品详细地报道了罗马帝国时代莱茵河和多瑙河以外大日耳曼尼亚以及居住在该地区各部落的情况,其中所述的有关日耳曼人的经济生活、政治组织和社会生活,以及日耳曼人各部落的分布情况、风俗习惯和宗教信仰等,都是绝无仅有的珍贵材料。

他在公元104至109年完成巨著《历史》一书,共有12卷或14卷(据说《历史》和《编年史》合起来共30卷,因大部分已散佚,卷数无法确知),此书包括的时间是从公元69年格尔巴当权开始到公元96年多米齐安努斯之死为止。塔西陀在晚年完成的另一篇名著《编年史》,显然是模仿李维,继承他的巨著《自建城以来》。塔西陀的这两部主要著作合起来是一部完整的公元1世纪罗马帝国史,而他们所保存下来的部分则是我们研究罗马帝国初期的重要史料。

从塔西陀的写作中我们可以看出他倾向于共和制度,对于帝制有着强烈的反感。他认为从奥古斯都死后直到图拉真以前的时代都是悖逆不道的,他厌恶鄙视这一时代的所有"元首",对他亲身经历的尼禄和多米齐安努斯的暴政更是深恶痛绝。他把暴君的出现归咎于世袭君主制,而在探究世袭君主制的成因时,他却囿于个别人物的作用,他认为奥古斯都始终是个独裁军人,提伯里乌斯才是专制君主制的奠基者。他对帝国初期的统治者的残暴、荒淫、丑恶和愚笨都做了无情的揭露和尖锐的讽刺,这些在当时被崇奉为神圣的皇帝,在塔西陀的笔下却成了微不足道的人物。

塔西陀对他生活的时代持有批判态度,他以历史学家特有的眼光和洞察力,对于帝国初期的统治者的狰狞面目,以及当时社会上各种矛盾和黑暗所做的揭露,使我们对当时社会情况具有较深刻的认识。

他写作史书时搜集史料细致认真,亲自采访。他为了弄清公元79年维苏威火山爆发的情况并核实老普林尼之死的传闻,曾两次写信给小普林尼,请他详尽讲述当时事件发生的过程。

像希腊和拉丁史学家一样,塔西陀在他自己的著作中喜欢编制重要人物的长篇演说辞。这些演说辞大多有史料依据,但也有一定的渲染和虚构。在《编年史》中有一篇克劳狄乌斯的演说辞,而后来在卢丹努发现的铜版铭文恰好也保存了克劳狄乌斯这篇演说辞的大部分。两个文本对照来,内容大抵相同,但用词和细节则存在差别。

虽然塔西陀作为一个历史学家，比不上修昔的底斯，不能深刻揭示历史发展的基本原因，而且他总是以贵族的高傲态度对待人民群众，但他所描述的暴君形象，对后世政治思想的发展有一定的影响。怀有革命情绪的作家和政治家往往把他看作专制制度的挞伐者。法国大革命时期，塔西陀备受推崇。

君士坦丁大帝的时代

公元 313 年对基督教徒来说是一个十分重要的年份，因为在这一年，君士坦丁同当时据有巴尔干半岛和伊利里亚的另一奥古斯都李基尼乌斯在米兰会晤。李基尼乌斯前来米兰首先是为了实现他与君士坦丁的姊姊康士坦提娅的婚姻，并借此肯定他们间的联盟和友谊。在这次会见中，双方共同签署了一个著名的宗教宽容救令——"米兰救令"。救令承认基督徒同其他异教徒具有信仰自由的同等权利，并把过去被没收的教堂和教会财产归还给他们。这是对流传日广的基督教的一个让步，也是向基督教求求支持的一种表示。

这位向基督教做出巨大让步的君士坦丁即君士坦丁大帝，是罗马帝国后期著名的皇帝。

君士坦丁出生在上表西亚省的内索斯（今南斯拉夫东部的尼什城）。他是罗马帝国西方奥古斯都康士坦提乌斯与其第一个妻子赫莲娜所生的长子。当公元 293 年康士坦提乌斯被任命为恺撒时，君士坦丁年约 18 岁，可是他父亲被提升的幸运事件却同时伴以他母亲被离弃的不幸遭遇。在他父亲与西方奥古斯都马克西米安努斯的女儿提奥多拉的皇室婚姻盛典之后，君士坦丁继续在对埃及和对波斯的战争中为东方奥古斯都、"多米努斯"戴克里先效劳，并因显示了自己的勇武和才能而升任了高级军官的职位。在父亲于公元 305 年 5 月 1 日递补为西方奥古斯都，而他自己没有被任命为恺撒之后，君士坦丁才回到了父亲身边。当时康士坦提乌斯正在不列颠对蛮族加里多尼亚人作战。公元 306 年夏，康士坦提乌斯在担任奥古斯都 15 个月之后死于约克。君士坦丁被军队宣布为奥古斯都。这时已继承戴克里先皇帝的东方奥古斯都伽列里乌斯也被迫授予他恺撒称号。但是，君士坦丁为了确立自己在西方的统治地位，他还花了 6 年时间与其他三个竞争者斗争。公元 312 年，他在意大利击败了自称恺撒的马克森提乌斯，胜利地进入罗马，并占有了原属马克森提乌斯管辖的意大利、非洲和西班牙，从而成了西方名副其实的奥古斯都。他在击溃其对手的军事行动中，在他军队中的大批蛮族雇佣部队曾起了重要作用。

公元 313 年君士坦丁与李基尼乌斯在米兰会晤，双方共同签署"米兰救令"，这是对流传日广的基督教的一个让步，也是向基督教求求支持的一种表示。基督教从此成为帝国的合法宗教,变成了国家政权的精神支柱。后来,经过吞并战争,在全部罗马世界中,就剩下君士坦丁和李基尼乌斯并立的局面了。

但这两个奥古斯都并立的局面维持不满一年,他们之间就由于领地的边界问题和李基尼乌斯阴谋怂恿君士坦丁任命的恺撒反对君士坦丁而争吵起来,随即开始了战争(公元314年)。这次战争没有取得决定性的结果,彼此缔结了和约,和平局面又勉强维持了几年。战争于公元323年重新开始,君士坦丁取得了最后胜利:占领了巴尔干和小亚细亚,在尼科米底亚包围了李基尼乌斯。君士坦丁从此成了帝国的独裁统治者。

君士坦丁恢复了帝国的统一,但是真正的分裂因素并没有被消除。他虽然抛弃了戴克里先的四君共治制度,但是他驻扎在各地的军团实际上就是一个一个的小力量团体,这使他在事实上仍然实行了共治。

他的大儿子17岁,名叫克里斯普斯,奉命去保卫莱茵河边界和治理高卢。但是他受了别人的蒙蔽,把大儿子处死了。这样,君士坦丁与前妻的唯一儿子就死了,而他的新任妻子的三个儿子被委以重任,治理帝国的一些地区。

其中,君士坦丁二世掌管西班牙、高卢和不列颠,康士坦提乌斯二世掌管亚洲行省和埃及,康士坦斯掌管意大利、西伊利里亚和非洲。此外,君士坦丁的两个侄儿达尔马提乌斯和汉尼巴里阿努斯治理着较小的地区,前者驻在哥特前线,后者在黑海沿岸。

君士坦丁本人统治的只是巴尔干半岛和黑海附近,把主要的精力放在了边境多瑙河一线。

君士坦丁实质上也是分封,不过戴克里先分封的是异姓王,而君士坦丁分封的是同姓王。这样,罗马的君主制在君士坦丁手里到达了一个新的高度。这样做是为了不使皇权落入外姓手中,但是却引起家庭的分裂,大家为了夺权而相互残杀。帝国潜伏着危险,而且也必然爆发。

在君士坦丁那里,军队的战斗力加强了,所谓的蛮族(各游牧等部落)人在军队中当兵,使得军队骁勇的程度大大加强。由4万名哥特人组成了"同盟者",这是一支特殊的队伍,从帝国的政府直接领取饷银,许多蛮族人在帝国军队中担任了高级军官的职位。

在君士坦丁帝国里,寄生性的官僚机构是十分臃肿的,官僚们享有很多特权,这些人都把效忠君主当成职责与信条,君主的意志就是法律。国家的较高公职人员同时担任宫廷的总管。帝国的政务和皇帝的私人事务混在一起,无法明确区分。宫廷中的开销很大,仆人众多,宦官太监占得最多。仆婢们担任各种差役,有的做理发师,有的是厨师。据载,理发师在宫中有1000多人,厨师也有1000多人,可以想象当时宫廷的庞大。

君主专制制度的最后确立,表现在修建君士坦丁堡上。拜占廷被修成了君士坦丁堡,它有很多有利条件。这个城处在经济文化较发达而危机的影响很小的东方,战略上可以巩固边防,与叙利亚和多瑙河相呼应。君士坦丁堡还直接控制着从黑海通向地中海的海峡,仿佛是亚洲通往欧洲的关口或桥梁。

君士坦丁时期,接受了基督教,这为他自己的统治找到了很多理论。虽然君士坦丁本人在临死前才接受洗礼,但是他实际上对基督教是有心扶持的。

他赐给基督教会很多特权,积极参与教会内部的纷争。基督教的僧侣可以免除对国家的徭役,而主教有权审判教会案件。教会还有接受遗产、馈赠、购买以及释放奴隶的权利。君士坦丁以及后来的王位继承人还向教会慷慨地捐赠钱财。

不到100年的时间,教会日益富有起来,土地也越来越多,全部土地的1/10已属教会所有。那时,为了和阿里乌斯教派相对抗,君士坦丁于公元325年在尼西亚主持召开了大会,会议由主教参加,号称“全世界大会”。这次会议制定了所有基督徒都必须遵奉的信条,即圣子基督与圣父、圣灵三位一体,他们是永恒的。

君士坦丁于公元337年患病,最终接受了洗礼,但洗礼是阿里乌斯教派的教士给做的。因为这个教派极其拥护世俗政权,所以它在很大范围内获得了君王支持。直至4世纪80年代中期,尼西亚教派才在全帝国范围内取得了完全的胜利。

公元337年5月22日,君士坦丁在接受洗礼几天后死于尼科米底亚驻地。

著名的维纳斯雕像

阿芙洛蒂忒是希腊神话中爱与美的女神,她掌管人间的婚姻、爱情与生育。在罗马神话中,她被称为维纳斯。

从远古时期,人类就崇拜生育。繁殖之神到古希腊罗马时期,成为掌管人间生育,而且集爱与美于一身的女神维纳斯,更为人们所喜爱、崇拜。当时神庙中都供奉着维纳斯。那一时期杰出的雕刻家们创作出许多完美的维纳斯雕像。保存至今的则成为无价之宝。

在追求理想之美的古希腊时代,现存最早的维纳斯雕像是“女祖先维纳斯”,作于约公元前430至前400年,原作已失,现仅存罗马时期的复制品,藏于巴黎卢浮宫。女神身披轻纱,头微垂,右手举至肩挑着衣服,左手轻抬,提着裙子,一只轻巧的乳房裸露在外,整座雕像显现出一种怜爱与静穆。

而整个希腊时期最为著名的维纳斯雕像是古希腊最负盛名的艺术家普拉克西特创作的“尼多斯的阿芙洛蒂忒”,原作创作于公元前370年,已失。现存罗马时期的复制品,珍藏于罗马梵蒂冈博物馆。当时,普拉克西特在同一时期完成了两座维纳斯雕像。其一是穿衣服的,另一是裸体的。普拉克西特给两座雕像订了相同的价格,有权利选择的柯斯居民选择了穿衣服的,他们认为这一座雕像是严肃而朴素的。普拉克西特以创作充满明朗宁静情绪的雕像著称。他最著名的作品就是那一座裸体的阿芙洛蒂忒，这一座雕像被尼多斯公民买去。这座雕像由于它的漂亮——温柔的目光，喜悦的神色和高兴的表情——而受到高度赞扬。在许多赞美它的诗中，有一首借女神之口情不自禁地叫道："普拉克西特，你究竟在哪里看过像我这样的裸体？"人们爱上了它，一位热心的收藏家——比西尼亚的希腊化的国王尼古米底，被它弄得神魂颠倒，以致他提出以取消尼多斯人的公共债务（那是一笔巨额的债务）来换取这座雕像。但尼多斯人明智地拒绝了，因为这座雕像使他们的城市闻名。女神左手抓着脱下的衣服（衣服与装洗澡水的坛子连为一体）正准备洗澡，坛子的坚硬质感同柔软的充满生气的体型形成鲜明对照，右手微垂，指出她的力量的源泉，自然的外貌和宗教意义优美地结合，显现含蓄、柔婉的神性。

维纳斯雕像

公元前4世纪中期还产生了半裸的维纳斯名为"卡普亚的阿芙洛蒂忒"，女神身体微侧，正举着一块盾牌，对着她的左边盾牌中的倒影，欣赏自己柔美的身姿，盾牌使腿上的织物保持在适当位置，造成了轻纱后面的神秘美与爱的提示。这座雕像的罗马复制品，藏于那不勒斯国家博物馆。

而最为神秘的、影响最大的是米洛阿芙洛蒂忒，也称为米洛的维纳斯，是一座半裸的女神雕像。她显然是把卡普亚的阿芙洛蒂忒的姿势与部分裸体的普拉克西特的尼多斯的阿芙洛蒂忒的面部类型加以结合产生的。雕像上的题字证明，这件作品的作者是雕塑家亚历山大（也可能是亚赫山大，由于某几个字母已掉落，无法完全查明他的名字）。这件作品是没有两件的，目前还没有找到它的可靠的复制品，制作的年份也不很明确，这位谜一样的女神自从被发现以来，产生巨大的影响。虽然她是希腊化时期的作品，但却体现出希腊古典时期盛期的艺术特征。女神形象的高度完美、高度理想化，不但具有一切女性的气质，而且显示出一种神的完满自足、一种特殊的庄严高贵气质。形体的下部是漂亮的裙褶，具有较庄重厚实的纪念碑性质,而上体柔美的裸体,微昂的秀气的头部,丰满圆润的肢体既有女性的温柔,又有神的安详与伟大。特别是她的断臂之谜,吸引人们对它进行过各种猜测。有人说维纳斯的双手正扶着橄榄枝或是战盾。有人说这是维纳斯出浴图景。她正在朝身上涂抹橄榄油,这是古希腊人的习俗。也有人说她的右臂正拉住下滑的衣裙,左臂扬过头,手里握一支金苹果。但所有的猜测都不尽人意,都不如断臂的维纳斯更完美。今天,这座谜一样的女神珍藏于巴黎的卢浮宫,而她的复制品则在世界各地都有出售。

罗马众神

古代罗马人信奉"万物有灵",他们认为每个物体和每种现象都有各自的神祇。所以,古罗马的原始宗教是多神教。

在早期的以农业为基础的公社生活中,罗马人崇拜他们身边与生活密切相关的事物神祇,他们相信这些神祇是生活的保卫者。如家神拉里斯负责保护房屋和土地;谷神彭那特斯看守谷仓;维斯塔是灶神,使炉火燃烧;朱庇特主宰太阳和雨水;马尔斯在春天里使万物复苏,变得充满生机和活力。还有一些生物的主宰也是罗马人崇拜的对象,因为他们能帮助农民或牧民生产和劳动,在人出生、童年、结婚和死亡的紧要关头能给以引导,使其顺利渡过。

罗马人特别崇拜两位神祇,一是家神拉里斯,一是谷神彭那特斯。为了祭祀他们,每个家庭都有自设的祭坛和祭典。女灶神维斯塔是罗马人尤其虔敬的神祇,因为她影响家中的祸福。罗马人专设女祭司在维斯塔女神庙里,负责看管祭坛上的灯火,使它终年永不熄灭。如果灯火突然熄灭了,对罗马人将是巨大的打击,他们认为那是社会灾难的一种预兆。

在罗马建城之后,城市居民的信仰又不大同于乡下人的信仰。他们对维斯塔、拉里斯、彭纳特斯和其他土地、牛羊监护者实行公共礼拜,而另外一些神的职责则发生了转换:如马尔斯成为战神,在战争年代赐福于罗马;朱诺守卫城门;朱庇特则是罗马幸福的保护者。

随着文明的发展,到公元前6世纪末的时候,罗马的神被人格化,并仿照人的形象制作出来,并且住到了神殿里,有偶像供人礼拜。由于受伊达拉里亚人的影响,罗马早期的神殿和礼拜的偶像都是属于伊达拉里亚类型的。

除了神祇崇拜外,罗马人还从伊达拉里亚人那里学来了占星术,凭借飞鸟、雷电和风雨的不同迹象来解释各种征兆。

当罗马文化同希腊文化相接触以后,受到希腊宗教的巨大影响,罗马宗教吸取了希腊的神话,并把希腊人信奉的神祇与自己的神祇相对照并揉合在一起。如希腊的天神宙斯同罗马的朱庇特,都是宇宙万物的主宰;宙斯的妻子赫拉同朱庇特的妻子朱诺,都是妇女、婚姻和生育的保护者;朱诺娃等同于雅典娜,是智慧女神;希腊神话中的阿芙洛狄特同罗马人的爱神维纳斯都掌管人间的爱情和美。希腊神话中独有的医药神也被罗马人接纳,并为它在台伯河附近的岛上建立了神龛。传说生病的人在医药神的神庙中睡上一宿,第二天就可痊愈,因为当他睡觉之时,神为他治好了病。

在连年的征战和与不同国家的接触中,来自各国的神祇都受到罗马人的崇拜。如:埃及的女神埃赛斯,掌管生育和繁殖,特别受到庞培士兵的崇拜。典籍中记载了布匿战争期间,罗马元老院为了向人民输入新的精神,而决定采用外国的仪式。公元前207年,为祭祀来自希腊的地狱神,罗马人准备了一批特别的节目。公元前204年,又引进了东方弗里基亚人的裸体女神,即地母神。密斯拉是真理的纯洁之神,他能引导人们走向光明,对于密斯拉神,罗马人的礼拜格外庄重,他们不允许妇女参加,以神圣的公牛作为献祭牺牲,所有的男人——包括富人和穷人,自由人和奴隶,只有男人才能作力信徒取得资格礼拜他。礼拜仪式是秘密进行的。信徒形成一个秘密的社会,使用他们自己的暗语,并履行宗教仪式和斋戒。

罗马的宗教仪式非常复杂,需要有较多的祭司来执行。祭司的作用很大,他们联合组成各种祭司团。大祭司团中的最高祭司是祭司长,作为全国祭司的首脑,他规定日历,主持祭典,并且有权解释法律,可谓权势显赫。其次是占卜祭司,掌管求神问题,遇事给人们作预言,他们往往利用这一点凌驾于一切之上。

凝固的音乐——罗马建筑

提到罗马的建筑,人们一定会首先想到那具有标志意义的巍峨雄壮的凯旋门和气势宏大的斗兽场以及圆形大剧场。

的确,罗马建筑的成就突出地表现在公共建筑物与纪念碑式的建筑方面。

为了纪念帝王的功勋,特别是为了炫耀他们对外征服的武功,凯旋门和纪功柱这两种建筑形式在罗马帝国时代兴起了。建于公元81年的"提图斯皇帝凯旋门"是最有名的一个。它是为纪念罗马战胜犹太人起义而建立的,凯旋门上的浮雕描写的是提图斯出征犹太人的胜利情景。在一块高2.4米的浮雕板上刻着皇帝提图斯乘坐着一辆由四匹彪悍健壮的大马拉着的战车,耀武扬威地凯旋而归,场面热烈,气势宏大。在皇帝的身后有一位胜利女神的雕像,她微微地张开双翅,飘飘欲飞。因为胜利女神的出现,这块浮雕的内容就更加醒目,而主题也更突出了。另一块浮雕表现的是战胜犹太人获得的战利品,以犹太人的士烛圣灯为主。这座凯旋门的浮雕是以现实主义和浪漫主义相结合的创造手法为特色的。

纪功柱中的代表性作品是"图拉真纪念柱",大约建于公元114年。这个圆柱高达27米,柱身上的浮雕表现了图拉真皇帝对达西亚人(即今天的罗马尼亚)的战争,内容分为战斗、行进、攻城、渡河、牺牲、谈判等一系列活动,雕刻了2500多个人物,表现手法活泼有力,工艺技术也达到纯熟的境界。整个浮雕可以当作一幅200多米的连环画来看。

凯旋门和纪功柱就欧洲的造型艺术来说,当为首创,但若同中国古代的宫阙墓阙以及后来的牌坊、华表相比较,或同埃及神庙之前的石门相比较,则具有许多类似之处。这其间的联系与区别对人们来说,是一件值得细细玩味的事情。

圆形剧场原本兴起于希腊,曾一度是希腊的特产,但它深刻影响了帝国主义时代的罗马建筑艺术。

罗马的圆形剧场或斗兽场往往能容纳观众5万至10万人之多。它与希腊同类建筑的不同之处,在于演出场所不在中心而移到一边去了,中间成了一个"池子",用来作为观众席。

最典型地代表了这种剧场结构的是罗马的"哥罗赛西姆大剧场"。这个大剧场始建于皇帝韦伯芗时代,即公元69年,最终完成于该帝之子提图斯皇帝时代,即公元80年。韦伯芗皇帝和提图斯皇帝为纪念他们镇压犹太人起义,便建造了"哥罗赛西姆"大剧场。从外面看来,该剧场有四层,然而,其内部层次很多并不与外部有一致的连属关系。剧场内可容纳8万余名观众,三层高大的拱门和80个出入口保证了众多观众出入畅通,不致拥塞在一起。剧场最下一层是通路,二层、三层都是用以照明的巨窗。中心舞台周长524米,场面宽阔。令人称奇的是,这个舞台可以灌水成湖,用以表演海战的场面。为此还专门配备了起重装置,可以吊起战船,真是一大奇观。

罗马人的公共浴场很有意思。它们一般面积广大,可容数千人,它不仅可供人们洗澡,同时也是公众集会的场所,还可以用来进行娱乐休闲活动。

保存最完好的罗马浴场是3世纪的"卡拉卡拉浴场"。它建成于公元235年,历时23年,占地27万平方英尺,可容纳1800人的中央大厅长170英尺,宽82英尺,在建筑上首次安装了天花板。此外,建于公元305年的"戴克里先浴场"可容纳3000人,其中有冷、温、热、蒸气四种浴池。热气由下边热空气房间供应,通过墙壁中间的竖式或卧式的管道把暖气输送过来,各式各样的露天娱乐场如角斗、赌博、演剧等等都有设置。浴场的外围部分还有演说的场所,这种建筑被这样的设置赋予了更大的政治性和社会意义。

罗马城的水道桥梁建筑也是反映其城市文化进步的标志。

公元前38年修筑的"克劳狄水道"至今还有残迹可寻,当时罗马城的城市用水正是通过这样的11条水道输送过去的。

桥梁中最著名的是法国南部尼姆地方的"加尔桥",它是公元前19年由大将阿格里帕修建的,用以引导乌兹水到达尼姆城。这座桥由上、中、下三层构成,水管安置在最上层,它不同于一般渡河用的桥梁。类似这种桥梁之残存者有罗马的"密尔维阿桥",以及黑来尼的"奥古斯都桥",分别建于公元 109 年和公元 140 年。

在奥古斯都统治时期,为了显示新政权的强盛和恢复古代宗教信仰,他不但修了古庙,而且还修建了很多新的神庙和公共建筑。

那个时代最美丽的艺术品是奥古斯都和平祭坛,用鲜花和果实加以装饰。祭坛上的浮雕展现了奥古斯都和他的家族、教士、行政长官行进在国家行列中,他们正为迎接和平而贡献牺牲。此外还有表现伊尼阿斯到达拉丁姆,大地母亲带着她的婴儿的内容,全部都是寓言中的神话人物,象征着帝国的富有、繁荣和强大。

在神庙中最出色的是供奉朱庇特等神的万神殿。万神殿建于公元前 27 年,规模宏大,略呈舟形。它的主要部分是一个高和直径相等的 42 米的大穹窿顶,内中不设神龛有特殊的空阔宏大之感。

罗马人在建筑艺术上的一项著名成就就是以拱顶代替了平顶,并发展了拱顶的类型:一种是半圆筒形拱顶;第二种是四方拱顶,即由两个圆筒拱顶交叉形成;第三种是圆屋顶。这是罗马建筑师解决房屋建筑结构问题的天才创造,是他们世代智慧的结晶。

罗马的建筑艺术堪称人类艺术的瑰宝。屋大维自称是他把泥砖的罗马变成了大理石的罗马,其实这里凝结着的是无数能工巧匠的心血和智慧、才华和灵魂,还有无数普通劳动者的辛劳与汗水。漫步在罗马城,处处都是凝固的音乐,等待着灵慧的眼睛来发现,等待着善感的心灵来品味。

沉睡千年的古城——庞培

18 世纪初叶的一天,在地中海岸边的亚平宁半岛上,一群意大利的农民正在维苏威火山脚下不远的地方劳碌着。他们顶着火辣辣的日头在修筑一条水渠。天气很热,不一会儿,他们便都汗流浃背了。忽然,只听"砰"的一声,一名农夫一锄头砸在一块坚硬的东西上面。他定睛一看,啊,那暴露在阳光下的闪闪发光的竟是一堆古钱币!工地立刻沸腾了,人们努力地挖着,果然不久后,又发现了一些钱币和许多经过雕刻的大理石碎块。这个消息不胫而走,意大利政府派出专人前来调查。

调查结果出来了,原来那些钱币都是古罗马时代的,据推测这里可能是庞培古城的遗址。果然不久以后,人们又在附近挖出了刻有"庞培"字样的石块。1748 年,意大利政府开始了对庞培古城的发掘工作。

庞培古城约建于公元前 7 世纪,它只是当时罗马帝国的一座小型城市,但它却能典型地反映罗马奴隶制经济、文化发展的情况。到公元 1 世纪时,庞培城已经相当繁荣。可是突然间它却从地球上消逝了,在长达 1900 年的时间里,被人们渐渐遗忘了。这是怎么回事呢?

原来就因为庞培城坐落在维苏威火山下。维苏威火山巍峨峻峭,挺立在亚平宁半岛的南端,俯瞰着波光粼粼的那不勒斯海湾。自有历史记载以来,直到公元 1 世纪,维苏威火山都是长时间地处于"休眠"状态,没有人想到它居然是一座活火山,因为从外表看去,它是那样平静,同普通的山峰一般无二。

但是,当时间走到公元 79 年 8 月 24 日下午 1 点多钟的时候,维苏威火山顶部突然喷出滚滚浓烟和无数火星,发出震耳欲聋的爆炸声。刹那间,天昏地暗,地动山摇,平静的那不勒斯海湾也掀起狂风巨浪,咆哮不止。山顶喷出的火星就是熔岩,当它们落到地上的时候,已凝固成坚硬的石块。一时间天崩地裂,大量的石块和火山灰从天而降,在地面上积了厚厚的一层。接着,火山喷出的大量水蒸汽升到寒冷的高空之后,遇冷凝结,一场倾盆大雨又铺天盖地地打下来。大雨引起山洪暴发,大量的火山灰和石块在山洪的裹挟下形成一股巨大的泥石流向山下奔去。很快,位于维苏威火山南麓的庞培城被整个淹没了。此后,维苏威火山每过若干年就喷发一次,庞培古城被越埋越深。从此,它只留存在典籍里,连它的遗址都被人们忘却了。

当人们重新发现庞培古城后,经过 200 多年的开掘,终于使这座在地下沉睡了数十个世纪的古城重见天日。由于庞培城是被泥石流埋没的,因此它的建筑,器具等等文物都得到了完好的保存。

庞培城占地约 1.8 平方公里,四周是坚固的石砌城墙,总长 4800 米,设有 8 座高大的城门。城里纵横方向各有两条笔直平坦的大街。呈井字形把全城分成 9 块地区。每块地区又有许多小街小巷。街巷的路面,是用石块铺成的。大街铺的是石板,宽 10 米,非常平整。街道两旁还铺有人行道,设计十分合理。

可以想见,当年这里人流涌动,熙熙攘攘,奴隶主富豪们乘坐着 6 人扛抬的轿子招摇过市。运货的四轮车来来往往,连绵不绝,金属的车轮把坚硬的石板路面辗出了两道深深的车辙。这车辙至今还历历在目,仿佛历史的见证。

在街道的每个十字路口都设置了饰有精致雕像的石制水池,用以储存清澈甘甜的泉水。泉水通过平地架起的渡槽,从城外山上引到城内最高点的一个水塔里,然后流向各个公用水池和富豪庭园中的喷泉池里。

至今在庞培城已见不到高大雄伟的建筑,原因是它们都毁于公元 63 年庞培还未被淹没时发生的一场大地震。从那些高大的石牌坊、雕刻精细的大理石门框、祭坛和高出地面三四尺的石板地基可以看出,当年这里的建筑物有多么雄伟壮观。

庞培城的官府、法院和庙宇都坐落在城西南部的一个长方形广场上,那里曾是政治、经济和宗教的中心。当年这里的商业已非常发达。从广场东北面的一座商场可以看出,当年这里店铺鳞次栉比,商品琳琅满目。在这里的一间水果铺里,货架上还摆着依稀能辨出形状来的各种果品。在一家药店里,还发现了正在制作的药丸。在一间面包房的烘炉里,一块烤熟了的面包不但保持着原有的形状,而且上面所印的面包商人的名字清晰可见。此外,还有大量自产自销的店铺兼手工作坊,加工呢绒、珠宝、石工、香料、玻璃、铁器等等。

奴隶买卖自然不可少,在商场上专门设有出售奴隶的高台。当年那些不幸沦为奴隶的人,胸前都挂着一块小木板,上面写着年龄、健康状况、价格等等,在奴隶贩子的监视之下,站在高台上,任人选购,然后像猪狗一样被人任意践踏、驱使,一直劳作到死。

庞培城设有角斗士学校,发掘时发现了63具披枷戴镣的角斗士骨骸。显然,他们是在泥石流到来时无法逃脱而死在这里的,实在可怜。可是如果没有这一次天灾,他们的命运照样是凄惨的,他们将被送到庞培城东南角上的角斗场上去,在相互厮杀或与野兽的搏斗中,在奴隶主丧心病狂的残忍娱乐中,毫无价值地死去。

庞培城以凝固的遗址向世人表明,当年这里是奴隶主的天堂、奴隶的地狱。

古罗马竞技场

今天,位于意大利首都罗马市中心威尼斯广场南面的科洛塞奥大竞技场,也是古罗马帝国时代的永恒象征。这座古代巨型建筑始建于公元72年。当年,古罗马帝国韦斯帕西亚诺国王为了纪念自己征服耶路撒冷的丰功伟绩,强迫8万名犹太俘虏耗时8年,共使用10万立方米石材和300吨勾联条石的铁条建成这座大竞技

古罗马竞技场

场。大竞技场是贵族、奴隶主观看犯人、奴隶与野兽搏斗的娱乐场所。这种人兽的搏斗活动残酷恐怖而又充满着血腥。相传大竞技场的设计师登齐奥在他的工作结束时,就作为第一个试验品被韦斯帕西亚诺国王投入场中,活活地喂了野兽。

科洛塞奥竞技场占地面积约2万平方米,平面呈椭圆形,它的长轴长约190

米,短轴长约160米,周长约530米,场地最高处达57米。整个竞技场由沙场、看台和地下室3部分组成。沙场位于整座建筑的正中央,它是专供角斗士与野兽搏斗的场地。沙场上铺着一层厚木板,木板上又铺撒着起防滑和吸血作用的沙土。每当一场比赛结束后,场地杂役工就用铁钩将死者的尸体拖出场外,再在沙场上撒上一层新沙继续比赛。

大竞技场内的看台里低外高、呈阶梯状分布,最多可容纳11万名观众。观众席由低到高分为4个区域:底层第一区是皇帝、主教、市长和其他各级官吏的特别席位;第二层为第二区,是地位较尊贵的市民的席位;第三层为第三区,是平民百姓的席位;第三区上面的一层,是专门为妇女们保留的。观众席再往上还有一个较大的平台,那里供没有座位的观众观看竞技表演。

大竞技场的沙场与看台间的围墙用淡黄色大理石砌成。它分为上下4层,其中一、二、三层均有半裸露的圆柱装饰,每两个圆柱之间都有一个长方形的拱门,拱门中的白色大理石雕像神态各异。第四层是廊柱,廊内也建有座位。每当散场或突遇险情时,场内的76扇大门可以同时打开,10分钟内全部观众便可安全离开。

大竞技场内沙场和看台的下面是地下室,那里有角斗士决斗前的准备室、囚兽室和排水沟。

科洛塞奥竞技场是古罗马帝国王权的象征,它满足了统治者的观赏欲,剥夺了作为角斗士的最底层人民的生存权利。公元80年,大竞技场落成,在揭幕式上,包括狮子、老虎、大象、豹子在内共5000头野兽和3000名角斗士,连续在场内表演了三个月。2000年好莱坞大片《角斗士》再现了当年惊心动魄的血腥场面。

古罗马竞技场,这座用无数个奴隶的生命和鲜血修筑起来的巨大古典建筑,在人类建筑史上是一大奇迹。

罗马帝国的灭亡

罗马帝国历经200年的"和平时期"后,国力开始衰落。帝国的大规模的扩张活动从公元1世纪开始停止,地中海成为罗马帝国的内海,因此地中海海盗掳掠人口的活动也平息了。大规模扩张的停止导致俘虏的减少,奴隶来源不足,奴隶价格上涨。奴隶主需要付出更多的钱才能补充奴隶,为了弥补损失,他们只有加重奴隶的负担,奴隶们不堪重负,不断地起来反抗。奴隶不只是采取怠工、破坏工具、逃亡这些反抗方式,还公开举行起义。虽然这时候的奴隶起义不像斯巴达克起义那样声势浩大,但是参加的人更加广泛,有很多隶农和贫苦农民也参加进来了。

隶农和贫苦农民为什么要参加奴隶起义呢?原来,一些拥有大农场的奴隶主,逐渐感到大农场的经营无利可图,便改变方式,把一部分土地改成小块,交给奴隶和破产农民去耕种。他们只收取收获物的一部分作为地租,其余都归耕种的人。这些租种一小块土地又有一点人身自由的人,被称为"隶农"。但是,隶农的日子也不好过。大奴隶主倘若遇到歉收或者急需,仍然随时可以任意提高地租、加重隶农负担。这样,隶农的命运和奴隶也连在一起了。

罗马帝国的社会矛盾日益尖锐,生产力不断下降,但是帝国为了保住它的统治,还维持着庞大的官僚机构,供养了几十万人的军队,这就更加重了人民的负担。带兵的为了增加军饷,纵容军队去抢劫;当官的争权夺利,贪污成风;奴隶主穷奢极欲,过着荒淫无度的生活。古罗马皇帝为了炫耀帝国的豪华富强,经常假借各种节日和纪念日的名义举行盛大的游艺。公元106年,古罗马皇帝图拉真为纪念他在达西亚的胜利,曾经连续举行123天的节日娱乐。公元4世纪,有个叫席马克的大官僚,为他儿子举行游艺庆典。7天当中,竟花费了2000磅金子。帝国的根基已经从根本上开始动摇了。

帝国的统治者们只知争权夺利,而帝国的命运却无人关心。那些掌握重兵的将领,常常互相残杀,皇帝的废立都操纵在他们手里。今天立一个皇帝,明天又掉,成了家常便饭。公元235年以后的50年中,竟换了10个皇帝。直到公元284年戴克里先出来当皇帝,对官僚体制和军队作了一些改革和整顿,这种混乱的局面才稳定了一些。戴克里先退位以后,继承帝位的是君士坦丁。

公元330年,君士坦丁把首都迁到拜占廷(后改名为君士坦丁堡),号称"新罗马"。这就为帝国东西分治创造了一个条件。公元395年,狄奥多西皇帝去世。他留下遗嘱,把帝国版图划分为东西两部,让他的两个儿子分别统治东西两个帝国。

东罗马帝国拥有从黑海到亚得里亚海之间的广大地区,包括巴尔干半岛、小亚细亚、叙利亚、巴勒斯坦、埃及、美索不达米亚以及外高加索的一部分,首都设在君士坦丁堡(现在土耳其的伊斯坦布尔)。这个国家后来又叫作拜占廷帝国,一直存在到公元1453年。

古罗马遗址

西罗马帝国的领土比东罗马帝国要大一些,包括现在的意大利、法国、西班牙、比利时、英国的大不列颠、奥地利、匈牙利、南斯拉夫的西北、地中海的整个西部,以及阿尔及利亚、摩洛哥、突尼斯、利比亚的北部,首都仍设在罗马。

当罗马帝国的内部动荡混乱之际,许多被称为"蛮族"的日耳曼人开始乘机入侵帝国。广大的奴隶、隶农和贫苦农民把"蛮族"当作解放者,他们走到哪里,都受到热烈的欢迎。

公元408年,日耳曼人的分支"哥特人"在他们的首领阿拉列的率领下,侵入意大利北部,向古罗马挺进。古罗马统治者惊惶万状,赶忙商议对策。罗马城外传来了"得得"的马蹄声,哥特人已经占领了古罗马的港口奥斯提亚,断绝了古罗马的粮食来源。饥饿、瘟疫,很快使古罗马成了一座死城。

元老院派人去向阿拉列求和。阿拉列要求古罗马交出全部金银。古罗马代表惊恐地问:"那么你打算把什么留给罗马人呢?"

"生命!"阿拉列吼叫道。

"不能欺人太甚。古罗马有不少的人,还可一战。"古罗马代表壮着胆子回答。

"还有不少人? 那好。草越密,越好割。"阿拉列逼视着古罗马代表。

代表不禁打了一个寒战。

和平的代价是:罗马人交付黄金5000磅,白银3万磅,绸料4000块,皮革3000张,东方胡椒3000磅。罗马人为了凑足5000磅黄金,甚至把金制的神像也熔化了。

哥特人收到了这些贡品,才允许罗马人出城买粮食。

和平是短暂的。公元410年,哥特人首领阿拉列决定打进罗马城。他率领的是匈奴人和哥特人的联军。这些被称为"蛮族"的人,都是些勇猛彪悍的战士。罗马城下,战马的嘶鸣声、军器的碰撞声和攻城的呐喊声响成一片,城里却是死一般的寂静。罗马人在默默地等待死神的来临。

阿拉列向士兵们宣布:攻进罗马,可以任意抢劫3天。

在一个雷电交加的晚上,奴隶们从城内接应哥特人,为他们打开城门。哥特人吹着牛角号,杀进了罗马城,他们把罗马城洗劫一空,放火烧毁罗马皇帝的宫殿。战利品装满了一车又一车,金制神像和黄金器皿都被哥特人拉走了。曾经不可一世的征服者这时尝到了苦果,受到了严厉的惩罚。

第七章　玛雅文明

——丛林中的神话

　　玛雅文明是拉丁美洲古代印第安人文明,美洲古代印第安文明的杰出代表,以印第安玛雅人而得名。约形成于公元前 2500 年,主要分布在墨西哥南部、危地马拉、巴西、伯利兹以及洪都拉斯和萨尔瓦多西部地区。玛雅文明在物质文化、科学艺术等方面有很大成就。

　　玛雅文明的建筑工程达到世界最高水平,能对坚固的石料进行雕镂加工。通过长期观测天象,已经掌握日食周期和日、月、金星的运动规律;雕刻、彩陶、壁画都有很高艺术价值,被称为美洲的希腊。

　　公元前 400 年左右建立早期奴隶制国家,公元 3 世纪至公元 9 世纪为繁盛期,15 世纪衰落,最后为西班牙殖民者摧毁,此后长期湮没在热带丛林中。

　　公元 1502 年,哥伦布最后一次远航美洲,距离他第一次发现"新大陆"恰好 10 年。船在洪都拉斯湾靠岸,哥伦布和他的船员们兴奋地踏上久违的葱茏陆地。

　　目前在太平洋的东部群岛上还幸存着古玛雅的后裔。

科潘古城遗址

　　玛雅人在中美洲的密林中创造了光辉灿烂的古代文明。玛雅文明的象征,就是尤卡坦半岛南端的科潘。

　　在印第安人中流传着一个关于科潘城的动人神话。很久很久以前,有一个王子一天遇到一个顽童,顽童告诉他,在森林中有一座城堡,需要他去拯救那里的臣民。于是王子克服艰难险阻,深入了可怕的森林,终于找到这座城堡。他发现城堡的臣民们被女巫的咒语迷住,不省人事。王子见城堡公主非常美丽,却不幸遭此厄运,产生了怜悯爱慕之心,上前吻了公主的前额。公主经这一吻便苏醒过来,随后宫女和臣民也都慢慢地苏醒过来。从此,这座城堡又"活"了过来,充满了生机。后来王子和公主结成了美满的姻缘,幸福地生活在这个密林深处的城堡里。

　　科潘城规模较大,城市的中心由广场、神庙、殿堂、宫堂、祭坛和球场等建筑群组成,还有进行天文观测的建筑设施。在科潘古城遗址,有一座纪念性神庙建筑,它的台阶上有两个狮头人身像，嘴里衔着一条蛇，一只手攥着象征神的火炬，另一只手握着几条蛇，艺术特色非常鲜明。在一座神庙前的石阶上，站立着一个代表太阳神的巨大人头石像，威武庄严，石像上雕有金星图案，令人惊奇。广场中心两座寺庙的墙上、门上雕刻着生动多姿的人像，面目可憎的魔鬼以及其他各种图案。庙下有一条地下通道将两座庙连在一起，两座神庙之间的地面上有一个用石块铺成的球场，面积有180多平方米。

科潘是玛雅象形文字形成最发达的地区，它的纪念碑和建筑物上的象形文字符号书写最美、刻制最精、字数最多。在科潘遗址中，有一条六七十级的梯道，用2500多块加工过的方石砌成，这是一座纪念性的建筑物，梯道建在山坡上，直通山顶的祭坛宽10米，两侧各刻着一条花斑巨蟒，蟒尾在山丘顶部。梯道的每块方砖上都刻着象形文字，每个象形文字的四周均雕有花纹，梯道刻了2000多个象形文字符号，它是玛雅象形文字最长的铭刻，也是世界题铭学上少见的一种名贵文物，由此被称为"象形文字梯道"。

不仅如此，科潘的经济与政治实力仅次子蒂卡尔而远远超过其他城邦，在文化上则完全可以和蒂卡尔并肩而立，甚至还大有超越。有学者认为科潘的重要意义绝不在蒂卡尔之下，它们如双峰并立，是玛雅文明两座最伟大的灯塔。从考古发掘的城市遗址看，科潘在规模上可能略逊于蒂卡尔，但美丽却有过之而无不及。

公元805年以后，玛雅人不知什么原因突然放弃科潘城北迁，科潘城随即变成一片废墟。

科潘遗址就在洪都拉斯和危地马拉一带。这里东临加勒比海，南濒浩瀚的太平洋，北接墨西哥湾，西面与中美洲大陆联为一体。在这片美丽的土地上，南部是盛产松树、橡树和龙舌兰的高原，中部是鸟兽出没、植物茂盛的热带雨林，北部是广阔的热带草原区。

玛雅文化

古代玛雅人在公元前4000年至公元前3000年就开始定居，从而进入农业社会。他们主要居住在墨西哥南部的尤卡坦半岛和危地马拉、洪都拉斯一带。玛雅文化的全盛时期在公元3世纪至公元9世纪，乌希玛尔与奇钦·伊查是玛雅宗教、政治和文化中心。玛雅文化在古代美洲大陆水平最高、发展最早并创造了象形文字，所以玛雅人被称为"美洲的希腊人"。玛雅文化的成就表现在物质文化和精神文化两个方面。

远在前古典时期的奥尔美加文明阶段，玛雅社会经济已具有明显的综合性质，既有农业、渔业和狩猎，又有对外贸易活动等。近些年的考古研究发现，玛雅农民在古代并不只是从事刀耕火种式的农业,而是采用集约性更强的耕作方式。古代玛雅人在山区开挖了梯田,在低洼地带开挖了密如蛛网的人工渠,修造了大量的水中垫田和浮田。种植玉米、可可和其他农作物。中美地区一年分为两季,11月至第二年的5月为旱季,6月至10月为雨季,玉米的种类最多,有需要6~7个月成熟的大穗玉米(老妇玉米),也有3个月成熟的小穗玉米(女孩玉米),更有60天可收获的特别玉米(鸣啼玉米)。此外玛雅地区的棉花、番茄、豆类、甘薯、可可、烟草等,后来都传播到全世界。玛雅人创造了高度的物质文明。

玛雅地区的精神文化表现在以下几个方面:

文字:玛雅人是美洲唯一留下文字记录的民族。公元1世纪,玛雅人已经有了象形文字,它与古埃及、中国的象形文字体系相似。1949年,在伯利兹的流英纳大牧场发现了一件璧形玉饰,带有前古典时期的玛雅文字。这件玉璧直径18厘米,是戴在头冠上的耳饰。从字符可以看出,所有的符号是按顺时针方向阅读的。从左方开始,依次有太阳神、黑暗神和守护神等图案。这件璧形玉饰上的图像据瓦萨学院 John .S .Justeson 和图兰大学的 Will Norman 解释是尤卡特克方言的专门符号。

天文学:玛雅人的天文学家算出了太阳历一年的时间为365.2420日,精确率远超过当时的世界水平。他们将一年分为18个月,每月20天,再加上5天禁忌日,共365天。每年度从冬至那天开始,第一个月叫亚什。玛雅的历法与农业季节联系相当紧,有"播种月""收割月""举火月"(即烧荒地)等。他们可以算出日食时间,知道月亮和行星运转的周期。他们测量出金星运转周期为584天,比现代科学测定的583.92天只多了1个小时65分钟。墨西哥东海岸委拉克路斯的华斯台克文化遗址,在太阳金字塔内有365个神像,代表一年的365天,每个神像都有一个壁龛。

当我们的祖先还仅仅满足于记录天文资料并用来进行占卜的时候,玛雅人已经开始认真观测、研究天体的运行规律了;当古希腊人还只能借助于美丽的神话传说描述天空和星体的时候,古代玛雅人的天文学已经十分接近现代的水平了。

古代玛雅人修建的天文观测台相当普遍,也相当科学。在中美洲的丛林中发现的古代玛雅人遗留下来的著名的"奇钦·伊查"天文观测台,就是具有代表性的古玛雅天文观测台。这座雄伟的观测台是一座圆顶建筑,位于两层高大的台基之上。观测台的内部构造十分精巧,建筑工艺也十分高超。观测台内建有螺旋形的梯道和回廊,从上层窗口通过厚达3米的墙壁形成的对角线望出去,恰好可以看到春分和秋分落日的景观;从南面的窗口对角线望出去,正是地球南极所在的方向。

古代玛雅人认为文字是由"日眼大神"创造的,因此,文字被祭司所垄断,他们用头发制成小毛笔,用无花果树皮做纸,记录下玛雅神话、传说、礼仪、历法、编年史、祈祷文字以及叙事诗和戏剧等内容。西班牙殖民者侵入后,这些宝贵的玛雅文字基本上都被当作"魔鬼的作品"付之一炬。现只留存三部玛雅文抄本。

一部是关于天文学方面的,成书于公元 11 世纪;另外两部关于占卜、祭祀和预言的作品,写于公元 15 世纪。这些抄本现在分别珍藏在德累斯顿、马德里和巴黎图书馆,迄今尚未完全译读出来,在古城废墟中考古学家们还发现了许多石碑文,它们多刻在城墙、宫殿、庙宇墙上。

玛雅文字的语言和词汇都相当丰富,大约有词汇 3000 多个,已经是十分成熟的文字了。古代玛雅人使用这种象形文字记载他们的历史、科学、神话和生活习俗。由于文字的发明,古代玛雅的科学文化取得了空前的进步,古代玛雅人的天文学和数学都曾达到过世界最领先的地位。

数学:古代玛雅人制定了原始计算法。他们根据手脚指头产生了 20 进位法,用三个符号来表示:"点"表示 1,"横"表示 5,画一贝壳圆形表示"0"。"0"的概念的形成比印度晚些,但比欧洲人早 800 年。当欧洲人还在使用笨拙的记数法把 168 写成"100 加 50 加 10 加 5,再加三次 1"的时候,玛雅人已经开始使用 168 这三个符号表示这个数了。

建筑:古代玛雅人很重视历史,他们每隔 20 年就在一些城邦里建一座石柱碑,在石柱上刻上象形文字,记载重大事件的内容和年代。现已发现石柱数百个,最早的瓦迈城石柱记事年代约在公元 292 年。在公元 800 年前后,石柱中断,玛雅文化衰落了。后来在尤卡坦又恢复了石柱,但时间不长。都鲁姆建立的最后一块石柱,刻的年代是 1516 年。所以玛雅文化是美洲古代历史上唯一有明确纪年的文化。

金字塔是古典时期重要的建筑。埃及的金字塔是法老的坟墓,玛雅的金字塔是祭塔。它用磨平的巨大石头筑成,雄伟壮观。塔四周有阶梯,塔顶是祭神的庙坛,通往金字塔的阶梯,装饰有浮雕。金字塔神庙祭坛,成为墨西哥的国宝。

米拉多尔有两座大金字塔:虎塔(Tigre)和猴塔(Monos),它们是古代玛雅人最大的建筑物。两座金字塔都是在公元前 150 年前后兴建的,所含建筑材料都超过 25 万立方米。虎塔高 55 米,相当于一座 18 层高的大楼。它顶部的三座神像聚成一群,呈三角形。

红黑相配是玛雅古典时期艺术的特征之一。这种配法具有礼仪意义,因为红色与东方相关,黑色与西方相关,太阳每天由红变黑。鲁特赫斯教授认为,红与黑是古代玛雅人在观察陶器烧制过程中意识到的,陶器在氧化焰中烧成红色,在还原的条件下再烧便变成黑色,再氧化又变成红色。

古代玛雅人建的虎塔金字塔,反映古代玛雅人对虎的崇拜。后来的阿兹特克文化亦崇拜虎神。美国学者认为,古代玛雅人为玉米繁殖而举行的隆重宗教仪式中,有崇拜"龙虎形象"仪式。古代的印第安人有"老虎神庙",玛雅或阿兹特克一些画家还在神庙中画上虎。

古代玛雅人把唱歌、舞蹈与乐器紧紧结合在一起。他们有着各式各样的打击乐器和吹奏乐器,特别流行 5 度音阶的 4 孔笛。

玛雅人的雕刻艺术

　　玛雅人在继承苏美尔加人巨型石雕传统后,把雕刻艺术发扬光大,有了自己的艺术特色。玛雅人的高大的纪念碑是玛雅雕刻艺术达到顶峰的明证。他们雕刻的纪念碑基本上都是长方形,高与宽的比例一般在3:1以上,最高的甚至达到了7:1。

玛雅人石雕

　　作为雕刻艺术品的玛雅纪念碑,实际上是把立体的雕刻与图画般的浮雕手法合二为一的特殊作品,这种艺术特色在世界古代文明的雕刻作品中是比较罕见的。

　　以科潘1号碑为例,其正面雕成披挂齐全、盛装华服的国王形象。整个纪念碑高达3.5米,国王的头部,手足都要比常人大一倍多。而礼仪的要求又使得他的姿势有点呆板,脸上的表情也不免僵硬,但庞大的体形和凝重的表情仍能令人感到他的威严和千钧之重的力量。人物的身形体态在玛雅雕刻的复杂头饰、衣着覆盖下显得若隐若现,而且胸腹部位的尺寸大大压缩,使得头脚之间很不成比例。这些都是玛雅雕刻造型在宗教礼仪下不得不作的"牺牲",这确实大大损害了形象的生动与完整。事实上,这是在神权政治控制下造型艺术所犯的通病。当然,这不等于说玛雅匠师们未能掌握正确的人体比例以及展现行动灵活的姿态的表现手法,实际上,这些衣着头饰虽然繁杂,但它们的线条与变化多端的图样却很优美,而且那些夹杂其间的羽毛蛇、小神灵的雕像更不乏鲜活生动,所以整个纪念碑的雕刻看起来在宏伟精美之余不失其生动与丰富。

　　在其他一些独立的雕像和用作神庙建筑装饰的雕像上,玛雅艺术家们受到的约束与限制不像纪念碑雕刻那样强烈。通过这些作品我们可以看到玛雅匠师的惊人技巧。科潘神庙中的玉米神像就是著名的例子,在神像的头上只简洁地刻了一束玉米作为标记,神像本身却是近乎裸体的人像,但感情的表现非常丰富、深沉。玛雅匠师即使在神权政治的高压下也能利用各种机会创造出令人喜爱、情趣隽永的作品。

玛雅人的浮雕作品在他们的雕刻艺术中造诣是最高的。这些浮雕除了石刻外还有木刻。它把绘画的丰富细致与雕刻的立体感集于一身。玛雅的浮雕作品在塑造和加强形象的立体感上成就也是极高的,它达到了希腊古典雕刻的水平。

玛雅人的商贸活动

玛雅人很早就开始了贸易活动。他们经常到相当远的地方去获取原材料和成品。他们建立了一个广泛的贸易网络。16 世纪时其贸易范围向北达到墨西哥中央地区,向南到达巴拿马。玛雅虽然是一个农业社会,但它活跃的商业贸易活动促进了玛雅文明的发展。农业和商业活动的相互配合支持,是玛雅文明发展的两大支柱。

在奥尔美加文明的影响下,于中美洲前古典期就已形成了一个贸易圈,这个贸易圈促进了各地文化的交流与政治合作,同时,在很大程度上影响着玛雅对外贸易及各邦之间各种交流的发展。

玛雅前古典期商道的主要干线在太平洋沿岸,至古典期已定位于中央低地一带,并使玛雅城邦在这一带发展起来。生活、生产所需的各种物品,多是从东西向的这条商道而来。较大宗的商品有燧石、黑曜石、香权地脂、染料、烟草等,陶器、纺织品、磨具、盐、糖、蜂蜜等因具有地方特色而成为远销异域的抢手货,它们或由墨西哥运到玛雅,或由玛雅运到墨西哥和巴拿马。到了古典后期,有了金属器的交易后,又从巴拿马、墨西哥两边同时向玛雅输入。在古典时期,奴隶是玛雅的又一种特殊商品。

长途贸易主要是奇珍异宝的交易,如只产于玛雅东边的翡翠碧玉,它从奥尔美加时期开始就是中美洲各地最受欢迎的宝物;产于玛雅山区的奎特查尔凤鸟羽毛,不仅被玛雅人当作天地奇珍,而且在墨西哥各地的价值都很高,由于这种鸟在玛雅古典时期已是濒危物种,所以奇货可居的情况超过了碧玉;居第三位的是可可豆,它原来只产于玛雅山区,古典时期已在中央低地东部沿海地带移植成功,可可豆在玛雅、墨西哥乃至整个中美洲都是最抢手的餐饮珍品,无论贵族贱民都离不开它,甚至还在交易中充当了货币的角色,可可豆使玛雅商业如虎添翼,玛雅商人凭此深入异国他乡,且立于长久不败之地。此外,玛雅还有琥珀、珊瑚、珠贝、鲛牙、钠长石、鳕鱼刺、牛砂纹岩等特产,它们随三大宝货或东或西融入国际贸易的洪流,而外地的珍奇货物如墨西哥的孔雀石、高岭土鹿肉、高级工艺品等也流入玛雅或由此转销更远的东方。

长途贸易的兴旺发达促使玛雅的城市迅速发展起来,蒂卡尔城因地处生产可可豆的中央低地东部,是南部奎特查尔凤鸟羽毛集运的中转地,在它的东南是碧玉的产地,玉石西运之路在古典时期已经过这里,地理位置的重要,使蒂卡尔成为玛雅的第一个城市;帕伦克是玛雅世界最西边的一个商业枢纽,玛雅运往墨西哥的货物在此最后集结,而墨西哥和西方其他地方的商品也由此而进入玛雅世界;东边科潘城的强盛也同样得益于它优越的地理位置。

玛雅的商人分为两类:一类是掌握特权的商人,但他们人数较少;另一类是没有特权,不属于统治集团的专业商人。专业商人是玛雅市场上最活跃的一群,他们行业齐全,人数也多,是商人的中坚。另外还有一些小商小贩和半商半农的买卖人,他们主要是为了谋生,他们处于商人阶层的最下层。

古代玛雅人频繁而活跃的商业活动,使玛雅人获益颇丰,极大地推动了玛雅文明向前发展。

第八章 伊斯兰文化
——绝不是天方夜谭

阿拉伯国家与伊斯兰教的兴起

阿拉伯半岛位于亚洲的西南部,东临波斯湾与阿曼湾,西滨红海,南濒阿拉伯海,即印度洋西北水域,北界美索不达米亚平原、叙利亚与巴勒斯坦等地。整个半岛为一辽阔的高原,沙漠绵亘,炎热少雨,土地干旱,除少许平原与绿洲外,不宜耕作。西部红海沿岸至赛拉山脉的希贾兹地区,水草较为丰盛,绿洲错布,宜于放牧,游牧的阿拉伯人大多聚居于此。希贾兹以南的也门地区,因受印度洋季风影响,雨量丰富,气候温和宜人,碧野葱翠,农业发达,素有"阿拉伯福地"之美称。

阿拉伯半岛是闪米特族的发源地。从遥远的上古时代起,闪米特族曾多次从阿拉伯半岛向埃及、地中海沿岸与美索不达米亚平原等地迁徙。

阿拉伯人属闪米特族的一支,是滞留在阿拉伯半岛故乡的最后一支闪米特族。前伊斯兰时代,阿拉伯人分为南方人与北方人两部分,南方阿拉伯人主要聚居在富庶的西南部也门地区及附近沿海一带,他们很早就发展起农业生产,并经营过商业贸易等,建立起一些经济文化水平都较高的城市。北方阿拉伯人主要以游牧业为主,生活在希贾兹与内陆地区,过着原始社会末期的公社制生活。他们逐水草而居,终年漂泊不定。骆驼与椰枣在他们的生活中具重要意义。骆驼是运输、贸易与作战的重要工具,有"沙漠之舟"之称。驼肉可食,驼乳可饮,驼皮可制衣服,驼毛可做帐幕,驼粪可作燃料,驼尿可以护肤、驱蚊。而更重要的是骆驼能忍受干燥缺水的沙漠生活。椰枣是他们重要的食物,也是骆驼的饲料,椰枣用水浸泡发酵后,可制成甜美可口的饮料,椰枣树皮可制绳索,树干可做建筑材料。此外,马在阿拉伯人生活中也有重要作用,是阿拉伯骑兵不可缺少的作战工具。这时的阿拉伯半岛,在文明邻邦的眼中是游牧蛮族的偏僻之壤。

随着私有财产的增加,阿拉伯人社会内部日益分化,各氏族部落之间劫掠与复仇战争连绵不绝。战争成为男子夸耀荣誉、光宗耀祖的崇高事业。他们的民歌中唱道:

我们以劫掠为职业，

劫掠我们的敌人与邻居。

倘若无人供我们劫掠，

我们就劫掠自己的兄弟。

无休止的氏族部落战争加剧了阿拉伯社会的矛盾与对立，推动了阿拉伯氏族社会自野蛮状态向文明时代的过渡。

当时，阿拉伯人信仰的是多神的原始宗教。日月星辰、动植物、岩石与泉水等等都被视为某种神灵的化身而加以崇拜。他们的崇拜圣地是麦加。

麦加位于阿拉伯半岛西部希贾兹的南部，坐落在南北长约 3 公里、东西宽不足 1 公里的山谷之间，闷热少雨，渗渗泉是唯一的水源。麦加有座古老的克尔白神庙（意为立方体形的房屋，中国穆斯林称之为"天房"），供奉着安拉以及象征其他神灵的各种自然物，神殿东南壁上镶置着一块黑色陨石，传说是天使易卜拉欣的遗物，被麦加人奉为神圣，顶礼膜拜。这里每年朝圣者云集，同时举行市集，进行贸易。因此，麦加作为一个古老的宗教圣地而受到保护。

6 世纪时，南方阿拉伯人聚集地也门地区先后沦为埃塞俄比亚与波斯帝国的属地，生产遭到破坏，城市残破，商业萧条，一度繁荣的南阿拉伯文明衰落了。这时，商业航道转移到埃及红海水域，麦加处于有利位置，商旅往来，迅速发展成为阿拉伯半岛经济文化的中心。住在麦加的古莱西部落作为克尔白神庙的监护者，掌握着麦加的统治权。古莱西人经营城内外贸易，往来于半岛各地以及叙利亚、巴勒斯坦、两河流域、东非等广大地区。广泛的商业活动，一方面加强了阿拉伯各地区之间的经济联系，确立了麦加作为阿拉伯经济文化中心的地位；另一方面加剧了阿拉伯氏族社会的分化与瓦解。在长期的商业活动中，形成了一个新的商人贵族阶级，他们在广泛的经历中，接触到许多先进事物与先进思想，其中包括从南阿拉伯文明时期传入的一种崇拜神的犹太教与基督教。同这些宗教信仰相比，阿拉伯半岛的多神崇拜、部落战争与政治分裂，对那些富有思想的阿拉伯人来说似乎太原始，简直是一种耻辱。他们深感阿拉伯社会的落后性，倾向于社会革新，特别是中小商人贵族阶层成为社会革新的中坚。时代正处于危机与变革时期。

公元 569 年，在麦加的古莱西部落哈希姆氏族的一个没落的商人贵族家庭，出生了一个小男孩，他叫穆罕默德。

穆罕默德刚生下不久，他父亲即去世了。6 岁时，母亲又离他而去。他先跟着祖父、祖母生活，但不久祖父、祖母也逝世了。伯父收养了他。穆罕默德的童年可以说是凄苦的，众多的亲人先后离他而去，一次次的创痛击打着他幼小的心灵。幼年贫苦的牧童生活，使他深深懂得了生活的艰辛。少年时，穆罕默德随伯父到各地经商，对流传很广的犹太教与基督教有了一些了解。他也参加过一些部落战争。

他深为自己民族的落后而心痛。

　　25 岁时，穆罕默德成为麦加富孀卡狄伽的商业代理人，不久便与其结为夫妻。这成为穆罕默德事业的转折点。从此，他有条件致力于阿拉伯社会革新的研究。穆罕默德先后到过叙利亚、巴勒斯坦、美索不达米亚等地，与各界人物广泛接触，增长了丰富的阅历。他逐渐接受了一些犹太教、基督教的思想，倾向于一神信仰。这时，不幸又袭击了穆罕默德。他的两个儿子先后夭折，只留下两个女儿。又一次经历了心灵的伤痛，使穆罕默德变得更加沉默了。他经常陷入一种沉思的状态，并且时常隐居于麦加附近的希拉山洞中。

　　公元 610 年，他开始在亲近的人中宣传新的一神教信仰，声称他在山洞中过夜时，安拉通过天使加百列向他颁降最初的启示，让他作为安拉的使者向众人传布主的真理：安拉是创造宇宙万物的唯一真主，人死后将受真主的审判。信仰安拉并行善者，死后复活，升入天堂。反对安拉及作恶者，将入火狱。这便是穆罕默德创立的伊斯兰教。

　　阿拉伯人中曾经出过几位先知，因此，人们习惯上是相信先知的话的。而且，穆罕默德的宗教理论很有吸引力，尤其是对于中下层贫民。因此，先是他的亲人伙伴，后来是邻居等先后接受了他的伊斯兰教。

　　"伊斯兰"一词在阿拉伯语中是"顺服"的意思，特指顺服安拉的旨意。信仰伊斯兰教（中国旧称"回教""清真教""天方教"）的教徒，称为"穆斯林"，意为"顺服者"，即顺服安拉旨意的人。伊斯兰教的主要经典为《古兰经》，是穆罕默德死后，由教徒赛义德·撒比特根据穆罕默德生前的启示在公元 652 年记录编纂而成的，共 114 章，6200 多节。《古兰经》内容丰富多样，除教义、仪式与生活准则等外，还涉及社会制度、经济状况、法律规章、伦理道德与社会生活等各方面。穆斯林认为《古兰经》是安拉通过先知颁降的神启，是神圣的永恒真理。此外，《圣训》（系穆罕默德及其主要弟子的言行录）也具有很大的权威性，在伊斯兰教经典中仅次于《古兰经》。

　　伊斯兰教基本教义分为宗教信仰与宗教义务两个方面。宗教信仰包括"主信"：即信安拉，信仰安拉是唯一的神；信使者，信穆罕默德是安拉的使者；信天使，信天使的启示；信经典，信《古兰经》是安拉的"启示"；信前定，信宇宙间一切事物皆为安拉前定；信末日，信"死后复活"及"末日审判"。宗教义务包括"五功"：第一为"念功"，穆斯林在礼拜和其他重要宗教活动中，必须首先口诵清真言："除安拉外，别无神灵。穆罕默德是安拉的使者。"以此对自己的信仰进行公开的表白与作证。其次为"拜功"，穆斯林应每日礼拜五次，分别在晨、晌、晡、昏、宵五个时间内举行：脱掉鞋子，跪在一张地毯上，头叩地，面朝麦加方向祈祷。每星期五中午，在清真寺举行一次聚礼。每年举行两次会礼（开斋节、宰牲节）。通过礼拜以颂扬真主的仁慈与德性,祈祷神佑。第三为"斋功",伊斯兰教规定每年9月(伊斯兰历)为斋月,斋月内从日出至日落,禁绝饭食与房事。以此使穆斯林尝试饥饿之苦,缅怀过去,节制私欲。第四为"课功",即缴纳天课,凡穆斯林皆须以其财产之多寡,每年缴纳一定数额的天课。天课主要用于宗教活动及赈济方面,它是穆斯林表示对主的真诚与自我赎罪的一种形式。第五是"朝功",即朝觐麦加克尔白神殿。有条件的穆斯林,一生至少要去麦加朝觐一次。平时个别的朝觐称为小朝,每年按规定的时间前往麦加举行集体朝觐称为大朝。届时来自各地的穆斯林,通过朝觐仪式,祈祷真主降福,瞻仰圣迹,以志缅怀。

此外,"圣战"也是穆斯林应尽的重要的宗教义务之一,《古兰经》有多处号召穆斯林为安拉进行"圣战"的训令。"圣战"原指穆罕默德率领穆斯林对异教徒进行的宗教战争,后来泛指在伊斯兰教旗帜下所进行的一切对异教徒的征战。

伊斯兰教独尊安拉,反对多种信仰与偶像崇拜,动摇了克尔白神庙的传统地位,损害了麦加统治者的权益。以阿布·苏非扬为首的麦加大贵族坚决反对伊斯兰教,采取各种手段迫害穆罕默德及其信徒,公元622年9月,穆罕默德及其信徒被迫离开麦加,秘密迁往麦地那。这一迁徙事件就是著名的"希吉拉",是伊斯兰教发展史上一个重要转折点。公元639年,哈里发欧麦尔将希吉拉之年规定为伊斯兰教的纪元,并以公元622年7月16日为伊斯兰历的岁首。

麦地那原名雅兹里布,位于希贾兹北部的一处绿洲,距麦加以北约400公里左右。居民有两个阿拉伯部落与三个犹太人部落,阿拉伯人居于统治地位,其中有不少人早已皈依了伊斯兰教。穆罕默德迁来之后,以麦地那为基地,把从麦加迁来的穆斯林(称为迁士),与麦地那原居的穆斯林(称为辅士)组织起来,建立一个称为"乌马"的政教合一的穆斯林公社,同时把雅兹里布改名为"麦地那·乃比",意为先知之城,简称"麦地那"。

乌马建立了17条组织条例,历史上称为《麦地那宪章》。在乌马内部,所有穆斯林不分氏族部落,皆为兄弟。乌马维护公共秩序,保护私有财产,禁止劫掠与仇杀,必须为主的事业竭尽忠诚。这样,乌马就打破了阿拉伯氏族部落的血缘关系,消除了氏族成员仅对本氏族忠诚的狭隘观念,把不同氏族部落的阿拉伯人统一在伊斯兰的旗帜下。乌马是以宗教与地区作为基础的、新的特殊形式的国家形态,即政教合一的阿拉伯国家的原初形态。穆罕默德作为安拉的使者,是安拉在大地上的代理人,掌握乌马的最高权力,集宗教、政治与军事大权于一身。

乌马成立之后,穆罕默德便以麦地那为根据地,对麦加的反动势力展开了积极的进攻。公元624年,穆罕默德率领穆斯林于麦加西南的白德尔,一举击败了麦加古莱西贵族的武装力量。

公元627年,麦加古莱西贵族联合麦加周围的游牧部落,集结了1万多人的武装队伍进攻麦地那。穆罕默德鉴于敌我力量悬殊,决定利用麦地那三面环山的天险地势,在绿洲的道路上深掘壕沟,据险固守。麦加联军久攻不下,给养供应困难,不得不退兵。穆罕默德乘势追击,俘敌400余人,斩杀无数,此即有名的"壕沟之战"。

壕沟之战,穆斯林取得奇迹般的胜利,因而被认为是神助的结果,影响巨大,以致麦加贵族亦不得不与穆罕默德谋求妥协。公元628年,双方签订10年休战条约。从此以后,麦加人皈依伊斯兰教者与日俱增,其中包括不少的古莱西贵族。穆罕默德的声望日益提高。迫于形势,麦加统治者决定承认穆罕默德的权威。公元630年1月,麦加贵族改宗伊斯兰教。

其后不久,穆罕默德下令:克尔白神殿中只保留黑石作为伊斯兰教的圣物,其他供奉之物均予清除,克尔白神殿改为清真寺,并规定麦加为伊斯兰教的圣城。

麦加的归顺,标志着伊斯兰教在阿拉伯的决定性胜利。麦加城是当时阿拉伯的政治、经济、文化中心,尤其因为有克尔白神殿,麦加更成为宗教中心。从此之后,阿拉伯半岛各地部落纷纷派遣代表来表示皈依伊斯兰教。到公元632年6月,阿拉伯半岛已大部分统一。

公元632年6月8日,穆罕默德于麦地那溘然逝去,终年62岁。死后葬于他在麦地那的住所,陵墓之上建有著名的麦地那圣寺。这里,也成为伊斯兰教的圣地之一。

至此,阿拉伯国家与伊斯兰教已初具规模。经过后代哈里发的扩张、征战,阿拉伯国家日益强盛起来,伊斯兰教及伊斯兰文化也因而得到广泛传播,最终成为世界性的大宗教之一。

阿拉伯哈里发的第一次扩张

公元632年6月,伊斯兰教创始人穆罕默德去世。这时,伊斯兰教陷入了分裂的危险。

因为穆斯林社会是穆罕默德天才的结晶。他死之后,各部落酋长认为,他们对穆罕默德的服从,已随他的死一起完结。于是,他们停止纳贡,开始不遵守教规,自由行动。伊斯兰教历史上称之为"变节"。于是,伊斯兰教的捍卫者开始进行攻打叛教部落的战争。但是,虽然战争制服了叛教部落,迫使他们回归伊斯兰教社会,但这些部落仍然心中不满,一有机会还会叛离。最理想的解决方法就是以利益为引诱,许诺每个伊斯兰教徒都能得到自己喜爱的战利品。依靠对外袭击,使各部落为自己的利益而共同征战,团结在穆罕默德的伊斯兰教中。由此,后来伊斯兰教的对外征战扩张并不是为了宣传教义,而只是为了保证伊斯兰教不分裂。随着后来征战的进行,伊斯兰教义不自觉地传播开来,到后来就变成主动的宣传教义行为。伊斯兰教能够广为人民信仰,这是穆罕默德所没有想到的。

率领各伊斯兰部落向外袭击的首领是哈里发,即代理人,代替先知穆罕默德的世俗地位。他不是宗教领袖,而只是世俗首领。由于在攻打叛教部落的斗争中,穆罕默德的岳父艾卜伯克尔担任了领导职位,护教有功,因此这第一个要率领各部落出征的首领职位便自然而然地由艾卜伯克尔担任了,他是第一任哈里发。但是在他的任期内,主要是力量的准备时期。艾卜伯克尔在公元632年继任哈里发之后,逐渐把各伊斯兰部落统一到伊斯兰教日月旗下,建立起一支强大的军队。不久,就对拜占廷与波斯两大帝国发起进攻,拉开了阿拉伯大征服的序幕。

公元634年,欧麦尔继承艾卜伯克尔当选为哈里发。在他的领导下,早期的侵略发展成正式的征服战争。之所以如此,是因为拜占廷帝国与波斯帝国在公元602年间长期进行战争,以致两败俱伤,而且国内矛盾重重,欧麦尔率领伊斯兰大军乘虚而入。欧麦尔东西挥戈,充分利用自己一方沙漠作战的丰富经验。他们不像拜占廷与波斯人那样骑马作战,而是骑骆驼作战。这样可以随意发动进攻,且一旦需要,又可撤回到沙漠的安全地带。因此,阿拉伯军队都是选择沙漠边缘的城市作为他们的主要根据地。公元634年3月,一小队阿拉伯骑兵,共约800人左右,横穿沙漠到达大马士革。增援部队到达后,阿拉伯人包围了该城。但由于缺乏围攻城市的经验,他们株守城下达6个月之久。公元635年9月,城内弹尽粮绝,守城部队被迫投降。于是,阿拉伯人占领了大马士革。阿拉伯人在占领希拉之后,在伊朗曾经遭到几次失败,波斯军队用战象作为突击力量,一度使阿拉伯人深感恐惧。阿拉伯部队获得增援后,于公元637年6月1日在卡季西亚会战中获得大胜,不久即轻取波斯国都克泰西丰。由于对波斯军队作战连续取胜,他们占领了摩苏尔与讷哈范德两城,并使波斯并入了阿拉伯哈里发国的版图。

在西部,公元636年,阿拉伯人在约旦河支流耶尔穆克河谷与拜占廷联军对敌。阿拉伯人乘迷眼的沙暴发动进攻,几乎全歼希腊、亚美尼亚与叙利亚基督教混合部队。皇帝希拉克略逃进君士坦丁堡,将整个叙利亚丢给了阿拉伯人。哈里发欧麦尔随之而转攻富裕的邻邦伊拉克。那里的闪米特人已部分地皈依基督教,他们对波斯与琐罗亚斯教统治都不满,这使阿拉伯人的进攻很轻松。而君士坦丁堡在被围两年之后,于公元638年向阿拉伯人投降。公元640年,阿拉伯人在夺取重要港口克萨里亚后,完成了对叙利亚与巴勒斯坦的占领。公元641年,阿拉伯人几乎未遇抵抗便占领了埃及。公元641年,占领了美索不达米亚。次年,阿拉伯人同亚历山大城签订了条约,未经战斗便进入该城。

征服战争给阿拉伯社会带来了很大变化。阿拉伯人在战争中获得大量的战利品,除土地交给国家统一支配外,其余财产一律按照《古兰经》的规定分配。为适应军事活动与被征服地区的日益增多,欧麦尔建立了一系列新的统治制度与机构。在军事方面,他建立起年俸制的常备军,并以氏族部落的组织形式作为军队编制的基础。在占领区建立军事城市,实行军事统治。这些军事城市既是一定地区的军事中心,又是政治中心。同时,为了在经济上确立阿拉伯征服者的特权地位,他建立了阿拉伯人的年金制度,即所有阿拉伯人每年都可以从国库领取一定数额的年金。为管理国家各项事务,欧麦尔还建立了一系列行政机关,并且利用伊斯兰教的精神巩固权威、强化统治。他扩建了克尔白神殿,在各地兴建清真寺,他规定了伊斯兰历的纪元,并向各省区派遣伊斯兰学者,负责宗教事务或担任法官。他认真贯彻执行伊斯兰教教律,聘请伊斯兰学者做顾问,参与制定国家的大政方针。由此,欧麦尔的军事扩张及其创建的各种制度,为阿拉伯帝国的建立打下了基础。此外,由于他实行宗教统治,使得伊斯兰教传播出去,为伊斯兰教由地区性宗教变为世界性宗教打下了基础。

正当欧麦尔雄心勃勃,要大干一番事业时,不幸的事情发生了。公元644年11月3日,欧麦尔被一个波斯俘虏暗杀身亡。其后,奥斯曼继任为第三任哈里发。

奥斯曼继位后,在前辈的鼓舞下,继续扩张战争,并建立了海军,占领了呼罗珊、亚美尼亚、北非的利比亚以及拜占廷的海军基地塞浦路斯岛等地区。他在位期间,规定了《古兰经》的标准本,称为"奥斯曼定本",沿用至今。

奥斯曼不仅掌握了军、政、教三大权,而且获得大量财富,并安排自己的亲信重臣去各地统治。他的这种专制统治引起了伊斯兰教内其他领导阶层的不满,其中以穆罕默德的女婿阿里一派为甚,他们组成一个新的宗教派别——什叶派。公元656年6月,什叶派刺杀了奥斯曼,推举阿里为第四任哈里发。但不久,这一派内部又产生分化,另立出军事民主派,他们不满阿里的专制统治,要求人人平等,不能再有特权阶层。后来两派矛盾激化,最终,军事民主派于公元661年刺杀了阿里。

这一时期,由于国内矛盾斗争频繁,被占领区的人民群众又时常起义,阿拉伯人只能把主要精力放在治理国内。这样,被占领区内的宗教信仰统治得到了加强,对外扩张的势头减弱,阿拉伯哈里发国的第一次扩张告一段落。

阿拉伯伍麦耶王朝的扩张

公元661年哈里发阿里死后,叙利亚总督摩阿维亚自称哈里发。摩阿维亚出身于伍麦耶家族。他掌握哈里发大权之后,取消了哈里发的选举制度,实行了伍麦耶家族专政,而且把首都从圣地麦地那迁到了叙利亚的大马士革,开创了伍麦耶王朝的统治。

伍麦耶王朝遵奉伊斯兰教的正统派。它的旗帜与衣着均为白色,古代称之为"白衣大食"。摩阿维亚当权之后,为了巩固哈里发的统治,残酷地镇压了什叶派与军事民主派的反抗。在国内平定之后,哈里发摩阿维亚打着"圣战"的旗号,继续大规模向外扩张。

摩阿维亚率领阿拉伯大军,继续向南高加索、中亚细亚、波斯东部与小亚细亚进攻,而且也侵入了欧洲境内。公元 644 年,东侵的阿拉伯军占领了阿富汗首府喀布尔,然后北上侵入中亚,征服布哈拉、撒马尔罕与花剌子模等地区,直至帕米尔才为唐军所阻。与此同时,另一支阿拉伯军队攻入印度河流域,占领信德。在北非,阿拉伯人尽挫拜占廷驻军,占领了突尼斯以西直到大西洋沿岸的整个北非地区,使得当地的摩尔人皈依了伊斯兰教。

公元 711 年,一支由 300 多名阿拉伯人与 7000 名信伊斯兰教的摩尔人组成的军队,被派遣到比利牛斯半岛深入侦察西哥特王国的领土。由于西哥特人在军事上软弱无力,加之王国内部产生矛盾,这支部队得以占领了比利牛斯半岛上很大的地区。

公元 712 年,阿拉伯主要部队在此登陆,在半岛上大部分地区建立了阿拉伯人的统治。公元 732 年,阿拉伯人穿过比利牛斯山,进攻法兰克王国。10 月 4 日,阿拉伯军队同查·马德统率的法兰克人在普瓦提埃附近进行了大会战,结果,阿拉伯人大败而归。又由于当地居民进行了顽强不屈的抵抗,而且当时阿拉伯军队内部各部族之间产生矛盾,不久,阿拉伯人不得不退出了高卢,暂时中止了向欧洲的进军。

此外,在北非争夺战中,阿拉伯人还对君士坦丁堡进行了三次进攻。他们想依靠优良的攻城器材与强攻兵器,如可以拆卸后用骆驼运载的投石车与攻城器等,一举消灭拜占廷这个古老的国家。但是,由于拜占廷利用君士坦丁堡的天险以及"希腊火"(用松脂、硫黄等制成的一种高度可燃性混合物撒在海面上,在敌舰进攻时点燃,变成火海,以此御敌)顽强抵抗,而终究未能得逞。

阿拉伯的对外侵略,加速了阿拉伯社会封建化的进程,并建立了一些以哈里发为首的神权专制形式的中央集权封建主义国家。由于阿拉伯的侵略扩张,伊斯兰教在各个被侵略的国家得到了传播。同时,阿拉伯人广泛吸收被征服地区的先进文化,开始形成了具有多民族文化特色的阿拉伯伊斯兰文化。这时,社会比较稳定,许多学术研究工作也普遍展开。

但是,另一方面由于哈里发的封建统治和对农民的残酷欺压与剥削,以及民族压迫政策,许多人生活日益贫困。例如麦瓦利人与迪米人在自己耕作的土地上,要上缴收获物的 1/3 甚至 1/2,并承担各种徭役。这大大激发了各种矛盾,导致了各地人民的不断起义。

公元 747 年,一个改信伊斯兰教的波斯人阿布·穆斯林在呼罗珊起义,得到当地农民、手工业者以及许多奴隶的响应,声势浩大。公元 750 年,居住在伊拉克的大贵族阿巴斯加入了起义军,他是先知穆罕默德叔父阿马斯的玄孙,他高举"还权于先知家族"的旗帜,以恢复神权政体为号召,在波斯人的支持下,消灭了伍麦耶王朝,建立了阿巴斯王朝,开始定都于库法,后于公元 763 年迁都至巴格达。

而被推翻的伍麦耶王朝的王子逃亡到西班牙,建立起后伍麦耶王朝,历史上称为科尔多瓦哈里发国家。公元 10 世纪时,经济文化日渐繁荣,科尔多瓦与巴格达成为伊斯兰世界东、西辉映的两颗明珠,对欧洲文化产生过巨大影响。

伊斯兰教统治盛期——阿巴斯王朝

公元 750 年,阿巴斯率起义大军击溃了伍麦耶王朝,建立了阿巴斯王朝,定都于大巴士革(也叫库法)。阿巴斯王朝旗帜为黑色,史称为"黑衣大食"。公元 762 年,王朝迁都至巴格达。这实际上意味着阿巴斯哈里发政权开始放弃地中海,接受波斯的传统,寻求波斯的支持。阿巴斯王朝的建立标志着阿拉伯帝国发展新时期的开端。

阿巴斯王朝的第二代哈里发是曼苏尔。在他统治时期,实行了大规模的政治改革。他把哈里发制度与波斯君主专制制度结合起来,建立了一种神权哈里发专制政治体制。曼苏尔声称,哈里发不再是先知的代理人,而是伟大的主——"安拉"在地上的代理人,即"安拉在地上的影子",哈里发要代表安拉在地上行使神权,统治一切。从而,曼苏尔建立起了君主专制集权的统治制度。由于哈里发便是神,是先知,他说的一切都是真理名言,他代表的是无所不能的安拉。因此,伊斯兰教众在星期五举行聚礼时,必须为哈发祈祷、祝福。

曼苏尔为了贯彻专制集权统治,建立了一套组织庞大而严密的官僚统治机构,而且设立首相一职作为政府最高长官,辅佐哈里发总理万机,权位极大。中央机关设各部门,分掌各种行政事务。

为了给这个严密的政权体系提供一种坚强的后备力量,阿巴斯王朝建立了最强大的军队。阿巴斯王朝的军队不同于前代伍麦耶王朝的模式,他并不是以阿拉伯部落作为基本的军事组织,而是从各地各民族中招募青壮年男子,经过严格的军事训练,按实际需要组建职业化常备军。军队的核心是近卫军,驻在首都巴格达,人数约 3 万。近卫军装备精良,待遇优厚,并享受政府提供的口粮与津贴。初期的近卫军主要由波斯呼罗珊人组成,后来改由突厥奴隶担任,军队更勇猛。

　　这时,虽然阿拉伯军仍然一直在外作战,但只是少数军队,已经没有能力继续扩张了。他们所做的无非是抢劫一些财物而已。

　　阿巴斯王朝经过一系列改革,又有强大的军事力量为后盾,因此,阿巴斯王朝逐渐繁盛起来。在这种社会稳定、经济富足的环境中,伊斯兰文化得到了迅速发展,呈现出一派欣欣向荣的景象。而巴格达、开罗、科尔多瓦则成为阿拉伯文化的三个中心。

　　从公元8世纪中叶到9世纪中叶的百年翻译运动是阿拉伯伊斯兰文化史上的重要里程碑,也是世界文化史上的重要事件。它促使阿拉伯伊斯兰文化体系最终得以完成,而且促进了东西方之间的文化交流。开展这个运动,既是社会生活的需要,也是文化发展与传播宗教和加强统治的需要。阿巴斯的几任哈里发都很重视这项工作,并且大力支持。其中曼苏尔是翻译工作的首倡者。文化的繁荣,一方面使阿拉伯帝国自身得到充实与发展,另一方面又使阿拉伯伊斯兰文化广为传播。政治、经济、文化等各方面都达到了阿拉伯帝国的鼎盛时期,成为当时世界上最富强的国家之一,几乎与当时中国唐朝不相上下。

　　阿拉伯帝国是一个包括多民族、多宗教与各具不同历史文化传统的庞大的政治联合体,虽然当时伊斯兰文化占绝对主体优势,但社会矛盾依然复杂而尖锐。为了维持这个大帝国得以正常运转以及统治阶级的豪华生活,阿巴斯王朝对广大人民进行了无情的搜刮与掠夺。

　　9世纪初,国库存款多达9亿多第尔汗。这些财产中约有1/3用于庞大的军队与政府开支,其余的部分大多被皇室、贵族挥霍浪费掉了。哈里发拉西德的皇后左白黛去麦加朝觐,耗资3000万第尔汗。哈里发马门结婚时,用贵重的龙涎香照明,黑夜如同白昼,而且以金盘盛着千颗珍珠,撒

阿拉伯帝国疆域图

向马门与皇后。贵族也十分富有,一个省级法官的月俸高达4000第尔汗,大贵族巴尔麦克家族仅是动产就有3亿多第尔汗。而所有这些财富,无一不是从下层劳动人民身上搜刮来的。

　　在这样残酷的剥削与掠夺下,劳动人民生活十分艰苦。农民饥寒交迫、衣食不周,手工业者工资很低,难以维持生计,而奴隶的命运更为悲惨。统治者的横征暴敛最终逼迫忍无可忍的劳动人民起来反抗。9世纪中叶之后,人民起义遍及全国。

　　公元816年,阿塞拜疆爆发了著名的巴贝克起义,提出了土地公有,废除租税

与徭役、解放奴隶的口号。因此，起义军得到农民、手工业者与奴隶们的广泛响应与大力支持，起义大军达到 30 万。所到之处，人民莫不欢欣振奋。阿巴斯哈里发征集大军对起义军进行了残酷的镇压。但是，起义军民奋勇反抗，与反动军队进行了英勇顽强的斗争，前后持续了 20 多年，终因装备实力相差悬殊而失败，但也极大地削弱了反动力量。阿巴斯哈里发刚刚扑灭这一处火焰，别处又燃起了革命的烽烟。9 世纪后期，在巴士拉地区爆发了黑奴大起义。这些黑人都是从非洲掠夺来的奴隶，他们承受不了繁重的劳动，终于在一个伊朗的阿拉伯人阿·伊·穆罕默德的领导下揭竿而起。阿·伊·穆罕默德提出了废除无道的哈里发，建立人人平等社会等更为激进的革命口号。起义军除了黑奴之外，还有农民与牧民。起义军很快发展到 20 万人，他们攻占了巴士拉城。然后以此城为大本营，四处出击破坏庄园，处死贵族、商贾，严重威胁着巴格达的安全。阿巴斯哈里发不得不又征调早已疲惫不堪的军队前去镇压，但几次都遭到失败。但是，正当起义力量逐渐壮大时，起义军内部出现矛盾，削弱了力量，反动军队乘虚而入，于公元 883 年攻陷巴士拉，血洗巴士拉城。统治者的残暴激起了人民更大的反抗。由于这个自称"真主安拉代言人"的哈里发的暴虐，使得许多人对伊斯兰教逐渐反感、厌恶，他们要恢复真正仁爱的安拉世界。9 世纪中叶，在伊拉克、呼罗珊、巴勒斯坦与叙利亚等地，什叶派逐渐活动了起来，后来在领袖哈马丹·卡尔马特的领导下声势壮大起来，兴起了对阿巴斯王朝的反抗运动，称为卡尔马特派起义。这一派主要是农民，他们不恪守伊斯兰教仪式的一般规定，不奉行每日 5 次礼拜与整月的斋戒，也不赞同朝圣活动。

公元 890 年左右，卡尔马特派在伊拉克北部爆发起义，夺取波斯湾西岸的巴林，以哈萨为中心，建立了卡尔马特国家。阿巴斯王朝再也无力应付这些起义了。卡尔马特国家的声势逐渐壮大了起来，公元 930 年曾一度攻占圣地麦加，劫走了圣物黑陨石，后来虽然送回，但已大大削弱了阿巴斯王朝的声威。各地起义纷纷而起。西班牙、马格里布、埃及、叙利亚等地先后独立。阿巴斯王朝日渐衰落。到了 10 世纪以后，阿拉伯帝国已经四分五裂，徒有虚名。

1055 年，十字军东侵，塞尔柱人攻陷巴格达，解除了哈里发的政治权力，只给他保留了宗教领袖的地位。1258 年，蒙古大军西征，最终灭掉了阿巴斯王朝。

蒙古人的统治使阿拉伯伊斯兰文化遭到严重破坏，学者被驱逐，书籍被焚烧，成果被毁灭。1264 年，元世祖忽必烈正式册封旭烈兀为伊儿汗，成为蒙古四大汗国之一。至此，阿拉伯帝国覆灭。但是，伊斯兰教却得到了广泛的传播。

伊斯兰教文化的再次兴起

蒙古大军攻占巴格达之后，虽然后来也都皈依了伊斯兰教，但是，蒙古人勇猛好战,在文化方面并没有什么发展。

伊斯兰文化要再次兴起,这个重任落到了奥斯曼土耳其帝国身上。

土耳其人是西突厥人的一支。原来居住在呼罗珊一带,信仰伊斯兰教。13世纪初,蒙古大军西征。土耳其人西迁到小亚细亚一带,依附于塞尔柱突厥人建立的罗马苏丹国,在小亚细亚西北部靠近拜占廷边境处获得一块领地。

13世纪中叶后,罗马苏丹国屡次遭受蒙古的侵略而趋于衰落。1299年,土耳其部落首领奥斯曼一世乘机独立,建立了奥斯曼土耳其国家。随后,奥斯曼一世开始了扩张战争。当时的拜占廷帝国与罗马苏丹国家衰弱不堪。从而为土耳其的扩张创造了极为有利的条件。

1326年,奥斯曼的儿子乌尔汉从拜占廷夺得了布鲁萨城,并且迁都至此。

布鲁萨是拜占廷在小亚细亚的军事重镇,位于小亚细亚西北角,隔着马尔马拉海与君士坦丁堡相对。但由于拜占廷帝国早已衰落不堪,已无力镇守此处,乌尔汉很容易地拿下了布鲁萨。这意味着拜占廷帝国在亚洲的统治结束了。

乌尔汉迁都布鲁萨之后,实行了一系列改革措施。他把传统的民兵制改为雇佣制的常备军,并且组建了装备精良、训练有素的步兵。在各方面准备好之后,乌尔汉打着"圣战"的名义不断进攻拜占廷帝国。土耳其军队势如破竹,轻而易举地攻占了大片领土。到14世纪中叶,乌尔汉大军已占领了拜占廷在小亚细亚的全部领土以及罗马苏丹国的大部分土地。奥斯曼土耳其国家日益壮大起来。

由于奥斯曼土耳其国家的强盛,拜占廷帝国内部为争夺皇位而引起的矛盾以及外部巴尔干邻国对拜占廷的侵略,往往依靠土耳其人帮助解决。奥斯曼土耳其国乘机占领了巴尔干大部分地区。1362年,奥斯曼土耳其把首都迁到了亚德里亚堡,改名爱德尔纳。1389年,土耳其大军在科索沃战役中大败巴尔干联军,巩固了自己在巴尔干的地位。这使得奥斯曼土耳其军威大振,引起了欧洲封建主的恐慌。为了阻止土耳其人继续深入欧洲大陆,德国、法国、捷克、波兰与匈牙利等国家组织了欧洲联军——十字军,征讨土耳其,企图消灭这一新的威胁力量。1396年,双方在尼科堡会战,奥斯曼土耳其大国气势高昂,又由于欧洲联军内部矛盾不断,土耳其人一举全歼了欧洲联军。至此,奥斯曼土耳其国家便成功地切断了君士坦丁堡与巴尔干内地的联系。君士坦丁堡也成为瓮中之鳖。

但是,这时奥斯曼土耳其帝国内部却出现了危机。

1402年,奥斯曼土耳其军队在与蒙古人的安哥拉会战中惨败而归,国王苏丹巴耶塞特也受伤而死。他的四个儿子为争夺王位,发生了内战,国力大减。亚洲一些小地方纷纷独立。巴尔干联军瞅准时机又卷土重来。奥斯曼土耳其帝国处于危亡之中。

1421年,穆拉德二世力挽狂澜。他成功地粉碎了拜占廷皇帝支持他兄弟穆斯塔法的叛乱活动，很快恢复了帝国的声威，而且强迫拜占廷皇帝献出了除君士坦丁堡及城外供水地区以外的全部领土，并且每年要向土耳其帝国交纳 3 万杜卡特的岁贡。在亚洲，他迫使诸王公重新宣誓效忠苏丹，承认他的宗主权力。1448 年 10 月，穆拉德二世在第二次科索沃会战中又一次严重挫败了欧洲十字军的进攻，巩固了其在巴尔干地区的地位。

1451 年，穆罕默德二世继任苏丹，把夺取君士坦丁堡作为主要奋斗目标。他们做了大量的准备工作，尤其是增强了海军力量。因为，虽然这时的君士坦丁堡只不过是一个孤城了，但由于其地形险要，易守难攻。

1453 年 4 月，苏丹穆罕默德集结 17 万精锐部队及 400 只战船，向君士坦丁堡发起总攻击。当时君士坦丁堡城内居民只有 5 万人，而能参加作战的居民不到 1 万人。但是，由于君士坦丁堡地势险要，设防坚固，而且守城军民顽强战斗，致使土耳其军队停滞不前。后来，穆罕默德以保障热那亚人的商业特惠为条件，在热那亚占据的加拉太地区铺设了一条涂油的木板滑道，把 70 只轻型战船拖上滑道，顺坡而下，到达金角湾，从侧背进攻君士坦丁堡，城内守军腹背受敌，难于防卫。5 月 29 日，土耳其军队攻破罗马门，强行突入，君士坦丁堡陷落。国王也在混战中被杀死。至此，历时 1000 多年的拜占廷帝国彻底灭亡。

1453 年 6 月 1 日，穆罕默德亲临君士坦丁堡，下令停止屠杀，把圣索菲亚大教堂改为清真寺。不久，迁都君士坦丁堡，改名为"伊斯坦布尔"。从此，奥斯曼土耳其帝国正式建立起来。

穆罕默德二世在定都君士坦丁堡之后，采取一系列新的政治、经济、文化政策，吸引了大量的居民投奔而来，从而使政权更为巩固，经济与文化也逐渐发展繁荣起来。以后，穆罕默德二世继续向巴尔干扩张，先后征服塞尔维亚、波斯尼亚、黑塞哥维纳与阿尔巴尼亚。其后，土耳其人又打败威尼斯与萨非王朝的联盟，夺取了爱琴海的大部分岛屿，而且使得瓦拉吉亚、摩尔达维亚及南克里米亚臣服。

16 世纪，土耳其人开始向东方扩张。1514 年，塞里姆一世率领 10 万大军进攻萨非王朝。一度占领其首都大不里七与巴格达。1516 年，土耳其大军对阵埃及马木路克军，在叙利亚阿勒颇附近把埃及军队打得落花流水，占领了阿勒颇，并且乘胜追击，把大马士革及叙利亚、巴勒斯坦地区全部踏在了自己的马蹄下。并且在 1517 年，攻陷开罗，灭掉了埃及马木路克王朝。土耳其人还控制了包括圣城麦加与麦地那在内的希贾兹以及也门地区。这样，土耳其人不仅掌握了东地中海、红海的重要商道及埃及的巨大财富，而且成为伊斯兰教圣地的保护人。这样，塞里姆一世及其后继者们真正成了伊斯兰教的哈里发，在为自己的政权增加了神圣性的同时，也开始了大力宣传伊斯兰教，把伊斯兰文化传播到他所占领的广阔土地上。

苏里曼一世时，奥斯曼土耳其帝国进一步加强征服战争，东西同时挥戈。在东方,苏里曼继续同伊朗萨非王朝作战。他率领大军多次侵入伊朗,夺取了萨非王朝的西部大部分土地。1555 年,双方议和,依约土耳其得到了伊拉克以及亚美尼亚与格鲁吉亚的部分土地。在西方,苏里曼以夺取欧洲腹地为目标。1521 年,占领了贝尔格莱德,进而攻击匈牙利与奥地利。1526 年 8 月,土耳其军队在摩哈奇附近打败捷匈联军。1529 年,土耳其向匈牙利中部发起进攻,9 月,占领了布达,入侵奥地利,并开始围攻维也纳。但是,土耳其军队屡攻不克,最后由于粮秣匮乏与疾病流行被迫撤退。1530 年,奥地利与土耳其进行和谈,但未能达成协议。1532 年,土耳其大军卷土重来。但是,查理五世统率的奥军在匈牙利中部成功阻止了土军进入。1533 年 7 月,在伊斯坦布尔签订和约,规定匈牙利西部和西北部仍归奥地利管辖,但奥地利每年必须向土耳其苏丹进贡 3 万杜卡特,并保证不进攻匈牙利东部受土耳其操纵的扬·查波尔斯基的军队。从此。这一战场暂归沉寂。直到 1540 年,土耳其再次挑起战事。在北非,苏里曼占领了的黎波里、突尼斯与阿尔及利亚等地。帝国极盛时期版图横跨亚、非、欧三大洲,东起波斯湾与高加索,西达摩洛哥,南自尼罗河中游,北至奥地利与俄罗斯边界,囊括了昔日拜占廷帝国与阿拉伯帝国的绝大部分领土以及匈牙利、摩尔达维亚与克里米亚等地。

奥斯曼土耳其帝国把如此广阔的土地统一在伊斯兰哈里发的日月旗下,使伊斯兰教达到前所未有的辉煌。

但是,在帝国内部,征服者与被征服者、各民族、各派宗教及各种社会矛盾纵横交错。尽管苏丹竭力强化集权统治,但奥斯曼帝国始终不是一个真正的中央集权国家。由于土耳其始终都在征战,恣意掠夺与聚敛财富,极度苛刻的捐税制度逼得广大劳动人民倾家荡产。16 世纪,人头税为 20~25 阿克切,到 17 世纪初,增加到了 140 阿克切,而且税使贪污,甚至把税额提高到 500 阿克切。除人头税之外,农民还要负担土地税、什一税、牲畜税与牧场税等等。不堪残酷奴役与压迫的各族人民不断爆发起义。而且伊斯兰教内部不同派别之间,斗争非常激烈,什叶派与正统派(逊尼派)进行了长达 1 个世纪的斗争,不但造成了穆斯林世界的分裂,而且严重地削弱了奥斯曼土耳其帝国在欧洲的统治力量。在这内乱频频的时候,欧洲各国乘机反攻。这时的奥斯曼土耳其国只能屡屡退败。

在苏里曼之后,许多苏丹沉湎酒色,生活腐化,任人唯亲,甚至公开卖官鬻爵,贿赂公行。这引起了军队的反抗与叛乱,甚至废黜或谋杀苏丹。穆斯塔法、巴耶济德、奥斯曼二世与易卜拉欣等都是因此而被废或谋杀的。苏丹大权旁落,禁卫军与大封建主掌握了实权。他们乘机扩大自己的权益,把封地变为世袭的私有领地,拒绝为苏丹提供捐税与兵役,直至割地自立。国家号令不行,纲纪废弛,曾经强大一时的奥斯曼土耳其大帝国,在内外交困的情况下,日趋衰落下去。

奥斯曼土耳其帝国统一了伊斯兰国家,使伊斯兰文化重新兴起。但由于苏丹王一直征战,对于伊斯兰文化、经济并没有多大发展。

麦加朝觐

　　麦加位于沙特阿拉伯西北部汉志境内,它是伊斯兰教圣地。那里有一座建筑,叫克尔白,又称天房。据说"天房"是由先知伊卜拉欣和他儿子伊斯玛仪修建的一座古庙。在它的东南角镶嵌着一块黑色的陨石,相传也是这位先知的遗物。这座古庙与其说是古庙,不如说是一座方形石殿,它长 12 米,宽 10 米,高 15 米,看起来和普通建筑并没什么两样,但它却是亿万穆斯林心目中的圣殿。

　　自从公元 623 年克尔白被定为穆斯林的礼拜方向后,麦加城就成了世界穆斯林的朝拜中心。每到伊斯兰历 12 月,全世界的穆斯林或徒步,或骑骆驼,或乘车船,跋山涉水,纷纷奔赴麦加朝觐克尔白。一到这里,不同国家的伊斯兰教徒就用不同的语言高呼"安拉! 安拉!"然后吻拜黑石,祈求安拉赐福。

　　在伊斯兰教还未创立之前,天房就已经存在了。《古兰经》中记载:"为世人而创设的第一座房子是在麦加的那所吉祥的克尔白,这是全世界的向导。"传说真主安拉命先知伊卜拉欣及其儿子伊斯玛仪修建天房克尔白。当工程即将竣工时还差一块石头,伊卜拉欣便叫儿子去寻找。当伊斯玛仪找来石头时,看见父亲已经在那

麦加城(一角)

里砌上了一块黑色石头。于是他奇怪地问父亲:"这块石头是谁搬来的?"伊卜拉欣答道:"是天使从天上带下来的。"这块石头就是天房中那块著名的黑石,它本是从空中坠落下来的陨石。穆斯林把它视为神物,每当朝觐时,都要吻它一下,以此来表示对神的尊敬。天房建成后,安拉再次命令伊卜拉欣说:"你应当在众人中宣

告朝觐,他们必须从远道步行或乘瘦骆驼到你这里来。"伊卜拉欣于是大声宣告:"大家都来此古屋朝觐吧,这对你们来说,已经成为必须遵守的制度。"从此,天房便成为穆斯林朝拜的圣地。

在历史上,天房克尔白多次毁于战火和水灾,但每次重建都一次比一次修复得好。今天人们所看到的克尔白是 1630 年奥斯曼帝国时期所修复的。克尔白是一座圣洁无比的神殿。为了保持它的洁净,人们每年在伊斯兰历的 7 月和 12 月对它进行大规模地洗刷。平时,天房克尔白用黑色锦缎幔帐罩盖,幔帐上面用金线绣着《古兰经》的经文。幔帐每年都要更换一次。凡是参加朝觐的穆斯林,在朝觐时都要遵守一定的仪规,比如不穿平时的衣服,全身只缠两块白布,以示不分贫富一律平等。在朝觐时期,不准争吵、不准结婚、不准打猎、不准宰牲等等,以示虔诚。今天,全世界的穆斯林共有 10 亿人左右,每年到麦加朝觐的人数有 100 多万,最多的一次有 200 万人。

阿拉伯帝国

阿拉伯半岛面积约 300 万平方公里,是世界上最大的半岛。三面环海,东濒波斯湾,西临红海,南为阿拉伯海。地势由西向东倾斜,大部为沙漠和草原,气候炎热,雨量稀少,属热带沙漠气候,只有西南部也门地区及其他少数绿洲,可供农耕。

由于受自然条件限制,半岛上居民大都从事游牧,出产有椰枣、骆驼、山羊等。半岛西部沿红海岸汉志地区,上古时期已是东西方通商要道。从印度把货物沿海路运到也门,卸下后用骆驼驮载,沿红海岸转运到地中海东岸,再运往西欧各地。也门地区有发达的灌溉农业,商业和手工业也很兴盛,公元前即已形成奴隶国家,和波斯、东罗马等都有往来。

半岛上的居民大都为阿拉伯人。7 世纪初,在穆罕默德带领下,他们在较短时间内统一起来,占领了西亚、北非等广大地区,在这些地区原有生产水平和文化发展的基础上,建立了阿拉伯帝国。之后经过长期融合,西亚、北非地区的人民形成阿拉伯民族,有统一的宗教(伊斯兰教)和语言(阿拉伯语)。

阿拉伯人民掀起过多次反对封建贵族的起义,其时间之长,规模之大,可与中国历史上的农民战争相媲美。阿拉伯人民又是勤劳智慧的人民,他们保存和传播了希腊、罗马古典文化,促进了东西方文化交流。现代的阿拉伯数字就是通过阿拉伯人流传到全世界的。他们还吸收了当时世界上的先进文化,加以发展,创造出辉煌的阿拉伯文化。

公元 6 世纪与 7 世纪之交,半岛上阿拉伯人还是一支游牧民族,称为贝督因人。他们逐水草而居,迁徙无定,食驼肉,饮驼乳,生活困难,夏天经常挨饿。贝督因人组成氏族和部落,各氏族、部落都有自己的势力范围,有自己特定的牧场,有自己崇拜的神。在氏族内部,成员基本上平等,但已分化出较富有的氏族贵族,拥有较多财富和奴隶。部落首领虽然在形式上由选举产生,但多为富有家族中的人充任。他平时领导游牧,解决内部纠纷,战时则指挥作战。部落显贵议事会是部落最高权力机构,由部落首领主持,处理日常事务。整个氏族有义务保护自己的成员,如某人遭到外族杀害,全族都要向对方氏族进行报复,直至获得一定赔偿为止。由此引起各氏族、部落之间世代混战,加之争夺水源、牧场,部落间战争更是绵延不绝,导致生命财产受到很大损失。

在少数适于农业的地方,有转为定居的农业部落,种植大小麦,栽培椰枣等。制陶、纺织、冶金、武器制造等手工业也发展了起来。在汉志地区,有城市麦加和麦地那。麦加城住着古莱西部落的各氏族,有些人经营队商贸易,穷富分化明显,已处于国家形成前夕。氏族贵族拥有大量财富,役使奴隶为其耕作放牧。他们还经营商业,兼放高利贷,利息高达百分之百。古莱西的氏族贵族组成议事会,经常在天房克尔白神殿内集会,商讨队商贸易等事务。同时也就在麦加城内举行集市贸易,交换手工业品、武器等,麦加贵族从这种贸易中得到不少好处。麦加城北面的麦地那,主要是一个农业中心,工商业并不是很发达。

公元 6 世纪时,伊朗和拜占廷帝国为争夺也门,控制商路,发起了战争。公元525 年,埃塞俄比亚在拜占廷帝国支持下占领了也门。公元 572 年,伊朗又赶走埃塞俄比亚人,在也门建立起自己的统治,而且另辟由波斯湾经两河流域到地中海的商路,禁止商品通过也门。由于战争的破坏,灌溉工程年久失修,再加上商路改变,也门于是逐渐荒废。由于商路的改变,麦加等地的商人不能再从事商业贸易,便放高利贷。原来依靠商队为生的保镖、脚夫等也失去了工作,生活极为贫苦。由于经济的衰落,致使社会矛盾激化,社会动荡,处于社会下层的人民的反抗活动日益增加。阿拉伯贵族为了维护自己的利益,镇压反抗,需要组织一支军队,进而向外掠夺财富和土地。在这种情况下,国家便诞生了。

阿拔斯王朝时期的帝国首都巴格达,就是当时世界最繁华的城市之一,可以和我国唐朝的长安相比。这个城市的中心名叫"园城",是王宫、政府所在地。

"园城"里的宫殿美丽无比,还有水泉和花园,周围一道高高的圆形城墙把王宫和外界隔绝。"园城"之外,是商市和手工业区。店铺作坊布满街头,人来人往,非常热闹。百货齐全的商场里,既有各种本地的产品,也有专做海外贸易的大商贩运来的稀世珍宝。中国的丝绸和珠宝,印度的钻石和香料,非洲的黄金和象牙,欧洲的琥珀和玛瑙,都可以在这里找到。在这琳琅满目的巴格达市场中,做买卖的不仅有阿拉伯人和波斯人,也有印度人、欧洲人和非洲人,甚至还可以碰见一些中国

·伊斯兰文化·

图文珍藏版

商人,那里有一座专卖中国货物的商店。

阿拉伯手工艺人有着了不起的技巧。他们善于制作玻璃、珐琅(金属制品表面的玻璃质材料)和金银工艺品,也精于纺织锦缎、刺绣和编织地毯。他们调配的香水世界闻名,他们打出的刀剑也非常锐利。

除了巴格达这个手工艺生产的中心,在叙利亚、埃及和北非各地也还有许多有名的手工业城镇。他们的精美产品随着阿拉伯商人的足迹流传到世界各地,即使在万里之外的中国,也可以发现它们的踪影。当然,这些巧夺天工的阿拉伯手工艺品,都是给国王和贵族享用的,一般群众根本买不起。然而它们却反映了阿拉伯劳动人民的才华。

阿拉伯人民还创造了很有特色的建筑艺术。他们吸收了东西方建筑传统的优秀遗产,修造起许多雄伟富丽的建筑物。他们的寺庙——清真寺,面积广阔,有高耸的尖塔和圆顶的经堂,牢固的砖石结构,外面装饰着五颜六色的玻璃瓦。他们的宫殿玲珑秀美,有彩色大理石的圆柱和小巧的拱门,墙上和天花板上刻满五彩的图案,地板铺着花纹瓷砖。每一个殿堂和庭院都有喷泉和流水,过道旁种着奇花异草,还有鸟语花香、四季常青的园苑。

阿拉伯建筑的卓越成就,不仅使阿拉伯文化在世界历史上大放异彩,也对周围地区的建筑产生了重大影响。印度最美丽的古建筑——泰姬·玛哈尔陵,就是一个著名的例子。

阿拉伯的科学技术也相当发达。中国的造纸术、指南针、火药,印度的数字和十进位法,都是先传到这里,再传到西方的。他们的天文、化学、医学比当时的欧洲先进得多。世界上第二部代数著作,是阿拉伯人穆萨写成的。

阿拉伯名著《一千零一夜》

《一千零一夜》是古代阿拉伯民间故事集。在西方它被称为《阿拉伯之夜》,在我国它被称为《天方夜谭》。

《一千零一夜》是世界上拥有最多读者和影响最大的作品之一,被列为世界古典名著。

《一千零一夜》的故事,很早就在阿拉伯地区的民间口头流传,约在公元8世纪左右出现了早期的手抄本,到12世纪,埃及人首先使用了《一千零一夜》的书名,15世纪末16世纪初该书结构基本定型。《一千零一夜》的故事一经产生,便广为流传。在十字军东侵时期就传到了欧洲。18世纪初,法国人加朗第一次把它译成法文出版,以后在欧洲出现了各种文字的转译本和新译本,一时掀起了"东方热"。

阿拉伯魔幻世界

《一千零一夜》里讲述了 134 个小故事,传说这些故事是由一个叫山鲁佐德的女孩子口述的。当时有一个萨桑国,国王山鲁亚尔外出时无意中发现他的王后和人私通,山鲁亚尔觉得这有损他的脸面,便将王后杀死了。或许是受到这件事的刺激,山鲁亚尔变得残暴起来,他声称要对全国所有的妇女进行报复,决不放过一个。他下旨说,他会每天娶一个新娘,但在第二天早上就要杀死她,再娶,如此类推,以至杀完全国最后一位妇女。听到这个消息,萨桑国百姓纷纷携带妻女逃离家园,一时间城中十室九空。可就是这样,山鲁亚尔还命令宰相每天上交一名女子,第二天把她杀掉。有一天,宰相找遍了全城的每一个角落,也没有发现一个女人,回到家后,怕国王怪罪下来,不禁长叹一声。他的女儿山鲁佐德知道事情的经过后,自告奋勇地愿意嫁给山鲁亚尔。

进宫的当天晚上,山鲁佐德给国王讲了一个有趣的故事,这引起了国王的兴致,天亮了,故事正讲到精彩之处,山鲁亚尔想知道后来的故事情节,于是决定故事讲完后再杀掉山鲁佐德。但是到了第二天天亮时,故事又在精彩之处停住了,山鲁亚尔无奈又决定不杀山鲁佐德。就这样日复一日,年复一年,山鲁佐德讲了一个又一个故事,大故事里套着小故事,经过一千零一夜之后,这些精彩的故事终于打动了山鲁亚尔,他后悔自己的所作所为,表示不再伤害无辜的少女,并与山鲁佐德结为夫妻,白头偕老。后来,人们把山鲁佐德在这一千零一夜里所讲的故事汇编成册,书名就叫作《一千零一夜》。

《一千零一夜》对后世文学产生了深远的影响。文艺复兴时期,意大利作家薄伽丘、英国作家乔叟和西班牙作家塞万提斯都从这种结构中得到启发。薄伽丘的《十日谈》用佛罗伦萨 10 个躲避瘟疫的青年男女每人每天讲一个故事,作为全书100 个故事的楔子,这种巧妙的结构明显借鉴于《一千零一夜》。

《一千零一夜》描绘了中古时期阿拉伯地区的生活画面,为后世作家的创作提供了充分养料,戏剧大师莎士比亚的喜剧《终成眷属》中的"戒指认亲""进宫治病"

的故事显然来源于《一千零一夜》中的《夏梅禄太子和白都伦公主的故事》。

《一千零一夜》中浓郁的浪漫主义色彩，大胆的夸张，丰富的想象，构成了扑朔迷离的艺术境界。但丁《神曲》中的形形色色的精灵，我们可以在《一千零一夜》中找到影子；1982年诺贝尔文学奖得主、哥伦比亚作家马尔克斯的魔幻现实主义代表作《百年孤独》中出现的"飞毯""会飞的床单""神灯"等都明显来自《一千零一夜》。

《一千零一夜》的故事情节离奇曲折，规模宏大，它包含着寓言、传说、童话、神话以及有关爱情、婚姻、宫廷、航海等故事，主人公形象生动，既有王臣、庶民，也有神魔、鬼怪。这些故事充分表现了阿拉伯人民的美德、智慧、斗争精神和对美好生活的追求，真实、客观地反映了中世纪时阿拉伯人民的理想和情感。

第九章　东亚文明
——美轮美奂的图画

美轮美奂的泰姬陵

16 世纪初,来自中亚草原的莫卧儿人侵入印度西北部,在德里建立了强大的莫卧儿王朝。这一王朝经济发达,文化繁荣。莫卧儿人的伊斯兰艺术是外来文化与印度传统文化的交汇融合中产生的,它兼收并蓄,新颖独特,体现在诸多方面。

皇陵建筑是莫卧儿伊斯兰文化的标志之一。在莫卧儿王朝为数众多的皇陵中,最典型、最壮观的要数泰姬陵。它坐落在古老的恒河支流亚穆纳河之滨,与著名的亚格拉古城隔河相望,气势磅礴,蔚为壮观。它被列为世界八大建筑奇迹之一。

泰姬陵

这座陵寝的建造源于一段稀世难得的帝妃之恋。莫卧儿王朝的第五代帝王叫沙·贾汉,他的王后泰姬原名叫蒙泰姬·玛哈尔,意思是"宫廷之冠",这是沙·贾汉赐给她的封号,但被讹传为泰姬·玛哈尔,这就是泰姬陵名字的来历。泰姬生于 1592 年,19 岁时嫁给王太子古兰姆,封为贵人。古兰姆登基后,称沙·贾汉皇帝,泰姬亦荣升为皇后。她容貌出众,才华超群,与皇帝情深意笃,朝夕相处。她先后生下了 14 个皇子。1630 年,又一次身怀六甲的泰姬随皇帝出征,途中遭遇难产而死去,时年仅 38 岁。沙·贾汉皇帝顿足痛惜,回天无力,为了满足皇后生前的凤愿,寄托自己深沉的哀思,他决定在亚穆纳河畔建造一座规模空前的陵墓。

泰姬陵的设计和构思是仿照德里东郊的胡马雍陵——莫卧儿帝国的第二代皇

帝的陵墓,但泰姬陵比胡马雍陵更加巍峨,也更富有代表性。

　　1631 年,来自印度各地、中亚、波斯、土耳其和欧洲国家的建筑大师、工匠、石匠、镶嵌技师和伊斯兰的书法家纷纷投入到泰姬陵的营造工作之中。由土耳其人建筑大师乌斯塔德·伊萨总揽全局,每天投入 2.3 万个劳动力,耗资 4000 万卢比(约合时价 2.3 亿美元),历时 22 年,于 1653 年竣工。其耗资之巨,历时之久,用工之多,都令世人咋舌。

　　泰姬陵布局严谨,造型优雅。陵长 579.12 米,宽 304.8 米,呈长方形,占地面积 17.7 公顷,陵周围用红砂石砌成的围墙环绕着。整体分为三大部分:陵墓位于最北端,中间是一个正方形的花园,南边是种植着花木的庭院和大门。寝陵的东西两侧各建有相同式样的两座建筑:一是清真寺,另一是答辩厅,左右呼应,对称均衡。陵的四边各有一座高达 40 米的尖塔,也称拜楼,在建筑设计上具有科学性。它们统一地向外略微倾斜着,这是为了防止一旦发生强烈地震,拜楼倒塌压毁泰姬陵,这样,它们只会向外倒塌,不会威胁到泰姬陵了。拜楼内有 50 层阶梯,可供阿訇和穆斯林拾级而上,颂诵《古兰经》,或向圣地麦加朝拜。

　　从大门到陵寝,有一条宽阔的红砂石铺成的通道,中间贯穿着前院、花园。通道两侧是人行道,一连串的喷泉组成的水池一路相伴,四周铺满鲜花和青草,池水倒映着洁白的陵墓,飘飘欲动,相映生辉。

　　整座陵墓修建在一座白色大理石的正方形台基之上,台基高约 7 米,边长约 95 米,寝宫居中。陵身高约 74 米,为一座有 12 个面的复杂形体,它的设计体现了伊斯兰教“天圆地方”的概念。陵墓平面为边长 56.7 米的抹角正方形,上空为一个直径 17.7 米的高耸、重叠的圆穹隆,在穹顶四角还环峙着 4 座小圆顶凉亭,以苍天为背衬,形状优美大方,犹如一朵朵飘浮的白云,人称“大理石之梦”。

　　寝宫的墙壁呈八角形,上面共有 24 扇小拱门,分上下两层。正前面是入口,各有一扇高达 33 米的大拱门。门框上用黑色大理石镶嵌着用伊斯兰书法写成的《古兰经》经文,其中有一句是“邀请心的纯洁者,进入天堂的花园”。

　　寝宫共有 5 间,在中央宫室砌有一条辐射状走廊,与其余 4 间小室相通。各宫室随处可见镶嵌着的金玉宝石,玲珑剔透,流光溢彩。寝宫四壁有精致的透雕花窗,传说其门扇窗棂系出自中国工匠之手。在中央宫室里还安放着一扇八角形的白色大理石镂空屏风,最初是用黄金镶嵌宝石制成的,后被奥朗则希皇帝拆换下来。但大理石的屏风四周也镶嵌着五色斑斓的宝石,其中有一朵用 61 块彩色宝石镶成的绚丽夺目的玫瑰花,是陵园中最珍贵的工艺品。

　　寝宫正中央,用 8 扇大理石屏风围着两具空石棺,真棺则安放于底下一间八角形的地下室内。石棺上有用翡翠、水晶、玛瑙、珊瑚、孔雀石和红宝石等 20 多种五颜六色的宝石镶嵌出的百合花、茉莉花等图案,花朵的枝干用黄金制成,其色彩之鲜艳,工艺之精细,纹路之清晰,可称巧夺天工,无与伦比。

由于整座陵墓系由纯白大理石砌成,一日之内,随着晨曦、正午和傍晚三时阳光的强烈明暗不同,照射在寝陵上的折光和色彩就会变幻莫测,呈现出不同的景致。正如沙·贾汉所称誉的:

人间若有幸福乐园,

即在此地,即在此地,舍此无他。

沙·贾汉皇帝曾梦想在亚穆纳河的另一侧为自己建造一座与泰姬陵一样的黑色大理石陵墓,再用黑白两色的大理石建造一座跨河大桥,把遥遥相对的两座陵墓连接起来。可以想象,如果这一切变成现实,那将是怎样一幅瑰丽的图景啊!事实上,在泰姬陵建成后的第五年,年迈的沙·贾汉皇帝就被他的第三子篡夺了王位,他的晚年在悲惨凄凉的囚禁生活中度过,死后只得到了一具比泰姬石棺还要小一号的棺椁。好在他被安葬在泰姬旁边,这种帝妃合葬的结果应该还是满足了他的心愿吧!

泰姬陵的构思和布局是一个完美无缺的整体,它充分体现了印度伊斯兰建筑艺术的气势宏伟、庄严肃穆、富于哲理和充满魅力的时尚。英国旧牛津学派的印度史专家阿瑟·史密斯认为,泰姬陵是"欧洲和亚洲天才结合的产物",因为当时欧洲文艺复兴时代的一些建筑大师,如意大利的吉埃济尼莫·维济内奥、法国建筑师奥斯汀·德·博尔多等参与了设计。尽管西方艺术的某些因素对印度建筑风格有所影响,但毫无疑问的是,泰姬陵是印度文化的瑰宝,是莫卧儿伊斯兰建筑的典范。

日本掀起中国风——大化改新

日本是与中国一衣带水之邻国,是东亚文明的一部分,长期以来受中国的儒家文明的浸润,并结合自己的具体情况,成为东亚文明的一道美丽的风景线。

传说,在秦的时候,秦始皇为寻求长生不老药,遂命方士徐福带着 3000 童男童女到海上。徐福到达日本,但并未归来,而成为日本人的祖先。这些都是无稽之谈。虽属无稽之谈,但说明了中日交往由来已久。

汉朝的时候,据汉书记载,和日本有往来。在日本曾出土了东汉赐给日本一首领"汉倭奴国王"的印,说明当时东汉王朝视日本为自己的属国。

但是,日本和中国文化的深度融合则在隋唐时期。

这时隋唐重新实现统一,朝鲜的新罗亦崛起,这对日本产生了强烈的影响。本来大和国家可以凭借垄断从朝鲜半岛输入大陆文化的优势而统治全国,但是新罗却使日本在朝鲜半岛连续受挫,到公元 562 年,日本丧失了在朝鲜的最后据点。日本不能通过吸收中国大陆的先进文化和对中国商贸来维持经济的活力,使得朝廷和大贵族的威信大大降低了。

日本在朝鲜的战事失败后,统治阶级在国内的矛盾激化了,他们由对外掠夺改为对内压榨,各地豪强纷纷兼并土地,争战不休。由于中央贵族向地方扩张,引起了中央和地方关系的恶化。同时下层人民因为生活每况愈下,以至于"老者唤尊招,而死于道重。幼者含乳,与母共死",因此亦对现状有强烈的不满。

在这时,日本就只有引进先进的中国文化——这对他们来说也是最现实的——才能够挽救危亡。

6世纪末叶以来,中国君主专制集权思想对日本影响日益加深。而中国的强大和稳定,更使得这些制度罩上了一层炫目的光环,为日本有识之士所推崇。

圣德太子致力于提高王权的措施,是大化改新的先声。

圣德太子自公元593年担任摄政。公元603年制定冠位12阶,整顿朝廷贵族官僚的身份制度,强化等级制度,借之尊崇君主威权,加强朝廷纲纪。次年,圣德太子制定了"宪法"17条,糅合了儒、法、释诸家思想,这是以道德规范为主的贵族必须一体凛遵的政治规范。由于受到南北朝大陆文化的影响,他一方面强调"君君臣臣"的伦理,号召臣民各守本分,各安职责,"以和为贵","以礼为本",以达到君主至上,天皇集权的目的;另一方面又受"南朝四百八十寺"的风气所影响,号召"笃敬之宝"(儒法佛),崇尚佛教,广修寺院,用佛教"忍"的说教来教化臣民,缓和阶级矛盾。在朝鲜通道被阻隔后,日本直接向中国派遣留学生和遣隋使,直接从中国大陆汲取先进文化的养分。

圣德太子的改革核心在道德和宗教方面,没有解决根本的问题,但这种尝试使得日本重获与中国文化沟通的机会。而此之后,日本奉行的方针实际在此时已经出现,如儒家思想。佛教教徒、留学生和遣唐使,尤其派遣留学生,则为日后日本文明与进步,以及大化改新奠定了基础。

唐朝取代隋朝之后,唐太宗不久便即位。在他即位期间,唐律完善,突厥被李靖击败,经济迅速得到恢复和发展,中央政权畅通无阻,国泰民安,文化昌盛,史称"贞观之治"。日本留学生目睹这一切,对于中国文化耳濡目染,渐渐由羡慕到接受,归国后,对日本部民的陋习和贵族擅权极为不满,强烈要求改变现状,像唐朝一样,君主集权,废除民族社会的部民制。

留学生南渊请安、僧旻等创办学馆,宣传唐朝律令制度,为政治革新作舆论准备。大化改新的砥柱人物中大兄和中臣镰足都曾就读于此。

公元645年,唐太宗应新罗之请,发兵讨伐高句丽,由于日本一向与新罗为敌,因而使日本感到了压力。在中大兄、中臣镰足的领导下,在留学生的支持下,于6月12日利用接见朝鲜来使的机会,发动政变,剪除权臣苏我氏及其党羽,夺取了中央政权。随后,孝往天皇即位,建年号大化,中大兄为皇太子兼摄政,中臣镰足及一些归国留学生受到重用。公元 646 年元月,颁布新诏书,开始各项改革,史称"大化改新"。

大化改新的内容有:

在"普天之下,莫非王土;率土之滨,莫非王臣"的思想指导下,废除王室和贵族一切私有土地和部民,而土地和人民都直接归属于天皇。

在吸取唐朝均田制的同时,实行"班田制"。

租税制度上,采纳唐的租庸调制。

在国家机构上,建立中央集权制。吸取郡县制,并结合日本国情,设国(省)、郡、里等单位,由国司和郡司治理,而国司、郡司由中央任命。中央设立二官八省,类于中国的三省六部制。

以上各项措施中,显然有中国唐朝文化的印痕,而且有的则干脆照搬唐朝制度。

保守势力,并未善罢甘休,他们为保护自己既得利益,竭力反对改革。好事多磨,在天武天皇时期,大化改新的成果才得以确立。天武天皇发动"壬申之乱",击败保守势力,夺取皇位,万事独裁,事必躬亲,确立了天皇专制的集权体制。公元 681 年,他制定"飞鸟净御原令"。公元 701 年,修成"大宝律令"。公元 718 年,制定"养老律令"。至此,大化改新的成果被完全确立。

大化改新确立了封建生产关系,结束了日本长期四分五裂、政出多门的局面,从而使日本的经济、文化都有显著发展。

至此,我们不得不敬服日本民族对外来先进文化的拿来主义精神。此后明治维新和战后体制的变化,又是这一精神的延续,唯其如此,日本才能身处僻岛而不落后,并且逐步成为令世界侧目的强国。

但是,"淮南之橘生于淮北而为枳",唐的制度也并未完全适宜日本国情。中国的体制是逐步形成的,封建体制自战国时始,历任秦、汉、晋、南北朝以至于隋唐,非一朝一夕之力。日本的从上而下的改革,本身又缺乏强有力的社会基础,强大的世袭贵族对这些措施进行了一定程度的调整,由旧贵族转化为拥有新的方式获取新的地位和权力,从而削弱了大化改新诸多措施的作用。藤厚家族之先人即是大化改新的名臣中臣镰足,他们专权达 200 余年,形成两头政治。而天皇的主要责任是延续子嗣,此外便过着奢靡的生活,不过问朝政。这种局面开了幕府专政的先河,一直延续到国门被欧洲人打开。这在中国是少见的,尤其是隋唐之后。

朝鲜壬辰卫国战争

一天夜里,500 多艘兵船出现在露梁海面,去解救顺天之围。突然一位将领一声令下,兵船遭到了猛烈的轰击,海面上火光冲天,如同白昼,只见火光下日寇横尸满舱。原来这是日军正率领 500 多艘兵船和大批士兵去解顺天之围,组织进攻日舰的将领叫李舜臣,他是朝鲜著名的将领。而上面的战争情景正是朝鲜壬辰卫国战争的一个场面。

日本大化改新后,派遣水陆大军侵略朝鲜,并妄图以朝鲜为跳板,进而侵略中国,建立一个以日本为主宰,包括日本、朝鲜和中国的殖民大帝国。英勇的朝鲜人民奋起抗战,并得到邻邦中国的大力支援,最后打败了日本侵略者。因为 1592 年是壬辰年,所以这次卫国战争称为壬辰卫国战争。

日本之所以有此野心,是由于大化改新后,长期处于封建割据状态的日本实现了统一。16 世纪后半叶,出身于中等封建主的日本统治者织田信长(1534~1582年)及其后继者、部将丰臣秀吉(1536~1598 年)经过几十年的征战,约于 1590 年初步完成了日本的统一。

丰臣秀吉对内实行高压政策,下令收缴民间兵器,严防人民造反;对外实行武力扩张,掠夺土地财富。他把侵略矛头首先指向朝鲜,并为此在九州的名古屋设立了大本营。

朝鲜地处亚洲大陆东缘,三面环海,北与中国山水相连,南隔朝鲜海峡与日本相望,1392 年后处在李氏王朝的统治下。丰臣秀吉侵略朝鲜时,正值李氏王朝统治时期。

1592 年 4 月,丰臣秀吉任命小西行长、加藤清正率领陆军十几万人,九鬼嘉隆率领水师 9000 人、战船 700 余艘,渡过朝鲜海峡,在釜山登陆,然后分兵三路向北窜犯。

朝鲜由于统治阶级内部争权夺利,国防松弛,军队缺少训练,因此在敌人的突然进攻面前,措手不及。日寇长驱直入,仅用了两三个月的时间就攻陷了京都汉城及开城、平壤等重要城市,侵占了朝鲜大片国土。朝鲜国王避居鸭绿江边的义州。

朝鲜人民为了保卫祖国的独立与自由,到处组织义兵,抗击日本的野蛮侵略。各地的义兵虽然都是自发的,没有统一的领导,但由于义兵具有强烈的爱国心,奋勇作战,前赴后继,因此给日寇以沉重打击。

李氏王朝的一些爱国将领在人民群众的推动下,也积极投身于抗日行列,和广大军民一起英勇杀敌、保家卫国。水军将领李舜臣就是其中的一个。李舜臣根据所掌握的情报,判断日本将对朝鲜发动侵略战争,因此上任后积极整顿所余水师,赶造兵船、器械。战争爆发后,他立下誓言:愿以一死为期,直捣虎穴,扫尽妖魔,欲雪国耻之万一。部下将领深受鼓舞,个个义愤填膺,敌忾同仇。

1592 年 5 月,李舜臣率领兵船 85 艘,在巨济岛的玉浦港海,大败日本水军。当时停泊在港内的日寇兵船有 50 多艘,而大部分水兵都上岸劫掠去了,因此毫无作战准备。5 月 7 日,当日军突然发现朝鲜水师后,慌忙登船逃跑。李舜臣抓住战机,向敌人发起猛攻,激烈的战斗一直持续到次日清晨。在这次海战中,朝鲜水师共击毁、击沉日寇兵船 40 多艘,击毙敌官兵不计其数,并缴获大量战利品,而朝鲜水师方面,没有损失一船一卒。玉浦海战的胜利阻遏了日本水师对陆军的配合与支援,打乱了丰臣秀吉的侵略部署。

继玉浦海战之后,李舜臣又率领朝鲜水师接连取得了几次海战的胜利。7 月间,在离巨济岛不远的闲山岛附近海面,朝鲜水师击毁日本战船约百艘,歼灭了日本水师的主力。日本陆军在占领平壤后,也被迫停止前进。

中国与朝鲜唇齿相依,两国人民是休戚与共的兄弟。日本发动侵朝战争后,朝鲜政府即遣使赴明朝求援,明朝政府深知丰臣秀吉侵朝之目的,"实所以图中国",决定派兵援朝抗日。

1592 年 12 月,明将李如松率大军 43000 人,渡过鸭绿江,与朝鲜军民并肩战斗。1593 年 1 月,朝中联军经过激烈战斗,收复平壤,又乘胜收复了开城。李舜臣配合陆上朝中联军的猛烈进攻,率领朝鲜水师袭击日寇在朝鲜的海军基地釜山,取得了重大成果。义兵也到处开展游击战,不断消耗敌人的有生力量。日寇惊恐万状,不得不撤出汉城。这样,朝鲜国土大部分光复,日寇退守南部沿海一带。

丰臣秀吉在走投无路之中,一面训令小西行长在庆尚、全罗两道沿海地带修筑工事,做长期顽抗的准备;一面遣使与朝中方面进行议和活动。于是从 1593 年 4 月起,在朝鲜出现了将近 4 年的所谓和平交涉时期。明朝政府为了争取谈判能顺利进行,将大部援军撤回国内。

丰臣秀吉在和谈中提出了一系列无理要求,遭到朝鲜方面的拒绝。同时,他以和谈为幌子,扩军备战,蓄谋扩大侵略战争。

李舜臣对敌人的和平烟幕有所警惕,当他被朝鲜政府任命为全罗、庆尚、忠清三道水军统制使后,积极整顿水师,培养军事指挥人员,赶造大批枪炮兵船,并在沿海地区实行军事屯田。这些措施进一步提高了朝鲜水师的战斗力。

丰臣秀吉一心要除掉李舜臣,瓦解朝鲜水师,为此不惜施展阴谋诡计。1597 年初,日寇派遣一名奸细,潜入朝鲜政府内部,散布谣言说:侵朝日将加藤清正乘船在釜山附近一小岛遇险,在岛上滞留 7 天,而李舜臣不派人前去捉拿。朝鲜国王信以为真,竟以所谓"欺骗国王,放走敌将"的罪名,于 1597 年 2 月将李舜臣逮捕起来,命令元均接任统制使。元均是一个贪图禄位,昏庸无能,整日寻欢作乐的无耻之徒。李舜臣苦心整饬的朝鲜水师,在他手上弄得军纪涣散,战斗力急剧下降。

丰臣秀吉趁机于同年 2 月底,借口谈判破裂,令小西行长、加藤清正率领 14 万日军,另派兵船散百艘和水兵几万名协同行动,再次大举侵略朝鲜。

日寇为了消灭朝鲜水师,再施阴谋诡计,派遣上面提到的那个奸细打入朝鲜军队的内部,假惺惺地献策说:目前,日本大军已开至对马岛,即将在釜山登陆,朝鲜水师善于海战,如果日军驶抵釜山附近海面时,给予迎头痛击,必获全胜。朝鲜海陆军总指挥听信了奸言,命令元均率领 500 艘兵船出海迎敌。结果元均遭到日本水师伏击,几乎全军覆没。

接着,日本侵略者按原定计划,水陆并进,攻占了朝鲜的著名谷仓全罗道。朝鲜又一次面临着严重的民族危机。

明朝政府应朝鲜政府的要求,再次派遣 4 万大军,渡过鸭绿江,与朝鲜军队会合,组成朝中联军,向南挺进。1597 年 9 月,联军抵达汉城与北犯的日军遭遇。朝中联军在朝鲜人民的积极支持下,连战连捷,迫使日军不得不向南退却。

同时,朝鲜政府在人民的强烈要求下,于 1597 年 8 月重新任命李舜臣为统制使。李舜臣复职后,大力复整朝鲜水师,建造兵船,使朝鲜水师的战斗力逐步得到恢复。

1598 年 7 月,由陈璘、邓子龙率领的中国水师入朝与李舜臣率领的朝鲜水师合会。从此,朝中水师并肩作战,屡败日寇水师。

日本侵略军在朝中联军的沉重打击下,陷于进退维谷的境地。8 月,丰臣秀吉在忧伤中死去。侵朝日军将领小西行长,为了逃脱覆亡的命运,再次提出和谈要求,遭到朝中方面的严正拒绝。

9 月,朝中陆军分成左中右三路进攻日军的三大据点——蔚山、泗川和顺天,迅速将小西行长、加藤清正分别围困在顺天和蔚山。小西行长无计可施,只得派人突围至泗川请求援兵。11 月 17 日,盘踞在泗川的日将岛建议弘率领 500 多艘兵船和大批士兵去解顺天之围,途中遭到突袭,于是出现了本文开头的一幕。

在这一战中李舜臣中弹身亡,为祖国流尽了最后一滴血。在这次战斗中中国水师将领邓子龙也英勇牺牲。但这次战斗取得了辉煌的胜利,日军彻底滚出了朝鲜。

缅甸的佛教与仰光大金塔

西方向来以基督教为宗教正宗。封建统治者为了更好地统治人民,因而广修教堂,其中有许多绝世之作。

东方则向来以神秘的印度佛教为正宗。因此,东方的封建国王们大兴佛寺。其中也有不少旷世之品,如印度尼西亚的波罗浮屠、柬埔寨的吴哥寺等。

在这些世界闻名的佛教建筑杰作中,还有一个也不得不提,它在佛教建筑中金光闪耀,璀璨夺目,犹如黄土中的珍珠、钻石一般,特别引人注目,那就是"仰光大金塔"。

仰光大金塔位于东南亚佛教圣地——缅甸。缅甸大约在公元5世纪开始盛行佛教。历代统治者都十分推崇佛教,大约到11世纪中叶,在蒲甘王朝的统治者阿努律陀国王统治时期,缅甸从斯里兰卡正式引进上座部佛教——小乘佛教,并且用缅文拼写了巴利文的三藏典籍。从此,整个刚刚统一的缅甸开始成为信奉单一的上座部佛教国家。蒲甘王朝大兴佛事,史有"建寺王朝"的称号,据说,在方圆权26平方公里的蒲甘城,竟造有佛塔440多万座,号称"四百万宝塔城"。

后代封建国王也十分重视佛教。如缅甸最后一个王朝曼德勒王朝,对于佛教推崇更甚。曼德勒城,梵语即"多宝之城",其中有一个世界著名的佛教圣地——曼德勒山。传说,2400年前,释迦牟尼曾派弟子阿南陀来到这里宣讲佛法。现在,山上寺院的佛龛里还供奉着释迦牟尼的遗物,从山麓到山顶有一条长廊,一层层蜿蜒而上,共有3380多级。山上有8座大寺院,里面有许多佛像,大部分用金箔包身。其中有一尊释迦牟尼的木雕立像,高达9米,手中持念珠,姿态美妙,栩栩如生。

缅甸真可谓崇佛之极。但是,在如此众多的佛教建筑中,只有仰光大金塔最为杰出。

仰光大金塔坐落在仰光市区北部茵雅湖畔一座林木葱翠的登哥德拉圣山之上,像一只覆盖在地上的巨钟。缅甸人称仰光大金塔为"瑞大光塔"。在缅甸文字中"瑞"是"金"的意思,"大光"是仰光的古称。

据说,仰光大金塔建于公元前585年。相传,那时印度发生大饥荒,缅甸人科迦达普陀两兄弟,载了一般稻米去救济。在一棵菩提树下巧遇佛祖释迦牟尼,兄弟俩向佛祖敬献蜜糕,佛祖回赐二人8根佛发,回国后,兄弟俩将佛发呈献给缅王奥加拉巴。为珍藏圣发,缅王于是下令营造大金塔,地址选在登哥德拉圣山之上,以把佛发藏于塔内。到11世纪蒲甘王时,这里成为缅甸的佛教圣地。

据记载,大金塔最初建成的时候,塔身只有8.3米高。后来,仰光大金塔经过历代的多次修建,规模不断扩大。德彬瑞蒂王用相当于自己与王后体重4倍的金子,为金塔做过一次整修。1774年,大金塔经过了一次最大规模的修整。阿瑙帕雅王的儿子辛漂信,亲自来到仰光,把塔身加高到现在的100米。并且在塔顶安装了新的金伞。

今天，呈现在我们面前的仰光大金塔，虽然历经无数的风雨，但依然规模宏伟，气度不凡。

大金塔周围有东、西、南、北四个大门。各门口左右两旁分别矗立着一尊巨大的石狮，它们昂首远望，守卫着这个佛教圣地。进了大门，各有一长廊阶梯从地面直通大理石平台。平台的最外围环以 64 座小佛塔，中间是 4 座庞大的中佛塔。这些佛塔以石料与木料造成。在小佛塔的壁龛中，各藏有形态不一的玉佛。塔下四角均雕有缅甸式的狮身人面像。在 4 座中佛塔的正中，也就是整个大理石平台的中央，就是金碧辉煌的主塔——仰光大金塔。

大金塔基座周长 427 米，塔身用砖砌成，上面贴满金箔，费黄金约 7 吨多。塔顶用黄金铸成，上面加有精致的宝伞。宝伞由金属制成，重约 1.25 吨，宝伞上挂有 1065 个金铃与 420 个银铃，伞下是一个直径约 27 厘米的金球。金球上镶嵌有近 7000 颗的红宝石、蓝宝石、金刚石以及其他的各种宝石，璀璨夺目。微风吹来，悦耳的铃声在空中荡漾，别具情致。大金塔内有一尊玉石雕刻的坐卧佛像，护以精致的栏杆。每逢佛教节日，前来参拜的人络绎不绝。

在塔的西北角与东北角各有一口古钟，前者建于 1778 年，重 25 吨；后者为缅王孟坑在位时捐铸，重 40 吨。这两口巨钟是幸福吉祥的象征，也是佛教文化的标志。据说，信徒连击三遍大钟，即可实现自己的夙愿，心想事成。因此，每天有不少善男信女，前来钟前敬拜，以期好运降身。

仰光大金塔

仰光大金塔不仅是缅甸民族文化的代表，而且是缅甸人民独立的象征。19 世纪以来，殖民主义者的皮靴曾经几度践踏过它。缅甸士兵曾经用生命保卫过它。它所遭受的凌辱，正是整个缅甸民族灾难的见证，同时也是鼓舞缅甸人民斗志的象征。

古代东方奇迹——婆罗浮屠

婆罗浮屠，意即佛塔，是世界著名的佛教千年古迹。她位于印度尼西亚爪哇岛首府日惹。

据历史记载，公元 824 年，是夏连特拉王朝统治时期。当时，印度佛教已经传入，夏连特拉家族笃信佛教，为求善果，全国广修庙堂、佛塔。婆罗浮屠是当时最大的佛教建筑，工程浩大，统治者驱赶了几十万奴隶与农民，共开采了 55000 立方米石料，花了 13 年才建成。

建成之后，这里一直是佛教圣地中心，无数僧侣、香客接踵而来。据传佛塔里面藏有佛祖释迦牟尼的舍利骨。一时间，香烟袅袅，宛如仙界。1006 年，麦地拉火山大喷发，居民纷纷逃离，从此佛塔日渐荒废，逐渐被埋在风沙之中。14 世纪中，伊斯兰教侵入爪哇，佛塔逐渐被人们遗忘。19 世纪初，爪哇被英国占领，英国总督在游乐时发现了这座宏伟瑰丽的古代建筑，并组织人开始挖掘、修复。1973 年 8 月，在联合国文教基金会的援助下，当地政府开始大规模地修复婆罗浮屠，经过 10 年的艰苦劳动，直到 1983 年 2 月 23 日，完美如初的婆罗浮屠才重新展现在世界人民面前。

婆罗浮屠位于日惹市北 41 公里处的一座小山丘上。她采用印度佛教的建筑艺术，是一个阶梯状，外方内圆，四面对称的实心佛塔，共有 10 层，从底到顶层窣堵坡共 31.5 米高，佛塔的设计、雕刻忠实体现了佛教教义。最底两层是基座，呈正方形，边长约 111.5 米，占地约 1.22 万平方米。中间五层方阶，逐层收缩，象征"地界"，每层方阶外侧有障壁，形成四面环绕的重重廊道，廊道内视野封闭，每隔几步就有一石壁佛龛，中间有一坐禅佛像，五层共有佛像 432 个，神情各异，千姿百态。廊壁上满是浮雕，描绘着佛本生的故事，取材于大乘经典，形象生动，描绘了人生由尘世到极乐世界的过程。廊壁内浮雕有 2000 多幅。所以，婆罗浮图又称为"千佛塔""千佛坛"。再向上到第八层豁然开朗，三层圆阶逐步缩小，布置着三圈共 72 个石刻镂空的窣堵坡。每座窣堵坡中有一尊佛趺坐像，外视不见全貌。这三层圆阶象征"天界"，72 座窣堵坡意味着佛教悟道，其玄妙教义不再诉诸形体。在这 72 座环形的窣堵坡中央，是一座直径为 9.9 米的大窣堵坡，大窣堵坡为实心体，其中奥秘不可窥探。寓意着不可捉摸、非物质形态的最高境界。婆罗浮屠气势宏伟，四面中间各有一条笔直的石道直达塔顶。每一层正中都有拱门，上面刻有怪兽的形象，用以守卫圣地，阻退恶人近佛本身。婆罗浮屠整个建筑构造严谨，犹如一巨大的曼陀罗（佛教圆行或方形的修法坛场），体现了佛的神圣与庄严，显示着爪哇人民的聪明与才智。

婆罗浮屠是世界上最大的佛教建筑之一，她同中国的长城、埃及的金字塔、柬埔寨的吴哥寺一起被誉为古代东方四大奇迹，是智慧的古代印度尼西亚人献给世界的圣礼。

古代东方奇迹——吴哥古寺

　　传说，在柬埔寨金边湖畔无际的原始森林中有一座美丽而神秘的古城。那里藏着无数的珍宝，所有的建筑都是由黄金构成，到处镶着价值连城的宝石，而且普通的金币银币到处都是，铺满了路面。河里流淌的是香甜的牛奶，房间里摆满了稀有的美味……那是一个极乐世界。生活在那里的人无忧无虑，永远年轻。但是，只有幸运的人才能找到它。而且还要经过九九八十一层刻苦的修炼才能到达极乐城内部，过上神仙般的生活。

　　1861年1月，法国科学家亨利·莫阿为了寻找热带植物标本，来到了金边湖畔。他稍做休息，开始向森林深处行进。当他正用锋利的刀劈断藤葛时，他的视线被一大块平整的巨石吸引，虽然上面生满了苔藓，但仍隐约露出优美的线条构成的图案。这里怎么会出现人工建造的石块？他疑惑地抬头四面眺望，透过层层的树影，就在前面不远，他看见一片辉煌的建筑群。他惊异地跑过去，激动得好像哥伦布发现了新大陆。登上高处，在苍茫的林海中，隐现着无数的宫殿、宝塔与寺庙。亨利·莫阿是一位幸运者，他证实了那个美丽的传说，但也毁坏了那个传说。那是一片无与伦比的建筑，但是没有一个人，他没有碰到一个人。只有美丽的鸟与远古的风相伴。

　　这片古建筑群就是世界闻名的柬埔寨吴哥石窟，又称为吴哥寺、小吴哥。它与中国的万里长城、埃及的金字塔、印度尼西亚的婆罗浮屠并称古代东方四大奇迹。

　　吴哥寺是柬埔寨故都吴哥建筑群中最为壮观的一景。故都吴哥位于暹粒省金边湖北面，系9世纪初吴哥王朝所建，这里集中了历代国王兴建的许多宫殿庙宇。吴哥寺建于1112年至1152年，正是高棉国王苏利耶跋摩二世统治盛期，当时经济繁荣，文化兴盛，造就了这一东南亚最宏伟壮丽的建筑群。

　　吴哥寺兼容佛教和婆罗门教教义，同时又是苏利耶跋摩二世的陵墓。整个建筑占地长1550米，宽1400米，外有壕沟，内设数重回廊。入口门楼设于西面，隆重华丽，作为陵寝，附会佛教西方冥界。主体建筑是筑于三层台基上的一组尖塔，中央一座，其余分布于四角，神殿设于塔内，称金刚宝座塔。吴哥寺原有尖塔9座，尖塔簇立，象征佛教传说的宇宙中心须弥山，但现在只剩5座。顶层台基上的中央尖塔体积最大，塔尖离地65米，塔身收缩成曲线，浑厚端庄，台基四角各置一造型相同，体积较小的尖塔，成拱卫之势。塔身表面布满莲花蓓蕾式的雕饰，底层回廊长215米，宽187米，高2米，石砌廊壁上全是浮雕，曾敷彩镀金，总共800余米。浮雕题材部分取自印度两大史诗《罗摩衍那》和《摩诃婆罗多》，部分歌颂国王领导将士抵御外敌的光荣业绩,人物众多,神态各异,栩栩如生。浮雕场面宏大,表现了空间纵深层次,体现了印度佛教艺术风格的影响,同时大量的螺旋状图案雕饰具有典型的地方风格,显示了民族民间艺术的特色。吴哥寺全部建筑用石块砌筑,有的石块竟重达8吨,建筑时没有使用灰浆之类的粘合剂,显示出柬埔寨人民的勤劳与高超的建筑艺术,以及繁荣的文化艺术底蕴。

然而,这一世界文化的珍宝在公元1433年之后,却奇迹一样地消失了,只留下那美丽的传说,一直到1861年才被幸运的亨利·莫阿发现,从而为世界人民寻回了这座无价的珍宝,让世界人民更为东方古代文明的辉煌而赞叹。现在,吴哥寺已成为世界著名的游览圣地。

古代中西海上交通

中国古代很早就同西方进行海上交通,沟通了人民之间的友谊。西汉时期,由于中外友好往来的需要,开辟了通过南海至东南亚及印度的海上航路。

汉武帝在位时(公元前140~前87年),中国人乘着装载黄金和丝绸的海船,从广东的徐闻、合浦出发,穿过南海,经印尼、缅甸,远航至印度东海岸,在那里“市明珠、璧琉璃、奇石、异物”。差不多同时,印度人也绕过马六甲海峡,运货到中国来进行贸易。

在西汉时期,技术尚不发达,怎样才能远涉重洋到达印度呢?没有坚固的能经受大海波涛的船只是不行的。中国是具有悠久造船历史的国家,远古时代的人们受树叶浮于水上,独木顺流而下的启发,便制造了舟楫;春秋战国时期中国的东南沿海出现了造船工场;秦汉时期,统治阶级重视“耕战”,造船业得到迅速发展;汉武帝时期,已能建造容纳1000人的战船,这类大型船舶,具有坚固的船体结构和良好的航海性能,为持续远航提供了条件。

古代的航海中,船舶航行的动力主要靠风力,勤劳智慧的人民在长期实践活动中发现了太平洋信风的规律。夏季海上气压高,亚洲大陆气压低,风从海洋吹向大陆,形成西南季风。到了冬天,亚洲大陆气压高,海洋气压低,风从亚洲大陆吹向海洋,形成东北季风。冬天,从中国沿海出发的海船,利用东北季风通过南海,到印尼,再穿过马六甲海峡,直达印度和斯里兰卡。然后再候得西南季风,从原路返回。但如果对季风规律掌握不好,便会出现一些事故或者中途耽搁。公元411年9月,到印度去取经的一位法显和尚,从斯里兰卡搭商船回国。由于这时已是西南季风之末,东北季风将起,出发后发现风向不定,费了三个多月才航行到爪哇,并不得不在爪哇滞留到次年5月,待西南季风再起,才改乘另一艘商船回国。

中国和印度航线的开辟,使中国和东南亚沿海各国建立了直接的贸易往来,同时又通过阿拉伯人,间接沟通了伊朗和埃及。

阿拉伯人聚积在阿拉伯半岛,由于东濒波斯湾、南临印度洋、西界红海的特殊位置,使其成为东西方交通的枢纽。早在公元前几世纪,阿拉伯人民就发现了印度洋季风的秘密,他们航行于红海、波斯湾和印度、斯里兰卡之间,将东方各国的货物,包括中国的丝绸和印尼马鲁古群岛的香料,运到红海的苏伊士,然后由骆驼运至埃及的亚历山大港,再转输欧洲。他们又将西方的货物以及非洲的象牙和香料,贩运到印度,再转输中国和其他亚洲国家。

公元45年,一个名叫希帕努斯的罗马水手,探知了印度洋信风的奥秘。从此以后,罗马商人便接连出现于印度洋上。他们沿着阿拉伯人开辟的航路,从埃及出发,航行于印度洋上。除阿拉伯人之外,印度人也在中国与罗马帝国之间进行中介贸易。

汉代时,中国称罗马帝国为大秦或黎。公元前2世纪下半叶,张骞通西域之后,通过著名的丝绸之路,中国与罗马帝国有了间接的往来。公元166年,一个自称是罗马帝国使者的叙利亚商人,经海路到达印度支那,然后从那里来到中国,向汉朝赠送了"象牙、犀角、玳瑁"等物,第一次实现了罗马同中国的直接交往。三国和东晋时期,罗马帝国陆续遣使中国。公元226年,罗马商人秦论取海路来与吴贸易,孙权待他如上宾。自秦论访问中国以后,吴国派往扶南等国的外交官员康泰,在所著《吴时外国传》和《扶南传》中注意了有关大秦和通往大秦海路的情况。

关于中国船舶直达波斯湾的时间,据阿拉伯历史学家说,公元5世纪常常看到中国船舶来往于幼发拉底河上。不过,直到公元7世纪以后,中国和阿拉伯的海上交通才频繁起来。中国出产的丝绸、瓷器和纸张,很受阿拉伯人的欢迎。

唐宋时期,中西海上交通盛极一时,广州、杭州和泉州都是当时国际贸易的重要港口。阿拉伯大旅行家伊东·白图泰曾经访问中国,盛赞泉州为"世界最大港之一,或称为世界唯一之最大港亦无不可也"。

中国的造船和航海技术,在唐宋时期不断改进。远航海船一般采用尖底造型,船身扁阔,平面近似椭圆形,多帆樯,设计精良,配备齐全,船身巨大,"不忧巨浪",深受各国赞赏。中国不仅造船技术居于世界的前列,还是首创用指南针导航的国家。指南针又叫罗盘针,利用磁针在地磁场中能定向的原理制成。早在战国时期,中国劳动人民已经发现了磁极的指极性,用"司南"辨认方向。"司南"便是指南针的雏形。后来经过改进,将磁石磨成针,放在手指上或碗边上来确定南北,北宋的政治家和科学家沈括(1030~1093年)觉得上述方法仍不妥,磁针在摇摆不定的船上容易滑落,于是他建议用蜡将单线缀在针腰,这就是最早的罗盘。因此,到了宋代,中国海船便使用罗盘测定方向了。后来指南针由中国传入阿拉伯,再由阿拉伯人传到欧洲。罗盘用于航海，有力地促进了航海事业的发展。

中国同东非直接的海上交通，开始于唐代。在这之前，两者之间的贸易往来，都是通过印度人和阿拉伯人转手。公元977年，阿拉伯使节访问北宋朝廷，有一随员"目深体黑"，这可能是访问中国的第一位非洲黑人。1071年和1083年，桑给巴尔（层檀国）的使节，经阿曼、南印度和苏门答腊，两度访问中国。这是东非国家同中国建立直接友好往来的开端。在宋代，中国海船在印度洋上的航程也继续延伸到了亚丁湾和东非。

1405年至1433年，明朝郑和七次下西洋，遍访亚非三十几国，是古代中西海上交通史上的壮举。郑和的船队常拥有60多艘大船，连同中小船只，共有100多艘。船队在一望无际的海洋上航行，浩浩荡荡，绵延数里，蔚为壮观。其航行路线是：从东南沿海出发，经印度支那、印尼，穿越马六甲海峡，到达斯里兰卡和印度。然后或横渡印度洋，直抵东非海岸；或进入阿拉伯海，经波斯湾及亚丁湾，抵达东非。

中西海上交通的开辟，在中国与亚非各国之间架起了一座友谊的桥梁。通过这座友谊的桥梁，中国和亚洲、非洲各国的无数友好使者，不畏惊涛骇浪，彼此进行访问，增进了相互之间的了解。通过这座友谊的桥梁，中国和亚非各国互通有无，对各国的社会经济发展产生了良好的影响。通过这座友谊桥梁，中国和亚洲非洲各国彼此进行文化交流，取长补短，互相学习。

15世纪末、16世纪初，西方殖民主义者跟踵东来，到处烧杀掳掠，横冲直撞，在海上掀起一阵阵恶浪，从而阻碍了中国与亚非各国友好往来。但是，共同的遭遇却加强了中国人民和亚非人民的相互同情和支援。今天，在反帝、反霸、反殖的伟大斗争中，中国人民和亚非各国人民往来又有了新的发展。

第十章　中华文明
——华夏文明的起源

　　黄河奔腾"中华"一词,源远流长,寓意颇深。追溯起来,它是公元300年魏晋时期钟信"天人合一"观念的哲人从"中国"和"华夏"两个名称中各取一字复合而成的。"中"侧重自然(天),寓意天下之中;"华"侧重民族(人),寓意为华夏族群(汉族的前身)。因此,"中华"是一个自然与人和谐统一的伟大实体,寓意生活在这片土地上的人们的美好心愿。

　　中华文明,亦称华夏文明。是世界上最古老的文明之一,也是世界上唯一没有中断的文明。一般认为,中华文明的直接源头有三个,即黄河文明、长江文明和北方草原文明,都是中华文明的重要组成部分,是三种区域文明交流、融合、升华的灿烂果实。

　　产生中华文明的重要因素非黄河和长江莫属了。在黄河流域产生的农业文明,受到历史时期自然地理因素的影响,不断向长江流域农业文明过渡、发展。长江流域农业文明是黄河流域农业文明的继承和发展。黄河流域早期农业一般主要是种植粟,长江流域农业主要是种植水稻。黄河流域农业文明区域和北方草原游牧文明区域有一过渡地带,这一地带也是历史时期游牧民族和农业民族(主要是汉族)相互争夺的主要区域,在这一区域农业文明和游牧文明也不断获得直接的交流、融合。

盘古开天地

　　很久很久以前,天和地还没有分开,宇宙就好像一个大鸡蛋一样,黑暗混沌成一团。就在这个大鸡蛋中,盘古在悄悄地孕育着。

　　盘古在大鸡蛋中孕育着、生长着,如同睡着了一样,发出呼呼的鼾声。一年、十年、百年……转眼之间,18000年过去了。有一天,盘古忽然醒来睁开了眼睛,但他觉得奇怪,怎么四周黑暗一片,什么也看不见?黑暗使他闷得发慌,接着又是万分地烦恼,他实在忍不住了,向旁边一抓,竟抓到了一个大斧子。于是,他拼尽全身的力气,狠狠地向前劈去,随着山崩地裂般的一声巨响,那个曾紧紧地包着他、孕育了他的混沌的大鸡蛋被他劈裂了。

这个大鸡蛋中那些轻而清的东西缓缓地向上升去,慢慢地变成了天。另外那些重而浊的东西渐渐地沉下来,一点点地变成了地。于是,当初混沌不分的天地,就这样被盘古用大斧子给开辟出来了。

天和地被分开以后,盘古怕它们会再合拢起来,就用头顶着天、脚踩着地,伸直了腰站在天地之间,随着天地的变化而变化着。每天,天升高一丈,地加厚一丈,而盘古的身子也随之增长。就这样,18000 年又过去了。天升得极高了,地也变得极厚了,盘古的身体也长得极为高大。

盘古

那么,盘古到底长了多高呢?据说有 90000 里那么长。盘古成了巍峨的巨人,他就像一根长长的大柱子撑在天和地的中间,不让它们再重新合拢在一起,回到那混沌黑暗中去。

又不知多少年过去了,盘古就是那样在孤独寂寞中做着这支撑天地的辛苦工作。到后来,天和地已经被固定住了,但盘古也到了筋疲力尽的时候。终于有一天,他"轰"的一声,倒在地上死去了。

盘古临死的时候,浑身发生了极大的变化:他口中呼出的一团团气变成了天上吹着的风和飘着的云,他发出的最后声音变成了滚过天空的隆隆雷声,他的左眼睛变成了光芒万丈的太阳,右眼睛变成了皎洁明亮的月亮,他的手足和身躯变成了大地的四极与五方的名山,他的血液变成了江河,他的筋脉变成了大道,他的肌肉变成了田地,他的头发和胡须变成了天上的星星,他的皮肤和汗毛变成了花草树木,他的牙齿、骨头、骨髓则变成了蕴藏在大地下的闪光的金属、坚硬的石头、美丽的珍珠和温润的玉石,就连他身上的汗水也变成了无尽的雨露和甘霖。

总之，尽管盘古开天辟地后死去了，他也没有忘记把自己的全部留给他开创出的天和地。所以，后人称赞盘古是"垂死化身"，他用了自己整个的身体来使这新诞生的世界变得更加璀璨、美丽。

女娲造人

传说自从盘古开天辟地以来，大地渺无人烟、毫无生气。这景象使得另一位天神女娲感到非常孤独，总觉得天地间似乎缺少了什么。她想要创造出比任何有生命之物都要卓越的生灵。这样，世上就会有能主宰和管理万物的生命，也就不会仅仅是野草漫山、野兽成群、飞禽成帮，世界也就不会寂寞和荒凉了。

有一天，女娲找到一处清澈的水塘，就蹲下身来，拿起黄泥，按照自己的模样做了一个泥娃娃。当她把这个泥娃娃放到地面上时，泥娃娃居然蹦蹦跳跳地活了起来。女娲心里很欢喜，于是继续用黄泥捏了许许多多的人，还给他们戴上了头饰。女娲一心想让这些充满灵性的人布满大地，一直工作到晚霞布满天空，星星和月亮射出幽光。夜深了，疲惫的女娲只把头枕在山崖上略睡了一会儿，到了第二天天一亮，她就赶紧起来继续工作。

女娲（选自《红楼梦》）

后来，女娲觉得这样实在太累了，而且造人的速度也太慢，于是从崖壁上拉下一条枯藤，伸入一个泥潭里，搅上浑黄的泥浆，再把藤条一甩，泥点溅落的地方就出现了很多跳着叫着的人，和以前用泥土捏的人一模一样。不久，大地上就布满了人类的踪迹。这些赤裸的人围着女娲欢呼跳跃，虔诚地感谢她，然后就分散到各地开始生活。

大地上虽然有了人类，女娲的工作却并没有终止。她又考虑，人是要死亡的，死亡了一批再创造一批吗？这未免太麻烦了。怎样才能使他们继续生存下去呢？后来，女娲终于想出了一个办法。她在其中一些人身上注入了阳气，他们就成了男人；而在另外一些人身上，她又注入了阴气，她们便成了女人。女娲让男人和女人结婚配对，叫他们自己去创造后代。这样，人类就生儿育女，世世代代繁衍、绵延下来。女娲创造了人类，被大家尊为人类的始祖。

天下为家之始——夏朝

夏朝，大约公元前 2070 年建立，直到公元前 1603 年灭亡，共有十四世、十七王，经历了四百多年。夏朝是由居住在黄河下游的夏部族，与周边地区其他部族联盟共同建立的，它的第一位统治者是禹，夏朝是我国的第一个朝代，它的建立标志着"天下为公"的原始氏族社会的瓦解和奴隶社会私有制的初步形成。

夏朝的最后一个统治者桀残暴无道，于公元前 1600 年被汤所灭，夏朝灭亡，汤建立商朝。商朝是奴隶制社会的第二个王朝，也是奴隶制发展的重要时期。商朝已经掌握了雄厚的武装力量和精良的统治武器，文字的发展水平也很高，这一切都说明了商朝已经充分具有奴隶王朝的规模。然而，商后期政治腐败，社会矛盾尖锐，到了商纣王时达到了顶峰，约公元前 1046 年，周武王伐纣，商纣兵败牧野，商朝灭亡。

中国第一部诗歌总集——《诗经》

《诗经》，在有史记载的文学作品中，它产生的时间最早。

《诗经》，又称《诗》，它一共有 305 首，是我国第一部诗歌总集。由"风""雅""颂"三部分组成。风诗主要是地方民歌，一共有 160 篇，集中了《诗经》中大多数优秀的篇章。雅诗主要是宫廷的歌曲，有大雅和小雅之分，一共有 105 篇。而颂诗，是庙堂祭祀的歌曲，由商颂、鲁颂和周颂三部分组成，它们主要是一种伴舞的祭歌。

古代有一种官是专门负责采集诗歌的，他们分布在全国各地，搜集民间诗乐，将其整理起来，最后交给最高统治者。

这些诗歌流传到春秋时期，由孔子亲自整理，编成一本，这就是今天流传的《诗经》。

在上古时代，诗、乐、舞三者不分，诗歌一般是合乐的歌词。《诗经》都是可以合乐的，可以供人们演唱。

《诗经》中有大量的诗歌反映了民间的疾苦。如《硕鼠》中写道:"硕鼠硕鼠,无食我黍! 三岁贯女,莫我肯顾。"有不少描写战争的诗歌,如《采薇》中写道:"昔我往矣,杨柳依依;今我来思,雨雪霏霏。"表现了战争的漫长以及离人的思念。也有不少描写爱情的诗,如《关雎》:"关关雎鸠,在河之洲,窈窕淑女,君子好逑。"

《诗经》的产生促进了中国文学的发展。

孔子开一代儒学

诸侯争霸加速了社会变革与进程,中国历史从春秋时期进入战国时期,这时候,中国出现了一位伟人——孔子。

孔子名丘,字仲尼。他生于公元前 551 年,卒于公元前 479 年,是春秋末年的思想家、政治家和教育家,同时也是儒家学派的创始人。

孔子出生在鲁国的昌平乡陬邑。祖先是宋国人,名叫孔防叔。防叔生了伯夏,伯夏生了叔梁纥。叔梁纥与姓颜的女子在尼丘山向神灵祈祷后才得孔子的。鲁襄公二十二年,孔子出生。生下来的时候头顶中间下凹,所以起名叫丘。字仲尼,姓孔。

孔丘刚出生不久,叔梁纥就去世了,葬在鲁国东部的防山。孔子小时候做游戏,常常摆设俎豆等祭器,模仿祭祀时的礼仪动作。

孔子家境贫寒而且地位低贱。等到成年后,做过季氏的门下小吏,负责管理仓库,出纳钱粮计算得清楚准确;又当过管理牧场的小吏,牲畜繁殖得很好,于是被提升为管理营建的司空。不久离开鲁国,在齐国受到排斥,在宋国、卫国遭到驱逐,在陈国、蔡国之间遭受厄困,于是又返回鲁国。孔子身高九尺六寸,人们都叫他"长人",觉得他跟常人不同。因为鲁国再次善待他,所以返回鲁国。

鲁人南宫敬叔对鲁君说:"请让我和孔子一起到周去。"鲁君给了他一辆车,两匹马,一个僮仆,孔子和他一起出发到周去学礼,据说见到了老子。

孔子在周学礼成后,告别离去时,老子送他说:"我听说富贵的人送别时赠送财物。仁德的人送别时赠送言辞。我不够富贵,就盗用仁德之人的名号,用言辞为你送行,这些言辞是说:'聪明深察的人常常靠近死亡,这是因为他喜欢非议别人。博学善辩、见识广大的人常常危及自身,这是因为他喜欢揭发别人的罪恶。做子女的不应该只想到自己,应该一心想着父母,做臣子的不能够只顾及自己,而应该一心想着君主。'"

回到鲁国以后,孔子在政治上仍然没有发展,他只好重振私学。这时他收的学

孔子

生中有 7 岁的颜回,这是颇令孔子得意的一个学生。

公元前 496 年,当孔子 56 岁时,他又由大司寇行摄相事。孔子摄相后,杀掉乱政的大夫少正卯。鲁国政清民安,一派升平盛世。这时,齐国害怕鲁国得以大治,黎痈向齐王献计,决定给贪图享乐的鲁定公和季桓子这两位鲁国的实权人物送去美女和骏马,以乱鲁政。鲁定公以为齐国甘心俯首,便接受了这笔厚赠。从此,鲁定公与季桓子整天沉湎于女色,怠于政事,对孔子的进谏也不予理睬,同时对孔子的态度也渐渐冷淡。孔子见无力劝阻,便对鲁定公失去信心,也只好"道不行,乘桴浮于海",周游列国 14 年,寻求倡扬他的政治主张的机会。

孔子先后到过卫国、曹国、宋国、郑国、陈国、蔡国、楚国。这期间,孔子曾经在陈、蔡之间受困,绝粮 7 日,弟子饥馁皆病,但孔子依旧不改其初衷,坚持讲诵、弦歌不已,表现了他乐观豁达的人生态度。公元前 484 年,孔子风尘仆仆地回到了鲁国。鲁国以鲁哀公季康子为首的君臣虽多次向孔子问政,但最后还是没有起用孔子。此后的 5 年里,孔子专心从事文献整理和教育事业,删《诗》《书》,定《礼》《乐》,修《春秋》,授徒多达三千多人,而道德高尚精于六艺的就有七十二贤人。

孔子 71 岁那年春天,他最得意的弟子颜回去世,英年才 41 岁。这对孔子又是一次重大的打击,他知道来日无多,以《春秋》作为绝笔。公元前 479 年的一天拂晓,孔子起床后,来回地踱步,自言自语道:"泰山要崩塌了啊!顶梁柱要折断了啊!哲人要凋萎了啊!"从此他卧病不起,7 日之后孔子去世,享年 73 岁。

孔子死后,为后代留下了丰富的思想遗产。首先,孔子强调仁,这是充满人道主义的光辉思想。作为仁的表现形式，孔子还强调礼，并提出"礼治为本，法治为辅"的治国方针，提倡奴隶制社会中的精神文明建设。后代封建思想家将孔子的思想发展为礼义廉耻，称之为"国之四维"。汉朝董仲舒更将孔子思想提升到至高无上的地步，从此孔子思想成为封建社会的正统思想，而其积极的一面，则成为中华民族的优秀传统。此外，孔子作为一个教育家，兴办私学，提出"有教无类"的口号，打破春秋时期"学在官府"的局面。孔子还提出许多十分有益的教育思想，至今仍有现实指导意义。经孔子编著整理保存下来的诸如《春秋》《尚书》《诗经》等则对后人发挥着无与伦比的作用。他被公认为我国古代第一位大思想家、大教育家，今天在世界上也有着广泛的影响。

老子与《道德经》

老子（约公元前580~公元前500）姓李，名耳，字聃，楚国苦县历乡曲仁里人（今河南省鹿邑县）。他是春秋时期的思想家。据说，孔子曾经向他请教过周礼等方面的学问。老子著作《道德经》被道家奉为经典，老子即为道家学派的创始人。中国道教徒们把老子尊称为"老君""太上老君"。老子的思想对中国文化产生了极大的影响。

老子年少时曾追随常枞学习礼乐，深受常枞思想的影响。

老子主张贵柔、处弱。这种思想来源于对自然和社会现象的观察和总结，是一种极富智慧的表现。青年时代的老子曾经做过周朝的藏书管书吏一职。由于管理的是国家的图书、档案，所以老子很早就全面系统地阅读了大量书籍，成为一个博学的人。

老子晚年，周王室发生内乱，景王崩，王子朝叛变，从守藏室中带走了大批周朝的典籍逃奔到楚国。他的出走，使老子蒙受失职之责，因此丢掉了王室图书管理员之职，开始过隐居生活。隐居期间，由于闲暇无事，便与好友尹喜小酌几杯，尹喜是老子的老朋友，后世也有人把尹喜与老子并称为道家学派的创始人。两人在一起时，老子经常谈到他对时势及道的见解，尹喜深受启发，并向老子提议将他的学说整理成文字。老子觉得很有道理，于是将自己的身心全部投入到创作之中，由于厚积薄发，很快写出了共五千余言的著作《道德经》，亦称《老子》。这部著作言简意赅，涉及对宇宙自然及社会人生的探讨。

老子思想的核心是"道"，它概括了老子思想的所有内容。老子通过对宇宙自然界的潜心观察，认识到天只是一种物质，并没有意志；天自有其内在运行规律，并不能主宰人世间吉凶祸福，所以神仙一说是不存在的。

老子骑牛图

　　老子的思想观点在春秋时期是极其难能可贵的,可谓具有石破天惊般的意义。因为,那时候绝大多数人是敬神灵的,认为天是有意志的,各种现象都是神在显灵。而老子的思想放射着辩证法的光辉。他认为任何事物都是对立统一的关系,即彼此不是孤立的,而是相互联系、相互依存的。《道德经》中说:"有无相生,难易相成,长短相形,高下相倾,音声相和,前后相随。"他认为世间一切万物都是互相对立而相辅相成,由互相对立而倾倚。由互相对立而产生和谐,并且对立面的双方会互相转化。如"祸兮福之所倚,福兮祸之所伏"。不过老子思想中忽略了转化的条件,也忽略了对立面的斗争在转化中的作用,而这些都是十分重要的,这不能不说是老子思想的美中不足之处。

　　老子思想也具有一定的片面性、局限性,他主张清静无为,复返自然,主张回到原始社会那种民风淳厚的环境中去,在那种"小国寡民的社会里,人民'甘其食,美其服,安其居,乐其俗'。邻国相望,鸡犬之声相闻,民至老死,不相往来"。这些观点是不切实际的。老子还针对当时的春秋社会提出一套治理方案:

　　绝圣弃智,民利百倍;绝仁弃义,民复孝慈;绝巧弃利,盗贼无有。此三言也以为文未足,故令之有所属;见素抱朴,少私寡欲,绝学无忧。

　　这段话是《道德经》第十九章的内容,其意是:弃绝聪明和智慧,人们就会得到百倍利益;弃绝仁和义,人们就会恢复孝慈;弃绝技巧和货利,盗贼就会根绝。他认为单单把圣智、仁义、巧利这三条作为治理天下、国家的法则还不够,还必须使人们在思想上有所归属,要让他们处于朴素混沌的状态,少动头脑,减少私欲,弃绝知识,这样才能消除祸患。这当然是行不通的,这种号召人们遁世、清静无为的思想观点,是消极的,是有碍于科学文化的发展的,只能造成人类社会的停滞,甚至倒退。

一代名医扁鹊

扁鹊是渤海郡郑人,姓秦,名越人。年少的时候做人家客馆的主管。客人长桑君经过客馆,扁鹊认为他与一般人不同,经常恭敬地招待他。

长桑君也知道扁鹊不是一般的人。长桑君来往客馆十多年以后,才叫过扁鹊私下坐在一起,悄悄对扁鹊说:"我有秘传的医方,自己年纪大了,想把它留传给你,你不要泄露出去。"

扁鹊说:"好吧,我一定照您说的做。"

扁鹊得了长桑君的全部药方后,便开始悬壶行医,而且药到病除。

一天,扁鹊经过虢国。虢国的太子死了,扁鹊来到虢国宫廷的门前,问一位喜好医术的中庶子说:"太子得了什么病,城里举行的祭祀活动的程度怎么超过了其他事情?"

中庶子说:"太子的病是血气不能按时运行,阴阳交错而得不到排泄,突然暴发在体表,实际是由于体内的伤害所致。精神不能抑制邪气,邪气积蓄而得不到发泄,阳脉弛缓而阴脉急迫,因此才会突然昏倒致死。"

扁鹊问:"他什么时候死的?"中庶子说:"从鸡鸣到现在。"

扁鹊又问:"收殓了吗?"中庶子说:"还没有。太子死后还不到半天。"

扁鹊说:"请禀报说我是渤海郡的秦越人,家在郑,未曾仰望国君的神采,想到他面前侍奉。听说太子不幸去世,我能使他活过来。"

中庶子说:"先生没有哄骗人吧?你凭什么说能使太子活过来?我听说上古的时候,有个叫俞跗的医生,治疗疾病不用汤剂、药酒、馋针、砭石、导引、按摩、毒熨等办法,一掀开衣服诊视就知道疾病所在的部位,顺着五脏的腧穴,而后割开皮肤,剖开肌肉,疏通血脉经络,结扎筋腱,按治脑髓,触动膏肓,疏理横膈膜,清洗肠胃,冲涤五脏,修炼精气,改变神色。先生的医术如果能够像这样子,那么太子可以活过来;不能像这样而想让太子活过来,这种话简直都不能告诉刚会发声的小孩。"

过了好久,扁鹊仰望着天空慨叹说:"你的那些治病方法,好像是从管子里观看天空,从缝隙中窥视斑纹一样。我秦越人治病的办法,不用对病人切诊脉搏、观察脸色、辨听声音、审视神情,就能说出他病在什么地方。知道了他的病外表方面的

300

状态,就可以推测出他里面的症候;知道他里面的症候,就可以推测出他外表方面的表现。体内的病会充分反映在体表,根据这些,千里之内病人的情况都是这样。可以决断的方法太多了,不能停止在一个角度上看问题。你如果认为我的话还不够可靠,就试着去诊视太子,一定会听到他耳部有鸣响的声音,而且鼻翼在张动,沿着他两腿直到阴部,肯定还有温乎劲儿。"

中庶子听完扁鹊的话,眼睛瞪着不知道眨动,舌头翘着不知道放下,于是马上把扁鹊的话去报告给虢国的君主。虢国的君主听说后,十分惊讶,出来到宫廷的中门接见扁鹊,说:"我很早就听说了您的高尚品行,可是没有去您跟前拜见过。先生行医经过我们这样的小地方,希望能够救助我,偏远孤陋的我会感到十分的高兴。眼下有您在,我的儿子才能被救活,如果遇不到先生,我儿子便要被丢弃填埋在沟壑里,永远地死去而不能活过来。"虢国君主的话没说完,就哭泣起来,气色积郁,神志恍惚,涕泪横流,悲伤得不能控制自己,容貌都变了。

扁鹊说:"太子的病,是通常所说的'假死症'。是由于阳气陷入阴脉,使胃受到绕动,经脉受到损伤,脉络被阻塞,又分别下注到三焦、膀胱,因此阳脉下坠,阴脉上升,阴阳二气交会处闭塞不通,阴气上逆而阳气向内运行,阳气在下在内鼓动着无法升起,在上在外被阻绝着而不能被阴气所遣动,身体上部络脉的阳气已被断绝,下部筋纽的阴气已经遭破坏,阴气破坏,阳气断绝,气色衰败,脉象紊乱,所以身体安静就如同死人一样。太子实际上没有死。如果阳气进入阴脉阻隔了脏气,这样的情形是能够活下来的,如果阴气袭人阳脉阻隔了脏气的话,则会死掉。上面所说的情况,都会在五脏厥逆的时候突然发作而死去。水平高明的医生能够治好这样的病,水平低差的医生就会因为困惑而使病人出现危险。"

扁鹊让弟子子阳备好针石,用以刺击百会这个穴位。过了一会儿,太子醒了过来。于是,扁鹊叫弟子子豹准备了能入体五分的药熨,再加上八减方的药物混合煎煮,拿来交替熨贴在两肋的下边。太子能够坐起来。接着又调适阴阳气血,只服了汤药二十天,太子的身体便恢复得好像从前一样了。

自此,天下人都认为扁鹊能够使死去的人活过来。扁鹊说:"我不是能够使死去的人活过来,而是你有应该活过来的生机,我所能做到的,只是利用医术使他恢复过来罢了。"

扁鹊到了齐国,齐桓侯待他当作客人招待。扁鹊到朝廷拜见齐桓侯时,说:"大王有病,在皮肤和肌肉之间,如果不治疗的话,会加重的。"

齐桓侯说:"我没什么病。"扁鹊退出来,齐桓侯对身边的人说:"这是医生喜好功利的表现,想在没病的人身上显示本领,好作为自己的功劳。"

过了五天,扁鹊又去拜见齐桓侯,说:"您的病已经到了血脉中,不治疗的话,恐怕会加重的。"

齐桓侯说:"我没病。"扁鹊退出来,齐桓侯感到不高兴。

又过了五天,扁鹊再去拜见齐桓侯,说:"您有病已到肠胃间,不治疗的话,将会加重的。"齐桓侯不理睬他。扁鹊退出来,齐桓侯感到十分不高兴。

又过了五天,扁鹊再去拜见齐桓侯,远远看见齐桓侯就转身跑了。

齐桓侯派人问扁鹊为什么要跑掉。扁鹊说:"病在皮肤和肌肉之间,是汤药和熨药的效力所能达到的;病在血脉中,是针刺和砭法的效力所能达到的;病在肠胃间,是酒药的效力所能达到的;病在骨髓,即使是掌管生命的神仙也无可奈何了。如今,齐桓侯的病已经到了骨髓,所以我已经无法为他治疗了。"

过了五天,齐桓侯身体中的病发作了,派人去召请扁鹊,扁鹊已经逃离齐国。齐桓侯真的就死了。

圣贤之人,预先知道还没有暴露出来的疾病,能够让水平高明的医生及早治疗,那样病就可以治好,性命就可以保住。通常人们所担忧的事情是疾病多,而医生所担忧的则是治病的办法少。

所以,疾病有六种情形不易施治:为人傲慢放纵不讲道理,是第一种不易施治的;把身体看得轻淡,把钱财看得重要,是第二种不易施治的;衣着饮食不能适当调节,是第三种不易施治;阴阳错乱,五脏血气失去正常功能,是第四种不易施治的;形体过于瘦弱,不能服食药物,是第五种不易施治的情况;迷信巫术而不相信医术,是第六种不易施治的情况。有这其中的任何一种情形,就会非常难于医治了。

扁鹊的声名天下人都知道了。他来到邯郸,听说那里尊重妇女,就做了专治妇女病的医生。

经过洛阳,听说当地人很尊敬老人,就做了专治耳目鼻病的医生。

到了咸阳,听说秦国人喜欢小孩,就成了小儿科的医生。

能根据各地不同的习俗而改变自己治疗的重点。直到现在,天下谈论脉诊的方法,所遵从的都是由扁鹊那里传下来的。

秦始皇统一中国

秦始皇是中国历史上很有影响的人物。公元前221年,他统一了中国,结束了从春秋到战国五百多年的战争局面,建立起专制主义的中央集权封建国家,在历史上起到了不可低估的作用。

秦始皇名叫嬴政,因生于赵国,又取名赵政。公元前247年,13岁的他继承了秦国的王位。当时宰相吕不韦和宦官嫪毐把持朝政,专横跋扈。赵政22岁那年,按秦国惯例国王要行冠礼,开始亲自主持政务,但吕不韦却指使嫪毐发动叛乱。秦王赵政及时平定了这次政变,嫪毐被处死,吕不韦被罢官。不久,吕不韦便畏罪自杀。

秦王赵政在平定了嫪毐叛乱并处理了太后与吕不韦的事件之后,开始进行统一六国的宏图伟业。

秦始皇

经过了商鞅变法的秦国,国力已十分强盛。它西并吞巴蜀、汉中;南进入楚国郢都,置南郡;北已占据韩、赵旧地上郡以东,拥有河东、上党、太原三郡;东达荥阳、成皋,建立三川郡。秦国在经济上、军事上占有强大的优势,成了东方六国韩、赵、魏、燕、楚、齐的劲敌。为了抵御秦国的侵犯,东方六国多次联合起来,互相救援,共同抗秦。因此,秦军经常被六国联军打败,无法东进。

针对以上情况,年轻的秦王赵政亲政以后,便采取了相应的对策。

首先是广泛招纳人才。在战事纷争的年代,要取得胜利,人才是十分重要的。但秦王赵政对这一问题的认识,有一个曲折的过程。

事情是这样的:与秦国邻近的韩国,迫于秦军的威胁,昏庸无能的韩王听说秦国特别喜欢大兴土木工程,于是派一个名叫郑国的人入秦,劝说秦国修筑水渠,企图以此来消耗秦国的经济实力,使其无力东进。当这个工程正在进行之际,韩国的"弱秦之计"被秦王赵政发觉了,而秦国的宗室大臣也在一边煽动说:"诸侯各国来秦的客卿,都是为了他们自己的国家而来的,应将他们统统赶走。"秦王赵政听从了这些意见,便下令"逐客"。当时的长史李斯是由楚入秦的,也在被驱逐之列,于是他就向秦王赵政历数了秦国用外人而使秦富国强兵的事实,例如秦穆公用了由余、百里奚、蹇叔、丕豹、公孙支而称霸西戎;秦孝公用商鞅变法,而使国富兵强;秦惠王用张仪之计,使六国西面事秦;秦昭王用范雎,使秦成就帝业。这些人都不是出自秦国,但都给秦国立了大功。因此秦国要想天下无敌,就必须广纳人才;如果把这些有才干的人逐出,这无异于帮了敌人的忙。秦王赵政听了李斯的进谏,就决定废除"逐客令",并重用李斯。诸侯各国的一些谋士和人才,也都纷纷投奔秦国,从而壮大了秦国的力量。

其次,秦王赵政听从尉缭的建议,用重金拆散六国的联合。尉缭,原名为缭,魏国大梁人,在秦王废"逐客令"后到秦国为客卿。他向秦王进言:当前,以秦国力量之强,是东方诸侯各国所不能比拟的,但若各诸侯国联合起来,合纵抗击秦国,结果就很难预料了。因此,他主张秦王赵政用重金买通各国掌权的大臣,离间六国之间的关系,以拆散他们的联盟。秦王赵政采纳了尉缭的意见,并把他升为国尉,掌握全国的军队。

最后,在离间六国联盟的基础上,秦王赵政还制定了"远交近攻"的战略方针,先后对六国实施各个击破的政策。具体方法是:先拉拢收买与秦国相距较远的楚、燕、齐三国,从而使与秦国相邻的韩、赵、魏三国腹背受敌,且处于孤立无援之境地。在攻占韩、赵、魏三国之后,随着战线的东移,再一一吞并楚、燕、齐国。秦王赵政就是按照这个步骤统一了六国。

秦王赵政十七年(公元前230年),秦派内史腾率兵去攻打势力较弱的韩国,俘虏了韩王,韩亡。在韩、赵、魏三国之中,赵国国力最强。赵将李牧曾屡败秦军。秦灭韩后,赵国也就成为秦国的最大劲敌。秦王赵政运用尉缭的离间之计,用重金贿赂赵王宠臣郭开,让他诬告李牧。李牧被赵王赐死后,秦军则得以长驱直入,攻占赵都邯郸,赵王迁被俘,赵国灭亡。

韩、赵被灭以后,秦军兵临易水,直接威胁着燕国。秦王赵政二十五年(公元前222年),秦将王贲灭燕,俘燕王喜,燕亡。

韩、赵被灭,与秦相邻的魏国危在旦夕。秦王赵政二十二年(公元前225年),秦将王贲率兵攻魏,挖开黄河,水淹魏都大梁,魏王假请降,魏亡。灭魏以后,秦国乘胜向楚国开进。秦王赵政二十四年(公元前223年),秦将王翦攻入楚都寿春,楚王负刍被俘,楚亡。秦王赵政二十六年(公元前221年),秦将王贲攻齐。齐国佞臣后胜接受秦的贿赂,齐王建对他却一味轻信,秦军一到,齐王建被俘,齐亡。

从公元前238年秦王亲政时起,到公元前221年,在这短短的十七年间,雄才大略的秦王赵政,终于统一了六国,结束了春秋战国以来长期分裂割据的局面,出现了封建统一的中央集权制的秦王朝。

秦王嬴政为了巩固封建统治地位,显示他的权力至高无上,取古代传说中"三皇"和"五帝"两个尊贵的称号,合称"皇帝",用以代替"王"的称号。他梦想子孙万代能永远继承统治权,所以自称"始皇帝"。皇帝是封建国家的最高统治者,独揽全国政治、经济、军事大权。他通过颁发的文告(称作"诏"或"制")对全国发号施令。从此,皇帝成为封建统治的象征,是地主阶级的总头子。

在皇帝以下,设立了"三公九卿"的中央官僚机构。"三公九卿"又各设属员若干人,组成一套完整的中央官僚机构。所有这些官僚,高官厚禄,养尊处优。

全国各地普遍推行了郡县制。开始有 36 郡,到秦末增加到 40 余郡。每个郡设有郡守,掌管行政事务;设尉,主管军事;又设监御史,掌管监察事务。一郡之内分为若干县。大县设县令,小县设县长,掌管全县的政务。县以上的官员任免和调动权由皇帝掌握。县以下有基层单位乡、亭、里。这样一来,从中央到地方形成一张金字塔式的封建统治网,对人民进行层层控制。秦朝这种专制主义的中央集权制度,对中国整个封建社会产生重大影响。这套统治制度成为以后每个封建王朝沿用的基础。

统一文字,是秦始皇的一个历史功绩。战国以前各地区文字写法各不相同。秦统一六国后,秦始皇命令李斯等人进行文字改革工作。这样,做到了"书同文字",对文化的传播和发展做出了贡献。

统一货币和度量衡,是秦始皇维护封建统治的经济措施。秦始皇又下令统一全国的度量衡。他的目的在于统一赋税征收标准,防止官吏舞弊。虽然在实际上办不到,但在客观上对于商业、手工业的发展和全国经济联系发挥了积极作用。

统一车轨,修驰道,促进了交通事业的发展。在水路交通方面,他下令疏通了鸿沟,把济、洛、淮、泗几条水系连在一起,还下令凿灵渠,沟通湘水与漓水,使珠江水系和长江水系相联系。

嬴政还曾让客卿李斯监制了一方传国玉玺,玺方 4 寸,其上蟠曲五龙,镌刻着"受命于天,既寿永昌"8 个字,意思是他当皇帝受之天命,永远昌盛。

可是,这位自命不凡的始皇帝却受到了历史的无情嘲弄,他做梦也不曾料到,秦王朝竟是中国历史上的一个短命王朝,它只存在了 15 年时间,传到二世,便被农民的铁耙、锄头打得粉碎了。

司马迁忍辱写《史记》

司马迁,字子长。出生于汉景帝中元五年(公元前 145 年),左冯翊夏阳(今陕西韩城西南)人。夏阳北有座龙门山,故司马迁自称"迁生龙门,耕河山之阳"。他是我国最著名的史学家。司马迁自幼受父亲影响,10 岁时就已阅读了《左传》《国语》等很多古籍。20 岁时,在父亲的支持下,开始了历时约 10 年,行程不下万余里的全国大游历,他曾经到淮河、长江一带漫游,到现今浙江一带去探访传说中的"禹穴",到现今湖南一带去考察和历史故事有关的遗迹,到河南、山东一带了解风土人情,观孔子遗风。他一边游览,一边采访,搜集了许多传说和资料,为他以后实际撰写《史记》做了大量的准备工作。

他的父亲司马谈是一个历史学家,在朝中任"太史令",专管天文、历法和历史文献,司马迁从小就受到严格训练,他父亲生平志愿是写一部记载"明主贤君忠臣死义之士"事迹的通史,并收集了许多史料。于公元前110年病故。

司马谈临死前,他拉着儿子司马迁的手说:"(周)幽(王)厉(王)之后,王道缺,礼乐衰,孔子修旧起废,论《诗书》,作《春秋》,则学者至今则之。自获麟以来,有四百余岁,而诸侯相兼,史记放绝。今汉兴,海内一统,明主贤君忠臣死义之士,余为太史而弗论载,废天下之史文,余甚惧焉,汝其念哉。"他从中国历史的需要出发,谈到了史官的责任,嘱咐儿子继承自己的遗愿。

公元前116年,游历归来的司马迁被选入朝中做郎中令。公元前108年,在父亲去世的第三年,司马迁被任命为太史令,借太史令之职,他开始博览皇家藏书,整理父亲遗稿和他自己搜集的资料,为撰述做准备。直到公元前104年,司马迁44岁时,才开始动手写《史记》。可是,就在他动笔写这部巨著不久,发生了李陵案件。

公元前99年,李陵被派去征讨匈奴。由于孤军深入,粮尽援绝,被匈奴包围俘虏了。当时有人误传李陵投降了匈奴。汉武帝一生气,把他的全家都杀了。李陵听到这消息,就真的投降了匈奴。

司马迁跟李陵相识相知多年,认为李陵绝对不会背叛朝廷,即使投降匈奴,也绝非本意。于是他在汉武帝面前替李陵辩解了几句,因此惹恼了汉武帝,受到了宫刑。司马迁感到在人格上受到了沉重的打击,内心十分悲痛,几次想自杀,可是一想到父亲的遗愿还没有实现,又不甘心就这样死去。他决心要坚强地活下去,把这部史书写完。

从此,他利用已经搜集到的资料,夜以继日地发愤著书。

经过多年的艰苦努力,在53岁那年,司马迁终于写成了中国第一部不朽的历史巨著《史记》。

这部书共130篇,有52万多字。其中包括本纪12篇,记载帝王的事迹;表10篇,用列表的方式记载大事和重要人物,补充本纪;书8篇,记载重要的典章制度、天文现象、政治措施和社会经济生活;世家30篇,记载诸侯王和孔子、陈胜等特殊重要人物的事迹;列传70篇,记载重要人物、少数民族和邻国的历史。其中最重要的是本纪和列传,因此后人称它为纪传体史书。自从《史记》首创了这种纪传体以后,中国历代的正史,即通常所说的二十四史,基本上都是以《史记》做榜样,采用纪传体这种形式来写的。

司马迁

司马迁写的《史记》，不仅内容真实可靠，是一部了不起的历史书，并且文字生动优美，人物写得栩栩如生，因此也是一部了不起的文学著作。司马迁表现在《史记》中的思想是进步的，他爱憎分明，对历史上的明君、贤臣、义士和农民起义领袖，大力地褒扬歌颂；对暴君和奸臣酷吏，无情地讽刺鞭挞。对当代的历史，不管好事坏事，都能够如实地记录下来。对好事不夸大，对坏事不隐瞒，就是对当朝皇帝汉武帝的缺点和过失，也给予恰如其分的叙述。司马迁这种严谨的写作态度，直到今天也还是值得我们好好学习的。

《史记》还是一本史学价值很高的信史，如《史记》中写的商朝的帝王世系。学者们曾经怀疑司马迁距商朝1000多年，怎么可能写得真实呢？但是人们通过对甲骨文的研究，证明甲骨文的商朝帝王世系与《史记》的记述是一致的，从而认定《史记》是一本信史。

两千多年来，《史记》一直是中国及世界人民都喜爱的伟大史书，它不仅让人们从中了解到中国古老的传统文化，历史知识，更从中获得美妙的艺术感受。《史记》不但是中国古代杰出的史学名著，也是中国古代优秀的文学名著，它开创了传记文学的先河。自《隋书·经籍志》开始，《史记》逐渐被列为正史之首。"史家之绝唱，无韵之离骚"是鲁迅先生对《史记》的最佳评价。

蔡伦发明造纸术

蔡伦(？~121)，字敬仲，东汉桂阳(今湖南耒阳)人，是我国造纸术的改革先驱、著名的发明家。

蔡伦出身卑微。公元75年入宫为太监,担任职务较低的小黄门。和帝时升任中常侍,掌管宫内杂事,参与朝廷机要大事,成了皇帝的亲信。蔡伦很有才学,为人正直,敢于向皇帝坦率直谏,办事认真尽职,很得朝臣敬重。公元97年,升任尚方令。负责皇宫内的手工作坊,专门为皇帝制造刀剑和其他器物。他制造的刀剑"莫不精工坚密",成为后世制造刀剑效仿的榜样。

蔡伦富于技术革新精神,在任尚方令期间,最突出的成就是创制了新的植物纤维纸,对造纸术的改进和推广做出卓越的贡献。

中国是世界上著名的文明古国之一。大约在3500年前就有比较完备的文字,当时的文字刻在龟甲和兽骨上,叫作甲骨文。

到了春秋战国,甲骨等逐渐被竹片和木片所代替,这种用来写字的竹片叫作"简",木片叫作"牍"。简牍长短不等,短的可以写八九个字,长的可以写三四十个字。因此一部书得用很多简牍。简与牍同甲骨文相比已经便利得多,但是仍然十分笨重,翻阅、携带、保存都不方便。战国时,著名学者惠施,出门旅游,带的书简要用五辆车子装载,所以就有了"学富五车"的典故。秦始皇每天批阅的文书达120斤。西汉时,东方朔内给汉武帝上书,竟用3000块木片,用马车运进皇宫,由两人吃力地抬进宫内,武帝也费了两个月才看完。这么多的简册,运输、存放都很麻烦,人们曾形容说"汗马牛","充栋宇",因而形成"汗牛充栋"的成语。与此同时,人们又用缣帛写字。缣帛是蚕丝的织造物,质地轻,便于书写,但价格昂贵,来之不易,又有谁能消费得起?然而,缣帛的演化和发展却产生了原始的纸。

缣帛纸的制作方法是:把蚕茧煮过,放在竹席上,浸泡在水里,再将蚕茧冲洗打烂,晒干即成。缣帛从席上取下,席上还残留一层薄薄的丝绵片,剥下来可用作书写材料。

蔡伦总结了前人造纸方面的经验,经过反复研究,多次试验,终于在絮纸和麻类纤维造纸的基础上,成功地用麻头、破布、树皮、旧渔网等原料造纸。利用树皮做原料,更是一个新的发现,它是近代木浆纸的先声,为造纸业的发展开辟了广阔的途径。蔡伦研制发明的多种植物纤维纸很快受到人们的欢迎。

公元105年,蔡伦把这种纸和造纸方法上报朝廷。和帝见后大为振奋,在嘉奖蔡伦的同时,立刻通令全国采用。从此,简牍和缣帛逐渐被淘汰,多种植物纤维纸成为人们书写的主要工具。后来,由于蔡伦曾被封为"龙亭侯",人们便把他组织制造的纸叫作"蔡侯纸"。

造纸术的发明应当说对人类具有石破天惊的意义。在此之前,印度人曾用棕榈树叶,巴比伦人和古代希腊人用过泥板,罗马人用过蜡版,古代埃及人用过纸草。公元8世纪阿拉伯人开始用破布纸,15世纪德意志人才用破布造纸,比蔡伦晚得多。

公元 121 年（安帝建光元年），邓太后死，安帝立即清查 40 年前祖母宋贵人被窦皇后诬陷致死的事件，因牵涉到蔡伦，命他投案。蔡伦此时已 70 岁左右，他耻于受审，遂服毒自杀。

蔡伦造纸术是人类文化史上的一件大事，它是中国古代科学技术"四大发明"之一。它不仅对中国科学文化的发展起了促进作用，也是我们中华民族对世界文明的伟大贡献。多少年来，人们永远牢记着他的丰功伟绩，他的家乡湖南耒阳至今仍有纪念他的庙宇，他的墓地陕西省洋县龙亭铺也有供奉他的神庙。不仅在中国，就连日本造纸工人也供奉他为祖师。看来，伴随着纸的存在，蔡伦将永远留在人类的记忆中。

第十一章　中世纪的欧洲

——一个疯狂的时代

查士丁尼重建罗马帝国

西罗马帝国灭亡后，东罗马帝国由于其自身具有的特点，不仅得以暂时保持了奴隶制，延缓了向封建社会的转变，而且在经济发展、阶级关系、政治制度以及文化生活等方面，都有自己的个性。拜占廷帝国皇帝查士丁尼为了巩固帝国的统治，并在恢复罗马奴隶制和重建罗马帝国方面，采取了一系列措施。

查士丁尼在他的舅父查士丁（518～527年在位）之后成为东罗马皇帝。他即位以前就已担任禁卫军最高长官等高级官职，是东罗马宫廷中强有力的人物。旧罗马帝国的大一统局面这种过时的政治传统，正是查士丁尼梦寐以求的政治理想。

分裂以后的罗马帝国虽然实际上是由两个皇帝统治下的两个国家，其中西罗马皇帝已成为日耳曼蛮族将领的傀儡，但在当时人心目中，在名义上、观念上只有一个罗马帝国。法令和官方文件有时由东、西罗马两位皇帝共同署名，通令也常常由东西部全体最高行政长官共同发布。476年西罗马灭亡，东罗马皇帝更俨然以旧罗马帝国的继承人自命，如查士丁尼便是。查士丁尼复辟旧罗马帝国的政治理想又带有宗教狂热的色彩，极富进攻性。原来的罗马帝国西部地区，6世纪时多在日耳曼蛮族统治之下，用查士丁尼的话来说，"哥特人以暴力夺得了我们的意大利，却至今不把它交还"。而且这些蛮族国家的统治者都信奉基督教异端阿利乌斯派。这个教派主张基督是上帝创造的人而不是神，因而不能与上帝同语，同时反对教会占有过多的财富，尤其是地产。与罗马正统教会的教义之争，实际上是这些国家与罗马权威分庭抗礼的一个表现。这些情况都是东罗马所不能接受的。基督教自4世纪以来已成为罗马国教，罗马皇帝被认为是基督教正统的保护者，罗马帝国和基督教世界是一而二、二而一的关系。查士丁尼是强硬的正统教徒，他立志荡平异端的蛮族国家，重建政治上、宗教上双重统一的罗马帝国。

当时的政治形势和条件使得查士丁尼可能进行对西部的征服战争，并且能够一时取胜。

查士丁尼的经济政策和宗教政策是为他的复辟活动服务的。查士丁及其前任皇帝阿那斯塔希(491~518年在位)厉行节约,统治时国库充裕。查士丁尼即位之初,帝国的财政状况虽因查士丁尼的挥霍而有所恶化,但仍不至窘迫。可是,为了适应大规模对外扩张的需要,查士丁尼不惜委任酷吏,施行苛政,横征暴敛。主管财政的最高行政长官是卡帕多西亚的约翰(531~541年在职),他竟有"既不惧怕上帝又不顾惜世人"的名声,当时人咒骂他对百姓家中每只瓶罐都不放过。查士丁尼为增加收入实行专卖制度,国家掌握获利丰厚的丝绸专卖权。还增收一种附加的土地税,一年得金币达3000磅之巨。查士丁尼在财政税收上采用竭泽而渔的办法,主要是为了保证他放手进行西部战争。这一目的也决定了他同教会的关系。

查士丁尼的宗教政策有两个方面是值得注意的。一是所谓"皇帝教皇合一论"。他认为国家的统治者既是皇帝又是教皇,同时握有最高的世俗权力和最高的神权。他积极维护教会的权益,打击异教徒,于529年封闭了新柏拉图学派设在雅典的"学园",此举被认为是西方文化史上希腊罗马古典文化为中世纪基督教文化取代的标志。查士丁尼虽给予教会许多支持和特权,但自认为拥有并实际行使着干预教会事务的权力,他视教会为国家的仆人、政治的工具,由此导致了他宗教政策的又一个方面:极力交好(实为控制)以罗马教皇为首的西部教会,以便在"收复"旧罗马帝国西部领土的活动中取得那里教会的支持。查士丁尼其神学观点原来就与西部教会一致,拥护451年查尔西顿宗教会议的决议,坚持基督神人二性并存于身的正统教义之说,反对基督一性论的异端观点。他本人也是依靠君士坦丁堡的查尔西顿派的拥护而登上皇位的。但在东罗马、埃及、叙利亚诸省一性派势力强大,这不免使查士丁尼的宗教倾向呈现摇摆性。533年,他曾经试图调解查尔西顿派与一性派的矛盾,统一东、西部的教会。他的这一行动激起了西部教会的强烈不满。随着对意大利东哥特人战争的展开,查士丁尼开始一边倒向查尔西顿派,从而博得西部教会对他的支持。

528年,查士丁尼下令编纂帝国法典,结果产生了著名的《民法大全》(计有《查士丁尼法典》《法理汇要》《法学总纲》《法令新编》四部分)。这部法典,字里行间充斥着对昔日罗马帝国光景的追念和赞颂,又基本因循罗马旧法,以至近代法学家批评它具有过多的理论和脱离实际的倾向。这部法典的另一突出特点是明确肯定皇帝的专制权力:皇帝是唯一的立法者、唯一有权解释法律,皇帝"至高无上,至圣至明"。罗马帝国的专制君权在查士丁尼时期发展到了一个新阶段。他进行内政改革,赋以行省长官以军事和行政全权,大大加强了中央对地方的控制和盘剥;元老院和城市"吉莫"(带有自治性质的市民组织)在政治生活中的影响都下降了。中央集权和专制君权在政治上保证了查士丁尼贯彻他的政治主张,实际上是促成了他为实现所怀抱的过时的政治理想而一意孤行,最后造成灾难性的后果。

世界上下五千年

·中世纪的欧洲·

图文珍藏版

东罗马在东方和西方所面临的形势是不同的。对查士丁尼复辟计划最大的威胁来自兴起于帝国东面的萨珊波斯。532 年,查士丁尼同波斯新王科斯洛兹订立"永久和约",东罗马以支付代守帝国边境费用的名义给波斯 1.1 万磅黄金。这一和约的签订确定了查士丁尼东方政策的基本原则,即对波斯以防御为主,以便尽可能保证西部征服战争所需的兵力。在西部地区,查士丁尼意欲进攻的汪达尔王国、东哥特王国此时内部动荡不安,社会矛盾尖锐。日耳曼蛮族上层统治者背弃昔日的军事民主传统,成为新兴的封建主阶级,同本族群众龃龉日多,并加紧侵占当地罗马人的地产。蛮族同罗马人的冲突又因宗教矛盾和民族矛盾而加剧。这些情况决定了蛮族王国的统治不甚稳固,也给查士丁尼以可乘之机。尤其是各蛮族王国的统治者谈不上对查士丁尼的复辟活动有清醒的认识,他们本族的文化十分落后,因而他们受罗马旧制影响很深,在名分上还处处不敢僭越东罗马皇帝,多以为"罗马皇帝就是人间上帝,对之忤逆之人必犯深重罪孽!"在东罗马的严重威胁面前,各蛮族国家不能联合起来,反而互相掣肘,以致为东罗马各个击破。

征服北非汪达尔人的战争

533 年,东罗马军队进攻北非的汪达尔王国。揭开了长达 20 年的西部征服战争的序幕。439 年,汪达尔人在该萨利克率领下由西班牙跨海攻入北非,占领迦太基城,建立汪达尔王国。476 年,该萨利克同东罗马订立和约,此后多年双方相安无事。但信奉阿利乌斯派的汪达尔人在国内对罗马人压迫较重,不能宽容罗马人的正统基督教信仰,对当地的罗马元老也严厉镇压,元老或被囚入狱中、或沦为奴隶,他们的土地亦多被没收。于是北非的教会人士和元老纷纷逃亡君士坦丁堡,恳请查士丁尼收复帝国"失地",驱逐蛮族和异端。汪达尔新王希尔得利克(系罗马皇帝瓦伦丁尼亚的外孙)同东罗马亲善,停止了对罗马人的宗教迫害。查士丁尼与之私交甚好,曾劝说他臣服于东罗马。530 年,不满国王亲罗马政策的汪达尔贵族在盖利麦领导下废黜希尔得利克,拥立盖利麦为王。东罗马向盖利麦发出最后通牒,要他把希尔得利克安全送到君士坦丁堡,被盖利麦严词拒绝。查士丁尼认为征服北非的时机已到,匆匆与波斯媾和,开始积极准备对汪达尔人发动战争。

在查士丁尼看来,这场战争只不过是收回罗马对北非统治权的行动。他还得到教会的大力支持。他忘乎所以地宣称,慷慨的上帝不仅还给我们阿非利加各省,还要让我们洗雪汪达尔人攻占罗马城所带来的耻辱。东罗马众大臣都激烈反对开战,卡帕多西亚的约翰向查士丁尼力陈远征北非的危险和困难。当时汪达尔人的军队虽较该萨利克时代战斗力有很大下降,训练与战术也稍逊于东罗马军队,但仍不失为一支劲旅,骑兵有三四万之众,海军称雄于地中海西部,远比东罗马可用于北非的兵力强大。查士丁尼对大臣的劝阻置若罔闻,从东部前线召回大将贝利撒留,授予他指挥北非战事的全权。

533 年 6 月,贝利撒留和他的部下乘船从君士坦丁堡出发前往北非。虽然临行前大主教为他们的胜利作了祈祷,但士兵和送行的人都认为此去凶多吉少。贝利撒留麾下只有 1.6 万人马,其中只有 5000 骑兵,这大概是东罗马能从东部前线调出的最大兵力了。贝利撒留因为害怕受到汪达尔海军的攻击,在航行途中多次停船靠岸。9 月份才抵达北非海岸。为避开汪达尔海军,东罗马军队在迦太基城以南约 240 公里外登陆。盖利麦在此之前一直没有认真备战,并且把舰队主力和 5000人马派往撒岛去镇压叛乱。听到东罗马入侵的消息,盖利麦立即下令处死希尔得利克,率兵迎击东罗马军队。9 月 13 日,双方激战于突尼斯城附近的阿得齐姆。战争中,汪达尔人先占上风,可惜盖利麦因兄弟战死悲痛不已,放弃了对部队的指挥,汪达尔人一时大乱,贝利撒留趁机收集散兵,反攻得胜。盖利麦率残部向西退到努米底亚,贝利撒留则北上直取迦太基城,9 月 15 日攻下该城。12 月,东罗马军队又在迦太基城附近击败前来反攻的汪达尔人。盖利麦只身逃往努米底亚,投靠柏柏尔人,后来在困顿绝望之中要求东罗马人送给他一把七弦琴以弹奏亡国之恨、一块海绵以揩抹亡国之泪,不久他投降贝利撒留。534 年汪达尔王国被灭亡。

查士丁尼在征服汪达尔王国后立即着手全盘复辟罗马旧制。各教堂一律复归正统基督教。所有汪达尔人都被褫夺公职,汪达尔战俘成为东罗马官兵的奴隶,他们的妻女也被强占。但汪达尔人 100 多年统治的影响绝非行政命令可以消除,查士丁尼宣布罗马元老被剥夺的地产一律归还给他们的后代,可是年代久远,地产往往已易手多人,归还原主的法令很难实行。534 年以后,同汪达尔女子结婚的东罗马士兵拒绝把汪达尔人原先占取的土地交还皇室和原主,多次发动兵变;柏柏尔人也多次来攻。一直到 548 年,东罗马在北非的统治才相对稳定下来。

征服东哥特人的战争

在征服汪达尔人不久,查士丁尼开始发动对东哥特人的战争。

东哥特国王狄奥多利克(493~526 年在位)一度与东罗马和意大利的罗马元老维持比较友好的关系,到他晚年,情况有所变化。东哥特贵族凭借武力和特权侵占罗马元老的地产,同罗马人的矛盾日益尖锐。查士丁和查士丁尼改变阿那斯塔希的宗教政策,与罗马教皇和西部教会改善关系,同时在东罗马大肆迫害阿利乌斯派,这些举动在政治上也直接危及信奉阿利乌斯派的东哥特人对意大利的统治,引起东哥特人的不满，而意大利罗马人中亲东罗马的势力却因此受到鼓励而有所抬头，狄奥多利克对这一派势力猜忌愈重、镇压愈严。对东罗马，狄奥多利克还是尽量避免与之正面冲突。狄奥多利克死后，其外孙阿特拉里克成为国王，实权则掌握在他母亲阿拉马松塔手里。阿拉马松塔自幼受罗马教育，服装打扮也学罗马妇女，佩耳环头饰。她代表亲罗马的一派东哥特贵族，这些人主要是原来狄奥多利克周围的宫廷近臣，但此时他们的势力已有所削弱。受罗马文化影响较小的东哥特军事贵族日益强烈地要求对东罗马和意大利的罗马元老采取更强硬的政策，他们轻慢阿拉马松塔，不让她用罗马文化教育年轻的国王，而让国王同东哥特武士一起习武练兵。534 年，阿特拉里克酗酒而死，阿拉马松塔地位不稳。她以前就曾经同查士丁尼暗中联系，这时便派密使赴君士坦丁堡，表示要把意大利交还东罗马。为巩固自己的地位，她又立表兄弟狄奥达特为国王，企图以他的名义继续掌握实权。哪知狄奥达特翻云覆雨，反把阿拉马松塔囚禁，后又把她处死。查士丁尼以此为借口向东哥特兴师问罪。

征服意大利是查士丁尼复辟活动最重要的一部分，东罗马使节曾威胁狄奥达特说，皇帝此次不达目的，决不休战！狄奥达特向东罗马提出的求和条件几近投降，查士丁尼还是轻蔑地加以拒绝，挑起了历时近 20 年的"哥特战争"。

战争的第一阶段(535~540 年)：535 年 9 月，东罗马军队占领了达尔马提亚，12 月，贝利撒留统帅 8000 人登陆西西里岛，当地的东哥特军队未经认真抵抗就投降了。翌年 6 月，贝利撒留攻入意大利本土，包围那不勒斯城。意大利的罗马人这时多倾向于东罗马，但除少数元老贵族外，一般人对这次战争并无很高热情，他们所关心的是如何避免或减少战争对自己的祸害。那不勒斯居民一度与攻城的东罗马军队激战，意大利罗马人对东罗马入侵有组织的抵抗。

狄奥达特幼习希腊哲学，处世奸诈多变，却文弱无统帅之才，面对敌人的进攻惊慌失措，甚至与东罗马密议投降。那不勒斯失陷后，东哥特人废黜并处死狄奥达特。536 年 11 月推举战士出身的维提却斯为王。为了同东哥特人中已渐流行的王位世袭传统相妥协，维提却斯强娶阿拉马松塔之女马他松塔为王后。然后率领东哥特主力离开罗马，北上集中到拉温那，以便对付与东罗马结盟来攻的法兰克人，并防止罗马城居民从内部作乱。维提却斯北上之举是一条下策，他不仅错误地以主力去对付次要的敌人(法兰克人此时已答应同东哥特人媾和)，而且因为强迫罗马城居民宣誓效忠东哥特，并将一大批罗马元老作人质押解到拉温那，激化了同罗马人的矛盾。维提却斯代表了东哥特军事贵族的利益，与阿拉马松塔等投降派不同，这一部分人抗敌坚决，但是文化落后，目光短浅，看不到意大利罗马人同东罗马的矛盾，不善于利用自狄奥多利克时代以来东哥特人与意大利罗马人千丝万缕的联系，致使东哥特人在意大利陷入了孤军作战的窘境。536 年 12 月，贝利撒留进军罗马,罗马教皇和居民献城投降。人数不多的东哥特守军不战而走。

537年2月至538年3月,维提却斯率军围攻罗马。当时东哥特军队号称15万,其中又多数是骑兵。贝利撒留对东哥特人来攻事先有所准备,贮存粮草,修整城墙。东哥特人拙于射箭,东罗马士兵却善于使用强弓硬弩,给攻城者极大杀伤。饥饿和伤亡曾使罗马居民十分恐慌,维提却斯下令处死充当人质的罗马元老,丢失了劝诱罗马居民投降的机会,实际上是巩固了贝利撒留的后方。东哥特人屯兵城下,久攻不克,粮草、士气都发生了问题,又有恶疫来袭,不得已同贝利撒留休战三个月。这以后,东罗马援兵到来,又风传马他松塔打算叛变,出嫁东罗马某将领。维提却斯只好匆匆撤离罗马一带。围攻罗马的失利大伤东哥特的元气,但维提却斯依然拼力统率部下苦战两年。540年,贝利撒留占领东哥特王国都城拉温那,维提却斯被俘,东哥特人退居波河以北地区。

战争的第二阶段(541~554年):维提却斯曾遣使游说波斯王科斯洛兹,请他趁查士丁尼移兵意大利的时机进攻东罗马,波斯打算扩张领土,索取重金,同时又害怕东罗马在西部战争中取胜而增大实力,遂于540年破坏和约,入侵东罗马统治下的叙利亚、亚美尼亚、伊比利亚,直抵黑海沿岸。查士丁尼一味求和,545年以5000磅黄金为代价同波斯订立为期5年的休战协定,仍以精锐投入意大利对东哥特作战。

东罗马在意大利稍稍站稳脚跟就开始压迫当地的罗马人。其时,贝利撒留已奉召返回君士坦丁堡,查士丁尼派遣"财政专使"亚历山大到拉温那。财政专使是查士丁尼新设的官职,专门负责新征服地区的税收事务,担任该官职的人以其所得的1/12作为自己的俸禄,因此搜刮甚为酷烈。亚历山大首先提高给东罗马士兵增加薪饷的条件,激起了士兵的怨恨。他又以赔偿皇帝损失为借口向意大利罗马人勒索巨款,凡在过去40年中担任过东哥特官职者俱不能免。经历战乱的意大利本来已是残破不堪,亚历山大却大力在此推行以苛重著称的东罗马税制,激起各方不满,一时大失人心。这种形势为东哥特新国王托提拉(541~552年在位)所利用,他率军南下,节节胜利,543年收复那不勒斯,545年底重新包围罗马城。东罗马在意大利的统治处在危机之中。

托提拉在诸蛮族国王中是一个突出人物。他不仅在军事上沉重打击了企图征服意大利的东罗马军队,而且采取了一系列同查士丁尼复辟计划针锋相对的政治和社会经济措施。他有自己的政治纲领,那就是驱逐东罗马侵略者,恢复东哥特对意大利的统治。他清醒地看到,意大利罗马人与东罗马有很深矛盾,查士丁尼恢复旧罗马帝国的实质是把他的专制统治强加给意大利。东哥特人是可以同意大利罗马人联合的。为争取罗马人的同情和支持,托提拉严肃军纪,禁止士兵抢劫财物、伤人妻女。托提拉正确地认识到,建立和维护同意大利的罗马人的友好关系,对于抗击东罗马的事业具有重大的意义。托提拉曾经宣布,免除隶农对主人、自由农民对东罗马的义务,隶农之租和自由农民之税转交东哥特。这样一来,既取得了东哥特所需的给养,又承认了意大利下层群众趁战乱夺取地主土地的事实,从而得到了群众的拥护。在托提拉与东罗马长达十几年的战争中,有大批奴隶逃离自己的主人,其中有一些加入了东哥特的军队并获得了自由。托提拉对他们给以保护,严词拒绝罗马元老追回这些奴隶的要求。当然,托提拉并没有提出过解放奴隶的明确纲领,也没有解放奴隶的专门措施。他之所以保护奴隶,主要是为了稳定自己的军队,这些奴隶已成为他的士兵。

有一些罗马元老贵族迷恋于古典文化,蔑视蛮族统治者,托提拉对于隶农、奴隶的政策又直接侵犯了他们的利益,所以这部分人在意大利各地反东罗马呼声日高的情况下,反而与查士丁尼更加密切地勾结。可以说,托提拉和查士丁尼在客观上分别代表了打击奴隶制和维护奴隶制的势力。

东哥特对罗马的第二次围困也历时整整一年,但此次形势与前一次有所不同。东哥特人内部比较团结,而查士丁尼虽然派贝利撒留返回意大利作战,但因为忌怕将领专权自重,不愿授之以统一指挥军事的大权,致使东罗马各将领不能很好配合。托提拉在战争中显示了较高的军事才能,他并不强攻罗马城池,而是严密封锁运粮进城的道路,扫清罗马周围的敌人。罗马城内饥荒日甚,待援无望,人心惶惶。546年12月,在内应接引下,东哥特人攻入城内。托提拉对敌视东哥特而拒不投降的罗马元老痛加斥责,并没收他们的财产。他认为罗马及周围地区已破败不可守,故不久又撤出罗马。

托提拉并没有摆脱蛮族领袖所常有的局限。他不能在名分上摒弃东哥特对于东罗马的从属地位,也不能彻底破坏罗马旧制、强化东哥特的国家机器。他在攻下罗马后曾写信给查士丁尼说:"我恳求你接受和平、赐我们以和平。我还清楚地记得阿那斯塔希和狄奥多利克时代的情形,他们的统治距今并不遥远,他们的臣民享受着和平与繁荣。假如你能恩准我的请求,我将把你当作我的父亲一样看待,并且情愿作为你的同盟者同你的任何敌人战斗。"托提拉第二次攻下罗马后(549年),请回了流落他乡的罗马元老及其家属,修缮了被战火毁坏的罗马城给他们居住,同时再次遣使向查士丁尼求和。托提拉这种在政治上不成熟的表现,难以鼓舞人民群众反东罗马的斗志,不可能不削弱东哥特的战斗力,也大大影响了他自己在战略上的筹划安排。托提拉晚期的军事活动已越来越带有掠夺财物的性质。所以,东哥特最终仍不免为东罗马所击败。

查士丁尼因在意大利连遭挫折而大为沮丧,但仍顽固拒绝同东哥特媾和,在缓和了同波斯的紧张关系后,便委任太监那西斯为指挥意大利战事的统帅。招募了3至4万新军增援在意大利的东罗马军队。552年,东罗马大败东哥特于意大利中部的塔地那,托提拉阵亡。554 年,那西斯又消灭了东哥特人的残余势力,并驱逐法兰克人到阿尔卑斯山以北,从而实现了查士丁尼征服意大利的梦想。

同一年,西班牙的西哥特王国发生内战,阿那塔其推翻国王阿吉拉,自立为王。他请求查士丁尼派兵来支援他,结果东罗马军队借机占领了西班牙东南部的许多城市,这是查士丁尼为恢复旧罗马帝国大一统局面而向西扩张的极限。

查士丁尼复辟活动的后果

复辟旧罗马帝国是查士丁尼一生怀抱的政治理想,是他 30 多年政治活动的主要内容。结果是汪达尔王国和东哥特王国的被剿灭,北非和意大利的被征服。查士丁尼个人,可谓才能出众;查士丁尼一生作为,可谓轰轰烈烈。可惜,他的理想、他的活动都背离历史前进的方向,他的事业也就不可能真正成功。他非但没有重建成旧罗马帝国,而且把东罗马推到了崩溃的边缘。

查士丁尼的复辟活动主要是在他的政治理想指导下的对外扩张,同时又带有一定的维护奴隶制经济的色彩。无论是在意大利还是在东罗马国内,奴隶制生产关系在 6 世纪早已崩溃瓦解;从查士丁尼的社会经济政策和他的整个立法活动来看,对于这种情况在相当程度上是给以承认的。释放奴隶所需的手续简化了;过去国家对每个奴隶主所能释放奴隶的数目有严格规定,现在则取消了这种限制;卖子为奴或自卖为奴受到禁止;奴隶在主人同意后也可以担任神职,没有得主人同意而担任神职一年以上者,主人不得追回,被释奴隶的法律地位也有了提高,可以成为元老院成员和高级官员。可是,东罗马的经济、政治、文化毕竟受到旧罗马帝国奴隶制很深的影响,查士丁尼又以恢复罗马旧制的名义扩张东罗马的统治到北非和意大利,这就不能不在各个方面起维护甚至加强残存的奴隶制度的作用。征服意大利以后,查士丁尼发布"国务诏书",宣布托提拉打击奴隶制的法令和措施无效。查士丁尼复辟活动的反动性,正在于此。

西部战争耗去了东罗马大量的财力、兵力。阿那斯塔希留下的黄金有 32 万磅之多,查士丁尼将之挥霍殆尽。开支浩大,于是就加紧对人民的盘剥,查士丁尼所设新税竟达 18 种之多。纵使如此,到查士丁尼晚期,东罗马的国家财政仍不免破产。为保证西部战争的进行,查士丁尼在 545 年与波斯议和后,大量裁减东部驻军,并长期拖欠他们的薪饷,实际上是放松了对东罗马本土的防守。562 年,东罗马被迫以屈辱条件同波斯订立"五十年和约",每年"补贴"波斯黄金 3 万索里达。当东罗马军队在北非和意大利不断征战和庆祝胜利时,斯拉夫人联合保加尔人不断入侵巴尔干半岛,抵达亚得里亚海、科林斯湾、爱琴海沿岸,威胁到东罗马的心脏地区。在东部的退让并没有在西部得到补偿,东罗马对北非、意大利的统治也不稳固。在北非,柏柏尔人不断袭击东罗马军队。在意大利,东罗马的重税盘剥激起人民的强烈不满,东罗马的希腊文化传统与意大利拉丁文化传统的差异又促使反东罗马的情绪高涨,查士丁尼不得不给当地的居民一定的自治权力。国力衰弱的东罗马此时已无力派重兵守卫新征服地区,568年,伦巴德人攻入意大利北部,后又南下,东罗马在意大利只剩下几个设防城市及其周围的狭小地区。这时,东罗马本土则受到波斯人和斯拉夫人越来越严重的威胁。

东、西部教会的分裂倾向是东、西罗马社会发展不平衡的结果,非人力所能扭转。查士丁尼为讨好西部教会而压制一性派的政策,加深了东罗马的埃及、叙利亚诸省同中央政府的矛盾,加剧了东部教会内部的不和,不利于查士丁尼的统治。为调和同一性派的矛盾,他于546年发布所谓"三章令",谴责在查尔西顿会议上已恢复名誉的提奥多勒等三人,这三人是被一性派视为"异端"的;553年查士丁尼又召集第五次全体教会会议(君士坦丁堡会议)以确认"三章令"。但查士丁尼此举不仅受到查尔西顿派的西部教会强烈反对,也未能平息一性派的不满。后来西部教会虽被迫屈从皇帝的旨意,但东、西部教会从此嫌隙日深。查士丁尼在他当政的最后几年转向一性派,同西部教会关系十分紧张。统一东、西部教会于东罗马的控制之下,重建理想化的、旧罗马帝国时代的"独一的教会",是查士丁尼复辟活动的一个重要方面,也是以失败告终。

晚年的查士丁尼体弱力衰,沉溺于神学之中,无心亦无力理事,东罗马国敝民穷,内外不安。查士丁尼的倒行逆施引起人民群众的怨恨,当时的民间盛传他是"魔鬼"和"无头怪物"的化身。565年,查士丁尼在举国上下一片咒骂声中死去,留给他的继承者的并不是他曾致力去复辟的、大一统的罗马帝国,而是一个风雨飘摇、危机四伏的国家。

拜占廷与波斯的矛盾

公元6~7世纪,拜占廷帝国(东罗马帝国)与萨珊波斯为争夺在小亚细亚的领土和霸权,进行了旷日持久的战争,历史上称之为波斯战争。

波斯战争的起因,既有历史的原因,也有现实的政治、经济及宗教的原因,它是拜占廷帝国与萨珊波斯之间诸多矛盾激化的直接结果。

波斯人属雅利安人种,原居于中亚,后移居波斯。公元前6~5世纪逐渐兴起,阿黑门尼德家族的居鲁士、冈比斯、大流士先后统治波斯,他们东征西讨,使阿黑门尼德王朝的波斯帝国成为幅员辽阔的大帝国。在对外扩张中,因与西方的希腊发生冲突,爆发了历史上著名的希波战争。希波战争中波斯的失败,导致帝国日益走向衰落,终于在公元前330年为马其顿亚历山大所灭,并被纳入亚历山大帝国的版图。亚历山大帝国瓦解后,波斯作为一个行省受塞琉古王国的统治。公元前247年帕提亚王国兴起,波斯又沦为帕提亚王国的属地。帕提亚的安息王朝为了与罗马帝国争夺东西方的商路和小亚细亚的霸权,进行了长期的战争。战争使两个参战的国家疲惫不堪,沉重的战争负担使人民困苦已极。公元224年,波斯王公阿尔达希尔起兵独立,226年推翻了内外交困的帕提亚安息王朝,建立了新的波斯帝国。阿尔达希尔的祖父名萨珊,新王朝称为萨珊王朝,史称萨珊波斯。因阿尔达希尔在起兵过程中得到了祆教祭司的支持,所以他宣布祆教为国教。萨珊波斯建立后,很快就以武力将原帕提亚版图内的领土全部置于自己的统治之下。其领土包括:整个伊朗高原和里海低地(今伊朗和阿富汗)、下美索不达米亚(今伊拉克)、亚美尼亚和格鲁吉亚的大部分。为争夺东西方商路和小亚细亚的霸权,萨珊波斯继续与罗马帝国进行战争,并屡次击败罗马军队。罗马帝国皇帝戴克里先、君士坦丁等都曾率军远征波斯,但均未取得显著战果。公元375年以后,为应付北方哥特人等蛮族的入侵,罗马帝国无暇东顾;波斯也因抵御匈奴族的侵扰,无力继续进行战争,双方得以维持了约80年的和平。

公元476年,罗马帝国西半部为蛮族所灭,在人类历史的舞台上消失了。而东罗马帝国由于一方面继承了罗马的政治体制和古典文化;另一方面也吸收了希腊化诸王国在政治、经济、文化方面的传统,并以基督教作为帝国的精神支柱,保持了经济上的繁荣和政治的稳定,加上帝国控制了东西方贸易的通道,使帝国成为当时实力强大的奴隶制大帝国。其版图包括欧洲的巴尔干半岛、亚洲的小亚细亚、部分亚美尼亚、叙利亚、巴勒斯坦、上美索不达米亚和非洲的埃及、利比亚,是一个横跨三大洲的大帝国。首都君士坦丁堡,原是古希腊移民城市拜占廷的旧址,所以东罗马帝国通常又称拜占廷帝国。

公元487年,科巴德一世登上波斯王位。他好大喜功,试图像其远祖一样以武力对外征服,扩大自己的版图,传布祆教。在他的指挥下,由波斯人、匈奴人和阿拉伯人组成的联军征服了上美索不达米亚和亚美尼亚。502年联军又围攻阿米达城,经80天鏖战,攻陷该城,并连续击败了拜占廷军的反击。

此时,拜占廷皇帝阿那斯塔修斯一世(491~518年在位),因面临着东哥特国王狄奥多里克的进攻,无力与波斯进行大规模战争;而波斯也因遭到阿瓦尔人的入侵,被迫从战争中撤军。双方于公元505年媾和,拜占廷以1000磅黄金为代价收复阿米达城,双方维持原有边界,再次处于和平状态约20年。

随着时光的流逝,科巴德一世年事渐高。在处理身后之事时,他有意将王位传给自己最宠爱的第三子库斯鲁,但又害怕以少凌长日后会引起王位之争,所以他打算让库斯鲁投靠拜占廷，日后依靠拜占廷的势力登上波斯王位。于是，他在公元526年致信拜占廷皇帝查士丁一世（518~527年在位），信中说："予已及颓龄，吾子库斯鲁乃一孺子，尚不堪世事，予百年之后，无人可保国祚。望皇帝以邻国之敦谊，收库斯鲁为养子，使之依恃皇帝之庇护。果然如此，予方得安于瞑目。"拜占廷宫廷内部围绕是否接受科巴德一世的请求展开了争论。当时大臣们分成几派，有人主张接受请求，重修两国之好；有人认为波斯是拜占廷的宿敌，恐其托孤是计，所以主张拒绝；有人主张既不接受，也不拒绝，静观事态的发展再做决定。但争论的结果，主张拒绝的人占了上风，因而查士丁一世拒绝了科巴德一世的请求，这件事使双方诸多矛盾又增加了新的因素，科巴德一世感到自己的声威受到了触犯，他十分恼火，因此怀恨在心，伺机报复。

公元527年8月拜占廷皇帝查士丁一世去世，其外甥查士丁尼继位，此即拜占廷历史上著名的查士丁尼一世（527~565年在位）。当时，拜占廷帝国正处在内外交困之中。帝国内部阶级矛盾和斗争激烈，奴隶与隶农起义不断，宗教异端运动迅速发展；外部，周边各蛮族经常侵扰帝国边境。诸种矛盾交织在一起，震撼着帝国的统治。

查士丁尼，公元483年出生于马其顿陶里西尼姆的一个农民家庭。青少年时，受过良好的教育，接受了罗马的传统。他的精力旺盛，工作能力非常强；他待人和善可亲，但又是个残酷冷漠的人；他还是个狂热的基督教信徒。在政治上，他为了实现自己的目的，不惜一切代价，即便是流血牺牲也不在话下。公元518年，其出身行伍的舅父查士丁一世以军功被拥立为皇帝，他以养子身份协助制定国内外的重要政策，因此获得了"恺撒"和"奥古斯都"的称号。他登上帝位之后，为自己确定了主要的政治目标，力争"收复"西部领土，恢复基督教的罗马帝国。为此，他常常彻夜不眠，费尽心机，几乎到了发狂的地步。以致当时的人为他编造了许多离奇古怪的神话和传说，说他不是人，是个不需要休息的恶鬼。

为了实现自己"宏大"的目标，查士丁尼在国内镇压人民起义；编撰法典；镇压宗教异端，强迫异教徒皈依基督教；改革行政，加强中央集权，巩固自己的地位。对外则积极在东、西方两条战线上作战，力图收复失去的罗马帝国的领土，扩大拜占廷帝国的版图。他向东方的征伐，激化了与波斯的矛盾，因而战争不可避免。由此开始，在以后的100多年里，拜占廷与波斯之间，先后进行了五次大规模的争霸战争。

第一次波斯战争

为了争夺高加索通往黑海的出海口，参加对东方的贸易，并牢牢掌握对小亚细亚地区的统治权,公元527年,刚刚继位的查士丁尼一世任命贝利撒留为拜占廷军东方战线统帅。

贝利撒留(约505~565年)出生于巴尔干半岛达尔马提亚的农家。他膂力过人,性情坚韧,有胆有识,颇具大将风范。因其妻安东尼娜与皇后狄奥多拉过从甚密,使他成为查士丁尼一世的宠臣。他此时虽只有22岁,但已荣登帝国高级将领之列,出任东方统帅之一要职。他到任后,一方面大力整饬军纪,提高军队的战斗力;另一方面着力于防务的加强,在尼西比斯修筑要塞。

科巴德一世得到贝利撒留出任拜占廷军东方统帅和他致力于军务的消息,认为不能坐等拜占廷发展。如果任其扩大实力,将会对波斯极为不利。于是,他下决心先发制人,在528年先向拜占廷宣战,挑起了第一次拜占廷波斯战争。

战争爆发后,科巴德一世派大将扎基西斯率领3万大军向贝利撒留指挥的拜占廷军发动猛烈进攻。当时,贝利撒留麾下共有2.5万人,是一支由拜占廷人和蛮族人混合编成的队伍。这支队伍虽经贝利撒留作了整顿,但因时日过短,仍然存在纪律松弛、意志消沉等弱点,加上构成复杂,与波斯军相比,无论在数量上和质量上都处于劣势。战斗开始后,扎基西斯指挥的波斯士兵勇猛冲杀,很快就在战场上占据主动地位,击败了拜占廷军队。首战失利后,贝利撒留冷静地分析了双方的力量对比和战场形势。他认为,在敌强我弱的形势下,应当主动后撤,集中力量,待敌人的战线拉长、力量分散之时再主动出击,与敌人决战。这样,他下令拜占廷军全线后撤,集中在德拉城。初战告捷及顺利进军,使波斯军新任统帅贝利则斯将军认为贝利撒留无计无谋、胆小如鼠,以为拜占廷军不堪一击,德拉城唾手可得。公元530年,他率领4万精锐的波斯大军,直扑德拉城。

德拉城是美索不达米亚平原上的战略重镇,位于尼西比斯北部23公里处,距底格里斯河有4天的路程,四周没有任何自然屏障,完全依靠城防工事的保护。其城防由内城、外城、护城河和防御壕及塔楼组成。内城城墙高达30米,外城的墙基坚固。为了加强守备,与敌人周旋,贝利撒留在城内布置了大批军队;在开阔平坦的城外,挖掘了纵横交错的交通壕,以掩护待命出击的骑兵。刚愎自用的贝利则斯十分轻敌,认为波斯军很快就会击败敌人并攻占城池,因而在攻城之前即向德拉城内的市民发布通告,要他们准备好洗澡水,以便占领该城后为波斯士兵洗涤征尘。

战斗开始后,波斯大军发动了猛烈的进攻,拜占廷军接连失利,中军发生动摇。就在这危急时刻,贝利撒留指挥两翼的骑兵适时出击,出其不意地从两个方面夹击敌人侧后。在拜占廷骑兵的冲击下,波斯军阵脚大乱,导致全军溃败。统帅贝利则斯看到大势已去,弃军逃走。波斯士兵丢弃武器,四散奔逃,结果有5000人阵亡、8000人被俘。获胜的贝利撒留为防敌人反扑,下令收兵回城,重整防务。531年,波斯军渡过幼发拉底河,从叙利亚沙漠方向发动进攻。贝利撒留统兵2万前往援救。波斯军发动的多次进攻,都在贝利撒留的巧妙应付下瓦解了。在胜利面前,拜占廷军中的骄傲轻敌情绪日益高涨,加上贝利撒留尚不满 26 岁,其部下诸将欺其年轻,经常不服从他的统辖,全军缺乏行动的一致性,直接影响了此后的战争进程。

当时,贝利撒留为了尽快退敌,下令要拜占廷军每晚都抢先占领敌人预定第 2 天占领的阵地,待敌人前来进攻时,经短暂战斗,即主动放弃。这样,通过拉锯战来消耗敌人的有生力量。但贝利撒留部将急于立功,不遵守贝利撒留的命令,有的轻举妄动,擅自出击,以致在卡尔基斯城附近轻易与波斯军主力交战。在战斗中,位于拜占廷军右翼的阿拉伯人在波斯士兵的拼死攻击下临阵逃脱,使拜占廷军陷入绝境,800 名英勇善战的匈奴老兵被包围消灭。只有左翼的拜占廷步兵在贝利撒留的激励下,在幼发拉底河岸背水一战,顶住了波斯骑兵的冲击,并乘夜巧妙渡河撤退,摆脱了危险。波斯军队取得了卡尔基斯会战的胜利。

公元 531 年秋,波斯国王科巴德一世逝世,国内发生继嗣之争,政局动荡不安;而拜占廷方面,皇帝查士丁尼一世为了恢复失去的国土,准备集中全力对非洲用兵,进攻汪达尔王国,也急于尽快结束与波斯的战争。这样,因双方都无心再战,就在公元 532 年达成媾和协议,结束了第一次波斯战争。条约规定:拜占廷撤回德拉城的驻军,向波斯支付黄金 1000 磅。

纵观第一次波斯战争,波斯军队在数量和质量上始终占绝对优势,但是拜占廷军在足智多谋的贝利撒留指挥下,以少胜多,以弱胜强,给波斯军以很大打击。由于这次战争是一场没有经过决战定出胜负就停战媾和的战争,在某种意义上可以说是一场没有打完的战争。虽然查士丁尼一世不惜以金钱和实利换取了和平,但是在交战双方之间存在的矛盾并未消除,双方的军事力量也没有受到任何大的损失,因而双方的冲突和战争仍是不可避免的。

第二次波斯战争

双方停战后,波斯新王库斯鲁一世(531~532 年在位)利用和平时机,致力于稳定国内政局。他在无情镇压政敌,巩固自己的地位,把持了朝政之后,就开始大力进行国内的政治、经济和军事等方面的改革。首先,鼓励发展农业,推广农耕技术,向人烟稀少的边疆地区大量移民;其次,大力整修道路,发展交通事业,使之既有利于军队的调动,也为贸易往来提供便利;第三,改革军制,以铁甲骑兵和农民组成的步兵为主,建立新的正规军,增强军队的训练和组织纪律性;第四,大力进行税制改革,增加国家财政收入。他改变过去官员和贵族随意摊派税额和随意征收的旧制,开始征收固定的土地税和人头税,每年分两次完税;另外,他还奖励发展工艺品的制造,并大力发展文化教育事业,创办了苏萨大学。这些措施,巩固了波斯王室的地位和中央集权的统治,也使波斯的政治、经济和军事实力得到增强,因此,库斯鲁一世在位期间,被称为萨珊波斯的黄金时代。

库斯鲁一世是个野心勃勃的人,他进行改革的目的,就是要增强国力,对外进行侵略扩张,扩大自己的版图。但是,在他致力于解决国内问题的时候,拜占廷军已征服了汪达尔王国,正在向东哥特王国进攻。因此,库斯鲁一世非常不安,他既嫉妒查士丁尼一世取得的成功,又担心拜占廷势力的强大会威胁到波斯的存在,整日郁郁寡欢,苦思对策。就在这时,公元539年底,东哥特国王维提吉斯派特使求见库斯鲁一世,告诉他:东哥特王国在贝利撒留指挥的拜占廷军的打击下,已岌岌可危,所以敦请库斯鲁一世火速出兵拜占廷,以减轻东哥特王国的压力,同时可以从东西两个方面夹攻拜占廷帝国。库斯鲁一世不愿看到拜占廷打败东哥特王国壮大力量,接受了请求。他认为拜占廷军的主力都在贝利撒留的指挥下西征东哥特王国,国内必定空虚;而且亚美尼亚和科尔奇斯人不满拜占廷的统治,如果趁此时机发动战争,一定会取得胜利。于是,他先唆使阿拉伯人酋长进攻拜占廷帝国,尔后以援助阿拉伯人为名,撕毁和约,向拜占廷宣战,战争再次爆发了。

公元540年春,库斯鲁一世亲率大军从首都泰西封出发,沿幼发拉底河西岸前进。拜占廷人猝不及防,加上拜占廷军在幼发拉底河防线上的兵力薄弱,无法与波斯军对抗。因此,战争一开始,库斯鲁一世就给予拜占廷军以自亚德里亚堡以来所没有受到过的打击。在镇压了小城苏拉的反抗后,库斯鲁一世率军进攻希拉波利斯、卡尔基斯等城,勒索得巨额赎金,然后直捣叙利亚首府安条克。

安条克是拜占廷在东方的第2大城市,人口稠密,建筑宏伟,三面环山,一面临奥伦德斯河,围绕城市建有坚固的堡垒。守将是查士丁尼一世的外甥,他完全是依靠姻亲关系担任这一职务的,根本就没有指挥才能。虽然在波斯军的包围圈形成之前,查士丁尼一世派来的6000援军已进入城内,但援军的到来并未使军队的士气有所提高。波斯军围城之后,库斯鲁一世下令指挥大军攻城。数万波斯士兵肩扛登城的云梯,发动了一次次的强攻,在残酷、激烈的战斗中,拜占廷军的伤亡不断增加,许多士兵从旁门突围逃走。城内吉莫(市民的区域组织,有自选的区长,负责治安)派出大批青壮年支援残留在城内的士兵进行抵抗,但在波斯军的最后总攻下,安条克城陷落了。库斯鲁一世为了报复,下令让波斯军大肆烧杀抢掠。寺院受劫掠,房屋被焚烧,人民遭屠杀,整个城市惨状纷呈,劫余的居民被掳往波斯。尔后,库斯鲁一世挥军进攻地中海东岸地区。

在这一年里,库斯鲁一世率领波斯大军纵横驰骋在拜占廷帝国的东方领土上,如入无人之境,取得了一连串的胜利,掠得的财宝不计其数。在胜利面前,库斯鲁一世日渐狂妄自大,野心不断膨胀。他认为从拜占廷帝国夺取小亚细亚已不成问拜占廷皇帝查士丁尼一世得到波斯军队入侵并劫掠的消息后,十分惊慌,急忙召回正在意大利指挥作战的贝利撒留,任命他为征讨波斯的统帅。公元541年,贝利撒留风尘仆仆地从意大利战场上赶回,戎装未卸,就奔向叙利亚战场。

这时的贝利撒留经过十几年无数次战争的锻炼,早已成为一个杰出的骑兵指挥官和战术家,他建立了一支由拜占廷人和一部分蛮族人组成的7000人的亲随骑兵。他们身披锁子甲,装备有日耳曼人的长矛和波斯人的弓箭,在战斗中行动迅速,勇猛异常,成为拜占廷军的主力,被称为"铁甲士"。作为一名将军,贝利撒留深知士兵的重要,因此他非常爱护士兵,珍惜士兵的生命。在战斗中,他总是身先士卒,带领亲随骑兵驰骋拼杀,因而得到士兵们的崇敬和爱戴。贝利撒留抵达东方前线,立即指挥拜占廷军向前推进,在幼发拉底河畔扎营。他详细考察、研究了战场形势,决定采取引蛇出洞的战术,把以逸待劳、固守堡垒的波斯军引出来,加以伏击。但是,由于执行诱敌任务的阿拉伯雇佣军军纪涣散,战斗力低下,使计划失败了。这时,由于家庭纠纷,查士丁尼一世召贝利撒留回君士坦丁堡,他只好暂时离开了前线。波斯军趁机发动进攻,缺乏主帅的拜占廷军无心恋战,节节后退。542年,当贝利撒留重返前线时,拜占廷军已退缩到希拉波利斯城。他立即投身于建立新的战线的工作,同时,鼓励士兵振奋精神,奋勇向前。很快,他就在希拉波利斯城和幼发拉底河之间建立了新的防线。新的防线是由骑兵和步兵按梯次配备组成的,第一线是由6000骑兵组成的机动部队;第二线是由哥特人、汪达尔人、伊比利亚人等蛮族组成的步兵。步兵每个阵营分为四队,第一队持鞭,第二队仗剑,第三队执弓,第四队用斧。此外,在幼发拉底河东岸部署1000名亚美尼亚骑兵,作为策应。

库斯鲁一世深知贝利撒留作为一代名将在胆量和韬略方面的过人之处,当他看到拜占廷军已做好迎战的准备,就决定放弃进攻,避免与贝利撒留进行决战。于是,他引兵向北进攻、劫掠黑海北岸。

此时,流行于欧洲大陆的黑死病(鼠疫),在拜占廷肆虐起来。在黑死病的袭击下,君士坦丁堡居民大量死亡,最多时一天有近万人死于瘟疫。同时,黑死病也威胁到交战双方的军队,两军因此不得不休战。留在前线的贝利撒留利用休战,整训军队。这时,一个消息传到前线,说查士丁尼一世死于黑死病。一个部将趁机劝说贝利撒留利用手中的兵权夺取帝位。这件事被人密报君士坦丁堡,查士丁尼一世本来就害怕贝利撒留功高盖主,此时他不问青红皂白,将贝利撒留召回,没收其财产,剥夺其亲兵,削去其职务,使拜占廷军失去了一位杰出的指挥官。

看到拜占廷内部发生的纠纷,库斯鲁一世觉得有机可乘,遂于公元543年派军进占亚美尼亚,全歼了前来进攻的3万拜占廷军。544年,库斯鲁一世再次亲征上美索不达米亚,围攻首府尼得撒城达数月之久。但波斯军发动的多次攻城战,均因城高险固未能如愿。无奈,他率军退回尼西比斯。

公元 545 年,双方缔结了一个有效期为 5 年的停战协定,根据协定,波斯将所占领土归还拜占廷,拜占廷则偿付波斯黄金 2000 磅。第二次波斯战争至此就结束了。

这次战争,双方仍未决战,由于查士丁尼一世采取了以金钱买和平的息事宁人的政策,战争暂时停止了,但导致战争的因素并未消除,战争仍是解决双方矛盾的唯一手段。

第三次波斯战争

这次战争(549~562 年),双方主要围绕科尔奇斯进行争夺,展开了激烈的战斗,进行了反复的较量。科尔奇斯只是一个小国,它位于黑海东岸,扼守作为东西方商路的高加索通道,法息斯河流经其间,河运十分便利,从河口的港口只需 9 天即可航行到君士坦丁堡。科尔奇斯物产丰富,特别是黄金等矿产蕴藏量很大。优越的地理环境,丰富的物产,吸引了众多的人口,成为多民族的聚居地。科尔奇斯号称人口 400 万,仅使用的语言就达 130 多种。它由 7 个部落组成,其中以拉济卡部落最大,拉济卡酋长又称为科尔奇斯国王。富庶的科尔奇斯一直是周围强国的争夺目标。为了进行自卫,国内建有许多小要塞,每个要塞都有砖砌的城墙和塔楼,并配备相当数量的守军。全国号称有军队 20 万人。

在古代,科尔奇斯是波斯帝国的属国,波斯帝国瓦解,被本都王国吞并,本都在米特拉达梯战争中失败后,又被罗马帝国征服。但由于距罗马过于遥远,罗马的控制很松弛,实际上仍然作为一个独立的小王国存在着。随着基督教的广泛传播,科尔奇斯人纷纷转而信奉基督教。控制着教权的拜占廷帝国趁机向科尔奇斯进行渗透,扩张自己的势力。公元 522 年,科尔奇斯遭到东方伊比利亚人的侵害,为了求得拜占廷帝国的庇护,科尔奇斯国王沙非亲自到君士坦丁堡接受洗礼,并娶拜占廷人为妻。后来又与查士丁尼一世缔结同盟,实际上成为拜占廷的属国。

到国王卡巴翟斯当政时,拜占廷在比遵达和庇特拉修建要塞,驻扎重兵。开始,科尔奇斯人欢迎拜占廷士兵的到来,认为他们是来保护自己的。但由于拜占廷军的纪律涣散,长期以来,扰民行为不断发生。拜占廷士兵到处侮辱、劫掠当地人民,甚至插手科尔奇斯的政治,使国王卡巴翟斯成为傀儡,政权几乎完全掌握在拜占廷官吏的手中。这些,都大大伤害了科尔奇斯人的民族自尊心,他们忍无可忍,遂向波斯国王库斯鲁一世恳求援助和友谊。早想染指科尔奇斯的库斯鲁一世接到请求后,大喜过望,马上应诺下来。他计划先派舰队沿法息斯河顺流而下,控制黑海商路和制海权,蹂躏本都和比西尼亚海岸;同时联合不满君士坦丁堡统治的各蛮族,共同进攻拜占廷帝国。公元547年,库斯鲁一世率领8万大军,以讨伐斯基泰人为借口,秘密进入伊比利亚。科尔奇斯人看到波斯军的到来,认为是来解救他们的,高兴地为波斯军充当向导,帮助开辟通过高加索山脉的道路。卡巴翟斯王甚至跪在库斯鲁一世面前表示感谢,宣誓效忠波斯。进入科尔奇斯后,库斯鲁一世指挥波斯军进攻庇特拉要塞。拜占廷守军顽强抵抗,但在波斯大军的轮番冲击下,城垣毁坏,残余的拜占廷守军投降,庇特拉落入波斯之手。

科尔奇斯人原以为"救星"波斯人的到来,会给他们带来和平、安宁的生活。但事与愿违,作为专制君主的库斯鲁一世,不但把以卡巴翟斯王为首的科尔奇斯人视为奴隶,百般驱使,而且下令强制要求科尔奇斯人放弃基督教的信仰,改信波斯的祆教。在信奉基督教的科尔奇斯人眼中,祆教的许多仪式和习俗是难以接受的。如祆教习俗之一的"天葬",是将亲人的遗体放在高塔上任凭日晒雨淋,作鸟和鹰的食物,这被他们看作是对亲人的不敬和残忍的行为。因此,他们对改教抱有反感,从而产生了敌意。库斯鲁一世察觉后,准备暗杀卡巴翟斯王,并将科尔奇斯人迁往遥远的沙漠地区,把忠实于自己的波斯人移民法息斯河畔。科尔奇斯人听到这个可怕的消息后,慌恐万分,他们既不愿改变自己的信仰,也不愿离开世代生息的家园。于是,公元549年,他们再次向拜占廷帝国皇帝查士丁尼一世求救。查士丁尼一世觉得收复科尔奇斯的机会来了,他立即派将军达基斯特率8000拜占廷士兵向波斯军发动进攻,力图从黑海沿岸驱逐波斯势力。双方因此展开了著名的庇特拉争夺战。

庇特拉要塞建在法息斯河口的一个伸向黑海的小半岛上,岛上地势险要,只有一条小路通向陆地,易守难攻。波斯军占领该要塞后,对要塞进行了改造,使之更加坚固。要塞中有1500名波斯士兵驻守,储有约5万件防御武器和5年的口粮。在拜占廷军的围攻面前,波斯守军毫不畏惧,顽强战斗,保住了要塞。但是在激烈的战斗中,有1200名波斯士兵阵亡,残存的300名波斯士兵在战友们的尸体堆中,忍受着难耐的尸臭,继续战斗。在最危急的时刻,波斯将军梅尔美劳斯带3000名士兵,杀开一条血路,冲入城内增援。拜占廷军因久攻不下,由贝思将军出任攻城总指挥。梅尔美劳斯是位失去双脚,在担架上指挥战斗的老将军;贝思则是一个久经沙场的年逾70的宿将。两人到达前线后,都潜心研究战场上的形势,制定新的战略战术。

公元551年,经过充分准备的拜占廷军5万人发起了新的攻城战。拜占廷军使用需40名士兵搬运的大型撞城槌冲击城墙,然后用铁钩钩下松动的墙砖,力图打开一个突破口。波斯军则在城墙上往下倾倒用硫黄和沥青制造的燃烧剂,烧灼拜占廷军,并以飞蝗般的箭矢阻止拜占廷军登城。拜占廷军老将贝思一马当先,常常冲在队伍最前列,他的勇气鼓舞了拜占廷士兵的斗志,他们顶着矢雨,奋勇登城。波斯军也在梅尔美劳斯的指挥下英勇杀敌,寸土必争。残酷的战斗持续了几个月。战斗激烈之时,6000 名拜占廷士兵同时架起云梯登城,战场上到处是刀剑的撞击声、喊杀声、呻吟声。在拜占廷军的攻击下,波斯军伤亡惨重,但仅存的 2300 人仍坚守着残破的要塞。在拜占廷军的最后总攻击中,波斯军仅有 700 人受伤被俘,其余的 1600 余人均被剑与火夺去了生命。最悲惨的是被包围在名为天主阁的卫城内的 500 名波斯士兵,因拒绝投降,在拜占廷军的火攻下,一齐葬身火海。拜占廷军在付出了巨大的伤亡后,占领了已成为废墟的庞特拉要塞。

庞特拉围攻战后,拜占廷军和波斯军在高加索山麓进行了 6 年的拉锯战。拜占廷军掌握了主动权,取得了多次小胜利。但由于波斯军得到源源不断的补充,力量不断增加,总兵力达到了 7 万人。554 年,波斯军向阿尔凯奥波利斯发动进攻,失利后,主动撤退。不久,再次发动进攻,占领了伊比利亚。战争逐渐向有利于波斯的方向发展。连续的失利,使拜占廷军士气低落,战线不断后移,卡巴翟斯王逃入山中。公元 555 年,那科劳凯恩将军出任波斯军统帅。他傲慢自负,不可一世,狂言在战场上取胜,就像往自己手上戴戒指一样容易。当时,数万拜占廷军已被波斯军困在法息斯河口的一块狭小的地区,内无粮草,外无援兵。但置之死地而后生,处于绝境的拜占廷军抓住有利时机,拼死向轻敌冒进的波斯军队发起反攻,取得了胜利,消灭波斯士兵 1 万余人。那科劳凯恩将军狼狈地逃回波斯,被激怒的库斯鲁一世将他剥皮处死。

面对战场上的败势,库斯鲁一世采取了养精蓄锐、以利再战的政策,主动放弃战争,逐渐将军队撤回国内。拜占廷恢复了对科尔奇斯的控制,卡巴翟斯王再次向拜占廷宣誓效忠,但不久被查士丁尼一世以背信弃义的罪名处死。

公元 562 年,波斯与拜占廷再次媾和,条约规定:波斯放弃对科尔奇斯的领土要求,作为补偿,拜占廷每年向波斯支付黄金 1.8 万磅;条约有效期限为 50 年。

这样,在拜占廷帝国方面由查士丁尼一世进行的三次战争就结束了。通过战争,拜占廷保住了在东方的领土。但辉煌的战果是付出了巨大代价才取得的。庞大的战争费用和巨额的年金,耗尽了国家原有的积蓄,天文数字般的财政赤字的弥补,加重了人民的负担,使广大下层人民的不满与仇视情绪与日俱增,阶级矛盾和阶级斗争日益尖锐。统治阶级内部也因种种矛盾,趋向分化解体。拜占廷帝国已成为外强中干的空架子,往昔繁荣的大帝国的景象,已一去不复返了。正像查士丁尼一世的继承人查士丁二世在 566 年发布的补充诏令中说的那样:"我们的国库空虚,负债累累,达到极端贫困的境地,军队也趋于瓦解,以致国家遭到蛮族不断的侵袭与骚扰。"

第四次波斯战争

公元 562 年双方媾和之后,库斯鲁一世再次改革内政,整顿军队。为了稳定后方,消除后顾之忧,他出兵征服阿拉伯半岛,控制了半岛最大的港口亚丁。经过一番努力,波斯的实力渐渐恢复起来。

公元 565 年 1 月,拜占廷皇帝查士丁尼一世去世,把拜占廷帝国这个乱摊子丢给了继承人查士丁二世(565~578 年在位)。面对财政困窘,吏治混乱,军事无力,人民斗争不断的局面,查士丁二世改变了查士丁尼一世的对外政策,力图通过改革内政来挽回颓势。571 年,查士丁二世下令停止向波斯支付年金。库斯鲁一世以查士丁二世撕毁条约、拒纳年金为名,率领波斯军进攻德拉城,战端又起。经过 5 个月的厮杀,德拉城陷落。在索得黄金 4 万磅后,波斯军后撤,双方暂时休战。在战争失利的情况下,性格内向的查士丁二世苦于强国无策,终日闷闷不乐,最后竟精神失常,死于 578 年。将军提比略二世继其后为拜占廷皇帝(578~582 年在位)。提比略二世为了集中全力同波斯进行战争,在帝国其他方面都采取了守势,甚至不惜花费巨额款项与阿瓦尔人和解。但面对残破的局面,他同样回天乏术,在声声悲叹中死去。根据遗诏,其女婿、将军莫里斯登上帝位(582~602 年在位)。

在波斯,579 年库斯鲁一世逝世,其子霍尔密资德四世(579~590 年在位)继位。霍尔密资德锐意改革图治,采取了许多削弱地方权力,加强中央集权的措施,力争重新树立国王的权威。但是,他的改革措施遭到了普遍反对。巴比伦、苏萨、达尔马提亚相继发生叛乱,阿拉伯等地拒绝向中央政府缴纳贡赋。西方有拜占廷军的进攻,东方面临突厥人的入侵,内忧外患一齐涌来。589 年,以阿塞拜疆驻军司令巴拉姆·楚宾为首的部分贵族发动叛乱,杀掉霍尔密资德,篡夺王位。霍尔密资德之子库斯鲁二世巴尔维茨逃往拜占廷,请求拜占廷皇帝莫里斯的保护。为了彻底解决东方问题,莫里斯答应了他的请求,派将军那尔翟斯率 7 万大军援助库斯鲁二世。拜占廷军在幼发拉底河畔击败了波斯军,乘胜于 591 年攻陷波斯首都泰西封,杀掉了巴拉姆·楚宾,把库斯鲁二世扶上波斯王位(591~628 年在位)。继位之初的库斯鲁二世不得不向拜占廷做出重大让步,将亚美尼亚的大部分和伊比利亚之半割让给拜占廷,双方订立"永久和平协定"。莫里斯圆满地结束了苦战 20 年的战争。

第五次波斯战争

波斯国王库斯鲁二世是个颇有才智和野心的人。他虽然借拜占廷的力量登上王位,并与拜占廷订立"永久和平协定",但其真实目的是为了首先解决国内问题,巩固刚刚到手的王位,扩大自己的势力,增强国力。因此,他一面派兵出击突厥人,守卫东部边疆;一面稳定国内政局,注意休养国力。恰好,由于阶级矛盾激化;拜占廷发生兵变,602年,暴动士兵在百夫长福卡斯率领下向君士坦丁堡进军。兵变得到了君士坦丁堡的吉莫和平民的广泛支持,他们推翻并处死了莫里斯皇帝,拥立福卡斯为拜占廷皇帝(602~610年在位)。但福卡斯政权一建立,就遭到元老、大地主、行政官吏和高级军官的反对,拜占廷陷入了国内战争。内战使拜占廷的行政机构完全处于瘫痪状态。

拜占廷的内乱使库斯鲁二世觉得时机已到,便以给大恩人莫里斯复仇为名,于公元606年率领大军西征,战火又起。交战中,波斯军斩杀拜占廷将军凯尔马努斯,俘其所部;进而围攻德拉城,经9个月的战斗攻占该城。608年,波斯军进攻卡帕多西亚、比西尼亚、卡拉奇亚;另一支波斯军攻占了卡尔西顿城,联合阿瓦尔人、斯拉夫人威胁君士坦丁堡。

波斯大军的迫近,使君士坦丁堡一片混乱。已被内乱搞得头昏脑胀的福卡斯皇帝手足无措,不知如何应付如此危急的局面。在元老、大地主和行政官吏的支持下,近卫队长普里斯库斯秘密联合非洲行省省长希拉克略,准备发动政变,推翻福卡斯。610年,希拉克略率舰队向君士坦丁堡进军,在达达尼尔海峡击败了支持福卡斯的军队,顺利进入君士坦丁堡,推翻并处死了福卡斯,希拉克略成为拜占廷皇帝(610~640年在位),开始了希拉克略王朝的统治。

这时的拜占廷,国内战争虽然结束,但旧的矛盾和问题尚未解决,又出现了新的问题;外部,波斯大军兵临君士坦丁堡,直接威胁到帝国的存在。可以说这是拜占廷帝国形成后未曾有过的黑暗时代。希拉克略千方百计想排除重重困难,挽救危急中的帝国。为阻止波斯军的攻势,他任命普里斯库斯为东方统帅,并派其弟德奥多尔斯驻守战略要冲奇里乞亚(又译西里西亚)山口,但611年普里斯库斯因与希拉克略的关系破裂,阴谋反叛,东方战线形同虚设,根本无法与波斯军抗衡。

波斯在蹂躏小亚细亚之后,于609年进攻叙利亚,611年再次攻占安条克。帝国的广大下层人民,特别是犹太居民,认为波斯人是来解救他们的,使他们不再受帝国的政治压迫和经济盘剥,因而情愿接受波斯人的统治。613年,波斯大将夏尔·巴尔兹率军攻占大马士革,并进攻耶路撒冷。

耶路撒冷是传说中耶稣基督的殉难地,耶稣的灵墓即在这里,因而被基督教徒视为"圣地"。信奉基督教的拜占廷士兵和当地居民为保卫"圣地"不受异教徒的亵渎,浴血奋战。波斯军以移动木塔为掩护,用攻城槌撞击城墙,发动轮番进攻。守军寡不敌众。在激战80多天后,耶路撒冷城被攻陷。波斯军进城,大肆劫掠,总计有9万人惨遭杀戮,圣殿和庙宇均罹兵燹,300多年的积蓄被抢劫一空,连耶稣的陵墓也未逃厄运,"圣十字架"(传说中钉死耶稣的十字架)被作为战利品运回泰西封。基督教的信徒们闻此失色,悲叹世界末日的降临,他们把库斯鲁二世视为《圣经》中的"基督的仇敌"。

616年,夏尔·巴尔兹又率领波斯军侵入埃及,攻陷了亚历山大里亚城,到619年征服了整个埃及。同时,另一支波斯军队出征小亚细亚,直抵博斯普鲁斯海峡,再次威胁到君士坦丁堡的安全。波斯大军兵锋所至,本都沿海经安基拉到罗得岛的许多城市望风而降。庞培等罗马帝国将军在几百年间夺占的土地,在短短的几年中就全部被库斯鲁二世夺走。到这时,埃及、阿拉伯、巴比伦、叙利亚及小亚细亚的美索不达米亚、亚美尼亚、美地亚等地,都先后臣服于波斯,波斯的版图扩大到了极点,萨珊波斯的势力达到了空前绝后的极盛时期。617年,波斯军又一次攻占卡尔西顿城,库斯鲁二世与阿瓦尔人、斯拉夫人等蛮族订立同盟,共同进攻君士坦丁堡。

这时,拜占廷帝国的形势非常紧张,君士坦丁堡被围困,粮道断绝,军费匮乏,士气低落,人心浮动,加上疾疫流行,城内混乱不堪。希拉克略无计可施,打算放弃君士坦丁堡,迁都迦太基城。在主教塞尔基乌斯的竭力劝阻下,希拉克略打消了迁都的念头,决心坚持战斗到底。在大敌当前的情况下,帝国内部各阶级、各阶层之间的矛盾得到了缓和,他们都团结在希拉克略周围,准备与敌人决一死战。希拉克略在他们的支持下,在国内施行了三项重要改革:首先,把北非的总督制移植到拜占廷东方各省,建立军区制(亦称宅姆制),把地方军、政大权集于军事长官一身,健全了军事组织;其次,充分利用帝国内乱时充入国库的被镇压贵族的财产,把土地分给军人,建立军役和封建义务合一的军事屯田制,加强军队的经济基础;第三,利用宗教的精神和物质力量,大批动用教产,以"圣战"号召全国军民同仇敌忾,与"异教徒"波斯人决一死战。

为了争取时间,希拉克略向波斯提出休战。波斯严词拒绝,同时发兵进攻君士坦丁堡,逼迫希拉克略投降。620年,夏尔·巴尔兹率军从埃及赶到卡尔西顿,参加对君士坦丁堡的攻击。得到增援的波斯军乘船强渡博斯普鲁斯海峡,试图从海上进攻君士坦丁堡。在拜占廷舰队的拦击下,波斯军伤亡士兵4000余人,进攻受阻。见此情景,库斯鲁二世向希拉克略提出休战条件:拜占廷每年向波斯交付金银2000塔兰特,绢衣1000件,马1000匹,美女1000人。迫于当时的形势,希拉克略答应了这些苛刻的条件,但以时间仓促为由,要求延缓纳贡的期限。双方达成了休战协定。利用这一短暂的时机,希拉克略大力加强陆海军军备。621年,又以黄金20万磅的代价与阿瓦尔人议和,消除了后顾之忧。

一切准备就绪后,公元622元,希拉克略将太子留在君士坦丁堡,把后事托付给主教和元老院,抱着必死的决心,亲自率领拜占廷军踏上了进攻波斯的征途。希拉克略指挥拜占廷军避开正面的敌人,乘军舰出其不意地在小亚细亚南端奇里乞亚的伊索斯港登陆。这里曾是马其顿亚历山大大败波斯皇帝大流士三世的古战场。驻扎在卡尔西顿城的波斯军听到拜占廷军在自己身后的伊索斯登陆,十分惊慌,为保住自己的补给线,马上分出一支部队火速赶往伊索斯。希拉克略率军迎击,双方在卡帕多西亚相遇。战斗中,在希拉克略的激励下,拜占廷军奋勇拼杀,人人争先,大败波斯军,乘胜收复小亚细亚东部。初战告捷,拜占廷军士气大振。623年,希拉克略又率军舰在小亚细亚北部的特拉帕作斯港登陆,在击退敌人的进攻后,占领科尔奇斯。在这里,拜占廷军得到许多来自高加索山区的蛮族雇佣军的补充。不久,拜占廷军又夺取了亚美尼亚,攻入美地亚,占领塔里斯城。为避免过早地与波斯军进行决战,希拉克略下令停止进攻,原地休整。624~625年,拜占廷军基本上平定了小亚细亚西部。

战场上的失利和军队的大量减员,使波斯军面临着许多困难。为了补充兵员的严重不足,库斯鲁二世大量募集新兵,并打破惯例将广大下层贫苦人民强制编入军队。626年,库斯鲁二世为了发动新的进攻,制定了一份详细的作战计划。按计划,波斯军兵分两路:一支由5万人组成,出兵亚美尼亚,牵制希拉克略率领的拜占廷军;另一支由夏尔·巴尔兹将军指挥,从南方经小亚在卡尔西顿城与阿瓦尔人会合,力争在短时期内攻下君士坦丁堡。

在得知波斯军的动向后,希拉克略调整了自己的战略部署。他将拜占廷军分为三部分:一支横渡黑海,援救君士坦丁堡;一支由其弟德奥多尔斯率领在亚美尼亚与波斯军队周旋;第三支主力由希拉克略亲自指挥,作为机动部队,静观战局发展再决定出击方向。

626年8月,8万阿瓦尔人大军向君士坦丁堡发起进攻,在激战10天后,被拜占廷军击退。失利的阿瓦尔人欲乘船渡过海峡与波斯军会合,但遭到拜占廷舰队的猛烈攻击,在拜占廷军海陆夹攻下,阿瓦尔人解围引兵北逃,从此一蹶不振。

在亚美尼亚,德奥多尔斯大败波斯军,再次攻入美地亚。希拉克略抓住有利时机,派一支精锐部队经美地亚、阿西利亚直捣波斯首都泰西封。他自己指挥主力出科尔奇斯,沿底格里斯河南下,两支军队互相策应。

面对拜占廷军的大规模进攻,库斯鲁二世被迫与拜占廷军决战。他把所有留在国内的士兵集中起来,拼凑了一支军队,以将军拉扎特斯为统帅,进行决战的准备。他对即将出征的拉扎特斯说:"胜利与殉国,希卿任选其一。"同时,他又派信使火速赶往卡尔西顿,召大将夏尔·巴尔兹率军回国参加决战。信使在途中被拜占廷军俘获,使波斯军失去了后援。

公元 627 年 12 月 12 日,两支大军在古城尼尼微附近相遇,激烈的战斗开始了。战斗自拂晓至中午仍未见胜负。激战中,希拉克略身先士卒,带领拜占廷军发起最后攻击。拜占廷士兵勇猛拼杀,战场上人喊马嘶,声震如雷。波斯军损失惨重,将军拉扎特斯阵亡。傍晚,波斯军稳住阵脚,开始主动后撤。不久,波斯军重新发起进攻。希拉克略见波斯军来势汹汹,避而不战,率军乘夜色从小路昼夜兼程,直扑波斯陪都达斯塔噶德城。库斯鲁二世见势不妙,一面下令拆掉护城河上的木桥,一面再派信使召回夏尔·巴尔兹。但由于拜占廷军进军神速,一切都无济于事了,无奈,他只好弃城逃走。希拉克略进入该城后,将离宫内的财宝、积蓄抢劫一空,放火焚烧了宫殿。尔后,继续率军向泰西封挺进。由于天寒雪大等不利条件,加上得到夏尔·巴尔兹大军将至的消息,希拉克略下令将军队撤回美地亚。

战场上的接连失利,使库斯鲁二世恼羞成怒。他不顾国库空虚、兵力不足等客观条件,拒绝了希拉克略的媾和要求,誓与拜占廷帝国血战到底。在国家存亡的危急关头,628 年,一部分波斯贵族联合将军夏尔·巴尔兹举行政变,将库斯鲁二世逮捕入狱(后在狱中忧愤死去),拥立其子西罗斯为波斯国王,即科巴德二世。公元 631 年,科巴德二世与拜占廷议和。条约规定:波斯立即归还历代侵占的拜占廷领土;无条件释放拜占廷俘虏;归还抢自耶路撒冷的"圣十字架";归还一切抢劫的拜占廷财物,并偿还相当数额的军费。

波斯惨败以后,国势日颓,再也无力向拜占廷发动战争;到公元 651 年,萨珊波斯也就被阿拉伯帝国灭亡了。但是,这一地区并不宁静。随着阿拉伯帝国的崛起,便又开始了阿拉伯与拜占廷之间的战争。

查理曼帝国的建立

自从 4 世纪末各蛮族部落侵入罗马帝国,西罗马帝国于 476 年灭亡以来,欧洲一直处于动荡之中。罗马帝国是以地中海为中心,横跨欧、亚、非三洲的大帝国,从未深入欧洲大陆腹地,仅在高卢与不列颠建立了不稳固的统治。在西罗马帝国原来版图上建立的各个蛮族国家,如西哥特王国、东哥特王国、勃艮第王国、伦巴德王国等,时有兴亡,迁徙不定,在经济、政治、文化各方面没有什么巩固的成就。486年,在欧洲大陆西北角,濒临北海的莱茵河口一带,法兰克人部落首领克洛维建立了法兰克王国,在莱茵河下游西岸的奥斯特拉西亚一带建立了巩固的根基,并较快地占领了高卢大部分地区,克洛维率领法兰克人信奉了原来罗马人的国教罗马基督教会,使法兰克人与高卢——罗马人的教俗统治者较易合作,形成了巩固的统治。克洛维的子孙后代相继为王,被称为"墨洛温王朝"。但从7世纪开始,法兰克王国不断分裂,内战频繁,墨洛温王朝国王大权旁落到掌管宫廷事务的宫相手中。奥斯特拉西亚地区的大封建主兰登的丕平从613年起开始世袭宫相的职位。其后代赫里斯托尔的丕平凭借雄厚的实力,战胜了高卢北部纽斯的里亚地区和高卢东南部勃艮第地区的封建主,于687年重新统一法兰克王国。他的儿子查理·马特任宫相时(714~741年),面临占领了比利牛斯半岛的阿拉伯人的全面入侵。732年在普瓦提埃一战,查理·马特率法兰克军队重创阿拉伯人,随即连连获胜,将阿拉伯人驱至比利牛斯山以南,阿拉伯人至此失去了进攻欧洲的势头。查理·马特又实行了军事采邑制,即不再无条件地分给下属土地,而是以服骑兵军役等义务为条件分封下属终身拥有的土地,即使教会、修道院拥有土地也需向他承担一定义务。查理·马特此举被后世视为西欧封建等级制的起源。这些措施使法兰克王国和查理·马特的势力大大加强。查理·马特之子矮子丕平继承宫相后,更进一步插手意大利,保护罗马教皇不受伦巴德王国的侵犯。在罗马教皇支持下,矮子丕平于751年废掉了有名无实的墨洛温王朝国王,成为加洛林王朝第一代国王。矮子丕平继续干预意大利事务,于756年把意大利中部"献给"罗马教皇,使教皇国领地正式形成。矮子丕平768年去世时,把土地分给了他的两个儿子查理与卡洛曼,经过内争后,查理于771年卡洛曼去世时统治了全部法兰克王国,他就是被后世称为"查理大帝"或"查理曼"的唯一真正统治过欧洲中、西部大陆的帝王。

查理在即位之初,首先出兵高卢西南部的阿奎丹,巩固了法兰克王国在那里的统治。随后应罗马教皇阿德里安的求援,率军翻越阿尔卑斯山,进攻意大利北部的伦巴德王国,经过一年多的征战,于774年攻占伦巴德全境,查理便自兼伦巴德国王,并进军罗马,接受教皇赠予的"罗马人长老"的称号。查理对教皇重申其父矮子丕平献土的诺言,实际上却把意大利大部分地区处于法兰克王国的控制中。

从772年起,查理就越过莱茵河东进,深入欧洲中部腹地,进攻日耳曼人萨克森部落所在地区。萨克森人尚未脱离原始部落状态,也从未被罗马帝国与罗马基督教会所统治,他们对法兰克人的侵略奴役进行了顽强持久的抵抗。战争旷日持久,查理多次发动大规模战役,对萨克森人采取大批屠杀,强行迁徙等镇压手段,但是查理更重视以确立西欧的封建制度和罗马基督教会的统治来巩固征服成果。查理曾发布敕令,在萨克森地区普遍建立教堂,要求所有的萨克森人要向教堂交什一税,贡献土地与仆役,参加宗教活动。不尊重教会,不守教规者,均处死刑。不忠于国王,侵犯领主者处死刑,信奉原始宗教习俗者,也罪至处死。经过33年18次重大战役,查理最终征服萨克森地区,普遍建立了伯爵辖区与教区以实行统治。征服萨克森是西欧封建制度向中欧、东欧地区推进的开端,是欧洲经济、政治、文化重心从地中海沿岸向大陆腹地转移的开端。

在进行萨克森战争的同时,查理也多次命令法兰克军队越过比利牛斯山进攻阿拉伯人。778年在一次出征回师途中,后卫部队在朗塞瓦尔峡谷遭到巴斯克人伏击,查理部将罗兰英勇战死,这一事迹在11世纪前后被编为法国英雄史诗"罗兰之歌",查理与罗兰被颂为欧洲中世纪封建君臣关系的典范和抵抗"异教徒"的榜样。这次出师不利并未使查理放弃努力,经过20余年不断出击,终于在比利牛斯山以南建立了西班牙边防区,并给予西班牙北部两个臣属的基督教小国以支持,为以后数百年间西班牙、葡萄牙人驱逐阿拉伯人的"光复运动"奠定了基地。

查理于787年进军巴伐利亚,废黜其公爵,将这个地区置于直接统治之下,此后继续向东推进,与易北河东岸的斯拉夫人部落发生战争,使一些斯拉夫人部落被迫臣服。法兰克人的进攻也迫使中欧的日耳曼人部落东移,这就是长达近千年的日耳曼人向东欧斯拉夫人和波罗的人地区渗透的"东进运动"的先声。

法兰克人同时也进军到多瑙河下游地区,对在潘诺尼亚的阿瓦尔汗国进行了大规模战争。阿瓦尔汗国是由亚洲迁来的游牧部落柔然人建立的,曾称雄一时,掳获了各地的大量财富。从788到796年经过8年鏖战,法兰克人攻克了阿瓦尔人坚固的环形堡垒,灭掉了阿瓦尔汗国,得到大量战利品。

法兰克人在一些地区的小规模征服也留下了深远影响,如对弗里西亚地区的征服使后来的尼德兰开始了封建化与基督教化的进程;为抵御北欧人入侵建立的丹麦边区,为巩固在多瑙河统治建立的奥地利边区和在高卢西北角建立的布列塔尼边区,均对后来这些地区的发展起了重大影响。以大陆为基地的法兰克人在强盛时曾一度与阿拉伯人和拜占廷帝国争雄于地中海,迫使意大利南部的本尼文托公国称臣,控制了科西嘉岛与撒丁岛。

查理在位46年间(768~814年)进行了50多次战争,使整个欧洲的形势大为改观。取代过去包围地中海的罗马帝国的,是一个北临北海和波罗的海,西临大西洋,南临地中海的陆地帝国。高卢,日耳曼和意大利地区被合为一体,势力并伸及西班牙人和斯拉夫人居住的地区,在这个广大帝国内,蛮族人与罗马人,基督教徒与原始异教徒的明确区分基本消除,大体一致的俗权教权封建统治开始形成。查理自然不能以一个蛮族国王的头衔为满足了。800年,在查理进军罗马援救罗马教皇利奥三世时,于圣诞节在罗马圣彼得大教堂被教皇加冕为"罗马皇帝",取得了罗马帝国继承人和罗马基督教会保护者的地位,由此,也开始建立了西欧、中欧广大地区是由皇帝与教皇实行双重统治的这种中世纪西欧封建法统的体系和理论。查理的这种地位不久便得到东罗马帝国皇帝与阿拉伯帝国哈里发的承认。

查理国王征服伦巴德王国

公元774年的一天，一支庞大的法兰克军队，越过阿尔卑斯山，向意大利北部的伦巴德王国进军。

阿尔卑斯山是欧洲最高大的山脉，峰峦终年积雪，山谷中全是冰川。军队要穿过这杳无人迹的地方，确实是非常艰难的。

可是，对于统率这支大军的法兰克国王查理来说，这些艰难全不在话下。他才32岁，身材修长，躯体强壮。头戴铁盔，肩膀和大腿上裹着铁甲，手罩铁手套，骑着铁黑色的马，手持长矛，腰挎利剑，活像传说中的天兵天将，不顾一切，催马跑在队伍前边，整个军队也跟着他勇往直前。

法兰克王国是西欧蛮族诸国中最强的。在5世纪中叶，法兰克人就占领了西罗马帝国在高卢的最后领土。公元751年，查理的父亲做了法兰克国王。768年查理即位后，法兰克王国的国力，强大到前所未有的程度。这次向伦巴德王国进军，是查理当上国王后的第一次亲自出征。

法兰克军队越过阿尔卑斯山，全速东进，很快就逼近伦巴德都城巴威亚。

伦巴德国王从来没见过自己的女婿查理，听说他的军队逼近城下，就亲自登上一座高塔去眺望。陪同国王登塔的是法兰克的一个贵族，因为他曾经触怒过查理，才投奔到伦巴德来的。

阿尔卑斯山

法兰克军队远远出现的时候，国王问那个贵族："查理就在那里面吗？"

"不。"贵族摇摇头说："那是查理的辎重车马。"

国王惊讶地说："呀！这么多！"他又看到庞大的骑兵队，很有把握地问道："查理一定在这支队伍中了吧？"

"不，还不是。"

国王听了惊恐万状："啊？难道他还有更庞大的队伍吗？查理究竟在哪里，我们该怎么办？"

正在他们交谈时，查理的亲随人闯入他们的视线。国王看到那密集而又整齐的队伍,恐慌喊道:"上帝啊,查理来了!"

话音刚落,从西边卷来一片乌云,明亮的白天,霎时变成可怕的昏暗。查理军队兵刃的闪光,使昏暗天空变成白昼。这时对巴德国王和他的军队来说,这个白昼比黑暗要可怕得多!

贵族说:"您盼望的查理就在那里。"说完他拉着惊呆了的国王走下塔去,忙吩咐部下:"紧闭城门。"

查理见威巴亚城门紧闭,笑了笑对随从人员说:"好吧,今天我们就不进城啦。我要求你们立即动手,修建一间小小祈祷室,他们要是不早些开城门,我们可以在这里专诚地礼拜上帝!"

查理的话刚落音,他的部下奔向四方,收集石料,木料和涂料,就在几个小时内,他们修建一座带有天花板和壁画的很漂亮的礼拜堂。

第二天早晨,伦巴德国王在城头上看到,一夜之间,把需要花费一年时间才能建起的礼拜堂,耸立在城外边,他不得不向他的女婿查理投降,并且接受了自己终身放逐的条件,让查理的儿子充当伦巴德国王的总督。就这样,意大利北部纳入了法兰克王国的版图。

不久,查理又南侵西班牙。在法兰克和西班牙之间,隔着一道高峻狭长的比利牛斯山脉。公元887年,查理率队顺利地越过这道山脉,向西南进军,但随即遭到西班牙人的猛烈抵抗,不得不把军队撤回。在回师途中,一支后卫队在通过比利牛斯山的朗塞瓦尔峡谷时,遭到了当地人的袭击,把后卫队的官兵杀得几乎一个不留。当地人随后夺取了辎重,飞快地撤离战场。

查理一生中发动侵略战争时间最长的一次,是对北方撒克逊人的征服。他以传播基督教为借口,从公元772年起,前后发动八次进攻,时间长达33年。在这期间,撒克逊人爆发了起义,法兰克的许多将官、伯爵和基督教传教士被杀。

查理采取极端残忍的手段,将4500名撒克逊的人质全部处死,他还下令,所有撒克逊的孩子,都要用刀剑来量,要是超过尺寸,就把头颅砍掉。公元804年,撒克逊人终于被征服,做了法兰克王国的臣民。

随着法兰克王国版图日益扩大,查理对国王的称号不再感到满足了。公元799年,罗马贵族反对教皇立奥三世,砍伤了他的眼睛。教皇乞求查理救援。查理马上率兵奔赴罗马。罗马的贵族望风而逃;但是,他们很快被查理抓住。在教皇的请求下,查理把这些贵族或处以死刑,或处以终身禁锢。

公元800年圣诞节那天,罗马的圣彼得大教堂灯火辉煌,为了报答查理,立奥三世教皇在这里为查理加冕,称他为"罗马人皇帝"。从此,法兰克王国成为"查理帝国",查理国王变成了"查理大帝"。

查理在统治法兰克47年间,用武力使国家版图几乎扩大一倍。现在的法国、德国、意大利、南斯拉夫、西班牙等国的许多领土，当时都属查理大帝的帝国所管辖。

之后，又经过一些变动，到9世纪末，查理帝国的旧境上，分布三个主要王国，一个是西法兰克，即法兰西王国；一个是东法兰克，即德意志王国；还有一个是意大利王国。近代西欧三个主要国家——法国，德国，意大利的疆土，就是那时开始形成的。

查理曼帝国的分裂与演变

尽管恢复罗马帝国的光荣和建立地上的"上帝之城"是查理曼帝国的理想，但这个帝国是在一位杰出国王的领导下，由一批封建主为掠夺土地财富而发动战争建立起来的，它的存在与发展要看是否符合封建主阶级的利益。到查理大帝晚年，法兰克人的征服能力已达到极限，对北欧诺曼人的进攻和地中海沿岸阿拉伯人的侵袭已无还击之力。各地封建主和教会上层不择手段地掠夺土地财富，不仅使大批农民破产，皇帝的各项权益也大受侵害。没有足够的自由农民为皇帝当兵效力，本来不多的税收和国家劳役也无从征发，王室领地甚至也被领主侵占。查理大帝多次发布敕令指责，派巡按使团纠弹封建主的跋扈，但收效甚微。教俗封建主已经"饱而思飏"，忙于扩张自己的势力而不愿再听命于中央皇权了。查理大帝不得不按封建主的势力范围，于806年立遗嘱将帝国平分给三个儿子，只是由于两个儿子先他而死，查理大帝才得以把统一的帝国和皇帝称号传给儿子虔诚者路易，于814年以72岁高龄去世。虔诚者路易的能力和权威远不如查理大帝，受贵族和教会势力的操纵。虔诚者路易虽然作了一些努力加强中央行政机构，利用教会改革来继续维护统一，但在以他三个儿子为首的封建主逼迫下，不得不在817年预先将帝国划分给三个儿子罗退尔、丕平和路易，长子罗退尔保留皇帝称号和对其他两个王国的最高统治权。此时皇帝的称号已不如实际领土有吸引力，当虔诚者路易想再划出一部分领土给新生的儿子秃头查理时，罗退尔首先发动叛乱，父子、兄弟间兵戎相见，多年混战不休，直至840年虔诚者路易去世。

此时，帝国实际上已分裂多年，本来由各个不同部族组成的地区已形成不同的系统。842年，当统治帝国东部的日耳曼的路易和统治帝国西部的秃头查理结盟反对长兄罗退尔时，订立了"斯特拉斯堡誓言"，为使双方所有参加结盟的封建主均能理解遵行，誓言不是用拉丁文，而是用东法兰克人通行的古德语和西法兰克人通行的古法语写成，并用两种语言当众宣读，这被认为是最早用古德语和古法语写成的正式文件。在罗退尔被迫求和后，三兄弟于843年订立了"凡尔登条约"，将帝国正式分为三部分,日耳曼的路易的东法兰克王国包括了大部分日耳曼部族居住区,如萨克森、阿勒曼尼亚、图林吉亚、巴伐利亚、卡林蒂亚等地区,成为后来德意志国家的前身,秃头查理的西法兰克王国包括了原高卢大部分地区及勃艮第、阿奎丹、加斯科尼和西班牙边防区,成为后来法兰西国家的前身。罗退尔的中法兰克王国则是夹在东、西法兰克之间的一个狭长地带,包括弗里西亚、洛林、阿尔萨斯、普罗旺斯、伦巴德、并对意大利中部的教皇国和南部的本尼文托、斯波勒托两个公国有宗主权,还保留有名无实的皇帝称号。但这个中法兰克王国部族纷杂,划界不清,此后千余年便成为东西两强反复争夺的对象。

罗退尔于855年死后,中法兰克王国便分裂为三,长子路易获得了意大利皇帝称号,次子获得洛林,三子获得普罗旺斯。在870年统治洛林的次子死后,两个叔叔日耳曼的路易与秃头查理在墨尔森又进行了一次瓜分,日耳曼的路易得到了亚琛、科隆、特利尔、美因兹和阿尔萨斯,秃头查理得到了洛林的西部地区。此时,三个法兰克王国开始长期遭受诺曼人、阿拉伯人和马扎尔人的进袭,尤以诺曼人的威胁最大,几个法兰克王国被攻得无力他顾,名义上的皇帝称号便在几个王国中相对最有权势者之间转移。877年,秃头查理以皇帝名义发布"克尔西敕令",开始承认各封建领主的权位可以不经皇帝或国王认可就能世袭。887年,帝国最后一个得到公认的皇帝胖子查理,由于面对诺曼人的进攻束手无策,被贵族废掉。此后,西法兰克王国(即法兰西)加洛林王朝的国王延续到987年,为卡佩王朝取代。东法兰克王国(即德意志)加洛林王朝的国王延续到911年,后来取代王位的萨克森王朝第二代国王奥托一世于962年被罗马教皇封为罗马皇帝,算是继承了查理大帝的皇帝传统。

查理曼帝国短暂的统一,使得欧洲地中海沿岸的罗马人的古典奴隶制社会和大陆腹地蛮族人的原始部落社会,在共同过渡到中世纪封建社会这个漫长过程中,跃进了重要的一步。帝国由于各地区在经济上缺乏联系,政治形势的分裂倾向,广大地区之间各部族在文化与经济上的众多差异,因而很快消失了,它却留下了长久存在的影响,即欧洲中世纪所共有的政治、经济、思想、文化传统。

神圣罗马帝国的建立和称霸野心

神圣罗马帝国是中世纪欧洲继加洛林帝国之后出现并号称是其直接继承者的又一个庞大帝国。它自962年建立到1806年覆灭,延续844年之久。它以德国为主体,曾囊括现今的奥地利、瑞士、卢森堡、荷兰、法国东南部、意大利北部、西西里岛、捷克、匈牙利、波兰西部和北部等地,形成一个多民族帝国。它在欧洲许多国家,尤其是德国、意大利和东欧的历史上留下了深深的烙印,其影响直至近现代。从 11 世纪的授职权之争到 16 世纪的宗教改革,它与罗马教廷长期斗争,成为中世纪政教之争的最主要战线。它与欧洲各国的关系错综复杂,在它的历史上出现过一系列征战、角逐、联姻的悲喜剧。在中世纪欧洲政治格局和国家体系的形成过程中,它发挥了巨大作用。帝国本身的演变、其王朝更迭与疆域变化也是欧洲政治经济制度史上的突出现象。它始终没有形成中央集权的统一民族国家,而是实行独特的"选帝制",是封建割据政治体制最典型和最巩固的代表。因此,了解中世纪神圣罗马帝国的来龙去脉,无异于掌握了理解欧洲封建社会史的钥匙之一。

神圣罗马帝国的主体民族是德意志人,他们是中欧日耳曼各部落的总称,居住在莱茵河两岸,分为萨克森、巴伐利亚、士瓦本和法兰克尼亚四大部落。9 世纪后半期他们在此基础上建立四个公爵领地,同为加洛林帝国的组成部分。888 年以后,加洛林帝国实际上已经分裂为法兰西、德意志、意大利、勃艮第、洛林等几个独立地区,但是建立大帝国和保持皇帝称号的思想已在法兰克国家各部分中深深扎根,就看谁能首先强大到足以实现这一目标。

911 年,德意志人中的法兰克尼亚公爵康拉德一世开始号称德意志国王,但他的势力仅限于本公爵领地,众望不归。萨克森公爵捕鸟者亨利却高明得多,他首先使图林根部落与萨克森结盟合并,壮大自己的力量。919 年 5 月他又迫使康拉德一世屈服,自己当选为萨克森与法兰克尼亚的国王,由美因兹大主教加冕,称亨利一世(919~936 年)。日后缔造并统治神圣罗马帝国的萨克森王朝由此开始。亨利一世首先按照蛮族军事民主制传统,用六年时间先后迫使士瓦本、巴伐利亚公爵承认自己为全德意志国王。其次,他向西打败法兰西国王,于 925 年迫使洛林公爵归顺自己为婿。他向易北河与萨勒河以东的斯拉夫人开战,征服了几个部落,建立了梅泽堡前哨阵地,从而使波希米亚各公爵承认他的最高领主权。德意志国家的基本疆域就此初步确定。第三,他于 928 年把伯爵的称号和领地授予洛林主教,实际上就是把教会置于自己麾下,开创了王权控制、利用教权的先例。亨利一世作为德意志国家的奠基者,为后代开辟了通向帝国之路。

亨利去世后,其子奥托继承王位(936~973 年),并在亚琛的原加洛林帝国皇宫中加冕。这预示着这位坚定、务实,雄才大略的新国王将沿其父的三个方向,着手缔造帝国。

奥托继任国王时,仍按传统先由四大公爵同意,再经全体德意志人确认。这样获得的王权自然弱不禁风。奥托即位伊始,各公爵就开始反叛,连萨克森人也有不少支持其兄或其弟夺位。奥托则征讨与联姻双管齐下,逐一制服或取代了包括洛林在内的五大公爵;继而任命他们为王室的将帅、大臣、侍卫长等,实际上把他们变成自己的封臣与下属。他自己则不再是众公爵的首领,而是中世纪欧洲第一位真正名副其实的国王,其王权远比同时代的英法强大集中。

奥托继承其父利用并控制教会的政策。他为制服巴伐利亚公爵,直接任命了一位巴伐利亚主教,把原公爵的司法权授予他。此举开创了教会大贵族掌握世俗政权的先例,后世称为"奥托特权",但同时也确立了主教由世俗君主授职的原则,为后世教俗之间的授职权之争埋下种子。

奥托在东西两面为巩固和扩大版图而战。他迫使法国国王屈服后,于950年使勃艮第依附于己并划定它与法国普罗旺斯地区的边界线。加上早已数度争夺的洛林,这两个地区从此成为法德两国不断争夺、屡屡开战的导火线,直至近代。与此同时,奥托在东面已经占领了易北河与奥德河之间斯拉夫人土地的一半,并加强对波希米亚的控制。因此,与居住在匈牙利的马扎尔人的决战就不可避免了。955年马扎尔骑兵全军出动,围攻奥格斯堡。奥托率五大公爵与波希米亚军于8月10日在该城附近的莱希彻底击溃敌军。这一战,不但马扎尔人对德国和西方的威胁彻底消除,而且为德国日后夺取匈牙利撞开了大门。奥托乘胜前进,于968年在马格德堡建立大主教区,专门统辖易北河以东被征服的斯拉夫人地区,基督教势力由此更广泛地深入东欧。

基业既稳,奥托便踏上前往罗马的征途,去实现其父遗愿和蛮族200年来的宏图——摘取皇帝之冠。

意大利从915年起就四分五裂了。南部归顺拜占廷帝国,北部豪强争雄战乱不已。951年奥托自称为意大利国王,961年趁罗马教皇与地方豪强斗争失利向他求援之机,占领整个北意大利。962年2月2日,奥托在罗马圣彼得大教堂由教皇加冕为皇帝。历史上的神圣罗马帝国从此正式建立,而奥托也因其文治武功被后世尊为奥托大帝。

但是奥托所创帝国当时尚无定名,他自己的称号也只是"帝国奥古斯都"。这个称号是查理大帝称帝时从古罗马帝国继承而来,并为加洛林帝国历代皇帝所沿用。其全称是"上帝加冕的最伟大的奥古斯都,君临罗马帝国的伟大慈祥的皇帝"。这一称号并不表明皇帝的统治范围和帝国的实际版图。奥托沿用之,意在表明自己是加洛林帝国的合法继承者,因而是欧洲基督教世界和世俗各国之主。因此过去和现在都有不少历史学家把加洛林帝国也包括在神圣罗马帝国世系之内。"罗马皇帝"这一称号是从奥托二世(973~983年)开始沿用的。从康拉德二世任内的1034年起,帝国才定名为"罗马帝国",用以指明该皇帝当时的统辖地域。1157年腓特烈一世又把帝国尊为"神圣帝国",到1250年才两称合一,确定"神圣罗马帝国"的国名。随着帝国日衰,1140年后又改称"德意志民族的神圣罗马帝国"。在他之后,萨克森王朝(919~1024年,1125~1137年)和法兰克尼亚王朝(或称萨利安王朝,1024~1125年)的八位皇帝无不陷入一种可悲的恶性循环中:前一个皇帝攻掠意大利,赴罗马加冕,耗尽国力后暮年归国(其中大败而只身落荒的就有三位);新帝刚一即位就面临国内大贵族的反叛与东西方敌国的攻战,竭尽全力平定局势后,却又奔向罗马,重蹈覆辙。

两朝八帝都秉承一贯政策,对罗马教皇和本国教会既利用又控制,有利可图时也不辞效力,只是手法不同。亨利二世(1002~1024年)把整块伯爵领地及其司法权授予各主教,故于1146年被教皇追封为圣徒。亨利三世(1039~1056年)把匈牙利纳入西欧基督教世界,从而把东正教势力从维也纳附近驱逐到贝尔格莱德一线。历代皇帝都坚持自己拥有的主教授职权。他们推动并利用11世纪开始的罗马法复兴运动,同日益增长的教皇势力斗争。例如康拉德二世(1024~1039年)就宣布,在帝国一切领地上,包括罗马,必须按罗马法而不是教会法审理任何案件。这种斗争终于导致了1075年皇帝亨利四世与教皇格列高里七世的授职权之争,而且在1122年的沃尔姆斯和约之后,也一直持续下去。

帝国在内政外交上毕竟还是获得了不少成就。从康拉德二世起,皇帝支持和保护中小封建主对其领地的自由继承权,并一度推广到北意大利,在一定程度上削弱了大贵族的力量,也加快了帝国内相当迟缓的封建化进程。对外,帝国于1034年攻占然后吞并了勃艮第王国(法国称之为法朗什孔太),使其成为阻止法国插手意大利的主要屏障。

神圣罗马帝国的教廷战争

神圣罗马帝国教廷战争指11至15世纪德意志历代国王和皇帝为征服意大利,获得帝王尊号和攫取财富而进行的几次侵略性战争。

神圣罗马帝国皇帝兼有日耳曼国王的一切权力,从萨克森王朝第2任国王奥托一世(936~973年在位)起,就一直握有主教授职权。教会是帝国政权的一个支柱,高级教士往往出身贵族,受任官职,参与机要;皇帝则从教会领地中寻求财物和军事支持。奥托一世及其后裔对主教广泛授予特恩权,即国王赐给教会大片领地,并把领地内的行政权和司法权授予主教。即所谓"奥托特权"。亨利三世(1039~1056年在位)时,先后罢免三位出自罗马贵族世家的教皇,任命班贝格主教苏特格尔(克莱门斯三世)和他的亲戚图尔主教(列奥九世)为教皇,完全控制了罗马教廷。

因奥托一世及其后裔对主教广泛授予特恩权,故而教界封建主统治广大农村,其领地往往靠近新兴的城市。他们争权夺利,荒淫无度,经营商业,从事高利贷活动,和世俗封建主同流合污。教士的世俗化,不仅在日耳曼境内如此,法国、意大利等地无不皆然。历任教皇亦穷奢极欲，贪图享受，买卖圣职，无恶不作。教会的道义威信大为降低，对世俗政权的依附则日益加甚。基督教会的腐化堕落，使它不能发挥麻醉人民、巩固封建统治的作用，因而引起一部分僧俗封建主的忧虑。于是从教会内部，渐渐兴起一种改革运动，要求整饬教规，禁止教士结婚，脱尘绝俗；同时反对世俗封建主控制教会，主张教会独立，反对俗界授职权，出售教会职务。要求调整教会与国家的关系，强调教权高于王权，鼓吹重振教皇权威。法兰西南部勃艮第的克吕尼修道院首倡教会改革，教会改革运动很快从法国发展到意大利，形成"克吕尼派"。克吕尼改革派是修道士中的一批政治野心家。他们力图加强教会组织，使它成为欧洲一股有组织的政治力量。克吕尼派和教会世俗化的现象做斗争，力主遵守圣本尼狄克的修道传统。各地群起响应，不满教会的人，也因不满教士的腐败贪婪，予以支持。克吕尼的影响迅速扩大。罗马教廷对世俗政权干预教会，早怀不满，法兰克尼亚诸帝权势的扩张，尤使教廷惴惧。这样，教皇也积极赞助克吕尼运动，借以打击皇帝的权力。

自列奥九世起，每年都在罗马召开宗教会议，把决议和教皇指示带到各地，从而提高了教廷的威信。原先是帮助履行祈祷任务的红衣主教逐渐转变成为由强大的教会诸侯组成的集团，它日益决定罗马教廷的政策。1058 年，教皇尼古拉二世接受克吕尼修道士希尔德布兰的献策，同意大利南部的诺曼人结盟，对抗德意志皇帝。1059 年，罗马教廷在拉太朗教堂举行会议，宣布将选举教皇的大权授予罗马的红衣主教，从而排除了罗马贵族和德国中央皇权在教皇选举中的影响。教会改革运动首先在米兰引起轩然大波。米兰的僧侣封建主敌视改革，反对由驻米兰的教皇使节召开宗教会议。德意志皇帝亨利四世也乘机插手，他打破由教皇主持主教授职仪式的惯例，于 1072 年把象征主教职位的指环和节仗授予那个被教皇拒绝承认的、反对改革运动的大主教候选人。

1073 年，希尔德布兰当选教皇，称格雷戈里七世（1073～1085 年在位），教皇与皇帝的斗争更趋激烈。他的政治野心集中表现在 1075 年发布的《教皇敕令》中，它禁止君王、贵族行使神职任命权。敕令宣称："唯有教皇一人具有任免主教的权力；""唯有教皇一人有权制订新的法律"，决定教区划分和设立新教区的权力；并声明"教皇有权废黜皇帝"，"一切君王应亲吻教皇的脚"。1075 年 12 月，格雷戈里七世警告干预米兰大主教席位的亨利四世，如果他不服从教皇命令，将受到逐出教会的惩罚。

亨利四世把教皇的行动看作是公开的宣战，他毫不示弱，1076 年 1 月在沃尔姆斯召集德意志主教会议，指控格雷戈里七世靠狡猾手段和金钱拉拢爬上教皇宝座，滥用权力，荒淫放荡等等。他在一大部分德意志主教团的同意下，宣布废黜教皇格雷戈里七世，要他从信徒的座位上滚下来。但是，亨利四世过高估计了自己的力量,沃尔姆斯宗教会议的决议并未能使教皇下台。

相反地,格雷戈里在同年耶稣复活节前四旬斋期间召开的宗教会议上,利用当时德意志局势不稳,发布敕令,废黜亨利四世,将其革除教籍,解除臣民对皇帝效忠的誓约。德意志诸侯反对派立即作为罗马教廷的同盟者,开始反对德意志皇权。1076 年晚夏,士瓦本公爵鲁道夫、巴伐利亚公爵韦尔夫和克恩滕公爵贝特霍尔德等在乌尔姆集会商讨选举一位新国王。许多贵族则主张:只要亨利尊重大封建主的自主,他们还承认亨利为国君。格雷戈里也准备撤回废黜和放逐令,只要亨利向教皇的要求让步。1075 年 10 月,在特里布尔召开的诸侯集会上,准备妥协的多数派最后贯彻自己的意图:教皇应当作为仲裁者,越过阿尔卑斯山来裁决国王和诸侯之间的冲突。要求废黜国王的集合在士瓦本公爵鲁道夫周围的激烈派则声称:如果亨利在 1 年之后仍处在放逐之中,他们就不承认他为君王。亨利四世陷于孤立,他既不愿接受教皇的仲裁,但又必须摆脱被放逐的地位,不得不向教皇屈服。1077 年 1 月,他带少数随从到意大利北方教皇住所卡诺沙城堡外,赤足披毡,在风雪中等候 3 天,求教皇赦罪。在得到教皇赦罪后,才返回国去。

卡诺沙事件意味着罗马教廷权力达到顶峰。亨利四世也获得一些所希望的结果,他使诸侯反对派失去另立国王的借口。亨利虽然阻止了格雷戈里越过阿尔卑斯山充当王权和诸侯之间的仲裁人,但正因为没有仲裁,诸侯中的激烈反对派于1077 年 3 月在福尔希海姆选举士瓦本的鲁道夫为国王。但是亨利的策略达到了目的,它使反对派失去了选举新国王的有利时机,因为如果反对派在 1076 年 10 月选举新国王,那时亨利还在被放逐之中,那么反对派就会获得比后来多得多的支持者。现在,亨利能够在巴伐利亚的低级贵族、士瓦本的贵族(包括高级贵族)和莱茵城市的支持下,把反对派赶向东方,限制在萨克森。教皇又玩弄阴谋,挑动双方进行内战达 3 年之久,自己则坐山观虎斗。1080 年,鲁道夫胜利,教皇立刻把他加封为皇帝,再次宣布废黜亨利四世。不久,亨利四世转败为胜,鲁道夫在与亨利的战斗中死去,反对派瓦解。

战胜国内反对派诸侯的反叛后,亨利四世于次年进军意大利,目的是用武力压服在 1080 年再次对他宣告放逐的教皇,围困罗马城达 2 年之久。教皇向诺曼人求援,但诺曼军队还未到,罗马城已被攻陷(1084 年),格雷戈里七世南逃萨莱诺(次年去世),亨利四世另立一个教皇,称克雷门三世。当诺曼人的军队逼近罗马时,亨利四世撤兵而去,诺曼人遂进入罗马,抢劫 3 天,然后放一把火,罗马城的 1/3 都被烧毁了。

罗马教廷中的改革派很快从这一打击中恢复过来,1088 年选出的教皇乌尔班二世又与南德的诸侯反对派联合。1090 年亨利又进军意大利,但被由伦巴德城市、韦尔夫公爵和转向教皇派的他自己的儿子康拉德结成的联盟阻断后路,直到

1097 年困居威尼西亚,在与韦尔夫人妥协后才返回德国。

　　亨利四世的第 2 个儿子亨利五世在 1098 年作为继承人加冕为德意志国王。在萨利安贵族反对派日益增多和许多诸侯推举新君王的意图日益明显的情况下,亨利五世担心他和父亲都将失去王位,为此他暗中与某些贵族结盟,并允许他在亲政后将放弃父皇的敌视诸侯政策和尊重贵族的特权。1104 年夏,巴伐利亚公爵公开反叛亨利四世,萨克森也出现贵族叛乱的征兆,亨利五世也投入诸侯阵营并成为这个诸侯反对派的首领。老皇帝所能依靠的只是莱茵地区和纽伦堡、雷根斯堡和维尔茨堡城城市以及他的一些陪臣。亨利四世在对抗中被其子亨利五世所俘,后逃到洛林,重新集合军队。但是他的力量已不足以改变不利的形势,1106 年老皇帝亨利四世于列日去世。这样,贵族反对派对于中央王权取得了一个决定性胜利。

　　新国土亨利五世(1106～1125 年在位)不甘心长期扮演贵族所赋予的无足轻重的角色,他要求确认他的全部主教授职权和加冕称帝,教皇帕斯卡尔二世的答复是:亨利五世只有放弃宗教权力才能为其加冕。1110 年,亨利五世率军进入罗马,把教皇连同红衣主教们逮捕监禁,强使教皇帕斯卡尔二世承认皇帝对教会选举产生的主教、修道院院长有叙任权,以此换取释放。教皇在压力下,不得不满足亨利的要求并为其加冕。但不久教皇又翻悔,于 1112 年召开拉太朗宗教会议,推翻协议。亨利五世再次出兵,把帕斯卡尔二世驱逐,另立新教皇卡立克斯特斯二世。但由于亨利力图削弱诸侯的领地、扩大王室领地,很快又形成了以美因茨大主教和萨克森公爵为首的诸侯反对派。1121 年,亨利与威胁要废黜他的诸侯反对派达成妥协;如果亨利再次进攻诸侯,诸侯有权结盟反对他;而诸侯也允诺,在罗马教廷和皇帝之间进行调停。1122 年,教皇卡立克斯特斯二世与皇帝亨利五世签署沃姆斯宗教和约。和约规定:在德意志,主教由教士选举产生,产生分歧时皇帝有干预权;当选的主教由皇帝授予象征世俗权力的权杖,然后由教会授予象征宗教权力的指环和牧杖。在意大利和勃艮第,皇帝无权干预主教和修道院长的选举,由教会对当选者先授予宗教权力,6 个月后皇帝方可授予世俗权力。和约是双方妥协的产物。教皇与皇帝争夺主教任命权的斗争,本质上是争夺主教领地上的政权和征税权的斗争。结果,教皇削弱了皇权对教会的影响,但没有实现教权高于世俗权力的目的;皇帝享有对德国教会的一切权力,因为教会在德国不可能违反皇帝的意志而合法行使权力,但皇帝在意大利和勃艮第的世俗授职权纯属形式。

　　沃姆斯宗教和约使这场主教任命权的斗争暂告一段落。

　　1125 年,亨利五世去世,法兰克尼亚王朝结束,韦尔夫家族(巴伐利亚公爵)、霍亨斯陶芬家族(统治士瓦本和法兰克尼亚)和萨克森公爵展开争夺王位的斗争,结果萨克森公爵洛塔尔三世(1125～1137 年在位)当选,但不久王权落入霍亨斯陶芬家族的康拉德三世(1138～1152 年在位)之手,开始了德国历史上的霍亨斯陶芬王朝(1138~1254年)。这个王朝的弗里德里希一世(1152~1190年在位)皇帝曾6次远征意大利,持续近30年之久,意大利人民的鲜血染红了弗里德里希的胡子,从此他被称为"巴巴罗萨"(意为红胡子)。

弗里德里希一世力图恢复和加强皇权。他不断扩大在法兰克尼亚、维尔腾堡和阿尔萨斯的世袭领地,给为他服军役的骑士以封土;他不遵守沃姆斯宗教和约,仍然任命主教,截取教会收入。但是,他为了换取大封建主出兵支持侵略意大利,于1150年让强大的萨克森公爵狮子亨利放手侵占易北河以东的西斯拉夫人土地,并授予授职权;两年后又把类似权力授给奥地利边区伯爵,并晋升他为公爵。此外,这些公爵逐渐取得了公国的世袭权以及其他助长独立性的特权,这导致后来在德国形成邦国诸侯的主权。

12世纪中叶,意大利是欧洲经济最发达的地区。西西里在拜占廷和阿拉伯人的影响下手工业繁荣,他的产品向北方输出;西西里和上意大利沿海城市热那亚、比萨和威尼斯是欧洲和东方之间重要的商业连接点,他们通过运输和供应十字军的军需和生活用品而致富;意大利中部和北部城市如米兰、帕维亚、洛迪、克雷莫纳、帕尔马、布雷西亚、曼都亚、维罗那、帕多亚、费拉拉、波伦亚、卢卡、佛罗伦萨也从普通的经济高涨中得益。但是意大利在政治上比德国还要四分五裂,德意志皇帝和罗马教皇阻止意大利的统一。城市之间竞争激烈,上意大利还不断地发生敌对冲突。弗里德里希一世面对上意大利混乱和诺曼人进逼罗马教廷的形势,认为这是恢复和加强皇权的良机。

与此同时,罗马教廷又遭到罗马居民的攻击。当时的罗马虽不是工商业中心,但居民可从服务于众多的朝圣者的各种行业中获得巨额利润。罗马教廷对此感到特别眼红,便巧立名目,向居民征收繁多的苛捐杂税,禁止手工业者和商人组织行会。罗马居民对教廷的搜刮政策和封建领主的欺压十分不满,于是,12世纪40年代,反教皇反封建主的共和国运动在罗马爆发。这场运动的领导者是唯名论哲学家阿伯拉的学生阿诺德(1100~1155年)。

阿诺德青年时期曾在伯利霞城当过修道僧,由于猛烈攻击教会的腐化,被教皇革职、逐出意大利。阿诺德来到法国,成为阿伯拉的学生。1145年,阿诺德到罗马后,继续斥责红衣主教团是"一伙偷窃犯";斥责教皇是靠火刑和刀剑来维持权威、靠掠夺别人的钱柜以饱私囊的恶棍,他既不配叫人顺眼,也不配受人尊敬。阿诺德主张剥夺教皇的世俗政权,恢复基督教的平民性质;憧憬复兴强大的古罗马,建立一个统一的意大利国家。在阿诺德的宣传鼓动下,1143年,罗马的手工业者和商人举行起义,占领了卡皮托利丘,于此举行了有贫民参加的元老院会议。会议决定把城市政权交给公社,宣布成立罗马共和国。起义群众赶走许多封建主,痛打红衣主教,教皇鲁齐二世被打死,新教皇哈德良良四世也吓得逃之夭夭。

　　教皇政权的被推翻又成为德意志封建主入侵意大利的借口。1152年，霍亨斯陶芬王朝第一代强有力的皇帝红胡子弗里德里希一世即位后，一心要巩固神圣罗马帝国对意大利北部富庶地区的统治。1154年，弗里德里希一世第一次越过阿尔卑斯山，侵入意大利。铁蹄所到之处，血腥屠杀人民，肆意破坏城市。德军没有遭到剧烈抵抗就进入罗马城，教皇哈德良四世出于对罗马共和国的恐惧和仇恨，于1154年为弗里德里希一世加冕，称"神圣罗马帝国"皇帝，从此在罗马帝国名称之前冠以"神圣"两字。1154年他在皮亚琴察附近的隆卡利亚平原召开各邦君主、摄政和显贵参加的会议，重申德皇对意大利享有的特权，有权占有产业、征取税收和任命德国人为城市官员。为答谢教皇的加冕，弗里德里希一世出兵镇压罗马共和国。罗马起义者为保卫共和国进行了英勇战斗，最后由于叛徒出卖而失败，阿诺德被捕。弗里德里希一世下令把阿诺德以叛逆罪处以绞刑，还把尸体焚化，骨灰投入台伯河中，以防群众把他的骨灰奉为神圣。

　　1154年德军入侵意大利，这是弗里德里希一世打算制服伦巴底诸城市的开端。他每年从意大利掠得的财富值3万镑之多，远远超过他在德国的收入。这种掠夺政策当然遭到意大利北部城市，特别是位于伦巴底中心强大的米兰的反对。在以后的近20年中，他又数次越过阿尔卑斯山，蹂躏富饶的意大利北部地区。

　　1158年，弗里德里希再次入侵意大利，攻陷米兰，在皮亚琴察附近的隆卡利亚举行会议，重新审查意大利城市的自治权。按照皇帝的法律家的解释，市民的自治权似乎是与罗马民法相抵触。会议据此把意大利城市的最高权力赋予皇帝一人，他有权任命官吏，征收捐税，审判居民，铸造货币。会议结束后，弗里德里希一世委任了一批城市的最高官吏。

　　意大利多数城市被迫接受了弗里德里希一世派来的官吏，但克雷莫纳、米兰、布列什亚等城市拒绝接受。1159年，教皇亚历山大三世联合意大利北部城市和两西西里王国反对皇帝。1160年，弗里德里希第三次远征意大利。他为压服诸城的抵制，首先包围了克雷莫纳。该城市民奋起反抗。德国的骑士们兽性大发，他们把俘虏的头颅砍下来当作玩具掷来掷去。有一次，弗里德里希一世下令对擒获的俘虏绑在一个戒备森严的高塔顶端，想以此迫使城市降服。然而从塔顶上传来的却是战斗的呐喊声："我们为祖国为自由而死无上光荣，我们不怕牺牲，因为只有牺牲才会使我们获得解放。"塔顶被摧毁，俘虏们壮烈殉难。市民们继续顽强地抵抗了8个月之久，最后由于叛徒的出卖，克雷莫城失陷。

　　弗里德里希一世攻陷克雷莫纳后，又集中兵力攻打米兰。米兰居民同仇敌忾，誓死抵抗。德军围城3年，未能攻克，直到1162年，城内粮尽弹绝，才停止抵抗。德军入城后，勒令全部居民离开城市。人们光着双脚，脖子上套着绳索，头上撒满灰尘，手执燃烧的蜡烛，迎着皇帝走来；德军吹起呜咽的号角，"声声好像为死亡的骄傲城市送葬"。根据弗里德里希一世的旨意,米兰城旗被撕碎;居民们哭天恸地,扑伏在地。弗里德里希一世看到此种情景,丝毫无动于衷。米兰城的许多居室被夷为平地,还在地上撒了一层盐,以示惩罚"万恶不悛的"米兰居民。居民们有几周的时间栖息荒野。

弗里德里希一世在克雷莫纳和米兰的骇人听闻的暴行,没有吓倒意大利北部各个城市。1164 年,威尼斯、维罗纳、帕多亚等城市在教皇、两西西里和拜占廷支持下成立维罗纳同盟,同时克雷莫纳等 8 城也成立同盟。1167 年,两同盟联合称伦巴德同盟,最多时有 20 多个城市参加这个同盟,共同支持米兰,反对弗里德里希。联盟在意大利西部波河一个渡口处兴建了一座城堡,以教皇的名字命名为亚历山大里亚城,里面广积粮草,准备对德作战。同年,弗里德里希第四次越过阿尔卑斯山,攻陷罗马,并在那里再次加冕,教皇亚历山大逃往南意大利。但是,弗里德里希在上意大利的统治很快崩溃,城市驱逐了皇帝委派的长官,越来越多的城市加入伦巴德同盟。弗里德里希于 1168 年逃回德国。

1175 年,弗里德里希一世第五次远征意大利,企图彻底粉碎伦巴底联盟。这时他顾虑到城市的力量,试图与城市取得谅解,但是由于伦巴德同盟要求教皇参加和约而没有成功。1176 年战事再起。联盟的军队同德军在米兰附近的利亚诺进行大战。联军阵中各城城旗飘扬,周围护以 900 名卫士和 300 名由市民组成的"敢死队"。开战后,联军士气高昂,勇猛冲杀,德军丢弃大量辎重,狼狈逃窜;弗里德里希一世的坐骑被击毙,本人仅以身免,在几日内下落不明。

利亚诺之战大长了意大利人民的志气。米兰人民在向波伦亚城报捷时,带去在战争中缴获的德意志旗帜和弗里德里希一世随身的宝剑,把这些东西看作是全体意大利人民的战利品。

遭到惨败的弗里德里希一世无力再战,于 1177 年与教皇亚历山大三世缔结威尼斯和约。意大利北部城市作为独立的力量参加了会议。皇帝答应归还他占领的教皇领地,不再反对教皇和不折不扣地执行 1122 年的沃姆斯宗教和约,并蒙受了极大的屈辱:他跪在地上,吻了教皇亚历山大三世的脚,并将教皇扶上马镫。1179 年,亚历山大三世为杜绝皇帝对教皇选举的干预,制订了新的《教皇选举法》,规定教皇只需有红衣主教们的 2/3 赞成票便可当选。

1183 年,弗里德里希一世又与伦巴底联盟签订了康坦茨和约,承认同盟合法,放弃任命城市官员、征收税收等特权,仅保留形式上的最高授职权,无权否决;此外皇帝出巡意大利时,同盟有义务提供粮秣、维修道路、桥梁和热情接待。据此,伦巴德联盟各城邦和自治权得到确认,实际上摆脱了帝国的控制而独立,弗里德里希在意大利的扩张以惨败告终。

弗里德里希一世在意大利的失败,是中古时期意大利人民前仆后继抗击外族侵略所取得的一次最辉煌的胜利。罗马教皇窃夺人民的胜利果实而加强了自己的地位。在莫诺森三世时期(1198~1216年在位),罗马天主教会终于发展成为封建制度的国际中心。

1190年,弗里德里希一世参与第三次十字军东侵,溺水丧命。其子亨利六世(1190~1197年在位)继位。亨利早死,经过与韦尔夫家族争夺王位的斗争,其子弗里德里希二世(1212~1250年在位)继位。先前,弗里德里希一世不甘心在意大利的失败,为了孤立教皇,让其子娶西西里女继承人康斯坦丝为妻。所以,弗里德里希二世同时兼任西西里国王。小弗里德里希自幼随母在西西里长大,熟谙拉丁语、希腊语和阿拉伯语,却不大懂德语。而且他上台后长期不回德国,把政治重心放在意大利。他力图把西西里建成一个富强的国家,企图依靠它进一步征服意大利北部城市和教皇国。为了换取德意志诸侯的支持,他在德国奉行打击城市以讨好诸侯的政策。1237年,他一度击败伦巴底同盟于科特努瓦,但教皇格雷戈里九世立即宣布开除他的教籍,还要召开大会罢黜他。弗里德里希二世也不示弱,突然袭击出席会议的代表乘坐的船队,俘虏包括两名红衣主教在内的近百名高级教士,进而包围罗马(1241年)。不久,形势变化。1243年,意大利城市维泰博首先起义,坚持达四年之久,弗里德里希二世费了九牛二虎之力才扑灭这次起义。1246年,科隆、特利尔和美因茨三位大主教在教皇唆使下另立新王(图林根邦伯亨利·拉斯披)。1248年~1249年,帕尔马、拉文那、布雷西亚、康德等城市掀起更大规模的起义。弗里德里希二世顾此失彼,穷于应付,于1250年突然死去,帝国随之分裂,王权崩溃。

1265~1268年,南意大利被法国国王路易九世之弟查理·安茹侵占。1254~1273年间,对意大利的远征暂时停止。1310年,卢森堡王朝亨利七世又开始远征罗马,企图在南意大利建立自己的统治,但未能实现。其继承人巴伐利亚的路德维希四世于1327年对罗马组织了新的远征,登上帝位,但占领军激起了当地居民的强烈不满,被迫撤出意大利。查理四世先后两次(1354~1355、1368~1369年)侵入意大利。1401~1402年普法尔茨的鲁普雷布特对意大利进行了最后一次远征。从15世纪末起,意大利又成为法国和哈布斯堡王朝之间进行侵略战争的战场。

帝国的衰落——霍亨斯陶芬王朝

如果说萨克森王朝和法兰克尼亚王朝时期是神圣罗马帝国创立和日盛的阶段,那么接下来的霍亨斯陶芬王朝(1138~1254年)就是帝国盛极而衰的开始。霍亨斯陶芬王朝得以建立,实际就是大贵族势力已足以抗衡王权的标志。萨克森王朝的罗退尔三世死前,已把王位留给女婿。但各公爵和主教惧怕强大王权的延续,就另选他们认为势力最小性格懦弱的士瓦本的霍亨斯陶芬家族的康拉德三世为王(1138~1152年)。康拉德三世却不甘为傀儡,与德意志最强大的另一家族威尔夫家族长期激烈斗争,但至死也未见输赢。因此他无暇顾及意大利事务,成为帝国历史上第一位未去罗马加冕的皇帝。1152年3月4日,其兄之子腓特烈一世当选国王,这就是著称于史的巴巴罗萨(红胡子之意),后世尊为腓特烈大帝(1152~1190年)。在他任内,神圣罗马帝国似乎一度恢复了奥托大帝时代的强盛与荣耀。

身高貌伟的腓特烈一世像奥托大帝一样雄才大略,野心勃勃。但他所面临的形势却今非昔比。内部大贵族势力日大,难以制服;外部法英两国王权与国势都已大大加强,尤其是昔日俯首帖耳的教皇经授职权之争已与皇帝平起平坐,国内教会贵族更加听命于教皇,形成新的分裂势力。腓特烈审时度势,决心把夺取意大利、制服教皇作为主攻方向,以巩固和提高皇帝地位,威压内外敌手。

1153年,腓特烈率军攻入罗马,教皇不甘失势,在加冕问题上对他百般刁难纠缠,直至1155年6月18日才勉强为之加冕。经此一事,腓特烈倍感教皇权力的威逼与制约,于是他利用罗马法复兴的成果,于1157年在帝国名称上冠以"神圣"一词,直接与教皇自命的"神圣教廷"称号抗衡。他还仿效奥托大帝随意废立教皇,于是1161年历史上第一次出现教会选举的教皇与皇帝拥立的教皇对峙的局面。1165年腓特烈拥立的教皇巴塞尔三世发布圣谕,承认神圣罗马帝国具有与加洛林帝国相同的性质、地位和权力。这就承认了查理大帝和奥托大帝皇权高于教权,高于各国王权的原则。至此政教之争达到顶峰,皇帝领先一步。

法理上的权力要靠牢牢控制意大利才能实现,而这正是腓特烈无能为力之处。此时意大利各城市已相当强大,他们奋起反抗帝国的统治与剥削。法英和东欧各国以至拜占廷帝国都不能容忍这样一个强大帝国再度君临欧洲,纷纷牵制破坏。因此腓特烈虽然六攻意大利,略地毁城屠掠一空,却屡战屡败,尤其是1166年罗马之战和1176年雷纳诺之战,其精锐骑士死伤殆尽,自己只身脱逃,连军旗和自用盾牌也皆为敌获。他只得签约放弃对北意大利诸城的一切要求。尽管他安排其子亨利六世(1190~1197年)利用联姻,于1194年吞并了西西里王国,但已于事无补。1177年腓特烈签约承认教会选举的教皇为唯一合法者。1179年教廷又制订新的教皇选举法,改过去一致同意原则为2/3多数原则,于是昔日皇帝利用自己的亲信大主教阻挠破坏教皇选立的一贯手法也告失灵。

腓特烈以外战解内忧的国策适得其反。各公爵在连绵的对外战争中拥兵自重,正是他们的反对迫使腓特烈屈辱地匆匆结束征讨意大利之战。尤其是宿敌威尔夫家族的狮子亨利公爵乘机向东向北扩张,占领了莱茵河下游直到今日荷兰的广大地区,夺取并扩建了1143年建成的北方重镇律贝克以及斯拉夫地区的梅克伦堡和波美拉尼亚。地广势大的亨利已成腓特烈心腹大患。1180年,腓特烈援引部落传统与封建领主法强行分割了亨利的全部领地,重新分封给自己的亲信,进而剥夺了亨利的职权与爵位。腓特烈从巴伐利亚划出一个单独的公爵领地——奥地利,从萨克森划出威斯特发利亚公爵领地。他又把律贝克收归皇帝直辖,此即"帝国城市"的首例。王权虽一时稳固了,但霍亨斯陶芬家族与威尔夫家族的斗争却延绵不绝,遍及帝国,尤其是新划出的各公爵领地随即就成为新的分裂之源。

1190年,"伟大的皇帝"腓特烈一世死于十字军东侵途中,而"最强大的教皇"英诺森三世(1198~1216年)却在帝国首次王权大危机的时刻登上了历史舞台,把皇权打得一蹶不振。

1197年亨利六世死后,腓特烈之弟腓力普继位。但狮子亨利次子奥托·威尔夫也在英国扶助下称王。次年6月内战爆发。英诺森三世于1205年为腓力普加冕,意在乘其求助之机压倒皇帝。1208年伯爵奥托谋杀腓力普后继位,亨利六世之子腓特烈也于1212年宣布为王,双方分别在英国和法国的支持下打了一场四年之久的"代理人式的内战"。最后还是腓特烈向教皇屈膝讨好,许诺顺从,英诺森三世才于1215年宣布废黜奥托,批准腓特烈为王,称腓特烈二世(1212~1250年)。帝国和霍亨斯陶芬王朝竟落到靠教皇来结束内战并保障其延续的可悲地步。

腓特烈二世想重占意大利以反抗新教皇的欺压,为此他不惜向国内教俗大贵族做出重大让步以求他们的支持。1220年4月他在法兰克福发布国务诏书《教会公侯特权法令》,1232年4月又发布更为著名的《(世俗)公侯特权宪章》。这两份诏书授权教俗大贵族随意建立城堡和城市,在各自领地内拥有设卡、征税、铸币、司法的全权,并公然称他们为"一邦之君"。诏书打击原是王权支柱之一的城市,禁止他们结盟,禁止收留入城农民。这两份诏书此后成为德国的基本法,是后来帝国分裂割据政治体制的基础,也是选帝制和《金印诏书》的直接法律依据。

对大贵族的让步并没有给腓特烈二世换来在意大利的胜利。伦巴德城市与教皇结盟,在1249年的法塞尔塔战役中大败其军,俘获其子及3000官兵。次年10月腓特烈二世在悲戚中死于意大利。通向罗马之路至此已被断绝,但其后代仍如飞蛾扑火般接踵而来。霍亨斯陶芬家族最后一个男后裔,15岁的小康拉德所率7000骑士,在1268年8月23日的塔利亚科佐之战中全军覆灭,他本人被俘后在那不勒斯被斩首。从此,该家族灭绝,帝国在欧洲的优势丧尽,意大利实际上已脱离了帝国。

此外,历代皇帝还卷进了十字军东侵的恶流浊浪。康拉德三世领导第二次十字军,腓特烈一世丧命于第三次,腓力普策划第四次,腓特烈二世则发起并亲率第六次。他们都企图在"圣战"中重振皇威,却都徒费国力,无获而终。

霍亨斯陶芬王朝终结于外患内忧之中,这是 1220 和 1232 年两份诏书的直接结果。该王朝最后的皇帝康拉德四世(1250~1254 年)死后,大贵族蜂起夺位,但又势均力敌,无一胜者,形成 1254~1273 年的"大空位时期",或称"皇位虚悬时期",帝国险些告终。因此,如果给霍亨斯陶芬王朝立墓碑的话,就应该写上:"驾驭教廷的皇帝之威、挟制全欧的霸主之势、囊括意大利的帝国之梦、喝令本族诸侯的王权之声,皆随之而逝"。

第十二章　十字军东征

——千秋帝国梦

十字军东征(The Crusades)是在 1096 年到 1291 年间发生的八次宗教性军事行动的总称,是由西欧基督教(天主教)国家对地中海东岸的国家发动的战争。由于罗马天主教圣城耶路撒冷落入伊斯兰教徒手中,十字军东征大多数是针对伊斯兰教国家的,主要的目的是从伊斯兰教手中夺回耶路撒冷。东征期间,教会授予每一个战士十字架,参战者服装均饰以红十字为标志,组成的军队称为十字军。十字军东征一般被认为是天主教的暴行。尽管如此,十字军东征使西欧直接接触到了当时更为先进的拜占庭文明和伊斯兰文明。这种接触,为欧洲的文艺复兴开辟了道路。

西欧骑士

骑士制度是西欧封建制度的产物。西欧封建主为了进行战争和镇压人民的需要而养了许多骑士。最早的骑士主要来自中小地主,后来地主的家臣和富裕农民也有成为骑士的。他们替大封建主打仗,得到大封建主赏赐的土地和金钱,成为小封建主。11 世纪和 12 世纪时在西欧形成了骑士制度。骑士是封建主阶层最低一层的等级。

为了掠夺金银珠宝等财富,西欧封建主和教士多次组织十字军东征。因为战争,骑士的社会地位大大提高了,并逐渐形成了骑士精神。

12 世纪时,西欧出现了骑士团组织。封建主的子弟从小就接受严格的军事训练,以便长大当一名合格的骑士。当他们已训练合格、具备骑士的条件时,还要举行庄严的仪式,然后才能正式成为骑士。

作为骑士必须遵守的信条是"忠君、护教、行侠"。在骑士制度的发展过程中,还为骑士制定了一系列的道德标准。除"忠君、护教、行侠"的信条外,还要求骑士"文雅知礼",甚至要求他们学习音乐和作诗。

骑士把"荣誉"看得甚至比自己的生命还重要。他不仅要忠实地为自己的主人服务,还要效忠和保护女主人。女主人在骑士心目中像圣母一样神圣,这一点后来发展为对贵妇人的爱慕和崇拜。能为自己"心爱的贵妇人"去冒险和取得胜利，博得贵妇人的欢心，是一名骑士最大的荣誉。所有这一切就构成了所谓的"骑士精神"。

西欧骑士虽然是封建主统治活动的工具，但他们处于封建统治集团的最下层，所以他们中间一些人的锄强扶弱、保护妇女、尊敬老人的道德信条，也是符合社会需要的。

随着中央集权的加强、战争的减少和雇佣兵制度的兴起，骑士制度在西欧开始趋于衰弱，他们的尚武精神也逐渐消失，骑士趋于消亡。

十字军

中世纪的欧洲处在"黑暗时代"，那时的欧洲城市稀少，商旅断绝，文化落后。而当时的东方却是那么富庶。对欧洲的骑士们而言，不仅是遥远的中国和印度，即使是欧洲的近邻阿拉伯，也令他们眼红。埃及、叙利亚、巴勒斯坦地区有着繁荣的城市、兴旺发达的商业和大量的财富，骑士们总是梦想着哪一天能把那里的财富抢过来据为己有。庄园里的出产已经不能满足骑士们的胃口。那些非长子的青年骑士因为不能继承祖产更是想从远征的劫掠中发财致富。有地的领主和无地的骑士都对富庶的东方垂涎三尺。现在他们需要的是一个头目，一个组织者，这样成千上万的带着梦想的亡命之徒就会奔向东方。

在这种情况下，欧洲十字军东侵也就极其自然地开始了。而带头组织十字军的，正是罗马教皇。教皇也想从东方掠夺财富，而且他还有一个借机扩大教会势力的打算。让信奉基督教的骑士占领东方，使罗马教皇成为东西方共同的最高统治者，那样，教皇和教会就真是天下无敌了。

1095 年冬天，罗马教皇乌尔班二世在法国的克勒芒城召开宗教会议，第一次发出东征的"号召"。他对前来听他演说的各国骑士声嘶力竭地叫喊说："上帝的孩子们，我们东方的圣地耶路撒冷——传说耶稣就葬在那里——给异教徒占领了。这是何等的奇耻大辱啊？上帝要你们赶快去夺回我们的圣地。要知道，东方国家遍地是蜜和乳，简直是第二个天堂，你们还不赶快响应上帝的号召吗？"他说："倘若任何人专为虔诚而不为虚荣和私利去到耶路撒冷，以救出上帝的教堂者，那么此种跋涉便足以代替一切的忏悔。"意思是说，参加东征者完全免罪。经过教皇这一番煽动，骑士们立刻疯狂地大喊起来："神意如此，神意如此，让我们奔向东方吧！"

东征的军队打出了"收复圣地"的大旗，总算师出有名了。骑士们争先恐后地把红十字缝在自己胸前，十字架是基督教的标志。第一批十字军就这样拼凑起来了。

1096年秋天,由法国、意大利、德国西部的骑士领主组成的十字军大约三四万人,分别由各地出发,经过小亚细亚半岛,向耶路撒冷进军。当时小亚细亚和巴勒斯坦等地处在塞尔柱土耳其人的统治下,实际上已经分裂成一些各自独立的小国。十字军一下子打过来,这些小国难以组成统一的反抗力量。十字军捡了便宜,在1099年7月攻下了耶路撒冷。

尽管长途跋涉带来的劳累,激烈交锋遭到的伤亡,已经使十字军疲惫不堪,可是,一进入耶路撒冷这个"圣地",他们便立刻精神振奋。什么"拯救圣地",什么"宣扬圣教",全顾不得

罗马教皇乌尔班二世

了。一个个疯狂地杀呀,贪婪地抢呀……他们冲进伊斯兰教在耶路撒冷城里最著名的阿克萨清真寺,把里面的珠宝财物一抢而光,然后把它当作刑场,在那里杀害了1万多名无辜的伊斯兰教徒。居住在耶路撒冷的所有居民,就连基督教徒都不能幸免,全都遭到了这些欧洲强盗的抢掠。十字军事先立下了这样一条规矩:谁先闯进某家宅院,谁就是这座宅院的主人。结果,进入耶路撒冷的十字军人人都发了大财,许多穷光蛋骑士一夜之间就变成了富翁。

十字军在他们占领的地区建立了耶路撒冷王国。可是到了1187年。东方人民在能征善战的领袖撒拉丁领导下,消灭了十字军主力,收复了耶路撒冷。德国皇帝、英国和法国的国王于是又组织第二次和第三次十字军东征,结果都被打败,只好灰溜溜地退了回去。

进军东方的失败,迫使十字军改变攻击方向,把目光瞄准了拜占廷。按理,拜占廷也信奉基督教,根本不应成为十字军进攻的目标。但是,这些欧洲骑士,仍然毫不留情地进攻和抢劫了这个信奉同一种宗教的国家。这就暴露了他们所谓的征讨异教徒不过是借口而已。十字军占领了君士坦丁堡,并建立了拉丁帝国,拜占廷帝国将近千年的文化艺术珍品遭到了彻底的破坏。

十字军远征使欧洲的骑士和教会大发横财,却没有给下层劳动人民带来任何好处。当时欧洲正发生空前未有的大灾荒,而教会则把罪恶的远征称之为"走上主的道路"。克勒芒大会后,欧洲更是疯狂,全欧洲都在大串联,互相劝说参加远征。

农民们为筹集路费，变卖了田地、房舍、葡萄园，财产较多的人则把它送给了教会，委托僧侣代为庇护。教会僧侣乘机大发横财。许多农民被骗加入了十字军以后，无钱置备马匹粮草，甚至连武器都没有，也不能和贵族骑士一起走，只好跟着几个教士盲目地向东方移动。他们既不知道路径，也没有任何目标，看到一个城市，就问："这是不是耶路撒冷？"结果一路上，许多人饿死、病死，还有不少人被抓去卖为奴隶。少数人总算拖到了东方的边缘，但一碰上土耳其人就被打得七零八落——成千上万的农民就这样悲惨地客死他乡。只有少数人逃回君士坦丁堡，后来参加了封建主的十字军。

最悲惨的要算"儿童十字军"了。1212年，教皇和封建主宣传"无罪"儿童更能得到上帝保佑。儿童十字军可以创造奇迹的鬼话，哄骗3万名儿童参了军。他们大多数是农家孩子，年龄不超过12岁。在法国南部海港马赛集合以后，他们就挤在木船上渡海"东征"。结果，有的船遇到风暴，沉入海底，船上儿童全部遇难；有的船到了埃及后，船上儿童却全被船主卖为奴隶。在德国，也有两万儿童受骗参军。他们好不容易翻越了阿尔卑斯山，就饿死了一大半；剩下几千人到了意大利，又被拐卖不少。"儿童十字军"坑害了五六万天真无辜的孩子。

1291年，十字军丧失了其在东方的最后据点阿克，十字军东征终于以失败告终。

十字军东征所带来的后果是复杂的，它给西欧和东方人民带来了浩劫。长达两个世纪的战争，使西欧死伤上百万人，耗资巨大，仅法国支付第七次十字军东征花费折合货币就达7000万美元。

在客观上，也带来了发动者意料不到的结果。十字军到东方，加强了与东方拜占廷、叙利亚和埃及的接触，一些先进技术逐渐传入西方。如中国制造火药的方法、拜占廷制造玻璃的方法等，都是这个时期传入西方的。

十字军所提供的运输对造船技术的发展有重要意义，意大利的银行业也使欧洲各地获利。从此确立了威尼斯、热那亚、法国马赛等在地中海区域的商业优势，从而促进了意大利资本主义萌芽，并发展了东方的贸易。

商业贸易方面，十字军东侵后，欧洲人学习了阿拉伯人的商业技术，例如支票、提货单、股份公司等。此外，欧洲商人还借用许多阿拉伯人的商业航运用语。现在英文中的贸易（Traffic）、关税（Tariff）、风险（Risk）、支票（Check）、仓库（Magazine）、零（Zero）、薄棉布（Muslin）、商品陈列所（Bazar）、平面战舰（Corvette）等词，都是那时从阿拉伯字脱胎而来的。

第一次十字军东征

1096 年 8 月,真正意义上的第一次十字军东征开始了。

十字军分四路向东方进发。第一路是由德国西部封建主骑士组成,由布雍的高弗黎率领,从布雍出发,沿着农民东征路线前进。他们经过纽伦堡、维也纳、贝尔格莱德、斯烈第茨(索菲亚)、阿德里亚那堡到达君士坦丁堡。

第二路十字军是由法国西部诺曼底和弗兰德尔骑士组成,由诺曼底公爵罗伯特率领,在里昂会师后从里昂出发,经热那亚、佛罗伦萨、罗马,在意大利的巴利港渡过亚得里亚海,在德拉齐登陆到达巴尔干半岛。

第三路十字军,由法国南部的骑士组成,由土鲁斯的雷门率领,从土鲁斯出发,经里昂、日内瓦、米兰、维罗那、斯克德拉、帖撒罗尼加到达君士坦丁堡。

第四路十字军,以意大利南部诺曼底领地的骑士为主组成,由大兰多的波孟率领,从大兰多出发,经布林地西渡过亚得里亚海峡。抵达巴尔干半岛的奥赫利德。

1097 年春天,四路十字军在君士坦丁堡会合,组成了十字军联军,约有 3 万至 4 万人。他们在这里目空一切,傲气十足。拜占廷皇帝阿列克塞一世对此非常担心,预感到他们可能会把矛头指向同是信仰上帝的拜占廷。而拜占廷此时国力已经恢复,不再需要十字军的"援助"了。为预防不测,阿列克塞一世极其迅速地调集了大批船只,把十字军送往小亚细亚。

十字军联军渡过海峡后,受到了塞尔柱土耳其人十分剽悍的轻骑兵的猛烈袭击。疲惫不堪的十字军匪徒们死于伊斯兰教徒马刀下的已不计其数,再加上欧洲人很不适应小亚细亚的炎热天气,伤亡惨重。

十字军联军 1097 年费了很大力气才攻占了尼西亚。经过一段时间的休整之后,十字军联军进抵多里列,在这里与土耳其人展开了一场大战,土耳其人的主力被打败,损失惨重。同年在小亚美尼亚王国的援助下,十字军攻占了具有战略意义的厄德撒及其附近地区。在这里建立了十字军的第一个厄德撒伯国,1097 年 ~ 1144 年,由布雍高弗黎的弟弟鲍尔文驻城防守。

1098 年十字军攻打安条克。由于安条克城防坚固,高大城墙十分敦实、宽厚,墙顶上可并排通过四辆战车。十字军攻打数月不下,最后因守城军叛变,十字军才得攻入城内。

十字军入城后,对伊斯兰教居民进行了骇人听闻的大屠杀,全城财物被抢掠一空。同年,十字军在这里建立了安条克公国。1098 年 ~ 1268 年,由波孟驻城防守。

1099 年,十字军联军终于进入巴勒斯坦,包围了他们所说的圣城耶路撒冷。

十字军的军旗是一面基督教的十字旗,而驻守耶路撒冷的土耳其人的军旗是一面嵌有一弯月牙的伊斯兰教的新月旗。十字军与新月军在这里展开了一场举世闻名的决战。

耶路撒冷城堡十分坚固,用巨石砌成的城墙高大雄伟,固若金汤。因此,十字军匪徒在用木梯攻城时,未能得胜。

在长期围困耶路撒冷过程中,十字军虽未断绝粮食供应,但因气候干燥,人和战马的饮水发生了很大问题,他们不得不到很远的地方去寻找水源,然后,再把水装在皮革制的口袋里,运回耶路撒冷城外供人和战马饮用。

十字军的指挥命令部下骑士,从当地居民中找来最著名的木匠,并派骑士到各地去抢劫大量的木材,开始制造攻城器械。他们制造的攻城器械除木梯外,显然是仿造了古罗马奴隶主们使用过的攻城槌和攻城塔。攻城塔形似一塔,分多层建筑,塔上盖以牛皮,塔中埋伏攻城敢死队,塔下设有攻城槌,它是用一条巨型大树的树干做成,前部制成羊头形的尖锐器,用杠杆和骑士们勇猛的力量使槌头猛击城墙,迅即可使最坚硬的城墙突破一个窟窿。在这一切都准备就绪之后,十字军在1099年9月的一个星期五的拂晓发起了对耶路撒冷的总攻。

在发起进攻之前,欧洲人即偷偷把许多这种攻城塔拆成几个部件运至城垣脚下,并偷偷地装配起来。当发起进攻的军号声响起时,敢死队一拥而上,钻进塔内,用最快速度接近城墙,凶猛地进行破墙战。

土耳其伊斯兰教徒十分坚定勇猛,他们在墙上用沸腾的热油泼向攻城塔,并用火炬投向攻城塔,十字军骑士一批批地被活活烫死。但是,经过长时间攻打,城墙终于被突破一个缺口,十字军骑士用点燃的木材放起火来,伊斯兰教徒的前沿阵地上一个塔楼被点燃了,趁着大火的蔓延,十字军骑士在中午时分攻进了耶路撒冷。

十字军在"上帝保佑"的呼号声中登上城头,竖起十字军的旗帜。伊斯兰教徒开始溃逃,但他们以百倍的勇猛与十字军匪徒展开了空前激烈的巷战。最后伊斯兰教徒(其中有土耳其人、埃塞俄比亚人)扼守在所罗门神庙等几个据点里。在这些神庙里伊斯兰教徒同十字军展开了十分残酷的白刃战。

十字军骑士用灭绝人性的罪恶手段屠杀了伊斯兰教徒。在所罗门神庙一处就杀死了1万人。剩下的土耳其人在极端愤恨之下,放火烧毁了这座神庙。

当十字军占领了耶路撒冷后,基督教徒的骑兵在所罗门神庙前排成纵队,他们的马蹄子在战鼓声中踏着伊斯兰教徒的尸体奔驰而过。司令官就是这样检阅了部队,以庆祝胜利。

大洗劫开始了。他们用带血的剑把被杀死的伊斯兰教徒尸体的肚皮剖开,取出被杀者在生前吞下去的金币。由于被杀死的伊斯兰教徒人数过多,于是,十字军就把尸体堆积起来,然后烧成灰烬,这样能很容易地从骨灰中把金币、黄金找出来。

这种行为持续了许多天。

与此同时，大批十字军骑士去抢劫城市居民。十字军首领命令他的部下，谁首先抢占居民住宅或宫殿，这座住宅和宫殿的一切财产就归谁所有。这样，耶路撒冷很快就被洗劫一空，十字军骑士都变成了富翁。

同年十字军在这里建立了耶路撒冷王国(1099~1187)。耶路撒冷王国包括巴勒斯坦和叙利亚南部广大地区，布雍的高弗黎被立为国王，号称"圣墓保卫者"。十字旗取代了新月旗，第一次十字军东征宣告结束。

第二次十字军东征

十字军虽然在东方建立了几个封建王国，但却根基不稳。这些王国各大城市内的意大利和法国商人，也都独霸一方，王国对他们根本没有约束力。再加上十字军极端凶残的烧杀抢掠，激起了当地人民的强烈反抗，他们采用各种不同方式与占领军进行着殊死斗争，并不断举行起义，组织强大武装打击十字军。

经过长达48年的艰苦斗争，1144年，突厥人苏摩尔总督赞吉率领部队终于打败了十字军后嗣们的反抗，收复了厄德撒和周围的一些据点。十字军在东方建立的厄德撒伯国自此灭亡。消息传到欧洲，罗马教皇尤金三世异常惊慌，急急忙忙向基督教徒们和法兰西、德意志的国王发出号召，极力鼓吹再一次组织十字军"远征"。

他蛊惑人心的煽动本领实在不亚于他的先辈乌尔班，并在1146年12月1日颁发了给予参加十字军者之特权书。在煽动鼓噪之后，他便命令基督教徒们迅速行动起来，去拯救已经被打败了的厄德撒地方的十字军。他说："我现在以上帝的名义劝告、要求，而且命令你们，为了赎免自己的罪孽，一切属于上帝的人，特别是那些有地位的贵族们，都应当英勇地行动起来，去奋力抵抗那些数量广大的，正在为他们所获得的胜利而欢乐的异教徒，以保卫东方的教会……从他们手中，将你们的数以千计的兄弟们抢救出来，使基督教名字的尊严在你们的时代得到维护，而你们的英勇也将受到举世赞扬。"

远征的命令下达之后，罗马教皇尤金三世以上帝的名义对参加十字军的骑士许诺了若干特权。因为自第一次十字军东侵之后，人们对十字军已不甚感兴趣，故而，罗马教皇只有许诺一些摸不到的空话。如赎罪之类的谎言以及赐给一些微不足道的特权来加以刺激。

罗马教皇同时对那些参加十字军的穷人们也许下了再狡猾不过的诺言，他一边答应免除欠债的利息，同时又号召信徒们把财产抵押给教会。

欧洲的十字军东征时各级教会都以上帝的名义骗得大量财产成了暴发户。

在罗马教皇的鼓吹之下，由法兰西国王路易七世和德意志皇帝康拉德三世为首组成第二次十字军"远征"队。他们于1147年，从法国和德国出发，经维也纳、贝尔格莱德、索菲亚到达君士坦丁堡。在这里他们兵分两路。

路易七世率法国骑士东渡海峡，兵趋小亚细亚，之后挥兵西进，经伯加摩斯、士麦那到阿塔利亚，由此渡海到达叙利亚的安条克。

另一路十字军骑士由康拉德皇帝统率，由君士坦丁堡乘船西渡海峡，过爱琴海绕小亚细亚南岸，由克里特岛的东侧转东行，直抵巴勒斯坦，到达安克拉。

由路易七世和康拉德皇帝统率的十字军，在两年的时间里，到处疯狂地烧杀抢掠。他们的行为激起各地人民的强烈反抗，1149年，他们在巴勒斯坦和叙利亚地区遭遇失败，第二次东征结束了。

第三次十字军东征

十字军第二次东征失败40年后，罗马教皇又发动了第三次"远征"。这次"远征"是由于十字军建立的耶路撒冷王国被英勇的穆斯林夺了回去。

12世纪后半期，东方发生了巨大变化，埃及苏丹撒拉丁用武力征服了相互攻战的各个伊斯兰小国，结束了长期分裂的状态，以埃及为中心建立起一个统一的强大的苏丹国家。

撒拉丁是亚美尼亚库尔德人，青年时代在大马士革受教育，是一个笃信伊斯兰教的最虔诚的穆斯林，是一个富有韬略的天才的政治家、勇敢的穆斯林战士和伟大的统帅。埃及法蒂玛王朝时曾担任过总督。1171年撒拉丁推翻法蒂玛王朝。1174年自称苏丹。在他统一了埃及和叙利亚之后即在穆斯林们的支持下，宣布对十字军进行"圣战"。

1187年，撒拉丁率领穆斯林联军于加利利海（今戈兰高地以西的太巴列湖）附近的提庇里亚地区与十字军决战，撒拉丁大获全胜，消灭了十字军主力，俘虏了耶路撒冷国王和神庙骑士团团长。

撒拉丁乘胜追击，不失时机地收复了沿海许多城市，如西顿、贝鲁特等。

同年，撒拉丁发动了对耶路撒冷的总攻击战，并迅速地获得了胜利，收复了耶路撒冷。撒拉丁收复耶路撒冷后，重新恢复了对先知穆罕默德的崇拜。

撒拉丁对被俘的基督教徒和十字军骑士采取了较为宽容的政策，而不像十字军对待俘虏那样对待他们。撒拉丁允许他们缴纳人头税来换取自由。

撒拉丁命令十字军的俘虏，男的交出10个金底那尔，女的交出5个金底那尔，小孩交出 1 个金底那尔方得获释。不交者即卖为奴隶。数以千计的十字军俘虏因拒绝缴纳人头税而被卖为奴隶。

坚持 88 年的耶路撒冷王国终于灭亡了。这一消息传到欧洲,使罗马教皇以下各级主教和德、法、英等国的基督教徒们大为震惊,整个欧洲陷入一片混乱。为了恢复耶路撒冷王国,教皇又发出了组织第三次十字军"远征"的号召。1189 年十字军组成,同年兵发东方。第三次十字军东征开始了。

十字军兵分三路。第一路由德意志皇帝红胡子腓特烈一世率领,从纽伦堡出发,途经维也纳,到达贝尔格莱德,经索菲亚到达阿德里亚那堡,从这里南下渡过大海,在小亚细亚登陆,自雷俄提西亚东征伊科尼翁后南下,他们到处遭到伊斯兰教徒的坚决抵抗,损失惨重,费尽力气最后到达赛流西亚。在一次强渡一条河流时红胡子腓特烈被淹死,他的军队同时被击溃,第一路十字军覆没。

第二路十字军由法王奥占斯都教·腓力二世率领,从维兹列出发,经里昂到达热那亚,在这里得到热那亚商人的支持,配备了强大的舰队,沿意大利西侧海岸向东南航行,在麦西拿渡过西西里岛海峡,绕克里特岛南端海域向东航行,直抵巴勒斯坦,到达安克拉。在这里他们受到了撒拉丁的严重打击,同时腓力二世与英王狮心理查不和,互相争斗起来,一气之下,腓力二世率军返回法国。第二路十字军自行退却。

第三路十字军,由英国金雀花王朝国王理查一世,绰号狮心理查率领。从英吉利首都伦敦出发下海,乘舰船绕行欧洲西部海域抵达葡萄牙西岸,在里斯本休整后,从丹吉尔渡海峡,北向航行直抵达法国马赛。在这里会合由法国维兹列开来的陆路部队,之后,经过撒拉丁岛向东南前进。横渡第勒尼安海在麦西拿渡过海峡,东下克里特岛,于干地亚登陆后,稍事休整,又东渡至罗得斯岛。之后继续东进,到塞浦路斯岛的利马索尔,由这里直趋安克拉。狮心理查王与伊斯兰教领袖撒拉丁展开了十分激烈的斗争。尽管狮心理查王非常英勇,但最终未能战胜撒拉丁,也未能重新夺回耶路撒冷。

1192 年,狮心理查被迫与撒拉丁签订了一个条约,规定十字军基督教徒只可拥有靠近耶路撒冷沿海的狭长地带。至此,十字军势力范围只剩下一个的黎波里与安条克合并后的安条克公国以及推罗等几个城市,再加上早些时候十字军建立的塞浦路斯王国。在东方的十字军基本上被清除了,但伊斯兰教徒允许基督教徒到耶路撒冷朝拜。

第三次十字军东征也以失败告终。1192 年,狮心理查王在归国途中被奥地利公爵俘虏,后来他又被转交给了神圣罗马帝国皇帝亨利六世。直到 1194 年才被英国贵族用重金赎回,于 1199 年死去。

第四次十字军东征

　　十字军的又一次失败，使得罗马教皇内心十分不安。英诺森三世当选为教皇之后，立即开展了广泛的宣传运动，积极鼓动组织第四次十字军东征。

　　前三次十字军东征，罗马教廷提出的一个冠冕堂皇的口号是解救"主的坟墓"，因此，前三次东征的直接目标都是指向耶路撒冷。

　　实际上，罗马教皇真正的野心，并不在于耶路撒冷，而在于抢夺巴勒斯坦的珍宝。因此第四次十字军东征则发生了根本性改变，它彻底撕下了对"异教徒"作战的外衣，他们根本就忘记了收复耶路撒冷的使命，而是把掠夺矛头转向了信奉同一个基督教的君士坦丁堡。

　　拜占廷帝国皇帝，对欧洲十字军的行为也早有察觉，预感到十字军的打击方向迟早会指向自己。故而前几次十字军降临时，总是想方设法把瘟神及早送往小亚细亚，并且多次乘十字军衰败之机收复了许多属于拜占廷的领地。

　　富有古老的文化，藏有数不尽人间奇宝的君士坦丁堡，始终使西方强盗们垂涎三尺，罗马教皇也绞尽脑汁企图把它置于自己的教权之下，因此，君士坦丁堡成为十字军掠夺的重要目标也就成为必然。况且，12世纪末，拜占廷帝国十分衰弱，宫廷斗争十分剧烈，致使力量被削弱，内部的分崩离析也给敌人的入侵创造了有利条件。这时的威尼斯商人，经过前几次十字军运动，在巴勒斯坦获得了东西方贸易的垄断权，对耶路撒冷再采取军事行动对他们的既得权益是很不利的。

　　所以，现在十字军的敌人，显然已不再是耶路撒冷而是君士坦丁堡。由此看来，十字军的打击矛头必然指向君士坦丁堡是早已注定的了。

　　在英诺森三世的号召下，法兰西、德意志、意大利的封建主和骑士们积极行动起来，他们于1202年组成了第四次东侵十字军的联军，推举孟菲拉侯爵卜尼法斯为此次东侵的统帅。

　　十字军联军准备从威尼斯出发，由海上向埃及进发，因为走水路要比陆路行进得快而且节省军费。

　　于是十字军派人同威尼斯城邦总督亨利科·邓多罗举行谈判。邓多罗是一位狡猾的长者，他坚定自信，明智勇敢，尽管已80岁高龄，他仍要为威尼斯谋取一场惊人的胜利。于是他答应了要为十字军派出海军舰队护送他们去东方。经过一番讨价还价，双方约定，威尼斯用平底战船为十字军运送4500匹马和9000名骑士侍从，用大船运送4500名骑士和2万名步兵，并负责供应一切人马9个月的粮草，为期一年。十字军方面答应付给威尼斯商人8.5万银马克和沿途掠夺物的一半。

就这样,双方达成了肮脏的交易,签订了协议书。

协议签订后,威尼斯商人开始把十字军陆续运往属于威尼斯的一个海岛上。8.5万银马克的巨额款项,十字军一时是拿不出来的,只能从城内借到5000银马克,剩余部分十字军答应用东侵途中抢劫的财物支付。

这时,威尼斯商人又提出了要求,要求十字军也可用"战斗服务"的办法偿还欠款。于是,十字军完全改变了去埃及和夺回主的坟墓的虚假目标,与邓多罗勾结起来,把战争的矛头直接指向君士坦丁堡。

第一步十字军攻占了威尼斯商人的商业劲敌萨台尔城,并在这里暂时休整。正在这时,十字军本部接待了一个从君士坦丁堡逃出来的王子。他们抓住这一癞皮狗为他们进军君士坦丁堡展开了惊人的宣传。他们说,君士坦丁堡的皇帝伊萨克二世有个御弟叫阿历克塞被土耳其人俘虏,伊萨克从敌人手中把他弟弟用重金赎回。

但阿历克塞回国不久就发动了宫廷政变,逮捕了他的兄长——恩人伊萨克,并凶残地把他的双眼剜掉,同他的儿子一起关在监牢里。阿历克塞当上了皇帝。伊萨克的儿子成功地越狱潜逃,费尽了千辛万苦来到了萨台尔城。在这里求见了十字军统帅,恳求十字军能为他夺回王位,并且答应,如果他一旦继位,则把拜占廷帝国归服罗马教皇管辖之下。这个小王子还答应,付给十字军20万银马克作为军费,并负责供应一切人马的粮食,同时还答应派1万军士配合十字军作战。

在这之后,十字军高举惩办叛逆行为,维护基督教的尊严和威信的旗帜,理直气壮地兵发拜占廷。

十字军从萨台尔出发,沿亚得里亚海东岸,经斯浦利特到德拉齐,绕过雅典进入爱琴海,向东北方向急进,穿过海峡直抵君士坦丁堡。此时的拜占廷帝国因政变不久,政权未能稳定,因此,没费多大力气即被十字军于1203年攻占,处罚了忘恩负义的阿历克塞皇帝。

与此同时,十字军占领了拜占廷的广大地区。伊萨克复位不久就死掉了,由小王子阿历克塞四世继位。

小王子即位后,为偿还许诺给十字军的20万银马克巨款,在拜占廷境内开始增加赋税,横征暴敛。贫苦的下层人民不堪忍受重负,纷纷揭竿起义,反抗阿历克塞四世的残暴统治,小王子王座眼看就要不保了。

在这种情况下,十字军看到时机已到,以不能偿还欠款为借口,于1204年4月一举攻占了君士坦丁堡。对这个与他们信奉一个上帝的基督教徒城市进行了骇人听闻的烧杀抢掠。

十字军这种野蛮烧杀抢掠进行了长达一个星期之久。

十字军使君士坦丁堡遭到彻底毁灭，它再也不可能恢复起来了。十字军在征服了拜占廷的大部分领土之后，收复圣地的目标早已抛到脑后，按照罗马教皇和西欧封建主们的原来的意愿，于1204年在巴尔干半岛的拜占廷的废墟上建立起一个拉丁帝国。

因为十字军的参加国如法国、德国、英国、意大利等都是使用拉丁语，罗马教会系统的教会皆使用拉丁语，故而该国也称拉丁帝国。至此第四次十字军东侵告一段落。

第四次十字军东征，受益最大的是威尼斯商人。他们占有君士坦丁堡的最主要的市街并在这里建立了威尼斯特别区，他们还抢占了拜占廷帝国3/8的领土。爱琴海和亚得里亚海沿海的许多商港都被狡猾的威尼斯商人所占有，在这些区域内威尼斯人把热那亚商人彻底排挤出去。

罗马教皇在此次十字军东征中达到了他们多年来的夙愿，野心勃勃的神权扩张业已实现。在拉丁帝国建立后，教皇立即委任了新的君士坦丁堡大主教为拜占廷宗教领袖。

拉丁帝国虽然建立起来了，但它的统治基础非常脆弱，经受不住考验。保加利亚人和阿尔巴尼亚人对十字军的侵犯十分愤慨，他们从北部对拉丁帝国发动了进攻。而拜占廷人在撤出君士坦丁堡后，于小亚细亚地区重整旗鼓，并从东部对拉丁帝国发动不停的攻击。

为了夺回被威尼斯商人排挤掉的权利，热那亚商人下死力气支持了拜占廷人。由于多种原因，拉丁帝国在维持了50多年后终于在1261年灭亡。拜占廷帝国重新恢复。这次的十字军东征也以最后的失败而结束。

第五、六、七、八次十字军东征

从第一次十字军东征开始，东方的阿拉伯民族就展开了英勇的抵抗。面对野蛮凶残的十字军，阿拉伯人民毫无惧色，经常在十字军经过的地方设下伏兵，以突然袭击的办法消灭入侵的十字军。

当十字军的铁蹄刚刚踏入东方国土时，阿拉伯人也经常采用坚壁清野的办法，使敌人得不到任何的人力、物力的供给。当阿拉伯人与十字军作战失利，他们在撤退某一个城市和据点时，往往把该城市和据点放起大火烧成灰烬，使敌人一无所得。在十字军占领区内，阿拉伯人采取各种方式同十字军进行不懈的斗争，他们为了断绝敌人的粮食供应，宁可自己饿死，也不去为敌人耕耘。抗缴赋税，拒绝为十字军服务的情形屡屡发生,甚至有的地方采取武力,杀死十字军领主。沦为农奴的伊斯兰教徒和当地居民,常常逃跑,集合起来打击侵略者。甚至许多地方举行起义与敌人展开大规模的武装斗争。

拜占廷帝国被十字军侵占后,东方的基督教徒和伊斯兰教徒携起手来共同作战,反对他们共同的西方敌人。十字军在东方人民的协力打击下,势力日趋衰败。在西方,人们对十字军的看法和热情此时也发生了很大的变化。封建主们的侵略矛头已不再是主的坟墓圣地耶路撒冷,而是更富裕的地方。骑士们大多数都被各国的国王招募为亲兵,生活有了着落,对"远征"已不那么热心。

各国最富有的商人,尤其意大利的城市商人,由于与东方已建立了贸易关系,他们关心的利润来源已得到满足,故而,对再去为教皇航海作战已不感兴趣。由此种种原因,使罗马教皇发动以后几次的十字军东征十分困难。

为了第五次十字军东征能够顺利进行,罗马教皇英诺森三世于1215年在罗马教廷的拉特兰宫召开了宗教大会。参加大会的有皇帝代表、公爵、伯爵和教会的高级教士等共1500人,其中有大主教和主教412人,是历次宗教大会中规模最大的一次大会。

会上宣布组织以埃及为目标的第五次十字军,并发布了教皇给予参加十字军者之特权的命令。

教皇采取各种措施强化支持十字军的力度。首先,罗马教皇采取强制的摊派手段,命令各地封建贵族按财产状况出人出钱支持十字军,命令说:"务使那些没有亲自参加解放圣地的诸国王、公爵、亲王、侯爵、伯爵及其他有地位的贵族和城邑、市镇等地的公社,都要以自己的财富为标准,奉献适当数目的战士,并负责三年的必要开支,藉以赎除自己的罪行。"

其次,罗马教皇甚至不惜慷慨解囊,自动捐献纹银3万磅,同时,还在其他基督教徒捐款中拿出3000马克纹银,充作十字军军费。

再次,罗马教皇还命令红衣主教和全体教士都要积极捐助十字军。教皇命令红衣主教要拿出自己收入的1/10,全体教士不分职位高低皆须拿出自己收入的1/20,以资助十字军,为期三年。

罗马教皇还采取了收买政策,对参加十字军的军士,允诺其免除一切捐税和人头税以及所欠下的债务。并对参加十字军的军士的家属、财产给予保护。罗马教皇还号召所有欧洲人不得以武器、船只和其他财物支援阿拉伯人,并在四年之内,不得在海上、陆上与阿拉伯人进行贸易。

在采取上述措施的同时,号召封建主内部停止争权夺利的武斗,甚至命令封建主骑士们在3年之内不许进行马上比武的竞技活动。

经过罗马教皇的种种努力,第五次十字军东征于1217年,就是罗马教皇英诺森三世死后的第一年终于发动起来。他们从意大利出发到达埃及,但在这里遭到惨重的打击。1221年第五次十字军东征也以阿拉伯人的胜利而告终。

此后罗马教皇又以法国人为主力,发动了第六次、第七次、第八次十字军东征,都遭到了同样下场。13世纪下半叶,十字军的几次东征和十字军驻军都得到了蒙古人的援助。这一时期,在被侵略的东方阿拉伯世界里,主力部队是埃及,因此,这几次十字军东侵都把矛头集中指向埃及。

这几次东征的十字军曾在蒙古人的合作下攻占大马士革,并对它进行了十字军式的蒙古式的野蛮掠夺,按照惯例对伊斯兰教徒进行了残酷的屠杀。在蒙古人的支持下十字军虽然暂时得到一点利益,但以埃及为首的阿拉伯联军经过多次征战后打败了蒙古军队。

蒙古军队的惨败对十字军的影响是致命的,十字军不可避免地走向最终的灭亡。1268年埃及军队攻占了安条克,1289年攻占了的黎波里,之后连续攻占了贝鲁特、西顿。第八次十字军东侵的21年后,西方基督教徒在叙利亚的最后一个据点——阿克城于1291年被埃及军队攻克,十字军宣告彻底失败,历时近200年的十字军东征结束了。

第十三章　中世纪欧洲艺术
——艺术高峰不断诞生

化学的起源——炼金术

阿拉伯炼金术是化学发展史上重要的一页,科学起源于巫术和蒙昧,正是炼金术奠定了化学的基础。在西方语言中,有很多词是从阿拉伯转化而来的,可见阿拉伯炼金术之影响巨大。

炼金术的理论根据是希腊古典哲学家提供的。柏拉图认为,物质本身没有性质,它的外在形式就是它的性质,它可以变化。这种唯心思想到亚里士多德更加重了伦理色彩,他认为世间万物都在做出努力,努力向着尽善尽美的方向改变自身,所以人可以帮助万物转化。希腊晚期的哲学家进一步认为,自然万物,都有内在的灵气,都有生长的趋势,都是活的有机体。

以上这些思想综合起来,被炼金术所采用。一部分哲学家想使贱金属成为贵金属,换掉贱金属的灵气就可以成为贵金属了,因此开始研究具体操作。而很多工匠在从事冶金铸造的过程中发现很多金属的光泽发生改变,他们经常制造一些假金属,真假难分使他们具备了很多技术,后来在唯心哲学的影响下,技术与思想指导相结合,炼金术就盛行起来了。

实用的炼金术通常经过四个步骤:第一,把锡、铅、铜、铁熔合成一种黑色合金,在这种合金中,锡、铅、铜、铁都失去了自己的心灵和本性,而成为"一体性"的某种物质。第二,加入水银、砷或锑,使铜变成白色,从而和白银相似。第三,加入少量黄金,用作"发酵剂"。最后一步是用硫黄水,即硫化钙或染媒剂来处理这种白色合金。这样,合金就呈现黄色,在炼金术士们看来,颜色发生变化,金属的性质就变了。实际上今天我们知道,它们不过是合金,根本没有发生质变,但那时术士们是孜孜不倦地追求炼金技术的,他们"点石成金""点铁成金",忙得不亦乐乎。

亚历山大时期,炼金术流行了300年。直到公元292年,罗马皇帝戴克里才下令禁止,把炼金术士驱散,炼金书籍烧毁。

亚历山大时期著名的炼金术士是佐西默斯,他神秘地把宗教仪式和炼金过程混在一起,把四个过程称黑变、白变(成银)、黄变(成金)、净化。这样使下贱低微的金属变成具有高贵灵魂的黄金。这虽然是荒唐可笑的,但也可以使人们的技术提高,尤其是化工工艺水平。炼金术士们发明制造的蒸馏器、熔炉、烧杯、过滤器等化学用具,直到今天仍是化学实验室里的常用设备。

公元 8 世纪前后,中国的炼丹术传入阿拉伯,在亚历山大传统和中国炼丹术的基础上,阿拉伯掀起了第二次炼金术高潮。

在阿拉伯人的炼金术中,占中心地位的理论是"精灵"和"形体"。凡易挥发的都称为"精灵",像水银、硫黄等等。"精灵"中硫易挥发,好动,属火,是雄性;但汞好静,属水,是雌性。汞硫结合,就像雌雄动物的交配和人的结婚,可以生下后代,那么汞和硫结合就可以生成各种金属。所以炼金主要使用硫化汞。

阿拉伯炼金术中有两个人最为著名,一位是前期的贾比尔,一位是他之后的阿尔·拉兹。

贾比尔是一位医生,他特别注意观察化学反应。他把水银信奉为童女,说它能起死回生,能将贱金属统统变成黄金。贾比尔提出了金属的两大组分理论。他认为金属之所以贵贱不同是因为含汞和硫不同。谁含的汞多就高贵,含的硫多就低贱,所以必须改变汞与硫的比例。这样他在炼金过程中采用了分析计量的方法,走上了实验科学之路,成为近代化学的先驱。

阿尔·拉兹也是一位著名的医生,在巴格达十分出名。他的著作《秘密的秘密》记下了很多化学反应,提出了汞、硫、盐三种元素说,一直影响到 17 世纪。

炼金术传到欧洲,正赶上欧洲中世纪时期,结果更加走向愚昧。贪婪的君主们雇佣炼金术士不分昼夜工作,炼取黄金。并且教会利用炼金术宣扬教义,扬言只有借助咒语、祈祷、卜卦、招魂等等才能炼出真金。这种情形长达 4、500 年。

总之,炼金术盛行东西方 2000 多年,它告诉人们,文明是从愚昧中走出,科学是从无知中而来。千万莫走回头路,相信科学,莫要迷信。

确立基督教哲学的奥古斯丁

公元 386 年的一天,一位男子在他的好友面前表示要彻底忏悔,说自己信奉摩尼教,评议《圣经》是犯了罪过。跟着就像发疯似的跑进花园,在那里哭泣、顿足、捶胸、敲额,随后又将跟在身边的好友赶走,躺在一棵无花果树下痛哭流涕。据他说,由于他的虔诚,上帝显灵了。一个男童要他读使徒保罗的书,唱着:"拿着,读吧! 拿着,读吧!"他读了保罗《罗马书》的两节,顿觉一道恬静的光射进了他的心房,驱散了心中阴霾笼罩的一切疑团,于是决定受洗。这年秋天,他辞去教授职务,以便"献身上帝"。

这名"献身上帝"的男子是古代基督教会的著名神学理论家和著作家——奥古斯丁。

公元354年11月13日,他出生于北非塔加斯特城以北60公里的一个小镇上。父亲名叫巴特利亚乌斯,是当地的小神教教徒,以能宽容异教著称。母亲蒙尼卡出生于罗马贵族家庭,是一个虔诚的基督教正统派教徒,她的信仰对奥古斯丁有一定影响。

他在启蒙学校里学习拉丁文和算术,并读荷马、维吉尔的作品。12岁时,他被送到塔加斯特城的一所文法学校。后又被送到马都拉城,去攻读文法和雄辩术,不久又转到迦太基去求学,主攻修辞学将近5年。在迦太基,他热烈地追求荣誉,同时过着放荡、任性的生活。

公元373年,他成为一名摩尼教徒,同时研究星相、占卜,还阅读罗马作家西塞罗的著作,从此对哲学产生了浓厚的兴趣。后又读了柏拉图、亚里士多德的一些著作。

奥古斯丁的宗教信仰,与当时北非的状况有密切的联系。当时在北非

奥古斯丁

有重大影响的有三个教派:一是摩尼教,当时在北非有相当广泛的影响;二是基督教的多拉图斯派,努米底亚柏柏尔人大多信奉这一教派,但公元313年米兰敕令后,罗马皇帝君士坦丁曾下令不给这个教派以合法地位;三是基督教正统派,它当时在北非的势力不很大,还不如前两者。因此,奥古斯丁选择摩尼教作为自己寻求出路的靠山。

公元375年奥古斯丁从迦太基的学校毕业,回到塔加斯特教授雄辩术近一年。公元376年,他到迦太基的学校教授雄辩术,延续了7年多。他的思想在这段时间经历了一些重大的变化。他一度竭力研究星相术的狂热下降了。与此同时,他对摩尼教也日益疏远。4世纪70年代,基督教正统派进一步与罗马政权结合,教会的势力正迅速发展,摩尼教在北非的势力减弱了。这是他与摩尼教疏远的真正原因,在此期间,奥古斯丁又接触了新柏拉图主义和新斯多葛主义的著作。他在迦太基教书不受学生的欢迎,因而于公元383年动身去罗马。

在罗马，他在自己住处招收学生讲授雄辩术，同时研究新柏拉图主义。新柏拉图主义宣扬神是万物的源泉和归宿，是一种神秘的唯心主义哲学。这种哲学后来成为奥古斯丁教授哲学的基础和灵魂。他在罗马教书不到一年，通过罗马摩尼教徒的帮助，谋得了在米兰市教授雄辩术的职位。公元384年，奥古斯丁到米兰之后就去拜谒当时权势显赫的米兰大主教安布罗西，并曲意拜文化水平比他低的安布罗西为老师。他听安布罗西解释圣经后，摆出一副开始悔悟的样子。他说自己过去读《圣经》拘泥于字句，以致走上了死路，过去信奉摩尼教，评议《圣经》是犯了罪过。

于是公元386年的一天，又发生了文章开头的一幕。公元387年4月24日，奥古斯丁在米兰接受安布罗西为他主持的洗礼。公元388年他回到家乡，按当时修道院习俗隐居了3年。然而，实际上他并不是在隐修，而是在从事种种活动，他和他的朋友结成了一个小的宗教团体，以求扩展势力。同时，他把斗争的矛头指向摩尼教，以向教会献媚。为此，他写了几种论著，出席公开辩论，诋毁摩尼教。这样，奥古斯丁在教会内开始有了点名气。公元391年，隐居期满，他在希波城拜谒该城主教瓦勒里乌斯，受到赏识，被选为希波教会的神甫，举行了神职人员授职礼，并当上了瓦勒里乌斯的助手。公元392年，罗马皇帝狄奥多西颁希法令取缔异教，使基督教正统派成为罗马国教。正统教会加紧迫害异教和异端。公元395年，瓦勒里乌斯死去，奥古斯丁升为希波主教，此后一直任职到死。

奥古斯丁从任神甫起即直接参与打击多拉图斯教派和阿哥尼斯特斯的活动。多拉图斯派形成于4世纪初，它保留了早期基督教的一些特点，实行教产公有，反对教会与罗马政权结合。4世纪30年代曾组织发动北非努米底亚、毛里塔尼亚奴隶、隶农发动起义。4世纪中叶，这个教派和阿哥尼斯特斯几次受到挫折，但仍坚持斗争。公元393年，奥古斯丁利用多拉图斯教派内部发生的分歧，向多拉图斯教派发动进攻，又乘罗马军队镇压毛里塔尼亚的柏柏尔人起义之机，鼓动大地产主强迫隶农改信正统教派。他频频地召集会议，一面表示正统教会应向多拉图斯派作些让步，一面向罗马政府提供多拉图斯派和阿哥尼斯特斯活动的情报，要求罗马政府加紧镇压。后来，在奥古斯丁积极活动下，正统派迦太基会议决定请求皇帝干预教派事务。公元405年2月12日，西罗马皇帝宣布多拉图斯派为非法，多拉图斯派教徒遭到了更残酷的迫害，不少教徒被屠杀。

公元409年至公元410年，阿哥尼斯特斯运动又形成了新的高潮。在一封信中，他辱骂阿哥尼斯特斯"狂暴起来"，"违反法律达到疯狂的程度"，诬蔑奴隶、农奴反抗主人是"厚颜无耻"，叫嚷阿哥尼斯特斯是这一切的"罪魁祸首"。

公元411年，迦太基总督马尔策林召开迦太基宗教会议，多拉图斯派领袖佩蒂利安、演说家哥丹契和奥古斯丁等在会上展开了舌战。马尔策林（正统派教徒）偏祖一方,将辩论变成了对一派的审判。公元 412 年 1 月 30 日,罗马皇帝宣布多拉图斯派有罪,规定如不改信正统派,即没收财产,实施肉刑等。多拉图斯派的教堂被没收,教徒被屠杀或被迫自杀(殉教),死者不计其数。迫害引起了阿哥尼斯特斯更剧烈的反抗,他们焚烧正统派教堂,刺杀正统派神职人员。

从这时到 20 年代,奥古斯丁非常活跃,写了不少文章,作了不少讲演来打击多拉图斯派和阿哥尼斯特斯。他还提出两项所谓"原则"以对付多拉图斯派:一是"恐怖有益",鼓吹以恐怖手段对付异端,这个"原则"为后来两欧教会设立宗教裁判所袭用;二是"强迫进来",即强迫其他教派改宗正统教。北非的正统教会和罗马政权实际执行了奥古斯丁的这些"原则"。

此外,奥古斯丁还不遗余力地打击其他异端和异教,从事一些迫害对手的活动。

公元 430 年 5 月,日耳曼族汪达尔人包围了希波城。8 月 28 日,76 岁的奥古斯丁死于被围的希波城内。

中世纪艺术的第一个高峰

中世纪是指欧洲的封建时代。这一时代由于严厉地推广"一种信仰"的基督教,把古代希腊罗马的文化艺术几乎扫荡得一干二净。因此,爱好文明,尤其是推崇古代文明的学者称中世纪为"黑暗的时代"与"艺术的荒蛮时代"。

但是,中世纪虽然毁灭了古代文明,却也建立了自己特别的文明。中世纪依然有自己的艺术,只是不再是"有神合一"的维纳斯,而是变成了绝对崇高的上帝。

中世纪第一个艺术高峰称为拜占廷艺术。

公元 395 年,罗马帝国分裂为东西两帝国。东罗马帝国首都君士坦丁堡是古代希腊移民城市——拜古廷的旧址。因而东罗马帝国又称为拜古廷帝国。西罗马帝国灭亡之后,东罗马帝国却继续保持了约两个世纪的相对稳定、繁荣的时期,并将帝国的历史持续到 15 世纪。在这一段时期内,拜占廷以基督教(后来特称为"东正教"或"希腊正教",以区别于西方的罗马天主教)文化为主体,又保留了较多的古希腊、罗马文化,并且吸收了东方阿拉伯、伊斯兰的文化,从而形成了独特的艺术风格,称为"拜占廷艺术"。

拜占廷艺术的第一个黄金期大约在 6 世纪。这一期间在君士坦丁堡兴建的索菲亚大教堂被认为是拜占廷艺术的典范。教堂宽敞高大、气魄雄伟,中间巨大的圆顶稳定地搁在四个拱门上,这种饱满的拱形圆顶一向在西亚流行。所以当 15 世纪拜占廷陷落之后,土耳其人只须在教堂外的四角添上四条尖顶圆柱,就成为他们的清真寺了。这座曾被誉为"东方与西方,过去与未来结合"的索菲亚教堂,内部装饰也极为富丽堂皇,特别是以碎瓷、金属和石料嵌成的所谓"马赛克"壁画,此后一直成为拜占廷美术中心的代表形式。当时一位官员这样评价马赛克艺术:"拱形屋顶下展开一块块金色的彩画,像金色的水流用它金色的光芒照射人们的眼睛,使人们难于凝视,就像仰望着春天正午的太阳。"中世纪实行宗教封建统治,皇帝就是上帝的直接代言人,拜占廷人以华贵的金银材料与缤纷的彩色图案来装点教堂与一切圣物,以暗示宗教势力的宏大与"天堂"中的幸福,这种风尚也是自拜占廷艺术开始的。

马赛克镶嵌画中最有代表性的作品是意大利拉文钠的圣·威塔尔教堂中的纪念查士丁尼大帝的《查士丁尼大帝和随从》与纪念皇后西奥朵拉的《皇后西奥朵拉和随从》两幅壁画。查士丁尼是 6 世纪拜占廷的皇帝,他抱有恢复罗马大帝国的雄心,他制定的《法典》是欧洲第一部系统的法律条规。他积极推广基督教。这里的两幅"马赛克"是他兴建索菲亚教堂之后完成的。查士丁尼大帝手捧着向教堂献金的宝盒,他的两边是拉文钠主教马克西米安与官员们,再加上侍从武官,前后重叠暗合耶稣的十二门徒之数,中间的查士丁尼便不言而喻为上帝的儿子耶稣了。西奥朵拉皇后同样手捧宝盒,她的两侧是男女侍从们。但是所有的人物都是缺乏生气的,没有丝毫人性的活力。这也正是拜占廷艺术所要追求的,所有的人物都尽力表现出平稳庄重,以显出他们与凡人的不同。这种修长的身体,细小的手足,大眼弯眉与瘦小的头部,就成了拜占廷艺术中人物形象的模式了。但是,精美的镶嵌工艺却显示出工匠技艺的高超:金色的底子上,在大块黑白中夹以艳丽的彩色,造成了威严而辉煌的效果。正是上面那位官员所说的那样,几乎使人不敢凝视,可能正是这种耀眼的效果使得艺术家们不太注重人物细节的刻画了。

到了公元 8 世纪,皇帝立奥三世在公元 730 年宣布了对圣像的否定,于是,圣像破坏运动开始了。其子也继其父之志,继续大搞圣像破坏。但同时也站出了一派肯定圣像者,经过约 100 年的斗争,终于又在君士坦丁堡实现了圣像复兴。这时拜占廷帝国又恢复了稳定,出现了拜占廷艺术的第二个黄金期。这时,拜占廷的造型艺术初步形成了自己的风格。在宫廷直属的抄本所里,古代抄写本的忠实模写极为盛行。著名的《尤西阿画卷》与《巴黎诗篇》明显是古代作品的模仿,特别是后者,画面上朝气蓬勃的大卫在弹琴,音乐神坐在身旁,森林之神与各种动物也静卧倾听,趣味盎然。圣像肯定派在肯定圣像外表的同时又强调礼拜的对象不仅是神本身,而是这个神像所代表的实际"神灵"。因此,这一时期的圣像在用人形表示神像的同时,更强调用人的形象传达神的灵气。只是要超越人的真实性,不表现出现实的远近、立体性。这一时期的"马赛克"画面形象占了更大空间,镶嵌的碎片比以前更细小,色彩的微妙变化更具有绘画效果。

同样,这一时期的雕刻艺术也排斥现实空间的远近感、立体感。因此,这一时期,雕刻艺术在整个拜占廷艺术中都不盛行,圆雕作品更为稀少,一般都为教堂内障壁石及建筑外壁装饰的石板浮雕。而且内容多为树木、花草、动物及装饰性纹理,人物形象几乎没有。这样的浮雕严格来说也不是浮雕,只是一种稍有起伏的绘画。

这一时期,还有一种圣像画。这类圣像画一般都是用蜡、胶或蛋白调和的颜料在木板上绘制的。这种圣像画也是从古希腊时的肖像画继承、演变过来的。有时,圣像画中还采用镶嵌的手法。奇怪的是,拜占廷艺术中圣像画中的神的形象大不同于壁画中那种威严、呆板、毫无生气的面孔,而是一种微带笑容或者是愁苦之状的表情。

总的来看,中世纪的拜占廷艺术是一种逐渐向人性恢复的过程,只是这种过程极为缓慢,以至使人们错误地以为拜占廷没有艺术,所有的只不过是简单的模仿与极度的浮华铺张的庸俗之作,好像中世纪的人们一下子成了野蛮人。殊不知,在经历了一个动乱的时代之后,所有的一切都有一个恢复、确立的过程,拜占廷艺术融汇了多种文化的内涵,成为东、西方文化共同培育出的奇异之花。尤其是在其建筑、装饰风格上,既有东方文化的神秘气息,又有西方的简洁与阔大。它以东方文化特有的对称统一及繁复铺张的形式去表现西方文化中的神祇。应该说,拜占廷文化,是东、西方文化的第一次亲密接触。

战乱之后,在那个所谓的"黑暗时代",依然有光彩夺目的艺术坚守着自己的圣地。这第一位勇士就是"拜占廷艺术"。

中世纪艺术的第二个驻足点

自从西罗马帝国于公元476年被欧洲北方的日耳曼人征服之后,国内一直不得安宁。东方来的匈奴游牧民族一直在不断挑衅,日耳曼及其他民族也不断互相争夺。这段时期是一个民族迁移的时期,同时也是一个文化融合的时期。这种动荡不安的局面持续了几百年。

到了公元8世纪初,法兰克帝国的查理曼大帝为扩大领土与罗马教皇互相支持,企图恢复古罗马的辉煌。但是,查理大帝死后,国内又陷入割据状态,这时,阿拉伯人从海上入侵法国东南部,日耳曼一支也袭击法国,政局又陷入混乱,成为民族交汇的又一次高峰。在平静下来之后,这种新的文化融合必然结出一种独特的果实,这就是兴盛于公元11至12世纪的"罗马艺术"。

这里的"罗马艺术"不同于古希腊之后的"古罗马艺术",而且二者大相径庭。

二者之间也没有什么必然的、直接的联系。

罗马艺术是多民族文化融合的产物,主要是由日耳曼人创造的。罗马艺术分布很广,几乎遍及了所有直接受拜占廷艺术影响的国家与地区。尤其是在法国、西班牙与英国产生了罗马艺术的代表风格。

罗马艺术主要体现于建筑与雕刻艺术,它是与拜占廷艺术截然不同的。

教堂建筑是罗马式建筑的代表。罗马式教堂的平面设计中,祭室通常是在建筑的东端,在带有重要圣气的主祭坛的下面,也有东西祭室相互对称的。但罗马式修道院的教堂却往往沿着祭室的圆壁成放射状地突出几个小祭室。教堂的中殿与左右侧廊由列柱隔开。也有些小教堂有侧廊,但有的大教堂却增设双层侧廊,空间范围大为增加。教堂的围廊在罗马式教堂中尤为重要,它紧紧环抱着地下圣堂,信徒们来往于围廊之间,瞻仰着殉教者与圣人们的墓棺。罗马式教堂常把地下圣堂的窗子开在东侧祭室的阶下,室内光线阴暗,造成一种压抑感与恐怖感。

罗马式教堂整个建筑被一个巨大的石造圆顶覆盖。这首先是考虑到建筑的牢固性而且防止火灾,尤其是考虑到内部构造的视觉效果、音响效果及象征意义。圆顶的全部重量都贯注在左右壁上,为了承受这种压力,建筑师采用了大量的立柱与带有狭窗的坚实壁体。这成为罗马式建筑的特点之一。当时,为了减轻墙壁的负重,建筑师们还设计了一种尖头拱顶。这成为后来哥特式建筑的雏形。此外,还有一种支叉圆顶,一般只用在侧廊上。

罗马式教堂的立面不同于拜占廷的宽阔、敦厚,而是与古希腊神殿一样,创造性地运用了水平面的壁洞与垂直面的层楼。同时,为了突出高大广严的效果,在屋顶上设计了一个金字塔似的塔楼,有时两边还附有小型塔楼。同它的装饰效果平行的另一种作用是作为防御外敌侵犯与农民起义的堡垒。

此外,罗马建筑与拜占廷艺术或古罗马艺术一个更大的差别,是罗马式建筑把建筑的装饰与结构紧密结合起来,建筑家们不但喜欢力的效果与和谐的韵律,并且也比较注意建筑外观上的装饰,有的建筑的正面甚至出现繁复的装饰性雕刻。

这种罗马式建筑的典范之作均在法、英两国。其中较有名的是法国的圣夫罗教堂与圣希尔教堂以及英国的达拉姆大教堂,均为 12 世纪所建。

罗马艺术中的雕刻也是与建筑共存的。据说也有个别的圆雕神像,但都已毁坏。罗马艺术中雕刻的杰作依然是作为建筑的装饰物而出现的。最为著名的是公元 1150 年建成的法兰西罗达尔,达姆大教堂的正面大门,被称为"王之门"。中间大门的圆拱中表现的是"基督之荣光",正中的基督被象等福音家书的四个动物围着,下面楣石上是 12 使徒。在圆拱的饰带内侧是天使,外侧是并列的两排"默示录"的老人。左边的门拱中是圣母圣子与持香炉的天使。下面两段楣石表现的是基督幼年的情景。右边的门拱中是"基督升天"的场面。三个大门的左右还立有

17 根人像圆柱,整个门饰共雕有人物 200 多个。装饰手法极为华丽。这里的雕刻与拜占廷艺术中那可怜的平雕大不一样,人物形象几乎完全凸立出来,形象逼真。

此外,罗马式的圆柱多以人像柱为主。似乎是从古希腊的仙女立柱学来,只是罗马式立柱都是强力的男性。这种阳刚之力的展示也正是罗马建筑的风格。柱头雕刻的风格更是成为罗马艺术的鲜明特征。罗马柱式与多利克柱式及科林斯柱式并称古代建筑三大柱式。

罗马艺术在绘画上的成就较之建筑与雕刻稍为逊色,主要是源于"加洛林"风格,绘画的主要形式是抄本与壁画。

罗马艺术的抄本作品更偏重于现实风格,同时与拜占廷艺术一样具有神秘气息。这是从东方借鉴的。抄本中的杰作是《圣·马可罗经图》。圣·马丁面容悲苦,他手里拿着经书,但是没有去看它,而是扭头惊讶地谛听上帝的使者(一个有翼的狮子)送来的指示。这幅画最为出色的是圣·马丁衣服的纹理处理。线条虽然很粗糙,但疏畅飞动,毫无滞感。另一幅是《圣·路加》的画像。画中更多地体现了东方文化的对称、均衡性,构图典雅,与拜占廷艺术有明显不同。

罗马艺术中的壁画不同于拜占廷的"马赛克"。由于罗马教堂内的光线比较暗淡,为适应这种条件,罗马壁画偏爱于色彩鲜亮的颜料,而且一个更为显著的特点是:罗马壁画的线条粗重,几乎不带有任何明暗的透视因素,从而使教堂内的氛围更为神圣。

罗马艺术在历史上只兴盛了几个世纪。后来"哥特式"风格发展起来,这种新的艺术风格在空间上比罗马式建筑更富有表现力,因而,到了 12 世纪末,罗马式艺术几乎已全部被哥特式艺术风格取代。

罗马艺术同样是多民族文化融汇的结果。但是,它的风格中体现了一个尤为重要的因素,那就是战争。在罗马艺术形成之前,在那块土地上进行了近百年的征战,这种心理成为这一地区人民心理上的积淀之一。体现在建筑上便是高大、结实,充满了力与美的韵律。尤其是那种尖塔式建筑,是直接为战争服务的。因此,随着社会的日益繁荣、稳定,这种心理也就逐渐淡化。虽然随后的"哥特式艺术"依然是力的展现,但已转为对上帝的崇拜。

罗马式艺术,一个时代的见证。

领主的天堂——农奴的地狱

《红楼梦》中佃农交给贾家的那份年礼体现着中国封建社会地主对农民的剥削。无独有偶,西欧的封建庄园里也在进行着有过之而无不及的剥削,因而西欧的封建庄园常被称为领主的天堂、农奴的地狱。

封建庄园是封建主经营的大地产,在各国的封建社会中普遍存在过。西欧的封建庄园盛行于中世纪早期,即公元9至11世纪。它既是农业生产的基层单位,也是社会的基层组织。

公元9世纪,封建制度在西欧已经确立,封建统治阶级——国王、贵族、高级僧侣兼并农民的土地和农村的公有土地,成为大土地所有者,而广大失去土地的农民则沦为农奴。

西欧的封建庄园是一种典型的自然经济,领主和农奴的生活必需品基本上都由庄园自己生产,只有少数产品,如盐、铁之类才到庄园以外去交换,一般用不着货币。一般庄园都有城堡式的领主住宅、教堂和教士住宅,有农奴们简陋的茅舍,有加工麦子的磨坊、烘面包的烤炉、制造皮具的铁工房和酿制葡萄酒的酒坊以及仓库等。庄园的土地是条形的,分为领主自用地(通常是庄园中最好的土地)和农奴的份地。领主的自用地并不连在一起,而是和农奴的份地犬牙交错。耕地分为春播、秋播、休耕三部分,每年轮换一次,休耕地在当年作为牧场。

领主对农奴施以种种残酷的剥削。虽然法律明文规定:领主对于农奴的统治权是受着公民权的限制的,农奴的人力和生命受着国王的保护!但实际上,领主可以把农奴连同土地一起出卖或转让,可以对农奴施以种种酷刑甚至将其折磨至死。领主对农奴的剥削名目繁多,主要是榨取劳役地租和实物地租。

实物地租是相当繁重的。公元9世纪时,巴黎郊外一份地产记录的规定充分证明了这一点:领有份地的农奴除了每周为领主服3天劳役外,一年当中还得向领主缴纳半头公牛或4只公绵羊、4个迪纳理(1个迪纳理约等于1/10克黄金)的人头税、5个牟底(1个牟底约等于250升)的谷物、非领主森林所产的木板和板块各100块、6只生蛋的母鸡等等。每逢节日和婚丧嫁娶,农奴要给领主送礼,而且条件十分苛刻,比如有的地方规定:农奴送的小鹅如果"吃草的时候趴在地上,样子十分难看",就得退回重送,农奴送的母鸡它必须"在平地上能飞到凳子上",如果被怀疑有病,也得退回重送。农奴在自己份地上劳作的时间并没有保障,因为领主除了榨取繁重的实物地租外还有沉重的劳役地租。农奴一个星期要有3至5天用自己的工具无偿地为领主耕作,余下的时间才可耕种自己那块从领主手里租来的份地。农忙的时候,农奴要连续多天为领主干活,"甚至让自己成熟的庄稼浸在雨水中也得去给领主劳动——搬运、耕耘、播种、收获"。平时,农奴还得为领主砍柴伐木,修路建屋,巡逻守卫,甚至夜间驱赶青蛙,使领主得以安眠。

领主还利用设立的酒坊、油坊和面包房吸吮农奴的膏血。领主蛮横地规定,农奴不准用自己的磨盘磨麦子,不准用自己的酿器酿制葡萄酒,不准用自己的炉子烤制面包,所有这些用具都得使用领主的,而每用一次就得纳一次税。

　　苛捐杂税之中还有所谓军器税，领主往往借征收这项税款为名，索取农奴最好的马匹或其他牲口，如果没有，则取走一件最值钱的东西。

　　除了领主的剥削之外，天主教会对农奴的剥削也十分残酷。教会规定，农奴必须将自己收入的1/10缴给教会，名曰什一税。实际缴纳的往往不止1/10，达到2/10或3/10，广大农奴不胜负担。

　　农奴终年劳动，为领主做牛做马，而生活十分困苦。他们住的是低矮的茅草屋，而且往往还要兼作牛棚、猪圈，人畜杂居；穿的是破衣烂衫，很多人冬天没有棉衣御寒，最多加件外衣，用绳子往腰间一束；吃的一般是麦糊或燕麦粥加一点盐。农奴没有受教育的权利，他们甚至连结婚的自由都没有，领主把男女农奴都看作是自己的财产，如果妇女嫁到庄园以外去，那么领主就少了一个剥削对象。因此，妇女要和庄园以外的人结婚，必须事先得到领主的同意，而且还须交付一笔领主认为满意的赎金——外婚金，作为"补偿"。

　　领主及其家属饱食终日，挥霍无度，想尽方法寻欢作乐，而农奴却要遭受如此大的剥削，领主把自己的欢乐完全建立在农奴的辛勤劳动之上。

　　领主们往往有许多的庄园，尤其是那些大领主有几十个甚至成百上千个，它们分散在各处，相隔很远。因此领主经常带着他的家属及随从，像一群蝗虫一样，从一个庄园吃到另一个庄园，尽情挥霍。

　　平时，庄园的具体事务是由一批庄吏管理，庄吏又有庄头、管家、总管之分。庄头管生产，分配生产任务，并进行监督；管家代表领主，主持庄园，征收租税，处理纠纷；总管位于若干管家之上，代表领主每年巡视各地庄园，稽查账目，处理司法案件。这些庄头、管家、总管与领主狼狈为奸，竞相残害农奴，有人揭露说："如果领主叫杀头，管家们则吩咐剥皮。"

　　领主和庄吏为了维护对农奴的统治，无止境地榨取农奴的血汗，在庄园里设有法庭，并豢养了一批警察和反动武装。庄园法庭由领主及其代理人担任法官，另有陪审员若干名。陪审员名义上由农奴中间选举产生，实际上全都由领主操纵，充当领主的工具。陪审员若不听从领主的摆布，就要受到制裁，甚至财产也被没收一空。农奴如果向庄园法庭告发领主，那"只能是向领主告发领主"。结果，被告逍遥法外，作为原告的受害农奴却轻则遭到罚款、鞭笞，重则被投入监狱。因此，广大农奴是有理无处说，有冤无处申的。

　　哪里有压迫，哪里就有反抗。广大农奴采取各种方式，反抗领主残酷的经济剥削和政治压迫，他们公开申明："我们是自由人，我们要做自由人。"

　　领主们也害怕农奴的反抗，他们为了麻痹农奴的斗志，便借助反动的天主教会作为精神工具。中世纪早期，几乎每个西欧人都是天主教徒，否则在社会上便没有立足之地。因此教会往往用开除教籍来威胁农奴，胡说什么一个人如果被开除了教籍,就意味着成了上帝的弃民,死后也就别想升入天国了。但是,广大农奴针锋相对地回答说:"即使堕入地狱去,也胜似忍受那些贡赋的压迫。"表现了农民阶级敢于藐视上帝的革命精神。

因此从公元9世纪中叶起,西欧连续爆发农奴起义。比如,10世纪末,法国诺曼底爆发了一次大规模的农奴起义。11世纪30年代,法国布刘塔尼的农奴又揭竿而起。这些起义打击了封建领主的反动统治,推动了社会的向前发展。

农民起义此起彼伏的打击,西欧社会生产力的发展,城市的兴起,货币与商品经济深入农村,逐渐瓦解了庄园的自然经济。因此,西欧的封建庄园日趋没落。

中世纪艺术最后的飞扬

当罗马式艺术正处在繁盛阶段的时候,社会生产力继续发展,整个社会更趋于繁荣、稳定。同时,社会结构也发生了巨大变化,大量农民涌入城市,市民阶层大量增加,市民文化逐渐发展了起来。在战争之后百废俱兴的时代,封建统治者唯一的希望就是加强统治,防止激进的人们弄出乱子。他们采用的唯一的方法就是利用宗教,以宗教力量把这些活跃的市民们乖乖地牵到上帝面前。但要提高市民的信仰就需要一种震撼人心的力量。于是,在这种力量的要求下产生了"哥特式艺术"。

哥特式艺术其实跟哥特人一点关系也没有,当它出现的时候,哥特人早已融入其他民族了。文艺复兴时,这个词由拉斐尔第一次提出,是指野蛮人的,不开化的艺术。但是,哥特式艺术却一点也不野蛮,反而是极为精致的艺术。它是1000年的中世纪文化、艺术积累的最高成就。

哥特式艺术最早出现于12世纪上半期,在伊尔德法兰西省。此后便迅速流行起来,到了13世纪末,哥特式艺术已完全取代了罗马式艺术,达到了它的顶峰阶段。

在哥特式艺术中,建筑的成就最为突出,几乎创造了世界建筑史上的一个奇迹。

哥特式建筑的主要精华体现于教堂建筑中,其最主要的特点是尖顶拱券与垂直线,不同于罗马建筑的圆塔与水平线。罗马艺术这种特点仅体现于门窗与桥孔,而哥特式建筑的这种特点却随处可见,不仅大大增加了支撑的高度,而且用细长的柱子与拱券代替了墙壁,支撑起整个建筑物。这样,就一下子打破了罗马式教堂的坚厚、敦实的感觉。整个建筑平地拔起,直冲云天,一切厚重、浑沉的成分都被摈除了,它那特有的尖顶,犹如奇峰异突、高耸入云,仿佛要把人们的精神引向宇宙的彼岸,使得整个建筑以一种灵巧、华丽、上升的力量紧紧控制了人们的情感。

　　此外,教堂内部的空间更加高大、宽畅、明亮,涂金的柱子之间是镶满彩色玻璃的大窗,显得辉煌而神秘。与室内灯火的闪耀交错,映照着千姿百态、玲珑剔透的雕像、雕花,使人们感到无边的崇高与辽远,感受到神权的至高无上。

　　教堂的外部也极尽装饰之能。高耸入云的尖顶,有如矗立的蜡烛,由细密的拱柱组成的教堂,好像放大了的金银首饰或镂空了的广东象牙雕刻,因为这里到处都是雕刻,到处都是艺术的精雕细琢。整个外观给人一种轻盈、飞舞的感觉,从而引起人们一种向往天堂的情绪。

　　当这种哥特式风格逐渐流行起来时,各个城市都尽量使自己教堂的设计规模与装饰超过其他城市,以显示自己的富有与强大。这种攀比的风气首先根源于各封建割据势力的浮华、虚荣之心,以及市民阶层的极力拥护。据说,典型的哥特式建筑——巴黎圣母院建造时,巴黎妇女纷纷捐献出自己的金银首饰,与铜铁等融在一起而铸造了塔楼上的那口巨钟。所以说,教堂建筑体现了整个社会的共同努力与创造,是整个城市创造的成果,成为城市的巨大纪念碑。

　　由于这种攀比之风,哥特式教堂穹隆的高度不断增加,垂直的效果也更加明显,这使得连形拱廊愈来愈大,并且随着垂直线的加高,把尖塔与钟楼都加了上去。几乎所有的哥特式教堂都朝着细长、高耸的方向发展。这样就使得建筑本身丧失了坚固性,极为脆弱,特别是有的建筑往往片面强调精致豪华,修建的时间旷日持久,甚至还未最后竣工就倒塌毁坏了,从而浪费了巨大的财力物力。这种过于浮华、铺张、矫饰的风格同时也引起了一些人的不满,例如,崇尚返归自然的法国思想家卢梭就直言不讳地说:"那些有耐心修筑这种玩意的人,实在是丢脸!"

　　但是,另一方面,中世纪集结了社会所有精华,经过近1000年的积累,政治、经济、文化、艺术等社会各方面都得到充分的发展,而且中世纪是封建宗教统治,统治者推崇基督教,而且能够集结社会上巨大的财力与物力,从而建造出这空前绝后的杰作。这也是古代人民勤劳与智慧的象征。

　　哥特式教堂的主要典范之作,就是建造于12世纪晚期、完成于13世纪中叶的法国巴黎圣母院,以及同时代的卢昂大教堂等。教堂宏伟高大,装饰之工精巧细致,为历来的艺术家们所赞赏。著名的浪漫主义大师雨果在小说《巴黎圣母院》中曾以一个章节的冗长文字来描述巴黎圣母院,对这座哥特式教堂典型的建筑与雕刻艺术极尽赞美之辞。著名的印象派画家莫奈曾被卢昂大教堂所吸引,连续画了20多张画,以不同的侧面、不同的感觉展现了这座哥特式大教堂的完美之姿。罗丹更是为了追寻到这种艺术的神秘之美,跑遍了哥特式建筑的故乡——法国,并写出《法兰西大教堂》这本巨著。

　　除了法国之外,哥特式建筑的精美之作还在英国。英国的建筑师们创造了"装饰式"建筑,这就是直接影响了法兰西与德国的晚期哥特式建筑的"火焰式"。于

1350年完毕的埃克希达大教堂就是装饰式教堂中最精美的建筑之一,它以大量的装饰用于建筑,甚至扩及到拱顶,这样的结构有了脱离尖顶拱形的倾向,尤其是中殿半附式柱头的放射性处理,发挥了最大的装饰效能,更完美地展示了哥特式艺术的魅力。

在"哥特式艺术"的时代,绘画与雕刻都有较大的发展与较高的成就,雕刻更为繁荣。因为哥特式建筑本身就是一件精心雕琢的杰作,无论是门楣、经台、僧座、壁龛、门廊、檐口,还是柱头,甚至连排水沟的上面也有浮雕或圆雕之作。而且圆雕又是主要形式,为数之多往往以千万计,这比罗马艺式时代更为进步。题材内容仍以基督教圣经为主,如巴黎圣母院西部中央的拱板浮雕《最后的审判图》、夏特尔教堂的浮雕《耶稣诞生图》等,都是典型的例子,至于立体雕像基督、圣母、使徒等等更是随处可见。在这些宗教题材之外,哥特式艺术更为突出的是出现了一些世俗人物,如法国阿米安教堂的《骑士像》、德国汉堡教堂之《骑士像》等,都是鲜明的例证。此外,更具世俗性的还有农民收获、教师讲课等日常生活场景,甚至民间的神话故事如"狐狸传奇"之类也成了教堂的装饰雕刻题材。更为引人注目的是工匠们在大教堂的墙壁上还创作了以僧侣们为对象的漫画式雕刻,如在羔羊面前做弥撒的狼、穿着法衣对鸡鸭讲道的狐狸、长着驴耳朵的教士等,非常生动、传神、引人发笑。而这些在中世纪前期与中期是根本不可能见到的,因为这是对至高无上的上帝的侮辱,是对上帝的人世代言人——国王、皇帝的最大嘲讽。由此,我们可以看出中世纪文化艺术的逐渐发展,趋于进步、解放的倾向日益明显。

雕刻艺术中最为突出的杰作是德国纳乌堡教堂中一对《捐助人》的圆雕之作。无名的民间工匠在这一对早已逝去多年的教堂捐助人——艾凯哈特与乌塔夫妇的形象中,异常生动地塑造了好像是他自己亲眼见过的骑士与贵妇的典型。艾凯哈特扶着长剑以无比尊严的气度护卫着身旁的乌塔,无比娇贵的乌塔正放低遮挡面颊的领子,似乎准备向人答话,深红色的斗篷、金色的冠冕与淡红的面颊,构成谐和而沉着的色彩,这两个人似乎随时可以从台架上走下来,加入善男信女的行列中去,尤其是乌塔的雕像使人想起中国麦积山著名的宋塑《女供养人》。两作品相距只有一两百年,但在刻画的真实、艺术概括与装饰手法的统一上,同样达到了相当完美的境界。

哥特式艺术中的绘画除了那些作为书籍插图的"细密画"之外,构成这一时期主要特征之一的就是玻璃画。由于哥特式教堂尽量缩小壁画,以造成一种垂直、峭拔的气势,使得教堂内部的传统装饰手法——壁画已无用武之地。但是哥特式教堂所特有的巨大玻璃窗几乎占据了柱间的整个壁面,从而成为哥特式艺术家们一个艺术独创的机会——染色玻璃窗的兴起。最初的窗花是先用铅条编织成各种物像的轮廓,然后再用小块的彩色玻璃镶嵌而成,所以单线图案与彩色玻璃相结合是其主要特点。染色玻璃窗的颜色比较丰富,基本的色调是红、蓝、紫三种色彩。夏特尔教堂的玻璃画《耶稣传》与希尔日教堂的玻璃窗称得上完美之作。阳光透过宽大的窗子射进教堂,光色缭绕,五彩缤纷,衬托出那一幅幅表现基督、圣母、使徒的作品,恍惚中以为到了仙境。

到了14世纪下半叶,由于资本主义兴盛起来,展开了与封建教会制度的斗争,从而掀起了欧洲历史上最为著名的"文艺复兴"运动。中世纪至此结束,作为中世纪最后辉煌的哥特式艺术也成为历史的绝唱。

哥特式艺术是在中世纪几百年间的准备基础之上形成的,主要是源于一种崇拜基督教的兴盛,也是由于几百年持久的战乱使得多民族的文化融合、交汇,从而最终结出了成熟的果实——哥特式艺术。这种无比崇高、雄伟的宗教崇拜的典范之作,成为中世纪各方面能力的最高象征。同时,它也记录了人类自身解放的历程,成为封建社会的终结者,也为伟大的"文艺复兴"作了充分的准备,透露出黎明的曙光。

哥特式艺术,送走了神灵,迎来了人性!

哥特式建筑的典范之作——巴黎圣母院

巴黎圣母院是欧洲中世纪最著名的教堂,也是法国最古老的哥特式建筑之一,被称为"中世纪建筑中最完美的花"。公元1163年,教皇亚历山大三世亲自为教堂奠基。历时将近100年,到1250年,教堂大部分建成,后来又几经修缮,直到公元1345年,才完全建成。

巴黎圣母院坐落于巴黎附近塞纳河中的城之岛上,入口向西,教堂前面是一个小广场,为市民集市与节日活动的中心,这些在法国浪漫主义大师雨果的《巴黎圣母院》中多有描写。巴黎圣母院是十字形平面构架,宽48米,纵深130米,可容近万人,四排纵向柱子将空间分为宽阔的中厅与狭长的两侧通廊。中厅高约35米,是侧

巴黎圣母院

通廊的三倍半,墩柱承重,屋顶采用了尖券六分肋骨拱,这是哥特式建筑的结构特

征之一。两侧和东端外墙建有飞扶壁，以平衡屋顶拱券的侧推力，整个结构体系近似框架式，合理而轻盈。

巴黎圣母院最为著名的是它的立面。在法国有一个古老的说法：要建一个完美的教堂，必须取巴黎圣母院的立面、兰斯的雕塑、夏尔特尔的塔楼和亚眼的中厅。由此，可以看出巴黎圣母院立面的华美。巴黎圣母院的正面体现了早期哥特式教堂的典型构图：粗壮的墩柱将立面纵分为三段，两端各是一个高 68 米的塔楼，南面的塔楼中有一座重达 13 吨的巨钟。据说，这座钟铸造时加入了许多金银，是当时巴黎妇女为教堂捐献的。北面的塔楼设有 387 层阶梯，可以拾级远眺。两排横贯的水平雕饰又将这三段连接起来。最下层并列三个尖券门洞，精雕细琢，层层凹进，称为"透视门"。门上刻有描绘《圣经》故事的浮雕，中央为《最后的审判》，是表现"世界末日"到来时，耶稣宣判每个人命运的场面，为善者升入天堂，罪不可恕者被打人地狱。左边的一幅是《圣母与圣婴的故事》，右边的一幅是《圣母与圣安娜的生活》。门洞上面是一个长条壁龛，供奉着耶稣基督等 28 位犹太历代帝王像。中间一层正中是一个直径达 12.6 米的大圆窗，是用整块石料镂空镌雕而成，上面镶嵌着 37 块彩色玻璃，阳光从窗中射进，绚丽多姿，恍如天堂，南北两侧的尖券形窗户由于券柱结构开得很大，上面用彩色玻璃镶拼成一幅幅圣经故事的图画。在教堂的中央，耸立着一座高达 90 米的尖塔，华丽纤细，自有一种超凡的脱俗的气质。

轻盈的尖券肋骨架拱，高峻的立柱，阔大的窗户，空灵的飞扶壁，削弱了传统建筑的厚重感，造成一种飞跃的动势，而尖券的门窗、华盖、山花进一步助长了这种动势。直刺云天的尖塔把世人的目光引向苍穹，令人产生虔诚仰望的崇敬之情，在那至高处与上帝身心交融。维克多·雨果正是在教堂顶层，在塔楼深处发现了饱含悲痛与沧桑的一个希腊文词汇，它刻在灰暗的石壁上，是坚强有力的笔迹"命运"，维克多·雨果由此触发灵感，写出了感人至深的名著《巴黎圣母院》。

几个世纪以来，巴黎圣母院一直作为法国宗教、政治与民众生活中举行重大活动的场所，每一个时代都在她身上留下了历史的印记。它是欧洲建筑史上一个划时代的标志，成为一种圣洁、凄美力量的象征。

马可·波罗及其游记

马可·波罗（约 1254~1324 年）出身于威尼斯的商人贵族家庭。他的父亲尼古拉·波罗和他的叔父玛窦·波罗都是威尼斯的富商大贾。在他来中国之前，他的父亲和叔父已经到过中国一次。除了父亲与叔父对他远游中国的影响之外，中国自古代起便开始的中西交通,也给马可·波罗的远行提供了有利的条件。

亚洲和欧洲是毗连在一起的一片大陆,其间并没有什么不可逾越的障碍。然而,由于路途遥远,在交通工具不发达的古代,中国和欧洲之间的交通往来是很困难的。

但中国人自公元前139年至前126年,汉武帝派张骞出使西域以来,便沟通了与西部的交往。公元前119年至前115年,张骞再度通西域,并遣副使至安息(伊朗)。此后,中国人到西方去的就逐渐增多了。

在汉朝,中国和罗马帝国有一些贸易往来,当时的"丝绸之路"沟通了中国和欧洲,它经过天山、中亚、伊朗、两河流域直达地中海东岸。公元前1世纪中期,中国的丝绸已经成为地中海地区最珍贵的衣料。

公元后1世纪,班超再次通西域,并派副将甘英往通罗马帝国,甘英走到伊朗西部,中途折返。

公元2世纪初期,罗马帝国在东方的疆界已经包有美索不达米亚(西河流域)大部分。于是,罗马商人得以从波斯湾泛海,经印度洋来到东方。公元166年,有一个自称是罗马使臣的叙利亚商人,从现今的越南来中国通好。这是历史上第一次有记载的罗马与中国的直接交通。

及至唐朝(公元618~907年),中国和东罗马帝国已经有商业往来和文化交流,其中最重要的事迹便是中国育蚕泊丝的西传。

公元7世纪到11世纪,阿拉伯人垄断着东方和西方之间的贸易,他们的足迹遍及亚、非、欧三洲。中国的四大发明——罗盘针、造纸术、印刷术、火药,都是经过阿拉伯人之手而逐渐传播到西方去的。但到此时,欧洲人对于中国和其他亚洲国家的情形还知道得不多。

13世纪时,蒙古游牧封建贵族肆行武力扩张,把亚洲的大部分和欧洲东部置于它的控制之下。1237年至1240年,成吉思汗之孙拔都率兵西侵,征服了俄罗斯,在那里建立了钦察汗国。1252年至1260年,成吉思汗之孙旭烈兀率兵征服波斯、两河流域和叙利亚,在亚洲西南部建立了伊儿汗国。这样,蒙古帝国的疆域,在西边就达到了黑海、高加索、叙利亚一带。

这时地中海区域的形势是:第四次十字军东侵(1202~1204年)以后,意大利的威尼斯城邦垄断了地中海东部的航运和贸易。威尼斯的势力范围和蒙古帝国衔接了起来,这些形势都有利于马可·波罗的东来。

而马可·波罗的父亲和叔父的中国之行无疑是马可·波罗中国之行的直接原因,1260年,他的叔父和父亲二人到君士坦丁堡经商,认为如果和新成立的蒙古汗国进行贸易,必有厚利可图。于是他们采办了一批珍贵的货物,渡过黑海,把所带的货物献给了汗国首领,得到数倍于原价的赏赐。后来,他们被邀请一同往见大汗,大汗忽必烈对他们优礼有加,询问了西方国家的一些情况。

他们二位在中国稍事逗留之后,即西行归国,于1269年回到威尼斯,与离别了约10年之久的家人团聚。这时马可·波罗已15岁。

约1271年11月,马可·波罗随同父亲和叔父一起踏上了前往中国的迢迢旅程,1275年5月终于到达蒙古大汗的驻所上都。在1275年至1292年这17年间,马可·波罗和他的父亲、叔父一直在元朝供职,马可·波罗很快学会了蒙古话和汉语,深受忽必烈的器重。他除了在京城大都(今北京)视事之外,还经常奉大汗之命巡视各省或出使外国,他的足迹遍及长城内外、大江南北。后来,他奉命出使南洋,到过越南、爪哇、苏门答腊等地,他每到一处,总要考察当地的风俗民情和物产状况,向大汗报告。

1286年,波斯汗阿鲁浑的宠妃死了,遗言要由她本族的蒙古贵族之女来继为王妃。忽必烈选定了一位蒙古贵族少女阔阔真,要由海道送往波斯嫁与阿鲁浑,而马可·波罗刚从南洋出使回来熟悉海上航行情况,于是忽必烈便让马可·波罗及其父叔护送阔阔真到波斯,然后便道西归。

1292年初,这三个威尼斯人连同他们的随从等600余人踏上了西行之旅,经过无数的困难,随行600人只有阔阔真、波罗家族三人和少数其他人幸存,费时两年又两个月,终于抵达波斯。之后,三个威尼斯人由波斯继续西行,回到了意大利。1295年末,他们三人回到了其在威尼斯的旧居,此时,他们离家整整26年了。他们因从中国带回无数金银和奇珍异物,俨然成了威尼斯的首富。

1298年,马可·波罗出钱装备了一艘战舰,参加了热那亚与威尼斯因商业利益而引发的战争,并亲自担任舰长,加入了对热那亚的作战,结果威尼斯大败,马可·波罗被俘入狱。

在热那亚狱中,马可·波罗经常向人们讲述他在东方各国的经历。后来他原原本本地讲述了他在中国以及其他亚洲国家的见闻,并由同狱中一位名叫罗思蒂谦的人记录了下来,这便是《马可·波罗游记》或《东方见闻录》。

马可·波罗的《东方见闻录》全书分四部分。第一部分描述了马可·波罗东来时沿途所经过的一些国家和地区,包括亚美尼亚、两河流域、波斯、中亚、帕米尔高原、天山南北等地的风土人情。第二部分记载了元朝初年的政事和大汗忽必烈进行的那些战争,描述了大汗朝廷的威仪和北京、西安、开封、南京、镇江、扬州、苏州、杭州、福州等名城的繁华。第三部分介绍了中国邻近的一些国家和地区的情况,包括日本、缅甸、越南、老挝、泰国、爪哇、苏门答腊、印度和斯里兰卡,此外还提到非洲的阿比西尼亚(埃塞俄比亚)、桑给马尔、马达加斯加等。第四部分讲成吉思汗以后蒙古诸汗国之间的战争和俄罗斯的概况。

《东方见闻录》给欧洲的知识界开辟了一个新天地,人们争相传诵,不胫而走,很快被译成各种欧洲文字。不过当时欧洲还没有印刷业，《东方见闻录》起初都是手抄本。在翻译和传抄过程中，难免有损益。

14、15世纪欧洲的一些地理学家，主要根据《东方见闻录》所提供的地理知识，绘制早期的"世界地图"。据说，这些地图对于哥伦布发现新大陆还有过意外的功劳。因为哥伦布曾细心研读了那本《东方见闻录》，并细心作了批注，1492年的那次著名航行，原是要来中国和印度，只是无意中到了美洲。哥伦布以为他到了印度，所以称当地土著居民为印第安人。而且一直到他死的时候，他还以为他所到过的古巴岛是马可·波罗所说的日本。在这个意义上可以说，哥伦布是在马可·波罗的影响下开辟了通往美洲的新航路的。

天才星空观测家——第谷

近代天文学观测是以伽利略发明天文望远镜为转折的。在此之前，人们只是利用肉眼观察，尽管拥有各种各样的仪器，但大都是定位计量所用，而起不到望远镜的作用。

在肉眼观测星空的时代，有一位杰出的天文学家，他堪称肉眼观测星空的最后一人，也是极杰出的一位，他就是丹麦天文学家第谷。第谷全名第谷·布拉赫，1546年生于丹麦一个贵族家庭。

有意思的是，第谷是托勒密地心说的忠实信奉者，但他的观测，却为哥白尼的日心说发展开辟了道路。

第谷13岁时便受到良好的学院教育，进入丹麦最著名的大学——哥本哈根大学。起初，他在那里学习哲学和法律，这使得他的头脑具备了较好的理论思想基础。但当他14岁那年，也就是1560年，他的兴趣发生了转变。当年，天文台预报8月21日会发生日食，第谷由此感到好奇，结果确实发生了日食，他被神秘的天文科学迷住了，决心探索宇宙的规律。

就这样，第谷改学数学和天文学。从1563年开始，他自己购买仪器进行天文观测。第二年，第谷就发现了一个天文学界的错误，即实际上木星与土星的运动与当时流行的星表是不一样的。这样一来，第谷更坚定了自己的天文学研究信心。

1572年11月11日，秋夜明朗，星空灿烂。第谷趁着大好时机，勤奋工作，持续观察。天空中突然出现了一颗明亮的星。以前从未发现过这颗星，现在却出现在仙后座，异常明亮。第谷惊讶了，因为传统的亚里士多德的观点认为星空是完美不变的。他于是跟踪观察这颗星，废寝忘食，夜以继日。

这颗亮星竟然一天比一天亮，成为天空最亮的星，比金星还要耀眼。到白天阳光明媚时依然能见到这颗亮星,直到一年多之后,这颗奇怪的星才消失了。

第谷发现这颗星没有运动,所以认为是一颗恒星。第谷发明了用"新星"一词来说明这种星,他还估算出这颗星十分遥远。直到现在,人们还沿用第谷发明的词来称呼这种现象。其实,第谷观测到的是恒星转变过程的一个环节。恒星也有生有死,有形成有毁灭。恒星到了晚期,在就要衰灭之前,会有一段时期的剧变,导致其光芒大增,这就是超新星。为了纪念第谷,人类科学史上明确观察的第一颗超新星便被命名为"第谷新星"。以前的古籍即使有记载,也不是科学意义上的发现和观测。

根据自己的观测,第谷写成《论新星》。此书的出版引起天文学界的极大重视。丹麦国王腓特烈二世也得知这一消息,他不想让优秀人才外流到当时的天文中心德国,于是请第谷主持一个天文台工作。

在维文岛上,国王专门修建了天文台,第谷亲自主持。这个天文台1580年落成,是近代天文学史上第一个真正的天文观测台。

第谷在皇家天文台工作了将近20年,直到腓特烈死后。这个研究基地在第谷的积极努力下,成为世界闻名的天文中心,在天文观测的细致性等方面,达到了最高水平。第谷本人制造了很多精密的天文仪器,他创造的赤道式天文仪器更是首创,成为近代天文装置的雏形。

1577年,第谷观测了当时的一颗大彗星。他证明了这颗彗星在月球之外,至少是地球到月亮距离的3倍。这个看法又驳斥了流行的亚里士多德观点,亚里士多德认为,彗星是大气现象,是月下世界所发生的事情。第谷进一步还指出,彗星穿越行星天空。这样一来,希腊宇宙论中的水晶天球概念就被动摇了。因为彗星的穿越而打破了固定的一层层轨道。但第谷内心是不愿意打破地心说体系的,他提出了一个折中体系,没有进一步探讨彗星轨道的自然原理。保守的世界观阻碍了科学规律的发现。例如,恒星没有视差本来有两种可能:一种是恒星过于遥远,一种是地球根本不动。第谷宁可相信地球静止不动,也不愿打破神学结合的地心说而思考前一种可能。

尽管如此,第谷还是取得了惊人的成就,他提出的折中体系就承认五颗行星绕太阳运动。这一点和哥白尼的思想不谋而合。

第谷的观测推动了历法改革。1582年,基督教更改了多年来使用的儒略历,颁行了格里高里历,就是建立在第谷的工作之上的。第谷还发现了黄赤交角的变化,月球运动的二均差。他的观测还直接导致了世界最先进星表的绘制。

1588年腓特烈二世去世了,新任国王克里斯蒂安与第谷不和。因为第谷在平常生活中脾气不好,常与人争强好胜,而且他的贵族出身也使他免不了带有骄傲自大的毛病。

1597 年,第谷失去了皇家资助。德国国王鲁道夫二世邀请第谷到布拉格,就这样,第谷搬往布拉格,带走了全部仪器和资料。

由于落后的世界观,第谷虽然积累了大量足以发现震惊世人的规律的资料,但却没能从中发现真正的星空规律。而这一切,被他的学生和助手开普勒完成了。

第谷与开普勒的合作堪称佳话。第谷虽然很傲慢,但当他在布拉格想寻找助手时,收到了一个平凡不闻名的青年的著作《宇宙的奥秘》。他很欣赏青年的科学精神和事业心,同时被青年的信所打动,于是二人在一起密切合作了。这个不出名的青年就是开普勒。他二人信奉的观念不同,第谷信奉地心说,开普勒信奉日心说,但却在工作上合作无间。

第谷毫无保留地把珍贵资料全给了开普勒,并委托开普勒编制行星运行表。1601 年 10 月 24 日,第谷因病去世,他喃喃地说:"我多么希望我这一生没有虚度呀!"

1602 年,开普勒不负重托,将第谷的成绩整理出版,使人们永远铭记这位杰出的天文观测家。

马丁·路德与德国宗教改革

提起宗教改革,势必会说起德国的马丁·路德。这次宗教改革是 16 世纪首先爆发在德国、随后迅速席卷西欧的一次大规模的、意义深刻的社会政治运动。它由新兴资产阶级所发动,得到了广大农民和城市平民强有力的响应,个别国家的君主大力支持,部分下级贵族也积极投入,对封建的天主教会展开了猛烈的冲击,促使天主教会发生分裂,涌现了反映资产阶级要求的基督教新教派。

德国宗教改革是欧洲宗教改革的一个突破口。它之所以首先爆发在德国,是与德国存在的特殊的经济政治情况分不开的。

15 世纪末和 16 世纪初,德国经济有了显著的发展。封建经济仍占统治地位,但个别工业部门已经出现资本主义生产关系的因素,出现了分散型甚至少数集中型的手工工场。其经济发展的突出特点是它的不平衡性。德国的大部分城市多分布在边境地区,注重国际贸易,对外联系一般多于对内联系。德国没有形成全国统一的经济中心。这种分散性的经济特点成为影响德国经济发展的主要障碍。

经济的分散性影响了政治的发展。与当时已经形成中央集权制的英、法不同,德国从中古以来形成的分裂割据局面依然存在。

德国在天主教世界是受罗马天主教会榨取最多的地区,也是劳动人民最受剥削的地区,因而是灾难最为深重的地区。这就使得 16 世纪初的德国社会的主要矛盾仍然是封建势力和广大人民群众的矛盾。而封建制度又被罗马天主教会罩上神圣的灵光。因此要反对封建制度必须首先反对教会,德国第一次反封建的资产阶级革命只能采取宗教改革的形式。正是因为在德国,民族压迫、阶级压迫与宗教压迫交织在一起,这就是为什么宗教改革首先爆发在德国的原因。

在德国宗教改革中,首先发难的是马丁·路德(1483~1546)。他出身于萨克森一个富裕的市民家庭。18 岁时入爱尔福特大学学习,后来转到维登堡大学。这期间,他深受人文主义和唯名论思想影响。大学毕业后,他进入爱尔福特奥古斯厂修道院做修士。1508 年,路德以神甫身份在维登堡大学讲学,后来成为神学教授,并担任维登堡修道院副院长和图林根地区部分修道院的监督。在这期间,他探讨了人文主义、城市异端以及宗教改革家约翰·威克里夫和约翰·胡司等人的学院。1510 年和 1511 年两次访问罗马,目睹了罗马教廷的腐败。所有这些因素,促使他逐渐改变了对天主教会的传统观念,并决心从事宗教改革。

16 世纪初,历届罗马教皇都利用赎罪券为其聚敛钱财。1517 年 10 月,教皇立奥十世派特策尔去德国兜售赎罪券,他们宣称,当钱币扔在钱柜中叮当作响的时候,灵魂即会应声飞入天堂。这种敲诈勒索的伎俩,促使德国人民觉醒,激起路德的愤怒情绪。当他在《圣经》的《福音书》中看到了早期基督教会的民主、平等精神时,耳目为之一新。《福音书》告诉他:耶稣基督之死,业已代人类在上帝面前赎了罪,信徒只要相信耶稣,就可以得救。换言之,他从《圣经》中悟出了"信仰耶稣即可得救"的道理。具体说来:第一,人要想自己的灵魂得救,要依靠个人的虔诚的信仰,而不需要教会神职人员的干预;第二,信仰的唯一依据是《圣经》,而不是天主教会一手制定的神学。实际上,这就是否定教皇的权威,而肯定《圣经》的权威。

1517 年 10 月 30 日,马丁·路德起草了名为《关于赎罪券的功效》的 95 条论纲,第二天贴在维登堡教堂门口,公开抨击贩卖赎罪券的行为,并宣布他的宗教主张是:信徒得救既不靠教皇,也不靠圣礼,而是靠对基督的虔诚信仰,只有信仰上帝,与上帝直接打交道,灵魂才能得救。在这里,路德不仅否定了贩卖赎罪券的行为,而且也否定了教皇和圣礼,从而触动了天主教会的根本。但是论纲并未直接针对教皇,为与教皇妥协留有余地。反对罗马天主教会的德国人民,却按照自己的意愿来理解论纲,各阶层迅速起来响应。如火如荼的德国宗教改革的群众运动爆发了。农民、平民群众奋起反对教会,市民、骑士,甚至还有部分诸侯也卷入了反教会的浪潮。论纲成为动员群众起义的纲领,路德成为宗教改革运动的核心人物。

路德的信仰得救思想的传播和发展必然与教皇和教会的权威发生冲突。群众把论纲由拉丁文译成德文,人人争相传诵,迅速传遍全国和基督教世界。群众普遍关心的是改革旧教,创立新教;改革旧的社会秩序,建立新的社会秩序。1519 年 7 月,改革深入发展,终于促成路德与教皇的分裂。此时在莱比锡举行了路德及其信徒与教皇代表的公开辩论。辩论中,路德公开否认教皇权力是神授的,不承认教皇是上帝的代表。认为信徒不服从教皇,而信仰上帝同样可以得救。他指出宗教会议的决议也会有错误:康士坦茨宗教会议宣布胡司为异端就是错误的,胡司的思想中有许多是基督教的真理。这种公开否认教皇和宗教会议的主张,使得路德开始走上与罗马教皇决裂的道路。

1520年是路德革命精神的最高峰。这年年初,路德公开号召人民用百般武器讨伐教皇、枢机主教和大主教等,把它们统称为"蛇蝎之群"。6月间他又发表了一篇战斗檄文,即《罗马教皇权》,断然喊出将罗马教会势力从德国驱逐出去的口号。路德在德国人中名声大震。在这一年路德先后又发表了几篇重要文章,即《致德意志民族的基督教贵族公开书》《论基督教自由》和《教会被掳于巴比伦》。前者是路德的政治纲领,后二者是路德的宗教纲领。在《公开书》中,路德号召德意志贵族联合起来,反对教皇,走法国的道路,实现民族独立;主张德国不能再忍受教皇的劫掠和搜刮,停止向罗马教廷缴纳教会的一切收入;提出向教皇要求政治、经济、宗教和文化等方面的独立权利。路德政治纲领中的一个重要问题是"信仰得救"。基督徒只要以圣经为依据,虔诚地信仰上帝,他的灵魂就一定能得救。至于信仰是什么?路德虽然没有解释为理性,但也不排除激进的思想。稍后路德又强调信仰自由和思想自由,这对冲破天主教的桎梏,解放人们的思想具有深远的意义。路德主张简化宗教仪式,只保留洗礼和圣餐两种圣礼,减少宗教节日,允许神甫结婚,反对奇装异服等等。

1520年6月,教皇发布训令,斥责路德的学院为异端邪院,并限令路德在60天内承认错误。路德则宣布,教皇的训令是"反基督"的,称教皇为"怙恶不悛的异教徒"。同年12月20日,路德在维登堡把教皇的训令当众投入火中。路德对教皇的蔑视和反抗达到一个新的高度。

1521年4月,教皇与皇帝查理五世勾结,在沃姆斯召开帝国会议,要路德去承认错误。路德在会上宣称:"除了根据《圣经》证明我是错的外,我现在不会、将来也不会后退。"皇帝发布诏令,逮捕路德。

在沃姆斯会议后,路德便被萨克森选侯腓特烈保护起来,一个时期他在瓦特堡过着世俗的生活,留了长发,因为他不再是天主教修道士了。他仍孜孜不倦地写信或写文章,热心地宣传自己的教义。这个时期他还从事《圣经》的翻译,把它译成德文,所依据的是未被篡改的希伯来文及希腊文原本。他的德文《圣经》译本在德文发展史上占有重要地位,因为他在文章结构、词汇和文字表达等方面都有创新,为德文立下了规范,对于德文的发展起了巨大的作用。1543年,路德翻译的德文《圣经》面世了,海涅认为他对圣经的翻译是"创造了德语"。

1546年2月,路德死于其出生地萨克森的艾斯勒本,享年63岁。

为西班牙画坛传递圣火的神秘人

西班牙地区的绘画,尽管在16世纪以前经历了长期的发展,但却一直是默默无闻的。几乎没有人听说过西班牙有较出名的画家与作品。要想找到一个堪称闻名于世的画家,那是不可能的。

这种状况一直持续到16世纪后半期,直到公元1575年。这一年,西班牙来了一个外乡人,而且是一个神秘的外乡人。他自称来自希腊,已游历了很多地方,这里就是他的故乡。

既然这个外乡人自称是国民。于是,西班牙王菲利普二世便招他为爱斯可尼亚修道院做内部装饰工作。但西班牙王并不欣赏这个神秘外乡人所作的祭坛画《圣马奥尼·维斯的殉教》。于是,这个外乡人失望而去。

但是,这个外乡人并没有离开西班牙,他喜欢这里,尤其是西班牙的旧都——托莱多。因为这里的风光及世俗人情在这个外乡人的心中激起了绵绵的乡情。于是,他便在这里定居了下来。因为他自称是"圣火之源"——希腊的子民,于是,人们便叫他"格列柯",即希腊人的意思。

这个希腊人在这里定居下来之后,便如同把诗艺的圣火带来了一样。很快,他高超的画技便显露了出来,深得当地人的喜爱,于是,西班牙的绘画便渐渐传出了盛名。当然,带领西班牙艺术家们在画坛上争得一席之地的首领和带路人就是这个希腊人——格列柯。

埃尔·格列柯,原名多敏尼柯·西奥多柯波利,于1541年出生在希腊克里特岛上。在青年时代,他就显示了高超的艺术才能。他的启蒙阶段是在拜占廷艺术中长大的。拜占廷的圣像画与壁画的风格对他产生了很大的影响。

大约在格列柯25岁的时候,他来到了意大利,受到威尼斯画派的影响,尤其是威尼斯画派的代表人物提香的风格对格列柯有很强的吸引力。格列柯对提香作品中独具特色的色彩非常迷恋,对之进行了精细的研究。这之后不久,格列柯又到了罗马,伟大的艺术家米开朗琪罗众多的雄伟、苍劲的现实主义作品给格列柯很大的冲击力。在意大利的岁月,格列柯很容易地接受了人文主义的精神。

这一时期,格列柯创作了《三位一体》《基督被捕》《吹松明的男孩》《卡沓涅的婚礼》等优秀作品。

1575年,格列柯随同许多意大利画家来到西班牙,并应西班牙王菲利普二世的邀请为宫廷作画。但他的风格不被宫廷重视,于是他离开宫廷,独自来到托莱多居住。在西班牙的岁月中,格列柯本身所独有的神秘气质受到天主教狂热精神与怀疑主义哲学的影响而激发出来。从此,他独具风格的画风也趋于成熟。他的作品《圣衣的剥夺》标志着这一画风的成熟。尤其是在他的代表作品《奥尔加斯伯爵的葬礼》中,这种神秘不安的气质更得到充分的展现,这幅作品是为托莱多圣多米教堂而作的。

传说,中世纪时,奥尔加斯伯爵无疾而终,当他下葬时,奥古斯金与斯捷兰两位圣使身着法衣,从天而降,来迎接奥尔加斯伯爵的灵魂去天堂。格列柯在《奥尔加斯伯爵的葬礼》中正是展示了这一场面,画面分成上下两部分。上部是乌云密布的天空,衬托出一种阴冷、不安的氛围。圣徒们正立在空中迎接着伯爵即将升天的灵魂。下部分是现实的葬礼场景。所有的人物都以托莱多真实的人为模特。人们的脸上都现出一种惊愕,交织着对上帝显示奇迹的惊异以及一种对死亡的恐惧。这样,天空与地面、现实与幻觉融为一体。格列柯以一种阴暗的色彩与神秘的光线,把人物的体型拉长,透露出一种敏感、激动的气质,神秘不安的情绪。

格列柯所描绘的经常是在痛苦中领略欢乐与遭遇磨难而不作反抗的人物,以及在甘美的忘我境界中获得最高幸福的人。格列柯善于以色彩与光线为手段,展示宗教或肖像内容,从而透露出内在的情绪,而且这种情绪很多都是一种令人费解的神秘气质。其他较有名的作品有《十字架》《复活》《五旬节》,以及肖像画《弗拉·巴拉维奇诺》、风景画《托莱多》等等。

格列柯从拜占廷艺术起步,先后接触到自由自在的威尼斯风格、佛罗伦萨的雄伟、奔放以及西班牙神秘的怀疑主义哲学,而且又处于社会的变革之际,这猛烈的色彩冲击着画家敏感的心灵,在他心中产生多重的矛盾冲突,表现在他的画笔上则是一种震撼人心的生动的光与色的摇曳、激荡与颤动。格列柯把这种新的因素带到了死气沉沉的西班牙,从而产生激烈的碰撞,最终,使西班牙产生了一批优秀的画家,并在世界画坛上求得了一席之地。所以说,"格列柯",这个希腊的子民,为西班牙画坛送来了圣火,吹进了一丝生机,最终结出了如委拉斯贵支这样杰出的圣果。

格列柯,是西班牙人神秘的生命。

代数之父——韦达

16世纪末,法国同西班牙开战。在战争中,西班牙采用密码通讯,符号非常复杂,他们还用这些密码同法国国内的特务联系,致使法国情报泄露,法军节节败退,西班牙步步紧逼。

法军截获了西班牙的一些秘密信件,但人们看到的是天书般的符号,谁也弄不懂。法国国王亨利四世请著名的国务活动家、律师韦达帮忙。韦达在当时已很有名声,他是一位业余数学家。韦达利用代数知识,破译了一份很重要的西班牙情报,法军扭转了战局,不出两年,西班牙战败。

西班牙的宗教裁判所认为韦达施展妖术,认定韦达背叛了上帝,要把他处以火刑。但是韦达身在战胜国法国,西班牙奈何不了他。

韦达的所有空闲时间都在研究数学,有时为了解决一个问题,他可以几天不睡觉。据说,韦达还以他精湛的数学知识,为国家赢得了荣誉。

当时,比利时也有一位数学家叫罗梅纽斯,他也深受国民推崇,国王感到很自豪。一次比利时使节向法国国王夸口:"你们国家的数学家没人能求解我国数学家罗梅纽斯一个关于 45 次方程的问题。"这道题是 1573 年罗梅纽斯在《数学思想》一书中提出来的。

法国国王下令国内数学家求解此题,但很长时间过去了,没有人报告结果,国王心里闷闷不乐。一天,韦达与国王交谈,国王提起这件事情,并把方程给韦达看,结果韦达在几分钟内求出了答案。国王高兴地夸道:"韦达是我国乃至全世界最伟大的数学家。"当场奖赏韦达 500 法郎。

1591 年,韦达出版了《分析方法入门》一书。这部书中,韦达不但使用字母表示未知数,还使用字母表示方程中的各项系数,发展了解二、三、四次方程的统一方法,以及根的各种变换。这是人类历史上第一部符号代数学,它明确区分了"类的算术"和"数的算术",划分了代数与算数的界限,人们因此称韦达为"代数之父"。

韦达常使用代换法解方程,他只承认方程有正根,因此不能完全认识方程的全部解,他的解法接近于现在的一元二次方程根与系数的关系,为了纪念他,人们把根与系数的关系公式叫"韦达定理"。

韦达于 1540 出生在法国的丰特内,他本名叫弗朗西索·韦沃特。韦达是他的拉丁文名字。韦达生前写出不少著作,但多数没有出版发行。他利用《几何原本》第一个提出了无穷等比级数的求和公式,发现了正切定律、正弦差公式、纯角球面三角形的余弦定理等。

大数学家笛卡尔说:"我继承了韦达的事业。"

欧洲最美丽的客厅——圣马可广场

传说,在很久以前,基督圣徒马可到意大利各地传教,当他乘船经过当时还未开化的威尼斯时,风暴骤起。船被刮到一处荒凉的浅滩上搁浅了。虔诚的马可向上帝祈祷。恍惚之中,马可仿佛听到天使的声音:"愿你平安,马可!你将与威尼斯长存。"马克便在威尼斯待了下来,经过马可多年的传教,威尼斯人皈依了基督教,享受着上帝的恩泽。马可死后,威尼斯人尊之为保护神,以狮子为标志。威尼斯为求神福,希望上帝无时不在自己身边,以马可的名字命名了许多建筑,圣马可广场就是其中最为著名的建筑之一。

圣马可广场位于威尼斯大运河北岸的里阿托岛上,许多世纪以来就是威尼斯社会与政治中心,因其地面由石块与大理石铺成,素有"大理石沙龙"之称。广场南临亚得里亚海湾,周边由建筑群合围而成,主要建筑完成年代不一,至16世纪文艺复兴时期,圣马可广场基本定型。

圣马可广场平面大致呈曲尺形,是三个梯形空间的组合。从大运河来进入广场,南面有一过渡空间。一对高大的、顶部饰有雕像的红色花岗岩圆柱标志着广场的入口,东侧的圆柱上站立着一只展翅欲飞的青铜狮像,这就是威尼斯的城徽——"飞狮"。飞狮的左前爪拿着一本圣书,上面用古老的拉丁文字写着上帝的神谕:"我的使者马可,你在那里安息吧!"总督府转折的立面将人们引向南北延伸的广场,广场两侧建筑的底层空廊产生一种动态韵律,将人的视线引向天空,前方的赭红色的圣马可钟塔摩天掠云,金色的圣马可教堂遥遥在望。走到北端向西一转,便进入大梯形广场——圣马可广场的主空间。

圣马可广场的主空间纵深是175米,宽边90米,窄边56米,是一个大大的梯形结构。广场主要由圣马克堂、总督府及16世纪的图书馆、办公楼构成。这些建筑风格多样,但底层全做成开敞柱廊,使得广场与建筑之间自然和谐地统一在一起,而且,建筑物的大小高低变化也统一于广场的空间结构,错落有致,没有丝毫的局促、沉重之感。圣马可钟塔是广场的中心,高98米,平面方形结构。钟塔初建于9世纪末,14世纪重建,16世纪在塔顶又加上一座天使像。圣马可钟塔已成为广场的标志和威尼斯城市的标志。

圣马可广场的主体建筑——圣马可教堂是典型的拜占廷风格,其平面为希腊十字型,四臂等长。它建于1063年至1094年,后来又几经修改。十字的中央及四翼覆盖着一组共五个大穹顶。中央一个最为高大,表面以金色马赛克铺底,装饰着彩色大理石,富丽华贵,具有浓厚的东方艺术气息。这里安放着圣马可的灵柩,同时也是储存东方珍宝的地方。例如教堂正门上方的一组马拉战车的青铜雕像,就是早先古希腊的遗物,掠自君士坦丁堡。

广场东西的总督府,是典型的哥特式建筑。最初建于公元814年,屡经火灾,现在的建筑是公元1309年至1424年所建,是威尼斯繁盛年代的象征。过去为执政官的官邸,现在成为艺术与兵器展览馆,馆内收藏许多珍宝。

在圣马可教堂的右前方还有一座钟楼,系15世纪所建。顶部有一座巨钟,钟旁各立一个毛利人雕像,每当整点时分,他们便挥动手里的大锤,自动地敲响巨钟。

圣马可广场环境优美,南面可以远眺湛蓝的海湾及小岛上的圣景——圣乔治教堂。广场内装点着许多雕像、灯柱、旗杆,倍觉亲切。当地居民与来自四方的游客在这里待客会友,游览散步,置身于古代建筑的胜迹之中,令人心旷神怡,因此被誉为"欧洲最美丽的客厅"。

古典主义喜剧大师——莫里哀

老迈的法国国王路易十四坐在华丽舒适的椅子上与亲近大臣闲聊,一起追忆昔日的辉煌。路易十四问道:"是谁让我的时代流传千古?"大臣认真思索了一会儿,毕恭毕敬地答道:"是莫里哀,陛下!"

莫里哀是谁?他怎么会有如此大的影响力?

莫里哀原名让·巴蒂斯特·波克兰,他是世界上最伟大的古典主义喜剧大师。他那些杰出的作品世界闻名,他的名字将永被牢记。作为莫里哀时代的国王路易十四也不得不承认,是莫里哀让他统治的时代灿烂无比。

莫里哀出生于1622年。他的父亲是一名宫廷陈设商,后来花钱买了一个"皇帝侍从"的称号,从此成了贵族。莫里哀从幼年时便喜欢戏剧,但是他父亲希望他学法律,以便以后能够在宫廷工作。大学毕业后,禁不住戏剧诱惑的莫里哀毅然走出家庭,开始从事戏剧活动。1643年,莫里哀与同学组织了"光耀剧团",从事戏剧创作与戏剧演出。顽固的父亲坚持让他回家,走他已为莫里哀设计好的路。莫里哀正在创业阶段,怎舍得放手,于是他与父亲订了两年的约定:如果莫里哀在两年内能够成名,父亲将不再限制他,任凭他自己发展,如果两年中莫里哀一无进展,将不得不听从父亲的安排。莫里哀充满了必胜的信心,不知疲倦地工作。但是,剧本创作一个失败一个。两年很快过去,"光耀剧团"因负债太多,宣布解散,莫里哀也因为债务问题,被法院拘留。父亲赶来,替他还清了债务,一心想着领儿子回家。但是一觉醒来,莫里哀已不知去向。莫里哀偷偷地参加了另一个巡回演出的剧团,早已离开巴黎了。

莫里哀在法国各地流浪了13年。他凭自己的才学以及这13年的经历,开始创作剧本。得到剧团领导查理·杜佛莱尼的赞赏,莫里哀创作的剧本演出大受欢迎。1652年,莫里哀接替了年老的查理·杜佛莱尼。开始领导剧团。1658年,剧团应召回巴黎在卢浮宫为国王演出,很受路易十四的赞赏。从此,莫里哀与剧团就留在了巴黎。

1659年,莫里哀在巴黎正式上演了第一个剧目《可笑的女才子》。通过两个贵族青年向一对资产阶级出身又喜欢模仿贵族举止的外省女子求婚的故事,嘲笑了贵族阶层咬文嚼字、故作风雅的恶习。以后陆续出演了《丈夫学堂》《夫人学堂》《凡尔赛即兴》等剧，又把矛头指向了教会，讽刺教会对人性的压制。这些喜剧不同于贵族沙龙中那种矫揉造作的垃圾品，以独特的喜剧效果获得了观众的认可。

莫里哀

从1664年开始，莫里哀开始进入了丰收阶段，他创作了一部又一部极为成功的作品，而尤以他1664年的作品《伪君子》为代表。在这部剧中，莫里哀塑造了一个好色、伪善、贪婪、凶恶的教会人物答丢夫的丑陋形象，把矛头直接指向教会。《伪君子》是五幕诗体喜剧，主人公是答丢夫，他以出色的伪装骗得富商奥尔恭的信任。奥尔恭把"虔诚"的教士答丢夫请回家来教导自己的儿女。但是答丢夫除了在奥尔恭面前极为虔诚外，每天都是大嚼松鸡与羊腿，酒足饭饱之后不是睡大觉就是在玛丽亚娜兄妹面前颐指气使，他甚至连祷告都不做。后来答丢夫见奥尔恭实在是容易被骗，便渐渐露出了本性。他竟去勾引奥尔恭美貌的妻子欧米尔，结果被奥尔恭的儿子达米斯揭穿，但奥尔恭却宁愿相信答丢夫也不相信自己的儿子，竟把他赶出家门。后来他们设计让奥尔恭看到了答丢夫的丑恶面目。奥尔恭才幡然悔悟，一怒之下要赶走这个骗子，谁知诡计多端的答丢夫趁奥尔恭不注意，早就偷得奥尔恭对国王不忠的证据，并以此要挟，要占有奥尔恭全部的财产。就在这个骗子的阴谋就要得逞时，英明的国王送来大赦的命令，并抓走了骗子答丢夫，使剧情由极悲猛然转入极喜的大快人心的场面。由于这个戏剧对教会的极力讽刺，遭到反动势力的极力反对，屡遭禁演。但莫里哀坚持斗争，上下活动，求得国王的同意，立即又开始了对教会的轰炸。教会对之恨得要命，把莫里哀革出教门。但莫里哀依然坚持现实主义的创作，继续批判社会的黑暗。当时，《伪君子》的影响如此巨大，人们竟把"答丢夫"当作伪君子的代名词了。

除《伪君子》外，莫里哀还创作了其他一些杰出的喜剧作品，例如1665年上演的《唐·璜》。唐·璜是西班牙古代传说中的一个人物，他容貌漂亮，仗着自己是世家子弟，无恶不作。一次他引诱了军事统领的女儿，统领愤怒地质问他，唐璜在双方争斗中，杀死了统领。但统领阴魂不散，设计捕捉了唐·璜，把他拖入地狱。莫里哀借唐·璜的故事尖刻地讽刺揭露了贵族阶层的罪恶生活。剧本的上演遭到反动势力的仇视,被迫停演。

《恨世者》是另外一部揭露贵族伪善的力作。主人公阿尔赛斯看不惯贵族阶层表面上文雅正直,实际上自私自利、庸俗无聊的生活。他总想脱离这个社会,却莫名其妙地爱上一个专好诋毁别人的风骚寡妇色里曼娜。当阿尔赛斯请求色里曼娜同自己一起脱离这个社会时,却遭到恶毒的嘲笑。阿尔赛斯自己反倒成了可笑的人物。

1668 年,莫里哀上演了《悭吝人》。其情节是借用了古代罗马喜剧家普劳图斯的《一坛黄金》,描绘了一个吝啬鬼阿巴贡的丑态。通过阿巴贡为得到更多金钱的可笑行为,揭露了资产阶级唯利是图的本性。

1668 年,莫里哀又发表了《乔治·党丹》。富商乔治·党丹为了取得贵族身份,娶了一个名声不好的没落贵族的女儿。但是岳父岳母与妻子自恃是贵族,都看不起这个资产者,妻子又与人私通,乔治·党丹受尽了侮辱。莫里哀针对当时社会的风气,嘲讽了资产阶级向贵族阶级妥协的可笑举止。

晚年的莫里哀创作了一些闹剧式的作品,有《布索那克先生》《醉心贵族的小市民》《女博士》等。其中最为出名的是他于 1672 年创作的《史嘉本的诡计》。剧中以下等奴仆史嘉本为主人公,描写了聪明勇敢的史嘉本帮助主人反对专制家长,最后取得胜利的故事。

1673 年 2 月 17 日,莫里哀带病演出他最后一个剧本《无病呻吟》。莫里哀在场上抑制不住地咳嗽,观众却以为是他出色的演技。第四场演出后,莫里哀咳血倒地,观众报以热烈的掌声。却见莫里哀倒在地上,久久不起来谢幕,才知道莫里哀竟病得如此厉害,不禁都失声痛哭。夜里,莫里哀被送回家不久,又一阵猛烈咳嗽,血管破裂,不治而亡。由于莫里哀生前对教会百般揭露、讽刺。教会不准把他的遗体埋葬在教堂的坟地里。后来,国王路易十四出面求情,才被允许埋在公墓的一个角落里,与那些没有受过礼的死孩子埋在一起。

莫里哀的逝世震惊了那些喜爱他的观众。虽然教会对莫里哀的葬礼百般阻挠,在寒冷的黑夜,仍有成千上万名忠实的观众举着火把为莫里哀送葬。

莫里哀去世了。他留下的那些作品为他带来巨大的声誉。从 1680 年至 1960 年,法兰西喜剧院共演出《伪君子》2654 场。这在法国是无与伦比的。莫里哀是一位严肃认真的伟大的古典主义喜剧大师,他的一切成就都将与他的时代一起被历史铭记。

业余数学家之王——费尔马

费尔马·也可以翻译成费马,他是法国一个业余的数学家。他在数论、解析几何、概率论等方面有巨大的贡献，被人们誉为"业余数学家之王"。

提到费尔马，最有名的是至今悬而未决的费尔马大定理，现在已有人称已解出，正在通过审定。

皮尔·费尔马，1601 年 8 月 20 日出生于法国。他的父亲是一位皮革商人，他的母亲出身于法官家庭。在加龙河边，费尔马成长为一名律师，他精通多种语言，尤其对数学极为热爱。

费尔马后来当了图鲁斯议会的议员，做了社会活动家。费尔马待人谦逊温和，不愿意参与官场的钩心斗角。他为官清正廉明，生活交往多为有名的科学家、学者。

费尔马结识了很多学者，数学家和哲学家聚会他也常常参加。那时梅森、罗伯瓦、迈多治、笛卡尔等人常在梅森家里聚会，讨论哲学、数学问题，被人们称为"梅森学院"。

1666 年，梅森学院这个民间聚会被国王与政府认可为一个机构，这就是法国科学院的前身。费尔马 30 岁以后，几乎把精力全都放在数学研究上，他的家境优越，家庭和睦幸福，交际圈又多为学者，这一切使得费尔玛在业余的范围内取得了专业的数学成就。

费尔马和笛卡尔一起，完善了平面解析几何，是他第一次把三元方程应用于空间解析几何学。费尔马同帕斯卡一起，讨论了赌本分配的问题，成为最早的概率论问题。

1637 年，费尔马在阅读丢番图《算术》时研究了不定方程 $x^2+y^2=z2$，在那页书的空白处作了批注："将一个立方数分为两个立方数，一个四次幂分为两个四次幂，或者一般地将一个高于二次的幂分为两个同次幂，这是不可能的。关于此，我发现了一种绝妙的证明，可是这里空白太小写不下。"

费尔马没有想到，因为他的随意，留下了几百年来数学界一道难题，成为费尔马大定理。

把费尔马大定理推广到最一般情形，用方程表示即：不定方程 $x^n+y^n=z^n$，（$n>2$），且 n 是自然数，得出的结论是没有正整数解。比如说，$x^3+y^3=z^3$，这个方程就没有正整数满足要求。$x^4+y^4=z^4$，也不可能找着正整数 x、y 和 z，使得等式成立。

费尔马的绝妙证法谁也无从得知，但费尔马提出的这个结论却吸引了一代又一代的数学家。所以，其实这是个猜想，却至今也没有人能够推翻它。

费尔马定理经巨奖悬赏，包括欧拉、勤让德、阿贝尔、狄里克莱、库莫尔等数学家都做过尝试，虽然取得了一定进展，但都没能最终证明。当然，数百年来也没有人能推翻这一定理。

欧拉严格证明了 n=3,4 时，费尔马猜想正确。柏林大学教授库莫尔采用新的方法,将费尔马的结论证明到 n=100。最近,美国加州伯克莱分校的罗瑟利用计算机证明了 n 不超过 4100 万时,费尔马大定理都是成立的。

1908 年,德国的哥廷根科学院按照德国数学家俄尔夫斯凯尔的遗嘱,把他的 10 万马克作为奖金。谁能完全证明费尔马大定理(或者否定它),就可以获得 10 万马克。结果大批的业余人员也投入了这场证明中,但均无一人能准确解决。

俄尔夫斯凯尔限期 100 年,在 1908~2007 年之间,若有人证明此定理,便可获奖。人们现在甚至不关心费尔马定理能否被证明,因为它已经成了"一只生金蛋的母鸡"。在证明大定理的过程中,出现了很多漂亮的方法、精妙的思想,引发了很多领域的方法沟通,促进了很多理论的出现,如无限递降法就是一例。

数学家们甚至不希望人们尽快证明出定理,因为"杀鸡取卵",得不偿失。

1993 年 6 月 23 日,美国普林斯顿大学教授、英国数学家安德鲁·威尔斯在英国剑桥大学牛顿数学研究所作的题为《模型式、椭圆曲线和伽罗华表示法》的长篇报告的结尾处,宣布已经证明了费尔马大定理。紧接着,剑桥大学发表了声明,并介绍了费尔马大定理的历史。

历史上已有过许多人宣称证明了费尔马定理,但结果证明都是错误的。这次是 20 世纪末最后一次证明,现如今威尔斯正简化证明,而费尔马大定理的专著也出版有多种。

费尔马还提出了一个费尔马小定理。在 1640 年,费尔马提出:如果 p 是质数,并且 a 与 p 互质,那么数 a^p-a 必定能被 p 所整除。这是初等数论中的重要定理。

费尔马还曾向意大利物理学家托里拆利提出过一个问题:在已知三角形内找一个点,使此点满足到三个顶点的距离之和为最小。

托里拆利用了好几种方法解决了这个问题,其中还有物理上的力学方法。在这个问题的解法中,意大利数学家维维安尼的求解严谨而优美,堪称代表。大约 300 年后,维维安尼的解法又由匈牙利数学家里兹重新发现。费尔马本人也有求解。这个问题具有实际意义,比如维修所与三个居民区的位置,如果维修所在理想点上,则可以省时省力。

人们称上面问题所求出的点为费尔马点。

费尔马进行数学研究,淡漠功名,而且观点散见于批注中。1665 年 1 月 12 日,费尔马在图鲁司去世。他的儿子在数学家们的帮助下,将费尔马的各种散论和观点整理汇编,出版了《数学论集》两卷。费尔马生前不愿著书立说,此书的第一版成为珍品。

1891~1922 年,《费尔马全集》出版了。人们永远纪念这位业余数学家的天才成就。

欧洲最宏伟的宫殿——凡尔赛宫

凡尔赛,原为路易十三的一处旧猎庄,位于巴黎西南22公里。后来,路易十四见这里空气清新,风景秀丽,地势开阔,非常喜爱这里。当时,正是法国君主专制统治的鼎盛时期,于是路易十四便决定在这里建造庞大的园林宫殿,来显示自己的尊严与威名。1661年,工程开始。路易十四先后召集了著名的建筑师勒伏·孟莎、室内设计师勒勃亨、园林设计师勒诺特共同承担新宫的设计。依照路易十四的要求,保留了旧猎庄——一个向东敞开的三合院,后来称

凡尔赛宫

为"大理石"院。新宫以此为中心,向四面延伸扩建,形成一朝东敞开的阶梯状连列庭院,南北两翼长达575米的巨大建筑物。新宫的建造动用了上万个劳动力及畜力。到公元1756年,终于完成了这一举世闻名的经典之作,凡尔赛宫是欧洲最宏伟、最美丽的皇家宫苑,它集中了当时法国的国家财富与艺术技术上的成就,凝聚着法国人民的智慧与血汗,成为法国君王尊严的象征,同时也是法国强盛的象征。

凡尔赛宫由主体宫殿、大小特里安努宫及御苑组成。

主体宫殿长为575米,宽约400米。中央大理石院是法国封建专制统治的心脏,是路易十四的起居活动中心。正中一间是国王的卧室,正对着宫殿前放射形的练兵广场与直通巴黎的爱丽舍大道。南翼是王子、亲王的寝宫,北翼是宫廷王公大臣的办事机构及教堂、歌剧院等。新宫的布局忠实体现了维护君主尊严的严格秩序。宫中共有2000多间房屋,可供1000多名外国君主或达官显贵同时下榻。建筑全部用石材砌造,立面装饰着古典柱式,突出水平线脚,统一匀称,体现了古典风格。内部装修富丽典雅,精雕细琢,采用了巴洛克风格。墙壁与立柱全部用多彩的大理石砌成。名贵的地毯、壁毯、披满珠玉的吊灯与壁灯,尽显奢靡的皇家气派。中央部分布置了宽阔的连列厅与堂皇的大理石阶梯。最有名的是"镜廊",也称为镜厅。

镜廊位于凡尔赛宫中部,一般举行重大仪典时使用。镜廊长76米,宽14米,

高 12.6 米。一侧开窗,一侧墙上安装了 17 面大镜子,每面都由 483 面小镜子精心镶拼而成。用各色大理石贴面。装饰着科林斯壁柱,绿色的大理石柱身,铸铜镀金的柱头柱基,柱头雕饰为带双翼的太阳,寓意为当时被尊为"太阳王"的路易十四自己。拱顶上的壁画为国王路易十四的史迹图,再现了一个个风起云涌的历史场景。两旁的壁龛内,供奉着 8 座古代天神的全身塑像及其镀金的钢盔钢甲及 8 尊罗马皇帝的大理石半身雕像。金碧辉煌的室内装饰,如画的室外风景,在那巨大明亮的镜中映出,宛如仙境。

小特里安努宫是路易十四为自己心爱的女侍官所建,也称为夏宫。有名的"玛丽·安图娃奈特草屋"就在这里,后来路易十四又在附近建了一所更大的宫殿。宫殿全部用绿色与粉色大理石砌成,拥有房间 72 间,这里被称为大特里安努宫。娇小轻盈的大小特里安努宫把凡尔赛宫衬托得更加庄严、威仪。

凡尔赛宫西面对着著名的凡尔赛花园,也称为御苑。花园面积约 6.7 平方公里,是世界上最大的皇家园林,也是欧洲规则式园林的典范。花园与宫殿一体设计,轴线长约 3 公里,是宫殿建筑中轴的延伸。花园中央掘有一十字形水渠,周围布置着草坪、花坛与道路。两侧有大片密林。在道路水池的尽头或交叉点上,设有雕像喷泉,交相辉映,许多题材表现太阳神阿波罗,水池中的那尊阿波罗像,头戴月桂冠,他驾着马车从水中腾跃而出,象征着自诩为"太阳王"的路易十四。

金碧辉煌的凡尔赛宫是法国古典主义艺术的最优秀典范,它的出现及所用的设计手法对欧洲各国在宫殿、园林、城市规划等多方面产生了重要影响。此后,凡尔赛宫经历了欧洲动荡不安的风云岁月,许多重大的历史事件都与它有关。凡尔赛宫又是历史的见证者。

法国王室生活小景

景一:路易十四的御膳

路易十四的牙齿不好,胃口却很壮,食欲相当旺盛,给他这个牙全被拔光的皇帝治办饮食的需有 324 人,从面包到台布,从蜡烛到木柴,都由这 300 多人组成的御膳房负责。国王传膳时,由 36 名端膳的宫廷侍从和 12 名手执镀金嵌银权杖的护卫组成的队伍在御膳大总管率领下走过道道宫门,穿过条条回廊,绕过个个大厅将御膳送到设在国王寝宫里的餐桌上。这一过程,还必须有鼓声奏和。

国王路易十四开始单独进膳了,因为森严的等级制度,连其妻儿也很少和他共进一餐。

国王起床后早餐只喝一个汤或一杯撒尔维亚水,午餐定在上午 10 点,膳单上的条目多得惊人,谁也想不到仅供一个人用的午餐中竟包括6个菜汤、8个正菜、6个烤菜和不计其数的餐尾食品——水果、蜜饯、果汁。而且这些菜的原料无一缺少不了阉鸡、山鹑、鸽肉、苍鹰肉、牛肉。举个例子说,8个正菜中两大盘热荤菜中有烧小牛肉和苍鹰肉,必用共重27斤半的两块肉做;两小盘热荤菜中的烩鸡块定是用6只鸡来烹。这还不能尽兴,路易十四的晚膳中还要有各色鸡共27只、各类鸽24只,山鹑4只,外加8斤牛肉,4个肉饼。

即使在斋戒期间,国王的膳单中也必须有一个汤——用1只阉鸡、4斤牛肉、4斤小牛肉和4斤羊肉煮成,24条各种做法的珍贵鱼类,两只乌龟,100只牡蛎,等等等等。

胃口极好的路易十四食量过人,但他也得剩饭。而那些剩饭,要么赏赐下人,要么就让挖帝国墙角的御仆们转卖宫外,牟取暴利了。

景二:路易十五"秘密"亲征记

1715年9月1日早8点,王宫侍从长急匆匆自国王寝宫中跑出,大声宣示:"国王驾崩了! 国王万岁!"。这头一句说的是刚死去的国王路易十四,后一句说的是将继位的国王路易十五。

"太阳王"路易十四幼年继位,经过毕生努力,振兴法国经济,将法国专制君主制推向鼎盛,扬威四海。他的继位者路易十五是他的孙子,父母早亡,年幼无知,13岁半才亲自临政,15岁举行成亲大典。可青年皇帝要么围猎取乐,要么追逐女色,直到一代君王的他年方而立才致力秉政。他改革朝廷礼节,率兵亲征,前者未能成功,后者的经过却着实是个大笑话。

1744年,奥地利皇位继承战拼杀正酣,法军是普鲁士头号盟友,正与英、奥军对垒。元帅德·诺阿伊奏请国王亲征,定能施展治国身手。路易十五大喜过望。但他不知道,元帅想控制国王,又怕别人影响。于是路易十五又得到请示,为了不让宫中上下乱作一团,国王能否单枪匹马不带一个随从上前线。"勇敢"的路易十五竟赞同了,他表示在军中要像一个士兵那样生活,把这件事当作一个"秘密"。

然而宫中早已知道并都在谈论这个"秘密"了。上到王公大臣、武将文官,下到车骑侍卫、随从奴仆,人人都觉得自己是国王须臾不能离开的人物,是王朝的栋梁。一想到国王要撇开他们的服侍,个个惊恐万分。4月26日,大家得知有一小队御林军将随驾护卫,才稍许放了心。然后,又有100名瑞士卫兵领到了只有随皇帝出征时才穿用的金边斗篷。马上消息又传来,正在休假的近卫军轻骑兵也被召回了部队。继而车骑大总管,王室大小马厩里的饲养官也行动起来了。宫廷大总管——8岁的孔德亲王还没着急,他的代理人已严厉指出国王不带餐具保管和膳食侍应动身出征是不合礼法的。优柔寡断的路易十五于是又乖乖地命令御寝宫、御衣房和御膳房的全体人员都动员起来待命。这一下子人可多了,光御膳房里就有御膳房监督,御膳总管,御厨长,烤肉、汤羹、糕点、拌生菜等各御厨,司酒、司肉、司果官,面包总管和面包师,御膳盛装、运送、传令人员,御膳侍应,餐具保管,洗刷总管,采买以及掌烤肉铁扦仆役,汲水仆役,众小厮等……不计其数!

外交使团也行动起来了,不等请求获准,便收拾起行装。此时,皇家马队已整装待发:150匹马鞍辔齐备,12个精选出来的年轻侍从每人备了一匹披着金流苏红毡毯的坐骑,一支火枪和一把佩剑——小马厩侍从配镀银剑,大马厩的配镀金剑。国防大臣一见如此备战,便抢先下手定做了许多台布,收罗了40名军厨。最后,一大队牧师和皇家小教堂神甫都准备动身,索瓦松区大主教和两个堂区牧师也收拾了行囊。此外,积极准备行李的还有国王的忏悔师贝鲁索神甫,皇家小教堂的神职人员,拉提琴的,唱诗班的,管圣器的等等不可列举了。出征前,自以为能悄悄离开凡尔赛的路易十五来到圣埃蒂埃纳堡,试穿戎装:护胸甲、头盔和臂铠,这一身行头在整个征战期间都由兵器制作所所长看管。

5月2日至3日夜间,长期"保密"的御驾亲征终于要开始了,心情激动的路易十五告别妻儿,以泪辞行了。

5月21日凌晨3时,留恋不舍的国王终于登上马车,奔赴前线。随车护卫的有20名贴身卫士,后有11副轿椅、一辆行李车和一辆餐车。国王马车刚一启程,专侍国王马匹的小马厩的侍从们立即出发,随后陆续上路的有门卫、24名纠察卫士、皇家守夜巡逻队、王室近卫军、近卫骑兵、百人瑞士卫队、国王金库人员、御衣房人员、大马厩侍从、御骑兵统领、御膳房御衣房人员,御教堂神职人员……就连国王情妇的马车也匆匆紧跟上来了。

这就是路易十五的不讲排场、不带随从的"秘密"亲征的真实情景。

景三:王子和公主们的生活

位于凡尔赛的法国王宫,以奢华糜费著称于世,然而繁文缛节、宗教礼法也极其复杂。生活在这里的王子和公主,注定要过被禁锢的高贵日子。

让我们看看路易十六的父亲,这位由于早逝而未及执政的王太子及其姐妹的童年是如何度过的吧!

从褓襁中起,王太子就被关在王宫大楼第一层楼房内,几乎足不出户。每遇到节日,他必定被谁领着接受一些他不明原因的颂词和礼物。在他6岁时,被当作新年赠品一般地从他喜爱的女教师身边抱走,移交给男人管教。当时的场面可想而知,抓住女教师裙子死死不放的王太子被几个男人硬拖到新寝宫内。他的忧伤无人能懂,还要接受严格的教育。没有同龄伙伴,没有吸引他的书籍,却总要受到礼仪的束缚和折磨。他不能享用爱吃的饭菜,却还要处处注意装模作样以礼仪行事,时时忍耐一心猎奇的参观者的观看。

其他规矩还多着呢。

有一次,王太子给父王写了一封信,落款是"您忠实的儿子和臣民"。太傅竟不让发走这封信,原因是法兰西王子和父王通信时,礼仪规定落款要用"您极卑贱和极恭顺的臣仆和儿子"。还有一次,王太子举行舞会,他的5位姐妹们应邀来跳舞,结果因他们地位太高,缺少舞伴,而使舞会死气沉沉,毫无乐趣。又有一天晚上,王后亲临舞会,谁知便苦了她的金枝玉叶们。原来,礼仪规定,公主们跳舞时两眼不能离开母后,不管跳到何处,身形如何变换,总得望着王后,结果舞会过后,公主们个个喊叫脖颈酸痛。

长期被礼仪束住手脚的王太子,自己也有了极强的礼法意识,1737年3月,他不知何故被太傅关了起来,受到处罚:他去做弥撒时,只准带一个跟班;走过前厅时,站岗的士兵奉命不给他举刀致敬。可怜的小王太子努力克制自己,表现出无动于衷的神色。然而三天之后,严厉的惩戒结束了,当王太子看到卫士们又向他敬礼时,竟禁不住号啕大哭起来。

说到身为金枝玉叶的各位公主,语气就要有些凄凉了,因为她们可以说是命中注定要嫁到异国去的"无关紧要"的人物。尽管她们娇生惯养,享有许多特权,但还是逃不过被送进监狱般的修道院继而在十一二岁时远嫁的命运。

1739年,路易十五的大公主路易丝·伊丽莎白不到12岁,便由父母做主和表兄西班牙王子唐·菲利普订婚了。在此之前。她从来没有见过王子,甚至不知道他的名字。紧接着进行了出嫁前的置办工作,昂贵的嫁妆自然难以尽述。8月26日晚,公主的正式订婚仪式在凡尔赛宫举行。公主身穿绣金黑色大礼服,头上的婚纱长达8米半。公主的父母姐妹无不痛苦万分,却还装出高兴的神态。离别的时日倏然而至,国王心情沉重,王后泣不成声,姐妹们泪流满面,相互紧紧地拥抱在一起,抽噎绝望地互道永别。最后,壮观的车队在鼓乐齐鸣中,载着公主驶向了西班牙。

景四:路易十六的日记

要了解革命前最后一位皇帝路易十六的生活思想,最好去查阅他的日记。他是大革命前唯一的一位每天记述自己行动的国君。日记从1766年写起,直到1792年结束,内容包括日记、狩猎笔记和账目。这部枯燥乏味的读物悲凉地展现出这位身世高贵、结局悲惨的国王的内心世界。

16岁当王太子的路易十六得到了一位世界上最迷人的公主做未婚妻,当时整个凡尔赛都为她倾倒,而他本人却在日记上写道:"1770年5月14日,同王太子妃会晤……16日,婚礼,洞房在靠近镜厅的套房中,皇家宴会设在歌剧院大厅……11月23日,偕王太子妃骑马……1773年6月8日,我和王太子妃到了巴黎。"这便是一切有关皇帝的爱情章节了。

但是,路易十六精心写了一张"我骑过的马的名单",更细致地统计了猎获过的各种兽类的数量。如这一条:"杀死200只燕子——1784年6月28日。"他还忠实地记录了26年中他洗过43次澡,患过两次消化不良等疾病。他对政治无动于衷,每当召开会议时便写"无事可记"。1789年6月20日"网球场宣誓"那天,他记的是:"去比塔尔狩鹿,猎到一只。"7月14日法国资产阶级革命开始那天是:"无事可记。"10月5日王宫被包围,他写下:"在夏蒂荣打猎,杀死野物18只,狩猎为事变中断。往返骑马。"革命沸腾时期,他的日记中只简单地写道:"无事可记。"这本冗长单调的读物唯一引人之处,就是探索"无事可记"同大革命中哪一个著名日期相吻合。

1791年7月路易十六在大革命的震慑下阴谋逃跑未遂,在日记中他几乎整整一个月全写上"无事可记。在大厅里祈祷。"直到他日记的最后一页,仍写着"无事可记——1791年12月31日"。1792年1月21日路易十六被送上断头台,也许日记写到这一天,他还会用"无事可记"来概括他的激情、希望,表达他的思想、愤慨。

与"无事可记"和狩猎记实同时,日记中还明确记下了国王的各种个人开支,他亲自编制,列表汇总搞得清清楚楚。对日记中的种种记录不禁令人生疑:皇宫各级侍从共600多人到底是做什么的?因为尽管皇帝有庞大的御膳房,却还记下"付一个软面包和两个面包费1路易12苏",尽管皇帝有方圆20法里全球闻名的花园,还要"付鲜花费54路易",尽管他有8个制鞋师,却还要"付皮鞋款30路易"……路易十六很怕开支过大,每当他发现账目有出入时就要从新演算,细细誊写。他在"细致"盘账的同时,他的财政大臣在王宫的另一侧也在算账:需要6亿5千零50万里佛尔才能填补宫廷挥霍造成的亏空。啊!倒霉的路易十六在这当中可是清白的呀!

伟大的寓言作家和理想主义者——拉封丹

一只年轻的小老鼠,刚刚长大成人,还没有遇见过猫,他就想,凭仗我的谦逊有礼,我好好地请求猫饶过我的性命,就能让老猫心软的。这一天,这只小老鼠突然就碰见一只猫。于是,小老鼠请求道:"让我活下去吧,一只像我这么大,像我这点花费的耗子,就真的能成为这家人的负担吗?你认为主人、夫人以及他们的全家就因为我而要挨饿吗?我只要一颗麦粒就吃饱了,吃上一只核桃我都要发胖。现在我还太瘦小,等一些时日吧,留下我这顿饭,以后与您的少爷们再一起分享吧!"

这只小老鼠就这样对老猫说着。老猫回答道:"你搞错了,你这番演说是对我说的吗?那你就等于说给了一个聋子。要一只猫,老猫,饶你的命?这是从来没有过的事!根据猫的法律,你就去阴间吧,你死吧!你就这样去那边对纺织三姐妹演说吧！我的孩子们以后会有别的东西吃的。"

说完。老猫就把小老鼠给抓住吃了。

从"我"的寓言中，可以得到如下教训：年轻人爱幻想，认为一切都能做到，而老年人则是实际的，残酷无情的。

上面那个"我"是谁呢？

"我"就是指拉封丹，他是法国最著名的寓言作家。上面那个小寓言，就是他写的，名叫《老猫与小老鼠》。

让·德·拉封丹是法国17世纪的著名作家。他写过戏剧、散文、小说、故事诗、短诗以及寓言诗等，尤其以他的寓言诗最为著名。从1668年到1694年这一段时期内，拉封丹共发表了寓言诗12卷，有239首，这些作品都以动物世界寓指人类社会。有的揭露封建王朝的黑暗统治，有的谴责贵族权贵们的行径暴虐，也有的描写了劳动人民苦难的生活，它极其广泛地反映了17世纪下半期法国封建社会的现实面貌。我们不仅可以从中得到许多许多智慧，而且，我们还能从中得到丰富的知识。不但能让我们很好地了解古代社会的法国现实状况，而且能帮助我们很好地处理现代生活中我们遇到的凡人小事，它对我们的成长与生活很有用处。而且，拉封丹的这些作品对于寓言诗这种体裁的发展做出了很大贡献。这些寓言故事流传很广，因此，它的作者——让·德·拉封丹的名字也传遍了世界。拉封丹凭着他的寓言诗而成了世界著名的作家。

拉封丹于1621年在法国香槟省沙多·基埃里城降生。他父亲是一

拉封丹

个国家公务员。大约在1641年，拉封丹进入神学院学习。但他在这里只待了一年半便退学了，因为他实在受不了神学院中那种死板、愚昧的教育。于是，他转而去学习法律。由于拉封丹爱上了文学创作，他的功课很不好。直到他28岁的时候，他才毕了业，获得了巴黎最高法院律师头衔，但是，拉封丹从未打过官司。这时，他更着迷一样地投入到文学创作之中。此后，他的名气渐渐大起来，当时的权臣富凯、德抄莎白莉爱尔夫人等都曾充当过拉封丹的保护人。晚年时，拉封丹的声名更为显赫，他被选入法兰西学士院。1695年，拉封丹在巴黎病逝。

拉封丹一生创作颇丰，尤以寓言故事出名。他从青年时就仔细观察生活，悟出

了世间许多奇妙的故事,包涵了深刻而丰富的寓意。如在《樵夫与森林》中,讲述了这样一件事。

有个樵夫不是折断了斧子上的木柄,就是把它弄丢了。这个损失不可能马上就弥补过来。最后,这个樵夫低声下气地哀求树林让他带走一根小树枝,以便另做一支手柄。

也许他会到别处使用他营生的工具吧?也许他会让许多的杉松继续生长吧?因为每个人都会尊重这些树的历史与魅力的。

于是,天真的树林就施舍了一些树枝给他。但是,树林马上后悔了。这个卑鄙之徒在给斧子装上了手柄之后,专门用它来砍伐他恩人的主要枝干。现在这位恩人时时刻刻在呻吟着,正是自己的施舍使它饱尝酷刑。

"这也是世人以及宗教信徒们的所作所为,他们以恩人之德来伤恩人之心。这些事情我都懒得提起。但是有多少温馨的绿荫处于这样的凌辱之中?这方面谁不痛心疾首?哎!我的呼吁真是白费了。我已经遭嫌了。忘恩负义与欺骗的行为将永远盛行。"

拉封丹对于这个世俗的世界已经失望了。但是,他依然以一种坚强的毅力与极大的热情,来完成他的劝世之言。心中依然对于那些使他伤心的人们充满期望,总希望那些丑恶的人能够从他的寓言中受到教益,使得人人都成为一个好人,使这个社会成为一个理想中的世外桃源式的美好社会。这个心中充满智慧,教人学会在现实社会中生存的拉封丹,他自己心中却充满了幻想。只是,这个幻想是属于全人类的美好理想,我们所有人都应该拥有它。

拉封丹虽然生活在几百年之前,但他已经是一个伟大的理想主义者了。

"阿尔去迪"与法国绘画之父

阿尔去迪是古代希腊传说中一个世外桃源式的乐土。

法国绘画之父是17世纪法国最为煊赫的大画家,是"学院派"的先驱者,即尼古拉·普桑。

普桑虽然被称为"法国绘画之父",但是,这位法国画家一生中有大半辈子不在法国。他迷恋于"阿尔去迪"式的乐土,一生都在寻找那种宁静、完美、崇高的风范。因此,普桑从他30岁时起,便定居罗马,沉浸在古代希腊、罗马的古风之中。一直到死,他的灵魂也在追随着古典主义的完美。

但是,毕竟他生活在现实的社会,因此,现实社会中种种的不安情绪常常入侵他心目中的乐土。其中的典范之作便是《阿尔去迪的牧人们》。

画面上展现了这片乐土宁静的生活。天空是明净的蓝,温煦的阳光沐浴着这片宁静的土地,在优美的树木旁边,四个牧人戴着花冠拿着牧杖,围着一座石墓好像在探讨什么问题。

一个虬须的牧人,手指铭文,跪在地上,试图读出墓石上刻着的铭文。他对面一个年轻的牧人,一脚自然地踏在一块石头上,他俯下身,似乎读出了铭文,他用手指着铭文以略显惊畏的目光回头看着一位女牧人。那铭文是用拉丁文写成的:"即使在阿尔去迪也有我。"近来的一些评论家认为,这个"我"代表"死神",意思是即使在美好的世外乐园——阿尔去迪,"死亡"也是不可避免的,含有"人生无常,美景难再"的意思。所以,除中间二人颇似紧张之外,左边的青年一手抚着墓顶,脸上似现悲伤之色。而右边那位仪态庄严的女牧人,一面抚慰着那位年轻牧人的背部,似乎在安慰他不要惊慌,一面又陷入哲人般的冥想,平静的面容上浮现出感慨的微笑,似乎在说:"死又何惧? 死在美丽的阿尔去迪,岂非幸福?"的确,画面上是一片宁静、优雅、牧歌式的抒情气氛,没有一丝悲痛恐惧的色彩。而构图的均衡对称,变化与对比的适度,姿态的从容庄重,显出一派希腊古风的典范。尤其是女牧人长袍上希腊雕刻式的优雅的褶纹,更能令人生发出思古幽情。因而,也有人认为这个女牧人是希腊神话中某位女神的形象。总之,那优美的风景,以及那神秘的铭文,让人在牧歌式的田园生活场景中感受到一丝不安。这种不安像个谜团一样,困扰着画家,也困扰着我们,但是,却永远也搞不懂。

普桑于1594年出生在诺曼底省一个优美的小村庄——安德勒斯。他从小喜爱幻想,喜欢坐在草地上,一边放牧牛、羊,一边沉浸在伟大的古希腊神话世界中去。于是,他自己学着画画,画那些典雅、静穆、崇高的古代神灵。但因为没有专业的老师教他,因此总是画得不太好。1612年,普桑抱着寻找名师的目的来到当时的繁华之都——巴黎。但是,名师没有寻到,却被巴黎人的生活习惯吓坏了。于是,他又逃回故乡。唯一的收获是研究了一些古代名家的作品。于是他开始自学。

不久之后,普桑第二次出征,这一次他去了古典文化荟萃的圣地意大利,他深为这些古典精品所感动。终于在1624年,普桑决定定居罗马,因为他觉得自己已经离不开这里了,好像他天生就该待在这里,这里才是他真正的故乡。

此后,普桑的画艺突飞猛进,很快就以一种纯净的古典美风格扬名天下了。法国人都知道他们有一位著名的画家住在意大利罗马。时间久了,法国国王始终觉得这样自己很没面子,1640年,法国皇帝路易十三下诏把普桑请回法国。但是,在巴黎,普桑对一切都感到陌生。一切他都不喜欢,尤其是宫廷生活及染有那种庸俗风趣的艺术家们更让他别扭。于是,普桑只在巴黎待了两年,便又回到了罗马。一直到他1665年去世,普桑再也没有离开意大利,也再没有回过他的第一故乡——那个优美的小山村。或许,他早已把那个故乡给忘了,他头脑中只有他的"阿尔去迪",只有他的理想了。

普桑一生创作了许多作品,重要代表作中,除了《阿尔去迪的牧人们》之外,还有《诗人的灵感》《基督治愈盲者》《所罗门法庭》《哀悼基督》《解放了的耶路撒冷》《花神之国》《冬》等,大都表现出一种从容、高贵、优雅的古代雕像的风格。例如《解放了的耶路撒冷》,画面安排得很有匠心,多情的少女在战场上寻到了自己英勇的武士,但全身铠甲的英雄已重伤倒地,一位战友扶着他起身,少女则割下长发为他裹伤。画面选择的正是美丽的少女一手握住发夹,一手举剑断发的情节。从实际着想,用头发裹伤口远不如割下一条衣衫更合用。但是,从情感上看,在普桑的想象中,温柔的金发为英雄裹伤,更富有"崇高的古典诗意"。这正体现了普桑一生的追求。

因此,普桑的作品具有一种宏大的气度与端庄的美感,法国人忘不了这位不爱故乡的故乡人,至死,也要用一顶"法国绘画之父"的桂冠来抓住他,不让这位伟大的灵魂太逍遥了。

与米开朗基罗争誉的"巴洛克"大师

日神阿波罗爱上了河神的女儿达芙妮。但是,达芙妮拒绝日神热烈的追求。阿波罗不愿放弃这次爱情,于是,阿波罗便追赶达芙妮。达芙妮惊慌失措地拼命逃脱……阿波罗在后面迈开大步追赶……终于,达芙妮已经精疲力尽了。眼看着阿波罗就要到她身后,他的气息已经吹着飘在达芙妮脑后的头发了。达芙妮眼看着自己就要落入阿波罗的怀中了,她惊恐地喊道:"父亲,救救我吧!我的美貌太引人喜爱,把它毁了吧?"她的乞求还没有说完,她柔软的胸部就长出了一层薄薄的树皮,头发长成了树叶,而臂变成了枝干,双脚变成了扭曲的树根……

最终,这位少女变成了月桂树。为了纪念自己心爱的姑娘,兼管文艺与诗的日神阿波罗就用桂冠赏赐给优秀的诗人们。

这是罗马诗人奥维尔在《变形记》中描写的日神追逐达芙妮的故事。但是,却有一位伟大的艺术家把阿波罗追逐达芙妮以及达芙妮变为月桂树的那一瞬间用完美的雕塑展现在我们面前,简直比我们想象的还要完美,还要逼真。达芙妮在呼喊、奔跑中显出的温柔与惊恐,让人顿起怜爱之心。

这位伟大的艺术家就是贝尼尼。贝尼尼是一位天才的"巴洛克"大师,他在建筑与雕塑上的威名足以跟文艺复兴"三杰"之一的伟大的建筑家、雕塑家、画家米开朗基罗一争高下。

"巴洛克"原意是"不圆的珠"或"荒谬的思想",含有不整齐、扭曲、怪诞的意思,大约是 18 世纪古典主义者奉献给自己不太赞同的前辈艺术的一个称号。"巴洛克"作为一种风格,流行于 17 世纪至 18 世纪初。如果文艺复兴可以归为"古典主义","巴洛克"则可归之于"浪漫主义"。因为米开朗基罗以自身的浪漫气质对古典原则有所突破,所以有人称米开朗基罗为"巴洛克"的先驱!"但是认真来说,米开朗基罗作品中那种雄伟的崇高气质是所有的"巴洛克"作品所无法比拟的。即使是天才的"巴洛克"大师贝尼尼也稍逊一筹。但是,贝尼尼以这种扭曲、怪诞的风格所创造的杰作,依然构成了 17 世纪极为辉煌的一页。

罗伦佐·贝尼尼于 1598 年出生于那不勒斯一个雕刻家的家庭。他的父亲彼特罗·贝尼尼是当时一位著名的雕刻家,以娴熟的大理石技艺而著称于世。小贝尼尼从小跟随父亲学艺。1606 年,当小贝尼尼 8 岁的时候,父亲带他一起到了"巴洛克"艺术的中心——罗马。当时,小贝尼尼就以从父亲那学来的高超技艺受到注意。后来,小贝尼尼逐渐接受了"巴洛克"的风格。这种风格在他手里更为得心应手。贝尼尼经常把建筑与雕刻结合在一起,甚至打破它们之间的界线,又常常在雕刻中运用绘画的手法,造成一种建筑、雕刻、绘画的混合物。因此,在"巴洛克"盛行的罗马,贝尼尼的光彩日益耀眼。

1622 年,小贝尼尼奉诏入教廷供职,并很快得到教皇的赏识,并因为他的功绩向他颁发了基督勋章与骑士头衔的称号。从此,小贝尼尼便一直在宫廷任职,并逐渐以他的才华得到了"巴洛克"大师的称号。

贝尼尼的主要贡献在于建筑与雕塑上。虽然他的绘画作品也不乏出色之作,只是因为"巴洛克"风格主要在建筑与雕塑上体现出来,所以,贝尼尼也因为建筑与雕塑作品而成了伟大的艺术家。

在建筑上,让贝尼尼名声大振的是圣彼得大教堂的修筑。圣彼得大教堂是从公元 1505 年开始修建的,先后经过了好几代建筑家的努力。其中最有名的就是米开朗基罗,他修建了一个无与伦比的中心天顶。1624 年,教皇任命贝尼尼为总工程师,开始改建圣彼得大教堂。同时,这也开始了贝尼尼辉煌的艺术生涯。

贝尼尼为大教堂的内部设计了天顶、主祭坛、礼拜堂、壁面、墓碑,以及装饰雕刻等。可称得上他初期代表作的还有教堂正面的广场。圣彼得大教堂的成功让贝尼尼名扬四海。但他自己的建筑精品却是另外三个教堂的设计,即圣多马·索·特·奥拉诺奥教堂、圣安德烈·阿尔·奎利纳列教堂以及圣玛丽娅·特拉斯奇奥莱教堂。

这三个教堂的平面分别设计为希腊十字、椭圆形与圆形三种不同形式。它们的正立面却都是以两翼的附柱、壁面与中间突出的柱廊强调整个建筑的体积感。正面的这三个部分俨然一体,却又各具独立性,从而使教堂的正立面既有严格的统一,又有丰富的变化,使建筑的每一部分都具有一种极力的扩张感。这使得贝尼尼的作品变得刚劲有力,引人注目。教堂内部,椭圆形的空间像圣彼得广场一样给人一种辽阔宽广的感觉。教堂的壁龛嵌在巨大的圆柱之间,庄严而纯朴,几乎可与石神殿媲美。教堂内部的空间也有其独到之处,在上部,贝尼尼以金色象征"神圣的空间",下部则用灰暗象征"市俗的空间"。天国永远是一种幻想的幸福的虚空。而市俗则永远是一种灰暗的痛苦的现实。当时,大多数"巴洛克"式宗教建筑都巧妙地使这种象征性的"神圣空间"与"市俗的空间"相互并存。这也称得上是"巴洛克"的特点之一。

贝尼尼在设计与解决复杂的建筑物时所表现出的超人的才智,使他成为当时意大利艺坛中最有影响的大家之一。由于他的名气,1665 年,法国国王路易十四邀请他去修建卢浮宫。这一建筑最终由克劳德·彼罗完成。

贝尼尼不仅仅是 17 世纪伟大的建筑家,而且也是一位伟大的雕刻家。他作品丰富,不仅仅是为教堂、陵墓做纪念性、装饰性雕刻,而且也为权贵们创作了许多雕像。他的作品同他的建筑一样,具有外表华丽的"巴洛克"风格。

贝尼尼最早的作品是《大卫》,是为红衣主教斯契比法·波尔查宫的花园雕刻的。同样属于这里的作品还有《普罗赛比娜的掠夺》《埃涅伊与安西斯》《阿波罗与达芙妮》等,共为四组,其中最为著名的就是《阿波罗与达芙妮》,描绘了阿波罗追逐河神之女达芙妮与达芙妮变为月桂树的故事。

到了 1646 年,贝尼尼又创作了《圣女苔列莎》,这幅作品标志着贝尼尼在雕刻艺术上"巴洛克"风格的成熟。

《圣女苔列莎》是贝尼尼为罗马的维多利亚教堂创作的。圣女苔列莎是西班牙的一个女尼,一个反宗教改革的"英雄",贝尼尼选择的是她梦见代表上帝的天使,把一支金箭插进她的心房中的情景。这种笃信上帝到了狂迷状态的幻觉,被贝尼尼处理得非常逼真。女圣徒半倚半卧地睡在一片云朵之上,一个顽皮可笑的天使,正举起一支金箭刺向睡觉的圣女。两个人都在云朵之上飘着,靠在一个壁龛的前边,他们顶上用金属制成的太阳的光芒,正从壁龛上射下,把他们两人笼罩起来,从而形成神圣的感觉。圣女苔列莎脸上现出一种昏迷状态中的痛苦而又甜蜜的表情。

人们觉得这件本来是赞颂灵魂的神圣交感的事件,在这里却似乎变成真的尘世的肉体之爱了。但是,贝尼尼对此是有根据的,他曾研究过那位圣女的日记,当写到梦见自己被天使的金箭刺胸时,苔列莎描绘道:"我痛得大声呼叫了,可同时又觉得很甜蜜,这是医疗之痛而非肉体之痛,这是灵魂所受的上帝的甜蜜抚慰……"这种描述,似乎也不像皈依宗教的圣尼的心理。早期基督教有一位圣人圣杰罗姆,他曾劝一个贵族姑娘出家为尼,他写信告诉她说:做了修女就是嫁给了上帝,上帝就是她的"新郎",您母亲就是神的岳母了。可见。圣女苔列莎有那种幻想也是说

·中世纪欧洲艺术·

图文珍藏版

得通的。而贝尼尼选择这样一个场景,一方面显示了自己高超的技艺,另一方面则是对于"神人交感"的精神愉悦在现实中的刻画。

此外,贝尼尼在装饰性雕塑上也有非常突出的贡献。例如圣彼得大教堂广场上的方尖碑、喷泉及柱廊顶端的圆雕,还有后来为罗马城设计的大量装饰性雕刻,其中以《四条河的喷泉》与《多利多之泉》最为著名。

《四条河的喷泉》是安装在娜翁广场上的一个巨型的组合雕刻。它由自然的石灰岩的山石构架成巨大的形体,四条带状的水从山石中喷涌而出,标志着世界的四条河流——多瑙河、尼罗河、恒河、拉普拉塔河。在自然的山石结构上,贝尼尼以大理石为料,雕刻了四个巨人,是历史悠久的大河的象征,即自然孕育了人类,而人类强大的力量正立于自然之上。这个喷泉还带有一个方尖碑。西库斯多斯五世在占领埃及之后,在埃及建起了第八个方尖纪尖碑。从此之后,方尖碑就成了天主教对于异教胜利的象征。在这里,它成为纪念教皇功绩的纪念碑。

贝尼尼除了在建筑与雕塑方面取得了巨大成就之外,他还创作过许多肖像雕刻品,例如《斯契比洪·波尔查像》《英诺森十世像》《康斯坦查·布奥娜列里像》等,尤以前者著名。

贝尼尼终生不倦地工作,一直到80多岁。他从来不对自己的作品满足,他一直都在不断地探索与追求之中。据说,有一次贝尼尼驱车经过娜翁广场时,气愤地拉下了马车窗帘而不瞅一眼那个杰出的作品《四条河的喷泉》,他嘴里还不停地念叨着:"哼,干得那么糟糕,真丢人!"

但是,贝尼尼尽其一生所创作的伟大作品,却绝对称得上17世纪的典范之作。贝尼尼是一位天才的艺术大师,是罗马"巴洛克"艺术的最伟大代表。

1680年,这位辛劳一生的大师沉沉地睡去了。罗马教皇说:贝尼尼对于罗马是必要的,罗马对于贝尼尼也是必要的。